广东省地方性法规
汇　　编

（2008—2012）

广东省人大常委会法制工作委员会　编

广东省出版集团
广东人民出版社
·广州·

图书在版编目（CIP）数据

广东省地方性法规汇编．2008—2012 / 广东省人大常委会法制工作委员会编．—广州：广东人民出版社，2013.1
ISBN 978-7-218-08543-2

Ⅰ．①广…　Ⅱ．①广…　Ⅲ．①法规—汇编—广东省—2008—2012　Ⅳ．①D927.650.9

中国版本图书馆CIP数据核字（2013）第006787号

Guangdongsheng difangxing fagui huibian（2008—2012）
广东省地方性法规汇编（2008—2012）
广东省人大常委会法制工作委员会　编

出 版 人：曾　莹

责任编辑：肖风华　梁　茵
封面设计：友间文化
责任技编：周　杰　黎碧霞

出版发行：广东人民出版社
地　　址：广州市大沙头四马路10号（邮政编码：510102）
电　　话：（020）83798714（总编室）
传　　真：（020）83780199
网　　址：http://www. gdpph. com
印　　刷：东莞市信誉印刷有限公司
书　　号：ISBN 978-7-218-08543-2
开　　本：787毫米×1092毫米　1/16
印　　张：61.5　　字　数：940千
版　　次：2013年1月第1版　2013年1月第1次印刷
定　　价：280.00元

如发现印装质量问题，影响阅读，请与出版社（020-83795749）联系调换。
售书热线：（020）83790604　83791487　邮购：（020）83781421

出版说明

2008年1月至2012年12月，广东省第十一届人大常委会共审议通过省地方性法规案及有关法规问题的决定案71件，其中制定法规28项，修改法规84项，废止法规17项。为了更好地适应我省各级党政机关、司法机关、人民团体、企业事业单位和公民学习和运用的需要，在2008年至2010年法规汇编的基础上，根据近两年法规制定、修改和废止情况，编辑出版《广东省地方性法规汇编（2008—2012）》。

本书收录了省十一届人大常委会制定和修改的地方性法规，并附上批准的较大的市的地方性法规目录和民族自治县自治条例、单行条例的目录。

广东省人大常委会法制工作委员会

2013年1月

目　录

2008年

2009年

2010年

2011年

2012年

广东省实施《中华人民共和国价格法》办法

（1999年5月21日广东省第九届人民代表大会常务委员会第十次会议通过 2008年3月27日广东省第十一届人民代表大会常务委员会第一次会议修订）

第一章 总 则

第一条 为实施《中华人民共和国价格法》，结合本省实际，制定本办法。

第二条 本办法适用于本省行政区域内发生的价格行为。

第三条 经营者的价格行为，应当遵循合法、公平和诚实信用原则。

政府的价格行为，应当遵循合法、公平、公开和效率的原则，保障公民、法人和其他组织的知情权、参与权、监督权。

第四条 各级人民政府应当依法履行职责，做好价格工作。

县级以上人民政府价格主管部门负责本行政区域内的价格工作。

县级以上人民政府其他有关部门在各自的职责范围内负责有关的价格工作。

第二章 经营者的价格行为

第五条 商品价格和服务价格，除依法适用政府指导价或者政府定价外，实行市场调节价，由经营者依法自主制定。

对关系群众切身利益的实行市场调节价的重要商品价格或者服务价格，

政府价格主管部门可以会同相关部门制定并公布价格行为规则，引导、规范经营者依法自主定价。

第六条 经营者应当依法按照政府价格主管部门的规定实行明码标价和收费公示，做到价签价目齐全、标价内容真实明确。

降价销售商品和提供服务，经营者应当使用降价标价签、价目表，如实标明降价原因、原价和现价；妥善保留降价前记录或者核定价格的资料，以便查证。

一项服务包括多个项目和标准的，经营者应当明确标示每一个项目和标准，不得混合标价。

第七条 经营者不得以协议、决定或者其他协同行为相互串通，统一确定、维持、变更价格，或者通过限制商品的生产数量或者销售数量操纵价格，损害消费者和其他经营者的合法权益。

第八条 除依法降价处理的鲜活商品、季节性商品、积压商品等商品外，经营者不得以排挤竞争对手或者独占市场为目的从事下列行为，扰乱正常的生产经营秩序，损害其他经营者的合法权益：

（一）以低于自身生产、经营成本的价格销售商品或者提供服务；

（二）采取回扣、补贴、赠送等方式使商品或者服务的实际价格低于自身生产、经营成本。

第九条 经营者不得有下列哄抬价格的行为：

（一）捏造、散布涨价信息，导致价格大幅度上涨；

（二）囤积居奇，导致商品供不应求而出现价格大幅度上涨；

（三）利用自然灾害、突发公共安全事件，在一些地区或行业大幅度提高价格。

第十条 经营者不得利用虚假的、欺骗性的或者其他使人误解的价格手段欺骗、诱导消费者或者其他经营者与其进行交易。

第十一条 经营者收购、销售商品或者提供服务，不得有下列变相提高价格或者压低价格的行为：

（一）抬高等级销售商品或者收取费用；

（二）降低服务标准，减少服务内容；

（三）以假充真，以次充好；

（四）偷工减料，短尺少秤；

（五）压低等级收购商品。

第十二条 行业组织应当配合政府价格主管部门依法开展行业价格管理、协调工作。

行业组织向政府价格主管部门或者其他有定价权的管理部门提出本行业制定、实施政府指导价、政府定价的建议；指导本行业经营者的自主定价行为；协调本行业的价格争议；引导、鼓励本行业的非会员单位参与行业的价格自律。

第十三条 行业组织不得利用其优势地位和条件，从事下列价格违法行为，损害消费者、经营者的合法价格权益和社会公共利益：

（一）组织本行业的经营者相互串通，操纵市场价格；

（二）捏造、散布涨价信息以及利用其他手段哄抬价格，推动商品价格过高上涨。

第三章 政府的定价行为

第十四条 下列商品价格和服务价格，政府在必要时可以实行政府指导价或者政府定价：

（一）与国民经济、社会发展和人民生活关系重大的极少数商品价格；

（二）资源稀缺的少数商品价格；

（三）自然垄断经营及其他带有保护、垄断性质的商品和服务价格；

（四）重要的公用事业价格和公益性服务价格。

第十五条 政府指导价、政府定价的定价权限和具体适用范围，以中央定价目录和地方定价目录为依据。

省人民政府价格主管部门应当按照中央定价目录规定的定价权限和具体适用范围，制定、调整地方定价目录，经省人民政府审核同意，报国务院价格主管部门审定后公布实施。

尚未列入地方定价目录，但有下列情形之一的，应当实行政府指导价或者政府定价，并及时列入地方定价目录：

（一）法律、行政法规规定实行政府指导价或者政府定价的；

（二）新列入中央定价目录的；

（三）国务院或者国务院价格主管部门规定实行政府指导价或者政府定价的。

第十六条 制定、调整政府指导价、政府定价，应当依据有关商品或者服务的社会平均成本、市场供求状况、国民经济与社会发展要求以及社会承受能力，并有利于节约资源、保护环境、促进技术创新。

对关系群众切身利益的公用事业、公益性服务、自然垄断经营的商品或者服务价格，制定、调整政府指导价、政府定价时还应当严格控制其利润率水平。

第十七条 制定、调整政府指导价、政府定价，应当充分考虑低收入群体的利益，可以采取实施价格优惠等形式予以扶助。

第十八条 制定、调整政府指导价、政府定价时，政府价格主管部门应当进行价格、成本调查，听取社会意见。制定、调整价格的决定应当向社会公告。

第十九条 对依法纳入成本监审目录管理的商品价格和服务价格，政府价格主管部门应当进行定价成本监审，实行制定价格前监审和定期监审。

第二十条 接受定价成本监审的经营者应当按照规定提供有关商品或者服务的成本资料，并对成本资料的合法性、真实性负责。

经营者无正当理由拒绝、迟延提供成本资料，或者提供虚假成本资料的，县级以上人民政府价格主管部门应当责令其改正。对逾期不改正的，不予成本监审或者中止当次成本监审，并不予制定、调整价格；确需调低价格的，可予以同地区或者相类似地区同行业的较低成本为依据调整价格。

第二十一条 对依法实行价格听证目录管理的关系群众切身利益的公用事业价格、公益性服务价格和自然垄断经营的商品价格和服务价格，政府价格主管部门应当进行价格听证。

第二十二条 价格听证采取听证会形式，由政府价格主管部门组织，就制定、调整价格的必要性、可行性、合理性进行论证。

价格听证代表应当具有广泛性、代表性，由消费者、经营者、国家机关和社会团体等代表以及相关的经济、技术、法律等方面的专家、学者组成。消费者代表的比例不得少于三分之一，其中应当有低收入群体的代表。

听证会应当公开进行。政府价格主管部门应当向社会公开听证方案、定价成本监审结论及其依据、听证代表名单以及听证结果。

第二十三条 价格决策部门应当对听证会的意见进行分析，并作为价格决策的依据之一。

听证会代表多数不同意定价方案或者对定价方案有较大分歧时，价格决策部门应当协调申请人调整方案，必要时由政府价格主管部门再次组织听证。

需要提请本级人民政府或者上级价格决策部门批准的最终定价方案，凡经听证会论证的，上报时应当同时提交听证纪要、听证会笔录和有关材料。

第二十四条 省人民政府价格主管部门和其他有定价权的主管部门以及经省人民政府授权的市、县人民政府应当对制定、调整的政府指导价、政府定价进行跟踪调查和评估，根据本办法第十六条所列定价依据和社会各方面反映，按照规定的定价权限和程序适时调整价格。

第二十五条 实行政府指导价、政府定价的商品或者服务，在一定时期内质量明显下降或者功能部分缺失的，政府价格主管部门和其他有定价权的管理部门应当及时采取临时降低价格措施，保证价格与质量相符。

第二十六条 对实行政府指导价、政府定价的服务项目，政府价格主管部门应当免费向经营者发放收费证明。收费证明包括收费项目、收费标准、收费批准依据、服务内容、服务质量标准等内容。

经营者应当向政府价格主管部门领取收费证明，并将收费证明在经营场所或者缴费地点的显著位置公示，接受社会监督。

第四章　价格调控

第二十七条 省人民政府应当根据本省经济社会发展需要和社会承受

能力，确定市场价格总水平调控目标，综合运用价格、财政、投资等政策和措施予以实现。

县级以上人民政府应当积极采取措施稳定市场价格总水平和关系国计民生的重要商品价格或者服务价格，对价格监测反映的重大问题及时研究、分析，制定调控措施。

第二十八条 县级以上人民政府应当建立、健全稳定价格应急机制，严格执行稳定价格应急预案。稳定价格应急预案由省人民政府价格主管部门会同有关主管部门制定，报省人民政府批准实施。

第二十九条 当重要商品或者服务价格显著上涨或者有可能显著上涨，需要采取限定差价率或者利润率、规定限价、实行提价申报制度和调价备案制度等价格干预措施的，县级以上人民政府应当逐级上报省人民政府决定。紧急情况下，可直接上报省人民政府决定。省人民政府采取上述干预措施的，应当报国务院备案。

第三十条 当市场价格总水平出现剧烈波动等异常状态，需要在全省范围内或者部分区域内采取临时集中定价权限、部分或者全面冻结价格的紧急措施的，由省人民政府报国务院批准后实施。

第三十一条 县级以上人民政府价格主管部门应当依法做好商品价格和服务价格的跟踪、采集、分析、预测、预警等工作，定期向社会公布重要商品价格和服务价格变动情况。

第三十二条 省人民政府价格主管部门应当根据国家规定，制定本省价格监测目录和价格监测报告制度。

第三十三条 县级以上人民政府价格主管部门应当根据价格监测报告制度，选定价格监测定点单位；根据临时监测或者应急监测需要，确定临时监测单位。

价格监测定点单位和临时监测单位应当按照价格监测报告制度的规定报送价格监测资料，不得拒绝提供或者迟延提供，不得伪造、篡改、虚报、瞒报价格监测资料。

第三十四条 县级以上人民政府可以依法设立价格调节基金，调控价格，稳定市场。

价格调节基金适用于以下情形：

（一）对因执行政府依法采取的价格干预措施、紧急措施而受到经济损失的经营者给予适当价格补偿；

（二）为平抑基本生活必需品价格的异常波动而给予经营者适当价格补贴、贷款贴息等价格扶持；

（三）对因基本生活必需品价格大幅度上涨而影响基本生活的低收入群体给予临时价格补贴；

（四）经省、地级以上市人民政府批准的其他用途。

价格调节基金征收、使用、管理的具体办法，由省人民政府自本办法实施之日起一年内制定。

第三十五条 县级以上人民政府可以建立重要商品储备制度，保障重要商品的供应，调控价格，稳定市场。

重要商品储备的具体品种和数量，按照国家和省的有关规定确定。

需要动用重要商品储备的，由县级以上人民政府有关部门提出储备商品动用安排方案并按照国家和省的有关规定确定。

第五章 价格服务

第三十六条 县级以上人民政府价格主管部门应当建立、健全价格服务制度，提供优质、便捷、高效的价格服务。

县级以上人民政府价格主管部门应当逐步建立经营者价格诚信档案，免费向社会公众提供经营者诚信资料查询，引导经营者诚信自律。

县级以上人民政府价格主管部门应当建立、健全重大价格政策新闻发布制度，及时向社会公众通报价格政策的重大调整。

第三十七条 县级以上人民政府价格主管部门应当逐步建立价格信息化系统，及时公布定价目录、听证目录、成本监审目录等重要价格管理依据，并公示政府指导价、政府定价的项目、标准、依据等，发布本地区重要商品和服务的价格信息，引导生产、流通和消费，向社会提供价格政策咨询。

第三十八条 县级以上人民政府价格主管部门负有对本地区的价格争议进行协调处理的责任，发挥在处理消费者、经营者、行业组织之间发生价格争议时的调解作用。

第三十九条 县级以上人民政府价格主管部门的价格鉴证机构接受司法机关、行政执法机关的委托，对刑事案件、行政执法案件所涉及的价格不明或者价格难以确定的有形财产和无形财产的价格进行鉴证。

价格鉴证机构应当按照国家和省规定的计价标准、程序和方法进行涉案财产价格鉴证，除国家另有规定外，不得收取任何鉴证费用。

第四十条 委托机关依法向原价格鉴证机构提出重新鉴证或者向上级人民政府价格主管部门的价格鉴证机构提出复核鉴证的，接受重新鉴证或者复核鉴证的价格鉴证机构，应当自接受委托之日起七个工作日内向委托机关提交鉴证结论。价格鉴证机构与委托机关另有约定的除外。

第六章　价格监督检查

第四十一条 县级以上人民政府价格主管部门依法对价格活动进行监督检查，有权询问当事人或者有关人员，查询、复制与价格违法行为有关的账簿、单据、凭证、文件、计算机储存信息等资料。有关当事人应当如实反映情况，提供有关资料。任何单位和个人不得拒绝、妨碍和干扰行政执法活动。

第四十二条 县级以上人民政府价格主管部门及其工作人员不得将依法取得的资料或者了解的情况用于价格监督管理以外的任何其他目的，不得泄露当事人的商业秘密。

第四十三条 有下列情形之一的，政府价格主管部门可以对相关经营者、行业协会，采取公告、会议、书面、约谈等方式给予提醒告诫：

（一）重要商品和服务价格显著上涨或者有可能显著上涨时；

（二）市场价格总水平出现剧烈波动等异常状态时；

（三）出现社会集中反映强烈的价格、收费问题时；

（四）节假日或者重大活动期间。

对经提醒告诫仍未规范价格行为，并违反价格法律法规的，价格主管部门可以依法查处，从重处罚。

第四十四条 县级以上人民政府价格主管部门应当建立对价格违法行为的价格举报制度，充分发挥群众、社会组织和新闻舆论的价格监督作用。

对损害消费者、经营者合法权益和社会公共利益的价格行为，任何单位和个人均有权向县级以上人民政府价格主管部门进行检举和控告，接受举报的价格主管部门应当进行登记和回复。

第七章 法律责任

第四十五条 经营者违反本办法第六条规定的，由县级以上人民政府价格主管部门责令改正，没收违法所得，可以并处五千元以下的罚款。

第四十六条 经营者违反本办法第七条、第八条、第九条、第十条、第十一条规定的，由县级以上人民政府价格主管部门责令改正，没收违法所得，可以并处违法所得五倍以下的罚款；没有违法所得的，按照下列规定处以罚款；情节严重的，责令停业整顿，或者由工商行政管理机关吊销营业执照：

（一）违反本办法第七条、第八条规定的，处十万元以上一百万元以下的罚款；

（二）违反本办法第九条、第十条规定的，处五万元以上五十万元以下的罚款；

（三）违反本办法第十一条规定的，处二万元以上二十万元以下的罚款。

第四十七条 经营者违反本办法第二十条、第三十三条第二款规定，有下列行为之一的，由县级以上人民政府价格主管部门按照下列规定予以处罚：

（一）拒绝提供或者迟延提供有关资料的，责令其限期改正，给予警告，逾期不改正的，可以根据情节轻重，处二千元以上一万元以下罚款；

（二）伪造、篡改、虚报、瞒报有关资料的，处一万元以上五万元以下罚款。

第四十八条 行业组织违反本办法第十三条规定的，县级以上人民政府价格主管部门可以处十万元以上五十万元以下的罚款，情节严重的，社会团体登记管理机关可以依法撤销登记。

第四十九条 各级政府及其主管部门有下列行为之一的，由上级机关责令改正，并可以通报批评；对直接负责的主管人员和其他直接责任人员依法给予处分；构成犯罪的，依法追究刑事责任：

（一）超越定价权限和范围擅自制定、调整价格的；

（二）违反定价程序制定、调整价格的；

（三）不执行法定的价格干预措施、紧急措施的；

（四）不按规定进行价格监测的；

（五）泄露国家秘密和当事人的商业秘密的；

（六）其他不依法履行监督管理职责的。

第八章　附　则

第五十条 本办法所称政府指导价，是指政府价格主管部门或者其他有关主管部门按照定价权限和范围，规定基准价、浮动幅度（含最高限价、最低限价，以及差价率、利润率），依法指导经营者制定的价格。

本办法所称政府定价，是指政府价格主管部门或者其他有关主管部门按照定价权限和范围，依法制定的价格。

本办法所称定价成本监审，是指制定政府指导价、政府定价过程中，政府价格主管部门在调查、核算、审核经营者成本基础上，核定定价成本的行为。

第五十一条 行政事业性收费适用其他有关法律、法规和《广东省行政事业性收费管理条例》。

第五十二条 本办法自2008年7月1日起施行。

广东省人民代表大会常务委员会议事规则

（1998年9月18日广东省第九届人民代表大会常务委员会第五次会议通过　根据2000年9月22日广东省第九届人民代表大会常务委员会第二十次会议《关于修改〈广东省人民代表大会常务委员会议事规则〉的决定》第一次修正　根据2007年1月25日广东省第十届人民代表大会常务委员会第二十九次会议《关于修改〈广东省人民代表大会常务委员会议事规则〉等三项地方性法规的决定》第二次修正　根据2008年5月29日广东省第十一届人民代表大会常务委员会第二次会议《关于修改〈广东省人民代表大会常务委员会议事规则〉的决定》第三次修正）

第一章　总　则

第一条　为了规范省人民代表大会常务委员会的议事制度，提高议事效率，根据《中华人民共和国宪法》、《中华人民共和国地方各级人民代表大会和地方各级人民政府组织法》、《中华人民共和国立法法》、《中华人民共和国各级人民代表大会常务委员会监督法》和其他有关法律规定，结合工作实际，制定本规则。

第二条　省人民代表大会常务委员会（以下简称常务委员会）依照法定职权和法定程序进行工作。

第三条　常务委员会审议议案、决定重大事项，应充分发扬民主，实行民主集中制的原则。

第四条　常务委员会会议公开举行，会议的举行情况通过新闻媒介进行报道。遇有特别情况，经常务委员会主任会议（以下简称主任会议）决定，也可以不公开举行。

第五条 常务委员会制定的法规，通过的决定、决议，本省行政区域内的国家机关、社会团体、企业事业组织和公民必须严格遵守、执行。

第二章 会议的召开

第六条 常务委员会会议每两个月至少举行一次。遇有特别情况，可以临时召集会议。

常务委员会会议由常务委员会主任召集并主持。主任可以委托副主任主持会议。

第七条 常务委员会会议必须有常务委员会全体组成人员的过半数出席，才能举行。

常务委员会会议期间，常务委员会组成人员除因病或其他特殊原因经主任同意请假以外，必须出席会议。

第八条 常务委员会会议议程和日程草案，由主任会议提出，提请常务委员会全体会议通过。

第九条 常务委员会举行会议，应当在会议举行十日前，将开会日期和拟提交会议讨论的主要事项，通知常务委员会组成人员和有关列席人员。临时召集的会议，临时通知。

第十条 常务委员会举行会议期间，可安排全体会议、联组会议和分组会议。联组会议、分组会议的召集人由常务委员会会议主持人指定。

第十一条 常务委员会举行会议的时候，省人民政府，省高级人民法院、省人民检察院的负责人列席会议。

省人民代表大会各专门委员会（以下简称专门委员会）的负责人列席会议。

常务委员会副秘书长，常务委员会办事机构和工作机构的负责人列席会议。

地级以上市人大常委会主任或副主任一人列席会议。

根据会议议程的需要，可以邀请省人民政府有关部门的负责人、省人民代表大会代表和我省选出的全国人民代表大会代表以及其他有关人员列席会议。

第十二条 常务委员会全体会议可以设旁听席。

第三章 议案的提出和审议

第十三条 主任会议可以向常务委员会提出属于常务委员会职权范围内的议案，由常务委员会会议审议。

主任会议根据工作需要，可以委托专门委员会、办事机构和工作机构拟订有关议案草案，并经主任会议决定向常务委员会会议作说明。

第十四条 省人民政府、各专门委员会可以向常务委员会提出属于常务委员会职权范围内的议案，由主任会议决定提请常务委员会会议审议，或者先交有关的专门委员会审议，提出报告，再提请常务委员会会议审议；或者先委托有关工作委员会进行初审，然后决定提请常务委员会会议审议。

第十五条 常务委员会组成人员五人以上联名，可以向常务委员会提出属于常务委员会职权范围内的议案，由主任会议决定是否提请常务委员会会议审议，或者先交有关的专门委员会审议，提出报告，再决定是否提请常务委员会会议审议；或者先委托有关工作委员会进行初审，然后决定是否提请常务委员会会议审议。

主任会议决定不提请常务委员会会议审议的议案，应当向常务委员会会议报告或者向提议案人说明。

第十六条 省人民代表大会决定授权常务委员会审议的议案，交有关的专门委员会审议，或者委托有关工作委员会进行初审，提出报告，然后提请常务委员会会议审议。

第十七条 议案经主任会议决定列入常务委员会会议建议议程后，提议案的机关、有关的专门委员会、提议案人或常务委员会的有关工作部门应当按规定在常务委员会会议举行前向常务委员会提供有关资料。

法规案经主任会议决定列入常务委员会会议建议议程后，应及时将有关法规草案的文本等资料送常务委员会组成人员准备审议意见。

第十八条 常务委员会全体会议听取关于议案的说明后，由分组会议或者全体会议对议案进行审议。提案人和其他有关机关负责人应当到会听取审议意见，回答询问。

第十九条 列入常务委员会会议议程的地方性法规案一般应当经三次常务委员会会议审议后再交付表决。各方面意见比较一致的地方性法规案，可以经两次常务委员会会议审议后交付表决。

地方性法规的修改案分为地方性法规修订案和地方性法规修正案。对地方性法规作较大或者全面修改的，一般采用修订案的形式；对地方性法规作少量修改的，一般采用修正案的形式。

地方性法规修订案，一般经两次常务委员会会议审议后再交付表决。地方性法规修正案、地方性法规废止案，可以经一次常务委员会会议审议即交付表决。

第二十条 常务委员会审议地方性法规案、审查较大的市地方性法规的具体程序，按照《广东省地方立法条例》的规定执行。

第二十一条 提请常务委员会审议人事任免案，应当提交提请机关正职领导人签署的书面报告、《干部任免呈报表》、拟任命人员的任职理由或者拟免职人员的免职理由，由提请机关的正职领导人到会提请任免。正职领导人如果因特殊情况不能到会，应当说明原因并委托副职领导人到会提请任免。

提请常务委员会审议的撤销职务案，写明撤职的对象和理由，并提供有关的材料。

撤职案在提请表决前，被提出撤职的人员有权在常务委员会会议上提出申辩意见，或者书面提出申辩意见，由主任会议决定印发常务委员会会议。

第二十二条 常务委员会组成人员在常务委员会会议进行中，个人提出的临时动议（包括对议案的修正案），获得四名以上常务委员会组成人员的附议时，由主任会议决定是否提请常务委员会会议审议，或者先交有关专门委员会审议，提出报告，或者先委托有关工作委员会进行初审，再由主任会议决定是否提请常务委员会会议审议。

第二十三条 列入常务委员会会议议程的议案，由主任会议根据审议情况，决定是否提交表决。在审议中有重大问题需要进一步研究的，由主任会议提请，经常务委员会全体组成人员过半数同意，可以暂时不付表决，交有关的委员会或者提案人进一步调查研究，提出意见，再由主任会议决定提请下次或者以后的常务委员会会议审议。

第二十四条 列入常务委员会会议议程的议案，在交付表决前，提案人要求撤回的，经主任会议同意，并向常务委员会报告，对该议案的审议即行终止。

第四章 听取和审议报告

第二十五条 常务委员会每年选择若干关系改革发展稳定大局和群众切身利益、社会普遍关注的重大问题，有计划地安排听取和审议省人民政府、省高级人民法院和省人民检察院的专项工作报告。

常务委员会办事机构应当将上述专项工作报告在常务委员会会议举行七日前发给常务委员会组成人员。

专项工作报告由省人民政府和省高级人民法院、省人民检察院负责人到会作报告，省人民政府也可以委托有关部门负责人到会作报告。

第二十六条 常务委员会应当在每年七月至九月期间审查和批准省人民政府提出的上一年度的本级决算草案。常务委员会每年审查和批准决算的同时，听取和审议省人民政府审计机关关于上一年度预算执行和其他财政收支的审计工作报告。

常务委员会应当在每年七月听取省人民政府关于本年度上一阶段国民经济和社会发展计划、预算的执行情况的报告。

第二十七条 常务委员会组成人员对专项工作报告的审议意见交由省人民政府、省高级人民法院或者省人民检察院研究处理。省人民政府、省高级人民法院或者省人民检察院应当将研究处理情况由其办事机构送交有关专门委员会或者工作委员会征求意见后，向常务委员会提出书面报告。常务委员会认为必要时，可以对专项工作报告作出决议；省人民政府、省高级人民法院或者省人民检察院应当在决议规定的期限内，将执行决议的情况向常务委员会报告。

常务委员会组成人员对国民经济和社会发展计划执行情况报告、预算执行情况报告和审计工作报告的审议意见交由省人民政府研究处理。省人民政府应当将研究处理情况向常务委员会提出书面报告。常务委员会认为必要时，可以对审计工作报告作出决议；省人民政府应当在决议规定的期限内，将执行决议的情况向常务委员会报告。

第二十八条 常务委员会每年选择若干关系改革发展稳定大局和群众切身利益、社会普遍关注的重大问题，有计划地对有关法律、法规实施情况组织执法检查。

常务委员会组织进行的执法检查结束后，执法检查组应当及时提出执法检查报告，由主任会议决定提请常务委员会审议。

第二十九条 常务委员会听取的专项工作报告、国民经济和社会发展计划执行情况报告、预算执行情况报告、审计工作报告、执法检查报告及审议意见，省人民政府、省高级人民法院或者省人民检察院对审议意见研究处理情况或者执行决议情况的报告，向省人民代表大会代表通报并向社会公布。

第五章 质 询

第三十条 常务委员会组成人员五人以上联名，可以向常务委员会书面提出对省人民政府及其部门和省高级人民法院、省人民检察院的质询案，由主任会议决定交由受质询机关答复。

第三十一条 质询案必须写明质询对象、质询的问题和内容。

第三十二条 主任会议可以决定由受质询机关在常务委员会会议上或者有关的专门委员会会议上口头答复，或者由受质询机关书面答复。

质询案在专门委员会会议上答复的，提质询案的常务委员会组成人员有权列席会议，发表意见。主任会议认为必要时，可以将答复质询案的情况报告印发常务委员会会议。

质询案以口头答复的，由受质询机关的负责人到会答复。质询案以书面答复的，应当由受质询机关负责人签署。

提质询案的常务委员会组成人员的过半数对质询案的答复不满意时，可以提出要求，经主任会议决定，由受质询机关再作答复。

第三十三条 列入常务委员会会议的质询案，在未作出答复前，提质询案人要求撤回的，对该质询案的审议即行终止。

第六章 调查委员会

第三十四条 主任会议可以向常务委员会提议组织关于特定问题的调查委员会，提请常务委员会审议。

五分之一以上常务委员会组成人员书面联名，可以向常务委员会提议组织关于特定问题的调查委员会，由主任会议决定提请常务委员会审议，或者先交有关的专门委员会审议、提出报告，再决定提请常务委员会审议。

第三十五条 调查委员会由主任委员、副主任委员和委员组成，由主任会议在常务委员会组成人员和省人民代表大会代表中提名，提请常务委员会审议通过。调查委员会可以聘请专家参加调查工作。

第三十六条 调查委员会有权调阅有关的证据材料，询问有关人员。调查所涉及的组织和个人，应当如实提供有关材料和情况。

第三十七条 调查委员会应当向产生它的常务委员会提出调查报告。常务委员会根据调查报告，可以作出相应的决议、决定。

第七章 发言和表决

第三十八条 常务委员会组成人员和列席会议的人员在全体会议上的审议发言，第一次发言一般不超过十五分钟，第二次对同一问题的发言不超过十分钟。事先提出要求延长发言时间的，经会议主持人同意，可以延长，但延长的时间不能超过十分钟。

第三十九条 常务委员会组成人员在常务委员会会议上的发言和表决，不受法律追究。

第四十条 常务委员会会议表决议案，采用无记名方式或其他方式。

法规案、人事任免案采用无记名表决方式，撤职案采用无记名投票方式。

人事任免案一般实行逐人表决；但经当次会议到会的常务委员会组成人员多数同意，也可以实行合并表决。

第四十一条 交付表决的议案，有修正案的，先表决修正案。

第四十二条 表决议案需有常务委员会全体组成人员的过半数出席方为有效，获常务委员会全体组成人员过半数赞成方为通过。

常务委员会组成人员对议案可以投赞成票或者反对票或者弃权票。

表决结果由会议主持人当场宣布。

第八章　公　布

第四十三条 省人民代表大会及其常务委员会通过的地方性法规公布后，应当及时在常务委员会公报和《南方日报》上刊登。

较大的市的地方性法规公布后，应当及时在本级人民代表大会常务委员会公报和本行政区域范围内发行的报纸上刊登。

决定、决议应当自通过之日起五日内在《南方日报》刊登。

第四十四条 任职、免职或者撤职，以常务委员会通过之日为准，由常务委员会以公告或者其他方式公布，并以正式文件通知提请机关。

第四十五条 地方性法规公布后，常务委员会机关应印制一定数量的单行本免费向公众提供。

第九章　附　则

第四十六条 本规则自公布之日起施行。1988年6月18日广东省第七届人民代表大会常务委员会第二次会议通过的《广东省人民代表大会常务委员会议事规则（试行）》同时废止。

广东省采石取土管理规定

（1998年11月27日广东省第九届人民代表大会常务委员会第六次会议通过　根据2008年5月29日广东省第十一届人民代表大会常务委员会第二次会议《关于修改〈广东省采石取土管理规定〉的决定》修正）

第一条　为加强我省开采石矿、粘土矿的管理，保护自然景观和生态环境，有效利用矿产资源，做到统一规划、合理布局，规模经营，有序开采，采治结合，根据《中华人民共和国矿产资源法》及相关法律、行政法规的有关规定，制定本规定。

第二条　凡在本省行政区域范围内开采石矿、粘土矿的，必须遵守本规定。

本规定所称石矿，系指用于建筑、铺路、回填的石料矿产；用于装饰、雕塑的普通石材矿产；用于烧制石灰、水泥、砖瓦的原料矿产。

粘土矿系指用于烧制砖瓦、建筑陶瓷或用于水泥配料、回填等的普通粘土和黄（红）土。

第三条　省、市、县（区）人民政府负责地质矿产管理工作的部门，是同级人民政府主管本行政区域内开采石矿、粘土矿的职能部门和采矿登记管理机关（以下称地矿主管部门），负责本规定的组织实施。各级人民政府的环境保护部门应当对采石取土影响自然景观和生态环境的情况实施统一监督，对具体的采矿项目执行环境影响评价制度的情况进行检查监督；土地管理部门应当对采矿用地以及采矿后土地复垦实施检查、监督；劳动、公安、林业、水利、规划、旅游等有关管理部门应当按照各自的职责协助同级地矿主管部门做好石矿、粘土矿开采规划和开采的监督管理工作。

第四条 市、县级地矿主管部门在确保自然景观和生态环境不受破坏的前提下，根据经济建设和社会发展的需要，负责组织有关部门对本行政区域内石矿、粘土矿开采拟订统一规划，划出可采区和禁采区，并拟订自然生态环境治理标准，报同级人民政府批准后予以公告。

第五条 下列地区列入禁采区，禁止规划布点开采石矿、粘土矿：

（一）港口、机场、国防工程设施圈定的区域范围内；

（二）重要工业区、居民生活区、基本农田保护区、耕地、自然保护区、生态公益林等特种林区、风景名胜区及其外围保护地带、校园、重点保护的历史文物、名胜古迹以及地质地貌遗迹保护区范围内；

（三）铁路、省道、国道、旅游公路两侧直观可视范围内和影响其交通运输安全的地段；

（四）水利工程设施，高压供电网线、供水管道、通讯网线，助航标志、地震监测点、永久性专用地物测量标志和控制点等规定范围内；

（五）易燃、易爆危险物品储存仓库安全规程规定范围内；

（六）河流及堤坝两侧、生活饮用水地表水源保护区、水土流失的崩塌区、滑坡易发区、泥石流易发区；

（七）县级以上人民政府规定不得开采石矿、粘土矿的其他地区。

第六条 矿产资源属于国家所有。地表或者地下的石矿、粘土矿的国家所有权，不因其所依附的土地的所有权或者使用权而改变。其所依附的土地的所有权或者使用权的征用、转让费用除国家规定的补偿费及出让金等费用外，不得加收其他费用。

未经地矿主管部门批准，石矿、粘土矿所在的土地、林地的所有权者或使用权者不得直接进行采矿活动，也不得出让、转让或者出租用于开采石矿、粘土矿活动。

第七条 禁止开办年开采量在五万立方米以下的小型采石场。农民可为生活自用采挖少量石矿、粘土矿。

第八条 采矿权申请人必须依法向县级以上地矿主管部门提出划定矿区范围的申请。

地矿主管部门收到申请人申请划定矿区范围报告后，应严格按照同级人民政府批准的统一规划审定。自收到申请之日起三十日内将划定的矿区范围通知申请人。

申请人收到地矿主管部门划定的矿区范围通知后方可向地矿主管部门申请采矿权。

第九条 采矿权申请经批准后办理采矿登记，按国家规定缴纳采矿权有偿取得费用，并按照“谁开采谁治理”的原则同时缴纳自然生态环境治理保证金（以下称保证金），领取采矿许可证，取得采矿权。

保证金属采矿权人所有，存入银行专户，由市、县级地矿主管部门负责统一监管，作为自然生态环境治理的备用金。采矿结束后，采矿权人应当在规定时间内做好自然生态环境治理工作，经地矿、环保、土地等有关部门验收合格的，保证金本金及利息返还采矿权人；验收不合格，未达到自然生态环境治理标准的，应由采矿权人再进行治理。采矿权人不进行治理或治理后验收不合格又不再进行治理的，其治理费用从采矿权人已缴纳的保证金中支付。

保证金不能低于自然生态环境治理的实际费用。采矿权人在开采过程中投入资金分期进行治理，经地矿、环保、土地等有关部门验收合格的，可将保证金分期返还采矿权人。保证金的缴纳标准及管理办法由地级市以上人民政府规定。

第十条 采矿权可以通过招标投标的方式有偿取得。

县级以上地矿主管部门依照本规定所规定的权限在依法划定的可采区内确定招标的矿区范围，发布招标公告，提出投标要求和截止日期。

县级以上地矿主管部门组织评标，采取择优原则确定中标人。中标人依法缴纳保证金及有关费用后，依照本规定办理登记手续，领取采矿许可证，成为采矿权人，并履行标书中承诺的义务。

有偿取得的采矿权，可以依法转让，但受让人应符合本规定关于采矿权申请人的条件。

第十一条 申请石矿、粘土矿采矿权的，必须符合下列条件：

（一）有可行的开采方案，地质勘查报告、图件，未经过地质勘查的，应当有经地级市以上人民政府地矿主管部门认定的检测地质储量报告；

（二）有与所建矿山规模相适应的资金、设备、技术人员的有效证明文件；

（三）有边开采边治理自然生态环境的措施和缴纳保证金的能力；

（四）有经县级以上人民政府水行政主管部门同意的水土保持方案及经县级以上人民政府环境保护行政主管部门审批的环境影响报告书（表）；

（五）有符合《广东省实施〈中华人民共和国矿山安全法〉办法》规定的安全生产条件。

参加投标的，必须符合上款规定第（二）、（三）、（五）项规定的条件。标书中应载明开采方案、水土保持方案和自然生态环境治理方案。

第十二条 县级以上地矿主管部门应当在收到石矿、粘土矿采矿权申请后四十日内作出审查决定，并通知采矿权申请人。

准予登记的，采矿权申请人应当在收到通知之日起三十日内，按本规定到批准登记的地矿主管部门缴纳采矿权有偿取得费用和保证金，领取采矿许可证。

不予登记的，地矿主管部门应当向采矿权申请人说明理由。

第十三条 采矿权人应当自领取采矿许可证之日起六个月内建场，逾期不建场的，由原登记发证机关收回采矿许可证，注销其采矿权，同时退回其所缴纳的保证金。

第十四条 地级市以上人民政府的地矿主管部门应将辖区内各级地矿主管部门制定的石矿、粘土矿开采规划和审批、颁发采矿许可证的资料通报同级人民政府的其他有关主管部门，并汇总报省地矿主管部门备案。

第十五条 开采石矿、粘土矿需占用土地的，依照土地管理法律、法规办理建设用地审批手续；需占用或者征用林地的，地矿主管部门在颁发采矿许可证前，应当经县级以上林业主管部门审核同意；在城市规划区内进行采矿的，地矿主管部门应当征求城市规划部门的意见。

第十六条 经批准的采矿范围应由县级以上人民政府地矿主管部门会同土地管理等有关部门埋设界桩或者设置地面标志。界桩和地面标志的埋设费用由采矿权人承担。界桩和地面标志受法律保护，任何单位和个人不得擅自移动或者损毁。

第十七条 采石场、取土场的环境保护设施和水土保持设施，必须与主体工程同时设计，同时施工，同时投产使用。

石矿废渣、剥离的泥土必须堆放在规定的专门存放地，并建设挡土墙和进行绿化，防止水土流失和污染环境。

第十八条 露天开采石矿，必须严格按照批准的采矿设计（方案）和开采顺序建立开采台阶，采剥作业必须遵守“由上而下，分水平台阶开采”的原则。在开采的同时要进行植被恢复等治理工作，防止水土流失，保证达到自然生态环境治理标准。

地下开采石矿、粘土矿，必须有采矿设计或经地级市以上地矿主管部门审查批准的开采方案，遵守采矿有关规程。

第十九条 本规定实施前已开办的石矿、粘土矿开采场不符合本规定第四条规定，在县级以上人民政府划定的禁采区范围之内的，应在本规定施行后一年之内关闭，并由开采者负责按自然生态环境治理标准进行治理。

属上款情形且采矿许可证已到期限的，登记管理机关不得以任何方式或理由予以办理延期登记或重新登记手续。

本规定实施前已开办的各种石矿、粘土矿开采场在可采区范围内的，应按本规定进行整治。在本规定施行一年内经整治符合本规定有关规定的，可换领新采矿许可证；一年期满仍不符合本规定有关规定的，由原发证机关注销其采矿许可证。

第二十条 采矿许可证有效期届满，采矿权人需要继续开采石矿、粘土矿的，应在采矿许可证有效期届满前三十日内申请办理采矿许可证延续登记手续。采矿许可证到期后未办理延续登记手续而继续开采的，按无证采矿查处。

第二十一条 县级以上地矿主管部门每年应当会同安全生产监督、水利、环保等有关管理部门，对辖区内石矿、粘土矿开采安全条件、水土保持和自然生态环境治理措施的落实情况进行检查，发现采矿权人有违反法律法规以及本规定行为的，由有关行政主管部门依法予以处理。

第二十二条 采矿权人应按地矿主管部门的规定向所在地地矿主管部门报送石矿或粘土矿开发利用情况年度统计表和矿产品季度销售情况报表。

第二十三条 擅自将农民集体所有的土地的使用权出让、转让或者出租用于采石、取土活动的，由县级以上人民政府土地行政主管部门依照《中华人民共和国土地管理法》第八十一条的规定进行处罚。

第二十四条 采矿权人停办或关闭矿山，应做好安全工作和自然生态环境治理达标工作。露天开采的，由县级以上地矿主管部门会同土地、林业、水利、环保等有关管理部门根据自然生态环境治理标准进行验收。验收不合格的，由县级以上土地管理部门责令其限期改正；逾期不改正的，由县级以上人民政府土地行政主管部门根据情节，处以每亩二百元以上一千元以下的罚款，并可在其提出新的生产建设用地申请时不予受理。

第二十五条 违反本规定第十八条第一款，不建立开采台阶，采取破坏性的开采方法开采石矿、粘土矿的，由县级以上地矿主管部门处以十万元以下的罚款，可以吊销其采矿许可证；造成矿产资源、自然景观和生态环境严重破坏，构成犯罪的，由司法机关依法对直接责任人员追究刑事责任。

第二十六条 采矿权人被吊销采矿许可证的，自采矿许可证被吊销之日起两年内不得再申请采矿权。

第二十七条 地矿主管部门工作人员和其他有关国家机关工作人员徇私舞弊、滥用职权或玩忽职守，违反本规定批准颁发采矿许可证，或者对违法采矿行为不依法予以制止、处罚的，依法给予行政处分；构成犯罪的，依法追究刑事责任。违法颁发的采矿许可证，上级人民政府地矿主管部门有权予以撤销。

第二十八条 本规定自1999年3月1日起实施。

广东省物业管理条例

（1998年7月29日广东省第九届人民代表大会常务委员会第四次会议通过 2008年11月28日广东省第十一届人民代表大会常务委员会第七次会议修订）

第一章　总　则

第一条　为了规范物业管理活动，维护业主、物业服务企业的合法权益，营造和谐、安全、文明、整洁的居住和工作环境，根据《中华人民共和国物权法》、《物业管理条例》等法律、行政法规，结合本省实际，制定本条例。

第二条　本条例适用于本省行政区域内物业管理活动。

本条例所称物业管理，是指业主通过选聘物业服务企业，由业主和物业服务企业按照物业服务合同约定，对房屋及配套的设施设备和相关场地进行维修、养护、管理，维护物业管理区域内的环境卫生和相关秩序的活动。

第三条　各级人民政府应当规范物业管理工作，保障业主对物业依法享有的管理权，促进物业管理向专业化、市场化发展，鼓励采用新技术、新方法，提高物业管理和服务水平。

第四条　省人民政府建设行政主管部门负责全省物业管理活动的监督管理工作。

市、县（区）人民政府房地产行政主管部门负责本行政区域内物业管理活动的监督管理工作。

各级人民政府有关行政管理部门在各自职责范围内，做好物业管理区域内的有关工作。

第五条 街道办事处、乡镇人民政府会同物业所在地的区、县人民政府房地产行政主管部门对设立业主大会和选举业主委员会给予指导和协助，协调处理物业管理中的纠纷。居民委员会、村民委员会予以协助和配合。

第六条 物业管理行业协会应当依法加强行业自律管理，规范行业行为，维护市场秩序和公平竞争，建立物业服务企业及其从业人员诚信档案，督促其依法、诚信经营和服务，对违反法律法规和行业规范的行为给予通报批评和公开谴责，促进行业健康发展。

第二章　物业管理区域

第七条 物业管理区域根据物业建设用地规划许可证确定的红线图范围，结合物业的共用设施设备、社区建设等因素划定。物业的配套设施设备共用的，应当划定为一个物业管理区域；但其设施设备能够分割、独立使用的，可以划定为不同的物业管理区域。

旧城区、城中村等没有实施物业管理的建成居住区需要实施物业管理的，由街道办事处、乡镇人民政府征求相关业主意见后，确定物业管理区域。

对物业管理区域划定有争议的，物业所在地的区、县人民政府房地产行政主管部门应当征求物业所在地街道办事处、乡镇人民政府、相关业主、居民委员会的意见后确定。

第八条 新建物业出售前，建设单位应当将划定的物业管理区域向物业所在地的区、县人民政府房地产行政主管部门备案，并将经备案的物业管理区域在商品房买卖合同中明示。

已经实施物业管理的区域，由物业服务企业向物业所在地的区、县人民政府房地产行政主管部门备案。

街道办事处、乡镇人民政府确定的物业管理区域，由街道办事处、乡镇人民政府向物业所在地的区、县人民政府房地产行政主管部门备案。

第九条 一个物业管理区域成立一个业主大会，由一个物业服务企业提供物业管理服务。

第三章　业主、业主大会及业主委员会

第十条　房屋的所有权人为业主。

尚未登记取得所有权，但基于买卖、赠与、拆迁补偿等旨在转移所有权的法律行为已经合法占有该房屋的人，在物业管理活动中享有法律法规规定的业主的权利，并承担相应的义务。

第十一条　业主依法成立业主大会，选举业主委员会。

业主大会由物业管理区域内全体业主组成，代表和维护全体业主在物业管理活动中的合法权益，依法履行职责。

一个物业管理区域内业主人数较少且经全体业主一致同意，决定不成立业主大会的，由业主共同履行业主大会、业主委员会的职责。

第十二条　已交付使用的物业建筑面积达到物业管理区域建筑面积百分之五十的，建设单位应当书面报告物业所在地街道办事处、乡镇人民政府，并在物业管理区域的显著位置公告。

第十三条　百分之二十以上业主可以联名向街道办事处、乡镇人民政府提出成立业主大会的书面要求。

已交付使用的物业建筑面积达到物业管理区域建筑面积百分之五十以上的，业主可以向街道办事处、乡镇人民政府提出成立业主大会的书面要求。

符合前两款情形之一的，街道办事处、乡镇人民政府应当在三十日内会同物业所在地的区、县人民政府房地产行政主管部门指导、协助业主推荐产生业主大会筹备组。

业主大会筹备组由业主代表、建设单位以及街道办事处、乡镇人民政府代表七至十五人组成，其中业主代表应当不少于首次业主大会筹备组人数的百分之六十。业主大会筹备组成员名单应当自成立之日起七日内在物业管理区域的显著位置公告。

第十四条　建设单位和物业服务企业应当协助业主大会筹备组工作，向业主大会筹备组提供业主清册、物业建筑的基本资料（包括物业管理区域内地上、地下的建筑物、设施设备和相关场地等）、已筹集的专项维修资金清

册等文件资料，并在物业管理区域提供相应的人力、场地支持。

业主大会筹备组应当对业主资料保密，不得将前款资料用于与业主大会筹备无关的活动。

第十五条 业主大会筹备组应当自成立之日起六个月内，组织召开首次业主大会会议。

业主大会筹备组履行下列职责：

（一）确定首次业主大会会议召开的时间、地点、形式和内容；

（二）拟订管理规约草案和业主大会议事规则草案；

（三）确认业主身份，确定业主在首次业主大会会议上的投票权数；

（四）确定业主委员会委员候选人产生办法及名单；

（五）召开首次业主大会会议的其他准备工作。

前款（一）至（四）项的内容应当在首次业主大会会议召开十五日前在物业管理区域的显著位置公告并书面通知全体业主。

第十六条 首次业主大会会议应当对管理规约、业主大会议事规则进行表决，并选举业主委员会。

第十七条 管理规约应当对有关物业的使用、维护、管理，业主的共同利益，业主应当履行的义务，违反管理规约应当承担的责任等事项依法作出约定。管理规约对全体业主、物业使用人具有约束力。

业主大会议事规则应当就业主大会的议事方式、表决程序，业主委员会的组成、成员任期及职务终止等事项作出约定。

第十八条 业主大会会议分为定期会议和临时会议。

业主大会定期会议应当按照业主大会议事规则的规定召开。

经业主委员会决定，或者百分之二十以上的业主提议，业主委员会应当组织召开业主大会临时会议。

业主委员会不按照前两款规定组织召开业主大会定期会议、临时会议的，业主可以向物业所在地街道办事处、乡镇人民政府提出协助要求，街道办事处、乡镇人民政府应当协调组织召开。

第十九条 召开业主大会会议，应当于会议召开十五日前将会议时间、地点、议题和议程在物业管理区域的显著位置公告，并书面通知全体业主。

业主大会会议可以采用集体讨论的形式，也可以采用书面征求意见等形式。采用书面征求意见形式的，应将书面征求意见的结果在物业管理区域内公示三十日以上，业主有权查阅相关资料。

第二十条 业主可以幢、单元或者楼层为单位，推选业主代表参加业主大会会议。

推选业主代表参加业主大会会议的，业主代表应当在参加业主大会会议三日前，就业主大会会议拟讨论的事项书面征求其所代表的业主意见；需要投票表决的，业主的赞同、反对及弃权的具体票数经本人签字后，由业主代表在业主大会投票时如实反映。

第二十一条 业主可以委托他人参加业主大会会议。业主委托他人参加业主大会会议的，应当出具书面委托书，载明委托事项、委托权限及期限。

第二十二条 业主大会决定筹集和使用专项维修资金、改建或者重建建筑物及其附属设施的，应当经专有部分占建筑物总面积三分之二以上的业主且占总人数三分之二以上的业主同意；决定其他有关共有和共同管理权利重大事项的，应当经专有部分占建筑物总面积过半数的业主且占总人数过半数的业主同意。面积和业主人数按照下列方式确定：

（一）专有部分面积，按照建筑面积计算；建筑物总面积，按专有部分面积之和计算。

（二）建设单位已经出售的专有部分的业主人数，一户按一人计算；建设单位未出售的专有部分按一人计算；总人数，按照两者之和计算。

第二十三条 业主大会会议表决采用记名投票的方式。

任何人不得伪造业主选票、表决票、业主签名或者书面委托书。选票、表决票和书面委托书应当妥善保管，以备查询。

第二十四条 业主委员会是业主大会的执行机构，履行下列职责：

（一）召集业主大会会议，向业主大会报告工作；

（二）代表业主与业主大会决定选聘或者续聘的物业服务企业签订物业服务合同；

（三）及时了解业主、物业使用人的意见和建议，监督和协助物业服务企业履行物业服务合同；

（四）督促业主、物业使用人遵守管理规约，协调处理物业管理活动中的相关问题；

（五）配合街道办事处、乡镇人民政府、居民委员会做好物业管理区域的社区建设工作；

（六）法律法规规定或者业主大会赋予的其他职责。

业主委员会对全体业主负责，接受业主监督。

第二十五条 业主委员会委员应当从具备以下条件的业主中选举产生：

（一）具有完全民事行为能力；

（二）遵纪守法，热心公益事业，责任心强，具有较强的公信力和组织能力；

（三）遵守管理规约，履行业主义务，按时交纳住宅专项维修资金和物业服务费用，无损害公共利益行为；

（四）本人及其近亲属未在为本物业管理区域提供物业服务的企业及其下属单位任职。

第二十六条 业主委员会一般由五至十五人的单数委员组成，每届任期不超过五年，可以连选连任，具体人数、任期由业主大会议事规则约定。业主委员会主任、副主任在业主委员会成员中推选产生。

业主委员会委员候选人由业主联名推荐、业主自荐等方式产生。

业主委员会是否实行差额选举以及实行差额选举的差额比例由业主大会议事规则约定。

业主委员会实行差额选举的，未当选业主委员会委员且得票数达到法定票数的候选人，可以按照得票顺序当选业主委员会候补委员。候补委员人数由业主大会议事规则约定。候补委员可以列席业主委员会会议，不具有表决权。

第二十七条 业主委员会应当自选举产生之日起三十日内，向物业所在地的区、县人民政府房地产行政主管部门和街道办事处、乡镇人民政府备案。备案时应提交以下材料：

（一）管理规约、业主大会议事规则；

（二）业主大会的会议记录和会议决定；

（三）业主委员会委员（候补委员）名单及其基本情况。

物业所在地的区、县人民政府房地产行政主管部门应当在收到上述材料后五日内发出备案回执。

业主委员会收到备案回执后，应将备案情况告知物业服务企业，并在物业管理区域的显著位置公告。

备案的有关事项发生变更的，业主委员会应当自变更之日起十五日内书面报告物业所在地的区、县人民政府房地产行政主管部门和街道办事处、乡镇人民政府。

第二十八条 业主委员会凭物业所在地的区、县人民政府房地产行政主管部门的备案回执，向公安机关申请刻制印章，按照业主大会议事规则的规定和业主大会的决定使用。

第二十九条 业主委员会会议应当按照业主大会议事规则的规定定期召开。经三分之一以上业主委员会委员提议或者业主委员会主任认为有必要的，可以召开业主委员会会议。

业主委员会会议应当有过半数委员出席，作出决定必须经全体委员过半数同意，并在物业管理区域的显著位置公布。

第三十条 业主委员会委员应当遵守法律法规和管理规约，不得有下列行为：

（一）挪用、侵占业主共有财产；

（二）索取、非法收受建设单位、物业服务企业或者有利害关系业主提供的利益或者报酬；

（三）利用职务之便要求物业服务企业减免物业服务费；

（四）违反物业服务合同拒不交纳物业服务费用；

（五）泄露业主资料或者将业主资料用于与物业管理无关的活动；

（六）其他损害业主共同利益或者可能影响其公正履行职责的行为。

业主委员会委员违反前款规定的，经业主委员会会议决定中止其委员职务，并提请业主大会会议决定终止其委员职务。

第三十一条 业主委员会委员有下列情形之一的，其委员职务自行终止：

（一）因物业转让等原因不再是业主的；

（二）因疾病等原因丧失履行职责能力的；

（三）任职期间被依法追究刑事责任的；

（四）本人以书面形式向业主大会或者业主委员会提出辞职的；

（五）业主大会议事规则约定的其他情形。

第三十二条 业主委员会委员职务终止，有候补委员的，由候补委员依次递补。业主委员会应当及时将业主委员会委员职务终止和候补委员递补的情况在物业管理区域的显著位置公告。

职务终止的业主委员会委员应当自公告之日起三日内将其保管的属于业主大会、业主委员会所有的资料、印章等物品交回业主委员会。

第三十三条 业主委员会委员缺员，由候补委员递补后仍不足五人，或者后期物业的业主入住后需增补业主委员会委员的，业主委员会应当组织召开业主大会会议补选业主委员会委员。

业主委员会委员集体辞职的，应当召开业主大会会议重新选举业主委员会。业主可以向物业所在地街道办事处、乡镇人民政府提出协助要求，街道办事处、乡镇人民政府应当给予协助。

第三十四条 业主委员会任期届满三个月前，应当组织召开业主大会会议选举产生新一届业主委员会。业主委员会任期届满仍未组织召开业主大会会议进行换届选举的，业主可以向物业所在地街道办事处、乡镇人民政府提出协助要求，街道办事处、乡镇人民政府应当给予协助。

业主委员会应当在任期届满三日内，将属于业主大会、业主委员会的有关财物、文件资料、印章等移交给新一届业主委员会。

业主委员会任期届满，不得继续履行职责。

第三十五条 业主委员会日常工作经费由全体业主承担，经费的筹集、管理和使用由业主大会决定。

业主委员会应当按季度在物业管理区域的显著位置公布工作经费的使用情况，接受业主监督。

第四章　前期物业管理

第三十六条　前期物业管理阶段的住宅物业，建设单位应当通过招投标的方式选聘具有相应资质的物业服务企业进行前期物业管理服务，并签订书面的前期物业服务合同。投标人少于三个或者总建筑面积不超过五万平方米的住宅物业，经物业所在地的区、县人民政府房地产行政主管部门批准，可以采用协议方式选聘具有相应资质的物业服务企业。

分期开发的物业划定为一个物业管理区域的，应当由同一物业服务企业提供服务。

物业服务企业应当于合同签订之日起十五日内将前期物业服务合同报物业所在地的区、县人民政府房地产行政主管部门和街道办事处、乡镇人民政府备案。

第三十七条　建设单位与物业买受人签订的商品房买卖合同，应当包含前期物业服务合同约定的内容，载明由物业买受人交纳的前期物业服务费的时间、标准和方式。

实行政府指导价的前期物业服务费标准，应当按照政府指导价的有关规定执行。

第三十八条　建设单位应当按照不少于物业管理区域总建筑面积千分之二的比例，在物业管理区域内配置物业服务用房，最低不少于五十平方米，最高不超过三百平方米；其中，业主委员会办公用房最低不少于十平方米，最高不超过六十平方米。分期开发建设的物业，建设单位应当在先期开发的区域按照不少于先期开发房屋建筑面积千分之二的比例配置物业服务用房。

物业服务用房应当为地面以上的独立成套装修房屋，具备水、电使用功能；没有配置电梯的物业，物业服务用房所在楼层不得高于四层。

物业服务用房的所有权依法属于全体业主，专用于物业管理服务工作，不得挪作他用。

第三十九条　县级以上人民政府城乡规划行政主管部门应当在审批建

设工程规划许可证时，按前条规定明确物业服务用房的位置和面积。建设单位应当在商品房预售时予以公布。

县级以上人民政府房地产行政主管部门应当在办理所有权初始登记时，在房地产登记簿中注明物业服务用房面积和房号以及物业的其他共有部分。业主有权查询。

第四十条 建设单位在交付物业前，应当对物业服务用房、共用场地、共用设施设备配置独立的水电气计量器具。

第四十一条 物业买受人应当在建设单位交付物业后按照商品房买卖合同的约定交纳物业服务费用。

物业管理区域尚未出售或者已出售但尚未交付给物业买受人的物业，其物业服务费用由建设单位按照该物业区域同类物业的标准全额交纳。

建设单位出售物业时，不得承诺或者约定减免物业服务费用。建设单位已经承诺或者约定减免的物业服务费用，由建设单位承担。

第四十二条 物业服务企业承接物业时，应当对物业共用部位、共用设施设备进行查验。

在办理物业承接验收手续时，建设单位应当向物业服务企业移交下列资料：

（一）物业的报建、批准文件，竣工总平面、单体建筑、结构、设备竣工图，配套设施、地下管网工程竣工图等竣工验收资料；

（二）设施设备买卖合同复印件及安装、使用和维护保养等技术资料；

（三）物业质量保修文件和物业使用说明文件；

（四）物业管理区域内各类建筑物、场地、设施设备的清单；

（五）物业及配套设施的产权清单；

（六）物业服务用房的清单；

（七）物业的使用、维护、管理必需的其他资料。

建设单位、物业服务企业不得泄露业主资料，物业服务企业不得将业主资料用于与物业管理服务无关的活动。在前期物业服务合同终止时，物业服务企业应当将前款资料移交给业主委员会。

第四十三条 物业服务企业应当听取业主、物业使用人对物业管理服务的意见和建议，及时处理业主投诉，改进物业管理服务。

物业服务企业不及时处理业主的投诉的，居民委员会、街道办事处、乡镇人民政府、物业所在地的区、县人民政府房地产行政主管部门应当及时协调处理；对物业服务企业损害业主、物业使用人合法权益的，物业所在地的区、县人民政府房地产行政主管部门应当责令其限期整改，物业服务企业应当按期整改。

第五章　物业管理服务

第四十四条　业主大会成立后，业主委员会应当与业主大会选聘或者续聘的物业服务企业签订物业服务合同。签订合同时，业主委员会应当出具业主大会选聘或者续聘物业服务企业的决定和业主委员会的合法有效证明。

物业服务合同应当对物业管理范围、物业管理服务事项、服务标准、服务费用、双方的权利义务、专项维修资金的管理与使用、物业服务用房的使用、共用部位和共用设施设备的管理使用、合同期限、物业服务企业的退出、资料的移交、违约责任等内容进行约定。

物业服务企业应当于合同签订之日起十五日内将物业服务合同报物业所在地的区、县人民政府房地产行政主管部门和街道办事处、乡镇人民政府备案。

第四十五条　物业服务企业应当按照法律法规的规定和物业服务合同的约定，为业主提供服务，并配合政府有关部门、街道办事处、乡镇人民政府开展社区服务和社区文化活动。

第四十六条　物业服务企业应当明码标价，将服务内容、服务标准以及收费项目、收费标准等有关情况在物业管理区域的显著位置进行公示。

物业服务企业可以根据业主的委托提供物业服务合同约定以外的服务项目，服务报酬由双方协商确定。

第四十七条　业主应当按照物业服务合同的约定，按时交纳物业服务费用；物业产权转移时，业主应当与物业服务企业结清物业服务费用。

第四十八条　物业管理区域内，供水、供电、供气、通信、有线电视等单位应当服务到最终用户，并向最终用户收取有关费用。

第四十九条 物业服务收费实行酬金制的，物业服务企业应当向业主大会或者全体业主公布物业服务资金年度预决算，并每年不少于一次公布物业服务资金的收支情况。业主委员会可以聘请专业机构对物业服务资金的收支情况进行审计。

物业服务企业应当定期公布共用场地、共用设施设备产生的水电用量、单价、金额，按照实际费用和约定的方式向全体业主合理分摊。没有约定或者约定不明确的，按照业主专有部分占建筑物总面积的比例分摊。

业主或者业主大会对公布的物业服务资金年度预决算和物业服务资金的收支情况，以及共用场地、共用设施设备产生的水电费的分摊情况提出异议时，物业服务企业应当及时答复。

第五十条 物业服务合同期限届满三个月前，业主委员会应当组织召开业主大会决定选聘或者续聘物业服务企业，并将决定书面告知物业服务企业；物业服务企业决定不再续签物业服务合同的，应当在物业服务合同期限届满三个月前书面告知业主委员会。

业主大会决定续聘的，业主委员会应当在物业服务合同期限届满一个月前与物业服务企业续签物业服务合同。

业主大会决定选聘新的物业服务企业的，原物业服务企业应当在物业服务合同终止之日起十五日内退出物业管理区域。

物业服务合同期限届满，业主大会没有作出选聘或者续聘决定，原物业服务企业自愿按照原合同约定继续提供服务的，物业服务合同自动延续至业主大会作出选聘或者续聘决定为止。

第五十一条 物业服务企业退出时，应当向业主委员会移交其合法占有的下列资料和财物，并配合新的物业服务企业做好交接工作：

（一）第四十二条规定的资料；

（二）物业服务用房；

（三）物业管理服务期间改造、维修、保养有关物业形成的技术资料；

（四）物业管理服务期间配置的固定设施设备；

（五）其他应当移交的财物、资料。

第五十二条 业主委员会应当督促物业服务企业按照物业服务合同的约定做好物业管理服务，协调、处理业主、物业使用人对物业管理服务的投诉。

业主、物业使用人、业主委员会和物业服务企业对于物业管理服务有争议的，可以向物业所在地的区、县人民政府房地产行政主管部门、街道办事处、乡镇人民政府、居民委员会申请协调处理。

业主、物业使用人、业主委员会和物业服务企业对有关物业服务收费有争议的，可以向物业所在地价格行政主管部门申请协调处理。

第六章 物业的使用和维护

第五十三条 物业管理区域内按照规划建设的公共建筑和共用设施，不得擅自改变用途。

任何人不得擅自占用、挖掘物业管理区域的道路、场地，损害业主的共同利益。

利用物业管理区域属于业主共有的道路、绿地或者其他场地作为停放车辆的车位或者利用物业共用部位、共用设施设备进行经营的，应当征得相关业主和业主大会的同意，并依法办理相关手续。所得收益依法归全体业主共有。

第五十四条 物业管理区域内，规划用于停放汽车的车位、车库，应当首先满足本区域业主的需要。

物业管理区域内规划用于停放汽车的车位、车库，建设单位应当首先出租给本区域业主、物业使用人。在满足本区域业主、物业使用人需要后，建设单位将车位、车库出租给本区域业主、物业使用人以外的其他人的，其租赁合同期限不得超过六个月。

建设单位依法取得车位、车库权属登记后方能出售车位、车库。建设单位应当在出售车位、车库一个月前，以书面形式告知本区域全体业主，并在物业管理区域的显著位置公示拟出售车位、车库的产权证明文件和出售价格。拟出售车位、车库数量少于本区域房屋套数时，每户业主只能购买一个车位、车库。

第五十五条 物业管理区域内禁止下列行为：

（一）损坏或者擅自变动房屋承重结构、主体结构；

（二）违反法律法规以及管理规约，改变房屋用途，将住宅改变为经营性用房；

（三）将没有防水要求的房间或者阳台改为卫生间、厨房，或者将卫生间改在下层住户的卧室、起居室（厅）、书房和厨房的上方；

（四）破坏或者擅自改变房屋外观；

（五）违法搭建建筑物、构筑物；

（六）损坏或者擅自占用、改建物业共用部位；

（七）损坏或者擅自占用、移装共用设施设备；

（八）损毁树木、园林；

（九）存放不符合安全标准的易燃、易爆、剧毒、放射性等危险性物品，存放、铺设超负荷物品；

（十）乱丢垃圾，高空抛物；

（十一）发出超过规定标准的噪声或者影响邻居采光、通风；

（十二）法律法规和管理规约禁止的其他行为。

物业管理区域内发生上述行为时，业主、物业使用人有权投诉、举报，物业服务企业、业主委员会应当根据物业服务合同或者管理规约及时予以劝阻、制止；劝阻、制止无效的，物业服务企业、业主委员会应当及时报告有关行政主管部门，有关部门应当依法及时处理，相关业主和物业使用人应当积极予以配合。

第五十六条 物业共用部位、共用设施设备维修、更新时，相关业主、物业使用人应当予以配合。因相关业主、物业使用人阻挠维修、更新，造成其他业主、物业使用人财产损失的，责任人应当予以赔偿。

因物业共用部位、共用设施设备维修、更新等原因，造成房屋、设施设备等损害的，责任人应当予以恢复原状或者赔偿。

第五十七条 业主转让或者出租物业时，应当将管理规约内容、物业服务费用标准等事项告知受让人或者承租人，并自物业转让合同或者租赁合同签订之日起十五日内，将物业转让或者出租情况告知业主委员会和物业服务企业。

第五十八条 住宅物业、住宅小区内的非住宅物业或者与单幢住宅楼结构相连的非住宅物业的业主，应当按照国家规定交存住宅专项维修资金。

住宅专项维修资金实行专户存储、专款专用、业主决策、政府监督的原则。

住宅专项维修资金专户以物业管理区域为单位设账，并按房屋户门号设分户账；未划定物业管理区域的，以幢为单位设账，按房屋户门号设分户账。

住宅专项维修资金属于业主所有，专项用于物业保修期满后物业共用部位、共用设施设备的维修和更新、改造，不得挪作他用。

第五十九条 业主转让物业时，其交存的住宅专项维修资金余额不予退还，一并转让给新业主。

第六十条 共有物业的维修、更新、改造费用，由共有该物业的业主按照各自拥有的物业专有部分建筑面积比例分摊。

第六十一条 物业保修期内发生的维修费用，由建设单位承担，不得从住宅专项维修资金中列支。

物业管理区域内依法应当由供水、供电、供气、通讯、有线电视等单位承担的相关管线和设施设备的维修、养护费用，不得从住宅专项维修资金中列支。

第七章　法律责任

第六十二条 建设单位未按照本条例第十二条规定向物业所在地街道办事处、乡镇人民政府报告并在物业管理区域公告的，或者未按照本条例第十四条规定向业主大会筹备组提供相关文件资料的，由物业所在地县级以上人民政府房地产行政主管部门责令限期改正；逾期不改正的，可以处五万元以下的罚款。

建设单位未按照本条例第三十八条规定提供物业服务用房的，由县级以上人民政府房地产行政主管部门责令限期提供；逾期不提供的，责令向业主大会交纳相应价款，用于解决物业服务用房，没收违法所得，并处十万元以上五十万元以下的罚款。

第六十三条 物业服务企业有下列情形之一的，由县级以上人民政府房地产行政主管部门按照以下规定予以处罚：

（一）业主大会决定选聘新的物业服务企业后，原物业服务企业不按规定退出物业管理区域的，责令限期退出；逾期拒不退出的，处五万元以上十五万元以下的罚款，并由颁发其资质证书的房地产行政主管部门吊销其资质证书；

（二）损毁或者破坏属于全体业主的档案资料、财物和共用设施设备的，可处五万元以上二十万元以下的罚款。

物业服务企业违反本条例第三十七条第二款规定，擅自提高收费标准，增加收费项目的，由县级以上人民政府价格行政主管部门根据有关法律法规的规定予以处罚。

第六十四条 物业服务企业人员对业主或者物业使用人采取人身、财产侵害等行为的，应当依法承担民事责任；对违反治安管理的行为，依照《中华人民共和国治安管理处罚法》予以处罚；构成犯罪的，依法追究刑事责任。

第六十五条 业主委员会作出的决定违反法律法规规定或者业主大会决定，给业主、物业服务企业造成损害的，由签字同意该决定的业主委员会委员承担民事责任。

业主委员会违反法律法规规定，严重侵害业主合法权益或者严重影响公共秩序的，由政府有关部门依法追究责任。

第六十六条 业主委员会委员违反本条例第三十条规定的，由县级以上人民政府相关行政主管部门依法处理，并在其物业管理区域内予以通报；构成犯罪的，依法追究刑事责任。

业主委员会委员职务终止后未将其保管的属于业主大会、业主委员会所有的资料、印章等物品交回业主委员会，业主委员会任期届满后未及时将有关财物、文件资料、印章等移交新一届业主委员会的，由县级以上人民政府房地产行政主管部门责令限期改正，并给予警告。

第六十七条 违反本条例规定，泄露业主资料或者将业主资料用于与物业管理服务无关的活动的，依法追究法律责任。

第六十八条 违反本条例第五十五条规定，给他人造成损害的，依法承担民事责任，并由有关行政主管部门按照下列规定予以查处；构成犯罪的，依法追究刑事责任：

（一）违反第一项规定的，由县级以上人民政府建设行政主管部门责令限期改正，处五万元以上十万元以下的罚款。

（二）违反第二项、第四项、第五项规定的，由县级以上人民政府城乡规划行政主管部门依照有关法律法规的规定查处。

（三）违反第三项规定的，由县级以上人民政府建设行政主管部门责令限期拆除，并对业主、物业使用人处一千元以上五千元以下的罚款，对装饰装修企业处五千元以上五万元以下的罚款；逾期未拆除的，县级以上人民政府建设行政主管部门可以申请人民法院强制执行。

（四）违反第六项、第七项规定的，由县级以上人民政府房地产行政主管部门责令限期改正，给予警告；对个人可以处一万元以下的罚款；对单位可以处二十万元以下的罚款。

（五）违反第八项、第九项、第十项、第十一项、第十二项规定的，由相关行政主管部门依法查处。

第六十九条 县级以上人民政府房地产行政主管部门、街道办事处、乡镇人民政府以及其他有关行政管理部门的工作人员利用职务上的便利，收受他人财物或者其他好处，不依法履行监督管理职责，或者发现违法行为不予查处，尚未构成犯罪的，依法给予处分；构成犯罪的，依法追究刑事责任。

第八章 附 则

第七十条 本条例所称共用部位，是指属于业主共有共用的房屋主体承重结构部位（包括基础、内外承重墙体、柱、梁、楼板、屋面等）、走廊通道、楼梯间、电梯井、物业服务用房，以及房屋外墙面等。

本条例所称共用设施设备，是指物业区域内供排水管道、水箱、加压水泵、电梯、天线、照明设施、供电线路、煤气（天然气）管道、消防设施、沟渠、池、井、公益性文体等设施设备。

第七十一条 本条例自2009年3月1日起施行。

广东省土地利用总体规划条例

（2008年11月28日广东省第十一届人民代表大会常务委员会第七次会议通过）

第一章　总　则

第一条　为加强土地利用总体规划管理，严格实行土地用途管制，切实保护耕地，促进土地的科学、合理利用，根据《中华人民共和国土地管理法》及有关法律、行政法规，结合本省实际，制定本条例。

第二条　本条例适用于本省行政区域内编制、审批、实施和修改土地利用总体规划的活动。

第三条　编制、审批、实施和修改土地利用总体规划，应当遵循下列原则：

（一）严格保护耕地，控制非农业建设占用农用地，保证占用耕地与开发复垦耕地相平衡；

（二）节约集约用地，提高土地综合利用效益；

（三）统筹各业、各类、各区域用地，优化土地利用结构布局；

（四）加强土地生态建设，保障土地的可持续利用；

（五）强化土地宏观调控，加强规划实施的保障措施。

第四条　土地利用总体规划是指导土地管理，落实土地宏观调控和土地用途管制，规划城乡建设的基本依据。

第五条　各级人民政府负责本行政区域的土地利用总体规划管理工作。

县级以上人民政府土地行政主管部门会同其他有关部门负责本行政区域

土地利用总体规划编制和实施的具体工作。

第六条 各级人民政府应当将土地利用总体规划工作经费列入财政预算，专项用于土地利用总体规划编制和修改工作。

第二章 规划编制

第七条 县级以上人民政府应当组织土地管理、发展改革、建设、城乡规划、经贸、农业、林业、水利、交通、环境保护、海洋渔业等部门，开展本行政区域土地利用总体规划的编制工作。

乡（镇）人民政府负责编制本行政区域的土地利用总体规划。

第八条 各级人民政府应当依据国民经济和社会发展规划、主体功能区规划、国土整治和资源环境保护的要求，土地供给能力以及各项建设对土地的需求，编制土地利用总体规划。

编制土地利用总体规划和城乡规划应当采用统一的人口数据和用地规模现状数据。

土地利用总体规划的规划期限，按照国家的规定执行。

第九条 省土地利用总体规划应当重点从保护耕地、优化用地结构、调整用地布局、节约集约用地、加强生态建设、推进土地整理复垦开发等方面提出目标和任务；从耕地保有量、基本农田保护面积、城乡建设用地规模、人均城镇工矿用地、新增建设用地占用耕地规模，以及园地面积、林地面积、牧草地面积等方面确定相关指标；并将确定的各类用地控制指标分解到市。

市、县（区）土地利用总体规划应当合理调整土地利用结构和布局，组织划分土地利用区，重点明确中心城区和城镇建设用地区的范围，并根据上级规划要求和本行政区域土地资源特点，分解落实各类用地控制指标。

乡（镇）土地利用总体规划应当按照上级规划要求，重点将各类用地控制指标、规模和布局等落实到地块。

第十条 编制土地利用总体规划，应当规定土地用途，划分允许建设区、限制建设区和禁止建设区。

城市和村庄、集镇建设用地区应当划入允许建设区；自然保护区核心区、饮用水源一级保护区、地质灾害危险区和法律法规禁止建设占用的其他区域应当划入禁止建设区；其他应当划入限制建设区。

第十一条 县级以上土地利用总体规划应当包括下列内容：

（一）上一轮规划实施的评价；

（二）土地利用现状；

（三）土地利用远期目标和近期目标；

（四）土地利用结构和布局；

（五）规划指标的分解；

（六）环境影响评价；

（七）土地利用总体规划实施的保障措施；

（八）土地利用现状图和土地利用总体规划图；

（九）国家和省规定的其他内容。

第十二条 乡（镇）土地利用总体规划应当包括下列内容：

（一）规划目标；

（二）乡（镇）土地利用总体规划图；

（三）允许建设区、限制建设区、禁止建设区的范围、确定用地规则及每一块土地的用途；

（四）环境影响评价；

（五）国家和省规定的其他内容。

第十三条 县级以上人民政府组织编制土地利用总体规划前，应当按照国家有关规定编制规划大纲。其中，需报国务院审批的土地利用总体规划的规划大纲，按照国家有关规定进行评审，其他规划大纲，由有规划审批权的人民政府土地行政主管部门组织评审。规划大纲评审没有通过的，不得编制土地利用总体规划。

第十四条 下一级土地利用总体规划应当依据上一级土地利用总体规划编制，与上一级土地利用总体规划的总体布局相衔接，不得改变上一级土地利用总体规划确定的土地利用的布局和规模。

下一级土地利用总体规划的建设用地总量和新增建设用地规模等约束性

指标，不得超过上一级土地利用总体规划确定的控制指标；耕地保有量和基本农田保护面积，不得低于上一级土地利用总体规划确定的控制指标。

第十五条 城乡、交通、能源、水利、矿产资源、环境保护等各类与土地利用相关的规划，应当与土地利用总体规划相衔接；不符合土地利用总体规划确定的用地规模，应当及时调整和修改。

前款与土地利用相关的规划，在编制阶段应当就用地规模征求同级人民政府土地行政主管部门的意见。

第十六条 土地利用总体规划报送审批前，编制规划的人民政府应当依法将土地利用总体规划草案向社会公告。其中，乡（镇）土地利用总体规划草案还应当在本行政区域内各村民委员会公告。公告时间不得少于三十日。

土地利用总体规划草案应当采取听证会、论证会或者其他方式征求专家和公众的意见。其中，县、乡（镇）土地利用总体规划草案必须进行听证。听证程序按照国家有关规定执行。

编制规划的人民政府应当充分考虑专家和公众的意见，并在报送审批材料中附具意见采纳情况，对未采纳的意见应当说明理由。

第三章　规划审批

第十七条 土地利用总体规划实行分级审批。

省土地利用总体规划，由省人民政府报国务院批准。

省人民政府所在地的市、人口在一百万以上的城市以及国务院指定的城市的土地利用总体规划，经省人民政府审查同意后，报国务院批准。

本条第一款、第二款规定以外的土地利用总体规划，逐级报上级人民政府审查同意后，报省人民政府批准；其中，乡（镇）土地利用总体规划，省人民政府可以授权地级以上市人民政府批准。

有关人民政府审查或者批准土地利用总体规划前，应当组织有关部门对土地利用总体规划进行审核。

第十八条 报送审批土地利用总体规划，应当提交下列文件、材料：

（一）规划文本和规划说明；

（二）规划图件；

（三）规划专题报告；

（四）国家和省规定的其他文件、材料。

第十九条 土地利用总体规划批准后，编制规划的人民政府应当自批准之日起三十日内向社会公布。其中，乡（镇）土地利用总体规划还应当在本行政区域内各村民委员会公布。

公布土地利用总体规划应当包括以下内容：规划目标、规划期限、规划范围、规划分区以及批准机关和批准日期。其中，乡（镇）土地利用总体规划还应当公布土地利用总体规划图和地块用途。但法律、行政法规规定不得公开的内容除外。

第二十条 土地利用总体规划经依法批准后，县级以上人民政府土地行政主管部门或者乡（镇）人民政府应当按照国家有关规定报上级人民政府土地行政主管部门备案。

第二十一条 土地利用总体规划一经批准，任何机关、单位和个人必须严格执行。未经法定程序批准，任何机关、单位和个人不得擅自修改。

第四章 规划实施

第二十二条 各级人民政府应当按照经批准的土地利用总体规划，实行土地用途管制，建立和完善耕地保护和节约集约用地责任的考核制度，严格限制农用地转为建设用地，控制建设用地总量，对耕地实行特殊保护。

第二十三条 各级人民政府应当根据经批准的土地利用总体规划，组织编制土地利用年度计划，按照规定报经批准后实施。

各级人民政府应当严格执行土地利用年度计划。计划年度内新增建设用地总量、土地开发整理补充耕地量和耕地保有量，按照上级人民政府下达的计划指标执行。

第二十四条 需要使用土地的建设项目应当在允许建设区内安排建设

用地。

严格限制在限制建设区内安排建设用地。交通、能源、水利、军事、国家安全、矿山和其他因生态环境保护要求需要单独选址且属于限制建设区用地项目目录范围的，可在限制建设区内安排建设用地。限制建设区用地项目目录由省人民政府另行规定。

不得在禁止建设区内安排建设用地。

第二十五条 建设项目用地实行预审制度。

需要审批的建设项目在可行性研究阶段，需要核准的建设项目在申请核准前，需要备案的建设项目在备案后，由建设用地单位向建设项目所在地的县级人民政府土地行政主管部门提出用地预审申请。用地预审程序按照国家有关规定执行。

建设用地单位申报核准或者提请批准建设项目时，应当附具县级以上人民政府土地行政主管部门的用地预审意见；未经用地预审或者没有通过用地预审的，县级以上人民政府和有关部门不得核准或者批准建设项目。

第二十六条 县级以上人民政府土地行政主管部门应当加强土地调查统计和监测评价，建立土地利用总体规划信息系统，利用现代科学技术手段对土地利用总体规划实施进行动态监测。

第五章 规划修改

第二十七条 土地利用总体规划每实施五年，编制规划的人民政府应当组织有关部门和专家对规划实施情况进行全面评估，并采取听证会、论证会或者其他方式征求公众意见。编制规划的人民政府应当向有批准权的机关提出评估报告并附具征求意见的情况。

第二十八条 有下列情形之一的，编制规划的人民政府方可按照规定的权限和程序修改土地利用总体规划：

（一）经全面评估确需修改规划的；

（二）行政区划调整确需修改规划的；

（三）经国务院或者省人民政府批准的能源、交通、水利等基础设施建设用地确需修改规划的；

（四）国家规定或者经省人民政府批准的需要修改规划的其他情形。

因前款第（一）项、第（二）项、第（四）项规定情形修改规划的，编制规划的人民政府应当向有批准权的机关提出修改申请；经批准进行修改的，按照本条例规定的编制程序修改，并报有批准权的机关批准。其中，乡（镇）土地利用总体规划的修改涉及改变和占用基本农田的，必须报省人民政府按照国家有关规定批准。因前款第（三）项规定情形修改规划的，由编制规划的人民政府依法按照有关批准文件进行修改。

修改后的规划，应当依法向社会公布。

第二十九条 土地利用总体规划修改，必须确保上级土地利用总体规划确定的各类用地控制指标不变；确保本行政区域内现有基本农田总量不减少，质量不降低。

修改土地利用总体规划确需减少耕地保有量和基本农田的，按照国家有关规定逐级申报批准后，在县、市、省范围内平衡解决。具体办法由省人民政府另行规定。

第六章 监督检查

第三十条 各级人民政府应当建立健全监督检查制度，及时发现、制止违反土地利用总体规划行为，定期公布土地利用总体规划执行情况。

第三十一条 县级以上人民政府应当接受同级人民代表大会常务委员会对土地利用总体规划管理工作的监督。

县级以上人民政府应当将土地利用年度计划执行情况列为国民经济和社会发展规划执行情况的内容，向同级人民代表大会报告。

第三十二条 上级人民政府应当加强对下级人民政府土地利用总体规划实施的监督。

县级以上人民政府土地行政主管部门应当加强对本行政区域土地利用情

况的检查。

第三十三条 任何单位和个人有权向县级以上人民政府土地行政主管部门或者其他有关部门举报或者控告违反土地利用总体规划的行为。

县级以上人民政府土地行政主管部门或者其他有关部门，应当及时受理举报或者控告，组织核查、处理，并将核查、处理结果答复举报人或者控告人。对违法案件的查处结果应当及时向社会公开。

第七章 法律责任

第三十四条 对依法应当编制土地利用总体规划而未编制，或者未按法定程序编制、审批和修改土地利用总体规划的，以及未依法公布经批准的土地利用总体规划的，由上级人民政府责令改正，通报批评；对有关人民政府负责人和其他责任人员，依法给予处分。

第三十五条 有关人民政府不按照土地利用总体规划批准用地的，其批准文件无效。对非法批准用地的直接负责的主管人员和其他直接责任人员，依法给予处分；构成犯罪的，依法追究刑事责任。非法批准、使用的土地应当收回，有关当事人拒不归还的，以非法占用土地论处。

第三十六条 下级人民政府擅自突破土地利用年度计划的，由其上级人民政府责令限期纠正，扣减下一年度土地利用计划指标，对直接负责的主管人员和其他直接责任人员，依法给予处分。

第三十七条 县级以上人民政府有关部门有下列行为之一的，由本级人民政府、上级人民政府有关主管部门或者监察机关依据职权责令改正，通报批评；对直接负责的主管人员和其他直接责任人员，依法给予处分；构成犯罪的，依法追究刑事责任：

（一）不按照规定核发用地预审文件的；

（二）批准或者核准未经用地预审或者没有通过用地预审的建设项目的。

第三十八条 县级以上人民政府土地行政主管部门或者其他部门，对违反土地利用总体规划行为的举报或者控告，不依法及时受理并组织核查、处理的，对直接负责的主管人员和其他直接责任人员，依法给予处分。

第八章　附　则

第三十九条　本条例自2009年3月1日起施行。

广东省未成年人保护条例

（1989年2月24日广东省第七届人民代表大会常务委员会第六次会议通过　根据1997年7月26日广东省第八届人民代表大会常务委员会第三十次会议《关于修改〈广东省青少年保护条例〉的决定》修正　2008年11月28日广东省第十一届人民代表大会常务委员会第七次会议修订）

第一章　总　则

第一条　为保护未成年人身心健康，保障未成年人合法权益，促进未成年人品德、心理、智力、体质等方面全面发展，根据《中华人民共和国未成年人保护法》和有关法律、法规，结合本省实际，制定本条例。

第二条　本条例所称未成年人是指未满十八周岁的公民。

未成年人享有生存权、发展权、受教育权、受保护权、参与权等权利，其合法权益应当得到特殊、优先保护。

各级国家机关、社会组织和个人在处理与未成年人权益有关的事务时，应当根据未成年人的身心发展规律和特点，听取并且尊重未成年人的意见。

第三条　保护未成年人，是国家机关、武装力量、政党、社会团体、企业事业组织、城乡基层群众性自治组织、未成年人的监护人和其他成年公民的共同责任。

国家、社会、学校和家庭应当优化未成年人成长环境，保障未成年人合法权益，教育和帮助未成年人增强自我保护意识和能力。

第四条　县级以上人民政府应当建立健全未成年人保护工作协调机制，依法设立未成年人保护工作协调机构，领导、协调、指导、督促有关部门做好未成年人保护工作。

未成年人保护工作协调机构的组成和职责由省人民政府规定。

第五条 各级人民政府应当将未成年人保护工作纳入国民经济和社会发展规划以及年度计划，未成年人保护工作经费纳入本级政府预算。

第六条 共产主义青年团、妇女联合会、工会、残疾人联合会、青年联合会、学生联合会、少年先锋队以及其他组织应当发挥各自作用，动员社会力量，协助各级人民政府做好未成年人保护工作，维护未成年人的合法权益。

第七条 各级人民政府和有关部门对有下列情况之一成绩显著的组织和个人，给予表彰和奖励：

（一）教育、帮助未成年人健康成长的；

（二）提供、兴建未成年人活动场所或者设施的；

（三）创作出有利于未成年人健康成长的优秀作品的；

（四）援救处于危险境地的未成年人的；

（五）捐建、捐助未成年人福利机构等支持未成年人福利事业的；

（六）预防未成年人违法犯罪的；

（七）教育、挽救、改造违法犯罪未成年人的；

（八）为残疾、刑满释放、解除教养等未成年人提供就学、就业的；

（九）维护未成年人合法权益的；

（十）其他推动未成年人保护工作的。

第二章　家庭保护

第八条 父母或者其他监护人应当依法履行监护职责和抚养义务，保障未成年人的人身、财产和其他合法权益。家庭其他成年成员应当协助未成年人的父母或者其他监护人教育、保护未成年人。

父母或者其他监护人不能履行对未成年人监护职责又没有委托其他成年人或者机构代为监护的，家庭其他成年成员应当给予帮助。

第九条 父母或者其他监护人应当接受学校和家庭教育机构的指导，学习正确的教育和监护方法，并配合学校做好未成年人教育工作。

第十条 父母或者其他监护人应当为适龄未成年人提供接受教育的基本条件，保证其依法接受义务教育，不得以务工、务农、经商等理由使其辍学或者失学。

第十一条 父母或者其他监护人不得放任未成年人夜不归宿，不得让其脱离监护单独居住，已满十六周岁并以自己的劳动收入为主要生活来源的未成年人除外。

第十二条 父母或者其他监护人负有对未成年人安全教育、保护的义务。

父母或者其他监护人应当指导未成年人正确使用电器、燃气等可能危及未成年人安全的设备、物品，给予未成年人户外活动安全的相关指引，防止未成年人参加安全保障措施不健全的户外活动。

父母或者其他监护人以及其他成年公民应当注意未成年人的乘车安全，不得将未成年人单独留在机动车内，不安排未满十二周岁的未成年人乘坐机动车副驾驶位置。

第十三条 父母或者其他监护人应当引导和监督未成年人正确选择和使用网络资源，防止未成年人沉迷网络或者电子游戏。

第三章　学校保护

第十四条 学校应当尊重和保障未成年人的受教育权，不得拒绝接收应当在本学区内接受义务教育的适龄未成年人，不得使尚未完成义务教育的未成年学生退学，不得违反法律和国家规定开除未成年学生。

对品行有缺点、学习有困难的未成年学生，学校应当耐心教育、帮助，不得歧视。

第十五条 学校应当采取有效措施，协调各门课程的作业量，确保未成年学生的作业量与未成年学生身心发展水平相适应，每天作业总量不得超过国家教育行政部门关于作业量的相关规定。

义务教育阶段学校不得以各种名义占用未成年学生寒暑假期、法定节假日集体补课，加重未成年学生的学习负担。

第十六条 在义务教育阶段，学校和教师不得张榜公布未成年学生的考试成绩名次；不得以提高升学率等理由损害未成年学生的合法权益。

第十七条 学校应当根据未成年学生生理、心理发展特点开展心理健康教育，运用科学的心理教育方法和手段，培养学生良好的心理素质。

对有心理困扰或者心理障碍的未成年学生，学校应当给予心理咨询和辅导；发现未成年学生行为异常的，学校应当安排心理辅导人员跟进辅导，并及时与其父母或者其他监护人取得联系。

第十八条 学校应当组织、指导未成年学生参加各项有益身心健康的文化体育活动。

学校应当保证未成年学生的学习和活动设施不被占用。寒暑假期间，图书馆、阅览室、计算机室、体育场馆等场所应当定期向本校学生开放。

学校应当对本校共青团、少年先锋队、学生会等组织的活动给予指导和支持，提供必要的经费和活动场所。

第十九条 学校不得组织未成年学生参加营利性以及不利于未成年学生身心健康的活动。

学校在组织未成年学生进行专业实习时，应当以培养专业技能为目的，不得安排未成年学生参加与教育教学无关的活动。

第二十条 学校、幼儿园应当选聘持有教师资格证书并且师德良好的教师，加强教师职业道德教育和业务考核。

学校、幼儿园、托儿所教职员工应当关心爱护未成年人，尊重未成年人的人格尊严，不得体罚、变相体罚未成年人；不得嘲讽、辱骂、恐吓、贬损或者以其他方式歧视未成年人；不得随意中断未成年人上课。

第二十一条 对有违纪行为的未成年学生，学校应当给予说服、教育和帮助；确须给予处分的，学校应当先向未成年学生及其监护人说明理由并听取意见，按照审慎、公平、公正的原则作出处分决定。

未成年学生受到处分后有改正表现的，学校应当在其毕业前将处分记录从个人档案中消除。

第二十二条 学校在公共卫生间等设施的建设、配置和使用上，应当照顾未成年女学生的生理特点，女卫生间人均实际使用厕位数量应当多于男卫生间厕位数量。

学校和教师应当允许未成年女学生在经期内不进行激烈的体育活动。

第二十三条 学校、幼儿园、托儿所应当配备必要的安全设施，建立安全检查和日常维护制度，对校舍、运动场所、教学设备、安全设施定期检查维修，健全食品、药品、用品登记检查制度，发现安全问题应当采取有效措施及时处理，无法处理的应当及时报告有关主管部门。

学校、幼儿园、托儿所应当加强校园安全管理，校外人员未经许可不得进入。

第二十四条 学校、幼儿园应当建立健全学生宿舍的安全管理、生活管理和卫生管理制度。

未成年人在学校寄宿期间未经许可夜不归宿的，学校应当及时查找，并通知其父母或者其他监护人，必要时可以向公安机关请求帮助。

第二十五条 学校、幼儿园、托儿所应当加强对接送未成年人校车的安全检查和管理，禁止使用不符合安全运输条件的车辆。

学校、幼儿园、托儿所的校车应当配备除驾驶员以外的随车管理人员，保障未成年人安全。

第二十六条 学校应当加强对进入学校的车辆的管理，保障在校师生的安全。经允许进入学校的车辆，应当遵守学校的交通管理规定。

学校不得出租、出借校园场地停放机动车辆。

第二十七条 学校及其教职员工应当制止未成年学生之间歧视、侮辱、欺压等侵犯人格尊严的行为，并采取措施防止校园暴力的发生。

学校应当主动配合公安机关维护校园周边治安，预防和制止扰乱教学秩序或者危害未成年学生人身、财产安全的行为。

第二十八条 学校、幼儿园、托儿所应当明确一名负责人分管未成年人安全和保护工作。

学校、幼儿园、托儿所应当培养未成年人的安全意识，开展应对各种灾害、传染性疾病、食物中毒、意外伤害等事件的基本安全防范教育，使其掌握基本的自救互救技能。

学校、幼儿园、托儿所应当每学期至少组织一次自救演习。

第二十九条 学校、幼儿园、托儿所应当建立突发事件应急处置机制并制定突发事件应急预案。

发生突发事件和未成年人人身伤害事故时，学校、幼儿园、托儿所应当启动应急预案，优先保护未成年人的安全，及时救护，妥善处理，并向有关主管部门报告。

突发事件发生后，学校、幼儿园、托儿所应当及时关心、安抚未成年人，全面了解其心理健康状况，有针对性的进行心理健康辅导。

第四章 社会保护

第三十条 向未成年人开放的活动场所应当符合国家和行业安全标准。未成年人集中活动的公共场所，应当采取相应的安全保护措施，并设置提醒保护未成年人人身安全的明显标志。

游乐设施的管理单位应当在设施附近的显著位置标明适用年龄范围或者注意事项等警示标志，加强管理，定期维护。

第三十一条 生产、销售用于未成年人的食品、药品、玩具等产品，应当符合国家标准和行业标准。需要标明注意事项的，应当在显著位置标明。

任何单位和个人不得向未成年人提供烟草或者仿烟草制品的产品，以及涉及暴力、色情、恐怖、血腥等危害未成年人身心健康的产品。

第三十二条 学校周围直线延伸二百米范围内禁止设立易燃易爆、剧毒、放射性、腐蚀性等危险物品的生产、经营、储存、使用场所或者设施。

第三十三条 任何单位或者个人不得以任何形式披露未成年人的隐私以及其他不能公开的个人资料，法律法规另有规定的除外。

广播、电视、网络等媒体以及报纸、期刊、图书、音像制品等公开出版物，不得披露违法犯罪未成年人以及受害未成年人的姓名、住所、单位、照片、图像以及可能推断出该未成年人的资料。

第三十四条 对有特殊才能、有发明创造或者有突出成就的未成年人，各级人民政府以及学校、家庭应当为其发展创造有利条件，并依法保障其智力成果和荣誉权不受侵犯。

文艺、体育和特种工艺等单位根据国家有关规定招收未成年人的，应当采取有效措施，保护其身心健康，并保证其完成义务教育。

第三十五条 城乡基层群众性自治组织应当协助有关部门，组织、指导未成年人开展有益身心健康的文体活动和社会实践。

城乡基层群众性自治组织应当支持社会工作者和志愿者开展未成年人保护工作。

城乡基层群众性自治组织应当配合公安机关、司法行政机关以及其他社会团体对被判处非监禁刑罚、被判处刑罚宣告缓刑、被假释的未成年人以及刑满释放、解除教养等未成年人进行矫治和帮教。

第三十六条 鼓励和支持社会组织、个人发展未成年人福利事业，依法设立未成年人福利机构、学前教育机构、特殊教育机构、救助机构或者救助基金。

第五章 国家机关保护

第三十七条 各级人民政府教育行政部门应当合理配置教育资源，建立科学的教育评价制度，推进实施素质教育，不得把升学率作为考核义务教育阶段学校工作的主要指标。

第三十八条 各级人民政府教育行政部门应当建立健全学校突发事件应急处置机制，制定学校突发事件的应急预案，明确学校应对突发事件的基本流程，指导、监督学校及时处理校园暴力、公共卫生、事故灾害等突发事件。

第三十九条 公安机关应当把学校周边地区作为重点治安巡逻、监控区域，及时发现和消除各类治安隐患，维护学校周边治安，预防、制止侵害未成年人人身、财产安全的违法犯罪行为。

第四十条 公安、交通等行政部门应当加强学校周边的道路交通安全管理，在学校门口以及其他未成年人集中出入的交通道口，设置明显的禁停、警示、让行、限速标志和必要的交通安全保护设施，适当延长行人通过时间。

第四十一条 各级人民政府应当逐步建立未成年人医疗保险制度。

民政、卫生等行政部门应当对患重大疾病且生活困难的未成年人实施医疗救助。

鼓励社会组织和个人对患重大疾病且生活困难的未成年人进行救助。

第四十二条 地级以上市人民政府应当至少建立一所具有养护、医疗康复、教育等功能的儿童福利院。县级人民政府应当根据当地需要，整合资源，建立儿童福利院或者具有儿童福利功能的综合性福利机构。

各级人民政府对社会组织、个人建立的儿童福利机构或者综合性福利机构，应当给予支持，并加强指导和监督。

第四十三条 各级人民政府应当为残疾未成年人提供治疗、康复、教育和培训的条件，组织残疾未成年人与其他未成年人之间的交流和学习活动。

第四十四条 公安机关、人民检察院、人民法院办理未成年人案件，应当依法及时告知其本人或者其监护人有权聘请律师和申请法律援助的途径、程序。

对于无法联系其监护人或者没有聘请律师的未成年犯罪嫌疑人，侦查机关在进行第一次讯问或者采取强制措施之日起三日内，应当通知当地法律援助机构为其提供法律援助。

对于申请法律援助或者司法救助的未成年人，法律援助机构、人民法院应当给予帮助，依法为其提供法律援助或者司法救助。

第四十五条 公安机关、人民检察院、人民法院办理未成年人案件，应当依法采取措施，优先保护未成年人权益。

第四十六条 公安机关、人民检察院、人民法院、司法行政机关办理未成年人刑事案件，应当由专门机构或者专人负责，根据未成年人身心发展特点，采取分别羁押、分案起诉、分案审理、分别矫治等措施。

第四十七条 人民法院开庭审理未成年人案件，应当采取适合未成年人身心发展特点的审判方式。

第四十八条 公安机关、人民检察院、人民法院、司法行政机关办理未成年人案件，可以聘请熟悉未成年人工作的人员担任社会调查员、社会观护员、未成年犯帮教员、心理咨询员等，保障未成年人合法权益。

第六章 自我保护

第四十九条 未成年人应当遵守法律法规和社会公德，养成良好的生活习惯，珍惜生命。

未成年人不得有下列行为：

（一）吸烟、酗酒、滥用药物；

（二）沉迷网络或者电子游戏；

（三）驾驶机动车辆或者参与道路竞驶、竞技等危险活动；

（四）在没有安全保障的情况下，进行攀岩、蹦极、游泳等高危险性的体育和娱乐活动；

（五）其他危及或者损害身心健康的行为。

第五十条 未成年人应当掌握基本的生存知识和应对意外伤害等突发性事件的技能，增强抵御自然灾害和不法侵害的自我保护意识和能力。

第五十一条 未成年人发现本人或者其他未成年人合法权益受侵害的，可以向其父母或者其他监护人、所在学校、当地城乡基层群众性自治组织反映，或者向有关部门和单位投诉、举报。

学校、城乡基层群众性自治组织、有关部门和单位接到反映、投诉、举报后，应当及时处理，并在五个工作日内给予书面答复，法律法规另有规定的除外。

第五十二条 父母或者其他监护人有下列侵犯未成年人权益行为的，未成年人可以向所在学校、当地城乡基层群众性自治组织或者公安机关请求保护：

（一）实施家庭暴力、虐待或者遗弃；

（二）不提供接受义务教育的基本条件；

（三）迫使其结婚或者为其订立婚约；

（四）其他严重侵犯未成年人权益的行为。

接到保护请求的单位应当及时采取救助措施，不得拒绝、推诿。

第五十三条 未成年学生及其监护人对学校的下列处理决定不服的，可以向学校或者教育行政等主管部门提起申诉：

（一）警告、严重警告、记过、留校察看、开除学籍等纪律处分；

（二）取消报考资格或者入学资格；

（三）学校违法要求学生履行义务；

（四）其他严重侵犯学生合法权益的决定。

学校应当明确接受和处理学生申诉的部门和程序，并予以公布。学校或者教育行政等主管部门应当及时处理未成年学生申诉。

第五十四条 未成年人生活无着的，可以直接或者通过监护人、所在学校、基层群众性自治组织向民政部门申请生活安置。

第七章 法律责任

第五十五条 对于侵害未成年人合法权益的行为，未成年人保护工作协调机构有权要求并协助有关部门或者单位查处。有关部门或者单位应当依法查处，并予以答复。

有关部门或者单位对侵害未成年人合法权益的行为不依法履行职责的，未成年人保护工作协调机构应当督促其依法处理，对无正当理由拒不履行职责的，可以建议有关机关对直接负责的主管人员和直接责任人员依法给予处分。

第五十六条 国家机关及其工作人员违反本条例规定，不履行保护未成年人合法权益的职责，或者侵害未成年人合法权益，或者对提出申诉、控告、检举的人进行打击报复的，由其所在单位或者上级机关责令改正，对直接负责的主管人员和其他直接责任人员依法给予处分。

第五十七条 未成年人的父母或者其他监护人违反本条例第八条、第十条、第十一条、第五十二条规定，不依法履行监护职责，或者侵害未成年人合法权益的，由其所在单位或者城乡基层群众性自治组织予以劝诫、制止；构成违反治安管理行为的，由公安机关依法给予行政处罚。

第五十八条 学校、幼儿园、托儿所等单位及其工作人员违反本条例第三章的规定，不履行保护未成年人合法权益的义务或者侵害未成年人合法权益的，由其所在单位或者教育行政管理部门责令改正，对直接负责的主管人员和其他直接责任人员依法给予处分。

第五十九条 学校、幼儿园、托儿所教职员工违反本条例规定，侵犯学生受教育权、实施体罚、变相体罚或者其他侮辱学生人格等行为的，由其所在单位或者上级机关责令改正，依法给予处分；构成违反治安管理行为的，由公安机关对违法行为人依法给予行政处罚。

第六十条 经营、管理单位违反第三十条和第三十一条第一款规定，向未成年人开放的活动场所和设施不符合国家和行业安全标准，或者生产、销售不符合国家标准或者行业标准的食品、药品、玩具等产品，或者没有在显著位置标明注意事项的，由质量监督部门或者工商行政管理部门责令改正，依法给予行政处罚。

第六十一条 任何单位和个人违反第三十一条第二款规定，向未成年人提供烟草或者仿烟草制品的产品，或者涉及暴力、色情、恐怖、血腥等危害未成年人身心健康的产品的，由相关行政主管部门责令改正，依法给予行政处罚。

第六十二条 任何单位和个人违反本条例第三十三条，侵犯未成年人隐私，由公安机关责令改正，构成违反治安管理行为的，依法给予行政处罚。

第八章 附 则

第六十三条 学校是指承担未成年人教育任务的，由地方人民政府设置或者批准设置的全日制小学、全日制普通中学、中等职业技术学校、专门学校、盲童学校、聋哑学校、弱智儿童辅助学校等。

第六十四条 本条例自2009年1月1日起施行。《广东省青少年保护条例》同时废止。

广东省人口与计划生育条例

（1980年2月2日广东省第五届人民代表大会常务委员会第二次会议通过　根据1986年5月17日广东省第六届人民代表大会常务委员会第二十次会议《关于修改〈广东省计划生育条例〉的若干规定的决议》第一次修正　1992年11月28日广东省第七届人民代表大会常务委员会第二十九次会议第一次修订　根据1997年12月1日广东省第八届人民代表大会常务委员会第三十二次会议《关于修改〈广东省计划生育条例〉有关条文的决定》第二次修正　1998年9月18日广东省第九届人民代表大会常务委员会第五次会议第二次修订　根据1999年5月21日广东省第九届人民代表大会常务委员会第十次会议《关于修改〈广东省计划生育条例〉第十条的决定》第三次修正　2002年7月25日广东省第九届人民代表大会常务委员会第三十五次会议第三次修订　2008年11月28日广东省第十一届人民代表大会常务委员会第七次会议第四次修订）

第一章　总　则

第一条　为了实现人口与经济、社会、资源、环境的协调发展，控制人口数量，提高人口素质，维护公民的合法权益，促进社会进步，根据《中华人民共和国人口与计划生育法》及有关法律法规，结合本省实际，制定本条例。

第二条　居住在本省行政区域内的中国公民和户籍在本省而居住在省外的公民，以及本省行政区域内的一切国家机关、社会团体、企业事业单位和群众自治组织应当遵守本条例。

第三条　人口与计划生育工作应当以宣传教育为主、避孕为主、经常性工作为主，实行依法管理、村（居）民自治、优质服务、政策推动、综合治理。

人口与计划生育工作应当与发展经济相结合、与帮助群众劳动致富相结合、与建设文明幸福家庭相结合。

人口与计划生育工作应当与增加妇女受教育和就业机会、增进妇女健康、提高妇女地位相结合。

第四条 夫妻双方有依法实行计划生育的义务，实行计划生育的合法权益受法律保护。不实行计划生育是违法行为。

第五条 各级人民政府统一领导本行政区域内人口与计划生育工作，实行人口与计划生育目标管理责任制。

各级人民政府的主要负责人是执行本地区人口与计划生育工作任务的第一责任人。做好人口与计划生育工作是考核各级人民政府及其负责人工作实绩的一项重要内容。

第六条 县级以上人民政府人口和计划生育行政部门主管计划生育工作，在本行政区域内负责本条例的具体实施和监督检查。

县级以上人民政府其他有关工作部门应当结合各自的职责，做好有关的人口与计划生育工作。

第七条 村民委员会、居民委员会应当依法做好人口与计划生育工作。

第八条 工会、共产主义青年团、妇女联合会、个体劳动者协会、私营企业协会、计划生育协会、人口学会等社会团体、企业事业单位和公民应当协助人民政府开展人口与计划生育工作。

第九条 各级人民政府应当将人口与计划生育经费列入财政预算，保障人口与计划生育工作必要的经费，逐年提高人口与计划生育经费投入的总体水平。

各企业事业单位应当安排必要的经费，保证人口与计划生育工作的开展。

第二章　组织实施

第十条 县级以上人民政府根据全国人口发展规划及上一级人民政府人口发展规划，结合当地实际情况，编制本行政区域的人口发展规划，将其纳入国民经济和社会发展计划，根据人口发展规划，制定人口与计划生育实施方案并组织实施。

第十一条 省实行人口和计划生育委员会兼职委员单位制度，市、县（区）实行人口和计划生育机构兼职单位制度。兼职委员单位和兼职单位应当根据人口与计划生育职责分工，制定实施的具体措施。

第十二条 乡镇人民政府、街道办事处设立人口和计划生育工作机构，按人口规模配备人口与计划生育工作专职管理人员，负责本辖区内人口与计划生育的管理工作。

村（居）民委员会设立计划生育委员会，按人口规模配备专职计划生育工作管理人员，负责计划生育的具体管理工作。

国家机关、社会团体、企业事业单位应当根据需要，设立计划生育工作机构或者配备计划生育工作专（兼）职人员，负责本系统、本单位计划生育的具体管理工作。

第十三条 城市人口与计划生育工作实行属地管理、单位负责、居民自治、社区服务。

国家机关、社会团体、企业事业单位应当做好本单位的人口与计划生育管理工作，实行单位法定代表人责任制，接受所在地乡镇、街道人口和计划生育工作机构的业务指导和监督检查。

第十四条 村（居）民委员会、大型厂矿、企业事业单位及流动人口聚居的地方可以建立计划生育协会，组织群众开展计划生育自我教育、自我管理、自我服务。

第十五条 村（居）民委员会应当依法制定计划生育自治章程，报乡镇人民政府或者街道办事处备案。

计划生育自治章程不得与宪法、法律、法规和国家的政策相抵触。

第十六条 流动人口的计划生育工作由其户籍所在地和现居住地的人口和计划生育工作机构共同负责，以现居住地为主，纳入现居住地的日常管理。

第十七条 全社会都要积极支持人口与计划生育工作。各级宣传、文化、新闻出版、广播电影电视等部门应当组织开展人口与计划生育宣传教育。报刊、影视、广播、文艺等大众媒体，负有开展人口与计划生育的社会公益性宣传工作的义务。

第三章　生育调节

第十八条　鼓励公民晚婚、晚育，提倡一对夫妻生育一个子女。

比法定婚龄迟三周年以上初婚的为晚婚，已婚妇女二十三周岁后怀孕生育第一个子女的为晚育。

第十九条　有下列情形之一的，由夫妻双方共同申请，经乡镇、街道人口和计划生育工作机构或者县级以上直属农林场审批，可再生育一胎子女：

（一）经地级以上市病残儿医学鉴定组织鉴定，第一个子女为残疾儿或者第一胎双胞胎（含多胞胎）子女均为残疾儿，不能成长为正常劳动力，且医学上认为可以再生育的；

（二）再婚夫妻，再婚前一方生育（含依法收养，下同）两个以内子女，另一方未生育过的；

（三）再婚夫妻，再婚前双方各生育一个子女，离婚时依法判决或者离婚协议确定未成年子女随前配偶，新组合家庭无子女的；

（四）再婚夫妻，再婚前双方各生育一个子女，新组合家庭只有一个子女但该子女为残疾儿，不能成长为正常劳动力，且医学上认为可以再生育的；

（五）夫妻双方婚前均未生育过子女，婚后经县级以上医疗、保健机构鉴定患不孕症，依法收养子女后又怀孕的；

（六）夫妻双方为独生子女且只有一个子女的；

（七）夫妻一方在矿山井下、海洋深水下的工作岗位作业连续五年以上，现仍从事该项工作且只有一个子女的；

（八）夫妻双方为农村居民（农业人口，下同），只生育一个子女且是女孩的。

按照前款规定对再生育一胎子女的申请作出的批准，应当报上一级人口和计划生育行政部门备案。

第二十条 符合本条例规定的再生育条件，但有下列情形之一的，不再安排生育，再生育的按超生处理：

（一）夫妻双方均属农村居民，只生育一个子女是女孩，但一方是县级以上组织、人事部门批准录用的人员；

（二）城镇居民（非农业人口，下同）生育子女后，夫妻一方或者双方将户籍迁移登记为农村居民的；

（三）经批准再生育，怀孕后无紧急情况未经县级或者不设区的市级人口和计划生育行政部门批准，擅自人工终止妊娠的；

（四）遗弃子女或者送养子女后要求再生育的；

（五）故意致婴儿死亡或者残疾，或者谎报婴儿性别、谎报婴儿死亡的；

（六）未依法办理收养登记收养子女的；

（七）违反本条例再生育规定的其他情形的。

第二十一条 村民委员会整个建制转为居民委员会，原属农村居民转为城镇居民的育龄夫妻，只生育一个子女是女孩的，从村民委员会改为居民委员会之日起，四周年内可安排再生育一胎子女；本人自愿将户籍迁出居民委员会，在户籍迁移时虽已安排生育但未怀孕的，取消原生育安排。

农村居民自愿将户籍迁为城镇居民的，除迁入前已安排生育第二个子女且已怀孕的已婚育龄妇女可以生育外，从户籍迁入之日起，均执行城镇居民的生育规定。

第二十二条 少数民族也要实行计划生育，提倡一对夫妻生育一个子女。聚居在民族自治县的少数民族夫妻，有下列情形之一的，经审批可再生育一胎子女：

（一）少数民族夫妻是农村居民的；

（二）少数民族夫妻一方是农村居民，另一方是城镇居民，只生育一个子女且是女孩的；

（三）夫妻均是农村居民，一方是非少数民族，并在少数民族一方落户居住的；

（四）少数民族夫妻均为农村居民，依法生育二个子女，经地级以上市病残儿医学鉴定组织鉴定，其中一个或者二个子女为残疾儿，不能成长为正常劳动力，但医学上认为可以再生育的。

第二十三条 归侨、侨眷的生育，户籍在本省但居住在境外的公民的生育，以及配偶是香港特别行政区居民、澳门特别行政区居民、台湾同胞、外国人在本省生育的，除国家另有规定外，按本条例执行。

第二十四条 实行计划生育，以避孕为主。

实施避孕节育手术，应当保证受术者的安全。

为预防和减少非意愿妊娠，各级人口和计划生育行政部门应当创造条件，指导育龄夫妻知情选择避孕节育措施。已生育一个子女的育龄夫妇，女方首选使用宫内节育器；已生育二个以上子女的，一方首选结扎措施。

第二十五条 育龄夫妻应当自觉落实计划生育避孕节育措施，参加孕情检查，接受计划生育技术服务指导。

不符合本条例有关规定而怀孕的，应当及时采取补救措施。对不及时采取补救措施的，乡镇人民政府、街道办事处人口和计划生育工作机构应当及时指导、督促其落实。

严禁替代他人参加孕情检查和落实避孕节育措施。

第二十六条 育龄夫妻采取绝育手术后，符合再生育规定的，由夫妻双方共同申请，经县级以上人口和计划生育行政部门批准，可施行输精（卵）管复通手术。

第二十七条 禁止歧视、虐待生育女婴的妇女和不育的妇女。

禁止歧视、虐待、遗弃女婴。

第四章　计划生育技术服务

第二十八条 各级人民政府应当采取措施，建立和健全孕情检查、随访服务制度，保障公民享有计划生育技术服务的权利，提高公民的生殖健康水平。

第二十九条 计划生育技术服务网络由计划生育技术服务机构（包括计划生育药具管理站）和从事计划生育技术服务的医疗、保健机构组成，纳入区域卫生规划。

计划生育技术服务机构取得计划生育技术服务机构执业许可证、从事计划生育技术服务的医疗、保健机构取得医疗机构执业许可证后，方可在批准的范围内各自开展计划生育技术服务工作。

禁止个体医疗机构和不符合国家有关规定的人员施行计划生育手术。

第三十条 计划生育技术服务机构和从事计划生育技术服务的医疗、保健机构应当向育龄人员提供安全、有效、适宜的避孕节育服务，承担优生优育和生殖保健咨询以及技术服务。计划生育技术服务机构还应当承担人口与计划生育基础知识宣传教育、药具发放、管理人员培训等任务。

第三十一条 实行计划生育的育龄夫妻免费享受国家规定的基本项目的计划生育技术服务。具体办法按省有关规定执行。

不符合本条例规定生育后落实节育措施的，节育手术费用由本人支付。

第三十二条 县级以上人民政府成立节育手术并发症医学鉴定组织，负责节育手术并发症鉴定工作。

地级以上市人民政府成立病残儿医学鉴定组织，负责病残儿医学鉴定工作。

第三十三条 因节育手术出现并发症的，由县级以上节育手术并发症医学鉴定组织鉴定，并由县级以上人口和计划生育行政部门审核确定后，指定医疗、保健机构或者计划生育技术服务机构治疗。医疗费按第三十一条第一款的规定执行。

职工因节育手术并发症而丧失劳动能力的，参照工伤事故处理；职工以外的其他人员因此而导致生活困难的，由当地人民政府给予适当补助。因节育手术或者治疗节育手术并发症而出现医疗事故的，按国家有关医疗事故处理规定执行。

第三十四条 县级以上人民政府人口和计划生育、卫生、食品药品监督等行政部门，应当按照各自职责，制定胎儿性别鉴定、终止妊娠手术和终止妊娠药品的管理制度，并对本行政区域内胎儿性别鉴定、终止妊娠手术和终止妊娠药品等实施监督管理。

符合本条例规定生育条件，非医学需要、无紧急情况，怀孕十四周以上的已婚育龄妇女，本人要求终止妊娠的，施行手术单位应当查验其县级以上人民政府人口和计划生育行政部门出具的证明。

严禁进行非医学需要的胎儿性别鉴定，严禁非医学需要的选择性别的人工终止妊娠。

第五章　优待奖励与社会保障

第三十五条　职工实行晚婚的，增加婚假十日；实行晚育的，增加产假十五日。城镇其他人员实行晚婚、晚育的，可由当地人民政府给予表扬和奖励。

第三十六条　职工接受节育手术的，享受国家规定的假期。同时施行两种节育手术的，合并计算假期。在规定假期内照发工资，不影响福利待遇和全勤评奖。

第三十七条　本省户籍独生子女父母，由当地人民政府发给独生子女父母光荣证，享受以下优待奖励补助：

（一）属于职工和城镇居民的，从发证之日起至子女十四周岁止，每月发给独生子女保健费十元，并可给予适当奖励。独生子女保健费和奖励金由夫妻双方所在单位各负担百分之五十。职工以外的其他人员由当地人民政府统筹解决。对于城镇居民中的独生子女父母，男性满60周岁，女性满55周岁时，按一定标准发放计划生育奖励金；

（二）属于农村居民的，由当地人民政府给予奖励或者办理养老保险；

（三）独生子女死亡、伤残后未再生育或者收养子女的夫妻，由人民政府给予一定的扶助金；

（四）就业、住房、扶贫救济及子女入托、入学、医疗等方面，在同等条件下优先照顾；

（五）产妇除享受国家规定的产假外，增加三十五日的产假；男方享受十日的看护假。产假、看护假期间，照发工资，不影响福利待遇和全勤评奖。

前款第一项、第三项规定的计划生育奖励金具体办法和扶助金具体办法由省人民政府自本次修订施行之日起一年内另行制定。

第三十八条 各级人民政府对农村的独生子女户和纯生二女结扎户，应当根据本地实际情况制定优待奖励补助办法。在就业、安排宅基地、生产扶助、扶贫救济、入托、入学和医疗等方面给予优先照顾。

积极发展多种形式的农村养老保障事业，建立和健全人口与计划生育基金会，优先解决农村独生子女户和纯生二女结扎户的基本养老问题。

第三十九条 农村男方到独生女方家结婚落户，以及独生女户、纯生二女结扎户的夫妻户籍随女儿迁入女婿所在村并居住的，享有与所在村居民同等待遇，任何人不得阻挠和歧视。

第四十条 对模范实行计划生育和在计划生育工作中做出显著成绩的单位和在职人员，给予表彰和物质奖励。

行政、事业单位的计划生育奖励金，按单位所在地县（市、区）上年职工年平均工资的百分之五计算，在单位年度预算内列支。企业的计划生育奖励金，可在当年计税所得额的千分之二以内提取。

第六章　监督管理

第四十一条 全省统一实行计划生育服务证管理制度，对已婚育龄妇女的生育、避孕节育、孕情检查、生殖保健等计划生育有关服务进行管理。已婚育龄妇女应当按照规定领取计划生育服务证。

第四十二条 实行计划生育合同管理制度。计划生育合同应当明确生育、避孕节育、孕情检查，以及计划生育技术服务、奖励保障等方面的内容。

乡镇、街道人口和计划生育工作机构或者村（居）民委员会应当与育龄夫妻依法签订计划生育合同。

国家机关、社会团体、企业事业单位和群众自治组织与建立承包、租赁、劳动关系的单位以及个人，应当依法签订计划生育合同。

依法签订的计划生育合同受法律保护。

第四十三条 对拒不履行避孕节育和孕情检查义务的流动人口育龄夫妻，有关单位和业主应当依照合同规定停止承包或者租赁、辞退解雇、收回房屋。

第四十四条 各级医疗机构和接生单位在对孕妇进行孕期检查及接生前，应当查验其计划生育证明。对无计划生育证明的，应当及时通报当地人口和计划生育行政部门，并协助人口和计划生育行政部门按照有关规定处理。

第四十五条 流动人口育龄妇女在离开户籍所在地前，应当到户籍所在地乡镇或者街道人口和计划生育工作机构办理计划生育证明。

流动人口育龄妇女到现居住地后，应当向现居住地乡镇或者街道人口和计划生育工作机构交验计划生育证明。

第四十六条 有关行政部门办理流动人口育龄妇女的居住证（暂住证）、就业证等证件时，应当核查其经现居住地乡镇或者街道人口和计划生育工作机构查验过的计划生育证明，没有计划生育证明的，应及时通报给现居住地乡镇或者街道人口和计划生育工作机构。

用人单位和个人应当负责被招用的已婚育龄流动人口的计划生育管理工作。对没有计划生育证明的流动人口育龄妇女，不得招聘雇用。

向已婚育龄流动人口出租或者出借房屋的业主，应当配合当地乡镇或者街道人口和计划生育工作机构做好已婚育龄流动人口计划生育管理工作。对没有计划生育证明的流动人口育龄妇女，不得出租或者出借房屋。

第四十七条 对不符合本条例规定生育子女的，应当征收社会抚养费。社会抚养费由县级或者不设区的地级市人民政府人口和计划生育行政部门委托乡镇人民政府、街道办事处或者县级以上直属农林场作出征收决定，具体工作由所属人口和计划生育工作机构执行，村（居）民委员会和有关单位应当协助执行。

当事人一次缴纳社会抚养费确有实际困难的，应当按规定向作出征收决定的单位提出分期缴纳申请，分期缴纳期限不得超过三年。

流动人口不符合本条例规定生育子女的，其社会抚养费的征收办法按照国家有关规定执行。

社会抚养费和滞纳金上缴国库，实行收支两条线管理，任何单位和个人不得截留、挪用、贪污和私分。

第四十八条 国家机关和事业单位、国有企业、国有控股企业，乡镇集体企业对其超生职工应当给予开除处分或者解除聘用合同。对超生的村（居）民委员会成员应当依照有关规定予以处理。

对超生人员，有关单位依照本条例规定作出处理决定之日起，五年内国家机关和事业单位、国有企业、国有控股企业，乡镇集体企业不予招工、录（聘）用；五年内不得选为村（居）民委员会成员和评为先进；七年内不得享受公费医疗福利；七年以上十四年以下不得享受农村股份合作制分红及其他集体福利。

未办理结婚登记生育第二胎以上子女及有配偶又与他人生育的，按超生处理。

第四十九条 在评选先进集体、授予个人荣誉称号和确定综合性奖励以及国家机关工作人员、企业事业单位工作人员的考核、任用等方面实行计划生育一票否决制度。

第五十条 任何单位和个人必须依法执行人口与计划生育统计的有关规定，不得虚报、瞒报、伪造、篡改、拒报、迟报人口与计划生育统计资料。

第五十一条 实行人口与计划生育民主管理。乡镇、街道人口和计划生育工作机构以及村（居）民委员会应当对有关计划生育政策和人口出生计划的落实情况，人口与计划生育统计情况，节育措施落实情况，以及社会抚养费征收等情况定期公布，接受群众监督。

第五十二条 各级人民政府及其工作人员在推行人口与计划生育工作中应当严格依法行政，文明执法，不得侵犯公民的合法权益。

人口和计划生育行政部门及其工作人员依法执行公务受法律保护。人口和计划生育工作人员在依法执行公务过程中，各有关部门、单位和公民应当予以配合，不得拒绝、阻碍人口和计划生育工作人员进入相关场所开展工作。

第七章 法律责任

第五十三条 对不符合本条例规定生育子女的，应当按下列规定征收社会抚养费：

（一）城镇居民超生一个子女的，对夫妻双方分别按当地县（市、区）上年城镇居民人均可支配收入额为基数，一次性征收三倍以上六倍以下的社会抚养费，本人上年实际收入高于当地县（市、区）上年城镇居民人均可支配收入的，对其超过部分还应当按照一倍以上二倍以下加收社会抚养费；超生二个以上子女的，以超生一个子女应征收的社会抚养费为基数，按超生子女数为倍数征收社会抚养费；

（二）农村居民超生一个子女的，对夫妻双方分别按当地乡镇农民上年人均纯收入额为基数，一次性征收三倍以上六倍以下的社会抚养费，本人实际上年纯收入高于当地乡镇农民上年人均纯收入的，对其超过部分还应当按照一倍以上二倍以下加收社会抚养费；超生二个以上子女的，以超生一个子女应征收的社会抚养费为基数，按超生子女数为倍数征收社会抚养费；

（三）未办理结婚登记生育第一个子女，六十日内未补办结婚登记的，按本条第（一）项或者第（二）项规定的计算基数征收二倍的社会抚养费；未办理结婚登记生育第二胎以上子女的，按本条第（一）项或者第（二）项规定的计算基数征收三倍以上六倍以下的社会抚养费；有配偶又与他人生育的，按本条第（一）项或者第（二）项规定的计算基数征收六倍以上九倍以下的社会抚养费。

未依法办理收养登记收养子女的，按前款规定处理。

第五十四条 有下列行为之一的，由县级以上人民政府人口和计划生育行政部门或者卫生行政部门依据职权责令改正，并给予处分，没收违法所得；属国家工作人员的，给予开除处分；违法所得一万元以上的，处违法所得二倍以上六倍以下的罚款；没有违法所得或者违法所得不足一万元的，处一万元以上三万元以下的罚款；情节严重的，由原发证机关吊销执业证书；构成犯罪的，依法追究刑事责任：

（一）非法为他人施行计划生育手术的；

（二）利用超声技术和其他技术手段为他人进行非医学需要的胎儿性别鉴定或者选择性别的人工终止妊娠的；

（三）实施假节育手术、进行假医学鉴定、出具虚假计划生育证明的。

第五十五条 伪造、变造、买卖计划生育证明或者组织他人冒名顶替参加孕情检查、落实节育措施的，由县级以上人民政府人口和计划生育行政部门没收违法所得，违法所得五千元以上的，处违法所得二倍以上十倍以下的罚款；没有违法所得或者违法所得不足五千元的，处五千元以上二万元以下的罚款；构成犯罪的，依法追究刑事责任。

使用虚假计划生育证明的，由县级以上人民政府人口和计划生育行政部门处五百元以上二千元以下的罚款。

以不正当手段取得计划生育证明的，由县级以上人民政府人口和计划生育行政部门取消其计划生育证明；出具证明的单位有过错的，对直接负责的主管人员和其他直接责任人员依法给予处分。

第五十六条 组织进行非医学需要的胎儿性别鉴定或者选择性别的人工终止妊娠的，由县级以上人民政府人口和计划生育行政部门没收违法所得，并处二万元以上三万元以下罚款；属国家工作人员的，给予开除处分。

自报新生儿死亡但不能提供合法证明的，由县级以上人民政府人口和计划生育行政部门对当事人处五千元以上一万元以下的罚款；构成犯罪的，依法追究刑事责任。

第五十七条 计划生育技术服务人员违章操作或者延误抢救、诊治，造成严重后果的，依照有关法律、法规的规定承担相应的法律责任。

第五十八条 国家机关工作人员在计划生育工作中，有下列行为之一，构成犯罪的，依法追究刑事责任；尚不构成犯罪的，给予处分；有违法所得的，没收违法所得：

（一）侵犯公民人身权、财产权和其他合法权益的；

（二）滥用职权、玩忽职守、徇私舞弊的；

（三）索取、收受贿赂的；

（四）截留、克扣、挪用、贪污计划生育经费或者社会抚养费的；

（五）虚报、瞒报、伪造、篡改或者拒报人口与计划生育统计数据的。

第五十九条 对不能完成人口与计划生育目标管理责任制的人民政府的主要负责人，追究其领导责任。

对不履行计划生育综合治理职责分工的有关部门和计划生育兼职委员单位以及兼职单位，追究其负责人责任，情节严重的依法给予处分。

第六十条 有关部门和单位不履行有关协助计划生育管理义务的，由当地人民政府责令改正，并给予通报批评；对直接负责的主管人员和其他直接责任人员依法给予处分。

第六十一条 拒绝、阻碍人口和计划生育部门及其工作人员依法执行公务，有下列行为之一的，由县级以上人民政府人口和计划生育行政部门或者乡镇、街道人口和计划生育工作机构给予批评教育并予以制止；属职工的，由所在单位给予处分。违反《中华人民共和国治安管理处罚法》的，由公安机关依法处罚；构成犯罪的，依法追究刑事责任：

（一）威胁、殴打计划生育工作人员或者毁坏其财产、严重干扰其家庭正常生活和生产的；

（二）造谣惑众、煽动闹事，扰乱计划生育工作秩序，毁坏计划生育部门财物的；

（三）藏匿违反计划生育对象的。

第六十二条 不按规定参加孕情检查或者落实避孕节育措施、补救措施的，由县级以上人民政府人口和计划生育行政部门给予警告，并限期改正；逾期不改正的，可处二百元以下的罚款，并责令限期落实。

替代他人参加孕情检查、落实节育措施的，由县级以上人民政府人口和计划生育行政部门对替代者处五百元以上二千元以下的罚款。

第六十三条 生育第一胎子女未按规定办理生育登记手续生育的，由乡镇、街道人口和计划生育工作机构责令限期补办。

符合本条例规定再生育一胎子女的条件，但未经审批而怀孕的，应当补办审批手续；生育时仍未补办审批手续的，由县级以上人民政府人口和计划生育行政部门按照本条例第五十三条规定的计算基数征收百分之二社会抚养费。

第六十四条 用人单位和个人雇用无计划生育证明的流动人口育龄妇女或者不履行流动人口计划生育管理职责的，由县级以上人民政府人口和计划生育行政部门给予警告，可以并处一千元以下的罚款。

流动人口育龄妇女不按照规定办理或者交验计划生育证明的，由其现居住地县级以上人民政府人口和计划生育行政部门或者乡镇、街道人口和计划生育工作机构责令限期补办或者交验；逾期仍不补办或者交验的，由其现居住地县级以上人民政府人口和计划生育行政部门给予警告，可以并处五百元以下的罚款。

第六十五条 当事人未在规定期限内足额缴纳应当缴纳的社会抚养费的，自欠缴之日起，按照国家有关规定加收滞纳金，仍不缴纳的，由作出征收决定的县级以上人民政府人口和计划生育行政部门依法申请人民法院强制执行。

第六十六条 公民、法人和其他组织认为行政机关在实施计划生育管理过程中侵犯其合法权益的，可以依法申请行政复议或者提起行政诉讼。

第六十七条 当事人在法定期限内不申请复议或者起诉，又不执行处罚决定的，作出处罚决定的机关可以申请人民法院依法强制执行。

第八章　附　则

第六十八条 本条例自2009年1月1日起施行。

广东省实施《中华人民共和国文物保护法》办法

（2008年11月28日广东省第十一届人民代表大会常务委员会第七次会议通过）

第一条 为实施《中华人民共和国文物保护法》，结合本省实际，制定本办法。

第二条 本办法适用于本省行政区域内文物的保护、利用和管理。

第三条 文物工作贯彻保护为主、抢救第一、合理利用、加强管理的方针。

第四条 属于国家所有的文物，其所有权受法律保护，不容侵犯。

属于集体所有和私人所有的纪念建筑物、古建筑和祖传文物以及依法取得的其他文物，其所有权受法律保护。文物的所有者必须遵守国家有关文物保护的法律、法规的规定。

第五条 各级人民政府负责本行政区域内的文物保护工作。

县级以上人民政府文物行政主管部门对本行政区域内的文物保护实施监督管理。

县级以上人民政府有关行政部门在各自职责范围内，负责有关的文物保护工作。

第六条 各级人民政府应当重视文物保护，正确处理经济建设、社会发展与文物保护的关系，确保文物安全。

基本建设、旅游发展必须遵守文物保护工作的方针，其活动不得对文物造成损害。

第七条 各级文物管理委员会在本级人民政府的领导下负责协调、研究和审议文物保护管理工作中的重要事项。

乡镇文化站、文物保护管理所、村民委员会、居民委员会等应当在文物行政主管部门指导下开展相应的文物保护工作。

第八条 县级以上人民政府应当将文物保护事业纳入本级国民经济和社会发展规划，所需经费列入本级财政预算。用于文物保护的财政拨款应当随着财政收入增长而增加。

文物保护事业可以接受社会捐赠和吸纳社会资金投入。具体办法由省人民政府在本办法施行之日起一年内制定。

第九条 利用国有文物保护单位开辟参观旅游场所，其门票收入应当在财政部门的监管下，全部用于文物保护，其中用于文物保护单位的修缮、保养的比例不得低于百分之五十。

第十条 县级以上文物行政主管部门和教育、科技、新闻出版、广播电视行政主管部门以及报刊、广播、电视、互联网等媒体，应当加强文物保护的宣传教育工作，增强全社会的文物保护意识。

第十一条 公民、法人和其他组织都有依法保护文物的义务，并享有劝止、检举和控告违反文物保护法律法规行为的权利。

第十二条 文物分为不可移动文物和可移动文物。

古文化遗址、古墓葬、古建筑、石窟寺、石刻、壁画、近代现代重要史迹和代表性建筑等不可移动文物，根据它们的历史、艺术、科学价值，可以分别确定为全国重点文物保护单位，省级文物保护单位，市、县级文物保护单位。

历史上各时代重要实物、艺术品、文献、手稿、图书资料、代表性实物等可移动文物，分为珍贵文物和一般文物；珍贵文物分为一级文物、二级文物、三级文物。

第十三条 全国重点文物保护单位的申报和核定公布，依照有关法律法规的规定执行。

省级文物保护单位，由其所在地文物行政主管部门向上一级文物行政主管部门申报，经省文物行政主管部门组织专家评审通过后，报省人民政府核定公布，并报国务院备案。新发现的具有重要价值的不可移动文物，所在地文物行政主管部门在申报省级文物保护单位前，应当先征得本级人民政府同意。

市、县级文物保护单位，分别由市、县级文物行政主管部门确定，报本级人民政府核定公布，并报省人民政府备案。

尚未核定公布为文物保护单位的不可移动文物，由县级文物行政主管部门对其名称、类别、年代、位置、范围等予以登记并公布，作出标志说明，建立记录档案。

第十四条 申报省级文物保护单位的，应当具备下列条件：

（一）已拟定保护范围和建设控制地带的划定方案；

（二）已作出标志说明；

（三）已建立记录档案；

（四）已设置专门机构或者指定专人负责管理。

第十五条 县级以上文物行政主管部门应当根据不同文物的保护需要，自文物保护单位核定公布和尚未核定公布为文物保护单位的不可移动文物登记公布之日起一年内制定具体保护措施，并公告施行。

第十六条 县级以上人民政府应当组织编制本辖区内文物保护单位的保护规划。文物保护单位的保护规划可根据文物保护单位的规模和复杂程度分为总体规划和专项规划。

全国重点文物保护单位的保护规划，应当经省文物行政主管部门会同建设等部门组织评审并征得国务院文物行政主管部门同意后，报省人民政府批准公布。

省级和市、县级文物保护单位的保护规划，经同级文物行政主管部门会同规划等行政主管部门组织评审后，由本级人民政府批准公布。

第十七条 在文物保护单位建设控制地带内修建的建筑物或者构筑物，其形式、高度、体量、色调等必须与文物保护单位的历史风貌相协调；其工程设计方案应当根据文物保护单位的级别，经相应的文物行政主管部门同意后，报规划行政主管部门批准。

第十八条 公民、法人和其他组织使用、管理不可移动文物的，当地文物行政主管部门应当组织专家论证，与使用者或者管理者签订保护协议，并报上一级文物行政主管部门备案。

公民、法人和其他组织使用、管理不可移动文物，必须接受文物行政主管部门的指导和监督，遵守不改变文物原状的原则，保持文物的完整性和真实性，未经文物行政主管部门同意，不得擅自进行装饰、装修。

第十九条　利用纪念建筑物、古建筑、近代现代代表性建筑物等不可移动文物的，不得从事可能危及文物安全及破坏文物历史风貌的活动。

第二十条　严格控制利用文物保护单位拍摄电影、电视以及举办大型文化活动。确需利用文物保护单位拍摄电影、电视或者举办大型文化活动的，拍摄单位或者举办者应当征得文物管理人同意，提出拍摄方案或者活动计划，制定文物保护预案，落实保护措施，并按相关规定报文物行政主管部门审批。

利用文物保护单位拍摄电影、电视以及举办大型文化活动，管理人应当将所得收益用于文物保护。

第二十一条　鼓励和支持非国有文物所有人将文物的所有权、使用权移交所在地人民政府。所有权、使用权移交所在地人民政府的文物，其修缮、修复、保养和管理由所在地人民政府负责。

第二十二条　在文物保护单位的保护范围内，禁止从事下列活动：

（一）存放危害文物安全的易燃、易爆、放射性、腐蚀性危险物品；

（二）擅自从事采石、采矿、取土；

（三）违法排放污水、废气和其他污染物；

（四）其他可能影响文物保护单位安全及其环境的活动。

第二十三条　文物保护单位的原址保护、迁移、拆除，按照有关法律法规的规定执行。

尚未核定公布为文物保护单位的不可移动文物，无法实施原址保护，必须迁移异地保护或者拆除的，建设单位应当做好资料记录并报原登记的县级文物行政主管部门批准。县级文物行政主管部门在批准前应当征得上一级文物行政主管部门同意。

尚未核定公布为文物保护单位的不可移动文物迁移异地保护的，建设单位应当在迁移前制定保护方案，落实复建期限、地址和经费，报原登记的文物行政主管部门核准。工程竣工后，由原登记的文物行政主管部门组织验收。

第二十四条 需要变更国有文物保护单位的管理体制或者隶属关系的，应当根据文物保护单位的级别，由所在地文物行政主管部门征得上一级文物行政主管部门同意后，报原核定公布的人民政府批准；全国重点文物保护单位变更管理体制或者隶属关系的，应当经省人民政府同意并报国务院批准。国有尚未核定公布为文物保护单位的不可移动文物变更管理体制或者隶属关系的，应当报告县级文物行政主管部门。

第二十五条 不可移动文物严重损毁、灭失，丧失保护价值的，应当予以撤销。

省级文物保护单位的撤销，由省人民政府核定公布；市、县级文物保护单位的撤销，经征得上一级文物行政主管部门同意后，由本级人民政府核定公布。

尚未核定公布为文物保护单位的不可移动文物，经征得上一级文物行政主管部门同意后，由原登记的文物行政主管部门撤销。

撤销文物保护单位和尚未核定公布为文物保护单位的不可移动文物，应当由同级文物行政主管部门组织专家论证。

第二十六条 对具有重要历史、艺术、科学价值的水下文物遗存，由省人民政府确定为水下文物保护区，并予以公布。

在水下文物保护区内不得从事危及文物安全的捕捞、爆破等活动。

第二十七条 任何单位和个人发现水下文物或者疑似水下文物时，应当维持现场完整，并立即报告所在地文物行政主管部门，文物行政主管部门接到报告后，应当在七日内提出处理意见。

第二十八条 各级文物行政主管部门应当加强对本行政区域内地下文物勘查工作的管理。

市、县级文物行政主管部门应当根据本地区历史沿革及地下文物分布状况，经组织勘查核实后，将地下文物埋藏比较丰富的地区划定为地下文物埋藏区，报省、市级人民政府核定公布。

土地使用权出让或者划拨涉及地下文物埋藏区的，有关行政部门在办理相关批准手续前，应当征求同级文物行政主管部门的意见。

第二十九条 在地下文物埋藏区进行建设工程的，建设单位应当在施工前报告省文物行政主管部门，省文物行政主管部门应当及时组织从事考古发掘的单位进行考古调查、勘探。发现文物的，由省文物行政主管部门根据文物保护的要求会同建设单位共同商定保护措施。遇有重要发现的，由省文物行政主管部门及时报国务院文物行政主管部门处理。

第三十条 国有文物收藏单位征集文物或者受赠文物必须经过鉴定确认。

征集或者受赠的文物拟确定为珍贵文物的，由省文物行政主管部门组织专家鉴定确认；拟确定为一般文物的，由文物收藏单位组织专家鉴定确认。

第三十一条 借用国有馆藏文物应当具备相应的安全技术防范条件，依法签订文物藏品借用协议，并按规定报文物行政主管部门备案或者批准。

文物藏品借用协议应当包括借用馆藏文物藏品的名称、等级、借用期限、无偿或者有偿方式、保护责任等内容。

第三十二条 文物行政主管部门和工商行政管理部门应当加强对文物商业经营活动的监督管理，依法查处文物违法经营行为。

第三十三条 涉案文物需要进行司法鉴定的，由省文物行政主管部门或者其指定的有鉴定条件的文物行政主管部门组织三名以上专家鉴定。

第三十四条 人民法院、人民检察院、公安机关、海关和工商行政管理等部门依法没收、追缴的文物及古人类化石、古生物化石，应在结案后及时无偿移交省文物行政主管部门，由省文物行政主管部门指定具备条件的国有博物馆收藏保管。

第三十五条 各级人民政府应当建立文物安全责任制，并督促有关部门落实文物安全事故防范措施。

各级文物行政主管部门应当制定本辖区内的重大文物安全事故的防范预案并组织落实，建立定期检查和定期报告制度，及时消除文物安全事故隐患。

重大文物安全事故包括：

（一）全国重点文物保护单位发生被盗、人为破坏、火灾、倒塌的；

（二）省级和市、县级文物保护单位发生严重被盗、大范围人为破坏、重大火灾、大面积倒塌的；

（三）文物收藏单位或者考古工地发生一级文物或者两件以上二级文物

或者五件以上三级文物或者十五件以上一般文物损坏或者被盗的；

（四）未经国家或者省文物行政主管部门批准，违法进行考古勘探、发掘，或者虽经批准但不按规定程序发掘，对古墓葬、古文化遗址造成重大破坏或者大量文物流失的；

（五）工程建设前未按规定进行考古勘探，或者在施工中发现文物后不报告当地文物行政主管部门，致使文物遭到严重破坏或者文物被哄抢、私分、藏匿，造成不可弥补损失的；

（六）擅自迁移、拆除不可移动文物，造成文物严重毁损的；

（七）擅自修缮、装饰、装修不可移动文物，明显改变文物原状，后果严重的；

（八）法律法规规定的其他重大文物安全事故。

第三十六条 重大文物安全事故发生后，发生事故的单位应当立即采取措施，保护事故现场，避免事态的扩大和发展，并立即向当地文物行政主管部门报告。文物行政主管部门应当及时赶赴现场进行调查，提出处理意见，同时向本级人民政府和上一级文物行政主管部门报告。接到报告的人民政府应当迅速组织有关部门开展抢救工作。

第三十七条 违反本办法第十八条，擅自对不可移动文物进行装饰、装修，明显改变文物原状的，由县级以上文物行政主管部门责令改正；造成严重后果的，处五万元以上五十万元以下的罚款。

第三十八条 违反本办法第二十二条、第二十六条第二款规定的，由有关行政主管部门依照各自职责分工，依法给予行政处罚；构成犯罪的，依法追究刑事责任。

第三十九条 违反本办法第二十九条，未进行考古调查、勘探而擅自施工的，由县级以上文物行政主管部门责令停止施工；造成严重后果的，处五万元以上五十万元以下罚款。

第四十条 违反本办法第三十五条、第三十六条规定，发生重大文物安全事故的，根据情节轻重，对负有责任的主管人员和直接责任人员给予行政处分；构成犯罪的，依法追究刑事责任。

第四十一条 本办法自2009年3月1日起施行。

广东省实施《中华人民共和国土地管理法》办法

（1999年11月27日广东省第九届人民代表大会常务委员会第十三次会议通过　根据2003年9月26日广东省第十届人民代表大会常务委员会第六次会议关于修改《广东省实施〈中华人民共和国土地管理法〉办法》有关条款的决定修正　根据2008年11月28日广东省第十一届人民代表大会常务委员会第七次会议关于修改《广东省实施〈中华人民共和国土地管理法〉办法》等三项地方性法规的决定修正）

第一章　总　则

第一条　为加强土地管理，合理开发、利用土地资源，切实保护耕地，促进我省社会经济的可持续发展，根据《中华人民共和国土地管理法》（以下简称《土地管理法》）和《中华人民共和国土地管理法实施条例》（以下简称《土地管理法实施条例》）和有关法律、法规，结合本省的实际，制定本办法。

第二条　各级人民政府应当编制本行政区域内的土地利用总体规划，规定土地用途，将土地分为农用地、建设用地和未利用地，实行土地用途管制制度。

严格限制农用地转为建设用地，控制建设用地总量。对耕地实行特殊保护，实行耕地占用补偿制度和基本农田保护制度。

第三条　实行土地登记发证制度。依法登记的土地所有权、使用权受法律保护。

第四条　省人民政府土地行政主管部门统一负责全省土地的管理和监督

工作。

市、县人民政府土地行政主管部门统一负责本行政区域内土地的管理和监督工作。

市、县人民政府土地行政主管部门在市辖区或乡（镇）设立土地管理机构，负责该区域的土地管理工作。

第二章　土地所有权与使用权的登记发证

第五条　农民集体所有的土地、单位和个人依法使用的国有土地、依法用于非农业建设的农民集体所有的土地，由土地所有者或使用者向土地所在地的县级以上人民政府土地行政主管部门提出土地登记申请，由同级人民政府登记造册，核发证书，确认所有权或使用权。

确认林地、草原的所有权或者使用权，确认水面、滩涂的养殖使用权，分别依照《中华人民共和国森林法》、《中华人民共和国草原法》和《中华人民共和国渔业法》的有关规定办理。

未确定使用权的国有土地和依法收回的国有土地，经县级以上人民政府登记造册，由土地行政主管部门负责保护管理。

城市房地产权的登记发证，按照《中华人民共和国城市房地产管理法》和本省有关法规的规定办理。

第六条　土地登记发证工作由县级以上人民政府土地行政主管部门统一负责实施。

省人民政府对跨县级以上行政区域使用的国有土地，可以直接登记发证。

第七条　土地确权、登记应当严格执行国家和省制定的规则和标准，采用统一的登记文件式样。

第八条　依法改变土地的所有权、使用权或者因依法转让地上建筑物、附着物等导致土地使用权转移的，必须向土地所在地的县级以上人民政府土地行政主管部门提出土地变更登记申请，由原土地登记机关依法进行土地所有权、使用权变更登记。土地所有权和使用权的变更，自记载于土地登记簿时发生效力。

依法改变土地用途及其他土地登记内容的，必须持批准文件，向土地所在地的县级以上人民政府土地行政主管部门提出申请，由原土地登记机关依法进行变更登记。

第九条 依法出租、抵押土地使用权或抵押地上建筑物涉及土地使用权的，必须向原土地登记机关申请办理土地使用权出租、抵押登记。

第十条 依法收回用地单位的土地使用权的，由原土地登记机关注销土地登记。

土地使用权出让合同约定的期限届满，土地使用者未申请续期或者申请续期未获批准的，由原土地登记机关注销土地登记。

土地登记申请人在申请土地登记时，隐瞒事实，伪造有关证明文件，或采取其他非法手段骗取登记的，县级以上人民政府土地行政主管部门应当注销其土地登记。

第十一条 土地行政主管部门因工作失误导致登记不当的，应当依法予以更正。造成损失的，应当予以赔偿。

上级人民政府土地行政主管部门对下级人民政府土地行政主管部门依法应当予以登记而不登记或登记不当应当予以纠正而不纠正的，可责令限期登记或纠正。

第十二条 土地证书是土地权利人拥有合法土地权利的法律凭证，任何单位和个人不得非法扣留、涂改或销毁。

第三章　土地利用总体规划和土地利用计划

第十三条 县、乡（镇）级土地利用总体规划应当划分土地利用区，明确土地用途。土地利用区应当包括基本农田保护区、林业用地区、城市（含建制镇，下同）建设用地区、村庄集镇建设用地区、独立工矿区、自然与人文景观保护区、土地开垦区和禁止开垦区等。乡（镇）土地利用总体规划还应当根据土地适用条件，确定每一块土地的用途，落实到规划图上，并予以公告。

城市总体规划、村庄和集镇规划以及江河、湖泊综合治理和开发利用规划、交通建设规划等专业规划，应当与土地利用总体规划相衔接。

在江河、湖泊、水库的管理和保护范围以及蓄洪滞洪区内，土地利用应当符合江河、湖泊综合治理和开发利用规划，符合河道、湖泊行洪、蓄洪和输水的要求。

第十四条 乡（镇）土地利用总体规划经县级人民政府审核同意，由省人民政府授权的地级以上市人民政府批准。

第十五条 各级人民政府应当加强土地利用的计划管理，严格执行上级下达的土地利用年度计划。

县级以上人民政府土地行政主管部门应当根据上级人民政府下达的农用地转用计划指标、耕地保有量计划指标和土地开发整理计划指标，拟订执行方案，报经同级人民政府批准后，将计划指标逐级分解下达。

没有农用地转用计划指标或者超过农用地转用计划指标的，不得批准新增建设用地。

未严格执行建设占用耕地补偿制度或者没有完成土地开发整理计划指标的，核减下一年度的农用地转用计划指标。

节余的农用地转用计划指标，经核准后，可结转下一年度使用。

第十六条 县级以上人民政府土地行政主管部门应当根据国家土地调查和统计的规定，会同同级有关部门进行土地调查和统计，并如实上报土地调查和统计结果。土地所有者和土地使用者应当如实提供土地的权属和利用状况等有关资料，不得阻挠土地调查和统计工作。

土地利用现状调查结果，经本级人民政府审核，报上一级人民政府批准后，应当向社会公布，并作为编制各类涉及土地利用的规划、计划以及划定基本农田保护区和进行建设用地审批的依据。

第十七条 逐步建立省、市、县三级土地管理信息系统，对基本农田和其他农用地、城镇建设用地、水域围垦地和未利用地等土地利用状况进行动态监测。

第四章　耕地保护和开发

第十八条　各级人民政府应当采取措施，加强耕地保护，严格控制耕地转为非耕地，有规划、有计划地组织新耕地的开发。

第十九条　市、县划定的基本农田保护区应当占本行政区域内耕地总面积的百分之八十以上。具体数量指标由省人民政府土地行政主管部门根据全省土地利用总体规划逐级分解下达。

第二十条　实行占用耕地补偿制度。非农业建设经批准占用耕地的，由占用耕地的单位和个人负责开垦与所占用耕地的数量和质量相当的耕地；没有条件开垦或开垦的耕地不符合要求的，应当按规定缴纳耕地开垦费，开垦费应当作为建设用地成本列入建设项目总投资。

前款开垦耕地的验收标准和办法，以及耕地开垦费的征收管理办法由省人民政府制定。

省人民政府应当加强对耕地开垦的监督。

第二十一条　农业内部结构调整应当确保当地耕地保有量不低于土地利用总体规划确定的控制指标。耕地保有量减少的，占用耕地的单位和个人应承担耕地补偿责任。

禁止占用基本农田发展林果业和挖塘养殖。

第二十二条　开发未利用的土地，必须经过科学论证和评估，制定开发方案，开发方案经县级以上人民政府土地行政主管部门审批，报有批准权的人民政府批准后，方可实施。适宜开发为耕地以及其他农用地的，优先开发成耕地或其他农用地。

开发未确定使用权的国有荒山、荒地、荒滩从事种植业、林业、畜牧业、渔业生产的，经县级以上人民政府依法批准，核发国有土地使用证，确定给开发单位或个人使用。开发者的合法权益受法律保护。

一次性开发未确定使用权的国有荒山、荒地三十公顷以下的，由县（含县级市，下同）人民政府批准；三十公顷以上六十公顷以下的，由地级以上市人民政府批准；开发荒山、荒地六十公顷以上六百公顷以下的，以及开发荒滩六百公顷以下的，由省人民政府批准。一次性开发荒山、荒地、荒滩六百公顷以上的，报国务院批准。

开发农民集体所有的荒山、荒地、由县人民政府批准。

第二十三条 县、乡（镇）人民政府应当有规划、有计划地组织土地整理。整理后的土地经省人民政府土地行政主管部门会同省农业行政主管部门验收后，其新增耕地可按国家规定折抵建设占用耕地的补偿指标。搬迁改造旧村庄，需占用农用地的，经县级以上人民政府批准，可用新增耕地面积的百分之六十置换。

第二十四条 土地行政主管部门应当根据耕地总量动态平衡的目标和上级下达的耕地开发计划指标，拟订耕地开发的年度计划和方案，报同级人民政府批准后实施。

耕地开垦费、新增建设用地的土地有偿使用费中地方人民政府留成部分等土地收益，由土地行政主管部门代收代缴，按“收支两条线”实行管理，统一用于开垦新耕地和土地整理。

第二十五条 因挖损、塌陷、压占等造成土地破坏的，用地单位和个人应当按有关规定进行复垦，由市、县人民政府土地行政主管部门组织验收，没有条件复垦或复垦不符合要求的，应当缴纳土地复垦费。复垦费可列入生产成本。土地复垦费的征收管理办法由省人民政府制定。

第五章 建设用地

第二十六条 建设占用土地，应当符合土地利用总体规划和土地利用年度计划，在土地利用总体规划确定的城市建设用地规模范围内为实施城市规划占用土地的，市、县人民政府应当实行统一征收，统一按项目供地，涉及农用地转为建设用地的，统一办理农用地转用报批手续。

农用地转用和征地报批时，由市、县人民政府土地行政主管部门拟订农用地转用方案、补充耕地方案和征收土地方案，经同级人民政府审核同意后，按《土地管理法》和《土地管理法实施条例》规定的程序和要求，分批次向上一级人民政府土地行政主管部门提出申请。由上一级人民政府土地行政主管部门审查后，按批准权限逐级上报有批准权的人民政府批准。

第二十七条 能源、交通、水利、矿山、军事设施等建设项目，确需使用土地利用总体规划确定的城市建设用地规模范围以外的土地的，由建设单位按《土地管理法》、《土地管理法实施条例》和本办法规定的程序和要求，向土地所在地的市、县人民政府土地行政主管部门申请办理用地审批手续。

第二十八条 具体建设项目用地的申请程序：

（一）需要使用土地的单位和个人（以下简称申请人），应当在建设项目可行性论证的同时向县级以上人民政府土地行政主管部门提出建设用地预审申请，由建设项目审批机关的同级人民政府土地行政主管部门或其委托的县级以上人民政府土地行政主管部门对建设项目用地有关事项进行预审，并根据预审结果和土地利用年度计划核定用地指标，向申请人核发《建设项目用地预审报告书》。

（二）申请人向项目管理部门和规划管理部门申请办理立项审批和规划许可手续时，必须附具《建设项目用地预审报告书》。未取得《建设项目用地预审报告书》的，有关部门不予办理立项审批和规划许可手续。

（三）建设项目批准后，申请人持《建设项目用地预审报告书》、立项批准文件以及规划、环保等有关部门的意见和有关图件等材料向县级以上人民政府土地行政主管部门提出建设用地申请。由人民政府土地行政主管部门按规定程序办理用地报批手续。

有批准权的人民政府批准用地后，由市、县土地行政主管部门组织供地方案的实施。

第二十九条 市、县人民政府在审批建设用地时应当按以下规定办理：

（一）具体建设项目需要占用土地利用总体规划确定的国有未利用地的，按以下审批权限办理：县人民政府可批准一公顷（含本数，下同）以下；地级市人民政府可批准五公顷以下；广州、深圳市人民政府可批准二十公顷以下。超过以上限额的，按审批权限报上级人民政府审批。其中，经省人民政府或国务院批准立项的重点建设项目、军事设施以及跨地级以上市的项目用地，应当报省人民政府或国务院批准。

（二）农村集体经济组织使用本集体所有的未利用地进行非农业建设的，按本条第（一）项规定的审批权限办理。

（三）具体建设项目使用现在的建设用地和已批准农用地转用、土地征收范围内的土地的，由土地所在地的市、县人民政府批准，并报省人民政府土地行政主管部门备案。

（四）建设占用土地涉及农用地转为建设用地的，应当按《土地管理法》规定的权限报省人民政府或国务院批准。但为实施乡（镇）土地利用总体规划而将该规划确定的村庄、集镇建设用地规模范围内的农用地转为建设用地的，可由省人民政府授权的地级以上市人民政府批准。

（五）建设用地涉及征收农民集体所有土地的，应当按《土地管理法》规定的权限报省人民政府或国务院批准。

建设用地经有批准权的人民政府批准后，由同级土地行政主管部门对审批结果予以公告；属于国务院批准的，由省人民政府土地行政主管部门予以公告。

第三十条 征收农民集体所有土地的补偿费、安置补助费按下列标准执行：

（一）土地补偿费

征收水田的，按其被征收前三年平均年产值的八至十倍补偿；征收其他耕地的，按其被征收前三年平均年产值的六至八倍补偿；征收鱼塘的，按其邻近水田被征收前三年平均年产值的八至十二倍补偿；征收其他农用地的，按其被征收前三年平均年产值的五至七倍补偿；征收未利用地的，按邻近其他耕地补偿标准的百分之五十补偿；征收农民集体所有非农业建设用地的，按邻近其他耕地的补偿标准补偿。

平均年产值按当地统计部门审定的最基层单位统计年报和经物价部门认可的单价为准。

（二）青苗补偿费

属短期作物，按一造产值补偿；属多年生作物，根据其种植期和生长期长短给予合理补偿。

（三）附着物补偿

拆除单位或个人的房屋设施，按照国家的有关规定给予补偿。

被征收土地上的水井、坟墓和其他附着物，由市、县人民政府按当地的实际情况确定补偿标准。

（四）安置补助费

征收耕地的，每一个需要安置的农业人口的安置补助费，为该耕地被征收前三年平均年产值的四至六倍，但每公顷的安置补助费最高不得超过被征收前三年平均年产值的十五倍；征收其他农用地的，其安置补助费总额，为该农用地被征收前三年平均年产值的三至五倍。

按前款规定支付土地补偿费、安置补助费尚不能使需要安置的农民保持原有生活水平的，经省人民政府批准，可增加安置补助费。但土地补偿费和安置补助费的总和不得超过土地被征收前三年平均年产值的三十倍。

征收集体所有的土地，应当安排被征地农民的社会保障费用。有关社会保障费用的筹集、使用和管理，按照国家和省的有关规定执行。

征收宅基地，不付给安置补助费。宅基地被征收的，应当保障被征收人的居住条件。

第三十一条 经批准使用国有农、林、牧、渔、盐场的土地，导致原使用单位受到损失的，应当根据原使用单位的投入情况，按不高于征收集体所有土地的同类土地补偿费的标准给予适当补偿；青苗、附着物补偿和安置补助费，按征收农民集体所有土地的办法办理。

第三十二条 国家征收土地，依照法定程序批准后，市、县人民政府按以下程序组织实施征地：

（一）发布征地公告

市、县人民政府在被征收土地所在地的乡（镇）、村范围内发布征地公告。征地公告发布后，被征地单位和个人抢栽抢种的农作物或抢建的建筑物不列入补偿范围。

（二）办理征地补偿登记

被征收土地的所有权人、使用权人应当在公告规定的期限内，持土地权属证书和地上附着物的产权证明等文件到公告指定的人民政府土地行政主管部门办理征地补偿登记。不按规定办理登记的，不列入补偿范围。

（三）拟订征地补偿安置方案

市、县人民政府土地行政主管部门应当根据土地登记资料和现场勘测结果，核对征地补偿登记情况。根据核对结果以及法律、法规规定的征地补偿标准，会同各有关单位拟订征地补偿安置方案，并在被征收土地所在地的乡（镇）、村予以公告，听取被征收土地的农村集体经济组织和农民的意见。征地补偿安置方案应当载明土地补偿费、安置补助费、青苗和附着物的补偿费等事项。

（四）确定征地补偿安置方案

征地补偿安置方案报市、县人民政府批准后，由县级以上人民政府土地行政主管部门组织实施，并报省人民政府土地行政主管部门备案。

对补偿、安置标准有争议的，由县级以上人民政府协调，协调不成的，由批准征收土地的人民政府裁决。征地补偿安置争议不影响征收土地方案的实施。

（五）实施征地补偿安置方案和交付土地

征收土地补偿安置费用应当在征地补偿安置方案批准之日起三个月内全额支付给被征地的单位和个人；被征地农民社会保障费用也应当在征地补偿安置方案批准之日起三个月内落实到被征地农民个人。被征地的单位和个人应当按规定的期限交付土地。征地补偿安置费用未按规定支付的，社会保障费用未按规定落实的，被征地的单位和个人有权拒绝交付土地。

第三十三条 土地使用权出让由县级以上人民政府统一组织，土地行政主管部门负责具体实施，采用协议、招标、拍卖等方式出让。但工业、商业、旅游、娱乐和商品住宅等经营性用地以及同一土地有两个以上意向用地者的，应当采取招标、拍卖等公开竞价的方式出让。

土地使用权出让的具体程度和办法，按省人民政府的规定执行。

第三十四条 自本办法施行之日起，新增建设用地的土地有偿使用费，百分之三十上缴中央财政，百分之二十上缴省财政，百分之十上缴地级以上市财政，百分之四十留给县财政，都专项用于耕地开发。原国有建设用地的土地有偿使用费全额留给有关市、县人民政府，用于城市基础设施建设和耕地开发。

第三十五条 农村集体经济组织兴办企业使用本集体经济组织农民集体所有土地的，乡（镇）村公共设施、公益事业建设使用农民集体所有土地的，由农村集体经济组织或建设单位依照本办法第二十八条规定的程序向市、县人民政府土地行政主管部门提出用地申请，经审核后，符合土地利用总体规划的，报有批准权的人民政府批准。

农村村民建设住宅使用本集体经济组织农民集体所有土地的，由村民提出用地申请，经村民会议或者农村集体经济组织全体成员会议讨论同意，乡（镇）人民政府审核后，报市、县人民政府批准。

本条规定的用地涉及农用地转为建设用地的，依照《土地管理法》和本办法第二十九条的规定办理农用地转用审批手续。县、乡（镇）人民政府可根据土地利用总体规划、土地利用年度计划和建设用地需要，拟订农用地转用方案、补偿耕地方案，按年度分批次报批。

第三十六条 农村村民一户只能拥有一处宅基地，新批准宅基地的面积按如下标准执行：平原地区和城市郊区八十平方米以下；丘陵地区一百二十平方米以下；山区一百五十平方米以下。

有条件的地区，应当充分利用荒坡地作为宅基地，推广农民公寓式住宅。

第三十七条 临时使用土地的，由县级以上人民政府土地行政主管部门批准。使用国有土地的，应当与有关土地行政主管部门签订临时使用土地合同；使用农民集体所有土地的，应当与土地所属的农村集体经济组织或村民委员会签订临时使用土地合同。合同应当就临时使用土地期限、临时使用土地补偿费、双方的权利与义务、违约责任等事项作出规定。

临时使用农用地的补偿费，按该土地临时使用前三年平均年产值与临时使用年限的乘积数计算；使用建设用地的，按当地国有土地年租金与临时使用年限的乘积数计算。

临时使用土地的使用者应当按照临时使用土地合同约定的用途使用土地，不得修建永久性建筑物。临时使用土地期限届满，由临时使用土地的单位和个人负责恢复土地的原使用状况。无法恢复土地原使用状况而造成损失的，应当承担相应的经济补偿责任。

临时使用土地期限一般不超过二年。

第三十八条 农、林、牧、渔生产占用农用地建设永久性建筑物的，应办理建设用地审批手续。

第六章 建设用地使用权交易管理

第三十九条 土地使用权转让、出租和抵押必须符合法律、法规规定的条件，并应当签订书面合同和向县级以上人民政府土地行政主管部门申请办理审核，登记手续。

第四十条 土地使用权交易，有下列情形的，必须经县级以上人民政府土地行政主管部门审核同意；依法应当报县级以上人民政府批准的，由土地行政主管部门审核后报有批准权的人民政府批准：

（一）以有偿方式取得国有土地使用权初次转让的；

（二）划拨土地使用权转让、出租、抵押的；

（三）农民集体所有的建设用地使用权转移或抵押的；

（四）改变土地用途的；

（五）土地使用权分割转让的；

（六）法律、法规规定应当报经批准同意的其他情形。

第四十一条 有下列情形的不得进行土地使用权交易：

（一）土地权属有争议的；

（二）未依法领取土地证书的；

（三）司法机关和行政机关依法裁定、决定查封或以其他形式限制土地权利的；

（四）县级以上人民政府依法决定收回土地使用权的；

（五）共有土地使用权未经共有人书面同意的；

（六）未按本办法第四十条规定办理审核、审批手续的；

（七）法律、法规禁止交易的其他情形。

第四十二条 禁止以规划、土地、房产等行政主管部门发出的规划许可文件、征地拆迁许可文件等作为合作条件与他人合作开发房地产。

第四十三条 以出让方式取得的土地使用权，必须在缴清土地使用权出让金、取得国有土地使用证并按法律、法规和出让合同规定的条件对土地进行投资开发后，方可进行转让。

未完成开发的房地产项目，符合前款条件的，可实施项目转让，转让双方应当到县级以上人民政府土地行政主管部门办理审核和土地使用权变更登记手续，并在办理登记后将转让合同送建设行政主管部门备案。

第四十四条 以划拨方式取得的土地使用权，转让土地使用权或因转让地上建筑物导致土地使用权转移的，应当向县级以上人民政府土地行政主管部门提出申请，报有批准权的人民政府批准。准予转让的，应当由受让方办理出让手续，缴纳出让金。经批准保留划拨土地性质的，可不办理出让手续，但转让方应当按有关规定上缴土地收益。

以划拨方式取得的土地使用权需要抵押的，应当先进行地价评估，由县级以上人民政府土地行政主管部门核定土地使用权出让金，抵押所担保的债务金额不得超过扣除出让金后的土地价值。在实现抵押权时，应当从房地产拍卖或转让所得的价款中缴纳相当于土地使用权出让金的款项后，抵押权人方可优先受偿。

出租以划拨方式取得的土地使用权的，应当向县级以上人民政府土地行政主管部门提出申请，报有批准权的人民政府批准，准予出租的，应当由出租方办理出让手续，缴纳出让金或以出租所得收益抵交出让金。

以营利为目的，房屋所有权人将以划拨方式取得使用权的国有土地上建成的房屋出租的，应当按国家规定，将租金中所含土地收益上缴国家。

以划拨方式取得的土地使用权，需要改变土地用途进行经营性活动的，必须持有关批准文件，向县级以上人民政府土地行政主管部门提出申请，由有批准权的人民政府批准。准予改变土地用途的，应当依照法定程序办理土地使用权出让或其他有偿使用手续，缴纳土地使用权出让金等有偿使用费。

第四十五条 国有企业因破产、兼并、资产重组或股份制改造等涉及划拨土地使用权处置的，应当先到县级以上人民政府土地行政主管部门办理处置方案审批手续。其中涉及中央和省属企业的，应当按国家有关规定报国务院和省人民政府土地行政主管部门审批。不按规定办理审批手续的，处置行为无效，发生土地使用权转移的，按非法转让处理。处置方案经批准后，需办理有偿使用手续的，由市、县人民政府土地行政主管部门负责。

土地使用权处置涉及的土地使用权出让金、租金、作价出资（股本）额的确定，应当以依法设立的具有土地评估资质的评估机构评估，并报有处置方案批准权的人民政府土地行政主管部门备案的土地估价结果为依据。

第四十六条 符合土地利用总体规划并依法取得集体所有土地建设用地使用权的农村集体企业，因破产、兼并等情形致使土地使用权依法发生转移的，县级以上人民政府土地行政主管部门应当予以办理变更登记手续。

第四十七条 实行土地使用权价格评估和备案制度。土地使用权价格评估，应遵循公正、公平的原则，以公布的基准地价和标定地价为基础，参照当地的市场价格，由依法设立的具有土地评估资质的评估机构评估。地价评估结果涉及国家土地收益的，必须报县级以上人民政府土地行政主管部门备案。

第四十八条 实行土地使用权转让价格申报制度。土地使用权转让的，转让方应当向土地所在地的县级以上人民政府土地行政主管部门如实申报转让价，申报的转让价低于协议出让土地最低价标准的，县级以上人民政府土地行政主管部门经同级人民政府批准，可以按照申报价行使优先购买权；土地使用权转让的市场价不合理上涨时，市、县人民政府可以采取必要的措施。

第四十九条 县级以上人民政府土地行政主管部门应当加强对土地中介服务机构的行业管理。

第七章　土地监察

第五十条 县级以上人民政府土地行政主管部门在本行政区域内对违反土地管理法律、法规的行为进行监督检查。乡（镇）人民政府应当予以协助。

第五十一条 县级以上人民政府土地行政主管部门在调查处理土地违

法案件时，有权责令下级人民政府土地行政主管部门停止办理涉嫌违法的土地审批、登记和发证等手续。

第五十二条 县级以上人民政府土地行政主管部门依法履行监督检查职责时，发现非法占用土地进行建设的，应当采取暂扣施工设备、建筑材料等措施，及时予以制止。

第五十三条 下级人民政府违法批准占用土地的，上级人民政府应当宣布其批准文件无效，并予以公告。由有关行政监察机关对直接责任人员和主要负责人依法予以处理；构成犯罪的，依法追究刑事责任。

下级人民政府制定的规范性文件与国家土地管理法律、法规相抵触的，上级人民政府土地行政主管部门可报请同级人民政府责令制定机关修改或撤销。

第五十四条 下级人民政府土地行政主管部门对土地违法行为不给予行政处罚或处罚不当的，上级人民政府土地行政主管部门有权责令其依法作出处罚或直接作出处罚。并可直接给予有关土地行政主管部门的负责人警告、记过、记大过的行政处分。

下级人民政府土地行政主管部门在登记发证、收费、土地使用权招标、拍卖等活动中，有不当行政行为的，上级人民政府土地行政主管部门有权责令其限期纠正或依法予以撤销。

第五十五条 省、市、县人民政府应当就下列事项定期向同级人民代表大会报告，并报上一级人民政府土地行政主管部门备案：

（一）耕地保护责任制执行情况；

（二）土地利用总体规划执行情况；

（三）土地利用年度计划执行情况；

（四）土地审批及土地违法行为查处情况。

第八章　法律责任

第五十六条 有下列行为的，由县级以上人民政府土地行政主管部门按《土地管理法》第七十三条和《土地管理法实施条例》第三十八条的规定给予行政处罚：

（一）未经批准，擅自转让以划拨或减免地价等方式取得的土地使用权的；

（二）不符合法定条件或出让合同规定条件而擅自转让以出让方式取得的土地使用权的；

（三）未依法取得土地使用权而实施倒卖或以合作开发、入股联营等方式转让土地的；

（四）法律、法规规定属非法转让土地的其他行为。

第五十七条 违反土地管理法律、法规，阻挠或妨碍土地管理执法人员依法履行职责的，由公安机关依照《中华人民共和国治安管理处罚条例》予以处罚。构成犯罪的，依法追究刑事责任。

第九章 附 则

第五十八条 本办法自公布之日起施行。1997年10月16日省人大常委会公布施行的《广东省土地管理实施办法》同时废止。

广东省征收农民集体所有土地各项补偿费管理办法

（1994年11月17日广东省第八届人民代表大会常务委员会第十一次会议通过　根据1997年9月22日广东省第八届人民代表大会常务委员会第三十一次会议《关于修改〈广东省征用农村集体所有土地各项补偿费管理办法〉第十一条的决定》第一次修正　根据2001年12月3日广东省第九届人民代表大会常务委员会第二十九次会议《关于修改〈广东省征用农村集体所有土地各项补偿费管理办法〉的决定》第二次修正　根据2008年11月28日广东省第十一届人民代表大会常务委员会第七次会议关于修改《广东省实施〈中华人民共和国土地管理法〉办法》等三项地方性法规的决定第三次修正）

第一条　为了加强征收农民集体所有土地各项补偿费的管理，维护集体土地所有者的合法权益，根据《中华人民共和国土地管理法》及有关法律、法规的规定，结合本省实际，制定本办法。

第二条　本办法所称征收农民集体所有土地各项补偿费，是指法律规定为农民集体所有的土地（包括耕地、林地、山岭、果园、牧地、荒地、滩涂、水面等）被依法征收所获得的经济补偿，包括土地补偿费、安置补助费、青苗补偿费和附着物补偿费。

第三条　县级以上人民政府农业行政主管部门负责本办法的贯彻实施，土地行政主管部门和劳动保障行政主管部门协同做好本办法的贯彻实施。

乡、民族乡、镇人民政府（以下简称乡级人民政府）负责本办法在该行政区域内贯彻实施。乡级人民政府集体经济管理机构负责指导、监督征地各项补偿费的使用和收益分配。

第四条 征地各项补偿费标准依照有关法律、法规执行，还应当依法安排被征地农民的社会保障费用，保障被征地农民的生活，维护被征地农民的合法权益。有关社会保障费用的筹集、使用和管理，按照国家和省的有关规定执行。

征地补偿安置费应当在征地补偿安置方案批准之日起三个月内全额支付给被征地的单位和个人；被征地农民社会保障费用也应当在征地补偿安置方案批准之日起三个月内，落实到被征地农民个人；被征地的单位和个人应当按规定的期限交付土地。征地补偿安置费用未按规定支付的，社会保障费用未按规定落实的，被征地的单位和个人有权拒绝交付土地。

第五条 被征地单位收取的青苗补偿费、附着物补偿费和安置补偿费，属于个人所有的，应按标准如数支付给个人，属于集体所有的不得分发给个人。

被征收土地上的青苗属集体所有，但已由单位或者个人承包经营的，被征地单位收取的青苗补偿费应当按承包经营期限合理补偿给承包经营者。

第六条 土地补偿费、依法应当支付给集体的安置补助费、集体所有的青苗补偿费和附着物补偿费，由被征地单位管理，主要用于发展集体生产和安排因土地被征收造成的多余劳动力的就业，也可部分用于不能就业人员的生活补助和公共福利事业，任何单位和个人不得挪用、侵占。

集体所有的土地征地各项补偿费的使用和收益分配办法，必须经村民会议或者村民代表会议过半数通过，报乡级人民政府备案。

第七条 被征地单位应当建立财务管理和民主理财制度。属于集体所有的征地各项补偿费应当在当地金融机构设立专户。资金的使用情况，应当按规定向村民公开，接受村民监督。

第八条 违反本办法第五条和第六条第一款规定，挪用、占用征地各项补偿费的，限期退还款项给被征地单位；构成犯罪的，依法追究刑事责任。

违反本办法第六条第二款规定，未经村民会议或者村民代表会议过半数通过，擅自动用集体所有的征地各项补偿费的，当事人必须负责追回款项，并赔偿经济损失；构成犯罪的，依法追究刑事责任。

第九条 本办法自1995年1月1日起施行。

广东省预算执行审计条例

（2009年1月16日广东省第十一届人民代表大会常务委员会第八次会议通过）

第一条 为了加强政府预算执行审计监督，根据《中华人民共和国审计法》和有关法律、法规，结合本省实际，制定本条例。

第二条 本条例所称预算执行审计是指本省各级审计机关依照法律、法规和人民代表大会批准的预算，对本级政府、本级各部门（含直属单位，下同）和下级政府的预算执行情况的真实、合法、效益进行审计监督。

第三条 审计机关进行预算执行审计，根据需要可以对管理和使用预算资金的有关国家机关、事业单位、金融机构、企业等进行审计调查。

第四条 审计机关依法对下列事项进行预算执行审计或者审计调查：

（一）县级以上人民政府财政部门按照同级人民代表大会批准的本级预算向本级各部门批复预算的情况、本级预算执行情况、调整情况和预算收支变化情况；

（二）预算收入征收部门依照法律、法规和国家有关规定征收、管理预算收入情况；

（三）县级以上人民政府财政部门按照批准的年度预算、政府投资计划、用款计划、支出种类和预算级次、程序，拨付本级预算支出资金情况；

（四）县级以上人民政府财政部门依照法律、法规的规定和财政管理体制，拨付下级人民政府财政转移支付资金情况以及各级人民政府财政部门办理结算、结转的情况；

（五）本级各预算执行部门执行年度支出预算和财政制度、财务制度情况，有预算收入上缴任务的部门预算收入上缴情况；

（六）有关事业单位和企业使用预算资金的情况；

（七）按照国家有关规定实行专项管理的预算资金收支情况；

（八）与本级人民政府投资的建设项目有关的预算资金收支情况；

（九）同级国库或者代理同级国库业务的金融机构按照国家有关规定办理预算收入的收纳、划分、留解、退库情况和预算支出的拨付情况；

（十）法律、法规规定的其他事项。

审计机关进行预算执行审计，可以对未纳入预算的财政性资金进行审计或者审计调查。

第五条 审计机关进行预算执行审计，应当有计划地选择部分预算资金使用项目，依据政府相关政策、目标与行业标准等，对该项目资金使用的整体或者阶段的经济性、效率性和效果性进行审计，并向本级人民政府报告。

第六条 各预算执行部门应当在向本级财政部门报送本单位该预算年度财政预算执行结果的同时，向本级审计机关报送下列材料：

（一）年度收支预、决算报表；

（二）财政、财务管理制度的执行情况报告；

（三）本级财政部门确定范围的财政支出项目资金使用效益情况的自评报告；

（四）需要说明的有关事项。

第七条 审计机关应当每年制定预算执行审计计划。预算执行审计计划应当根据法律、法规和国家有关规定，按照本级人民政府和上级审计机关的要求，结合本地区实际，确定审计工作重点。

第八条 审计机关应当按照预算执行审计计划确定的审计事项成立审计组，在实施审计三日前向被审计单位或者被审计调查单位发出审计通知书或者审计调查通知书。遇有特殊情况，经本级人民政府批准，审计机关可以直接持审计通知书实施审计。

被审计单位或者被审计调查单位应当按照审计机关的要求提供会计凭证、会计账簿、财务会计报告及其他财政收支的有关资料，配合审计机关检查有关的资产。

第九条 审计机关进行审计或者审计调查时，有权就审计事项的有关问题向有关单位和个人进行调查。审计机关调查时应当出具审计通知书或者审计调查通知书副本，以及审计人员工作证件，并不得少于两人。

有关单位和个人应当配合审计机关工作，如实向审计机关反映情况，及时提供会计凭证、会计账簿、财务会计报告及其他有关资料，并对所反映情况和所提供材料的真实性和完整性负责。

第十条 运用电子计算机管理财政收支及有关业务电子数据的被审计单位，其计算机信息系统应当设置符合国家标准或者行业标准的数据接口。审计机关有权对被审计单位管理财政收支、财务收支有关的计算机信息系统进行检查。被审计单位应当按照审计机关的要求，提供相关的电子计算机技术文档和财政收支及有关业务电子数据。

第十一条 审计机关对涉及保密工作的预算执行部门进行预算执行审计，对涉密事项负有保密责任。

第十二条 预算执行审计结束后，审计机关应当按规定征求被审计单位的意见，依法提出审计报告。对违反国家规定的财政收支行为，依法需要给予处理、处罚的，审计机关应当在法定职权范围内作出审计决定，或者向有关主管机关提出处理、处罚的意见，并向本级人民政府报告。

有关主管机关应当及时对审计机关提出的处理、处罚意见进行处理，并将处理结果及时通报审计机关。

第十三条 审计机关的预算执行审计决定自送达被审计单位之日起生效，被审计单位应当执行。

被审计单位对审计决定不服的，可以在审计决定送达之日起六十日内提请作出审计决定的审计机关的同级人民政府裁决，该裁决为最终决定。

第十四条 被审计单位应当在审计决定生效之日起三十日内，将审计决定的执行情况书面报告审计机关。

被审计单位对审计报告中提出的其他审计意见和建议应当自收到审计报告之日起九十日内将采纳情况书面报告审计机关。

审计机关应当按规定检查审计决定的执行情况和其他审计意见和建议的采纳情况，可以进行后续审计。

第十五条 审计机关在预算执行审计中，发现被审计单位或者有关责任人员违反法律、法规有关财政收支、财务收支规定，涉嫌犯罪的，应当按管辖权限及时将案件移送有关司法机关。

第十六条 年度预算执行审计结束后，审计机关应当及时向本级人民政府和上一级审计机关提交审计结果报告。

第十七条 县级以上人民政府应当在每年六月至九月期间，向本级人民代表大会常务委员会提出审计机关关于上一年度预算执行和其他财政收支的审计工作报告。审计工作报告应当重点报告对预算执行的审计情况。

各级人民代表大会常务委员会应当在审查和批准决算的同时，听取和审议本级人民政府提出的审计机关关于上一年度预算执行和其他财政收支的审计工作报告；必要时，可以对报告作出决议。

第十八条 县级以上人民政府在收到本级人民代表大会常务委员会组成人员关于审计工作报告的审议意见后，应当及时研究处理，并在六个月内将研究处理情况向本级人民代表大会常务委员会报告。

县级以上人民政府对审计工作报告反映的问题应当责令有关地区和部门、单位认真整改，并在一年内将整改情况向本级人民代表大会常务委员会报告，并附送有关部门的整改情况报告。

县级以上人民政府在收到本级人民代表大会常务委员会关于审计工作报告的决议后，应当在决议规定的期限内，将执行决议的情况向本级人民代表大会常务委员会报告。

县级以上人民政府因特殊情况需要推迟报告的，应当在期限届满前报本级人民代表大会常务委员会同意。

第十九条 各级人民代表大会常务委员会将本级人民政府审计工作报告及常务委员会组成人员关于审计工作报告的审议意见，人民政府对审议意见研究处理情况或者执行决议情况的报告，向本级人民代表大会代表通报并向社会公布；并可以将本级人民政府及有关部门的整改情况向社会公布。

第二十条 审计机关的预算执行情况，由上级审计机关进行审计。

第二十一条 违反本条例第六条、第八条第二款、第九条第二款规定的，由审计机关责令改正，可以通报批评，给予警告；拒不改正的，依法追究责任。

第二十二条　审计机关违反本条例第十二条第一款、第十四条第三款、第十五条规定的，由上级审计机关或者同级人民政府责令改正。

第二十三条　审计人员有下列情形之一的，依法给予处分；构成犯罪的，依法追究刑事责任：

（一）利用职务上的便利收取被审计单位财物或者其他非法利益的；

（二）泄漏国家秘密、商业秘密的；

（三）隐瞒或者捏造、歪曲事实的；

（四）其他滥用职权、徇私舞弊、玩忽职守的。

第二十四条　本条例自2009年5月1日起施行。

广东省粮食安全保障条例

（2009年3月31日广东省第十一届人民代表大会常务委员会第十次会议通过）

第一章　总　则

第一条　为保障粮食安全，满足人民生活需要，维护社会稳定，根据有关法律法规，结合本省实际，制定本条例。

第二条　本条例适用于本省行政区域内从事粮食生产、经营、储备以及调控、应急等粮食安全保障的活动。

本条例所称粮食安全保障是指保证粮食供求基本平衡，市场粮食价格基本稳定，居民生活和社会生产对粮食的需求得到基本满足，粮食质量安全符合国家规定。

本条例所称粮食，是指稻谷、小麦、玉米、杂粮及其成品粮。

粮食的质量安全，按照有关法律、法规的规定执行。

第三条　县级以上人民政府负责本行政区域粮食安全保障工作。

县级以上人民政府粮食行政管理部门主管本行政区域粮食安全保障的行政管理工作。

县级以上人民政府财政、国土、农业、价格、工商、质量监督等行政管理部门按照各自职责，做好粮食安全保障的相关工作。

第四条　县级以上人民政府应当建立、健全粮食安全保障和监督管理责任制。

县级以上人民政府应当制定粮食生产、流通、储备的发展规划，维护统

一、开放、竞争、有序的粮食市场。

第五条 对为粮食安全保障做出突出贡献的单位和个人，应当给予奖励。

任何单位和个人都有权对粮食安全保障监督管理工作提出意见和建议，对危害粮食安全保障的行为向有关部门检举、控告。

第二章 生产与经营

第六条 县级以上人民政府应当严格执行耕地保护制度，加强农田基础设施建设，对基本农田依法实行特殊保护，确保粮食生产的播种面积达到省人民政府下达的指标，促进粮食生产稳定发展。

第七条 县级以上人民政府采取发布信息、调控储备和给予种粮者种粮补贴等方式，引导和鼓励粮食生产。可能发生粮食严重紧缺情形时，经省人民政府批准，县级以上人民政府可以依法将当期生产其他经济作物的基本农田用于恢复粮食生产，并组织落实种子、肥料等生产资料。

第八条 县级以上人民政府应当加大对粮食生产、储存、加工的科技投入，鼓励研究和推广应用先进的科学技术，提高粮食产量，提升粮食储存、加工品质。

第九条 县级以上人民政府应当采取多种形式，鼓励社会资金投资建设粮食生产和流通基础设施。

鼓励粮食经营者到外地投资建设粮食生产基地，与粮食产区建立长期粮食产销合作关系，发展粮食产业化经营。

第十条 从事粮食收购、加工、运输、储存、销售的经营者，应当依法向工商行政管理部门办理登记手续。

从事粮食收购的经营者，应当依法申请取得粮食收购资格许可。

第十一条 从事粮食收购、加工、销售的经营者，其粮食库存量应当符合国家和省的有关规定。

第十二条 从事粮食收购、加工、运输、储存、销售的经营者，应当严格执行国家有关粮食价格、质量安全等规定。

第十三条 从事粮食收购、加工、储存、销售的粮食经营者，应当建立粮食经营台账，如实记录粮食的名称、规格、数量、质量、流向、供货商及其联系方式、进货时间等内容。粮食经营者保留粮食经营台账的期限不得少于三年。

第十四条 从事粮食储存的经营者，应当遵守以下规定：

（一）执行国家和省的粮食储存管理制度、标准和技术规范；

（二）对政府委托储存的粮食实行专仓储存、专人保管、专账记载，确保储存粮食数量真实、质量良好、储存安全；

（三）超过国家和省规定正常储存年限的粮食，出库前应当经有资质的粮食质量检验机构进行质量鉴定。

第三章 储备与管理

第十五条 县级以上人民政府实行分级负责的政府粮食储备制度。

政府储备粮的收储、轮换、动用，实行计划管理。县级以上人民政府粮食行政管理部门应当按照有关规定及时下达政府储备粮的收储、轮换、动用计划。

第十六条 根据国务院有关规定和本省粮食市场调控的实际需要，省人民政府核定省和市（不含县级市，下同）人民政府的政府储备粮规模，市人民政府核定县级人民政府的政府储备粮规模。

县级以上人民政府应当按照核定规模，组织落实本级政府的政府储备粮储备，并根据政府储备粮储存年限规定和品质变化情况按时或者定期进行轮换更新。

第十七条 县级以上人民政府的政府储备粮，由本级人民政府直属粮库储存，需要委托其他具备条件的粮食企业承储的，应当通过招标的方式确定。

承储政府储备粮的企业，应当具备下列基本条件：

（一）仓库容量达到国家和省规定的标准；

（二）具有粮食保管、通风、进出仓、虫害防治等仓储设施，并符合国家和省规定的技术规范；

（三）具备符合国家和省规定的粮食质量检测能力和对粮食储存温度、水分、虫害状况等监测条件；

（四）有取得相应资格证书的粮食保管、质量检验、虫害防治等管理技术人员；

（五）经营管理和信誉良好，没有违法违规经营记录。

第十八条 县级以上人民政府的政府储备粮收储和轮换应当由同级粮食行政管理部门会同有关部门采取公开招标、竞价方式进行，招标、竞价底价由同级价格主管部门会同有关部门制定；采取其他方式的，应当报同级人民政府批准。

第十九条 县级以上人民政府的政府储备粮未经本级人民政府批准，任何单位和个人不得动用，但上级人民政府根据粮食市场调控与应急的需要调用下级人民政府储备粮的除外。

有下列情形之一的，可以动用政府储备粮：

（一）本行政区域市场粮食供给明显紧张，或者市场粮食价格出现异常波动；

（二）发生重大自然灾害或者其他突发公共事件，需要动用政府储备粮应急的；

（三）县级以上人民政府认为需要动用政府储备粮的其他情形。

第二十条 需要动用政府储备粮，采取县、市、省逐级动用原则。市、县人民政府需要动用上一级人民政府储备粮的，应当向上一级人民政府申请，经批准后实施。

第二十一条 承储政府储备粮的企业应当健全财务制度，按照规定使用财政资金，保证财务数据真实、准确、完整，并接受政府储备粮所属人民政府财政部门的监督。

第二十二条 承储政府储备粮的企业不得有下列行为：

（一）虚报、瞒报政府储备粮数量的；

（二）在政府储备粮中掺杂使假、以次充好的；

（三）擅自变换政府储备粮品种、变更政府储备粮储存地点的；

（四）违规销售政府储备粮的；

（五）延误轮换、管理不善或者其他原因造成政府储备粮霉坏、变质的；

（六）利用政府储备粮及其贷款资金从事与政府储备粮业务无关的经营活动的；

（七）擅自更改储备粮入库成本的；

（八）以政府储备粮对外担保或者抵偿债务的；

（九）其他对政府储备粮数量、质量和储存安全造成影响的。

第二十三条 县级以上人民政府粮食行政管理部门应当加强对政府储备粮的数量、质量以及收储、轮换、动用的监督检查，确保政府储备粮规模落实、数量真实、质量良好和储存安全。

第二十四条 政府储备粮因不可抗力造成损失的，由所属人民政府按规定予以核销。

第二十五条 县级以上人民政府应当根据社会发展和粮食安全保障的需要，每年安排专项资金用于政府直属储备粮库及其配套设施的建设和维修。

第四章 调控与应急

第二十六条 县级以上人民政府粮食行政管理部门应当会同价格等有关部门对本行政区域粮食市场形势进行监测、分析和预警，及时提出粮食市场调控和应急保障措施，报本级人民政府批准后组织实施。

第二十七条 县级以上人民政府应当采取动用政府储备粮等有效手段调节市场粮食供求。

第二十八条 省人民政府应当根据市场粮食价格波动情况，依法采取价格干预措施，稳定市场粮食价格，保护粮食生产者、经营者、消费者的利益。

第二十九条 县级以上人民政府实行粮食风险基金制度，粮食风险基金列入本级财政预算。

省粮食风险基金规模按照国务院有关规定落实，市、县粮食风险基金规模由上一级人民政府核定。县级以上人民政府应当按照核定的规模落实资金，制定本级政府粮食风险基金管理办法，加强对粮食风险基金的监督管理，防止挤占、截留、挪用。

粮食风险基金按规定用于种粮直接补贴、政府储备粮利息费用开支和轮换差价补贴、粮食政策性挂账核销等。

第三十条 县级以上人民政府粮食行政管理部门应当会同有关部门制定本行政区域的粮食应急预案，报本级人民政府批准，并报上一级人民政府备案。

发生重大自然灾害、突发公共事件或者其他因素引发粮食市场异常波动和供求失衡时，粮食行政管理部门应当及时向本级人民政府报告，按规定提请启动粮食应急预案。

第三十一条 粮食应急预案启动后，所有粮食经营者必须按要求承担应急任务，服从政府的统一安排和调度，保证应急工作的需要。

第三十二条 有关单位和粮食生产、经营者因承担粮食应急任务遭受损失的，下达粮食应急任务的人民政府应当依法给予补偿。

第三十三条 县级以上人民政府应当建立低收入群体和受灾居（村）民粮食供应救济制度，保障其基本的粮食需要。

第五章 法律责任

第三十四条 县级以上人民政府未按照本条例规定落实粮食安全保障责任，有下列情形之一的，由上级人民政府通报批评，对政府主要负责人、负有责任的主管人员和其他直接责任人员依法给予处分；构成犯罪的，依法追究刑事责任：

（一）未采取措施保护基本农田，致使粮食播种面积未达到当年省人民政府下达的指标的；

（二）粮食储备和粮食风险基金未达到上级人民政府核定规模的；

（三）挤占、截留、挪用粮食风险基金的；

（四）出现粮食紧急情况时没有及时采取有效措施，造成粮食价格异常波动、粮食抢购等社会不稳定事件的；

（五）未按照规定核销因不可抗力造成的政府储备粮损失超过半年以上，给承储政府储备粮的企业增加经济负担的；

（六）玩忽职守、滥用职权等渎职行为的。

第三十五条 县级以上人民政府粮食行政管理部门或者其他有关部门及其工作人员违反本条例规定，有下列情形之一的，由本级人民政府或者上级人民政府有关部门视情节轻重，责令改正，通报批评，并对主要负责人、负有责任的主管人员和其他直接责任人员依法给予处分；构成犯罪的，依法追究刑事责任：

（一）未按照本条例规定履行监督检查职责，对违法行为不及时制止和处理的；

（二）委托不具备条件的企业承储政府储备粮的；

（三）未按照规定及时下达政府储备粮收储计划，造成政府粮食储备规模不落实的；

（四）未按照规定及时下达政府储备粮轮换计划，造成政府储备粮霉坏、变质的；

（五）未按照规定及时落实粮食市场调控措施或者粮食价格干预措施，造成粮食市场和社会不稳定的；

（六）挤占、截留、挪用粮食风险基金的；

（七）玩忽职守、滥用职权等渎职行为的。

第三十六条 承储政府储备粮的企业违反本条例第二十一条规定，未健全财务制度，或者未按照规定使用财政资金的，由政府储备粮所属人民政府财政部门责令其限期改正；有违法所得的，依法予以没收，并处以五万元以上十万元以下的罚款；构成犯罪的，依法追究刑事责任。

第三十七条 承储政府储备粮的企业违反本条例第二十二条规定的，由政府储备粮所属人民政府粮食行政管理部门责令其限期改正；有违法所得的，依法予以没收。对违规销售政府储备粮的，视情节轻重并处以出库粮食价值一倍以上五倍以下的罚款。对其他违法行为，并处以五万元以上十万元以下的罚款；构成犯罪的，依法追究刑事责任。

第三十八条 粮食经营者违反本条例第三十一条规定，无正当理由拒不承担或者拖延承担粮食应急任务，情节较轻的，由县级以上人民政府粮食行政管理部门给予警告并责令改正；情节严重的，可以并处五万元以上二十万元以下的罚款；构成犯罪的，依法追究刑事责任。

第六章 附 则

第三十九条 本条例自2009年7月1日起施行。

广东省实施《中华人民共和国海洋环境保护法》办法

（2009年3月31日广东省第十一届人民代表大会常务委员会第十次会议通过）

第一章　总　则

第一条　为实施《中华人民共和国海洋环境保护法》，结合本省实际，制定本办法。

第二条　本办法适用于在本省管辖海域内从事航行、勘探、开发、生产、旅游、科学研究及其他相关活动，或者在本省管辖沿海陆域内从事影响海洋环境的活动。

第三条　海洋环境保护应当坚持科学规划、海陆统筹、预防为主、防治结合的原则，建立海洋资源开发与生态环境保护、海洋环境整治与陆源污染控制相结合的海洋环境保护机制。

第四条　沿海县级以上人民政府应当把海洋环境保护列入本地区国民经济和社会发展规划。海洋环境保护工作纳入沿海各级人民政府环境保护责任考核范围。

第五条　沿海县级以上人民政府环境保护行政主管部门作为环境保护工作统一监督管理的部门，对所辖区域内的海洋环境保护工作实施指导、协调和监督，并负责防治陆源污染物和海岸工程建设项目对海洋污染损害的环境保护工作。

沿海县级以上人民政府海洋行政主管部门负责所辖区域内海洋环境的监督管理，组织海洋环境的调查、监测、监视、评价和科学研究，组织海洋生态环境保护和修复，负责防治海洋工程建设项目、海洋倾倒废弃物以及其他海洋开发利用活动对海洋污染损害的环境保护工作。

沿海县级以上人民政府渔业行政主管部门负责所辖渔港水域内非军事船舶和渔港水域外渔业船舶污染海洋环境的监督管理，负责所辖区域内渔业水域生态环境保护工作，并调查处理依法由海事行政主管部门调查处理的污染事故以外的渔业污染事故。

其他有关部门应当按照职责分工做好海洋环境保护工作。

第六条 沿海县级以上人民政府应当加强海洋环境保护体系建设，将海洋环境保护经费纳入同级财政预算。

鼓励多渠道筹措资金，用于海洋环境保护和修复。

第七条 沿海县级以上人民政府应当鼓励海洋环境保护科技创新，推行清洁生产，防止对海洋环境的污染。

第八条 沿海县级以上人民政府应当加强海洋环境保护法律法规的宣传，鼓励和支持单位和个人开展海洋环境保护公益性活动，对保护、改善海洋环境作出突出成绩的单位和个人给予表彰和奖励。

第二章　海洋环境监督管理

第九条 省海洋行政主管部门应当会同省环境保护、发展改革等有关部门和沿海地级以上市人民政府，根据海洋功能区划、全国海洋环境保护规划和重点海域区域性海洋环境保护规划制定省海洋环境保护规划和重点海域环境保护规划，报省人民政府批准实施。

沿海地级以上市人民政府海洋行政主管部门应当会同同级有关部门和沿海县级人民政府，根据省海洋环境保护规划和重点海域环境保护规划制定市海洋环境保护规划，报同级人民政府批准实施，并报上一级人民政府海洋、环境保护行政主管部门备案。

第十条 沿海县级以上人民政府应当加强海洋环境监测网络建设，实行海洋环境监测、监视资料共享。

沿海县级以上人民政府海洋行政主管部门应当根据国家和省海洋环境监测、监视标准和规范，组织对本级行政区所辖海域的海洋环境监测、监视，定期评价海洋环境质量，发布海洋环境质量公报或者专项通报，并加强对海洋自然灾害和海洋环境污染事故的监测、监视、预警、预报和信息管理。

沿海县级以上人民政府海洋行政主管部门应当定期向同级人民政府环境保护行政主管部门提供编制环境质量公报所需要的海洋环境监测资料。

向社会提供海洋环境调查监测资料的监测单位，应当依法通过计量认证。

第十一条 沿海地级以上市人民政府海洋行政主管部门应当定期组织对本行政区所辖海域进行海洋环境调查评价。调查评价内容主要包括：海洋生物资源、海洋生态环境状况，以及重点海域、主要入海河流污染物排放等基本情况。

第十二条 沿海县级以上人民政府应当制订赤潮、风暴潮、海啸、重大海上污染等突发性海洋自然灾害和海洋环境污染事故应急预案。

沿海石化、运输、能源、制造、冶金等可能发生重大海洋环境污染事故的单位应当按照国家有关规定，制订海洋环境污染事故应急预案，配备必要的应急设施，并将应急预案报所在地人民政府环境保护、海洋行政主管部门备案。

第十三条 发生赤潮、风暴潮、海啸、重大海上污染等突发性海洋自然灾害和海洋环境污染事故时，沿海县级以上人民政府应当及时启动应急预案，组织环境保护、海洋、渔业和海事等有关部门及时采取有效措施，做好防灾减灾和污染事故处理工作，防止或者减轻危害。

第十四条 船舶发生事故造成或者可能造成海洋环境污染损害，当事人应当立即控制或者消除污染，并向海事或者渔业行政主管部门报告，接受调查处理。当事人未能及时采取有效措施的，由海事或者渔业行政主管部门按照各自的管理职责采取强制清除、打捞或者拖行等应急处置措施，避免或者减少污染损害。

强制清除、打捞或者拖行等应急处置措施所需费用，依法由责任者承担。

第十五条 相邻海域的市、县人民政府应当加强海洋环境保护的合作，建立相邻海域污染防治、生态保护和环境整治协调机制。对可能影响相邻市、县海洋环境的入海排污口设置和重大工程项目建设，有关环境保护、海洋行政主管部门应当征求相邻市、县人民政府的意见，相邻市、县人民政府有不同意见的，可提请其共同的上级人民政府协调解决。

第十六条 海洋、渔业和海事行政主管部门在巡航监视中发现海上污染事故或者违反海洋环境保护法律法规规定的行为时，应当予以制止并调查取证，必要时有权采取有效措施，防止污染事态的扩大，并报告有关主管部门处理。

沿海县级以上人民政府可以根据需要，组织海洋、渔业和海事等行政主管部门实行海上联合执法。

第三章　海洋生态环境保护

第十七条 沿海县级以上人民政府应当加强海洋生物多样性、重要海洋生态区域和海洋景观的保护，组织开展红树林、海草床、珊瑚礁、滨海湿地等典型海洋生态系统的保护和修复，实施近海增殖放流、人工鱼礁建设等水生生物资源养护措施。

省人民政府可以根据海洋生态环境保护需要，选划建立海洋自然保护区和海洋特别保护区。海洋特别保护区选划、建设和管理办法由省人民政府在本办法实施之日起一年内制定。

第十八条 沿海县级以上人民政府应当加强人工鱼礁建设，采取措施鼓励单位和个人投资建设人工鱼礁。人工鱼礁建设应当符合国家和省人工鱼礁建设规划和技术规范。

沿海县级以上人民政府渔业行政主管部门应当加强对人工鱼礁礁区的监督管理和生态监测。

第十九条 船舶航经海洋自然保护区的，应当采取限制航行速度等措施，防止对海洋保护动物的伤害。具体办法由省人民政府在本办法实施之日起一年内制定。

第二十条 依法开发利用无居民海岛及周围海域应当采取严格的生态保护措施，严格限制炸岛、岛上采挖砂石、实体坝连岛工程等活动。

禁止在领海基点所在的无居民海岛进行采石、挖砂、砍伐、爆破、射击等破坏性活动。

第二十一条 严格限制在半封闭海湾、河口海域兴建海岸工程、海洋工程建设项目；因防灾减灾等公共安全需要确需建设的，不得对水体交换、潮汐通道、行洪和通航安全造成严重影响，并在工程建设的同时采取严格的海洋环境保护和生态修复措施。

第二十二条 省人民政府可以根据海洋功能区划、海洋环境保护规划划定海砂禁采区。

开采海砂应当依法办理有关批准手续，按照批准的海域范围和方式开采，采取必要的生态保护措施，不得影响海岸、海堤、港口、航道、路桥等的安全。

严格限制在海岸采挖砂石，防止造成海岸侵蚀。

第二十三条 引进海洋动植物物种的，应当向省海洋行政主管部门提出申请，并提交由相应专业技术机构编制的引进海洋动植物物种生态安全论证报告。论证报告应当包括：引进海洋动植物物种的基本情况、主要生态特性和培育条件，以及引进海洋动植物物种可能产生的生态危害和避免生态危害的措施。

省海洋行政主管部门接到申请后应当组织对引进的海洋动植物物种进行生态安全审查，并在二十个工作日内作出批准或者不批准的决定，书面通知申请人。法律法规规定应当由其他行政主管部门批准的，从其规定。

第二十四条 经批准引进海洋动植物物种的单位和个人应当对批准引进的海洋动植物物种在批准机关指定的区域先进行可控制实验，发现可能造成海洋生态环境危害的，应当及时采取有效措施，消除危害。

海洋行政主管部门和其他有关部门应当对引进的海洋动植物物种组织跟踪观察和评估，发现造成或者可能造成海洋生态环境危害的，应当及时采取有效措施，消除危害。

第四章　海洋环境污染防治

第二十五条　沿海县级以上人民政府按照国家规定执行重点海域排污总量控制制度。

省海洋行政主管部门应当会同省环境保护等有关部门，根据海洋功能区划和海洋环境容量，制定省重点海域污染物排海总量控制指标和主要污染物排海控制计划，报省人民政府批准实施。

沿海市、县人民政府应当根据上级人民政府确定的重点海域污染物排海总量控制指标和主要污染物排海控制计划，制定所辖区域重点海域污染物排海总量控制实施方案，并报上一级人民政府批准。

第二十六条　沿海地级以上市人民政府制定实施的入海河流断面水质保护管理方案应当与海洋功能区划、海洋环境保护规划相衔接。入海河流断面水质不得低于海洋功能区划、海洋环境保护规划确定的入海河口海域水质要求。

沿海县级以上人民政府应当按照有关规定实施河流交接断面水质保护管理方案，采取有效措施，确保河流交接断面水质达到按照国家规定标准确定的控制目标。

第二十七条　设置入海排污口及向海域排放陆源污染物应当符合海洋功能区划、海洋环境保护规划的规定。向海域排放陆源污染物的种类、数量和浓度等，必须严格执行国家或者省规定的标准和有关规定。

经依法批准向海域排放陆源污染物的单位和个人，必须向所在地人民政府环境保护、海洋行政主管部门报送有关污染物排放资料。

沿海县级以上人民政府环境保护、海洋行政主管部门，应当按照重点海域排污总量控制要求加强对入海排污口和陆源污染物排海的监督。

第二十八条　禁止在海洋自然保护区、海洋特别保护区、重要渔业水域、盐场保护区、海滨风景名胜区、旅游度假区和其他需要特别保护的区域新建排污口。原有排污口排放的废水不符合周边海域水质环境质量要求的，由县级以上人民政府依法责令限期治理；经治理仍不符合要求的，依法责令其迁移或者关闭。

第二十九条 沿海县级以上人民政府应当完善沿海城镇污水集中处理设施，实行污水集中处理，达标排放。

临海宾馆、饭店、旅游场所的污水未实行集中处理的，应当建造污水处理设施处理，达到排放标准后方可排放。临海工业园区应当根据防治污染的需要，建设污水集中处理设施，实行污水集中处理，达标离岸排放。

向海域排放冷废水、热废水，必须采取有效措施达标排放，保证邻近渔业水域的水温符合国家海洋环境质量标准。

第三十条 沿海县级以上人民政府渔业行政主管部门应当根据海洋功能区划和渔业养殖规划，合理划定养殖区域，控制养殖规模。

海水养殖用药应当符合国家和省有关渔药安全使用的规定和标准，不得使用国家或者省明令禁止使用的渔药，防止对海洋环境造成污染。

不得将海上养殖生产、生活废弃物弃置海域。提水式养殖场、种苗场对含病原体的养殖废水必须作无害化处理，符合国家有关排放标准后方可排入海域。沿海县级以上人民政府渔业行政主管部门应当定期对养殖区域的海洋环境质量进行监测，对不符合渔业养殖环境要求的，不得批准从事养殖生产活动。

第三十一条 沿海大中型港口应当建立船舶废弃物集中处置设施，实行船舶废弃物集中处理。

船舶及海上生产作业不得违反规定向海洋排放含油废水、压载水、废弃物、船舶垃圾及其他有害物质。

来自有疫情港口的船舶，其垃圾、生活污水、压载水等污染物应当按规定向检验检疫部门申请处理。

第三十二条 填海、围海工程不得使用有毒有害的物料。填海工程应当采取先围后填的方式进行。

第三十三条 使用海域的单位、个人应当及时清除其用海范围内的生活垃圾和废弃物；拒不清除的，由海洋行政主管部门强制清除，所需费用由使用海域的单位、个人承担。

第三十四条 工程建设、排放污染物、倾倒废弃物或者污染事故，对水生生物资源、海洋生态环境造成损害的，由海洋、渔业行政主管部门代表国家向责任者提出损害赔偿要求，所得赔偿款用于水生生物资源增殖和海洋生态保护修复。

第三十五条 经批准向海洋排放污染物的单位和个人，必须按照国家规定缴纳排污费。依法收取的排污费，必须用于海洋环境污染整治，不得挪作他用。

沿海县级以上人民政府应当在陆域排污费中安排适当比例的资金，用于海洋环境污染防治和生态保护。

第五章 海洋环境影响评价

第三十六条 新建、改建、扩建海岸工程或者海洋工程建设项目必须符合海洋功能区划和海洋环境保护规划，严格执行环境影响评价制度。

海岸工程、海洋工程建设项目应当按照有关规定编制环境影响报告书（表）。海岸工程、海洋工程建设项目可能对水生生物资源和海洋生态环境造成重大影响的，建设单位应当在项目环境影响评价阶段，委托具有相应资质的机构进行水生生物资源和海洋生态环境影响专项评价，评价结果和补救措施应当作为环境影响评价的组成部分。

海岸工程、海洋工程建设项目环境影响报告书（表）的内容按照国家和省有关规定执行。

第三十七条 海岸工程建设项目环境影响报告书（表）经海洋行政主管部门审核并签署意见后，报同级环境保护行政主管部门审查批准。

海洋工程建设项目环境影响报告书（表）由海洋行政主管部门核准后，报同级环境保护行政主管部门备案。

环境保护、海洋行政主管部门在批准或者核准海岸工程、海洋工程建设项目环境影响报告书（表）前，应当在工程所在地进行不少于十日的公示。

第三十八条 下列海洋工程建设项目环境影响报告书（表）由省海洋行政主管部门核准：

（一）由省人民政府及其有关行政主管部门审批的海洋工程建设项目；

（二）五十公顷以下的填海、一百公顷以下的围海工程项目；

（三）涉及重大公共利益的海洋工程建设项目；

（四）可能造成跨市海洋环境影响的海洋工程建设项目。

前款规定以外的其它海洋工程建设项目环境影响报告书（表），由地级以上市人民政府海洋行政主管部门核准。法律法规规定由国家海洋行政主管部门核准的，从其规定。

海岸工程建设项目环境影响报告书（表）审批权限，按照国家和省有关规定执行。

第三十九条 环境保护、海洋行政主管部门在批准或者核准海岸工程、海洋工程建设项目环境影响报告书（表）前，应当征求海事、渔业等行政主管部门意见；涉及军事用海的，必须征求军队环境保护部门的意见。

第四十条 海岸工程和海洋工程建设项目可能对海洋环境造成重大影响的，建设单位应当在报批环境影响报告书前，举行论证会、听证会，或者以其他形式征求有关单位、专家和公众的意见。建设单位报批的环境影响报告书应当附具对有关单位、专家和公众意见采纳情况的说明。

海洋工程建设项目可能对海洋环境造成重大影响的，海洋行政主管部门在核准环境影响报告书前，应当征求有关单位、专家和公众的意见；必要时可以举行听证会。其中，围海、填海工程必须举行听证会。

第四十一条 海岸工程、海洋工程建设项目环境影响报告书（表）未经批准或者核准的，有关部门不得批准其建设，建设单位不得建设。

第六章 法律责任

第四十二条 法律、法规对违反本办法规定的行为已有处罚规定的，从其规定。

第四十三条 违反本办法第十二条第二款规定，未制定应急预案或者未配备必要应急设施的，由环境保护、海洋行政主管部门责令限期改正。

第四十四条 有下列行为之一的，由海洋行政主管部门责令其停止施工、限期改正、采取补救措施，并处五万元以上二十万元以下罚款，必要时可暂扣违法作业工具：

（一）违反本办法第二十条规定，未采取相应保护措施开发无居民海岛，造成海岛及其周围海域生态环境严重破坏的，或者在领海基点所在的无居民海岛进行采石、挖砂、砍伐、爆破、射击等破坏性活动的；

（二）违反本办法第二十二条第二款规定，未经批准或者不按批准的范围、方式开采海砂的；

（三）违反本办法第三十二条规定，使用有毒有害物料填海或者未按批准方式填海的。

第四十五条 违反本办法第二十三条、第二十四条规定，未经批准或者未按批准要求进行引进外来海洋动植物物种的，由省海洋行政主管部门没收违法引进的海洋动植物，并处五万元以上十万元以下罚款；造成危害的，责令消除危害。

第四十六条 有下列行为之一的，由渔业行政主管部门责令其限期改正，可以并处二万元以上十万元以下罚款：

（一）违反本办法第二十九条第三款规定，未采取相应措施向海域排放冷废水、热废水，造成邻近渔业水域水温超过相关标准的；

（二）违反本办法第三十条第三款规定，将海上养殖生产、生活废弃物弃置海域，或者未经无害化处理排放含病原体养殖废水的。

第四十七条 行使海洋环境监督管理权的部门有下列行为之一的，对直接负责的主管人员和其他直接责任人员依法给予处分；给当事人造成损害的，依法给予赔偿；构成犯罪的，依法追究刑事责任：

（一）发生赤潮等海洋自然灾害未及时通报或者公告，造成严重危害的；

（二）发现海上污染事故或者违反本办法规定的违法行为时，未依法予以制止或者采取措施，造成严重后果的；

（三）不按规定审批引进外来海洋动植物物种的；

（四）不按规定审批或者核准海岸工程、海洋工程建设项目环境影响报告书（表）的；

（五）海岸工程、海洋工程建设项目环境影响报告书（表）未经批准、核准，批准其建设的；

（六）未履行法定职责，造成海洋生态环境严重破坏的；

（七）其他滥用职权、玩忽职守行为的。

第七章　附　则

第四十八条　本办法自2009年7月1日起施行。

广东省行政执法责任制条例

（1999年11月27日广东省第九届人民代表大会常务委员会第十三次会议通过　2009年7月30日广东省第十一届人民代表大会常务委员会第十二次会议修订）

第一章　总　则

第一条　为健全行政执法责任制，保障法律、法规、规章的实施，保护公民、法人和其他组织的合法权益，根据有关法律法规，结合本省实际，制定本条例。

第二条　本条例所称行政执法责任制，是指依法确认行政执法主体资格、明确行政执法职责、实施行政执法评议考核和落实行政执法责任等规范、监督行政执法活动的制度。

本条例所称行政执法主体，是指本省地方各级人民政府、行政执法部门和法律、法规授予行政执法权的组织。

本条例所称行政执法，是指行政执法主体依法行使行政职权、履行行政职责的行为，包括行政处罚、行政许可、行政强制、行政征收、行政征用、行政给付、行政检查等行政行为。

第三条　行政执法主体应当建立行政执法责任制。

省人民政府领导全省建立行政执法责任制的工作，市、县（区）人民政府领导所属部门和下级人民政府建立行政执法责任制的工作。

上级人民政府所属部门依法指导和监督下级人民政府相应部门建立行政执法责任制的工作。实行省以下垂直管理的部门建立行政执法责任制的工作，由其上级部门领导，并受同级人民政府的监督。

各级人民政府监察机关依法行使行政监察权。

第四条 各级人民政府法制工作机构在本级人民政府领导下，负责实施本条例的具体工作；各级人民政府所属部门负责法制工作的机构承担本部门建立行政执法责任制的具体工作。

第五条 建立行政执法责任制应当遵循职权法定、权责明确、公开公正、奖惩分明的原则。

第六条 各级人民政府应当将建立和推行行政执法责任制工作纳入政府目标管理考核范围。

第七条 各级人民政府应当为所属部门提供保障行政执法的必要条件；行政执法经费应当纳入各级人民政府财政预算。

第八条 各级人民政府及其所属部门建立和推行行政执法责任制工作，应当接受同级人民代表大会及其常务委员会的监督。

第二章　行政执法主体

第九条 县级以上人民政府应当依法核准和公告本级行政执法主体及其职权、执法依据；行政执法主体及其职权、执法依据发生变化时，应当及时予以公告。

第十条 行政执法人员应当具备下列条件：

（一）属于本单位在编在职人员；

（二）熟悉相关法律、法规、规章和行政执法业务；

（三）具有良好的品行；

（四）具有正常履行职责的身体条件；

（五）具有符合职位要求的文化程度。

第十一条 行政执法人员必须接受综合法律知识培训和专业知识培训，经考试合格并依法取得行政执法证件后，方可上岗执法。

综合法律知识培训由县级以上人民政府法制工作机构负责组织；专业知

识培训由县级以上人民政府行政主管部门负责组织。

本省行政执法证件由省人民政府统一制发。法律、法规另有规定的，从其规定。

第十二条 行政执法主体在其法定职权范围内，依照法律、法规、规章的规定，可以委托其他行政机关或者具有管理公共事务职能的组织实施行政执法。

受委托实施行政执法的行政机关或者组织应当在委托范围内，以委托行政执法主体的名义实施行政执法；不得再委托其他组织或者个人实施行政执法。

行政执法主体实施委托执法的，应当报直接主管该行政执法主体的人民政府备案，对受委托的行政机关或者组织的行政执法行为进行监督，并对该行为的后果承担相应的法律责任。

第三章 行政执法规范

第十三条 行政执法主体应当建立岗位责任制度，明确其主要负责人、主管负责人及执法人员的职责，并根据本单位执法机构和执法岗位的配置，将法定职权分解到具体执法机构和执法岗位。

第十四条 行政执法主体及其行政执法人员应当依法履行法定职责，遵循法定程序，不得行政不作为。

第十五条 行政执法主体作出影响行政管理相对人、利害关系人权益或者增加其义务的行政执法决定前，应当告知行政执法决定的事实、理由和依据，并且给予其陈述申辩的机会；作出行政执法决定时，应当依法告知行政复议或者行政诉讼的权利、期限和途径。

第十六条 行政执法人员实施行政执法有下列情形之一的，应当自行回避，当事人亦有权以口头或者书面方式申请其回避：

（一）是行政执法事项当事人或者其近亲属的；

（二）与行政执法事项有利害关系的；

（三）与行政执法事项当事人有其他关系，可能影响公正执法的。

行政执法主体对当事人提出的回避申请，应当在申请提出之日起三个工作日内作出决定。

在回避决定作出之前，被申请回避的行政执法人员应当暂停参加与申请回避事项有关的行政执法工作，但需要采取紧急措施的除外。

第十七条 行政执法主体应当根据本地区经济社会发展实际，依法细化和量化本单位行政处罚、行政许可、行政强制、行政征收等的裁量标准，明确适用条件和决定程序，并向社会公开。

第十八条 行政执法主体应当将本单位法定的执法依据、职责、范围、标准、程序，以及委托执法事项等内容向社会公开，接受社会监督。法律、法规另有规定的，从其规定。

第十九条 行政执法主体应当将行政处罚、行政许可、行政强制、行政征收、行政征用、行政给付、行政检查等行政执法行为的相关文书、监督检查记录、证据材料按照有关规定及时立卷归档。

国务院有关行政主管部门对行政执法案卷的制作归档尚未有统一规定的，由省人民政府有关行政主管部门负责统一规范；未设省级行政执法部门的，由地级以上市人民政府所属行政执法部门负责统一规范。

第二十条 行政执法主体作出责令停产停业、吊销许可证或者执照、较大数额罚款等重大行政处罚决定，应当自作出行政处罚决定之日起十五日内报上一级行政机关备案。

较大数额罚款标准由地级以上市人民政府规定。法律、法规、规章另有规定的，从其规定。

第二十一条 行政执法主体之间应当相互协助；对不属于本单位管辖的执法事项，应当在七个工作日内移送有管辖权的机关或者组织。法律、法规另有规定的，从其规定。

行政执法主体之间对行政执法管辖有争议的，应当报请共同的上一级行政机关协调决定。

各级人民政府所属部门在实施法律、法规、规章过程中产生争议的，由同级人民政府法制工作机构负责协调，报本级人民政府或者上一级人民政府法制工作机构处理。

第二十二条 行政执法主体应当执行罚款决定与罚款收缴分离制度、收支两条线制度和罚没物品处理制度，禁止下达罚款、收费指标。

第二十三条 县级以上人民政府制定的规范性文件，应当报本级人民代表大会常务委员会和上一级人民政府备案；乡镇人民政府制定的规范性文件，应当报上一级人民政府备案。

县级以上人民政府及其所属部门制定的规范性文件，应当在发布前按照规定送本级人民政府法制工作机构进行合法性审查。各级人民政府及其所属部门制定的规范性文件应当在本级人民政府规定的载体上统一发布，未按规定发布的规范性文件无效。

第四章 行政执法考核与监督

第二十四条 行政执法主体应当建立健全行政执法评议考核制度，定期组织开展行政执法评议考核。

第二十五条 县级以上人民政府负责对所属部门和下级人民政府实施评议考核；县级以上人民政府所属部门负责对所属行政执法机构和行政执法人员实施评议考核；实行省以下垂直管理的部门，由上级部门负责对下级部门实施评议考核。

各级人民政府法制工作机构承担本级人民政府实施行政执法评议考核的具体工作。

第二十六条 对行政执法主体的评议考核主要包括主体资格、执法行为、执法程序和执法决定的合法性，以及规范性文件的制定发布、行政执法案卷的制作、行政复议和行政诉讼的结果等情况。

第二十七条 对行政执法人员的评议考核主要包括执法资格，履行岗位职责，实施行政处罚、行政许可和行政强制等情况以及行政执法主体确定的其他需要评议考核的内容。

第二十八条 行政执法评议考核机关对行政执法主体和行政执法人员进行评议考核的标准、过程和结果应当向社会公开。

第二十九条 行政执法评议考核机关应当采取召开座谈会、发放评议卡、设立公众意见箱、开通评议专线电话、聘请监督评议员、举行民意测验等方式征求社会公众的意见。

社会公众的意见应当作为评议考核意见的依据。

第三十条 被评议考核单位或者行政执法人员对评议考核结果有异议的，可以自收到评议考核结果之日起十五日内向负责评议考核的行政机关提出书面申诉，负责评议考核的行政机关应当组织复查，并自收到申诉之日起三十日内将复查结果书面通知申诉单位或者个人。

第三十一条 评议考核结果应当作为领导成员、行政执法人员工作绩效评估、职务调整和奖惩的依据。

第三十二条 行政执法主体应当建立行政执法监督制度，明确本单位行政执法监督机构及其职责，对行政执法人员的行政执法行为进行监督检查，发现行政执法行为违法或者不当的，应当及时纠正。

第三十三条 各级人民政府应当定期组织行政执法案卷评查，加强对所属部门实施行政执法工作的监督检查，行政执法行为违法、不当，或者行政执法案卷不规范的，应当予以纠正。

第三十四条 上级行政执法主体应当对下级行政执法主体落实行政执法责任制的情况进行监督检查。

政府法制工作机构在监督检查行政执法责任制落实情况、组织实施行政执法评议考核过程中，发现行政执法主体行政执法行为违法、不当或者规范性文件违法的，应当建议其纠正，或者提请本级人民政府予以纠正。

第三十五条 各级人民政府所属部门应当每年将本单位实施行政执法的情况，以及落实行政执法责任制的情况报告本级人民政府。

各级人民政府应当定期将行政执法责任制的实施情况向上一级人民政府报告。

第三十六条 各级人民政府监察机关应当加强对本级人民政府行政执法部门及行政执法人员落实行政执法责任制工作的监督，对不依法行使职权或者不履行法定义务的行为予以查处。

第三十七条 各级人民政府及其行政执法部门应当定期向同级人民代

表大会常务委员会报告行政执法工作情况。行政执法责任制的实施情况应当作为行政执法工作情况报告的重要内容。

各级人民政府及其行政执法部门应当根据同级人民代表大会常务委员会对行政执法工作情况报告的审议意见改进行政执法工作。

第三十八条 各级人民政府及其行政执法部门应当向社会公布投诉电话号码、通信地址及电子邮箱，通过各种方式听取社会公众对落实行政执法责任制工作的意见，自觉接受社会公众的监督。

第五章 行政执法责任追究

第三十九条 行政执法主体及其行政执法人员不依法行使职权或者不履行法定义务的，应当追究行政执法责任。

第四十条 行政执法主体有下列情形之一的，应当追究行政执法责任；情节恶劣或者造成严重后果的，一并追究其主要负责人的行政执法责任：

（一）行政执法行为被人民法院或者上级行政机关确定为违法或者不当，且不履行或者拖延履行行政复议决定、行政裁决或者上级行政机关督察决定的；

（二）不执行行政执法人员岗前培训和持证上岗制度，指派没有执法资格的人员上岗执法的；

（三）规范性文件存在违法事由，被本级人民代表大会常务委员会或者上一级人民政府责令改正或者撤销的；

（四）依法应当追究行政执法责任而不追究的；

（五）依法应当移送司法机关或者有关行政机关而不移送的；

（六）未按照本条例的规定建立行政执法责任制，行政执法责任制不健全，或者对推行行政执法责任制消极应付、弄虚作假的；

（七）对评议考核工作不配合、不接受或者弄虚作假的；

（八）法律、法规规定应当追究行政执法责任的其他情形。

第四十一条 行政执法人员有下列行为之一的，应当追究行政执法责任：

（一）不按照规定持证上岗执法的；

（二）不依法履行岗位职责，玩忽职守、滥用行政执法权的；

（三）违反法定程序实施行政执法的；

（四）粗暴、野蛮执法的；

（五）对控告、检举的公民、法人或者其他组织打击报复的；

（六）在行政执法过程中，存在侵害国家利益、公共利益或者当事人合法权益的其他行为的。

第四十二条 行政执法主体的主要负责人，对本单位的行政执法承担领导责任。

行政执法主体内设工作机构的主管领导以及内设工作机构负责人是行政执法主管责任人，对所管理的工作机构的行政执法行为承担主管责任。

直接实施行政执法行为的行政执法人员是行政执法直接责任人，对本人的行政执法行为承担直接责任。

第四十三条 对行政执法主体追究行政执法责任，根据造成后果的严重程度或者影响的恶劣程度等具体情况，给予限期整改、通报批评、取消评比先进资格等处理；构成犯罪的，依法追究刑事责任。

第四十四条 对行政执法人员追究行政执法责任，根据年度考核情况、过错形式、危害大小、情节轻重，给予责令书面检查、批评教育、取消年度评比先进资格、暂扣行政执法证件、离岗培训、调离执法岗位、取消行政执法资格等处理；应当给予行政处分的，依照有关法律、法规的规定处理；构成犯罪的，依法追究刑事责任。

第四十五条 行政执法主体及其行政执法人员主动承认错误、及时纠正违法的行政执法行为、未造成危害后果的，可以从轻、减轻或者免予追究行政执法责任。

执行上级的错误决定或者命令，或者由于行政管理相对人的过错导致行政执法违法或者不当的，可以减轻或者免予追究行政执法责任。

因不可抗力导致行政执法行为被撤销或者变更的，不予追究行政执法责任。

第四十六条 政府法制工作机构可以向同级人民政府人力资源和社会

保障部门、监察机关提出对有关责任人员的行政处分建议，也可以将有关事实材料直接转送同级人力资源和社会保障部门、监察机关处理；接受转送的人力资源和社会保障部门、监察机关应当依法处理。

对社会影响较大的事项，有关行政机关应当及时将处理结果向社会公布。

第四十七条 行政执法主体或者行政执法人员对行政执法责任处理决定不服的，可以自收到处理决定之日起三十日内向决定机关申请复核；对复核结果不服的，可以自接到复核决定之日起十五日内向复核机关的上一级行政机关提出申诉；也可以不经复核，自知道之日起三十日内直接向决定机关的上一级机关提出申诉。法律、法规另有规定的，从其规定。

复核、申诉期间不停止处理决定的执行。

第六章 附 则

第四十八条 依法受行政机关委托的组织及其工作人员从事行政执法活动，按照本条例执行。

第四十九条 省人民政府可以依据本条例制定实施办法。

第五十条 本条例自2009年10月1日起施行。

广东省行政机构设置和编制管理条例

（2000年7月28日广东省第九届人民代表大会常务委员会第十九次会议通过　2009年7月30日广东省第十一届人民代表大会常务委员会第十二次会议修订）

第一章　总　则

第一条　为规范行政机构设置，加强编制管理，提高行政效能，根据《中华人民共和国地方各级人民代表大会和地方各级人民政府组织法》、《地方各级人民政府机构设置和编制管理条例》等有关法律、法规，结合本省实际，制定本条例。

第二条　本条例适用于本省各级人民政府行政机构设置、职责配置、编制核定以及对机构编制工作的监督管理。

第三条　行政机构设置和编制管理工作，应当按照经济社会全面协调可持续发展的要求，适应全面履行职能的需要，遵循精简、统一、效能的原则。

第四条　行政机构设置和编制的核定必须依照国家和省规定的程序审批，不得擅自变动。

依照国家和省规定的程序设置的机构和核定的编制，是录用、聘用、调配工作人员、配备领导成员和核拨经费的依据。

第五条　县级以上人民政府机构编制管理机关在本级人民政府的领导下，按照管理权限具体负责机构设置、职责配置和编制管理工作，并对下级机构编制工作进行业务指导和监督。

第六条 县级以上人民政府应当建立机构编制、人员工资与财政预算相互制约的机制，在设置机构、核定编制时，应当充分考虑财政的供养能力。机构实有人员不得突破规定的编制。

对擅自设置机构和增加编制的，不得核拨财政资金或者挪用其他资金安排其经费。对擅自超编使用的人员，人力资源和社会保障、公安等部门不得为其办理调配、核定工资、户口迁移等手续。

第七条 上级人民政府行政机构不得干预下级人民政府行政机构的设置和编制管理工作，不得要求下级人民政府设立与其业务对口的机构或者提高机构规格，不得要求为其业务对口的机构配备或者增加编制。

第八条 行政机构应当每年向机构编制管理机关提供其机构编制管理的情况报告，并在各自的职责范围内，配合机构编制管理机关做好机构设置和编制管理工作。

第九条 行政机构应当建立机构编制政务公开制度，对不涉及国家秘密的机构、职责、编制和人员配备情况，通过有效形式依法向社会公开。

第二章 机构设置管理

第十条 行政机构设置应当遵守国家和省的规定，以职责的科学配置为基础，综合设置，做到职责明确、分工合理、机构精简、权责一致、决策和执行相协调，但不得超过国家和省规定的限额。

行政机构应当根据履行职责的需要，适时调整。但是，在一届政府任期内，各级人民政府的工作部门应当保持相对稳定。

第十一条 行政机构的设立、撤销、合并或者变更规格、名称，由本级人民政府提出方案，经上一级人民政府机构编制管理机关审核后，报上一级人民政府批准。

县级以上人民政府行政机构的设立、撤销或者合并，应当依法报本级人民代表大会常务委员会备案；镇级人民政府行政机构的设立、撤销或者合并，应当报本级人民代表大会备案。

第十二条 设立行政机构的方案，应当包括下列事项：

（一）设立机构的必要性、合法性和可行性；

（二）机构的名称、职责、规格和隶属关系；

（三）内设机构的名称、职责和规格；

（四）与业务相近的行政机构职责的划分；

（五）机构所需的编制。

撤销或者合并行政机构的方案，应当包括下列事项：

（一）撤销或者合并机构的理由；

（二）撤销或者合并机构后职责的消失、转移情况；

（三）撤销或者合并机构后编制的调整和人员的分流安置。

第十三条 行政机构的职责应当依法确定。机构编制管理机关在确定行政机构的职责前，应当征求相关部门的意见。

第十四条 行政机构职责相同或者相近的，一般应由一个行政机构承担。必须由两个或者两个以上行政机构承担职责的，应当明确职责分工。

行政机构之间对职责划分有异议的，应当主动协商解决。协商一致的，报本级人民政府机构编制管理机关备案；协商不一致的，应当提请本级人民政府机构编制管理机关协调，由机构编制管理机关征求有关部门意见后提出意见，报本级人民政府决定。

第十五条 行政机构需要调整职责的，由该行政机构提出方案，经机构编制管理机关征求有关部门意见并审核后，报本级人民政府批准。

第十六条 省、市、县级人民政府行政机构的最高规格分别为正厅级、正处级、正科级；镇级人民政府行政机构为正股级。法律、行政法规或者国务院、国务院机构编制管理机关另有规定的，从其规定。

第十七条 县级以上人民政府行政机构根据工作需要和精干原则，设立必要的内设机构。省、市、县级人民政府行政机构内可以分别设处（室）、科（室）、股（室）。法律、行政法规另有规定的，从其规定。

第十八条 县级以上人民政府行政机构内设机构的设立、撤销、合并或者变更规格、名称以及内设机构之间职责的调整，除另有规定的外，由该行政机构报本级机构编制管理机关审批。

第十九条 县级以上人民政府行政机构增设内设机构的方案，应当包括下列事项：

（一）增设机构的必要性；

（二）增设机构的名称、职责和规格；

（三）与业务相近的其他内设机构职责的划分；

（四）增设机构所需的编制。

撤销、合并内设机构或者调整内设机构职责的方案，应当包括下列事项：

（一）撤销、合并机构或者调整职责的理由；

（二）撤销、合并机构职责的消失、转移情况或者职责的调整情况；

（三）撤销、合并机构后或者职责调整后编制的调整。

第二十条 行政机构及其内设机构的名称应当规范、明确，并与该机构的职责相符。

第二十一条 各级人民政府设立议事协调机构，必须严格控制；可以交由现有机构承担职能的或者由现有机构进行协调可以解决问题的，不另设立议事协调机构。

确需设立议事协调机构的，由相关部门提出方案，机构编制管理机关审核后，报本级人民政府审批。议事协调机构不得代替相关职能部门行使行政职权。

议事协调机构的撤销或者合并，由相关部门提出方案，机构编制管理机关审核后，报本级人民政府审批。各级人民政府可以直接撤销或者合并经其批准的议事协调机构。

为处理一定时期内某项特定工作设立的议事协调机构，在批准设立时，应当明确规定其撤销的条件和期限。

第二十二条 各级人民政府的议事协调机构不单独设立办事机构，具体工作由有关的行政机构承担。

第二十三条 机构编制管理机关审核机构设立、撤销、合并方案和机构职责、规格调整方案，应当进行调查、论证。

第三章 编制管理

第二十四条 行政机构的编制应当根据其所承担的职责，按照精简的原则核定。

第二十五条 机构编制管理机关应当按照编制的使用范围审批编制。行政机构应当使用行政编制，不得混用、挤占、挪用或者自行设定其他类别的编制。

第二十六条 各级人民政府的行政编制实行总额控制，其行政编制总额由省人民政府提出，经国务院机构编制管理机关审核后，报国务院批准。

行政编制总额按照省、市、县、镇分级进行管理。各级人民政府根据调整职责的需要，可以在行政编制总额内调整本级人民政府有关部门的行政编制。但是，在同一个行政区域不同层级之间调配使用行政编制的，应当由省人民政府机构编制管理机关报国务院机构编制管理机关审批。

第二十七条 行政机构的编制应当在行政机构设立时核定。

县级以上人民政府行政机构的编制增减，由本级人民政府机构编制管理机关在本级人民政府的行政编制总额内核定；镇级人民政府行政机构的编制增减，由上一级人民政府机构编制管理机关在镇级人民政府行政编制总额内核定。

第二十八条 各级人民政府议事协调机构不单独确定编制，所需要的编制由承担具体工作的行政机构解决。

第二十九条 行政机构的领导职数，按照《中华人民共和国地方各级人民代表大会和地方各级人民政府组织法》的有关规定确定。其领导成员应当在规定的职数限额内任命、调配。

第三十条 各级公安机关、国家安全机关和司法行政机关的编制实行单列管理，由机构编制管理机关按照国家核准的专项编制总额分配下达。法律、行政法规或者国务院、国务院机构编制管理机关另有规定的，从其规定。

第三十一条 行政机构应当建立机构编制实名管理制度。

第四章　监督检查

第三十二条　县级以上人民政府机构编制管理机关应当按照管理权限，对机构编制管理的执行情况进行监督检查；必要时，可以会同监察机关和其他有关部门对机构编制管理的执行情况进行监督检查。有关组织和个人应当予以配合。

县级以上人民政府机构编制管理机关和监察机关应当建立健全机构编制监督检查协调机制，互相通报处理机构编制违法违纪行为信息。

第三十三条　县级以上人民政府机构编制管理机关实施监督检查时，应当严格执行规定的程序，发现违反本条例规定的行为，应当向本级人民政府提出处理意见和建议。

第三十四条　县级以上人民政府机构编制管理机关应当如实向上级人民政府机构编制管理机关提交机构编制年度统计资料，不得虚报、瞒报、伪造。

第三十五条　县级以上人民政府机构编制管理机关应当定期评估机构和编制的执行情况，并将评估结果作为调整机构编制的参考依据。

第三十六条　任何组织和个人对违反机构编制管理规定的行为，均有权向机构编制管理机关、监察机关等有关部门举报。

县级以上人民政府机构编制管理机关应当接受本级人民代表大会及其常务委员会监督。

第五章　法律责任

第三十七条　各级人民政府及其行政机构有下列行为之一的，由同级或者上级机构编制管理机关给予通报批评，并责令限期改正；情节严重的，由有关机关对直接负责的主管人员和其他直接责任人员，依法给予处分：

（一）越权审批或者擅自增减行政机构的；

（二）擅自改变行政机构职责、规格、名称和隶属关系的；

（三）擅自设立、增减内设机构的；

（四）擅自增加编制或者改变编制使用范围的；

（五）擅自超职数、超规格配备领导成员的；

（六）违反规定审批机构、编制的；

（七）违反规定干预下级人民政府行政机构的设置和编制管理工作的；

（八）超出编制限额使用人员，为超编使用的人员核拨财政资金或者挪用其他资金安排其经费、办理户口迁移等手续，以虚报人员等方式占用编制并冒用财政资金的；

（九）不按照规定及时撤销或者合并议事协调机构的；

（十）不依法向社会公开机构编制情况的；

（十一）违反机构编制管理规定的其他行为。

第三十八条 机构编制管理机关及其工作人员在机构编制管理工作中滥用职权、玩忽职守、徇私舞弊，构成犯罪的，依法追究刑事责任；尚不构成犯罪的，依法给予处分。

第六章 附 则

第三十九条 本条例所称行政机构，是指本省各级人民政府工作部门和派出机构；所称编制，是指机构编制管理机关核定的行政机构的人员数额和领导职数。

第四十条 使用行政编制、参照行政机构进行管理的机关以及社会组织的机构设置和编制核定，根据有关法律、行政法规进行管理；法律、行政法规没有规定的，由机构编制管理机关参照本条例进行管理。

第四十一条 本省事业单位机构设置和编制管理办法，由省人民政府机构编制管理机关拟定，报国务院机构编制管理机关审核后，由省人民政府发布。

事业编制的全省性标准由省人民政府机构编制管理机关会同省财政部门和其他有关部门制定。

第四十二条 本条例自2009年10月1日起施行。

广东省流动人口服务管理条例

（1998年12月31日广东省第九届人民代表大会常务委员会第七次会议通过《广东省流动人员管理条例》 根据2003年7月25日广东省第十届人民代表大会常务委员会第五次会议《关于修改〈广东省流动人员管理条例〉的决定》修正 2009年7月30日广东省第十一届人民代表大会常务委员会第十二次会议修订为《广东省流动人口服务管理条例》）

第一章 总 则

第一条 为保障流动人口的合法权益，加强流动人口服务管理，维护社会秩序，根据有关法律、法规，结合本省实际，制定本条例。

第二条 本条例适用于本省行政区域内的流动人口的居住管理、权益保障和公共服务。

本条例所称流动人口，是指离开常住户口所在地进入本省和在本省行政区域内跨地级以上市居住的人员。

第三条 流动人口的服务管理工作，应当遵循依法管理、优化服务、保障权益和居住地属地管理的原则。

第四条 流动人口管理实行居住登记和居住证制度。

广东省居住证是流动人口在本省行政区域内通用的居住证明。

第五条 各级人民政府负责本行政区域内流动人口的服务管理和权益保障工作。

各级人民政府应当将流动人口的服务管理工作纳入经济社会发展总体规划，逐步实现基本公共服务均等化。

流动人口的服务管理工作所需经费纳入各级人民政府财政预算。

第六条 县级以上人民政府可以根据实际需要成立流动人口服务管理协调机构，组织、协调、指导、督促各有关部门的流动人口服务管理工作。

公安、发展和改革、人力资源和社会保障、工商、人口和计划生育、民政、卫生、建设、司法行政、财政、教育等有关部门按照职责分工开展流动人口服务管理工作。

工会、共青团、妇联等人民团体和居民委员会、村民委员会等群众性自治组织应当协助开展流动人口服务管理工作。

第七条 公安机关负责流动人口的居住登记、居住变更登记和居住证的发放、管理工作。

乡镇、街道流动人口服务管理机构受公安机关委托，开展居住登记、居住变更登记和居住证受理、发放等具体工作，并受其他行政主管部门委托，开展流动人口服务管理的日常工作。

第八条 县级以上人民政府可以根据需要决定聘用流动人口协管人员。流动人口协管人员的规模、聘用条件、聘用程序及其工作职责和管理办法由省人民政府制定。

第九条 各级人民政府应当按照全省统一、资源整合、互联互通的原则，建立流动人口居住管理信息系统，实现政府职能部门间的信息共享。

第二章 居住管理

第十条 流动人口应当自到达居住地之日起三个工作日内持本人居民身份证或者其他有效身份证明向居住地公安派出所或者乡镇、街道流动人口服务管理机构申报居住登记。

流动人口变更居住地址的，应当自变更之日起三个工作日内持本人居民身份证或者其他有效身份证明向居住地公安派出所或者乡镇、街道流动人口服务管理机构申报居住变更登记。

流动人口在宾馆、酒店、旅店、招待所等旅馆业住宿的，按照有关规定办理旅馆业住宿登记，可以不再办理居住登记。

逐步推行流动人口使用现代信息技术及其他便捷的手段办理居住登记和居住变更登记。

第十一条 公安派出所或者乡镇、街道流动人口服务管理机构对于已经申报居住登记的流动人口，应当发给居住证；但有下列情形之一的，除个人需要申领居住证外，可以不发给居住证：

（一）未满十六周岁或者已满六十周岁的；

（二）在居住地就医、探亲、旅游、出差的；

（三）在本省全日制教育机构学习的；

（四）已办理旅馆业住宿登记的。

第十二条 居住地公安派出所或者乡镇、街道流动人口服务管理机构办理流动人口育龄妇女的居住证时，应当核查其经现居住地乡镇、街道人口和计划生育工作机构查验过的计划生育证明，没有计划生育证明的，应当及时通报给现居住地乡镇、街道人口和计划生育工作机构。

第十三条 流动人口在居住地连续就业、经商六个月以上或者符合居住地人民政府规定条件的，居住地公安派出所或者乡镇、街道流动人口服务管理机构凭就业、经商等证明材料发给有效期最长为三年的居住证。

不符合前款条件的流动人口，发给有效期最长为六个月的居住证。

第十四条 居住证有效期满需要延期的，持证人应当在有效期满前三十日内持有关证明材料向居住地公安派出所或者乡镇、街道流动人口服务管理机构办理延期手续。居住证有效期满未办理延期手续的，其使用功能中止。

使用功能中止的居住证，持证人自中止之日起三十日内办理延期手续的，其居住证的使用功能恢复，在居住地的居住期限连续计算；持证人自中止之日起三十日内未办理延期手续的，其在居住地的居住期限自居住证的使用功能恢复之日起重新计算。

第十五条 居住证遗失、损坏的，持证人应当及时向居住地公安派出所或者乡镇、街道流动人口服务管理机构申请补领、换领。

居住证持证人申报居住变更登记的，其居住证无需换领。

第十六条 流动人口申报居住登记，补领、换领居住证或者按照本条例

第十一条规定申领居住证的，公安派出所或者乡镇、街道流动人口服务管理机构应当自受理之日起十个工作日内发放居住证。

第十七条 居住证由省公安机关统一印制。

第十八条 公安机关人民警察依法执行职务，需要查验居住证时，被查验的流动人口应当予以配合。

有关行政管理部门和乡镇、街道流动人口服务管理机构在履行法定职责或者为流动人口提供服务时，可以要求居住证持证人出示居住证，持证人应当予以配合。

除公安机关人民警察依法执行职务外，任何单位和个人不得扣押居住证。

第十九条 流动人口办理居住登记、居住变更登记、首次领取居住证和办理居住证延期手续的，办理单位不得收取费用。

流动人口因遗失、损坏而补领、换领居住证的，应当缴纳工本费。居住证工本费的收费标准由省物价部门会同省财政部门制定。

第二十条 房屋出租人和用人单位应当配合有关行政管理部门或者乡镇、街道流动人口服务管理机构做好流动人口的服务管理工作。

第二十一条 房屋出租人或其委托代理人应当在流动人口入住后二十四小时内登记其姓名、身份证件种类和号码等基本情况，并在三个工作日内向当地公安派出所或者乡镇、街道流动人口服务管理机构报告流动人口的基本情况，并督促其按本条例第十条规定申报居住登记或者居住变更登记。流动人口终止居住的，房屋出租人或其委托代理人应当在流动人口离开后三个工作日内报告当地公安派出所或者乡镇、街道流动人口服务管理机构。

用人单位招用流动人口的，应当督促其申报居住登记或者居住变更登记，并于招用之日起三十日内报当地公共就业服务机构备案；与流动人口终止或者解除劳动关系的，用人单位应当于终止或者解除劳动关系之日起十五日内报当地公共就业服务机构备案。

第二十二条 公安机关、乡镇、街道流动人口服务管理机构和有关行政管理部门及其工作人员对居住登记、居住变更登记、居住证办理及使用过程中所获悉的有关流动人口信息应当予以保密，不得用于法定职责以外的用途。

第三章　权益保障和公共服务

第二十三条　各级人民政府应当建立和完善流动人口的权益保障机制、社会保障体系和公共服务网络。

第二十四条　各级人民政府应当逐步将流动人口公共服务、居住管理等纳入居住登记和居住证制度，完善和扩大居住证的使用功能。

有关公共服务机构和商业服务组织应当为居住证的使用提供便利。

第二十五条　流动人口享有下列权益和公共服务：

（一）按规定享受职业技能培训和公共就业服务；

（二）依法参加社会保险，享受相关待遇；

（三）法律服务和法律援助；

（四）实行计划生育的育龄夫妻免费享受国家规定的基本项目的计划生育技术服务；

（五）传染病防治和儿童计划免疫保健服务；

（六）按规定参加居住地专业技术职务的任职资格评定或者考试、职业（执业）资格考试、职业（执业）资格登记；

（七）居住地人民政府提供的其他公共服务。

第二十六条　居住证持证人除享有第二十五条规定的权益和公共服务外，还享有下列权益和公共服务：

（一）在居住地申领机动车驾驶证，办理机动车注册登记手续；

（二）在居住地办理出入港澳地区的商务签注手续；

（三）依法参加居住地社区组织和有关社会事务管理；

（四）居住地人民政府提供的其他公共服务。

居住地人民政府可以根据实际制定居住证持证人享受公共服务的具体办法。

第二十七条　居住证持证人在同一居住地连续居住并依法缴纳社会保险费满五年、有稳定职业、符合计划生育政策的，其子女接受学前教育、义务教育应当与常住户口学生同等对待。具体办法由居住地地级以上市人民政府制定。

居住证持证人在同一居住地连续居住并依法缴纳社会保险费满七年、有固定住所、稳定职业、符合计划生育政策、依法纳税并无犯罪记录的，可以申请常住户口。常住户口的入户实行年度总量控制、按照条件受理、人才优先、依次轮候办理，具体办法由居住地地级以上市人民政府制定。

第二十八条 流动人口的合法权益受法律保护，其合法权益受到侵害时，有关部门应当及时受理，依法维护。

第二十九条 未经省人民政府批准，行政管理部门和乡镇、街道流动人口服务管理机构在办理居住登记、居住变更登记或者居住证时不得附加其他收费。

第四章 法律责任

第三十条 流动人口未按照本条例第十条第一款、第二款规定申报居住登记和居住变更登记的，由公安机关予以警告，责令限期改正。

第三十一条 违反本条例第十八条第三款规定非法扣押居住证的，由公安机关责令改正，并可以警告或者处一千元以下罚款。

第三十二条 房屋出租人未按照本条例第二十一条第一款规定报告流动人口基本情况或者流动人口终止居住情况的，由公安机关责令限期改正；逾期未改正的，处以二百元以上一千元以下罚款。

用人单位未按照本条例第二十一条第二款规定将招用流动人口和与流动人口终止或者解除劳动关系的情况报当地公共就业服务机构备案的，由人力资源和社会保障行政部门责令改正，并可处以一千元以下的罚款。

第三十三条 公安机关、乡镇、街道流动人口服务管理机构和有关行政管理部门及其工作人员有下列行为之一的，对负责的主管人员和其他直接责任人员，视情节轻重，由其上级主管部门或者所在单位给予处分；构成犯罪的，依法追究刑事责任：

（一）对侵害流动人口合法权益的行为不依法及时处理的；

（二）对流动人口申报居住登记、居住变更登记或者申办居住证不依法办理的；

（三）违规向流动人口收取费用的；

（四）超越职权或者违反法定情形、处罚种类、数额对流动人口或者相关单位、个人实施处罚的；

（五）将居住登记、居住变更登记、居住证办理及使用过程中所获悉的有关流动人口信息用于法定职责以外的用途的。

第五章　附　则

第三十四条　本条例所称其他有效身份证明，是指户口簿、护照等。

第三十五条　符合本省引进人才专业需求的流动人口的居住登记和服务管理依照省人民政府的有关规定执行。

第三十六条　已经办理暂住证的流动人口办理居住证的，其居住期限连续计算。

第三十七条　本条例自2010年1月1日起施行。

广东省反销赃条例

（2009年9月24日广东省第十一届人民代表大会常务委员会第十三次会议通过）

第一章　总　则

第一条　为预防和惩治销赃活动，维护市场交易秩序，保护公民、法人和其他组织的合法权益，根据国家有关法律法规，结合本省实际，制定本条例。

第二条　本条例适用于本省行政区域内预防和惩治废旧金属收购、报废机动车回收和拆解、机动车维修、金银珠宝饰品回收和加工等行业（以下简称收购、维修、加工行业）的经营中涉及的销赃活动。

第三条　公安机关是预防和惩治销赃活动的主管部门，负责本条例的组织实施。

工商、交通、经贸等部门应当按照各自职责，配合公安机关预防和惩治销赃活动。

相关行业协会应当建立预防销赃活动的行业规范，加强行业自律，协助公安机关预防和惩治销赃活动。

第四条　鼓励公民举报销赃违法犯罪活动。对举报销赃活动、积极协助查处销赃案件有突出贡献的，由人民政府予以表彰和奖励。

第二章 经营者义务

第五条 从事收购、维修、加工行业经营活动的，应当依法取得营业执照，守法经营。禁止无营业执照经营，禁止超出核准登记的经营范围擅自从事应当经过许可方可以从事的经营活动。

任何单位和个人不得提供场地给无营业执照者从事收购、维修、加工行业经营活动。

第六条 在港口、机场周边二千米内，铁路沿线两侧和矿区、油田、军事禁区、金属冶炼加工企业周边五百米内不得设点收购废旧金属。

在前款规定范围内申请设点收购废旧金属的，工商部门不得予以登记。

第七条 从事收购、维修、加工行业经营的企业和个体工商户，应当自取得营业执照或者办理变更登记之日起十五日内持营业执照向所在地公安派出所备案。

本条例施行前已设立的从事收购、维修、加工行业经营的企业和个体工商户应当自本条例施行之日起三十日内向所在地公安派出所备案。

受理备案的公安派出所应当在受理时当场予以备案。有条件的公安派出所可以实行网上办理。

第八条 收购、维修、加工行业经营者应当建立预防销赃的管理制度。

第九条 收购、维修、加工行业经营者应当建立从业人员名册，留存从业人员的身份证复印件备查。

第十条 收购、维修、加工行业的企业法定代表人和个体工商户的业主为本单位的预防销赃责任人；实行承包经营或者租赁经营的企业，其法定代表人和承包人、承租人为共同预防销赃责任人。

第十一条 经营者从事下列经营活动，应当如实登记相关物品的名称、数量、规格、新旧程度、收购日期，以及出售人、委托人的身份证号码或者出售单位的名称：

（一）铁路、高速公路、油田、电力、电信、广播电视、矿山、水利、测量等生产领域的废旧金属和城市公用设施专用器材收购；

（二）报废机动车回收；

（三）报废机动车拆解；

（四）机动车更换发动机、车架、车身或者改变车身颜色；

（五）一次回收、加工价值五千元以上的金银珠宝饰品；

（六）其他依法纳入管理的经营活动。

收购前款第（一）项所列物品的，经营者应当留存出售单位的证明。

更换机动车发动机、车架、车身以及改变机动车车身颜色的，经营者应当查验机动车登记证书和行驶证并留存复印件。

登记资料和留存资料保存期不得少于一年。

第十二条经营者发现下列情形之一的，应当及时报告当地公安机关：

（一）要求更改机动车发动机号码、车架号码等物品主要标识，或者物品主要标识有改动痕迹的；

（二）以明显低于市场价格出售物品的；

（三）无合法证明出售铁路、高速公路、油田、电力、电信、广播电视、矿山、水利、测量等生产领域的废旧金属和城市公用设施专用器材的；

（四）出售公安机关通报寻查的赃物或者有赃物嫌疑的物品的；

（五）按照要求提供的证明、证件有变造、伪造痕迹的；

（六）送修机动车、交售报废机动车与机动车行驶证不符的；

（七）属于公安机关查控的机动车辆的。

第十三条　经营者从事更换发动机、车架、车身或者改变车身颜色的机动车维修业，报废机动车回收和拆解业的，应当在经营场所安装使用治安管理信息系统。系统软件由公安机关免费提供。

第十四条　无固定经营场所的摊贩从事涉及收购、维修、加工行业经营活动的，应当接受有关部门依法对其进行的监督管理。

第十五条　收购、维修、加工行业从业人员对从业过程中所获悉的有关出售人、委托人的信息应当予以保密，但公安机关进行监督检查时除外。

第三章　监督管理

第十六条　公安机关应当推行技术防范、信息化管理等科技手段，提高预防和惩治销赃活动的工作效能。

第十七条　公安机关应当督促收购、维修、加工行业经营者遵守本条例的有关规定，并指导经营者制定预防销赃的管理制度。

第十八条　公安机关应当对收购、维修、加工行业经营者登记、留存资料的情况，经营场所的治安状况等进行监督检查，并予以记录，归档管理。被监督检查人有权查阅相关监督检查记录。

第十九条　公安、工商、交通、经贸等部门应当建立相互间的信息通报制度，及时通报监督检查和处理结果等情况。

公安机关发现无营业执照从事收购、维修、加工行业经营活动的，由县级以上人民政府公安机关在三个工作日内将有关信息通报同级工商行政管理部门。工商行政管理部门应当自接到书面通报之日起三十日内将处理情况反馈原通报部门。

第二十条　公安机关对收购、维修、加工行业的经营场所进行检查时，发现铁路、高速公路、油田、电力、电信、广播电视、矿山、水利、测量等生产领域的废旧金属和城市公用设施专用器材或者承修的机动车未按本条例第十一条规定进行如实登记或者留存有关资料的，应当予以扣押或者先行登记保存，并要求经营者按本条例第十一条规定提供相关资料。

公安机关对依前款规定扣押的物品，应当妥善保管，不得挪作他用。经营者能够提供相关资料的物品，应当在查证属实后立即退还；经营者无法提供相关资料的物品，经公告六个月后，无人主张权利或者无法查清权利人的，应当公开拍卖或者按照国家有关规定处理，所得款项上缴国库。

第二十一条　公安机关依照本条例办理案件所查获的赃物和禁止收购的物品应当予以收缴，登记造册后按照国家有关规定处理。

第四章　法律责任

第二十二条　公安机关及其他行政管理部门不履行本条例规定的监督管理职责的，对主管责任人和直接责任人给予处分。

第二十三条　收购、维修、加工行业从业人员明知是赃物而收购或者代为销售的，依法给予治安管理处罚；构成犯罪的，依法追究刑事责任。

第二十四条　违反本条例第五条第一款规定，擅自从事收购、维修、加工行业经营活动的，由县级以上人民政府工商行政管理部门依法予以取缔。

对于擅自从事需经过许可方可以从事的收购、维修、加工行业经营活动的，负责许可的部门应当依照法律法规赋予的职责予以查处。

第二十五条　违反本条例第五条第二款规定，依照国家有关规定予以处罚。

第二十六条　违反本条例第六条第一款规定设点收购废旧金属的，由工商行政管理部门予以取缔，没收违法收购的物品及违法所得，并处五千元以上一万元以下罚款。

第二十七条　违反本条例第七条规定，企业和个体工商户未按照规定向所在地公安派出所备案的，由企业和个体工商户所在地公安派出所予以警告，责令其在五日内备案；逾期不改正的，由县级公安机关处五百元以上二千元以下罚款，并可向社会公告。

第二十八条　违反本条例第十一条规定的，由县级以上人民政府公安机关给予警告，并责令改正；对违反第一款第（一）项、第（二）项规定的，处二千元以上五千元以下罚款，涉及物品数量较大或者经警告后仍不改正的，处五千元以上二万元以下罚款；对违反其他款项规定的，处五百元以上三千元以下罚款，涉及物品数量较大或者经警告后仍不改正的，处三千元以上一万元以下罚款。

第二十九条　违反本条例第十二条规定，未履行有关情况报告义务的，由县级以上人民政府公安机关给予警告；情节严重的，对直接责任人处二百元以上五百元以下罚款，对经营单位处三千元以上一万元以下罚款。

第三十条 违反本条例第十三条规定，更换发动机、车架、车身或者改变车身颜色的机动车维修业的经营者，报废机动车回收和拆解业的经营者未在经营场所安装使用治安管理信息系统的，由县级以上人民政府公安机关责令限期改正；逾期不改正的，处五百元以上二千元以下罚款。

第三十一条 违反本条例第十五条规定，泄露出售人、委托人信息的，由县级以上人民政府公安机关对直接责任人处二千元以上五千元以下罚款，对经营单位处三千元以上一万元以下罚款；有违法所得的，没收违法所得；违反《中华人民共和国治安管理处罚法》的，依法给予治安管理处罚；构成犯罪的，依法追究刑事责任。

第五章 附 则

第三十二条 本条例自2010年1月1日起施行。

广东省实施《中华人民共和国政府采购法》办法

（2009年11月26日广东省第十一届人民代表大会常务委员会第十四次会议通过）

第一章　总　则

第一条　为实施《中华人民共和国政府采购法》，结合本省实际，制定本办法。

第二条　本办法适用于本省行政区域内的政府采购活动。

本办法所称政府采购，是指国家机关、事业单位和团体组织使用财政性资金，采购依法制定的集中采购目录以内的或者采购限额标准以上的货物、工程和服务的行为。

第三条　政府采购应当遵循公开透明、公平竞争、公正、诚实信用原则。

第四条　政府采购实行集中采购和分散采购相结合。

实行集中采购的政府采购项目，由集中采购目录确定。集中采购目录以外、采购限额标准以上的采购项目，实行分散采购。集中采购目录和采购限额标准由省人民政府确定并公布。

第五条　政府采购实行政府采购监督管理与操作执行相分离，逐步扩大采购范围和规模。

政府采购应当有助于实现保护环境、节能减排、支持自主创新、扶持不发达地区和少数民族地区、促进中小企业发展等国家的经济和社会发展政策目标。

第六条 政府采购应当采购本国货物、工程和服务。但有下列情形之一的除外：

（一）需要采购的货物、工程或者服务在中国境内无法获取或者无法以合理的商业条件获取的；

（二）为在中国境外使用而进行采购的；

（三）法律、行政法规另有规定的。

采购进口货物、工程和服务的，应当符合法定条件并报经地级以上市人民政府财政部门批准。

第一款所称本国货物、工程和服务的界定，按照国家有关规定执行。

第七条 政府采购信息应当在省级政府采购监督管理部门指定的政府采购信息发布媒体上及时向社会公开发布，但涉及国家秘密和商业秘密的除外。

第八条 各级人民政府应当推广电子化政府采购。省人民政府财政部门应当加强对政府采购信息化建设工作的统一领导和组织，制定电子化政府采购体系发展建设规划，建设全省统一的电子化政府采购管理交易平台。

政府采购文书格式文本由省人民政府财政部门统一制订，并通过指定的政府采购信息发布媒体供政府采购当事人免费下载使用。

第九条 各级人民政府财政部门是负责政府采购监督管理的部门，依法履行下列政府采购监督管理职责：

（一）制定政府采购工作规范；

（二）审核、批复采购人编制的政府采购预算，核准政府采购实施计划；

（三）监督政府采购预算执行，审核支付政府采购资金；

（四）建立健全政府采购合同备案制度，监督采购人依法履行采购合同；

（五）处理供应商投诉，查处政府采购违法行为；

（六）管理评审专家库；

（七）培训、考核政府采购人员；

（八）考核本级集中采购机构以及社会代理机构；

（九）法律、法规规定的其他职责。

第二章　政府采购当事人

第十条　政府采购当事人是指在政府采购活动中依法享有权利和承担义务的各类主体，包括采购人、采购代理机构、供应商等。

采购代理机构包括集中采购机构和社会代理机构。集中采购机构由各级人民政府设立，社会代理机构应当由省级以上人民政府财政部门按照国家有关规定进行资格认定，并在其所在地财政部门网站登记。

第十一条　政府采购当事人进行政府采购活动，应当符合采购价格低于市场平均价格、采购效率更高、采购质量优良和服务良好的要求。

政府采购当事人不得互相串通、操纵政府采购活动。

第十二条　采购人及采购代理机构应当按照国家和省有关部门公布的优先采购产品目录，优先采购环境保护产品、节能产品、自主创新产品等。

第十三条　采购人采购属于本部门或者本系统有特殊要求的项目，应当实行部门集中采购，具体办法由省人民政府自本办法公布之日起一年内制定。

采购人采购预算金额达到政府采购限额标准以上的分散采购项目，必须依照法律、行政法规和本办法规定的采购方式和程序，组织采购或者委托采购代理机构代理。

第十四条　采购人可以在本省行政区域内择优选择采购代理机构。属于集中采购通用类目录的项目，采购人可以在集中采购机构范围内择优选择委托代理；属于集中采购部门集中类目录和分散采购的项目，采购人可以选择集中采购机构或者社会代理机构委托代理。

采购人委托采购代理机构代理部门集中类目录和分散采购项目中属于国家、省、市重点项目或者采购金额较大项目的，应当采取公开招标的方式确定采购代理机构。

采购金额较大项目的金额标准由地级以上市人民政府财政部门根据当地经济发展情况确定并调整。

采购人有权按照本条第一款、第二款的规定自行选择采购代理机构，任何单位和个人不得以任何方式为采购人指定采购代理机构。

第十五条 采购人应当建立健全政府采购管理工作制度，依法履行下列职责：

（一）加强对本单位采购人员的监督和培训；

（二）编报政府采购预算、政府采购实施计划；

（三）依法委托并协助采购代理机构办理采购事宜或者自行采购；

（四）选定代表参与政府采购评审工作；

（五）确认中标、成交供应商并签订采购合同，组织对供应商履约的验收和办理采购合同备案；

（六）负责对采购档案的管理工作；

（七）答复供应商的询问、质疑；

（八）接受和配合监督管理部门的监督检查；

（九）法律、法规规定的其他事项。

第十六条 采购人不得在政府采购文件中规定排斥潜在供应商等方面的内容；不得在采购过程中以不合理的条件对供应商实行差别待遇或者歧视待遇。

第十七条 采购人应当选派符合下列条件的人员担任本单位的采购员，并报同级人民政府财政部门备案：

（一）本单位在编人员；

（二）熟悉有关政府采购法律、法规和财会知识；

（三）法律、法规规定的其他条件。

采购员应当按照法律法规的规定承办本单位的政府采购工作。采购员实行定期轮换制度。采购人应当加强对采购员的管理，对采购员承办的政府采购相关工作进行监督。

第十八条 采购代理机构开展政府采购活动，应当符合下列要求：

（一）编制政府采购文件，并送交采购人审核、确认；

（二）组织项目评审，维护评审纪律，做好相关服务；

（三）根据评审结果向采购人提交中标、成交候选供应商名单；

（四）答复供应商的询问、质疑；

（五）及时公布政府采购信息，保存政府采购档案资料；

（六）法律、法规规定的其他事项。

第十九条 集中采购机构应当建立健全内部管理制度，配备必要的具有任职条件的采购工作人员，对采购工作人员进行培训考核和定期岗位轮换。

集中采购机构必须完成受委托的本级政府集中采购目录中通用类项目的采购任务，不得故意拖延或者拒绝代理，不得转委托，不得违反规定收取代理费。

第二十条 社会代理机构收取代理服务费应当按照国家有关规定执行。

第二十一条 供应商参加政府采购活动应当具备法律、行政法规规定的条件，依法提供有关资料并接受采购人或者其委托的采购代理机构的资格审查；不得弄虚作假骗取政府采购供应商资格；不得提供虚假资料谋取中标或者成交。

供应商在投标过程中，不得以一致抬高投标报价、轮流以高价位或者低价位中标、以及先内定中标者再参加投标及其他恶意串通手段参与投标。

供应商中标或者成交后，应当按规定与采购人签订采购合同，并严格履行合同。

供应商对政府采购活动提出质疑或者投诉的，应当按照国家有关规定提出并附送有关证据材料。

第三章 政府采购程序

第一节 编制预算和计划

第二十二条 采购人应当编制政府采购预算，专项列入本单位下一财政年度部门预算或者申报年度追加预算内，按照法定程序上报审批。

采购人根据批复的政府采购预算编制本单位政府采购实施计划，报同级人民政府财政部门核准。

第二十三条 采购人编制政府采购预算，应当符合下列要求：

（一）政府采购项目以及资金预算在部门预算中单独列出；

（二）集中采购项目和分散采购项目分别逐项列明项目名称、数量及金额；

（三）实行配备标准或者资产限额管理的项目，已经同级人民政府财政部门批准。

第二十四条 采购人编制政府采购实施计划，应当明确政府采购项目基本情况、采购方式、组织形式和预计采购时间等具体内容，并符合下列要求：

（一）项目和资金符合政府采购预算；

（二）相同品目的项目归并编列；

（三）对采购价格、规格及技术要求等相关事项进行市场调查或者论证；

（四）预计采购时间与采购方式程序所需时间基本一致。

第二十五条 各级人民政府财政部门应当自受理采购人报送政府采购实施计划之日起五个工作日内予以核准，书面通知采购人。

第二十六条 政府采购必须按照批准的政府采购预算、政府采购实施计划执行。未纳入政府采购预算和政府采购实施计划的政府采购项目，采购人不得组织实施，不得支付采购资金。

第二节 确定采购方式

第二十七条 政府采购采用公开招标、邀请招标、竞争性谈判、单一来源采购、询价，以及法律、行政法规规定的其他采购方式。

公开招标应当作为政府采购的主要采购方式。公开招标的具体数额标准由省人民政府确定并公布。

第二十八条 采购人不得将应当以公开招标方式采购的货物或者服务化整为零或者以其他任何方式、理由规避公开招标采购。

采购人在一个预算年度内，采用公开招标以外方式重复采购相同货物或者服务两次以上、资金总额超过公开招标数额标准的，视为化整为零规避公开招标采购。

第二十九条 采购人应当按照核准的政府采购实施计划中确定的采购方式实施采购。出现法律、法规规定的情形需要变更采购方式的，采购人应当向所在地地级以上市人民政府财政部门提出书面申请，财政部门应当自收到申请之日起五个工作日内予以批复。

第三节　实施采购

第三十条　采购人委托采购代理机构代理政府采购事宜的，应当签订委托代理协议，明确采购项目、采购数量、采购金额、采购时限和采购方式。

集中采购机构代理政府集中采购项目，应当定期汇总各采购人委托的政府集中采购项目，对同类货物和服务实行合并采购，采购人依法提出特殊采购需求的除外。

第三十一条　采购人委托采购代理机构采购的，应当提交符合规定的用户需求书；采购代理机构应当自收到用户需求书之日起五个工作日内，将其编制的政府采购文件提交采购人确认。

属于地级以上市的重点项目或者采购金额较大的项目，其政府采购文件的编制、提交确认时间可以再延长十个工作日。

第三十二条　公开招标国家、省、市重点项目或者采购金额较大项目，采购人或者其委托的采购代理机构对采购货物、工程和服务有特殊要求的，应当在组织专家论证后，报所在地地级以上市人民政府财政部门审批，并在招标文件中说明。

第三十三条　政府采购文件中应当明确政府采购项目评审方法。

政府采购文件中可以规定供应商提交保证金作为其参加政府采购活动的必要条件，但必须明确保证金的性质、缴纳和退还方式、期限。

对优先采购产品目录中的政府采购项目，政府采购文件中可以设定供应商的资格条件和基本要求，明确相应的评审标准和方法。

第三十四条　政府采购文件不得规定下列内容：

（一）指定货物的品牌、参考品牌或者供应商；

（二）区域或者行业限制；

（三）以单一品牌特有的技术指标作为技术要求。

第三十五条　采购人或者其委托的采购代理机构应当将政府采购文件在指定的政府采购信息发布媒体上公示五个工作日。供应商可以自行下载政府采购文件。

供应商认为政府采购文件的内容损害其权益的，可以在公示期间或者自期满之日起七个工作日内向采购人或者其委托的采购代理机构提出质疑；采购人或者其委托的采购代理机构认为质疑理由成立的，应当修改政府采购文件，重新组织政府采购活动。

第三十六条 采购人或者其委托的采购代理机构应当按照规定组建由采购人代表和有关专家组成的评标委员会、谈判小组或者询价小组，其中采购人代表由采购人指派一名人员担任，有关专家由采购人或者其委托的采购代理机构从政府采购评审专家库中随机抽取确定；因专业性强，采取随机抽取方式难以确定评审专家的，经地级以上市人民政府财政部门同意，可以从政府采购评审专家库或者有关机构推荐的专家名单中选定。

采购人代表不得担任评标委员会主任、谈判小组或者询价小组的组长。

评审专家名单应当在评审工作开始前一个工作日内确定，并在评审结果确定前保密。采购人或者其委托的采购代理机构的有关人员不得在评审工作开始前向评审专家透露其参加的评审项目信息。

第三十七条 采购人或者其委托的采购代理机构应当确保评审工作在严格保密的情况下进行。

参与评审工作的人员应当独立履行评审职责，遵守评审规定和现场纪律，并按照政府采购文件规定的评审标准、程序和办法进行。

第三十八条 评审专家应当提供真实、公正的评审意见，不得发表具有诱导性或者歧视性的意见。

评审专家不得向外泄露评审情况和参与政府采购活动所获取的国家秘密、商业秘密；不得私下接触供应商及有关单位，不得收受供应商及有关单位的财物或者牟取利益。

评审专家发现供应商在政府采购活动中有不正当竞争或者恶意串通等违法行为，应当及时向政府采购评审工作的组织者或者监督管理部门报告。

评审专家在一年内不得连续三次参加政府采购评审工作。

第三十九条 采用公开招标方式采购的，采购人或者其委托的采购代理机构应当在招标公告中明确投标人的资格条件，符合条件的供应商都可以参加投标。

采用邀请招标方式采购的，采购人或者其委托的采购代理机构应当发布资格预审公告，公布投标人的资格条件，资格预审公告期限不得少于五个工作日。投标人应当自资格预审公告期结束之日起三个工作日内，按照公告的要求提交资格证明文件。采购人或者其委托的采购代理机构应当从审查合格的投标人中随机选择三家以上的供应商，发出投标邀请书。

采用招标方式采购的，评标委员会成员应当依照法律、行政法规的规定，从供应商的财务状况、信誉、业绩，投标文件对招标文件的响应程度，以及货物或者服务的价格、技术、质量等方面予以评分，并在评分记录上签字。采购人应当按照评标委员会的评分结果，确定中标供应商。

第四十条 采用竞争性谈判方式采购的，谈判小组应当在采购人或者其委托的采购代理机构对报名的供应商进行资格审查后，从符合相应资格条件的供应商中随机选择三家以上的供应商参加谈判。

采用询价方式采购的，询价小组应当在采购人或者其委托的采购代理机构对报名的供应商进行资格审查后，从符合相应资格条件的供应商中随机选择三家以上的供应商参加询价，发出询价通知书；供应商提出的报价不得更改。

采用竞争性谈判、询价方式采购的，采购人应当按照符合采购需求、质量和服务相等且报价最低的原则从已选出的候选供应商中确定成交供应商。

第四十一条 采用招标方式采购的，至投标截止时间止参加投标的供应商不足三家的，采购人或者其委托的采购代理机构应当即时报告地级以上市人民政府财政部门，财政部门应当自接到报告之日起三个工作日内按照以下规定处理并答复：

（一）招标文件没有不合理条款、招标公告时间及程序符合规定的，同意采取竞争性谈判、询价或者单一来源方式采购；

（二）招标文件存在不合理条款、招标公告时间及程序不符合规定的，应予废标，并责令招标采购单位依法重新招标。

评标期间出现符合资格条件的供应商或者对招标文件作出实质响应的供应商不足三家的，按照前款规定执行。

第四十二条 采用竞争性谈判、询价方式采购的，在谈判、询价过程中对政府采购文件作出实质响应的供应商不足三家的，谈判小组、询价小组可以从其他符合相应资格条件的供应商名单中，随机选择补充；补充后仍不足三家或者没有可供补充的合格供应商的，经同级人民政府财政部门审核同意，采购人可以按照符合采购需求、质量和服务相等且报价最低的原则从已选出的候选供应商中确定成交供应商。

第四十三条 评审、谈判或者询价工作结束后，评标委员会、谈判小组或者询价小组应当出具全体评标委员、谈判小组或者询价小组成员签名的评审报告，推荐中标、成交供应商和候补中标、成交供应商名单。

采用竞争性谈判、询价方式采购的，谈判小组或者询价小组推荐非报价最低的成交供应商的，应当在评审报告中说明理由。

采购代理机构代理组织采购活动的，应当自评审结束之日起五个工作日内将评审报告送交采购人。

第四十四条 采购人应当自收到评审报告之日起五个工作日内，确定中标、成交供应商。

确定中标、成交供应商后，采购人或者其委托的采购代理机构必须在一个工作日内向中标、成交供应商发出中标、成交通知书，向未中标、成交供应商发出采购结果通知书。

中标、成交供应商放弃中标、成交或者中标、成交资格被依法确认无效的，采购人可以按照排序从其他中标、成交候选供应商中确定中标、成交供应商，没有其他中标、成交候选供应商的，应当重新组织采购活动。

第四十五条 确定中标、成交供应商后，采购人或者采购代理机构应当在指定的政府采购信息发布媒体上公告中标、成交结果和评标委员会、谈判小组、询价小组成员名单，并公开评审意见等相关资料。

供应商可以向采购人或者采购代理机构查询评标、谈判和询价等程序的有关资料。供应商对中标、成交结果提出质疑的，采购人或者采购代理机构应当进行审查并答复；供应商对审查和答复结果有异议的，可以向政府采购监督管理部门提出复审或者废标申请。供应商质疑和复审的具体办法由省人民政府自本办法公布之日起一年内制定。

第四节　签订和履行合同

第四十六条　采购人与中标、成交供应商应当自中标、成交通知书发出之日起三十日内签订政府采购合同。合同签订之日起七个工作日内，采购人应当将合同副本报同级人民政府财政部门备案。

签订补充合同的，必须按照前款规定备案。

第四十七条　采购人应当自供应商履行完合同义务之日起十个工作日内组织验收。大型或者复杂的政府采购项目，采购人应当邀请质量检测机构参加验收。

采购人出具的验收合格报告是申请支付政府采购项目资金的必备文件。

第四十八条　政府采购项目所使用的财政性资金，由采购人按规定提出申请，经同级人民政府财政部门审核后支付给供应商。

第五节　简易采购程序

第四十九条　对规格标准相对统一、且现货货源充足或者涉及面广、采购频繁的政府采购项目，可以适用简易采购程序。

简易采购程序，是指通过公开招标，统一确定中标供应商及中标货物的品名、规格型号、价格、协议期限、服务承诺等内容，由采购人在协议有效期内自主选择中标供应商及中标货物的一种采购程序。

第五十条　各级人民政府财政部门应当根据采购人上报的政府采购实施计划，拟定适用简易采购程序的采购目录，并征询采购人意见后确定并公布。

第五十一条　中标供应商必须按照公开招标所确定的协议事项提供服务，及时满足采购人的采购需求，不得拒绝或者擅自更改。

采购人应当及时将中标供应商中标货物的质量情况、合同履行情况、以及供应商的售后服务等情况向政府采购监督管理部门报告。

第五十二条　中标供应商应当保证其实际供货价格，在同一地区低于同期其他任何同一品牌、型号货物的非政府采购价格。在协议采购有效期内，协议供货市场价格发生变化，中标供应商应当按照协议书的要求及时同比例调整协议供货价格；协议供货产品出现更新换代、停产，中标供应商可以在不降低货物质量、配置和售后服务的前提下，提供该协议供货产品的替代产品，但替代产品的协议供货价格不得高于原协议供货价格。

中标供应商及其代理商应当及时在电子化政府采购管理交易平台上对协议供货的型号及价格进行更新。

第五十三条 采购人认为中标供应商的报价符合其要求，可以在电子化政府采购管理交易平台上实行网上协议订购，直接确定成交供应商。

采购人认为中标供应商的报价高于市场平均价格的，可以与中标供应商通过网上议价就价格优惠再次进行谈判、询价，或者通过网上竞价方式，在不限于原中标供应商资格名单的范围内确定成交供应商。成交价格必须低于原中标供应商的报价。

第四章 监督检查

第五十四条 各级人民代表大会及其常务委员会对政府采购法律法规的执行情况和本级政府采购预算执行情况进行监督。

第五十五条 各级人民政府应当加强对政府采购活动的监督管理，建立健全监督管理机制；督促、指导本级各部门、单位和下级人民政府依法开展政府采购活动。

各级人民政府财政、审计、监察等部门应当加强协作配合，建立政府采购监督工作机制。

上级人民政府政府采购监督管理部门应当依法对下级政府采购管理工作进行指导和监督。

第五十六条 各级人民政府审计部门应当依法对政府采购活动进行审计，并将审计结果报本级人民政府；必要时，可以对政府采购进行专项审计。

各级人民政府监察部门应当加强对参与政府采购活动的行政机关及其工作人员的监察。

第五十七条 政府采购监督管理部门应当制定政府采购标准化工作程序，建立政府采购价格监测制度。

第五十八条 政府采购监督管理部门应当加强对采购人、集中采购机构、社会代理机构、供应商和评审专家的监督检查，及时查处其违反政府采购法律法规和本办法的行为，将其记入不良行为记录名单，并及时向社会公布。

政府采购监督管理部门应当制定和完善对采购代理机构考核的程序、指标体系、评分方法和标准，定期组织对采购代理机构的考核，并根据考核结果向采购代理机构提出改进建议。

第五十九条 政府采购监督管理部门应当在本部门职责范围内，对采购人的下列政府采购活动进行监督检查：

（一）采购人编制政府采购预算、政府采购实施计划的情况，以及政府采购预算或者财政资金使用计划、政府采购实施计划的执行情况；

（二）政府采购信息公开、采购方式确定、采购程序的执行情况；

（三）政府采购合同的订立、履行、验收和资金支付情况；

（四）政府采购文件备案等审批、备案事项的执行情况；

（五）对供应商询问和质疑的处理情况；

（六）法律、法规规定的其他事项。

第六十条 政府采购监督管理部门应当在本部门职责范围内，对集中采购机构下列政府采购活动进行监督检查：

（一）集中采购任务完成情况；

（二）内部制度建设和监督制约机制落实情况；

（三）政府采购信息发布和政府采购文件编制、采购程序的执行情况；

（四）实际采购价格与采购预算和市场同期平均价格差异情况；

（五）集中采购机构的服务质量情况；

（六）工作人员的专业素质和专业技能培训情况；

（七）对供应商询问和质疑的处理情况；

（八）法律、法规规定的其他事项。

第六十一条 政府采购监督管理部门应当在本部门职责范围内，对社会代理机构下列政府采购活动进行监督检查：

（一）政府采购业务的代理资格；

（二）代理政府采购项目是否超越其规定的业务范围；

（三）政府采购信息公开、采购方式确定和采购程序的执行情况；

（四）评审专家抽取和使用情况；

（五）对供应商询问和质疑的处理情况；

（六）法律、法规规定的其他有关事项。

第六十二条 政府采购监督管理部门应当在本部门职责范围内，对评审专家参加政府采购评审活动、遵守政府采购评审工作纪律、履行评审义务等情况进行监督检查。

第六十三条 政府采购监督管理部门应当将下列政府采购信息及时向社会公布：

（一）有关政府采购的法律、法规、规章和其他规范性文件；

（二）集中采购目录、政府采购限额标准和公开招标数额标准；

（三）采购代理机构名录、采购项目信息；

（四）协议供货供应商的名单和协议供货事项；

（五）对集中采购机构的考核结果；

（六）对采购人、采购代理机构、供应商和评审专家不良行为的通报；

（七）投诉机构的名称、电话、地址，以及投诉处理决定；

（八）法律、法规规定应当公布的其他政府采购信息。

第六十四条 任何公民、法人和其他组织对政府采购活动中的违法行为，有权控告和检举，政府采购监督管理部门应当及时处理，并予以答复。

第五章 法律责任

第六十五条 采购人有下列行为之一的，由政府采购监督管理部门责令限期改正，对直接负责的主管人员和其他直接责任人，由监察机关或者任免机关依法给予处分：

（一）未按规定编制和报送政府采购预算、政府采购实施计划的；

（二）没有政府采购预算、政府采购实施计划而擅自采购的；

（三）无正当理由不确认或者不按时确认政府采购文件的；

（四）无正当理由不确认或者不按时确认中标、成交供应商的；

（五）不与中标、成交供应商签订政府采购合同的；

（六）不履行或者擅自变更、中止和终止政府采购合同的；

（七）不按照政府采购合同进行验收的；

（八）未按规定办理政府采购事项报批、备案的。

采购人有前款第一项、第二项、第三项、第四项、第七项、第八项规定行为逾期不改正的，政府采购监督管理部门应当暂停或者停止拨付采购资金；采购人有前款第二项、第四项、第五项、第六项规定行为的，政府采购监督管理部门应当收回项目预算，并在本财政年度内不安排相同的政府采购项目。

第六十六条 采购人、采购代理机构及其工作人员有下列行为之一的，由政府采购监督管理部门责令改正，暂停或者停止拨付采购资金，对直接负责的主管人员和其他直接责任人，由监察机关或者任免机关依法给予处分；构成犯罪的，依法追究刑事责任：

（一）与供应商或者其他采购代理机构恶意串通的；

（二）未按规定发出中标、成交通知书，或者拖延、拒绝退还供应商保证金的；

（三）对供应商的质疑无正当理由逾期不答复的；

（四）未将政府采购信息在指定的政府采购信息发布媒体上公开的；

（五）未按规定确定参加政府采购活动供应商名单的；

（六）违反有关优先采购产品或者采购进口产品规定的；

（七）未按规定组建评标委员会、谈判小组或者询价小组，或者未按规定为评审工作提供必要条件、影响评审工作正常进行的；

（八）在采购文件中规定排斥潜在供应商等方面内容，或者在采购过程中以不合理的条件对供应商实行差别待遇或者歧视待遇的；

（九）拒绝政府采购监督管理部门依法进行的调查、检查或者不执行政府采购监督管理部门依法作出的投诉处理决定的。

采购代理机构及其工作人员有前款第一项规定行为的，依照法律、行政法规的规定处以罚款，有违法所得的，并处没收违法所得。采购代理机构有前款第八项、第九项规定行为之一的，可以并处一万元以上五万元以下的罚款。

第六十七条 集中采购机构有下列情形之一的，由政府采购监督管理部门责令改正，给予警告；逾期不改正或者情节较严重的，由监察机关或者任免机关对主要负责人和直接责任人依法给予处分：

（一）内部管理制度不健全的；

（二）未配备必要的采购工作人员，或者配备的采购工作人员不具备任职条件的；

（三）未按规定对采购工作人员进行培训、考核的；

（四）采购价格明显高于市场平均价格，或者质量不符合采购需求，且不能合理说明理由的；

（五）故意拖延或者拒绝代理政府集中采购事宜的；

（六）违反规定收取采购代理费的。

第六十八条 参加政府采购评审工作的人员收受供应商及有关单位的财物或者牟取利益的，向外泄漏评审情况和参与政府采购活动所获取的国家秘密、商业秘密的，由政府采购监督管理部门给予警告，没收收受的财物，并可视情节轻重处三千元以上五万元以下的罚款；构成犯罪的，依法追究刑事责任。属于国家公务员或者国家行政机关任命的其他工作人员的，由监察机关或者任免机关依法给予处分；属于政府采购评审专家的，由政府采购监督管理部门取消其政府采购评审专家资格，并在指定的政府采购信息发布媒体上予以公告；对其他人员，由所在单位或者上级主管部门给予处分。

第六十九条 供应商有下列情形之一的，由政府采购监督管理部门给予警告；情节严重的，禁止参加政府采购活动一至三年；构成犯罪的，依法追究刑事责任：

（一）收到中标、成交通知书后无正当理由拖延或者放弃与采购人签订采购合同的；

（二）无正当理由拒不履行或者拖延履行采购合同义务的；

（三）擅自变更、中止或者终止采购合同的；

（四）捏造事实，进行虚假质疑及投诉的；

（五）使用串通投标手段参与投标的；

（六）与采购人、其他供应商或者采购代理机构恶意串通的。

供应商有前款第五项、第六项规定行为之一的，中标、成交无效，可以并处采购金额千分之五以上千分之十以下的罚款，列入不良行为名单，有违法所得的，并处没收违法所得，情节严重的，按照国家有关规定吊销营业执照。

第七十条 供应商提供的货物、工程或者服务存在质量问题的，依照有关法律法规的规定处理。

第六章 附 则

第七十一条 乡镇一级政府采购项目纳入上一级政府采购进行管理。具体管理办法由地级以上市人民政府规定。

第七十二条 本办法下列用语的含义是：

政府采购评审，是指政府采购活动中的评标、谈判或者询价等工作。

政府采购文件，是指招标采购中招标文件及其他采购方式中向供应商发出邀约的采购文件。

第七十三条 本办法自2010年3月1日起实施。

广东省专业技术人员继续教育条例

（1993年7月15日广东省第八届人民代表大会常务委员会第三次会议通过《广东省科学技术人员继续教育规定》　2009年11月26日广东省第十一届人民代表大会常务委员会第十四次会议修订为《广东省专业技术人员继续教育条例》）

第一章　总　则

第一条　为提高专业技术人员素质，增强自主创新能力，规范继续教育活动，保障专业技术人员的权益，根据有关法律、行政法规，结合本省实际，制定本条例。

第二条　本省行政区域内的专业技术人员继续教育活动及其监督管理，适用本条例。

本条例所称专业技术人员，是指按照国家规定取得专业技术职业资格或者初级以上专业技术职务任职资格的在职人员，以及专业技术类公务员。

本条例所称专业技术人员继续教育（以下简称继续教育），是指对专业技术人员进行以新理论、新知识、新技术、新方法等为主要内容，以完善知识结构，提高创新能力、专业水平、综合素质为目的的培训活动。

第三条　继续教育应当以科学理论为指导，遵循按需施教、学以致用、注重实效和保证质量的原则。

第四条　继续教育实行综合管理与分级分类负责相结合的管理体制。

县级以上人民政府人力资源和社会保障主管部门是本辖区内继续教育工作的综合监督管理部门，制定继续教育总体规划，协调、指导、监督继续教育工作，负责本条例的组织实施。

有关行政部门按照各自职责负责本系统、本行业继续教育的组织管理工作。

行业组织协助有关部门，做好本行业的继续教育工作。

第五条 县级以上人民政府应当把继续教育纳入经济社会发展规划，采取有效措施，保障继续教育事业发展。

县级以上人民政府应当将继续教育经费列入财政年度预算，保证继续教育的需要。

第六条 人力资源和社会保障主管部门和有关行政部门应当利用现有的教育资源，依托高等院校、科研单位、社会团体、大中型企业设立的培训机构，加强继续教育施教机构的建设。

第七条 人力资源和社会保障主管部门要加强对非公有制经济组织继续教育工作的指导、服务和扶持，根据非公有制经济组织对人才的需求，引导建立符合非公有制经济组织自身特点的继续教育模式。

第二章　权利、义务与职责

第八条 专业技术人员有接受继续教育的权利和义务。

专业技术人员不分民族、性别、地域、职业、职称、职务、单位性质等，均依法平等享有接受继续教育的机会。

第九条 专业技术人员接受继续教育的时间，应当每年累计不少于十二天或者七十二学时。

第十条 专业技术人员在继续教育中享有下列权利：

（一）接受继续教育期间依照法律法规规定享受在岗人员的同等工资、福利待遇；

（二）对继续教育工作提出意见和建议；

（三）对侵害其接受继续教育权利的行为提出投诉；

（四）法律法规规定的其他权利。

第十一条　专业技术人员在继续教育中应当履行下列义务：

（一）遵守继续教育的法律、法规、规章；

（二）服从所在单位统一安排，遵守学习纪律和有关制度；

（三）完成规定的继续教育学时；

（四）接受继续教育的考核、检查、监督；

（五）承担与所在单位协商确定的、应当由个人支付的继续教育费用。

第十二条　专业技术人员所在单位（以下简称用人单位）应当履行下列职责：

（一）执行继续教育法律、法规、规章和政策，按照继续教育规划，制定本单位继续教育计划并组织实施；

（二）保证专业技术人员参加继续教育的时间，保障其工资、福利待遇，并提供必要的条件；

（三）依照有关规定自主选择继续教育施教机构（以下简称施教机构），确定适合本单位需要的培训内容和方式；

（四）登记、考核专业技术人员接受继续教育情况，向相关行政部门报送有关统计资料；

（五）接受人力资源和社会保障主管部门和有关行政部门的指导和监督；

（六）从职工教育经费中列支继续教育经费，额度不低于本单位专业技术人员工资总额的百分之一点五。

第三章　形式与施教机构

第十三条　继续教育分为公需科目、专业科目和个人选修科目三类，专业科目是继续教育的主要内容。

公需科目是指全体专业技术人员必须掌握的政策法律法规、基本理论、技术、信息等方面的知识。公需科目由省人民政府人力资源和社会保障主管部门会同有关行政部门、行业组织确定，县级以上人民政府人力资源和社会保障主管部门组织实施。

专业科目是指本行业专业技术人员必须掌握的新理论、技术、信息，以及行业内不同类别专业技术人员必须具备的知识。专业科目由省人民政府有关行政部门或者全省性行业组织确定后，报省人民政府人力资源和社会保障主管部门备案，由县级以上人民政府有关行政部门或者行业组织组织实施。

个人选修科目是指专业技术人员完成所在岗位工作任务必须具备的理论、技术，以及个人职业发展所需的各项知识。个人选修科目由专业技术人员和用人单位协商确定。

第十四条 专业技术人员可以通过下列方式接受继续教育：

（一）参加培训班、研修班或者进修班；

（二）到教学、科研、生产单位进行相关的继续教育实践活动；

（三）参加学术会议、学术讲座、学术访问；

（四）接受远程教育；

（五）其他符合规定的继续教育方式。

第十五条 施教机构是指高等院校、科研单位、社会团体、大中型企业设立的从事继续教育活动的培训机构及其他各类从事继续教育活动的培训机构。

施教机构从事继续教育活动，应当向当地人力资源和社会保障主管部门备案，并由人力资源和社会保障主管部门向社会公布。

第十六条 施教机构从事继续教育活动，应当有与继续教育项目相适应的教学场所、设施、设备和与继续教育任务相适应的教学、管理人员。

第十七条 施教机构应当依法开展继续教育活动，按照确定的科目和课程编制教学计划并组织教学，突出专业能力培训，保证教学质量。

第十八条 施教机构应当根据专业技术人员的特点，聘请具有相应理论水平、实践经验的教学人员。

施教机构应当建立教学人员职业道德规范，完善教学质量评价考核体系。

第十九条 施教机构应当向社会公开其继续教育的范围与时间、收费项目与标准、教学与管理人员、施教地点等情况。

施教机构发布的信息应当真实、合法。

第四章　公共服务

第二十条　各级人民政府应当按照政府主导、社会参与的原则，依法保障继续教育公共服务的公平、公正和可持续发展。

各级人民政府应当加强对继续教育工作的指导扶持，提供政策、项目和信息等服务，激励和促进用人单位和专业技术人员参加继续教育。

第二十一条　人力资源和社会保障主管部门应当建立健全继续教育公共服务体系，提供下列公共服务：

（一）制定并发布本地区继续教育政策，统筹协调指导继续教育工作；

（二）制定或者发布继续教育公需科目指南；

（三）整合继续教育资源，建设继续教育公共信息综合服务平台，组织建设继续教育师资库、教材库、项目库，为社会提供服务；

（四）围绕国家和省重大战略，组织实施继续教育专项工程；

（五）促进发展远程继续教育；

（六）支持欠发达地区继续教育，促进继续教育均衡发展；

（七）其他方式的继续教育公共服务。

第二十二条　有关行政部门、行业组织应当为继续教育提供下列公共服务：

（一）制定并发布本系统、本行业继续教育规划；

（二）制定或者发布专业科目指南；

（三）建设本系统、本行业继续教育网络平台，开发继续教育资源，为本系统、本行业专业技术人员继续教育提供网络平台服务；

（四）组织举办学术研讨会、技术交流会、新理论讲座等各类继续教育公益活动；

（五）其他方式的继续教育公共服务。

第二十三条　各级人民政府及其部门举办的各类继续教育活动应当突出公益性，具备条件的向辖区内所有专业技术人员平等开放。

第二十四条　鼓励企事业单位、社会团体及其他社会组织和个人参与继续教育公共服务基础设施建设，资助或者捐赠公益性继续教育活动。

第五章 监督管理

第二十五条 人力资源和社会保障主管部门、有关行政部门和用人单位应当建立专业技术人员接受继续教育的考核和激励机制。专业技术人员参加继续教育情况应当列为专业技术人员年度考核、岗位聘任、续聘、晋升专业技术职务资格和执业资格再注册的重要条件。

第二十六条 用人单位、施教机构应当按照规定将专业技术人员接受继续教育的情况真实、准确地载入个人专业技术档案和继续教育证书。

人力资源和社会保障主管部门和有关行政部门可以对继续教育证书及其登记内容的真实性进行核查。

第二十七条 继续教育证书由省人民政府人力资源和社会保障主管部门统一制作。

继续教育证书不得伪造、变造、出租、出借、转让。

第二十八条 人力资源和社会保障主管部门应当依据本条例，对有关行政部门、行业组织、用人单位和施教机构实施继续教育的情况进行检查，并将检查结果予以通报。

第二十九条 人力资源和社会保障主管部门应当会同有关行政部门、行业组织规范施教机构的继续教育行为，建立继续教育施教机构信用管理数据库，对参与实施继续教育的机构和人员建立信用档案，完善继续教育活动的监督管理。

第三十条 对人力资源和社会保障主管部门、有关行政部门和行业组织违反本条例的行为，任何单位和个人有权向其上级主管部门或者行政监察机关举报、投诉；上级主管部门或者行政监察机关接到举报、投诉后十五日内决定是否受理，并告知举报、投诉人。

任何单位和个人有权向人力资源和社会保障主管部门、有关行政部门和行业组织举报、投诉施教机构违反本条例的行为；人力资源和社会保障主管部门和有关行政部门接到举报、投诉后十五日内决定是否受理，并告知举报、投诉人；对决定受理的案件应当及时组织调查并将处理结果告知举报、投诉人，同时向社会公开。

第六章　法律责任

第三十一条　专业技术人员违反本条例第十一条第（三）项规定，未完成规定的继续教育学时的，用人单位可以追偿学习经费。

第三十二条　用人单位违反本条例第十二条第（二）项、第（六）项规定，不保证专业技术人员参加继续教育的时间及其工资、福利待遇，或者不按规定列支继续教育经费的，由人力资源和社会保障主管部门或者其上级主管部门批评教育，责令限期改正；逾期不改正的，向社会公布。

第三十三条　施教机构有下列行为之一的，由人力资源和社会保障主管部门或者有关行政部门予以警告，并责令限期改正；逾期不改的，责令停止继续教育活动，并向社会公布；情节严重的，处一万元以上三万元以下罚款；有违法所得的，没收违法所得：

（一）违反本条例第十五条，未经备案擅自从事继续教育活动或者提供虚假材料备案的；

（二）违反本条例第十七条，未按照确定的科目和课程组织教学的；

（三）违反本条例第十九条，发布虚假信息的。

第三十四条　用人单位、施教机构违反本条例第二十六条规定，对个人专业技术档案和继续教育证书的记载不真实的，其记载内容无效，由人力资源和社会保障主管部门予以警告；情节严重的，处一万元以上三万元以下罚款。

任何单位和个人违反本条例第二十七条第二款规定，伪造、变造、出租、出借、转让继续教育证书的，由人力资源和社会保障主管部门没收或者注销证书，对违法借用、租用和受让继续教育证书的人员予以批评教育；属伪造、变造继续教育证书的，由公安机关或者司法机关依法追究法律责任。

第三十五条 行业组织及其工作人员违反本条例规定，徇私舞弊、弄虚作假的，由人力资源和社会保障主管部门给予通报批评；情节严重的，由行业组织的登记机关依法予以处罚。

第三十六条 人力资源和社会保障主管部门、有关行政部门及其工作人员，在继续教育活动及管理中徇私舞弊、滥用职权、玩忽职守的，由其上级主管部门或者行政监察机关按照管理权限，对直接负责的主管人员和其他直接责任人员，给予行政处分；构成犯罪的，依法追究刑事责任。

第七章 附 则

第三十七条 本条例自2010年1月1日起施行，1993年7月15日广东省第八届人民代表大会常务委员会第三次会议通过的《广东省科学技术人员继续教育规定》同时废止。

广东省实施《中华人民共和国民办教育促进法》办法

（2009年11月26日广东省第十一届人民代表大会常务委员会第十四次会议通过）

第一章　总　则

第一条　为实施《中华人民共和国民办教育促进法》，结合本省实际，制定本办法。

第二条　本办法适用于国家机构以外的社会组织或者个人，利用非国家财政性经费，依法在本省行政区域内面向社会举办学校及其他教育机构（以下统称民办学校）的活动。

第三条　民办教育事业属于公益性事业，是社会主义教育事业的组成部分，民办学校与公办学校具有同等的法律地位。

民办学校应当坚持社会主义的办学方向，全面贯彻国家的教育方针，依法办学，保证教育教学质量。

第四条　县级以上人民政府应当坚持积极鼓励、大力支持、正确引导、依法管理的方针，将民办教育事业纳入国民经济和社会发展规划。

县级以上人民政府应当组织、协调有关部门及时解决民办教育事业发展中的重大问题，促进民办教育事业健康、有序、可持续发展。

第五条　县级以上人民政府教育主管部门是本行政区域民办教育工作的主管部门，应当依法加强对民办学校的服务、管理和监督。

县级以上人民政府人力资源和社会保障主管部门应当在职责范围内依法加强对实施以职业技能为主的职业资格培训、职业技能培训的民办学校的服务、管理和监督。

县级以上人民政府其他有关部门依照各自的职责，负责有关的民办教育工作。

第六条 县级以上人民政府应当组织建立和完善民办学校风险防范机制和应急机制。

第二章 民办学校的设立

第七条 设立民办学校应当符合当地经济社会发展和教育发展的需求，并具备教育法和其他法律、法规规定的条件。

审批机关应当公布有关民办学校设立的条件、审批程序、审批期限，以及应提交的相关材料。对批准正式设立的民办学校，审批机关应当颁发办学许可证，并将批准正式设立的民办学校及其章程向社会公告。

民办学校取得办学许可证，应当依照有关的法律、行政法规办理法人登记，登记管理机关应当依法予以办理。

第八条 民办学校的设立，按照下列权限审批：

（一）实施本科教育的普通高等学校以及师范、医药类专科教育的高等职业学校，按照国家有关规定报国务院教育主管部门审批；

（二）实施师范、医药类以外的专科教育的高等职业学校，由省人民政府审批，并报国务院教育主管部门备案；

（三）实施高级中等学历教育的普通高中和中等职业技术学校，由地级以上市人民政府教育主管部门审批，并报省人民政府教育主管部门备案；

（四）实施义务教育、学前教育、文化教育类非学历教育的学校，由县级以上人民政府教育主管部门审批；

（五）实施以职业技能为主的职业资格培训、职业技能培训的学校，由县级以上人民政府人力资源和社会保障主管部门按照国家规定的权限审批，并抄送同级教育主管部门备案；技工学校，由省、地级以上市人民政府人力资源和社会保障主管部门按照各自权限审批。

对涉及多个办学层次的设立申请，由负责审批高层次学校的审批机关统一受理，并征求其他层次审批机关的意见。

第三章　教师与受教育者

第九条　民办学校的教师、受教育者与公办学校的教师、受教育者具有同等的法律地位。

第十条　民办学校应当聘任符合任职条件的专职校长，双方应当依法签订聘任合同，聘期不少于三年。

校长按照学校章程以及聘任合同依法履行教育教学和行政管理职权。

第十一条　民办学校应当按照国家有关规定，建立与其办学层次、规模和专业设置相适应的教师队伍，并根据教学、科研的实际需要，培养骨干教师和学科带头人。

县级以上人民政府有关部门应当做好民办学校教师人事档案的收集、整理、保管、利用、转递等管理工作。在民办学校教师人事档案管理过程中，应当保证档案材料的安全，不得擅自泄露档案内容，不得擅自涂改、抽取、销毁或伪造档案材料。

第十二条　民办学校自主聘任合格的教师、职员。民办学校聘用教师、职员，应当依法订立聘任合同，明确双方的权利和义务。发生人事争议的，参照公办学校人事争议有关规定处理。

民办学校招用其他工作人员应当依法订立劳动合同，发生争议的，按照处理劳动争议法律法规处理。

第十三条　民办学校享有与同级同类公办学校同等的招生权，可以自主确定招生的范围、标准和方式。

民办高等学校的学历教育招生应当遵守国家有关规定，并纳入本省高等教育招生计划；省人民政府发展改革、教育主管部门应当根据其办学条件核定招生计划。

民办学校不得采取支付或者变相支付生源组织费的形式组织生源。

第十四条 民办学校应当依法保障教职工的工资、福利待遇，建立教职工工资专户制度，按时足额发放教职工工资，依法参加社会保险，缴纳社会保险费，并按照国家有关规定办理住房公积金。

鼓励民办学校为教职工购买补充养老保险。

第十五条 民办学校教师办理专业技术职务评定、教师资格认定、科研项目申报、评优评先等与公办教师享有同等权利。

各级人民政府教育、人力资源和社会保障主管部门应当把民办学校教师队伍培训纳入本系统培训计划；民办学校教师参加国家、省规定的教师继续教育学习的，学习期间的工资福利待遇不变。

第十六条 教育主管部门应当会同有关部门建立、完善有关制度，保证教师在公办学校和民办学校之间的合理流动，鼓励公办学校选派教师到有需要的民办学校帮教扶教。

民办学校教师的教龄和工龄计算享有与公办学校教师同等的权利。教师在民办学校和公办学校之间流动的，其在民办学校的教龄和工龄与其在公办学校的教龄和工龄合并计算。

第十七条 民办学校的受教育者在升学、就业、助学贷款、困难资助、档案管理、社会优待、医疗保险、评选先进等方面，享有与同级同类公办学校受教育者同等的权利。

第十八条 具有本省常住户口的民办学校初中毕业生、高中毕业生、中等职业学校和技工学校毕业生，可以在其学校所在地参加高中阶段入学考试和高等教育入学考试。

第十九条 民办学校受教育者提出退学、转学的，学校应当按照有关规定，及时为其办理退学、转学、退费手续。

民办学校终止时，应当妥善安置受教育者，审批机关应当予以协助。实施义务教育的民办学校终止时，审批机关应当帮助安排受教育者继续就学。

第四章　学校资产与财务管理

第二十条　民办学校的举办者可以以资金、实物、土地使用权、知识产权或者其他财产作为办学出资。

以知识产权等无形资产出资参与合作办学的，应当委托具有资产评估资质的评估机构依法评估；无形资产占办学总投入的比例，由合作办学双方按照国家法律、行政法规的有关规定予以约定，并依法办理有关手续。

第二十一条　实施义务教育阶段的公办学校不得转为民办学校。

公办学校参与举办民办学校，应当经主管的行政部门批准。

公办学校参与举办的民办学校，应当具有独立法人资格，具有独立校园，实行独立的财务会计制度，独立招生，独立颁发学业证书。公办学校参与举办民办学校所取得的收益，按照国家有关规定纳入统一管理，用于教育教学活动。

第二十二条　民办学校应当依法建立财务、会计制度和资产管理制度，对举办者投入的资产、国有资产、受赠的财产、收取的费用以及办学积累等分别核算、登记建账，并接受有关部门检查监督。

举办者应当在银行开设学校独立账号，将投入民办学校的资产与其他资产相分离。民办学校存续期间，举办者不得抽逃出资，不得挪用办学经费。

第二十三条　民办学校应当在每个会计年度结束时制作财务会计报告，委托会计师事务所依法进行审计，审计结果应当报审批机关备案，并予以公布。

民办学校应当聘任具有会计从业资格证书的人员担任会计。其中，担任会计机构负责人的，应当具备会计师以上专业技术职务资格或者从事会计工作三年以上。

第二十四条　实施义务教育和普通高中教育的民办学校收取费用的项目和标准由学校提出，报审批部门审核，经价格主管部门批准后由学校公示执行。

民办中等职业学校和民办高等学校的收费标准由学校根据办学条件和培

养成本合理确定，报审批部门和价格主管部门备案后由学校公示执行。

其他非学历教育机构收取费用的项目和标准由学校提出，报审批部门和价格主管部门备案后由学校公示执行。

第二十五条 民办学校收取的费用应当主要用于教育教学活动和改善办学条件。民办学校每年应当依法提取发展基金和福利基金；发展基金主要用于学校的建设、维护和教学设备的添置、更新等；福利基金主要用于教职工的集体福利的开支。

负有债务的民办学校，应当将年度办学结余首先用于偿还债务。

第二十六条 鼓励民办学校购买校方责任险等保险。

第二十七条 共同举办的民办学校，举办者之间可以相互转让其全部或者部分举办权。民办学校举办者转让其举办权的，在同等条件下，其他共同举办者有优先受让权。

第五章 扶持与奖励

第二十八条 县级以上人民政府应当设立民办教育发展专项资金，资助民办学校发展，表彰和奖励为发展民办教育事业做出突出贡献的组织和个人。

民办教育发展专项资金由财政主管部门负责管理，由教育主管部门或者人力资源和社会保障主管部门报同级财政部门批准后使用。

第二十九条 新建、扩建民办学校，按照公益事业用地及建设的有关规定给予优惠。教育用地不得用于其他用途。

捐资举办的民办学校和出资人不要求取得合理回报的民办学校，其建校用地和校舍建设享受与公办学校同等的优惠政策。

第三十条 捐资举办的民办学校和出资人不要求取得合理回报的民办学校，依法享受与公办学校同等的税收及其他优惠政策；出资人要求取得合理回报的民办学校享受国家规定的税收优惠政策。

第三十一条 鼓励企业捐资助学。企业通过公益性社会团体或者县级以上人民政府及其部门自愿无偿向民办教育事业的捐赠支出，在计算应纳税所得额时可以依照国家规定扣除。

第三十二条 民办学校用电、用水、用气、排污、通信等公共服务价格，应当与公办学校执行同一标准。

任何单位不得违法向民办学校收取任何费用。民办学校对违法收费有权予以拒绝，并向价格主管部门举报。

第三十三条 县级人民政府委托本行政区域民办学校承担义务教育任务的，应当与学校签订委托协议并拨付相应的教育经费。拨付教育经费的标准，按照本区域同级公办学校的生均教育经费标准执行。

第三十四条 出资人不要求取得合理回报的民办学校，在学校有办学结余的前提下，经学校董事会、理事会或者其他形式的决策机构讨论决定，可以每年从学校办学结余中提取一定比例，用于奖励出资人。但是，累计提取总额不得超过出资人的出资数额。

出资人将应取得的合理回报用于学校发展的，计入其出资额。

第六章　监督与管理

第三十五条 县级以上人民政府教育、人力资源和社会保障主管部门和其他有关部门应当按照各自职责，加强对民办学校经费使用、教育质量、师生权益保障、安全稳定等方面的监督检查。

第三十六条 对使用国有资产、接受政府经常性财政资助、接受社会捐赠的民办学校，政府有关部门应当加强监管。

第三十七条 民办学校发布招生简章和广告，应当符合《中华人民共和国广告法》等相关法律法规的规定。民办学校的招生简章和广告样本，发布前应当报审批机关备案。发布的招生简章和广告的内容应当与审批机关备案的内容一致。

招生简章和广告的内容应当真实、准确。招生简章应当载明学校名称、地址、性质、办学层次、办学形式、培养目标、招生专业、招生办法、招生人数、住宿条件、收费项目、收费标准、证书发放等事项。

民办学校对贫困学生有减免收费或其他资助的，应当在招生简章中明示。

民办学校开展的教育教学活动，应当与招生简章、广告等向社会承诺的相一致。

第三十八条 县级以上人民政府教育、人力资源和社会保障主管部门应当加强对民办学校的督导，按照各自权限组织或者委托社会中介组织评估民办学校的办学水平和教育质量，并将评估结果向社会公布。社会中介组织进行评估应当客观公正。

第三十九条 民办教育行业组织依照其章程，开展民办学校之间的交流与合作，加强民办教育行业自律制度建设，促进民办学校依法规范办学。

第四十条 任何单位和个人对审批机关违反本办法的行为，有权向其上级主管机关或者监察机关投诉、举报；收到投诉、举报的机关应当在十五日内决定是否受理；对决定受理的案件，应当及时组织调查，并将处理结果告知投诉、举报人。

任何单位和个人对民办学校违反本办法的行为，有权向教育主管部门或者人力资源和社会保障主管部门投诉、举报，收到投诉、举报的部门应当在十五日内决定是否受理；对决定受理的案件，应当及时组织调查，并将处理结果告知投诉、举报人。

第七章　法律责任

第四十一条 公办学校未经批准参与举办民办学校或者未按照规定将参与举办民办学校的收益纳入统一管理使用的，由主管部门责令限期改正，并对负有直接责任的主管人员和其他直接责任人员给予处分；有违法所得的，没收违法所得。

第四十二条 民办学校有下列情形之一的，由审批机关或者其他有关部门责令限期改正；情节严重的，责令停止招生、吊销办学许可证：

（一）学校的资产未与其他资产分开，未设立学校独立银行账号的；

（二）有办学结余但未经学校董事会、理事会等决策机构讨论同意或者没有办学结余给不要求合理回报的出资人奖励的；

（三）未经备案，散发、刊登、张贴招生简章和招生广告的；

（四）擅自增加收取费用的项目、提高收取费用的标准的。

第四十三条 民办学校未依法登记开展活动的，由登记管理机关依法予以处罚。

第四十四条 民办学校的审批机关及其工作人员有下列行为之一的，由监察机关或者上级主管部门对负有责任的主管人员和其他直接责任人员依法给予处分；构成犯罪的，依法追究刑事责任：

（一）对符合法定条件的申请故意刁难、拖延不办或者逾期不予答复的；

（二）批准不符合法定条件的申请人举办民办学校的；

（三）利用职务上的便利收受他人财物或者其他利益的。

第八章　附　则

第四十五条 在工商行政管理部门登记注册的经营性的民办培训机构的管理，按照国家的规定执行。

第四十六条 本办法自2010年3月1日起施行。

广东省实施《中华人民共和国就业促进法》办法

（2009年11月26日广东省第十一届人民代表大会常务委员会第十四次会议通过）

第一章　总　则

第一条　为实施《中华人民共和国就业促进法》，结合本省实际，制定本办法。

第二条　各级人民政府应当将扩大就业作为经济和社会发展的重要目标，纳入国民经济和社会发展规划和年度计划，并制定促进就业中长期规划和年度工作计划。

第三条　省人民政府建立促进就业工作协调机制，研究解决全省就业工作中的重大问题，协调推动全省促进就业工作。

市、县（区）人民政府根据促进就业工作的需要，建立相应协调机制，研究解决本行政区域就业工作中的重大问题。

第四条　县级以上人民政府可以根据需要，成立由专家、企业和劳动者代表组成的就业政策咨询委员会，为政府制定就业政策和促进就业具体措施提供咨询。

第五条　各级人民政府应当采取各种措施创造就业条件，促进充分就业。

县级以上人民政府人力资源和社会保障主管部门具体负责本行政区域内促进就业工作。

发展改革、教育、公安、民政、财政、税务、工商管理等部门，按照各自职责，共同做好促进就业工作。

工会、共产主义青年团、妇女联合会、残疾人联合会、工商业联合会以及其他社会组织，协助人民政府开展促进就业工作，依法维护劳动者的劳动权利。

第二章　政策支持

第六条　县级以上人民政府应当加强财政政策、产业政策与就业政策的协调配合，在实施宏观经济调控、经济结构调整以及安排主要产业布局和重大项目时，综合考虑对就业的影响。

第七条　县级以上人民政府应当发挥政府投资和重大建设项目对就业的带动作用，积极增加就业岗位。政府投资可行性报告和重大建设项目申请报告应当包含就业岗位变动、人力资源配置等内容。负责项目审批的部门应当审核项目对就业的影响。

第八条　各级人民政府应当根据就业状况和就业工作目标，在财政预算中安排就业专项资金用于促进就业工作。

就业专项资金按规定用于职业介绍、职业培训、公益性岗位、职业技能鉴定、创业培训、特定就业政策和社会保险等的补贴，创业资助，小额贷款担保基金和微利项目的小额担保贷款贴息，以及扶持公共就业服务等。

第九条　在确保各项失业保险待遇按时足额支付的基础上，县级以上人民政府可以按照国家和省的规定提取一定比例的失业保险基金，用于促进就业和稳定就业。

第十条　省人民政府应当制定并实施区域就业协调发展战略，促进不同地区就业水平、公共就业服务能力、就业扶持政策等方面均衡发展。

省人民政府对就业压力大、财力较弱地区的促进就业工作给予必要的扶持和帮助。

第十一条　县级以上人民政府应当完善创业扶持政策，建立小额贷款担保基金持续补充机制，鼓励和扶持劳动者自主创业和自谋职业，为创业人员提供政策咨询、创业培训、项目开发、开业指导、小额贷款等服务和扶持。

本省户籍劳动者自主创业自筹资金不足的，可以按照规定向金融机构申请小额担保贷款；从事微利项目的，县级以上人民政府给予一定期限的小额担保贷款贴息。

对本省就业困难人员自主创业的，按规定给予创业资助。

第十二条 鼓励金融机构改进金融服务，加大对中小企业的信贷支持，保护和提高中小企业吸纳就业的能力。

第十三条 享受政府优惠政策的各类经营性市场、商铺，应当预留一定比例的摊位优先租赁给就业困难人员和其他登记失业人员经营，按照规定免收行政事业性收费，并按照不低于百分之五十的标准减收租赁费、管理费。

第十四条 对用人单位招用本省就业困难人员，与其签订一年以上劳动合同并按照规定缴纳社会保险费的，按照国家和省的规定给予社会保险补贴，并按照实际招用人数给予岗位补贴。

本省就业困难人员从事个体经营或者灵活就业，向当地人力资源和社会保障主管部门办理就业登记并缴纳社会保险费的，按照规定给予社会保险补贴。

第十五条 对社会职业中介机构为就业困难人员、其他登记失业人员和在法定劳动年龄内的本省户籍农村劳动者提供免费职业介绍服务的，按照规定给予职业介绍补贴。

第十六条 对就业困难人员、其他登记失业人员和在法定劳动年龄内的本省户籍农村劳动者，按照规定给予职业培训或者创业培训补贴，其中就业困难人员、农村劳动者通过职业技能鉴定取得职业资格证书的，按照规定给予职业技能鉴定补贴。

人力资源和社会保障主管部门应当采用《中华人民共和国政府采购法》第二十六条规定的方式，确定为前款规定劳动者提供培训服务的职业技能培训机构。

第十七条 县级以上人民政府及其有关部门应当根据国家和本省的规定，明确补贴、资助、小额担保贷款和贷款贴息等就业扶持政策的对象、条件、标准、期限等内容，并向社会公开。

各级人民政府及其有关部门应当执行国家、省及本地区的规定，确保有关就业扶持政策的落实。

第十八条 申领社会保险补贴、岗位补贴的，应当向参保地人力资源和社会保障主管部门提出申请。

申领职业介绍补贴的，应当向职业中介机构所在地人力资源和社会保障主管部门提出申请。

申领职业培训和创业培训补贴的，应当向培训机构所在地人力资源和社会保障主管部门提出申请。

申请创业资助的，应当向创业地人力资源和社会保障主管部门提出申请。

第十九条 有关单位和个人向人力资源和社会保障主管部门申请领取本办法规定的补贴、资助时，应当如实填写申请表，并按照人力资源和社会保障主管部门公布的要求提供相关证明材料。

申请人提交材料齐全的，人力资源和社会保障主管部门应当自收到相关材料之日起十个工作日内提出审核意见。符合条件的，应当自提出审核意见之日起五个工作日内移交同级财政部门复核；不符合条件的，应当书面告知申请人并说明理由。

财政部门应当在十个工作日内复核完毕并拨付资金。各级人力资源和社会保障主管部门应当在人力资源和社会保障门户网站、有关村（居）民委员会、公共就业服务机构或者社会保险经办机构公示补贴、资助的情况，接受社会监督以及监察、审计等部门的监督检查。

第三章 公平就业

第二十条 用人单位招用人员，除国家规定的不适合妇女的工种或者岗位外，不得以性别为由拒绝录用妇女或者提高对妇女的录用标准。

用人单位录用女职工，不得在劳动合同中约定限制女职工结婚、生育等含有性别歧视内容的条款。

第二十一条 残疾人享有与其他劳动者平等的劳动权利。用人单位招用人员，不得歧视残疾人。

第二十二条 用人单位招用人员，除国家法律、行政法规和国务院卫生行政部门规定禁止传染病病原携带者从事的工作外，不得以是传染病病原携带者为由拒绝录用。

第二十三条 任何单位和个人发布招聘信息，不得包含歧视性内容。

第二十四条 用人单位招用人员，不得因性别、身体、户籍等原因设置歧视性的薪酬标准。

第四章 就业服务和管理

第二十五条 县级以上人民政府应当逐步完善覆盖城乡的就业服务体系和就业服务制度，发展就业服务事业。

第二十六条 省人力资源和社会保障主管部门应当组织建立全省统一、共享的人力资源和市场供求信息库，免费供求职者和用人单位查询。

县级以上人民政府应当加强人力资源市场信息网络和设施建设；完善人力资源市场信息发布制度，及时发布人力资源市场薪酬调查和人力资源市场供求信息。

第二十七条 县级以上人民政府应当建立健全城乡公共就业服务体系，设立公共就业服务机构，完善街道（乡镇）、社区公共就业服务，为劳动者免费提供下列服务：

（一）就业政策法规咨询；

（二）职业供求信息、市场工资指导价位信息和职业培训信息发布；

（三）职业指导和职业介绍；

（四）公益性岗位信息发布；

（五）就业困难人员就业援助；

（六）办理就业登记、失业登记等事务；

（七）其他公共就业服务。

公共就业服务机构应当按照全省统一要求采集、分析、上传、更新人力资源市场供求信息，开展失业动态监测等公共就业服务工作。

公共就业服务经费纳入同级财政预算。

第二十八条 公共就业服务机构应当按照规定的公共就业服务标准和程序开展服务，公开服务流程、服务内容和服务效果，接受社会监督。

公共就业服务机构应当根据服务对象的特点，提供专业化的就业服务。

公共就业服务机构不得从事经营性活动。

第二十九条 就业失业登记实行全省统一凭证。就业失业登记凭证用于记载劳动者就业、失业、参加社会保险等人力资源和社会保障信息。劳动者凭就业失业登记凭证享受公共就业服务及促进就业相关扶持政策，依法申领失业保险待遇。就业失业登记凭证分为纸质凭证和电子凭证，鼓励实行电子凭证。

建立全省统一的就业失业登记信息系统。公共就业服务机构应当通过该系统进行就业失业登记，系统信息资源省内共享，劳动者可以免费查询本人就业失业登记相关信息。

就业失业登记凭证由公共就业服务机构为劳动者办理首次就业、失业登记时发放，由劳动者自行保管，用人单位不得扣押。

第三十条 劳动者首次领取就业失业登记凭证不需缴纳工本费。补领、换领或者被注销后再次申领的，应当缴纳工本费，收费标准由省价格主管部门会同省财政部门制定。

第三十一条 用人单位招用劳动者，应当于用工之日起三十日内到就业地公共就业服务机构为劳动者办理就业登记手续；用人单位与劳动者终止或者解除劳动关系，应当于十五日内办理备案手续。

劳动者从事个体经营或者灵活就业的，由本人到就业地公共就业服务机构办理就业登记。

第三十二条 在法定劳动年龄内、有劳动能力、有就业意愿、处于无业状态的本省城镇户籍人员，向户籍所在地公共就业服务机构申请办理失业登记。农村劳动者和其他非本县（市、区）城镇户籍人员稳定就业满六个月并办理就业登记的，失业后可以在就业地办理失业登记。

劳动者申请办理失业登记时，应当如实填写失业登记申请表，并提供本人身份证件和证明原身份的有关证明；有就业经历的，应当提供与原单位解除或者终止劳动关系的证明。

第三十三条 驻粤外国企业常驻代表机构招用中国雇员，应当按照国家规定，委托省人民政府或者国务院批准指定的机构办理有关手续，不得擅自招用或者委托其他单位、个人招用。

第三十四条 省人民政府根据人力资源供求状况和宏观调控需要，制定并发布外国人入粤就业职业管理目录。外国人入粤就业职业管理目录分为鼓励引进类和限制引进类。用人单位聘用外国人，应当符合该目录要求。

用人单位聘用外国人，应当按照国家有关规定办理就业许可和外国人就业证，并在办理外国人就业证时按照规定缴纳就业调配费。用人单位聘用的外国人属于前款规定的就业职业管理目录中鼓励引进类的，免交就业调配费。

第三十五条 县级以上人民政府应当开展劳动力调查统计工作，建立健全人力资源信息库，定期发布城镇登记失业率、调查失业率、新增就业人数等就业失业指标。

第五章 职业教育和培训

第三十六条 县级以上人民政府应当建立以促进就业为导向的职业技能教育培训机制，推动产教结合、校企合作制度的建立，制定并实施有利于促进就业的职业技能教育培训政策。

第三十七条 县级以上人民政府应当建立健全面向全体劳动者的职业技能教育培训制度，研究开发职业技能培训项目，发布职业技能培训和配置信息，开展职业技能培训指导和政策咨询等服务。

县级以上人民政府应当鼓励和支持各类职业院校、技工学校、职业技能培训机构和用人单位依法开展就业前培训、在职培训、再就业培训和创业培训。

第三十八条 各级人力资源和社会保障主管部门应当加强对各类职业技能鉴定的指导和服务，为劳动者和用人单位提供职业发展信息和政策咨询、技能考核鉴定、职业资格证书查询等公共服务。

第三十九条 各类企业应当按照上年度职工工资总额的百分之一点五至百分之二点五足额提取职工教育经费，用于在职职工的职业技能培训和继续教育培训。职工教育经费应当专款专用，其使用情况应当定期公开。

第四十条 县级以上人民政府应当支持和鼓励中等职业学校、技工学校、职业技能培训机构开展劳动预备制培训，为不能继续升学的初中、高中毕业（肄业）生开展为期三个月至三年的职业技能教育培训，使其取得相应的职业资格或者掌握一定的职业技能。

第四十一条 县级以上人民政府应当逐步建立青年职业见习制度，引导和鼓励各类用人单位接收无就业经历的青年劳动者见习。

第四十二条 人力资源和社会保障主管部门、共产主义青年团等单位应当指导和协调青年职业见习工作，及时发布见习岗位信息，协助有意向参加见习的人员到相关工作岗位训练。

第四十三条 县级以上人民政府应当加强技能人才队伍建设，保障技能人才应有待遇，对在经济社会建设中作出突出贡献的高技能人才实行政府津贴制度。

高技能人才在就业地连续就业满一定年限的，可以申请在就业地入户，其配偶、子女、父母的户口可以按照有关规定随迁，具体办法由地级以上市人民政府制定。

前款所称高技能人才是指取得高级工、技师和高级技师国家职业资格的人员。

第六章 就业援助

第四十四条 在法定劳动年龄内、有劳动能力和就业意愿、处于无业状态的本省户籍人员有下列情形之一的，各级人民政府应当作为就业困难人员对其实行优先扶持和重点帮助：

（一）具有城镇户籍，女四十周岁以上、男五十周岁以上的；

（二）经残疾等级评定机构评定为残疾的；

（三）享受最低生活保障待遇的；

（四）属于城镇零就业家庭成员的；

（五）属于农村零转移就业贫困家庭成员的；

（六）因被征地而失去全部土地的农民；

（七）连续失业一年以上的；

（八）省、地级以上市人民政府规定的其他情形。

第四十五条 符合就业困难人员条件的劳动者，可以持本人身份证件、就业失业登记凭证、如实填写的核定申请表和其他相关材料，向其户籍所在地街道（乡镇）人力资源和社会保障工作机构提出就业困难人员核定申请。

申请材料完备的，街道（乡镇）人力资源和社会保障工作机构应当于五个工作日内完成初审。符合条件的，应当将申请人情况在其居住地村（居）民委员会公示三个工作日以上。公示无异议的，应当于三个工作日内将申请材料上报县（市、区）公共就业服务机构审核。符合条件的，应当予以核定，并在申请人的就业失业登记凭证中标注；不符合条件的，应当书面告知申请人并说明理由。

申请人对核定结果有异议的，可以向做出核定的公共就业服务机构同级人民政府人力资源和社会保障主管部门提出复核申请。

第四十六条 县级以上人民政府投资或者扶持开发的下列公益性岗位，用人单位应当通过公共就业服务机构向社会公开发布招聘信息，并按照不低于本单位公益性岗位百分之四十的比例招用本省就业困难人员：

（一）财政核拨事业单位编制外的后勤保障岗位；

（二）政府投资建设项目的服务性岗位；

（三）政府及其部门组织社会公益活动产生的临时性岗位；

（四）政府及其部门行使公共管理职能设置的协管岗位；

（五）其他公益性岗位。

招聘信息发布的应聘时间截止后，用人单位未能招聘到符合岗位要求的就业困难人员的，经公共就业服务机构确认，方可招聘其他人员。

各级人民政府应当鼓励并扶持在公益性岗位安置的就业困难人员提高就业技能，尽快实现常规就业，提高公益性岗位的使用效率。

第四十七条 鼓励各类就业服务机构为就业困难人员提供免费就业服务。

各级残疾人联合会设立的残疾人就业服务机构，应当为残疾人提供免费公共就业服务。

第四十八条 各级人民政府应当建立健全被征地农民就业保障制度，被征地农民按照规定享受相关就业扶持政策。

用地单位应当优先安排适合本单位岗位要求的被征地农民就业。

第七章 监督检查

第四十九条 县级以上人民政府应当定期开展就业工作目标责任制考核，将新增就业人数、城镇登记失业率、就业困难人员就业率、农业富余劳动力转移就业人数、落实就业扶持政策和就业专项资金等指标作为对下一级人民政府、有关行政部门政绩考核的重要内容。

第五十条 县级以上人民政府及财政、审计、人力资源和社会保障等部门，应当依法规范就业专项资金的使用，加强对资金使用情况的监督，保障资金安全，提高资金使用效益。

县级以上人民政府应当建立健全就业专项资金使用效果评价制度，将就业专项资金划拨与资金使用效果相挂钩。

第五十一条 县级以上人民政府人力资源和社会保障主管部门应当对用人单位、有关机构和劳动者执行本办法的情况进行监督检查，加强对下级人力资源和社会保障主管部门及所属公共就业服务机构开展就业促进工作的监督指导。

学校、培训机构的主管部门应当对其负责管理的学校、培训机构执行本办法的情况进行监督检查。

第五十二条 县级以上人民政府人力资源和社会保障主管部门以及其他有关行政部门应当建立举报制度，受理公民、法人或者其他组织对违反本办法行为的举报，并及时予以核实处理。

第五十三条 公民、法人或者其他组织对人力资源和社会保障、财政等部门作出的具体行政行为不服的，可以依法申请行政复议或者提起行政诉讼。

第八章 法律责任

第五十四条 用人单位未按照本办法第三十一条第一款规定为劳动者办理登记或者备案手续的，由人力资源和社会保障主管部门责令改正，并可按未办理登记或者备案人数处以每人一百元以上三百元以下的罚款；对劳动者造成损害的，应当承担赔偿责任。

第五十五条 企业未按照本办法第三十九条规定足额提取或者使用职工教育经费的，由人力资源和社会保障主管部门责令改正，并可处以两万元以上五万元以下的罚款。

第五十六条 用人单位未按照本办法第四十六条规定发布公益性岗位信息或者录用就业困难人员，属于国家机关、事业单位的，由具有管理权限的部门对有关责任人员依法给予处分；属于其他单位的，由人力资源和社会保障主管部门责令改正，并可处以一万元以上两万元以下的罚款。

第五十七条 各级人民政府以及人力资源和社会保障主管部门、其他有关部门或者机构的工作人员有下列行为之一的，对直接负责的主管人员和其他直接责任人员依法给予处分；构成犯罪的，依法追究刑事责任：

（一）管理、使用就业专项资金混乱造成损失的；

（二）挪用就业专项资金的；

（三）伪造或者协助他人伪造材料骗取就业专项资金的；

（四）未按照本办法第十七条规定公开相关内容的；

（五）对符合享受补贴、资助、贴息等条件的单位或者个人，拖延或者拒不发放补贴、资助、贴息的；

（六）未按照本办法第二十八条规定开展公共就业服务工作的；

（七）未按照本办法第三十一条和第三十二条规定办理登记或者备案手续的；

（八）虚报就业促进考核指标的；

（九）其他弄虚作假、滥用职权、玩忽职守或者徇私舞弊的行为。

第五十八条 不符合规定条件被认定为就业困难人员或者享受有关补贴、资助、贴息等待遇的，人力资源和社会保障主管部门应当取消认定，追回相应款项。

单位或者个人提供虚假资料，获取有关补贴、资助、贴息的，由人力资源和社会保障主管部门责令退还相应款项，并处以两千元以上两万元以下的罚款；构成犯罪的，依法追究刑事责任。

第九章 附 则

第五十九条 本办法自2010年1月1日起施行。

广东省沿海砂石出口作业点和港澳籍小型船舶进出砂石出口作业点作业的行政许可规定

（2005年12月2日广东省第十届人民代表大会常务委员会第二十一次会议通过　2009年11月26日广东省第十一届人民代表大会常务委员会第十四次会议第一次修订）

第一条　为加强和规范本省沿海砂石出口作业点和港澳籍小型船舶进出砂石出口作业点作业的管理，合理开发和利用沿海砂石资源，保护沿海生态环境，根据《中华人民共和国行政许可法》和有关法律法规，结合本省实际，制定本规定。

第二条　本规定适用于本省行政区域内沿海砂石出口作业点和港澳籍小型船舶进出砂石出口作业点作业的行政许可。

本规定所称沿海砂石出口作业点，是指在沿海非对外开放港口、海域或者岛屿设立的用于向香港特别行政区、澳门特别行政区出口砂石的起运点。

第三条　省人民政府口岸行政主管部门负责本省沿海砂石出口作业点和港澳籍小型船舶进出砂石出口作业点作业的行政许可。

第四条　设立砂石出口作业点，应当符合下列条件：

（一）已经取得海洋与渔业、环保、国土资源、水利、规划、海事等行政主管部门的挖砂采石等相关许可；

（二）作业点符合纳入口岸管理的条件。

军事码头、海底电缆等军事和通讯设施区域内不得设立砂石出口作业点。

第五条　申请设立砂石出口作业点的，由经营单位向作业点所在地地级以上市人民政府口岸行政主管部门提出申请，并提交以下材料：

（一）对外合作项目合同、批准文件；

（二）开设作业点的可行性报告，包括三年内货源出口、经济效益的预测等内容；

（三）作业点的地理位置平面图，航道、港池的水文资料，码头和装卸设备的基本情况；

（四）当地海洋与渔业、环保、国土资源、水利、规划等行政主管部门颁发的许可证及出具的意见。

第六条 港澳籍小型船舶进出砂石出口作业点作业，应当符合下列条件：

（一）船舶在香港特别行政区或者澳门特别行政区注册；

（二）船舶符合海事部门认可的安全条件；

（三）船员必须具备国际认可的资格条件；

（四）船舶无违法记录。

第七条 申请港澳籍小型船舶进出砂石出口作业点作业的，由经营单位向作业点所在地地级以上市人民政府口岸行政主管部门提出申请，并提交以下材料：

（一）船舶证书；

（二）入境时船员名单、船员证书；

（三）船舶行驶航线、停靠地点。

第八条 地级以上市人民政府口岸行政主管部门收到本规定第五条、第七条规定的申请后，应当征求所在地人民政府及口岸检查检验单位的意见，自受理申请之日起二十日内提出初步审查意见，并报省人民政府口岸行政主管部门。

省人民政府口岸行政主管部门收到地级以上市人民政府口岸行政主管部门报送的材料后，应当征求驻省检查检验单位的意见，并在二十日内作出准予或者不准予的行政许可决定。

第九条 砂石出口作业点和港澳籍小型船舶进出砂石出口作业点作业的行政许可期限为一年。

第十条 口岸行政主管部门实施行政许可，有下列情形之一的，由其上级行政机关或者监察机关责令改正，对直接负责的主管人员和其他直接责任人员依法给予处分；构成犯罪的，依法追究刑事责任：

（一）对不符合法定条件的申请人准予行政许可或者超越法定职权作出准予行政许可决定的；

（二）不在法定期限内作出准予行政许可决定的。

第十一条 被许可人有下列行为之一的，由地级以上市口岸行政主管部门依法给予行政处罚；构成犯罪的，依法追究刑事责任：

（一）涂改、倒卖、出租、出借行政许可证件，或者以其他形式非法转让行政许可的；

（二）超越行政许可范围进行活动的；

（三）向负责监督检查的行政机关隐瞒有关情况、提供虚假材料或者拒绝提供反映其活动情况的真实材料的。

第十二条 省人民政府自本规定施行起一年内根据本规定制定实施细则。

第十三条 本规定自2010年1月1日起施行。2005年12月2日广东省第十届人民代表大会常务委员会第二十一会议通过《广东省沿海挖砂采石出口作业点和港澳籍小型船舶进出广东沿海挖砂采石出口作业点作业的行政许可规定》同时废止。

广东省高等学校学生实习与毕业生就业见习条例

（2010年1月22日广东省第十一届人民代表大会常务委员会第十六次会议通过）

第一章　总　则

第一条　为了提高学生实践能力、就业能力和创新能力，完善人才培养机制，促进毕业生就业，根据《中华人民共和国教育法》、《中华人民共和国高等教育法》、《中华人民共和国职业教育法》等法律、法规，结合本省实际，制定本条例。

第二条　本省行政区域内的高等学校学生实习与本省常住户口的高等学校毕业生就业见习，适用本条例。

本条例所称实习，是指高等学校按照专业培养目标和教学计划，组织学生到国家机关、企业事业单位、社会团体及其他社会组织进行与专业相关的实践性教学活动。

本条例所称毕业生就业见习（以下简称见习），是指各级人民政府或者人民团体组织毕业后一年内尚未就业的毕业生到国家机关、企业事业单位、社会团体及其他社会组织进行的就业适应性训练。

本省行政区域内的中等职业学校、技工学校的学历教育学生实习与本省常住户口的中等职业学校、技工学校的学历教育毕业生就业见习，依照本条例执行。

第三条　学生实习坚持学校组织、政府扶持、社会参与的原则。

见习坚持个人自愿参与、政府扶持帮助、社会共同参与的原则。

第四条 县级以上人民政府教育、人力资源和社会保障主管部门按照各自职责，负责学生实习工作的指导、协调和监督管理。

财政、卫生、安全生产监督管理、工商、税务等部门按照各自职责，做好学生实习的相关工作。

第五条 县级以上人民政府应当统筹规划见习工作，加强见习指导与协调，促进毕业生提高就业能力。

人力资源和社会保障、教育、财政等部门按照各自职责，做好见习的相关工作。

工会、共产主义青年团、妇女联合会以及其他社会组织，协助人民政府及其有关部门做好见习工作。

第六条 县级以上人民政府应当制定优惠政策，鼓励各类企业事业单位、社会团体及其他社会组织接收学生实习和毕业生见习，为当地经济社会可持续发展吸纳、培养和储备人才。

第二章 组织与保障

第七条 学校应当根据专业特点和培养目标，认真履行学生实习的组织责任，提高学生的实践能力、创造能力、就业能力和创业能力。

第八条 保障学生实习是全社会的共同责任。

国家机关、国有和国有控股企业、财政拨款的事业单位和社会团体应当按照在职职工的一定比例接收学生实习，具体比例由地级以上市人民政府确定。

其他企业事业单位、社会团体及社会组织应当为学校组织的学生实习活动提供帮助和便利。

第九条 学校与国家机关、企业事业单位、社会团体按照自愿协商、优势互补、利益共享的原则，建设实习基地，为学生实习提供便利。

第十条 行业组织应当引导和鼓励本行业企业事业单位与学校开展合作，并发挥行业资源、技术和信息优势，推动共建实习基地和开展合作项目。

第十一条 学校应当按照规定安排专项经费用于学生实习。

第十二条 县级以上人民政府及其人力资源和社会保障主管部门应当及时掌握本地毕业生就业情况，有计划地组织当地毕业后一年内尚未就业的毕业生参加见习，扩展就业机会。

第十三条 县级以上人民政府可以根据需要，将符合下列条件的单位确定为见习基地：

（一）具有较强的社会责任感，管理规范；

（二）自愿且能够持续提供一定数量的见习岗位；

（三）提供的见习岗位具备一定技术含量和业务内容，能确保毕业生提高技能水平和工作能力。

县级以上人民政府在确定见习基地时，应当考虑单位的行业分布，优先考虑当地重点发展的优势产业，同时吸纳不同行业的企业事业单位参加，以满足见习的需求。

第十四条 行业组织应当引导和鼓励本行业企业事业单位积极提供见习岗位。

第十五条 县级以上人民政府要加强对见习基地的检查与指导，及时解决见习工作中遇到的困难和问题。

见习单位未依法履行见习管理职责的，由县级以上人民政府取消其作为见习基地的资格。

第十六条 学校应当加强对见习政策的宣传，将见习作为就业指导的重要内容。

第十七条 报刊、广播、电视、网络等媒体应当广泛宣传见习制度和企业事业单位开展见习的经验做法，形成社会普遍关注、各方共同参与的良好氛围。

第三章　实习规范与管理

第十八条 学生实习一般由学校统一组织。学生要求自行联系实习单位的，应当经学校同意。学校应当安排实习指导教师掌握实习情况，统一管理和考核。

第十九条 学校组织学生在实习基地实习，学校、实习基地和实习学生应当签订三方实习协议，明确各方的权利、义务和责任。

实习协议应当包括以下主要内容：

（一）学校和实习单位的名称、地址、法定代表人或者主要负责人，实习学生的姓名、住址和注册学号；

（二）符合教学大纲要求的实习期限；

（三）实习方式、内容和岗位；

（四）实习终止条件；

（五）违约责任；

（六）争议的解决方式。

实习协议可以根据实习的性质和需要，约定意外伤害保险的投保人、投保额度、损害赔偿、实习报酬、保密等其他事项。

其他实习单位接收学生实习的，可以参照本条第二、三款的规定与学校、学生签订三方实习协议，明确各方的权利、义务。

第二十条 学校在学生实习工作中应当履行以下职责：

（一）建立健全实习管理制度；

（二）按照专业培养目标和教学大纲，制定实习计划；

（三）联系并合理安排实习单位；

（四）安排责任心强，有一定经验的实习指导教师；

（五）对学生进行安全、纪律教育；

（六）检查学生实习情况，及时协调处理有关问题；

（七）建立学生实习管理档案；

（八）法律法规规定或者实习协议约定的其他事项。

第二十一条 实习单位应当履行以下职责：

（一）做好实习学生在单位内的管理工作；

（二）提供合适的实习岗位、必要的实习条件和安全健康的实习环境；

（三）根据实习要求，选派有经验的实习指导人员；

（四）对学生进行安全培训和技能培训；

（五）向学校反馈学生的实习情况；

（六）法律法规规定或者实习协议约定的其他事项。

第二十二条 学校和实习单位不得有下列行为：

（一）安排未满十六周岁学生顶岗实习；

（二）安排学生到夜总会、歌厅、洗浴中心等场所实习；

（三）安排学生从事高毒、易燃易爆、国家规定的第四级体力劳动强度以及其他具有安全隐患的劳动，但完成学生本专业实习所必需的除外；

（四）安排学生在需要相应职业资格的岗位上顶岗实习；

（五）安排学生周实习时间超过四十小时；

（六）委托中介机构或者个人代为组织和管理实习；

（七）其他影响实习学生人身安全、身心健康的行为。

第二十三条 实习单位接收学生顶岗实习的，当期接收实习学生的人数不得超过本单位在职职工总人数的百分之三十。

第二十四条 学校组织学生实习，不得违反规定向实习学生收取费用。

第二十五条 实习指导教师应当加强与实习单位的联系，根据实习计划和实习单位的具体情况，做好学生的实习指导、教育和管理工作。

第二十六条 实习单位应当合理安排实习指导人员的工作，保证实习指导人员指导学生实习的时间。

实习指导人员应当根据实习计划和实习协议，对学生实习进行指导。

第二十七条 学生应当根据学校和实习单位的要求实习，接受学校和实习单位的管理和考核评定。

学生应当尊重实习指导教师和实习指导人员，遵守实习单位的规章制度和劳动纪律，保守实习单位的秘密。

第二十八条 学生顶岗实习期间，实习单位应当按照同岗位职工工资的一定比例向学生支付实习报酬，具体比例由地级以上市人民政府根据本地实际情况予以确定。

非顶岗实习的学生，学校、实习单位和学生可以在实习协议中约定给予实习补助。

实习单位、学校应当按照规定或者约定，按时足额向学生支付实习报酬、实习补助，不得拖欠、克扣。

第二十九条 实习协议确定的投保人，应当及时为学生办理意外伤害保险等相关保险。

第三十条 实习结束时，实习单位应当根据学生实习期间的表现考核评定成绩，出具实习鉴定。

第四章 见习规范与管理

第三十一条 县级以上人民政府人力资源和社会保障主管部门具体负责见习的组织和管理工作，建立健全相关制度。

第三十二条 国家机关、企业事业单位、社会团体及其他社会组织应当积极创造条件，提供见习岗位，并向县级以上人民政府人力资源和社会保障主管部门报送见习岗位信息。

第三十三条 本省常住户口的毕业生在毕业后一年内未能就业的，可以自愿参加其常住户口所在地的市、县人民政府或者人民团体组织的见习。

各级人民政府可以根据本地区人才引进工作的需要，吸纳非本地常住户口的毕业生参加见习，改善本地人才队伍结构。非本地常住户口毕业生参加见习享受的优惠政策，由地级以上市人民政府制定。

第三十四条 见习单位应当与毕业生按照平等自愿、协商一致的原则签订见习协议。

见习协议应当包括以下主要内容：

（一）见习单位的名称、地址、法定代表人或者主要负责人，毕业生的姓名、住址、毕业院校；

（二）见习期限；

（三）见习计划安排；

（四）岗位职责；

（五）见习待遇；

（六）见习单位和见习人员的权利和义务；

（七）见习协议的解除条件；

（八）违约责任；

（九）争议的解决方式。

第三十五条 见习期限一般为三个月至六个月，最长不超过十二个月。

第三十六条 见习单位应当履行以下职责：

（一）提供合适的见习岗位、必要的见习条件和安全健康的见习环境；

（二）配备相关工种岗位训练的设施、设备和见习指导人员；

（三）对见习人员进行安全培训和技能培训；

（四）见习协议约定的其他事项。

第三十七条 见习单位不得有下列行为：

（一）安排见习人员从事高毒、易燃易爆、国家规定的第四级体力劳动强度以及其他具有安全隐患的劳动；

（二）未经见习人员同意安排见习人员周工作时间超过四十小时；

（三）其他影响见习人员人身安全、身心健康的行为。

第三十八条 见习单位当期接收见习人员的人数不得超过本单位在职职工总人数的百分之三十。

第三十九条 见习人员应当遵守见习单位的规章制度和劳动纪律，服从见习指导人员的管理，保守见习单位的秘密。

第四十条 见习单位应当每月向见习人员提供不低于当地最低工资标准百分之八十的生活补贴。

见习单位支付生活补贴后，见习单位所在地人民政府应当落实省人民政府的有关规定，对见习单位给予补贴，补贴的具体数额由地级以上市人民政府根据本地实际情况予以确定。

第四十一条 见习人员可以在见习基地所在地参加城镇居民基本医疗保险，个人缴费标准和政府补助标准按照当地学生参加城镇居民基本医疗保险相应标准执行，并享受相应待遇。

见习单位应当为见习人员购买人身伤害意外保险。

第四十二条 政府所属的人才服务机构、公共就业服务机构应当及时组织开展见习单位和毕业生的双向选择活动；见习人员要求托管人事档案的，应当提供免费人事档案托管服务。

见习人员在见习期间落实就业单位的，可以随时办理就业派遣手续。

第四十三条 见习人员见习期满，见习单位应当进行考核鉴定并为其出具见习证明。

第四十四条 鼓励见习单位优先录用见习人员。

见习人员见习期间或者期满后被见习单位正式录用的，见习单位应当及时与其签订劳动合同。

第四十五条 见习期满仍未能实现就业的毕业生，由政府所属人才中介服务机构、公共就业服务机构和学校毕业生就业服务机构继续进行就业指导和推荐就业。

毕业生有创业愿望的，政府所属人才中介服务机构、公共就业服务机构应当提供项目开发、方案设计、风险评估、开业指导、融资服务、跟踪扶持等创业服务。

第五章 扶持与奖励

第四十六条 县级以上人民政府教育行政部门应当会同人力资源和社会保障部门，利用现有信息网络资源，建立学生实习公共服务信息平台，及时公布有关单位提供的实习岗位、当年本地区学校学生实习信息，为学校、实习单位和实习学生提供服务。

学校应当于每年六月底前，将下一年度的学生实习人数、专业类型、实习时间等信息分别报送省教育、人力资源和社会保障部门。

鼓励国家机关、企业事业单位、社会团体及其他社会组织向县级以上人民政府教育、人力资源和社会保障部门报送可提供实习岗位的信息。

第四十七条 县级以上人民政府建立见习信息服务平台，收集并发布见习供求信息，推荐有意向参加见习的毕业生到相关岗位见习；通过各种方式引导和鼓励国家机关、企业事业单位、社会团体及其他社会组织接收毕业生见习。

第四十八条 各级人民政府应当按照国家和省的有关规定，结合实习、见习状况和实习、见习工作目标，在本级财政预算中安排资金，用于实习和见习的指导、培训和补贴等。资金的筹集和使用管理办法，由各级人民政府制定。

第四十九条 各级人民政府应当创造条件，为建立实习基地、合作建设实验室或者生产车间等校企合作项目提供资助。

第五十条 除本条例第四十条规定的补贴之外，有条件的地方人民政府可以给予见习基地一定的补贴。

第五十一条 发展改革、经济和信息化、农业等部门应当引导和鼓励建立实习基地、见习基地，对基地有关促进当地经济和社会发展的重点项目优先予以扶持。

第五十二条 科学技术行政部门应当对生产、教学、科研结合效果良好的实习基地、见习基地，在科学研究和技术开发等方面优先给予资金支持。

第五十三条 对企业接收学生和毕业生实习、见习并支付实习报酬、见习补贴的，按照国家规定给予税收优惠。

对实习基地、见习基地依法减免有关行政事业性收费。

第六章 法律责任

第五十四条 学校有下列行为之一的，由教育行政主管部门处以警告、责令改正，对拒不改正或者因工作失误造成重大损失的，对直接负责的主管人员和其他直接责任人员给予处分；构成犯罪的，依法追究刑事责任：

（一）未按规定安排实习经费或者挪用实习经费的；

（二）安排未满十六周岁学生顶岗实习的；

（三）安排学生到夜总会、歌厅、洗浴中心等场所实习的；

（四）拖欠、克扣学生实习补助的；

（五）未按照协议为学生购买意外伤害保险的；

（六）发现实习单位违反本条例规定侵害学生权益未及时采取有效措施制止的；

（七）其他影响学生实习或者侵害学生合法权益的行为的。

第五十五条 实习、见习单位有下列行为之一的，由人力资源和社会保障部门处以警告、责令改正，并依法追究相关人员的责任：

（一）未为实习学生、见习人员提供必要的实习、见习条件和安全健康的实习、见习环境的；

（二）违法安排实习学生、见习人员超时实习、见习的；

（三）克扣、拖欠实习学生、见习人员的报酬、补助或者补贴的；

（四）未按照约定或者规定为实习学生、见习人员购买意外伤害保险的；

（五）其他侵害实习学生、见习人员合法权益的行为的。

第五十六条 实习、见习单位有下列行为之一的，由人力资源和社会保障部门责令改正，并按照实习学生、见习人员人数处以每人一千元的罚款：

（一）接纳未满十六周岁学生顶岗实习的；

（二）安排学生到夜总会、歌厅、洗浴中心等场所实习的；

（三）违法安排实习学生、见习人员从事高毒、易燃易爆、国家规定的第四级体力劳动强度以及其他具有安全隐患的劳动的；

（四）当期接收顶岗实习学生、见习人员人数超过本单位在职职工总人数的百分之三十的。

第五十七条 学校委托中介机构或者个人代为组织和管理实习的，由教育行政主管部门责令改正，并按照实习学生人数处以每人一千元罚款。

第五十八条 学校和实习单位有本条例第五十四条、第五十五条、第五十六条所列行为的，除由有关部门依法处罚外，应当将学生送回学校所在地，并承担所需费用。

第五十九条 实习指导教师未按照本条例规定履行指导、教育和管理职责的，由学校依照有关规定予以处理；造成严重后果的，依法追究法律责任。

第六十条 实习单位有违反本条例规定行为的，实习学生应当向学校报告。学校应当及时对有关问题进行协调处理。

学校、实习单位、见习单位违反本条例规定或者实习、见习协议约定，对实习学生、见习人员造成损害的，应当依法承担赔偿责任。

第六十一条 实习学生、见习人员在实习、见习期间严重违反单位规章制度的，实习、见习单位可以终止其在本单位的实习、见习。

第六十二条 单位和个人违反本条例规定，弄虚作假，骗取政府补贴、资助、补助的，由相关行政部门追回已发放的补贴、资助、补助，并取消其三年内获得相关补贴、资助、补助的资格；构成犯罪的，依法追究刑事责任。

第六十三条 教育、人力资源和社会保障部门、其他有关部门及其工作人员违反本条例规定，在实习、见习工作中玩忽职守、滥用职权、徇私舞弊的，由上级机关或者其他有权机关责令改正，并对直接负责的主管人员和其他直接责任人员，依法给予处分；构成犯罪的，依法追究刑事责任。

第七章　附　则

第六十四条 省外学校学生在本省行政区域内实习，依照本条例进行管理。

第六十五条 本条例自2010年3月1日起施行。

广东省节约能源条例

（2003年5月28日广东省第十届人民代表大会常务委员会第三次会议通过　2010年3月31日广东省第十一届人民代表大会常务委员会第十八次会议修订）

第一章　总　则

第一条　为了贯彻落实节约资源基本国策，节约能源（以下简称节能），提高能源利用效率，保护和改善环境，促进经济社会全面协调可持续发展，根据《中华人民共和国节约能源法》和有关法律、法规，结合本省实际，制定本条例。

第二条　本条例适用于本省行政区域内从事能源生产、流通、消费及其管理的各项活动。

第三条　节能应当坚持宏观调控、政策激励、市场运作、技术推进和企业为主、全社会参与的原则。

第四条　县级以上人民政府应当将能耗下降指标、重点节能工程等节能工作纳入本行政区域国民经济和社会发展规划、年度计划，并组织编制和实施节能中长期专项规划、年度节能计划。

县级以上人民政府每年向本级人民代表大会或者其常务委员会报告节能工作。

第五条　本省实行节能目标责任制，建立科学、完整、统一的节能统计、监测和考核体系，将能耗降低完成情况纳入各地经济社会发展综合评价体系。

省人民政府将节能目标逐级分解落实到各市、县以及重点用能单位。

上一级人民政府将节能目标完成情况作为对下一级人民政府及其负责人考核评价的内容。县级以上人民政府每年向上一级人民政府报告节能目标的完成情况。

第六条 县级以上人民政府应当合理调整产业结构和能源消费结构，限制发展高耗能、高污染行业，推动企业降低单位产品能耗，淘汰落后的生产能力，提高能源利用效率，促进形成节能减排的产业结构、发展方式及消费模式。

鼓励、支持开发和利用新能源、可再生能源。

第七条 省人民政府主管节能工作的部门（以下简称省节能行政主管部门）负责全省节能监督管理工作。

县级以上人民政府主管节能工作的部门负责本行政区域内节能监督管理工作。县级以上人民政府其他有关部门在各自的职责范围内负责节能监督管理工作，并接受同级节能行政主管部门的指导。

第八条 各级人民政府应当鼓励、支持节能科学技术的研究和推广，开展多种形式的节能宣传、教育，普及节能科学知识，增强全民的节能意识。

新闻媒体应当宣传节能法律、法规、政策，刊播节能公益性广告，宣传节能重要举措，加强对节能的舆论引导和监督，营造节能的社会氛围。

第九条 任何单位和个人应当依法履行节能义务，并有权检举浪费能源的行为。

第二章　节能管理

第十条 县级以上人民政府应当加强对节能工作的领导，部署、协调、监督、检查、推动节能工作。

第十一条 省、地级以上市节能行政主管部门应当开展节能监察工作，其所属节能监察机构应当配合节能行政主管部门做好节能监察工作，并负责本行政区域内的下列节能监察日常工作：

（一）监督检查能源生产、经营单位和用能单位、设计单位执行节能法律、法规、规章情况，依法查处和纠正违法行为；

（二）监督检查重点用能单位的能源利用状况；

（三）受理能源利用违法、违规案件的举报、投诉；

（四）法律、法规及规章规定的其他日常监察工作。

公民、法人和其他组织应当配合节能行政主管部门或者节能监察机构依法开展节能监督检查，不得阻碍或者拒绝接受节能监督检查。

第十二条 省、地级以上市节能行政主管部门应当制定年度节能监察计划，加强日常监督检查和对重点用能单位的监督检查。

节能行政主管部门、节能监察机构实施检查时，监督检查人员应当如实记录监督检查的日期、人员、内容、结果等情况；监督检查人员和能源生产、经营单位、用能单位、设计单位应当在记录上签字。

第十三条 省质量技术监督行政主管部门可以根据本地实际情况，会同省节能行政主管部门和省有关部门依法制定严于强制性国家标准、行业标准的地方节能标准，并由省人民政府报国务院批准。

省人民政府建设行政主管部门可以根据本地实际情况，依法制定严于国家标准或者行业标准的地方建筑节能标准，并报国务院标准化主管部门和国务院建设主管部门备案。

省节能行政主管部门应当会同省有关部门，对生产消费过程中耗能较高但没有国家和省单位产品能耗限额标准的产品，制定单位产品能耗限额并予以公布。

质量技术监督行政主管部门应当按照国务院的规定对高耗能的特种设备实行节能审查和监管。

第十四条 县级以上人民政府建设行政主管部门负责本行政区域内建筑节能的监督管理工作，会同同级节能行政主管部门编制本行政区域内的建筑节能规划。建筑节能规划应当包括既有建筑节能改造、可再生能源开发利用、低能耗与绿色建筑发展计划。

第十五条 县级以上人民政府交通运输行政主管部门负责本行政区域内交通运输领域的节能监督管理工作，会同同级节能行政主管部门制定交通领域的节能规划。

第十六条 县级以上人民政府统计部门应当会同同级有关部门，建立健全能源统计制度，完善能源统计指标体系，改进和规范能源统计方法，加强统计执法，确保能源统计数据真实、完整。

省统计部门会同省节能行政主管部门，定期向社会公布各地级以上市以及主要耗能行业的能源消费和节能情况等信息。

第十七条 实行固定资产投资项目节能评估和审查制度，需审批、核准的固定资产投资项目（含新建、改建、扩建项目）应当进行节能评估和审查。

不符合强制性节能标准或者超过能耗限额的项目，依法负责项目审批或者核准的机关不得批准或者核准建设；建设单位不得开工建设；已经建成的，不得投入生产、使用。

第十八条 禁止生产、进口、销售国家明令淘汰或者不符合强制性能源效率标准的用能产品、设备；禁止使用国家明令淘汰的用能设备、生产工艺。

生产过程中耗能高的产品的生产单位，应当执行单位产品能耗限额标准或者能耗限额。

第十九条 鼓励和规范节能服务机构的发展，支持节能服务机构开展节能咨询、设计、评估、检测、审计、认证、宣传、培训等服务。

第二十条 新建立的工业园区和产业转移园区，应当制定节能规划，作为园区认定和批准的条件之一。

第三章 合理使用能源

第二十一条 用能单位应当建立节能目标责任制，定期开展节能教育和岗位节能培训。

第二十二条 超过节能标准或者单位产品能耗限额的用能单位，应当把降低能耗列为技术改造的重点。

第二十三条 窑炉、锅炉、变压器、压缩机、风机、泵类等用能设备的用能效率不符合国家、省节能规定的，应当依法进行更新改造。

第二十四条 电网企业和相关机构应当按照节能发电调度管理规定，优先安排清洁、高效和符合规定的热电联产，利用余热余压、煤矸石、油母页岩发电的机组及其他符合资源综合利用规定的发电机组与电网并网运行。

第二十五条 电网企业应当加强电网建设和改造，优化网架结构，优先选用高能效电力设备，优化资源配置，降低线损和配电损失，减少电网损耗，提高电能利用率。

第二十六条 用电负荷在一千千瓦以上或年用电量在五百万千瓦时以上的用能单位需要进行电平衡测试的，按照国家有关规定执行。

第二十七条 新建、改建、扩建建筑工程，其建设、设计、审图、施工、监理等单位应当遵守国家、行业和地方的建筑节能标准，采用节能新技术、节能型材料、器具和产品，利用太阳能、地热能等可再生能源；新建、改建、扩建的国家机关办公建筑和大型公共建筑应当同步建设建筑节能监管系统。

第二十八条 国家机关办公建筑和大型公共建筑的所有权人应当对建筑的能源利用效率进行测评和标识，并按照国家有关规定将测评结果予以公示，接受社会监督。

第二十九条 已规划热电冷三联供的区域，建筑物的设计和建设应当符合相应的能源供应规划。

使用空调制冷、采暖的公共建筑应当按照国家的规定，实行室内温度控制制度。

第三十条 县级以上人民政府应当优先发展公共交通，加大对公共交通的投入，完善公共交通网络和服务体系，降低公共交通消费成本，鼓励利用公共交通工具和使用非机动交通工具出行。

第三十一条 营运机动车辆、船舶的能耗应当符合国家规定的能耗指标，超出能耗指标的不得用于营运。

第三十二条 公共机构应当贯彻节约资源基本国策，厉行节约，杜绝浪费，带头使用节能产品、设备，提高能源利用效率。

第三十三条 下列用能单位为重点用能单位：

（一）年综合能源消费总量一万吨标准煤以上的用能单位；

（二）省、地级以上市节能行政主管部门指定的年综合能源消费总量五千吨以上不满一万吨标准煤的用能单位。

重点用能单位名单由节能行政主管部门定期向社会公布。

市、县节能行政主管部门根据本地区实际，对年综合能源消费总量三千吨标准煤以上五千吨标准煤以下的用能单位，可以参照重点用能单位进行管理。

县（区）节能行政主管部门可以根据本地区实际，确定节能重点监控的用能单位名单，并报上一级节能行政主管部门备案。

第三十四条 实行重点用能单位能源利用状况年报和季报制度。

重点用能单位应当于每年第一季度向相应的节能行政主管部门、节能监察机构如实填报上年度的能源利用状况报告，主要内容包括：

（一）能源消费基本情况；

（二）能源消费结构和能源实物平衡情况；

（三）单位产品综合能耗指标情况和影响单位产品及产值能耗变化的因素；

（四）上年度节能目标完成情况、节能目标责任制考评及节能技改项目情况；

（五）主要耗能设备能耗与能源利用情况；

（六）其他需要说明的用能情况。

重点用能单位应当将第一、二、三项情况每季度向节能行政主管部门、节能监察机构报送一次。

第三十五条 重点用能单位应当每五年编制节能规划，每年制订年度节能计划，并按要求报相应节能行政主管部门。

第三十六条 重点用能单位应当建立健全节能管理制度，落实节能措施，提高能源利用效率。

重点用能单位应当建立内部能源审计制度，对能源生产、转换和消费进行全面检查和监督，并按要求报相应节能行政主管部门。

第三十七条 重点用能单位应当由主要负责人分管节能工作，设立专职能源管理岗位，在具有专业知识、实际经验以及中级以上技术职称的人员中聘任能源管理负责人，并报相应节能行政主管部门、节能监察机构备案。

能源管理负责人组织对本单位的能源利用状况进行分析、评价，组织编写本单位能源利用状况报告，提出本单位节能工作的改进措施并组织实施，开展节能教育、宣传。

节能行政主管部门应当定期免费组织重点用能单位能源管理负责人参加节能培训。

第四章　节能技术进步

第三十八条　省节能行政主管部门应当会同有关部门，定期确定并发布全省开发、推广、应用先进节能技术的重点和方向、节能产品名录。

各级节能行政主管部门应当组织实施节能示范工程，提出节能推广项目，引导用能单位和个人采用先进的节能工艺、技术、设备和材料。

第三十九条　县级以上人民政府应当把节能技术研究开发作为政府科技投入的重点领域，支持科研单位和企业开展节能技术应用研究，制定节能标准，支持科研机构、大专院校、企事业单位和个人研究开发新能源、可再生能源、清洁能源以及节能新产品、新技术，多渠道地开展国际、国内节能信息和技术交流。

第四十条　鼓励下列节能及综合利用能源措施：

（一）推广余热、余气、沼气、余压、垃圾、生物质能、煤矸石、油母页岩等资源综合利用发电技术；

（二）采用洁净煤燃烧技术及替代燃料油技术，推广液化天然气、压缩天然气和经济合理替代汽油技术；

（三）加强电力需求侧管理，利用电力系统低谷电能，推广蓄冷、蓄热技术；

（四）采用高效电动机、电机调速节电和电力电子节能技术、高效输配电技术；

（五）推广利用风能、太阳能、海洋能、水能、地热能等可再生能源；

（六）采用其他节能新产品、新技术。

第四十一条 企业实施热电联产、热电冷三联产技术改造的，技术指标应当符合国家和省的有关规定。

禁止以热电联产、资源综合利用名义新建中、小型凝汽式发电机组。

省节能行政主管部门会同有关部门对热电联产机组、资源综合利用发电机组进行检测，并按照国家鼓励的资源综合利用认定管理规定进行认定，经认定符合国家规定条件的，享受国家规定的优惠政策。

第四十二条 加强农村能源建设，推广农村户用沼气，发展新型、高效的大中型沼气池，推广省柴节煤灶，发展风能、太阳能及农作物秸秆气化集中供气系统。

鼓励更新改造农业提水排灌机电设施，淘汰和更新落后农业机械和渔业船舶装备。

第五章 激励措施

第四十三条 省和地级以上市财政应当安排节能专项资金，支持节能技术改造、节能技术和产品的推广应用、重点节能工程的建设、节能宣传培训、表彰奖励、节能管理能力建设及政策研究等。

县级人民政府应当根据实际情况在财政预算中安排资金支持节能工作的开展，县级以上人民政府对积极参与制定节能地方标准的企业、事业单位，给予适当的资金支持。鼓励和支持企业对节能产品采用国际先进标准。

第四十四条 对生产、使用列入节能技术、节能产品推广目录的需要支持的技术和产品，对综合利用资源生产的产品，以及购置用于节能节水等专用设备的，按照国家规定落实税收优惠等扶持政策。

各级人民政府应当按照国家和省的规定通过财政补贴支持节能产品的推广和使用。

第四十五条 支持企业开展节能产品认证。取得节能产品认证证书的产品、设备应当优先列入节能产品、设备政府采购名录，同等条件下优先采购。

第四十六条 引导金融机构为符合条件的节能技术研究开发、节能产品生产以及节能技术改造等项目优先给予信贷支持，促进节能技术研发和推广。

多方面拓宽融资渠道，引导民间资金加大对节能行业的投入，积极培育、指导节能领域先进企业上市融资和发行债券。

第四十七条 科研机构、大专院校和节能技术服务机构以及其他企业、事业单位为用能单位提供节能咨询和节能新技术、新工艺、新材料、新设备（产品）等技术服务，所取得的技术性服务收入享受国家和省的有关优惠政策。

第四十八条 本省按照国家规定实行有利于节能的价格政策，运用价格手段引导用能单位和个人节能。

实行蓄能电价、峰谷分时电价等电价制度，鼓励电力用户合理调整用电负荷；对钢铁、有色金属、建材、石油化工、造纸、纺织和其他主要耗能行业的企业，分淘汰、限制、允许和鼓励类实行差别电价政策。

第四十九条 利用风能、太阳能、海洋能、水能、生物质能、地热能等可再生能源生产的电量，符合上网条件的，电网企业应当按照国家和省的有关规定优先收购。

第五十条 各级人民政府对在节能管理、节能科学技术研究和推广应用中有显著成绩以及检举严重浪费能源行为的单位和个人，给予表彰和奖励

用能单位应当对节能工作取得成绩的集体、个人给予奖励。

第六章 法律责任

第五十一条 违反本条例第十一条第二款规定，阻碍或者拒绝接受节能监督检查的，由县级以上节能行政主管部门或者节能监察机构予以警告，责令改正，逾期不改的，处五千元以上一万元以下的罚款；违反《中华人民共和国治安管理处罚法》的，由公安部门依法处理；构成犯罪的，依法追究刑事责任。

第五十二条 违反本条例第十八条第三款规定，单位产品能耗超过规

定能耗限额标准或者能耗限额的，责令限期治理；逾期不治理，或者在限期内经治理仍达不到要求的，由县级以上节能行政主管部门或者节能监察机构处三万元以上五万元以下的罚款。

第五十三条 违反本条例第三十四条规定，重点用能单位不按规定或者不如实填报能源利用状况报告的，由节能行政主管部门或者节能监察机构责令限期改正；逾期不改的，处一万元以上五万元以下的罚款。

第五十四条 违反本条例第三十五条、第三十六条第二款规定，重点用能单位不按规定编制节能规划、节能计划，开展能源审计的，由节能行政主管部门或者节能监察机构责令限期改正；逾期不改的，处一万元以上五万元以下的罚款，并对不开展能源审计的实施强制审计。

第五十五条 违反本条例第三十六条第一款规定，重点用能单位节能管理制度不健全、节能措施不落实、能源利用效率低的，由节能行政主管部门或者节能监察机构责令限期整改；不按规定整改或者整改没有达到要求的，处十万元以上三十万元以下的罚款。

第五十六条 节能行政主管部门及其他有关部门的工作人员、节能监察机构的工作人员有下列行为之一的，给予处分；构成犯罪的，依法追究刑事责任：

（一）不按规定使用节能专项资金的；

（二）不按规定的权限实施行政处罚的；

（三）在节能监督、检查工作中有其他不依法履行职责、滥用职权、玩忽职守、徇私舞弊行为的。

第七章　附　则

第五十七条 本条例下列用语的含义：

（一）用能单位，是指企事业单位、机关、社会团体等使用能源的单位。

（二）单位产品能耗限额，是指按照产品的计量单位计算，每一计量单位产品所分摊的综合能源消耗量（或者某一主要能源品种的消耗量）不得超过的最大数额。

（三）峰谷分时电价，是指根据用户用电需求和电网在不同时段的实际负荷情况，将每天的时间划分为高峰、平段、低谷三个时段或高峰、低谷两个时段，对各时段分别制定不同的电价标准，以鼓励用户和发电企业削峰填谷，提高电力资源的利用效率。

（四）电平衡测试，是指在确定的用电体系的边界内，对外界供给的电能（量）在用电体系内的输送、转换、分布、流向等供给电能（量）、有效电能（量）和损失电能（量）之间平衡关系进行考察、统计、测定、分析和研究的过程。

（五）电力需求侧管理，是指通过采取有效的激励措施和运作方式，引导电力用户改善用电方式，提高终端用电效率，提高供用电的经济性和可靠性，优化资源配置，改善和保护环境所进行的用电管理活动，包括负荷管理、节电管理等基本内容。

（六）合同能源管理，是指节能服务公司通过与客户签订节能服务合同，对节能项目约定节能目标和商业运作模式，并从客户进行节能改造后获得的节能效益中收回投资和取得利润的一种投资经营方式。

（七）节能自愿协议，是指工业企业（行业）在中央或地方政府有关政策的引导和鼓励下，就一定期限实现一定节能和环保目标，自愿与政府部门签订协议，作出承诺并付诸实施。

（八）能源审计，指具备条件的企业或接受其委托的节能服务机构依据国家有关的节能法规和标准，对企业和其他用能单位能源利用的物理过程和财务过程进行的检验、核查和分析评价。

（九）热电冷三联供（产），是一种建立在能量梯级利用概念基础上，将制冷、制热（包括供暖和供热水）及发电过程一体化的总能系统。其最大的特点就是对不同品质的能量进行梯级利用，温度比较高的、具有较大可用能的热能用来发电，而温度比较低的低品位热能则用来供热或是制冷。

第五十八条 本条例自2010年7月1日起施行，2003年5月28日广东省第十届人民代表大会常务委员会第三次会议通过的《广东省节约能源条例》同时废止。

广东省人民代表大会常务委员会关于废止部分地方性法规的决定

（2010年6月2日广东省第十一届人民代表大会常务委员会第十九次会议通过）

为维护国家法制统一，经对本省现行有效的地方性法规进行清理，广东省第十一届人民代表大会常务委员会第十九次会议决定废止下列地方性法规：

1．《广东省机关、团体、企业、事业单位安全保卫责任制条例》（1985年1月10日广东省第六届人民代表大会常务委员会第十一次会议批准）

2．《广东省实施〈中华人民共和国集会游行示威法〉办法》（1990年5月5日广东省第七届人民代表大会常务委员会第十三次会议通过）

3．《广东省农村社区合作经济承包合同管理条例》（1992年3月13日广东省第七届人民代表大会常务委员会第二十五次会议通过）

4．《广东省公司破产条例》（1993年5月14日广东省第八届人民代表大会常务委员会第二次会议通过）

5．《广东省邮电通信管理条例》（1993年11月16日广东省第八届人民代表大会常务委员会第五次会议通过　1997年9月22日广东省第八届人民代表大会常务委员会第三十一次会议修正）

6．《广东省惩处黑社会性质组织活动的规定》（1993年11月16日广东省第八届人民代表大会常务委员会第五次会议通过　1997年12月1日广东省第八届人民代表大会常务委员会第三十二次会议修正）

7.《广东省企业职工劳动权益保障规定》（1994年1月18日广东省第八届人民代表大会常务委员会第六次会议通过　1994年4月30日广东省第八届人民代表大会常务委员会第八次会议第一次修正　1997年9月22日广东省第八届人民代表大会常务委员会第三十一次会议第二次修正）

8.《广东省基金会管理条例》（1994年7月6日广东省第八届人民代表大会常务委员会第九次会议通过　1997年5月31日广东省第八届人民代表大会常务委员会第二十九次会议修正）

9.《广东省公路路政管理条例》（1995年9月19日广东省第八届人民代表大会常务委员会第十七次会议通过　1997年9月22日广东省第八届人民代表大会常务委员会第三十一次会议修正）

10.《广东省易制毒化学品管理条例》（2002年1月25日广东省第九届人民代表大会常务委员会第三十次会议通过）

11.《广东省电子交易条例》（2002年12月6日广东省第九届人民代表大会常务委员会第三十八次会议通过）

本决定自公布之日起施行。

广东省突发事件应对条例

（2010年6月2日广东省第十一届人民代表大会常务委员会第十九次会议通过）

第一章　总　则

第一条　为了预防和减少突发事件的发生，控制、减轻和消除突发事件引起的社会危害，规范突发事件应对活动，保护人民生命财产安全，维护国家安全、公共安全、环境安全和社会秩序，依据《中华人民共和国突发事件应对法》及有关法律、行政法规的规定，制定本条例。

第二条　本条例适用于本省行政区域内突发事件的预防与应急准备、监测与预警、应急处置与救援、事后恢复与重建、评估与考核等活动。

本条例所称突发事件，是指突然发生，造成或者可能造成严重社会危害，需要采取应急处置措施予以应对的自然灾害、事故灾难、公共卫生事件和社会安全事件。

第三条　县级以上人民政府是所辖行政区域内突发事件应对工作的行政领导机关。上级人民政府应当对下级人民政府应急管理工作进行指导，必要时可派出工作组。

中央直属驻粤有关单位应当依照法定职责，根据履行统一领导职责或者组织处置突发事件的人民政府的要求，予以配合和支持。

法律、行政法规规定由国务院有关部门对突发事件的应对工作负责的，县级以上人民政府应当予以配合和支持。

第四条　县级以上人民政府应当设立突发事件应急委员会，统一领导、综合协调本级人民政府有关部门和下级人民政府开展突发事件应对工作。突发事件应急委员会主任由本级人民政府主要负责人担任，相关部门、驻地解放军、武装警察部队和中央直属驻粤有关单位的主要负责人为成员。

各级突发事件应急委员会根据工作需要，设立专项应急指挥机构，按类别组织、协调和指挥同类别突发事件应对工作。专项应急指挥机构接受本级突发事件应急委员会的领导。

第五条 县级以上人民政府设立的应急管理办公室，负责本级突发事件应急委员会日常工作。

有关部门应当加强专业应急指挥机构建设。省突发事件专项应急指挥机构、突发事件应急委员会成员单位应当设立应急管理办事机构，配备专职工作人员。

乡级人民政府、街道办事处可以根据需要设立或者确定应急管理办事机构，建立健全二十四小时值班制度。

第六条 各级突发事件应急委员会及其成员单位、专项应急指挥机构应当根据需要成立应急管理专家组，建立健全专家决策咨询制度。

第七条 县级以上人民政府应当组织编制应急体系建设规划，并将其纳入国民经济和社会发展规划。

第八条 县级以上人民政府应当把突发事件应对工作所需经费列入财政预算，各级财政的预备费应当优先保证应对突发事件的需要。

第九条 省人民政府应当采取扶持政策和优惠措施，鼓励和支持高等院校、科研院所和相关机构等开展公共安全技术理论研究，开发用于突发事件预防、监测、预警、应急处置与救援的新技术、新设备和新工具，促进应急管理教学科研一体化。

第十条 县级以上人民政府及其有关部门应当加强应急管理区域合作，建立健全应急管理联动机制。

第二章　预防与应急准备

第十一条　本省根据国家规定建立健全突发事件应急预案体系，完善应急预案管理办法。

省人民政府负责统筹各级、各类应急预案，加强对应急预案的管理。

第十二条　省人民政府负责制定省总体应急预案，组织制定省专项应急预案，省人民政府有关部门负责制定本部门省级应急预案。

市、县人民政府参照省制定预案的做法，制定相应的应急预案；乡级人民政府、街道办事处结合本行政区域实际，制定应急预案；居民委员会、村民委员会在所在地人民政府的指导下，制定相关应急预案。

企业事业单位根据有关法律、法规、规章制定本单位应急预案；重大活动主办单位、公共场所经营或者管理单位根据有关法律、法规、规章制定具体应急预案。

应急预案制订单位应当根据应急预案制定应急操作规程。

第十三条　应急预案应当结合实际情况适时修改、完善，保障其可操作性。

乡级人民政府、街道办事处、居民委员会、村民委员会的应急预案每两年至少研究修改一次，其他应急预案每三年至少研究修改一次。

第十四条　县级人民政府及其有关部门、乡级人民政府、街道办事处、居民委员会、村民委员会应当及时调解处理可能引发社会安全事件的矛盾纠纷。

第十五条　所有单位应当建立健全安全管理制度，定期检查本单位各项安全防范措施的落实情况，及时消除事故隐患；掌握并及时处理本单位存在的可能引发社会安全事件的问题，防止矛盾激化和事态扩大；对本单位可能发生的突发事件和采取安全防范措施的情况，应当按照规定及时向所在地人民政府或者人民政府有关部门报告。

第十六条　县级以上人民政府应当加强专业应急救援队伍建设，必要时可以依托本地消防队伍建立综合性应急救援队伍。

交通、通讯、电力、供水、供气、医疗和其他提供公共服务的企业事业单位应当建立以本单位职工为主体的应急救援队伍。高危行业企业应当建立专职或者兼职的应急救援队伍。

应急救援队伍应当具备专业的应急救援知识和技能，配备先进和充足的装备，提高救援能力。

第十七条 县级以上人民政府设立的突发事件应急委员会以及专项应急组织机构应当加强对应急救援队伍的培训，按照应急预案组织开展应急演练。

县级以上人民政府及其有关部门应当开展面向社会的公共安全知识宣传、普及、教育活动，增强全民的公共安全和社会责任意识，提高全社会防灾减灾意识和预防、避险、自救、互救等能力，发挥公民、法人和其他组织应对突发事件的作用。

乡级人民政府、街道办事处和其他机关、企业事业单位应当组织社会公众和本单位人员开展应急演练和应急知识普及活动。

第十八条 县级以上人民政府应当建立应急志愿者服务工作联席会议制度，负责统筹、协调和指导应急志愿者队伍的招募、培训、演练、参与应急救援等活动。具体办法由省人民政府自本条例实施之日起一年内制定。

第十九条 县级以上人民政府及其有关部门应当建立行政决策和应急管理工作决策的风险分析制度。上级行政机关要求下级行政机关提供重大决策事项、重大建设项目等风险分析报告的，下级行政机关应当提供。

县级以上突发事件应急委员会应当建立公共安全形势分析会议制度，由主要负责人主持会议，定期对公共安全形势进行分析，提出应对的建议和对策。

第二十条 县级以上人民政府应当组织有关部门定期对危险源、危险区域进行排查、登记。下级人民政府应当将危险源、危险区域的风险隐患排查情况报上一级人民政府备案，并按照国家规定及时向社会公布。

有关部门和单位应当采取安全防范措施，定期对危险源、危险区域进行风险评估和隐患排查。

县级以上人民政府应当建立危险源、危险区域的信息数据库，定期更新并分析相关的信息数据。

第二十一条 省人民政府负责建立全省应急平台体系和统一的数据库；县级以上人民政府应当建立本行政区域应急平台和统一的数据库，并纳入全省应急平台体系。

全省应急平台体系承担突发事件的监测监控、预测预警、信息报告、综合研判、辅助决策、指挥调度、异地会商、事后评估等功能。

第二十二条 县级以上人民政府应当将应急避护场所建设纳入本级城乡建设规划，统筹安排应对突发事件所需的设备和基础设施建设。

县级以上人民政府应当明确应急避护场所的管理单位，在应急避护场所设置统一、规范的明显标志，储备必要的物资，提供必要的医疗条件。

应急避护场所管理单位应当加强对应急避护场所的维护和管理，保证其正常使用。

第二十三条 本省按照统筹规划、分级负责、统一调配、资源共享的原则，建立省、市、县三级应急物资保障系统，完善重要应急物资的监管、生产、储备、更新、调拨和紧急配送体系，并根据不同区域突发事件的特点，分部门、分区域布局省级应急物资储备。

县级以上人民政府建立应急物资储备运输工作联席会议制度，日常工作由经信部门负责。

第二十四条 发展改革、经信、民政等部门按照各自职责负责储备重要物资及基本生活物资。专业应急部门负责储备本部门处置突发事件所需的专业应急物资和装备。

县级以上人民政府有关部门储备应急物资应当征求本级人民政府应急管理办公室意见。各地、各有关部门物资储备情况应报上一级人民政府应急管理办公室或者同级人民政府应急管理办公室备案。

县级以上人民政府应当鼓励和引导社区、企业事业单位和家庭储备基本的应急自救物资和生活必需品。

第二十五条 鼓励公民、法人和其他组织为突发事件应对工作提供物资、资金、技术支持和捐赠。

民政部门、红十字会向社会公开募集、接收突发事件应急处置所需要的物资、资金和技术支持。

县级以上人民政府应当定期向社会公布捐赠款物等的来源、数量、发放和使用情况，并邀请捐赠代表参与监督。

县级以上人民政府应当组织监察、审计部门对捐赠款物的拨付和使用等情况进行监察和审计，并及时向社会公开监察和审计结果。

第二十六条 鼓励保险公司开展产品和服务创新，为处置突发事件提供保险服务。鼓励社会公众参与商业保险和参加互助保险，建立风险分担机制。

第二十七条 新闻媒体应当按照相关规定对突发事件进行及时、客观、真实的报道，无偿开展突发事件预防与应急、自救互救知识的公益宣传。

第三章 监测与预警

第二十八条 县级以上人民政府应当依托应急平台体系，建立统一的突发事件信息报送系统，形成突发事件信息报送快速反应机制和舆情收集、分析机制。

各级人民政府应当及时向上级人民政府报送突发事件信息。较大以上突发事件发生后，地级以上市人民政府应当在两小时内将突发事件信息上报省人民政府，并向相关市人民政府通报。

敏感性突发事件信息，不受突发事件分级标准限制，发生地的人民政府应当立即上报省人民政府。

第二十九条 县级以上人民政府应当建立突发事件信息报告员制度，聘请新闻媒体记者，乡级人民政府、街道办事处、居民委员会、村民委员会工作人员，派出所民警，社区（乡镇）卫生院医生，企业安全员，学校负责安全保卫的教职工等担任突发事件信息报告员。

公民、法人或者其他组织获悉突发事件信息，应当立即通过报警电话等各种渠道向当地人民政府、有关主管部门或者指定的专业机构报告。

第三十条 县级以上人民政府及其有关部门应当建立健全突发事件监测体系，配备必要的设备和设施以及专职或者兼职人员，对可能发生的突发事件进行监测。

第三十一条 能够预警的突发事件即将发生或者发生的可能性增大时，县级以上人民政府应当向社会公开发布相应级别的警报，决定并宣布相关地区进入预警期，同时向上一级人民政府报告，必要时可以越级上报，并向当地驻军和可能受到危害的毗邻或者相关的县级以上人民政府通报。

第三十二条 本省通过省突发事件预警信息发布系统统一发布突发事件预警信息。

二级以上预警信息，由省人民政府应急管理办公室根据省人民政府授权负责发布；三级预警信息，由各地级以上市人民政府应急管理办公室根据本级人民政府授权负责发布；四级预警信息由县级人民政府应急管理办公室根据本级人民政府授权负责发布。

县级以上人民政府有关单位启动应急响应后根据需要和相关规定发布专项预警信息。

县级以上人民政府应当利用广播、电视、报刊、互联网、手机短信、电子显示屏、有线广播、宣传车等，采用公开播送、派发传单、逐户通知等方式发布预警信息。对老、幼、病、残等特殊人群和通信、广播、电视盲区以及偏远地区的人群，应当采取足以使其知悉的有效方式发布预警信息。

第三十三条 各级人民政府及其有关部门接到预警信息后，应当按照有关规定采取有效措施做好防御工作，避免或者减轻突发事件造成或者可能造成的损害。

企事业单位、社会团体、公民接到预警信息后，应当配合政府及其有关部门做好突发事件应对工作。

第三十四条 发布突发事件预警信息的人民政府应当根据事态的发展，按照有关规定适时调整预警级别，及时更新发布预警信息。

上级人民政府认为下级人民政府发布的预警信息不恰当的，应当责令下级人民政府改正或者直接发布有关预警信息。

有事实证明不可能发生突发事件或者危险已经解除的，发布预警信息的人民政府应当立即在原公布范围内宣布解除警报，终止预警期，并解除已经采取的有关措施。

第四章　应急处置与救援

第三十五条　突发事件发生后，县级以上人民政府及其有关部门应当立即启动应急响应，针对突发事件的性质、特点和危害程度，组织有关部门，调动应急救援队伍和社会力量，依照法律、法规、规章规定的应急措施进行处置。

突发事件发生后，事发地县级人民政府应当立即采取措施控制事态发展，组织开展应急救援和处置工作，并立即向上一级人民政府报告。事发地县级人民政府不能消除或者不能有效控制突发事件引起的严重社会危害的，应当在采取先期处置措施的同时，报请上一级人民政府组织处置。

突发事件由上级人民政府统一领导和组织处置的，事发地人民政府应当做好先期处置和协助善后工作。

第三十六条　突发事件应急处置工作实行现场指挥官制度。

履行统一领导职责或者组织处置突发事件的人民政府应当根据应急处置工作的需要设立现场指挥部，派出或者指定现场指挥官，统一组织、指挥现场应急救援工作。

现场指挥官有权决定现场处置方案，协调有关单位和部门的现场应急处置工作，调度现场应急救援队伍。各有关部门、单位、公众应当服从和配合现场指挥官的指挥。

第三十七条　县级以上人民政府依法实施应急征用，应当向被征用的单位或者个人签发应急处置征用令并做好登记造册工作。征用令包括征用单位名称、地址、联系办法、执行人员姓名、征用用途、征用时间以及征用财产的名称、数量、型号等内容。被征用的单位或者个人拒不执行应急处置征用令的，征用执行人员在情况紧迫并且没有其他替代方式时可以强制征用。

被征用的财产使用后，实施征用的人民政府应当返还被征用人。单位、个人的财产被征用或者征用后毁损、灭失的，实施征用的人民政府应当按照国家和省的有关规定给予补偿。

第三十八条　救灾物资的紧急采购由采购单位自行组织，各级集中采购代理机构协助配合。符合相应资格条件的供应商有两家以上的，按照符合采购需求、质量和服务相等且报价最低的原则确定成交供应商，只有一家供应商的，可以直接确定其为应急采购的供应商。

监察、财政、物价部门应当派员监督救灾物资的紧急采购。

第三十九条 省人民政府应当建立和完善全省应急交通运输综合协调机制。铁路、公路、水运、航空部门应当确保救援人员和受到突发事件危害的人员、救援物资、救援设备优先运输。

处置突发事件期间，配备由省人民政府制发的应急标志的应急处置工作人员和交通工具可以优先通行。突发事件的威胁和危害得到控制或者消除后，有关部门应当及时收回应急标志。

第四十条 县级以上人民政府在突发事件发生后，应当加强价格监管，从严惩处囤积居奇、哄抬物价和制假售假等扰乱市场秩序的行为，稳定市场价格，维护市场秩序。

第四十一条 县级以上人民政府及其财政部门在突发事件发生后应当简化财政资金的审批和划拨程序，保障应急处置所需资金。

第四十二条 履行统一领导职责或者组织处置突发事件的人民政府应当及时向受到突发事件危害的人员提供食品、饮用水、医疗和住所等基本生活保障。在灾民临时安置场所设立基本生活保障和心理干预服务站点，配备必要的公众信息传播设施。

第四十三条 县级以上人民政府根据有关法律、法规、规章，建立健全突发事件信息公开制度和新闻发言人制度。

履行统一领导职责或者组织处置突发事件的人民政府，应当按照国家规定的权限准确、及时发布有关突发事件事态发展和应急处置工作的信息。

任何单位和个人不得编造、传播有关突发事件事态发展或者应急处置工作的虚假信息。

第五章　事后恢复与重建

第四十四条　突发事件发生地或者受影响地的县级以上人民政府应当组织编制恢复重建规划，制定救助、救治、康复、补偿、抚慰、抚恤、安置和心理干预等善后工作计划，有序开展恢复重建工作。

第四十五条　突发事件的威胁和危害得到基本控制或者消除后，宣布启动应急响应的人民政府应当及时宣布结束应急响应，停止执行应急处置措施，同时采取或者继续实施疫病防治、疫情或者灾害监控、污染治理、宣传疏导以及心理危机干预等必要措施，防止发生自然灾害、事故灾难、公共卫生事件的次生、衍生事件，防止重新引发社会安全事件。

第四十六条　履行统一领导职责或者组织处置突发事件的人民政府应当尽快组织修复被损坏的通信、交通、供电、供水、供气和医疗等公共设施。

第四十七条　履行统一领导职责或者组织处置突发事件的人民政府采取突发事件应对措施，对公民、法人和其他组织造成财产损失的，应当给予补偿。具体办法由省人民政府自本条例实施之日起一年内制定。

第四十八条　突发事件发生地受灾人员需要过渡性安置的，履行统一领导职责或者组织处置突发事件的人民政府应当根据突发事件发生地的实际情况，做好安置工作。

过渡性安置点的规模应当适度，并应当设置在交通便利、方便受灾人员恢复生产和生活的区域。

履行统一领导职责或者组织处置突发事件的人民政府应当在过渡性安置点采取相应的防灾、防疫措施，建设必要的配套基础设施和公共服务设施，保障受灾人员的安全和基本生活需要。

第四十九条　突发事件发生地的公民应当服从人民政府、居民委员会、村民委员会或者所属单位的指挥和安排，配合人民政府采取的应急处置措施，积极参加应急救援、事后恢复与重建工作。

第五十条　突发事件对事发地经济社会造成严重影响的，县级以上人民政府应当根据损失评估情况和有关规定，依法给予费用减免、财政资助等政策扶持，组织提供物资和人力等支持。

第六章　评估与考核

第五十一条　县级以上人民政府应当将突发事件防范和应对工作纳入行政机关主要负责人和有关负责人年度绩效考核范围，建立应急管理工作相关指标体系，健全责任追究制度。具体办法由省人民政府自本条例实施之日起一年内制定。

第五十二条　应急响应结束后，突发事件发生地和受影响地的县级人民政府应当组织对突发事件应对工作进行调查评估，并向本级人民代表大会常务委员会和上一级人民政府报告。发生较大以上突发事件的，负责处置工作的地级以上市人民政府或者有关应急指挥机构应当将调查评估情况报告省人民政府。

第五十三条　县级以上人民代表大会常务委员会应当加强对本级人民政府及其有关部门执行有关应急管理法律、法规、规章的监督检查。

第五十四条　上级人民政府应当对下级人民政府应急管理工作进行专项监督检查和考核。

第七章　法律责任

第五十五条　对违反本条例的行为，法律、法规已经规定法律责任的，依照法律、法规的规定处理。

第五十六条　地方各级人民政府和县级以上各级人民政府有关部门违反本条例规定，有下列情形之一的，由上级行政机关或者监察机关对其直接负责的主管人员和其他直接责任人员给予记过或者记大过处分；情节较重的，给予降级或者撤职处分；情节严重的，给予开除处分；构成犯罪的，依法追究刑事责任：

（一）拒绝或者拖延执行所在行政机关或者上级行政机关有关应对突发事件的决定、命令的；

（二）迟报、谎报、瞒报、漏报突发事件信息的；

（三）玩忽职守导致突发事件发生或者危害扩大的；

（四）截留、挪用、私分或者变相私分应急专项资金、物资的；

（五）突发事件发生后采取违法手段歪曲、掩盖事实逃避法律追究，或者包庇对突发事件负有责任的单位或者个人的。

第八章　附　则

第五十七条　预防和处置突发事件涉及事项，法律、法规没有规定的，省人民政府可以作出规定。

第五十八条　其他省、自治区、直辖市发生突发事件时，根据国务院要求或者实际需要，由省人民政府统一部署，组织参与应急处置与救援、灾后恢复与重建工作。国务院及其组成部门直接指令本省人民政府有关部门参与突发事件应对工作的，接收指令的部门应当及时报告省人民政府。

第五十九条　本条例自2010年7月1日起施行。

广东省实施
《中华人民共和国残疾人保障法》办法

（1994年9月15日广东省第八届人民代表大会常务委员会第十次会议通过
2010年6月2日广东省第十一届人民代表大会常务委员会第十九次会议修订）

第一章　总　则

第一条　为实施《中华人民共和国残疾人保障法》，结合本省实际，制定本办法。

第二条　残疾人在政治、经济、文化、社会和家庭生活等方面享有同其他公民平等的权利。

依法保障残疾人的合法权益是全社会的共同责任。

第三条　县级以上人民政府应当将残疾人事业纳入国民经济和社会发展规划，制定本行政区域的残疾人事业发展规划和年度计划，促进残疾人事业与经济、社会协调发展。

第四条　各级人民政府应当加强对残疾人工作的领导。

县级以上人民政府残疾人工作委员会负责组织、协调、指导、督促有关部门做好残疾人工作。

县级以上人民政府有关部门应当密切联系残疾人，按照各自职责，做好残疾人工作。

第五条　各级残疾人联合会依照法律、法规、章程或者接受政府委托，开展残疾人工作，协助政府做好有关政策、规划的制定和行业管理工作，参与残疾人事业社会管理和公共服务，动员社会力量，发展残疾人事业。

残疾人人数较多的乡镇（街道）、社区可以采取政府购买公益性岗位的方式配备残疾人专职委员，做好残疾人服务工作。

第六条 县级以上人民政府应当将残疾人事业所需经费列入财政预算，建立稳定的经费保障机制。

省人民政府应当加大财政转移支付力度，对经济欠发达地区残疾人事业给予扶持。

省残疾人事业统筹金按照百分之十五的比例从各级残疾人就业保障金收入总额中提取。具体办法由省人民政府制定。

第七条 各级社会福利彩票公益金应当按照当年本级福利彩票收入不低于百分之二十的比例划转用于发展残疾人事业，并按照省的有关规定执行。

第八条 各级人民政府应当通过政府补贴、政府购买服务等形式，培育、扶持专门面向残疾人服务的社会组织。

鼓励公民、法人和其他组织举办或者资助专门面向残疾人服务的社会组织和残疾人互助性社会组织。

享受政府扶持政策的残疾人社会组织应当按照规定为残疾人提供优惠服务。

第九条 各级人民政府应当将残疾人服务业纳入政府公共服务体系建设规划。

残疾人服务设施建设规模应当与服务需求规模相适应，并纳入当地重点建设项目和城乡公益性建设项目，按照教育用地或者社会福利用地形式，优先办理征地手续，并在立项、规划、建设经费等方面给予重点扶持。

第十条 省残疾人联合会会同有关部门制定残疾人服务业管理政策和行业标准，提高残疾人服务水平。

第十一条 各级人民政府应当建立健全残疾预防体系，实行残疾报告和残疾人统计调查制度。

第十二条 县级以上残疾人联合会和卫生部门共同确定残疾评定定点医院，根据国务院规定的残疾标准，做好残疾评定工作。

经地级以上市残疾人联合会审定，符合残疾标准的残疾人，由县级残疾人联合会发给《中华人民共和国残疾人证》。

第二章　康　复

第十三条　各级人民政府和有关部门应当将残疾人康复工作纳入基本医疗卫生制度、基本社会保障制度和基层医疗卫生服务内容，建立健全以社区康复为基础、专业康复机构为骨干、残疾人家庭为依托的残疾人康复服务体系。

第十四条　各级人民政府应当根据辖区人口数和当地残疾人康复任务，按照省人民政府确定的标准安排日常康复经费。

第十五条　省、市及有条件的县（市、区）视康复工作需求设立残疾人康复中心，县级以上人民医院应当设立康复医学科室。各地可以依托各类现有专业机构完善残疾人医疗康复服务体系。

各级人民政府和有关部门应当完善残疾人职业康复体系和工伤康复体系，大力开发各项康复服务。

第十六条　有条件的残疾人教育机构、福利性企业事业单位、工疗或者农疗机构、辅助性或者庇护性就业机构，应当根据实际需要配备康复专业技术人员，指导残疾人康复训练。

卫生、教育等部门和残疾人联合会可以采取多种形式对从事康复工作的人员进行技术培训，向残疾人及其亲属和志愿工作者普及康复知识，传授康复方法。

第十七条　县级以上人民政府应当将白内障复明手术、功能性肢体残疾矫治、小儿脑瘫治疗、精神病治疗等医疗康复项目纳入城镇居民基本医疗保险、城镇职工基本医疗保险、新型农村合作医疗范围。

第十八条　各级人民政府应当制定和完善残疾人康复救助制度，对家庭经济困难、有康复需求的残疾人，应当按照家庭经济困难程度适当减免基本的康复训练、辅助器具和防护用品配送所需费用。

第十九条　县级以上人民政府应当优先开展残疾儿童抢救性治疗和康复工作，对零至六周岁残疾儿童免费提供包括早期筛查、康复指导、医疗康复、辅助器具适配和康复训练等内容的抢救性康复服务，具体办法由省人民政府制定。

第二十条 县级以上人民政府应当扶持残疾人辅助技术和辅助器具研发、生产和推广，促进相关产业发展。

各级残疾人联合会应当做好辅助器具供应、适配改造和维修等服务。

第三章 教 育

第二十一条 各级人民政府应当将残疾人教育作为教育事业的组成部分，统一规划，组织实施，使残疾人教育事业与残疾人教育需求相适应。

第二十二条 各级人民政府应当将残疾人教育经费列为教育事业费的组成部分，随教育经费的增加逐年递增。每年征收的教育费附加，应当拨出一定比例用于残疾人教育。

第二十三条 全面普及各类残疾儿童九年义务教育，逐步实现残疾学生普通高中教育和中等职业技术教育免费制度。

第二十四条 各级人民政府鼓励和倡导残疾儿童、少年随班就读，将具有接受普通教育能力的残疾儿童、少年纳入普通教育机构实施学前教育和义务教育，为其学习提供方便和帮助。

普通教育机构可以根据实际需要，配备特殊教育师资和康复、心理等专业人员，配置必要的康复设施，为残疾学生提供帮助。

第二十五条 地级以上市和残疾儿童较多的县（市、区）应当根据本地区残疾人的数量、分布状况和残疾类别，至少设立一所综合性特殊教育学校。

有条件的地方应当建设具有教育、康复、养护功能的综合性残疾人教养实验学校，重点解决不适宜在普通教育机构就读的重度肢体残疾、重度智力残疾、失明、失聪、脑瘫、孤独症等残疾儿童少年的义务教育问题。

第二十六条 各级人民政府应当对接受义务教育的家庭经济困难的残疾人给予适当的生活费、交通费等补贴，对接受普通高中或者中等职业技术教育的残疾人提供优惠和帮助。各项助学补贴项目和补贴标准由县级以上人民政府制定。

接受非义务教育的生活困难的残疾人，其所在学校应当适当减收学费、杂费。

第二十七条　支持普通高等院校开办特殊教育、康复专业或者开设特殊教育、康复课程，培养残疾人教育、康复师资。

有计划地开展残疾人教育、康复教师继续教育培训。

第二十八条　各级人民政府鼓励教育工作者从事残疾人教育工作。从事残疾人教育工作的教师和手语翻译享受特殊教育津贴；从事特殊教育工作满十五年以上，并在残疾人教育岗位退休的教师，可以继续享受特殊教育津贴。

对从事残疾人教育工作的教师，在职称评定、晋级等方面应当给予优先和照顾。

残疾人联合会举办的残疾人康复机构、职业培训机构和各类残疾人教育机构的教学人员纳入教育系统教师序列管理，其工资、福利、职称晋升等与从事残疾人教育工作的教师同等待遇。

第四章　劳动就业

第二十九条　本省行政区域内的国家机关、社会团体、企业事业单位、民办非企业单位等各类用人单位，应当按照有关法律法规和本办法的规定，履行扶持和促进残疾人就业的责任和义务。

第三十条　残疾人联合会举办的残疾人劳动就业服务机构，应当组织开展免费的职业指导、职业介绍和职业培训，为残疾人就业和用人单位招用残疾人提供服务和帮助。

第三十一条　安排残疾人就业的用人单位、从事个体经营的残疾人依法享受有关优惠政策。

第三十二条　安排残疾人就业的用人单位，应当与残疾人签订一年以上的劳动合同，并根据其残疾程度安排适宜的工种和岗位，按时足额支付工资，按照规定为其办理社会保险。

第三十三条 用人单位应当按照不低于上一年度平均在职职工总数的百分之一点五比例安排残疾人就业。其中安排一名盲人或者一级肢体残疾人就业的按照安排两名残疾人计算。

第三十四条 未安排残疾人就业或者安排残疾人就业未达到百分之一点五比例的用人单位，应当按照实际差额人数和当地统计部门公布的上一年度职工年平均工资的百分之八十计算缴纳残疾人就业保障金。

当年度按比例安排残疾人就业的指标，按照当年实际用工月份计算。

第三十五条 残疾人就业保障金的收取，由残疾人联合会负责。

分散按比例安排残疾人就业实行年度审核制度。用人单位应当在每年当地统计部门公布上一年度职工年平均工资标准后四个月内，将本单位上一年度平均在职职工人数、残疾职工花名册，按照规定分别报送同级残疾人联合会。

用人单位应当缴纳的残疾人就业保障金数额，经当地残疾人联合会审核后，委托当地地方税务机关征收。

第三十六条 以劳务派遣形式用工的，应当由用人单位履行按比例安排残疾人就业或者缴纳残疾人就业保障金的义务。劳务派遣单位可以在劳务派遣协议中与用工单位约定残疾人就业保障金的缴纳事项。

第三十七条 残疾人就业保障金应当纳入财政预算，专项用于残疾人职业培训以及为残疾人提供就业服务和就业援助，任何组织或者个人不得贪污、挪用、截留或者私分。

财政、审计部门应当依法加强对残疾人就业保障金使用情况的监督检查。

第三十八条 各级人力资源和社会保障、工商、税务、统计等部门，应当为残疾人联合会提供用人单位登记户及在职职工人数等有关数据信息。

第三十九条 各级人民政府应当举办或者鼓励社会举办集中安置残疾人就业的福利企业、盲人按摩机构、工疗或者农疗机构、辅助性就业工场或者农场等残疾人集中就业和生产劳动单位。

第四十条 各级人民政府应当做好农村残疾人劳动力转移工作，加强农村残疾人劳动力转移就业培训，提高农村残疾人劳动技能。

农业部门应当把残疾人种养技术培训纳入农业科技推广工作计划。

第四十一条 各级人民政府投资或者扶持开发的公益性岗位，在同等条件下，优先安排失业和就业困难的残疾人就业。

第四十二条 地级以上市残疾人联合会应当举办集中安排残疾人就业的单位，承接由政府及其有关部门确定的适合残疾人生产、经营的产品和服务。

政府采购，在同等条件下应当优先购买残疾人集中就业单位的产品或者服务。

第五章 文化生活

第四十三条 各级人民政府应当有计划地建设残疾人文化、体育设施。

县级以上各类综合性文化、体育活动场所，应当因地制宜地开辟适合残疾人活动的场所。有条件的县级以上人民政府应当建立残疾人文化活动中心和体育训练中心。

第四十四条 地级以上市应当至少在一所公共图书馆建立盲人读书室，提供有声读物和盲文版书籍。

第四十五条 各级人民政府有关部门和残疾人联合会应当组织和扶持残疾人开展群众性文化、体育活动，组织残疾人文艺演出和残疾人体育运动会。

鼓励残疾人参加国内、国际残疾人文化、体育交流和比赛。

第四十六条 残疾人参加县级以上人民政府有关部门举办的文化、体育活动的，其经费由当地人民政府解决。残疾人在集训、演出和比赛期间，所在学校应当保留其学籍，所在单位应当保障其福利待遇不变。对无固定收入的残疾人，组织者应当给予补助。

第四十七条 公共文化、体育活动场所应当对残疾人提供优惠服务。残疾人进入博物馆、纪念馆、科技馆、美术馆、展览馆、体育场（馆）、文化馆（室、中心）、科技活动中心、公园、动物园、旅游风景区等公共场所，凭残疾人证享受免费或者减半缴费的优惠。

第六章　社会保障

第四十八条　各级人民政府对生活有困难的残疾人，应当通过多种途径给予救济。

残疾人无劳动能力，无经济收入又无法定赡养、抚养、扶养义务人或者法定赡养、抚养、扶养义务人无赡养、抚养、扶养能力的，按照下列规定获得救济：

（一）属于城市户籍的残疾人，实行城镇居民最低生活保障或者集中供养；

（二）属于农村户籍的残疾人，纳入农村五保供养。

第四十九条　对享受城市最低生活保障或者农村五保供养待遇后生活仍有困难的重度残疾、一户多残、老残一体等特殊困难的残疾人，县级以上人民政府应当参照当地最低生活保障标准给予生活补助金，或者采取其他特别救助措施保障其基本生活。

第五十条　各级人民政府应当鼓励残疾人参加社会保险，对参加社会保险缴费有困难的残疾人，按照国家有关规定给予补贴，有条件的地方可以提高补贴水平。

第五十一条　县级以上残疾人联合会应当建立和完善残疾人托养机构，对生活不能自理的残疾人实施集中托养或者日间照料。

各级人民政府鼓励发展残疾人居家安养服务，并给予护理补贴。

第五十二条　对从事辅助性或者庇护性就业的残疾人，未达到当地最低工资水平的，有条件的地方应当给予适当补贴。补贴标准由当地县级以上人民政府制定。

第五十三条　县级以上人民政府住房和城乡建设部门应当为符合经济适用住房购买条件、廉租住房保障条件的城镇残疾人家庭优先安排购买经济适用住房、优先安排廉租房或者发放租赁住房补贴，在楼层分配上可以对行动不便的残疾人的家庭给予适当照顾。

因城市建设规划需要拆迁残疾人房屋的，建设单位在回迁地域、住房楼层等方面，应当给予残疾人适当照顾。

第五十四条　农村危房改造工程应当优先改造住房困难的贫困残疾人家庭房屋。

农村残疾人申请宅基地时，符合村镇规划和宅基地申请条件的，应当优先安排。

第五十五条　公安部门对残疾人及其配偶、子女申请户口迁移，符合迁移条件的，应当优先办理，并免收有关费用。

第五十六条　铁路、民航、公路、航运等公共交通部门和卫生医疗机构、公用事业单位，应当为残疾人提供优先、优惠服务。

盲人和其他重度残疾人凭残疾人证免费乘坐城市市内公共交通工具；其他残疾人凭残疾人证可以享受免费或者减半缴费优惠。

第五十七条　县级以上人民政府应当建立残疾人法律救助工作协调机制，做好残疾人法律服务、法律援助工作，协调有关部门依法查处侵害残疾人合法权益的行为。

法律服务机构对残疾人申请追索赡养费、抚养费、劳动报酬、工伤赔偿、抚恤金，办理司法鉴定、公证等法律事务，应当优先受理。对符合法律援助条件的，法律援助机构应当优先给予法律援助。

经济困难的残疾人因合法权益受到侵害，需要提起诉讼或者申请仲裁的，人民法院和仲裁机构按照规定减免诉讼费和仲裁费。

第七章　无障碍环境

第五十八条　各级人民政府应当对无障碍环境建设进行统筹规划，逐步完善无障碍设施。

规划、住房和城乡建设、交通运输部门应当按照各自的职责，对无障碍设施的建设、养护和使用实施监督管理。残疾人联合会可以对无障碍设施的建设、养护和管理提出监督意见和建议，有关部门应当及时处理。

第五十九条　新建、扩建城市道路、车站、停车场、码头、商场、宾馆、影剧场等公共活动场所，应当进行无障碍设计和建设，并设立国际通用的无障碍标志；现有大中型公共场所不方便残疾人进出的通道，应当进行无障碍改造。

公共停车场应当为残疾人设置专用停车位。

第六十条 配套建设无障碍设施，应当与建设项目同时设计、同时施工、同时验收使用，所需经费应当由建设单位纳入建设项目经费预算。

第六十一条 任何组织和个人不得损毁、擅自侵占无障碍设施，或者擅自改变无障碍设施的用途。

第六十二条 各级人民政府应当推进住宅、社区的无障碍设施建设和改造。有条件的地方视情况对贫困残疾人家庭住宅的无障碍设施改造提供资助。

第六十三条 各级人民政府应当为残疾人信息交流无障碍创造条件。

各级人民政府和有关部门应当采取措施，为残疾人获取政务信息提供方便。

各级人民政府工业和信息产业、科技等部门应当鼓励研发、推广使用符合残疾人无障碍交流需要的通讯技术和产品设备。

第六十四条 大型、重点公共场所和风景区、公园的主要景点应当设立盲文简介和盲人手摸模型。

面向公众服务的重点服务行业应当推广手语。

第六十五条 报刊、电台、电视台等新闻单位应当逐步开辟残疾人专栏或者专题节目，电视新闻和其他影视节目应当逐步采用中文字幕和手语翻译。

电信、互联网等运营企业可以根据残疾人的特点和需求，逐步推出适合残疾人使用的信息产品和符合残疾人需要的无障碍业务服务。

第八章　法律责任

第六十六条 残疾人的合法权益受到侵害的，可以向残疾人组织投诉，残疾人组织有权要求并协助有关部门或者单位查处，有关部门或者单位应当依法查处，并给予答复。

有关部门或者单位对侵害残疾人合法权益的行为不依法履行职责的，有关人民政府残疾人工作委员会应当督促其依法处理，对无正当理由拒不履行职责的，可以建议有关机关依法对直接负责的主管人员和其他直接责任人员给予处分。

第六十七条 违反本办法规定，逾期不缴纳残疾人就业保障金的，由残疾人联合会责令其限期缴纳；逾期仍不缴纳的，从欠缴之日起，按日加收千分之五的滞纳金，滞纳金不超过残疾人就业保障金应缴数额。对限期缴纳决定不服的，可以依法申请行政复议或者提起行政诉讼；逾期不申请复议也不提起诉讼，又不履行限期缴纳决定的，残疾人联合会可以依法申请人民法院强制执行。

第六十八条 各级残疾人联合会及其工作人员有下列行为之一的，由监察机关责令改正；情节严重的，依法对直接负责的主管人员和其他直接责任人员给予处分：

（一）违反本办法第十二条规定，未依法核发《中华人民共和国残疾人证》的；

（二）违反本办法第三十五条规定，未依法审核用人单位按比例安排残疾人就业情况的；

（三）其他未依法履行保障残疾人权益职责的行为。

第六十九条 有关行政部门及其工作人员未依法履行本办法规定保障残疾人合法权益职责的，由监察机关或者所在单位责令改正；情节严重的，由监察机关或者所在单位依法对直接负责的主管人员和其他直接责任人员给予处分。

第七十条 违反本办法第六十一条规定的，由有关部门依法处理。

第七十一条 面向残疾人服务的机构违反本办法第八条第三款、第三十条规定，未提供优惠服务或者擅自收费的，由残疾人联合会责令改正；逾期不改正的，由其业务主管部门依法对直接负责的主管人员和其他直接责任人员给予处分。

第七十二条 用人单位违反劳动保障法律、法规、规章，侵犯残疾职工合法权益的，由县级以上人力资源和社会保障部门依法处理。

第九章　附　则

第七十三条　本办法中下列用语的含义是：

（一）工疗、农疗机构，是指集劳动和康复为一体的，组织精神、智力等残疾人员参加适当生产劳动、实施康复治疗与训练、开展生活与职业技能训练的集中安置残疾人机构，包括精神病院附设的工疗康复车间、企业附设的工疗车间、基层政府和组织兴办的工疗或者农疗站等。

（二）辅助性、庇护性就业机构，是指除福利企业、盲人按摩机构、工疗或者农疗机构以外的，集中安置残疾人的托养服务工场、职业康复工场、庇护工场等残疾人集中就业和生产劳动单位的统称。主要集中安置残疾程度较重、适应能力较弱、通过一般方式和途径难以实现就业的中重度智力残疾人、精神残疾人和重度肢体残疾人，为其提供照管、生活与就业技能训练和过渡性就业安置。

第七十四条　本办法自2010年7月1日起施行。1994年9月15日广东省第八届人民代表大会常务委员会第十次会议通过的《广东省实施〈中华人民共和国残疾人保障法〉办法》和2000年7月28日广东省第九届人民代表大会常务委员会第十九次会议通过的《广东省分散按比例安排残疾人就业办法》同时废止。

广东省实验动物管理条例

（2010年6月2日广东省第十一届人民代表大会常务委员会第十九次会议通过）

第一章　总　则

第一条　为了适应科学研究和经济社会发展的需要，加强对生产、使用实验动物的管理，保证实验动物和动物实验的质量，促进自主创新，维护公共卫生安全，根据有关法律、行政法规，结合本省实际，制定本条例。

第二条　本条例适用于本省行政区域内生产、使用实验动物及其监督管理活动。

第三条　实验动物的管理应当遵循统一规划、合理分工、加强监督、有利于促进实验动物科学研究和应用的原则。

实验动物按照国家标准实行分级分类管理。

第四条　省人民政府科学技术主管部门负责全省实验动物管理工作，组织实施本条例。

县级以上人民政府科技、卫生、教育、农业、环保、质监、工商等有关部门在各自职责范围内做好实验动物管理工作。

省实验动物监测机构依照本条例规定负责实验动物和动物实验的质量技术监督和检验测试工作。

第五条　本省实验动物生产、使用实行许可管理和质量监督所需经费，由本级财政予以保障。

第二章　生产与使用管理

第六条　实验动物的生产、使用实行许可管理制度。

第七条　从事实验动物保种、繁育、供应等生产活动的单位和个人，应当取得由省人民政府科学技术主管部门颁发的实验动物生产许可证。

设立动物实验场所使用实验动物进行科学研究、实验和检测等活动的单位和个人，应当取得由省人民政府科学技术主管部门颁发的实验动物使用许可证。

第八条　申请实验动物生产许可证的单位和个人，应当符合下列条件：

（一）有工商营业执照或者事业单位法人证书；

（二）实验动物种子来自国家实验动物种子中心或者国家认可的保种单位、种源单位，遗传背景清楚，质量符合国家标准；

（三）实验动物的生产环境及设施、笼器具、饲料、饮用水等符合国家标准和有关规定；

（四）具有保证正常生产实验动物所需要的专业技术人员和实验动物质量的检测能力；

（五）有健全的饲养、繁育等管理制度和相应的操作规程。

第九条　申请实验动物使用许可证的单位和个人，应当符合下列条件：

（一）有工商营业执照或者事业单位法人证书；

（二）使用的实验动物及其相关产品应当来自有实验动物生产许可证的单位，质量符合国家标准；

（三）实验动物的饲料、垫料、笼器具、饮用水等符合国家标准和有关规定；

（四）有符合国家标准的动物实验环境设施；

（五）具有保证正常使用实验动物所需要的专业技术人员，以及动物实验设施环境质量的检测能力；

（六）有健全的实验室管理制度和相应的动物实验技术操作规程。

第十条　申请实验动物的生产、使用许可证的单位和个人，可以采用书面申请或者电子数据交换等方式向省人民政府科学技术主管部门提出申请。

第十一条 省人民政府科学技术主管部门受理申请后，应当组织专家对申请事项进行现场评审。专家评审的时间不得超过二十个工作日，评审所需时间不计算在作出行政许可决定的期限内。

省人民政府科学技术主管部门应当自受理申请之日起二十个工作日内作出行政许可决定。

第十二条 实验动物的生产、使用许可证的有效期为五年。被许可人需要延续取得行政许可的，应当在许可证有效期届满三个月前，向省人民政府科学技术主管部门提出申请。

省人民政府科学技术主管部门应当根据被许可人的申请，在该行政许可有效期届满前作出是否准予延续的决定；逾期未作出决定的，视为准予延续。

第十三条 实验动物的生产、使用许可证不得转借、转让、出租或者超许可范围使用。

第三章 生产与使用规范

第十四条 具有实验动物生产许可证的单位和个人，对其提供的实验动物应当出具质量合格证明；具有实验动物使用许可证的单位和个人，对在其场所进行的动物实验应当出具动物实验证明。

实验动物质量合格证明和动物实验证明由省人民政府科学技术主管部门印制，免费发放。

第十五条 单位和个人应用实验动物进行医疗卫生、药品等科学研究、实验、检测以及以实验动物为材料和载体生产产品等活动的，应当使用具有实验动物生产许可证的单位和个人生产的符合标准要求的实验动物，并且在具有实验动物使用许可证的场所内进行相关活动。

违反前款规定进行的科学研究、实验、检定、评价的结果无效，相关的科研项目不得验收、鉴定、评奖。

教学示教时使用实验动物的，在保证公共卫生安全的前提下，可以在实验动物使用许可证规定以外的场所内进行。

第十六条 实验动物的饲育室和实验室应当分开设立。不同品种、品系、等级和不同实验目的的实验动物，应当分开饲养。

第十七条 运输实验动物时，使用的笼器具、运输工具应当符合安全和微生物控制等级要求，不同品种、品系和等级的实验动物不得混装，保证实验动物达到相应质量等级。

第十八条 生产、使用实验动物需要捕捉野生动物的，应当遵守国家相关法律法规的规定，并对所捕捉的野生动物进行隔离检疫。

生产、使用实验动物需要从国外引入实验动物的，应当持有供应方提供的动物种系名称、遗传背景、质量状况及生物学特性等有关资料，依照《中华人民共和国进出境动植物检疫法》规定办理有关手续。

第十九条 从事实验动物生产、使用的单位和个人应当按照国家标准对其生产的实验动物和环境设施进行检测。检测过程和检测数据应当有完整、准确的记录。

第二十条 从事实验动物生产、使用的单位和个人，应当对直接从事实验动物工作的人员采取安全防护措施，定期组织与传染病有关的健康检查，调整不适宜承担实验动物工作的人员。

第四章 生物安全与实验动物福利

第二十一条 实验动物的预防免疫应当结合科学研究与实验的要求实施，预防免疫后的实验动物不得用于生物制品的生产、检定。

对应当进行预防免疫的实验动物，依照《中华人民共和国动物防疫法》的规定实施预防免疫。

第二十二条 实验动物发生传染性疾病时，从事实验动物生产、使用的单位和个人应当及时采取隔离、预防控制措施，防止动物疫情扩散，同时报告当地畜牧兽医主管部门、动物防疫监督机构；当发生人畜共患病时，还应当立即报告当地疾病预防控制机构。

发生重大动物疫情的，应当按照国家规定立即启动突发重大动物疫情应急预案。

第二十三条　在实验动物生产、使用过程中产生的废弃物和实验动物尸体应当经无害化处理，其中列入国家危险废物名录的应当按国家规定交由具有相应资质的单位处理。

对实验动物生产、使用过程中产生的废水、废气等，应当进行处理，达到有关标准后排放。

第二十四条　禁止使用后的实验动物流入消费市场。

第二十五条　开展病原体感染、化学染毒和放射性的动物实验，应当符合国家法律法规和国家标准对实验室生物安全、放射卫生防护及环境保护的要求，防范安全事故的发生。

第二十六条　从事实验动物基因工程研究的，应当符合国家对基因工程安全管理的要求。

第二十七条　鼓励共享实验动物的实验数据和资源，倡导减少、替代使用实验动物和优化动物实验方法。

第二十八条　实验动物生产、使用活动涉及实验动物伦理与物种安全问题的，应当遵照国家有关规定，并符合国际惯例。

第二十九条　从事实验动物工作的人员在生产、使用和运输过程中应当维护实验动物福利，关爱实验动物，不得虐待实验动物。

第三十条　对实验动物进行手术时，应当进行有效的麻醉；需要处死实验动物时，应当实施安死术。

第三十一条　从事实验动物生产、使用的单位和个人，在开展动物实验项目时，应当制定保证实验动物福利、符合实验动物伦理要求的实验方案；有条件的应当设立实验动物福利伦理组织，对实验方案进行审查，对实验过程进行监督管理。

第五章　生产与使用监督

第三十二条　省人民政府科学技术主管部门应当制定实验动物生产、使用的年度监督计划，定期对实验动物生产、使用情况进行监督检查，组织开展监督工作。

第三十三条　省实验动物监测机构负责向申请行政许可的单位和个人出具检测报告，配合省人民政府科学技术主管部门对行政许可实施情况进行监督检查，开展实验动物的质量调查、质量标准研究、科学研究等工作。

省实验动物监测机构进行前款规定的检测不收取检测费用。

省实验动物监测机构及其有关人员对所实施的检验、检测结论承担法律责任。

第三十四条　实验动物的检测包括对实验动物遗传、微生物、寄生虫和病理，以及对实验动物饲料、饮用水、笼器具、繁育设施环境和动物实验设施环境等的质量检测。

第三十五条　实验动物的检测执行国家标准；国家尚未制定标准的，执行行业标准；国家、行业均未制定标准的，执行地方标准。

涉及对外检验、检定和外包的动物实验可以按照国际标准或者委托方要求的国外标准执行，但该标准与我国公共卫生安全要求冲突的除外。

第三十六条　实验动物的检测工作应当科学、公正、准确，检测报告应当内容齐全，数据准确，结论明确。

第三十七条　对实验动物检测结果有异议的单位和个人，可以在收到检测报告之日起十五个工作日内向省实验动物监测机构提出复检。

第三十八条　检测结果不合格的，生产或者使用的单位和个人应当查明不合格原因，制定整改方案，按期整改并接受复检；不合格的实验动物或者动物实验场所不得继续销售或者使用，并按照相关规定监督销毁或者作必要的技术处理。

第三十九条　省实验动物监测机构应当汇总其对实验动物和动物实验质量的检测结果，上报省人民政府科学技术主管部门，由省人民政府科学技术主管部门向社会公布检测结果。

第四十条 从事实验动物生产、使用的单位和个人应当接受并配合依法进行的监督和检测。

第四十一条 省人民政府科学技术主管部门应当建立从事实验动物生产、使用的单位和个人的信用制度，并通过媒体、网络等形式依法公布实验动物生产、使用、管理等方面的相关信息。

第四十二条 任何单位和个人对违反本条例的行为有权向省人民政府科学技术主管部门举报或者投诉。

省人民政府科学技术主管部门应当在接到举报或者投诉之日起十五个工作日内决定是否受理，并告知举报人或者投诉人。

对决定受理的案件，省人民政府科学技术主管部门应当及时组织调查，并将处理结果告知举报人或者投诉人。

第六章　法律责任

第四十三条 违反本条例第七条、第十二条规定，未取得实验动物的生产、使用许可证或者许可证已过期，擅自从事实验动物生产或者使用的，由省人民政府科学技术主管部门没收违法所得，并可以处一万元以上三万元以下的罚款。

第四十四条 违反本条例第十三条规定，转借、转让、出租或者超许可范围使用实验动物的生产、使用许可证的，由省人民政府科学技术主管部门暂扣实验动物的生产、使用许可证，责令限期改正；情节严重或者逾期不改的，吊销实验动物的生产、使用许可证。

第四十五条 违反本条例规定，有下列情形之一的，由省人民政府科学技术主管部门责令限期改正；逾期不改的，暂扣实验动物的生产、使用许可证，并处二千元以上一万元以下的罚款：

（一）实验动物的饲育室和实验室不分开设立的；

（二）对不同品种、品系、等级和不同实验目的的实验动物不分开饲养的；

（三）将不同品种、品系和等级的实验动物混装运输的；

（四）检测过程和检测数据的记录不完整、不准确的；

（五）销售不合格的实验动物或者使用不合格的动物实验场所的。

第四十六条 违反本条例第二十四条规定，将使用后的实验动物流入消费市场的，由省人民政府科学技术主管部门责令改正，没收违法所得，并处一万元以上三万元以下的罚款；情节严重或者逾期不改的，吊销实验动物的生产、使用许可证。

第四十七条 违反本条例第二十二条、第二十三条、第二十五条、第二十六条、第四十条规定的，依照国家有关法律法规进行处理，并可由省人民政府科学技术主管部门暂扣或者吊销实验动物的生产、使用许可证。

第四十八条 违反本条例有关规定的单位和个人，引发危害公共安全等重大事故、造成严重后果的，依照国家有关法律法规追究责任。

第四十九条 违反本条例第四十四条、第四十五条、第四十七条规定暂扣实验动物的生产、使用许可证的，有关单位和个人应当按期整改，经验收合格后，省人民政府科学技术主管部门应当立即返还实验动物的生产、使用许可证。

第五十条 省人民政府科学技术主管部门及其工作人员有下列行为之一的，由其上级行政机关或者监察机关责令改正；情节严重的，对直接负责的主管人员和其他直接责任人员依法给予处分；构成犯罪的，依法追究刑事责任：

（一）对不符合法定条件的申请人准予行政许可的；

（二）对符合法定条件的申请人不给予行政许可的；

（三）不在法定期限内作出行政许可决定的；

（四）不按规定程序作出行政许可决定的；

（五）不依法履行职责或者监管不力，造成严重后果的。

第五十一条 省实验动物监测机构及其工作人员违反本条例规定，不依法履行职责、检测不公正、出具虚假报告、滥收费用的，由省人民政府科学技术主管部门责令改正，通报批评；对直接负责的主管人员和其他直接责任人员依法给予处分；对受检单位造成损失的，应当承担相应的赔偿责任；

构成犯罪的，依法追究刑事责任。

第七章　附　则

第五十二条　本条例下列用语的含义：

（一）实验动物，是指经人工饲养培育，遗传背景明确或者来源清楚，对其质量实行控制，用于科学研究、教学、医药、生产和检定以及其他科学实验的动物。

（二）动物实验，是指以实验动物为对象和材料，在设计的条件下进行实验或者检测，观察、记录反应过程和结果的活动。

（三）实验动物伦理，是指在实验动物生产、使用活动中，人对实验动物的伦理态度和伦理行为规范，主要包括尊重实验动物生命价值、权利福利，在动物实验中审慎考虑平衡实验目的、公众利益和实验动物生命价值权利。

（四）实验动物福利，是指善待实验动物，即在饲养管理和使用实验动物活动中，采取有效措施，保证实验动物能够受到良好的管理与照料，为其提供清洁、舒适的生活环境，提供保证健康所需的充足的食物、饮用水和空间，使实验动物减少或避免不必要的伤害、饥渴、不适、惊恐、疾病和疼痛。

（五）安死术，是指以人道的方法处死动物的技术，使动物在没有惊恐和痛苦的状态下安静地并在尽可能短的时间内死亡。

第五十三条　本条例自2010年10月1日起施行。

广东省燃气管理条例

（1997年7月26日广东省第八届人民代表大会常务委员会第三十次会议通过 2010年6月2日广东省第十一届人民代表大会常务委员会第十九次会议第一次修订）

第一章 总 则

第一条 为了加强燃气管理，规范燃气经营和使用行为，保障公民生命财产和社会公共安全，维护经营者和使用者的合法权益，促进燃气事业发展，根据有关法律、行政法规，结合本省实际，制定本条例。

第二条 本条例适用于本省行政区域内燃气规划编制、燃气设施建设与保护、燃气经营与服务及燃气安全管理等相关管理活动。

天然气开采、液化石油气的生产、燃气的槽车（船舶）运输和港口装卸，近海天然气终端，作为发电、工业生产原料的燃气使用，以及沼气、秸气的生产和使用，不适用本条例。

第三条 燃气事业的发展，应当遵循统筹规划、配套建设、安全便民、节能高效和保障供应的原则。

第四条 省人民政府应当建立全省燃气储备制度。县级以上人民政府应当建立燃气供应应急保障机制。

第五条 省人民政府建设行政主管部门负责全省的燃气管理工作。

县级以上人民政府燃气行政主管部门负责本行政区域内的燃气管理工作。

县级以上人民政府其他有关部门在各自的职责范围内，依法做好燃气管理的相关工作。

第六条 县级以上人民政府及其有关部门应当依法履行职责，建立健全燃气安全监督管理制度，提高燃气管理水平，鼓励支持燃气科学技术研究，做好燃气管理法律法规和安全节约用气的宣传普及工作，提高全民的燃气安全意识。

第七条 燃气行业协会应当建立行业自律机制，依法制定行业行为准则和服务规范，维护燃气经营者合法权益，督促燃气经营者守法经营、诚实守信、严格自律。

第二章 规划与建设

第八条 省人民政府建设行政主管部门应当会同有关部门，依据国民经济和社会发展规划、土地利用总体规划、城乡规划和能源规划，结合全省燃气总量供需情况，组织编制全省燃气发展规划并报省人民政府批准后组织实施。

县级以上人民政府燃气行政主管部门应当会同有关部门，依据国民经济和社会发展规划、土地利用总体规划、城乡规划、能源规划以及上一级人民政府燃气行政主管部门编制的燃气发展规划，组织编制本行政区域的燃气发展规划，报本级人民政府批准后组织实施，并报上一级人民政府燃气行政主管部门备案。燃气发展规划因经济社会发展需要确需修编的，应当按照原编制审批程序报送审批并备案。

燃气发展规划的内容应当包括燃气气源、供气方式和规模、燃气设施布局和建设时序、燃气设施建设用地和保护范围、燃气供应保障措施等。

第九条 燃气设施建设应当符合燃气发展规划。

新区建设、旧区改造应当按照城乡规划和燃气发展规划，配套建设燃气设施或者预留燃气设施配套建设用地。预留的燃气设施配套建设用地，未经法定程序批准，不得改变用途。

城乡规划主管部门对燃气发展规划范围内的燃气设施建设工程，依法需要核发选址意见书的，应当征求燃气行政主管部门、公安消防机构的意见；

不需要核发选址意见书的，在核发建设用地规划许可证或者乡村建设规划许可证前，应当征求燃气行政主管部门的意见。

在管道燃气已覆盖的区域内不得新建小区气化站、瓶组站。

第十条 新建燃气管道设施在建设项目规划红线范围内并且属于建设项目使用部分的，应当由建设单位负责投资；其余部分由管道燃气经营企业负责投资。

第十一条 燃气工程的勘察、设计、施工和监理，应当由具有相应资质等级的单位承担，其中消防设计图纸及有关资料应当依法报送公安消防机构审核。

第十二条 燃气工程项目竣工后，建设单位应当依法组织有关单位进行竣工验收，并在验收合格之日起十五日内报所在地燃气行政主管部门备案；未经验收或者验收不合格的，不得交付使用。

第三章 经营管理

第十三条 燃气经营实行许可制度。企业从事燃气经营活动应当具备下列条件：

（一）符合燃气发展规划要求；

（二）有稳定、可靠并符合国家标准的燃气气源；

（三）有符合国家标准的燃气设施；

（四）有符合安全要求的固定经营场所；

（五）企业的主要负责人、安全生产管理人员以及运行、维护和抢修人员经专业考核合格；

（六）有健全的燃气经营管理体系、安全管理制度和安全事故应急预案；

（七）有与其经营规模相适应的抢险抢修能力、风险承担能力和赔付能力；

（八）符合法律、法规规定和国家标准要求的其他条件。

企业从事燃气经营活动应当向经营所在地城市的市人民政府燃气行政主

管部门提出申请，燃气行政主管部门应当自受理申请之日起二十日内完成审查。经审查，符合条件的颁发燃气经营许可证；不符合条件的，书面通知申请人并说明理由。

个体工商户需要继续经营瓶装燃气供应的，应当加入已取得许可的燃气经营企业，作为该企业的瓶装燃气供应站，并纳入该企业的燃气经营和安全管理体系。

第十四条 燃气经营许可证的有效期为五年。燃气经营许可证应当载明企业名称、注册地址、经营范围、供气区域、许可证有效期、法定代表人、主要负责人、安全技术负责人，以及燃气接收站、储存站、储配站、燃气汽车加气站、瓶装燃气供应站的名称、地点等事项。

燃气经营企业负责对燃气接收站、储存站、储配站、燃气汽车加气站、瓶装燃气供应站的管理，并承担相应的法律责任。

第十五条 取得燃气经营许可证的燃气经营企业新建、改建、扩建燃气接收站、储存站、储配站、燃气汽车加气站、瓶装燃气供应站的，应当按照国家规定的工程建设程序报建。在燃气设施竣工验收备案后三十日内，向原审批机关提出申请办理燃气经营许可证变更手续。经审查符合法定条件的，原审批机关应当依法予以办理。

撤销燃气接收站、储存站、储配站、燃气汽车加气站、瓶装燃气供应站的，应当向所在地燃气行政主管部门提出申请，经批准后方可撤销。

第十六条 燃气经营企业不得有下列行为：

（一）给报废、超期未检和不合格的气瓶充装燃气；

（二）给残液量超过规定的气瓶充装燃气；

（三）给非自有气瓶或者技术档案不在本企业的气瓶充装燃气；

（四）掺杂、掺假，以假充真，以次充好，充气量的误差超过国家规定标准；

（五）使用不符合国家标准、未经计量检定合格的计量装置；

（六）超出经营许可范围经营；

（七）给未获得经营许可的经营者提供用于经营的气源；

（八）法律、法规和国家标准、行业标准规定禁止的其他行为。

第十七条 销售的燃气器具应当符合燃气使用要求，并经具备相应资质的检测机构对气源适配性进行检测，在燃气器具明显位置标注气源适配性标识和报废年限。

第十八条 从事燃气器具的安装、维修业务的企业，应当依法取得相应资质。

燃气器具的安装维修质量应当符合国家标准。燃气器具安装维修企业不得安装不符合国家标准或者与气源不适配的燃气器具，不得维修达到报废年限的燃气器具。

燃气行政主管部门应当定期公布具备安装维修资质的企业目录。

第十九条 管道燃气价格的确定和调整，由价格主管部门会同燃气行政主管部门组织听证并依法审核后，报同级人民政府批准并公布施行。

第二十条 县级以上燃气行政主管部门应当建立健全监督管理制度，对燃气经营企业的经营活动、服务情况以及设施安全进行监督检查，并将监督检查结果向社会公布，督促不符合要求的企业对存在的安全隐患进行限期整改。

县级以上燃气行政主管部门应当建立燃气经营企业的诚信档案和不良行为公示制度，记录燃气经营企业、燃气器具安装维修企业的违法、违规行为，并向社会公布。

第四章 燃气服务

第二十一条 管道燃气经营企业应当在批准的供气区域内向具备用气条件的单位和个人提供供气服务，并与用户依法签订供用气合同，明确双方的权利和义务，保证安全稳定供气。对供气区域内符合用气条件的单位和个人，不得拒绝供气。

需要使用管道燃气的用户，可以要求当地管道燃气经营企业供气，管道燃气经营企业对具备供气和用气条件的用户，应当自完成管道安装并办理开户手续之日起三日内供气。

第二十二条 管道燃气经营企业在供气系统正常的情况下，应当连续向用户供气，不得中断。因施工、检修等原因停止供气、降压供气影响用户正常使用燃气的，除紧急情况外，应当提前二十四小时通知用户。管道燃气经营企业未事先通知用户中断供气或者不按规定及时抢修，造成用户损失的，应当依法承担损害赔偿责任。

管道燃气经营企业停业或者歇业的，应当向所在地燃气行政主管部门报告，经批准后方可停业、歇业。管道燃气经营企业经批准停业、歇业的，燃气行政主管部门应当采取措施，保障用户正常用气。

第二十三条 燃气经营企业应当保证供气质量符合国家和省有关标准，并建立健全燃气质量检测制度。

第二十四条 为用户安装的燃气计量装置应当经过依法设立的计量检定机构检定合格，并粘贴检定合格标识。用户对无检定合格标识的燃气计量装置可以拒绝安装使用。

第二十五条 燃气经营企业应当建立健全用户服务档案，按照国家和本省规定的燃气服务标准向用户提供服务，在服务营业场所公告业务流程、服务承诺、服务项目、收费标准等信息。

第二十六条 管道燃气经营企业应当定期对用户的燃气计量装置、燃气管道及其附属设施、燃气器具的使用情况进行检查，并负责对燃气管道及其附属设施的维护、维修和更新；燃气分户计量器具出口前的燃气管道及其附属设施的维护、维修和更新费用由企业承担，出口后的费用由用户承担。

管道燃气企业维护、维修及更新用户共用的燃气管道及其附属设施时，物业服务企业和用户应当予以配合。

第二十七条 燃气经营企业应当每年至少为用户免费提供一次入户安全检查，建立完整的检查档案。燃气经营企业对用户实施安全检查前，应当事先书面告知用户安全检查的日期，并在约定的时间上门检查。燃气经营企业因用户的原因不能按通知或者约定时间入户安全检查的，燃气经营企业应当与用户再次约定入户检查时间。

燃气经营企业检查人员上门检查应当主动出示有关证件，用户可以拨打燃气经营企业的服务电话确认其身份。

燃气经营企业应当将检查结果书面告知用户，对用户不遵守安全用气规定出现安全隐患的，应当提醒用户整改，用户应当及时进行整改；用户不按规定落实整改可能造成安全事故的，燃气经营企业应当停止供气，并在隐患消除后二十四小时内恢复供气。

用户应当对燃气经营企业入户检查予以配合，无正当理由不得拒绝。

第二十八条 燃气经营企业应当设置并向社会公布服务电话和抢险抢修电话，设专人每日二十四小时值班。

用户发现燃气器具存在问题或者出现漏气等情况的，应当及时告知燃气经营企业并可要求其入户检查维修。燃气经营企业接到服务请求后，应当按照其承诺的时限或者与用户约定的时间派人到现场服务；对燃气泄漏的报修，应当先行告知用户须采取的应急措施，并立即派人到现场抢修。

第二十九条 管道燃气的用气量，应当以燃气计量装置记录为准。

用户对燃气计量装置准确度有异议的，可以向供气的管道燃气经营企业申请测试，管道燃气经营企业自接到申请之日起三日内或者按照与用户约定的时间，委托法定的计量检定机构进行复检。

经复检的燃气计量装置，误差在法定范围内的，测试费用由申请方支付；误差超过法定范围的，测试费用由管道燃气经营企业支付，并由管道燃气经营企业更换合格的燃气计量装置。

用户对复检的测试结果有异议的，可以向质量技术监督部门投诉。

使用燃气计量装置超过法定误差范围的用户，其在申请之日前两个计费周期的燃气费，按测试后准确的用气量收取，燃气经营企业多收取的费用应当及时返还。

第三十条 燃气经营企业应当按照政府核准的燃气价格、燃气计量装置的记录向燃气用户收取燃气使用费，并与燃气用户约定支付期限。

用户未按照约定期限支付燃气费的，管道燃气经营企业可以书面催缴，管道燃气用户经催缴仍不支付燃气使用费和违约金的，管道燃气经营企业可以中止供气，但应当在中止供气十五日前书面通知用户，并报所在地燃气行政主管部门备案。

用户缴清所欠燃气费、违约金后，管道燃气经营企业应当在二十四小时内恢复供气。

用户对中止供气有异议的，可以向燃气行政主管部门投诉，受理投诉的燃气行政主管部门应当依法处理。

第三十一条 用户有权就燃气经营的收费和服务等事项向燃气经营企业查询，燃气经营企业应当自收到查询申请之日起五个工作日内予以答复。

燃气行政主管部门及其他有关部门应当建立举报和投诉制度，公开举报和投诉电话、信箱或者电子邮件地址，受理有关燃气安全、供气质量、收费价格、服务质量等的举报和投诉。

燃气行政主管部门及其他有关部门应当自接到投诉之日起十五日内予以处理、答复。

第五章　设施保护

第三十二条 县级以上人民政府燃气行政主管部门应当会同城乡规划等有关部门，按照国家有关标准和规定划定燃气设施保护范围，并依法向社会公布。

燃气经营企业应当按照国家标准和规范，在燃气设施所在地、地下燃气管道上方和重要燃气设施上设置明显的安全警示标志。

任何单位和个人不得毁损、覆盖、涂改、擅自拆除或者移动燃气设施安全警示标志。

第三十三条 在燃气设施保护范围内，禁止从事下列危及燃气设施安全的活动：

（一）建设占压地下燃气管线的建筑物、构筑物或者其他设施；

（二）进行爆破、钻探、取土等作业以及使用明火；

（三）倾倒、排放腐蚀性物质；

（四）堆放易燃易爆危险物品以及种植深根植物；

（五）其他危及燃气设施安全的行为。

第三十四条 在燃气设施保护范围内，从事下列活动的建设单位应当会同施工单位，与燃气经营企业共同制定燃气设施保护方案，并采取相应的安全保护措施：

（一）铺设管道；

（二）进行打桩、顶进、挖掘等作业；

（三）其他可能影响燃气设施安全的活动。

建设单位或者施工单位在建设工程开工前，应当查询施工地段的燃气设施竣工图，查清地下燃气设施铺设情况，必要时可以进行现场探测或者开挖。进行现场探测或者开挖的，应当采取相应的安全保护措施，燃气经营企业应当派专业技术人员进行现场指导。因建设工程施工对燃气经营企业造成损失的，由建设单位和施工单位依法承担赔偿责任。

第三十五条 任何单位和个人不得侵占、毁损、擅自拆除或者移动燃气设施。

燃气经营企业改动燃气接收站、储存站、储配站、充装站、燃气汽车加气站、燃气管道等设施的，应当取得燃气设施改动许可。取得燃气设施改动许可应当符合下列条件：

（一）改动的燃气设施符合燃气专项规划等相关规定；

（二）有安全施工的组织、设计和实施方案；

（三）有安全防护及不影响用户安全正常用气的措施；

（四）法律、法规规定的其他条件。

第三十六条 申请燃气设施改动许可应当持下列资料向所在地县级以上燃气行政主管部门提出申请：

（一）书面申请；

（二）相关燃气设施建设工程的竣工验收证书；

（三）设施改动的设计文件和安全施工方案；

（四）设施改动的现场平面位置图；

（五）经规划部门批准同意改动的文件。

县级以上人民政府燃气行政主管部门在受理申请后，应当将有关申请事项予以公示，公示期不少于七日。燃气行政主管部门应当自受理申请之日起十五日内作出同意或者不同意的决定，不准予改动的应当说明理由。

第六章　安全管理

第三十七条　县级以上人民政府燃气行政主管部门应当会同有关部门制定燃气事故应急预案，明确应急机构的组成、职责、应急行动方案等内容，并报本级人民政府批准。

燃气经营企业应当制定本单位燃气安全事故应急预案，并报所在地燃气行政主管部门备案。

第三十八条　燃气行政主管部门、安全生产监督管理部门、公安机关消防机构等部门应当根据各自职责，对燃气经营活动进行安全监督检查，发现燃气安全事故隐患的，应当立即组织人员查明情况，及时通知有关单位和个人排除燃气安全事故隐患。有关单位和个人应当予以配合。

第三十九条　燃气经营企业应当建立安全责任制，健全燃气安全保障体系。

燃气经营企业应当对本单位的燃气设施定期进行安全评估，发现燃气安全事故隐患的，应当及时采取措施消除隐患。安全评估报告应当报所在地燃气行政主管部门备案。

第四十条　燃气经营企业应当告知用户安全用气规则，指导燃气用户安全使用燃气，向用户发放安全用气手册，检查用户燃气使用场所的安全条件。

用户用气不得危害供气、用气安全和扰乱供气、用气秩序。

对危害供气、用气安全和扰乱供气、用气秩序的，供气企业有权制止。

第四十一条　燃气用户应当遵守下列安全用气管理规定：

（一）使用合格的燃气器具和气瓶；

（二）按照国家有关标准和安全用气规则使用燃气，并按照使用说明书的要求，正确使用燃气器具；

（三）配合燃气经营企业进行安全检查、维修或者抄表；

（四）发现户内燃气设施安全隐患的，及时采取相应措施。

单位用户应当落实安全管理制度，加强燃气器具操作维护人员安全知识和技能的培训。管道燃气用户需要安装、改装、迁移、拆除户内燃气设施的，应当委托具有相应资质的企业负责实施。

第四十二条 燃气用户不得有下列行为：

（一）擅自拆卸、安装、改装燃气计量装置；

（二）将燃气管道作为负重支架或者接地引线；

（三）加热、摔、砸气瓶，使用燃气时倒卧气瓶；

（四）使用超期限未检验、检验不合格、无技术档案或者报废的气瓶；

（五）存在安全隐患不按规定落实整改；

（六）改变燃气用途或者转供燃气；

（七）法律、法规和国家标准、行业标准规定禁止的其他行为。

第四十三条 任何单位和个人不得有下列行为：

（一）用明火试验是否漏气；

（二）自行清除气瓶内的残液；

（三）气瓶与气瓶互相过气；

（四）在不具备安全使用条件的场所储存燃气；

（五）除事故应急救援等紧急情况外，擅自开启、关闭燃气管道上的公共阀门；

（六）法律、法规和国家标准、行业标准规定禁止的其他行为。

第四十四条 任何单位和个人发现燃气事故或者事故隐患时，应当立即告知负责供气的燃气经营企业并向燃气行政主管部门、安全生产监督管理部门、公安机关消防机构等部门报告。

燃气经营企业或者有关部门接到报告后，应当立即处理。

第四十五条 发生燃气安全事故后，燃气经营企业应当立即启动本单位燃气安全事故应急预案，组织抢险、抢修并立即向燃气行政主管部门报告。燃气经营企业进行燃气设施抢修时，可以采取紧急措施，有关单位和个人应当给予配合，不得以任何理由阻挠或者干扰抢修。

发生燃气安全事故后，燃气行政主管部门、安全生产监督管理部门、公安机关消防机构等部门，应当根据各自职责，立即采取措施防止事故扩大，根据有关情况启动燃气安全事故应急预案，并依照国家、省有关生产安全事故报告和调查处理的法律、法规进行报告和调查处理。

第七章　法律责任

第四十六条　违反本条例第九条第二款规定，未按照规划配套建设燃气设施、未预留燃气设施配套建设用地或者未经法定程序批准改变建设用地用途的，由规划部门责令限期改正；逾期不改正的，处十万元以上二十万元以下罚款。

违反本条例第九条第四款规定，在管道燃气已覆盖的区域内新建小区气化站、瓶组站的，由燃气行政主管部门责令停止建设，限期改正；逾期不改正的，可以对建设单位处十万元以上二十万元以下罚款；已建成的，责令停止使用。

第四十七条　违反本条例第十二条规定，燃气工程项目未依法进行验收或者验收不合格交付使用的，由燃气行政主管部门责令停止使用，限期改正，并可处五千元以上一万元以下的罚款。

第四十八条　违反本条例第十三条规定，未取得燃气经营许可证从事燃气经营活动的，由燃气行政主管部门责令停止违法经营活动，没收违法所得，并可处十万元以上五十万元以下的罚款。构成犯罪的，依法追究刑事责任。

已取得燃气经营许可证但不再具备本条例第十三条第一款规定条件仍继续经营的，由燃气行政主管部门责令限期改正；逾期不改正的，吊销燃气经营许可证。

燃气经营企业超越行政许可范围从事燃气经营活动的，由燃气行政主管部门责令限期改正，并处五万元以上二十万元以下罚款；情节严重的，吊销燃气经营许可证。

违反本条例第十三条第三款规定，个体工商户未加入已取得许可的燃气经营企业而继续经营瓶装燃气的，由工商行政管理部门依法予以取缔。

第四十九条　违反本条例第十五条规定，燃气经营许可证载明的事项发生变更，燃气经营企业未在规定期限内报原审批机关申请办理变更手续的，由燃气行政主管部门责令限期改正，并可处二千元以上五千元以下罚款。

第五十条 违反本条例第十六条规定的，由相关主管部门责令限期改正，其中违反第二项、第四项、第五项规定的，可以对燃气经营企业处二万元以上五万元以下的罚款，违反第一项、第三项、第七项规定的，可以处五万元以上十万元以下的罚款；逾期不改正的，责令停业整顿；情节严重的，吊销燃气经营许可证，并由燃气行政主管部门提请同级人民政府予以关闭。

第五十一条 违反本条例第十七条规定，销售未经检测合格或者不符合燃气使用要求的燃气器具，由燃气行政主管部门责令销售单位限期改正；逾期不改正的，处每台器具五千元罚款，并可以责令其停业整顿。

第五十二条 违反本条例第十八条第一款规定，燃气器具安装维修企业未取得资质从事经营活动的，由建设行政主管部门责令停止违法行为，并处三万元以上十万元以下的罚款；有违法所得的，没收违法所得。

违反本条例第十八条第二款规定，燃气器具安装维修企业安装不符合国家标准或者与当地气源不适配的燃气器具，维修达到报废年限的燃气器具的，由燃气行政主管部门责令其限期改正，并处三万元以上十万元以下罚款。

第五十三条 违反本条例第二十一条、第二十二条规定，燃气经营企业未向具备用气条件的燃气用户持续、稳定、安全供气或者拒绝供气的，由燃气行政主管部门责令限期改正，并给予警告；逾期不改正的，处五千元以上二万元以下的罚款。

第五十四条 违反本条例第二十三条规定，燃气经营企业供应的燃气质量不符合国家和省有关标准的，由质量技术监督部门责令改正，并可处二万元以上五万元以下的罚款；有违法所得的，没收违法所得。

第五十五条 违反本条例第二十七条、第二十八条规定，燃气经营企业未提供免费入户安全检查、未按要求设置和公布服务电话、抢险抢修电话并设专人值班的，由燃气行政主管部门责令限期改正并给予警告，并可处一万元以上三万元以下的罚款。

第五十六条 违反本条例第三十二条第三款规定，毁损、覆盖、涂改、擅自拆除或者移动燃气设施安全警示标志的，由燃气行政主管部门责令限期改正，恢复原状，可以处五千元以下罚款。

第五十七条 违反本条例第三十三条规定，在燃气设施保护范围内从事危及燃气设施安全活动的，由燃气行政主管部门责令停止违法行为，限期恢复原状或者采取其他补救措施，对单位处五万元以上十万元以下罚款，对个人处五千元以上三万元以下罚款。

第五十八条 违反本条例第三十四条规定，建设单位未会同施工单位与燃气经营企业共同制定燃气设施保护方案，未查清地下燃气设施铺设情况擅自施工的，或者未采取相应的安全保护措施的，由燃气行政主管部门责令停止违法行为，限期恢复原状或者采取其他补救措施，并处五万元以上十万元以下罚款。

第五十九条 违反本条例第三十七条第二款、第三十九条、第四十四条规定，燃气经营企业未制定本单位燃气安全事故应急预案以及未按规定备案，未对燃气设施定期进行安全评估，以及接到燃气事故报告未及时处理的，由燃气行政主管部门和相关部门责令改正，并可处一万元以上三万元以下的罚款；情节严重的，吊销燃气经营许可证。

第六十条 违反本条例第四十一条第二款规定，委托不具有相应资质的企业实施安装、改装、迁移、拆除户内燃气设施的，由燃气行政主管部门责令改正，并给予警告；情节严重的，对个人用户处二千元以上五千元以下的罚款；对单位用户和擅自接受委托的施工企业处一万元以上三万元以下的罚款。

第六十一条 违反本条例第四十二条、第四十三条规定的，由燃气行政主管部门责令改正，并给予警告；情节严重的，可对用户处一千元以上三千元以下的罚款。

第六十二条 依照本条例规定给予单位罚款处罚的，对单位直接负责的主管人员和其他直接责任人员，可处单位罚款数额百分之五以上百分之十以下的罚款。

第六十三条 燃气行政主管部门和其他有关行政管理部门工作人员在燃气管理工作中有下列情形之一的，由其上级机关或者监察机关责令改正，对直接负责的主管人员和其他直接责任人员依法给予行政处分；构成犯罪的，依法追究刑事责任：

（一）不按照本条例规定履行监督检查职责的；

（二）发现违法行为或者接到对违法行为的举报后不及时查处的；

（三）不按规定的条件、程序和期限实施行政许可的；

（四）不按规定及时调查处理燃气安全事故的；

（五）其他玩忽职守、滥用职权、徇私舞弊的行为。

第八章　附　则

第六十四条　本条例中下列用语的含义：

（一）燃气，是指燃气经营者供给燃气用户作为燃料使用并符合相关标准的气体燃料，包括天然气、液化石油气和人工煤气等；

（二）燃气设施，是指人工煤气生产厂，燃气储配站、门站、气化站、混气站、加气站、灌装站、供应站、调压站、市政燃气管网等的总称，包括市政燃气设施、庭院燃气设施和共用燃气设施以及户内燃气设施等；

（三）燃气器具，是指以燃气为燃料的燃烧器具，包括居民家庭和商业用户所使用的燃气灶、热水器、沸水器、采暖器、空调器等器具。

第六十五条　本条例自2010年9月1日起施行。1997年7月26日广东省第八届人民代表大会常务委员会第三十次会议通过的《广东省燃气管理条例》同时废止。

广东省机动车排气污染防治条例

（2000年5月26日广东省第九届人民代表大会常务委员会第十八次会议通过　根据2004年7月29日广东省第十届人民代表大会常务委员会第十二次会议《关于修改〈广东省对外加工装配业务条例〉等十项法规中有关行政许可条款的决定》修正　2010年6月2日广东省第十一届人民代表大会常务委员会第十九次会议修订）

第一章　总　则

第一条　为了防治机动车排气污染，保护和改善大气环境，保障人体健康，促进社会、经济、环境的协调发展，根据《中华人民共和国大气污染防治法》及有关法律、法规，结合本省实际，制定本条例。

第二条　本条例适用于本省行政区域内由内燃机驱动或者牵引的机动车向大气环境排放污染物所造成的污染防治。

前款所称机动车不包括铁路机车和拖拉机。

第三条　县级以上环境保护主管部门对本行政区域内的机动车排气污染防治实施统一监督管理，并对同级有关行政主管部门的机动车排气污染防治监督管理工作进行协调和指导。

公安、交通运输、质量技术监督、经济和信息化、工商行政管理等行政主管部门根据各自职责，对机动车排气污染防治实施监督管理。

第四条　任何单位和个人对机动车排气污染超标行为可以投诉和举报。环境保护主管部门及有关行政主管部门应当向社会公布投诉举报电话、通讯地址，并按照规定对投诉和举报予以处理和答复。

第二章 排气污染防治

第五条 省人民政府可以根据机动车排气污染防治的需要，依照国家有关规定，决定对新车提前执行国家阶段性机动车排放标准，并可以根据大气污染防治要求，对珠江三角洲地区以及其他大气污染防治重点城市制定更严格的机动车排气污染防治规定。

对新车提前执行国家阶段性机动车排放标准的，省人民政府应当提前向社会公告并采取措施保障相配套的车用燃料的供应，省环境保护主管部门应当按照国家公布的目录提前公布符合相应机动车排放标准的车型。

第六条 县级以上人民政府应当将机动车排气污染防治纳入道路与交通规划，大力发展公共交通，鼓励、支持使用清洁能源的机动车和节能型低污染排放机动车的开发、生产、销售、使用。

县级以上人民政府对本行政区域内营运单位改用节能型低污染排放机动车工作进行规划和组织实施，加强对营运载客汽车、载货汽车等排气污染严重的营运机动车的监督管理，并可以根据大气污染防治的需要，限制特定区域内摩托车、低速货车等车辆的保有量。

第七条 机动车排气污染严重城市的人民政府应当采取措施预防光化学烟雾等污染事件，并制定相应的应急预案。

第八条 公安机关交通管理部门应当协助环境保护主管部门对机动车排气污染进行监督管理，将有关机动车排气检测结果纳入机动车交通管理的内容，并将机动车环保有关内容与环境保护主管部门实施资源共享。

第九条 省质量技术监督主管部门应当会同省环境保护主管部门适时制定车用燃料地方标准，并对机动车和车用燃料的生产、加工实施质量监督。

第十条 公安机关交通管理部门对未达到本行政区域现行执行的国家阶段性机动车污染物排放标准的机动车，不予办理注册登记。

在用机动车所有人申请定期检验合格标志的，所交验的机动车应当符合机动车注册登记时国家规定的机动车污染物排放标准。

在本省申请机动车跨地级以上市迁入的或者申请机动车由省外迁入本省

的，所交验的机动车应当符合迁入地现行执行的国家阶段性机动车污染物排放标准。

第十一条 在用机动车实行环保检验合格标志管理制度。县级以上环境保护主管部门根据机动车排气污染定期检测合格证明，按照国家相关标准免费发放环保检验合格标志。对持有机动车排气污染定期检测合格证明的，环境保护主管部门在发放环保检验合格标志时不得要求其另行检测。

禁止伪造、变造机动车环保检验合格标志。禁止使用转让、转借、伪造、变造的机动车环保检验合格标志或者冒用其他车辆的环保检验合格标志。

第十二条 地级以上市人民政府可以根据大气污染防治的需要，在本行政区域范围内对未取得环保检验合格标志或者未取得相应环保检验合格标志的机动车，采取限制行驶区域、限制行驶时间或者限制行驶车型等排气污染防治的交通管制措施。

地级以上市人民政府采取前款规定交通管制措施的，应当公开征求公众的意见，在正式实施三十日以前向社会公告，并报省人民政府备案。

第十三条 禁止生产、销售、进口超过国家规定的污染物排放标准或者国家已明令淘汰的机动车及车用发动机。

第十四条 禁止生产、销售、进口不符合国家或者地方标准的车用燃料。

第十五条 新建加油站及新登记油罐车应当按照国家标准配套安装油气回收系统；已建加油站及在用油罐车应当在国家标准规定的期限内完成油气回收综合治理设施安装。

第十六条 机动车的所有人、驾驶人应当加强对机动车的维护保养，保持机动车排气污染控制装置的正常运行，避免装置失效造成机动车排气污染超过规定标准，不得擅自拆除、闲置或者更改在用机动车排气污染控制装置。

第三章　排气污染检测

第十七条 省环境保护主管部门和省质量技术监督主管部门可以根据国家有关规定，选择适合本省实际的机动车排气污染检测方法，确定相应的排放限值，报省人民政府批准后公布、实施。

第十八条 省环境保护主管部门应当委托已获得法定资质的机动车环保检验机构按照有关标准和技术规范进行机动车排气污染定期检测，并将委托的机动车环保检验机构名录向社会公告。

受委托的机动车环保检验机构必须具有计量检定合格的检测设备、能够与当地地级以上市环境保护主管部门及公安机关交通管理部门实时传输排气检测数据的设备和符合国家规定要求的检测技术人员。

机动车排气污染定期检测应当与机动车安全技术检验同步进行。

第十九条 受委托的机动车环保检验机构应当遵守下列规定：

（一）依据法定的检测方法、检测标准对机动车排气污染进行检测；

（二）检测使用的仪器、设备，应当按规定向质量技术监督主管部门申请计量检定；

（三）出具真实、准确的机动车排气污染检测结果；

（四）实时向当地地级以上市环境保护主管部门及公安机关交通管理部门传递相关检测数据，并接受其监督；

（五）建立机动车排气污染检测档案；

（六）不得以任何方式经营或者参与经营机动车维修业务。

第二十条 省质量技术监督主管部门负责对机动车环保检验机构的计量认证管理。

第二十一条 交通运输主管部门应当将机动车排气污染定期检测纳入对机动车维修、车辆营运的监督管理内容。

第二十二条 机动车的所有人应当自机动车注册之日起按照国家规定的机动车安全技术检验周期将机动车送省环境保护主管部门委托的机动车环保检验机构进行机动车排气污染定期检测。

排气污染物不符合注册登记时国家和地方规定机动车污染物排放标准的机动车，不得上路行驶。

机动车的所有人应当在规定期限内妥善保管检测单位核发的机动车排气污染定期检测证明。

第二十三条 县级以上人民政府可以根据机动车排气污染防治需要，

采取措施鼓励老旧机动车和领取黄色环保检验合格标志的机动车提前报废。

延长使用年限的机动车应当按照国家规定的机动车安全技术检验周期进行排气污染检测，不符合国家规定污染物排放标准的，应当依法强制报废。

经维修、调整或者采用排放污染控制技术等措施后，排放污染物仍超过国家规定污染物排放标准的机动车，应当依法强制报废。

第二十四条 机动车维修机构对机动车实施与排气有关的维修后，应当进行出厂自检或者委托检测，符合规定排放标准后方可出厂，并保存相关的维修档案。

县级以上环境保护主管部门可以对实施了前款规定的维修后待出厂的机动车进行排气污染抽检。

第二十五条 县级以上环境保护主管部门可以在机动车停放地对在用机动车进行排气污染抽检。

第二十六条 公安机关交通管理部门应当会同环境保护主管部门对在城市建成区道路行驶的无环保检验合格标志或者排放黑烟等可视污染物的机动车进行排气污染抽检。上路抽检不得妨碍道路交通的畅通。

上路抽检应当采用符合国家或者省规定的在用机动车排气污染检测方法，并向车主明示检测结果。

第二十七条 机动车环保检验机构进行机动车排气污染定期检测或者复检的，应当按照物价部门规定的收费项目和标准收取检测费用。

有关行政主管部门按照本条例规定对机动车排气污染进行抽检的，不得收取费用。

第二十八条 机动车所有人对机动车环保检验机构的排气污染定期检测结果有异议的，可以在接到检测结果通知书之日起七个工作日内，向县级以上环境保护主管部门申请复检，逾期未提出异议的，视为承认检测结果。县级以上环境保护主管部门应当自收到复检申请之日起七个工作日内通知申请人另行选定机动车环保检验机构进行复检，申请人应当自接到通知之日起七个工作日内另行选定机动车环保检验机构进行复检。

第二十九条 环境保护、公安、交通运输、质量技术监督等行政主管部门及其工作人员不得要求机动车所有人、驾驶人到其指定的机构进行机动车排气污染定期检测、维修。

第四章 法律责任

第三十条 违反本条例第十一条第二款规定，伪造、变造或者使用伪造、变造的机动车环保检验合格标志的，由公安机关依照《中华人民共和国治安管理处罚法》予以处罚；使用转让、转借的机动车环保检验合格标志或者冒用其他车辆的环保检验合格标志的，由公安机关责令改正，没收转让、转借、冒用的机动车环保检验合格标志，并处二百元以上五百元以下罚款。

第三十一条 违反本条例第十二条规定，未取得环保检验合格标志或者未取得相应环保检验合格标志的机动车以及属于限制行驶车型的机动车，在限制行驶区域或者限制行驶时间上路行驶的，由公安机关交通管理部门责令改正，并可以处二百元以上五百元以下罚款。

第三十二条 违反本条例第十三条、第十四条规定的，由质量技术监督、工商行政管理、经济和信息化等主管部门依照有关法律、法规进行处罚。

第三十三条 违反本条例第十五条规定，新建加油站未按照国家标准配套安装油气回收系统的，或者已建加油站未在国家标准规定的期限内完成油气回收综合治理设施安装的，由县级以上环境保护主管部门责令限期改正，并处一万元以上五万元以下罚款。

新登记油罐车未完成油气回收系统安装的，或者在用油罐车未在国家标准规定的期限内完成油气回收综合治理设施安装的，由县级以上环境保护主管部门责令限期改正，并处三千元以上三万元以下罚款。

第三十四条 违反本条例第十六条规定，机动车所有人或者驾驶人擅自拆除、闲置、更改在用机动车排气污染控制装置，造成装置失效使机动车排气污染超过规定标准的，由环境保护主管部门责令改正，并处五百元以上一千元以下罚款。

第三十五条 违反本条例第十八条第一款规定，未经省环境保护主管部门委托从事机动车排气污染定期检测的，由县级以上环境保护主管部门责令其停止违法行为，限期改正，并可以处一万元以上五万元以下罚款。

第三十六条 受委托的机动车环保检验机构违反本条例第十九条规定的，由县级以上环境保护主管部门或者其他有关行政主管部门责令其停止违法行为，限期改正，并可以处一万元以上五万元以下罚款；情节严重的，由省环境保护主管部门解除其承担机动车排气污染定期检测的委托关系，并向社会公告。

第三十七条 违反本条例第二十二条规定，机动车所有人逾期未进行机动车排气污染定期检测的，由县级以上公安机关交通管理部门责令限期改正，处警告或者二百元以上五百元以下罚款；经定期检测污染物排放超过规定排放标准的机动车，未予维修或者维修不合格仍上路行驶的，由公安机关交通管理部门暂扣行驶证，待维修合格后立即予以发还。

第三十八条 违反本条例第二十四条规定，已实施与排气有关的维修后待出厂的机动车经环境保护主管部门抽检，排气污染物超过机动车注册登记时国家规定的机动车污染物排放标准的，由环境保护主管部门责令维修机构限期整改，并可以处每车次五百元以上一千元以下的罚款。

第三十九条 经车辆停放地抽检不符合注册登记时国家规定的机动车污染物排放标准规定的机动车，由环境保护主管部门责令限期维修。未予维修的或者维修不合格仍上路的，由公安机关交通管理部门暂扣行驶证，待维修合格后立即予以发还。

经上路抽检不符合注册登记时国家规定的机动车污染物排放标准规定的机动车，由公安机关交通管理部门暂扣行驶证，由环境保护主管部门责令限期维修。待维修合格后立即发还行驶证。

第四十条 从事机动车排气污染防治的有关行政主管部门及其工作人员，有下列行为之一的，由所在单位或者上级主管部门对直接负责的主管人员和其他直接责任人员给予处分；构成犯罪的，由司法机关依法追究刑事责任：

（一）不按照法定条件和技术规范要求，实施委托的；

（二）对擅自从事机动车排气污染定期检测，不予取缔或者不依法予以处理的；

（三）不依照本条例规定对机动车环保检验机构、机动车维修机构进行监督管理，情节严重的；

（四）对不符合规定的污染物排放标准的机动车核发定期检验合格标志，予以注册登记上牌，办理相关变更登记、转移登记手续的，或者不依法强制报废的；

（五）对伪造、变造、转让、转借机动车环保检验合格标志，或者使用伪造、变造、转让、转借、冒用机动车环保检验合格标志等违法行为，不依法查处的；

（六）违反规定要求机动车的所有人、驾驶人到其指定的机构接受机动车检测、检验、维修等服务的；

（七）有其他不依法履行监督管理职责、滥用职权、玩忽职守、徇私舞弊行为的。

第五章　附　则

第四十一条　本条例自2010年9月1日起施行。2000年5月26日广东省第九届人民代表大会常务委员会第十八次会议通过、2004年7月29日广东省第十届人民代表大会常务委员会第十二次会议修正的《广东省机动车排气污染防治条例》同时废止。

广东省行政事业性收费管理条例

（1991年11月22日广东省第七届人民代表大会常务委员会第二十三次会议通过　根据1993年9月16日广东省第八届人民代表大会常务委员会第四次会议《关于修改〈广东省行政事业性收费管理条例〉第二条的决定》第一次修正　根据2010年7月23日广东省第十一届人民代表大会常务委员会第二十次会议《关于修改部分地方性法规的决定》第二次修正）

第一条　为加强行政事业性收费管理，维护国家利益，保护公民、法人和其他组织的合法权益，根据国家有关法律、法规，制定本条例。

第二条　凡在本省行政区域内的行政事业性收费适用本条例。

各级人民政府及其所属业务主管部门，应遵守本条例规定，加强对本行政区域、本系统的收费管理。

第三条　行政性收费是国家行政机关和依法行使行政管理职权的单位对社会实行特定管理，按照国家法律、法规或本条例规定的收费。

事业性收费是事业单位为社会提供特定服务，按照国家法律、法规或本条例规定的补偿性收费。

第四条　行政性收费标准，属管理收费应根据行政管理行为的实际和社会承受能力确定；属证照收费应根据制发证照的工本费用确定。

事业性收费标准，根据提供服务的合理耗费、服务质量和数量确定。

第五条　各级人民政府物价部门是行政事业性收费的主管机关，负责本条例的实施；各级财政部门对行政事业性收费进行财务管理监督，各级审计部门对行政事业性收费的收支进行审计监督，各业务主管部门应协同物价、财政、审计部门进行管理监督。

第六条 行政事业性收费必须依据下列法律、法规、规章的有关规定执行。

1. 全国人民代表大会及其常务委员会颁布的法律；

2. 国务院制定或批准制定的行政法规、颁布的规范性文件；

3. 国家物价局、财政部根据法律和国务院行政法规制定的规章；

4. 省人民代表大会及其常务委员会制定和颁布并已报全国人大常委会和国务院备案的地方性法规；

省人民政府所在地的市和国务院批准的较大的市的人民代表大会及其常委会提请省人大常委会审议批准制定的地方性法规；

5. 省人民政府根据法律、行政法规和省人民代表大会及其常务委员会制定的地方性法规所制定的规章。

第七条 依据第六条所列法律、法规和规范性文件规定，由国家物价局、财政部审核、下达或会同其他部门联合下达的行政事业性收费项目和收费标准（以下简称收费项目和收费标准），必须经省物价、财政部门或省物价、财政部门会同其他部门联合转发执行；国务院各业务主管部门下达的收费项目和收费标准，未经国务院或国家物价局、财政部核准的，各级业务主管部门不得转发执行。

第八条 除第六条规定外，收费项目和收费标准的审批权归省人民政府。省人民政府可规定各市人民政府在其批准的收费标准幅度内制定具体收费标准。

需设立收费项目和确定收费标准的，由省业务主管部门或市人民政府提出，经省物价部门会同省财政部门审核后，报省人民政府审批，并报省人大常委会备案。

第六条所列法律、法规和规范性文件规定需地方人民政府确定具体收费标准的，由省业务主管部门或市人民政府提出，经省物价部门会同省有关部门审核后，报省人民政府审批。

第九条 下列各项为超越权限的、非法的收费，不得执行。

1. 省人民政府所属业务主管部门，市（含计划单列市，下同）、县（区）人民代表大会及其常务委员会，市、县（区）、乡（镇）人民政府及所属业务主管部门或派出机构制定的规范性文件中自定的收费；

2．地方国家行政机关在职责范围内办理公务，除第六条所列的法律、法规、规章、规范性文件规定以外的收费；

3．行使行政管理职权的单位，将管理职责范围内的公务交所属事业单位以有偿服务名义进行的收费；

4．同一管理行为已经批准收取管理费，又对证照收费。但国家法律、法规另有规定除外；

5．其他不符合第六条和第八条规定的收费。

第十条　省人民政府收费主管机关应汇集并公开全省收费项目和收费标准目录。

收费单位应在固定的收费场所公开收费项目和收费标准，接受群众的监督。

公民、法人和其他组织有权对收费项目和收费标准提出意见。对人民群众普遍反映不合理的行政事业性收费，省人民政府应作说明或纠正。

第十一条　行政事业性收费实行许可证管理制度。经批准收费单位应到指定的物价部门申请领取《广东省行政事业性收费许可证》（以下简称《收费许可证》）。没有《收费许可证》的单位不得收费。

《收费许可证》由省物价部门统一印制，分级核发。

行政事业性收费变更或终止时，收费单位应向原发证机关申报，办理《收费许可证》变更或注销手续。

各级物价部门应定期审查换证，并将审查后收费项目和收费标准的变更情况予以公布。

第十二条　收费单位必须按收费许可证核定的收费项目和收费标准收费。公民、法人和其他组织应按规定缴费。

第十三条　行政事业性收费实行统一的收据管理制度。收费单位应持《收费许可证》到指定的财政部门领取收费收据。

除国家规定的专用收据外，收费收据按统一管理，分级印发的原则，由省财政部门统一格式，各市、县财政部门负责印发。未经财政部门批准，任何部门、单位和个人，不得擅自印发、转让收费收据。

第十四条 《收费许可证》、收费收据的具体管理办法由省物价部门、省财政部门分别另行规定。

第十五条 行政事业性收费的收支应按照资金性质分别纳入财政预算或预算外管理，具体管理办法按省人民政府规定执行。

第十六条 收费单位按规定应上缴的收费款项，必须按时上缴，不得隐瞒、截留、坐支、挪用；核准使用的资金，应严格按规定的开支范围使用，不得乱支乱用。

第十七条 收费单位应按季向发放收费收据的财政部门报告收支情况，并抄报有关物价部门及业务主管部门。

第十八条 收费单位应接受物价、财政、审计等部门依法对收费及收支情况的监督检查，如实提供账表、单证等有关资料。

第十九条 行政事业性收费实行综合年审制度，各级物价、财政、审计部门对收费及收支情况，每年实行一次联合审查，并将查处情况抄报其上一级主管部门。

第二十条 下列各项属违法行为：

（一）超越权限擅自设立收费项目、扩大收费范围或提高收费标准的；

（二）收费项目已取消或收费标准已调低，继续按原项目、标准收费的；

（三）经批准收费而不申请领取《收费许可证》收费的；

（四）涂改或伪造《收费许可证》收费的；

（五）擅自印发、转让、转借、代开收费收据的；

（六）不使用财政部门统一印制或规定使用的收费收据收费的；

（七）收费不按规定上交或超出规定范围使用的；

（八）瞒报、虚报、拒报收费收支情况的；

（九）拒绝接受监督检查机构检查的。

第二十一条 对二十条所列违法行为，由监督检查机构在职责范围内按下列规定处罚：

（一）对有前条（一）至（四）项行为的，责令其限期纠正，将非法所得退还原交费者；无法退还的，没收上缴国库；并对收费单位予以处罚；对涂改或伪造《收费许可证》的当事人，依法处理；

（二）对有前条（五）至（九）项行为的，依照国家有关财务、收据管理规定予以处罚；

（三）对以上受处罚单位、直接责任者和主管人员，监督检查机构可视情节予以通报批评，并向其主管部门或同级监察部门提出《行政处分建议书》。主管部门或监察部门在接到《行政处分建议书》之日起两个月内，应作答复。监督检查机构对答复有异议的，可在接到答复之日起十五日内向同级人民政府反映。

第二十二条 公民、法人和其他组织对本条例第二十条所列违法的收费，有权向当地物价部门举报，有权拒交第（六）项违法的收费。

对贯彻执行本条例成绩显著的单位或个人，由同级人民政府或业务主管部门给予表彰或奖励；对检举、揭发违反本条例行为有功的单位或个人，由物价主管部门给予表彰或奖励。

第二十三条 公民、法人和其他组织同收费单位因收费发生争议时，除按第二十二条规定可拒交外，必须先按收费单位的决定缴费，并在缴费后十五日内向收费单位的上一级机关或行政主管部门申请复议。被处罚单位对处罚决定不服的，可在接到处罚决定书之日起十五日内向作出处罚决定的上一级主管机关申请复议。收费单位的上一级机关、行政主管部门或作出处罚决定的上一级主管机关，应当在接到复议申请书之日起两个月内作出复议决定。国家法律、法规另有规定的除外。

当事人对复议决定不服的，可在接到复议决定书之日起十五日内，或者国家法律、法规规定的期限内向人民法院起诉。

当事人在法定期限内不提出申请复议，或复议后在法定起诉期限内，不向人民法院提起诉讼又不履行的，收费单位或作出处罚决定的机关，可以申请人民法院强制执行或依法强制执行。

第二十四条 对拒绝、阻碍收费人员或监督检查人员执行公务的，由公安机关依照《中华人民共和国治安管理处罚法》的规定予以处罚。情节严重，构成犯罪的，由司法机关依法追究刑事责任。

第二十五条 本条例自1992年1月1日施行。1986年7月24日省人民政府颁布的《广东省行政事业性收费管理暂行条例》同时废止。

广东省产品质量监督条例

（1993年11月16日广东省第八届人民代表大会常务委员会第五次会议通过　根据1997年12月1日广东省第八届人民代表大会常务委员会第三十二次会议《关于修改〈广东省产品质量监督条例〉有关条文的决定》第一次修正　根据2010年7月23日广东省第十一届人民代表大会常务委员会第二十次会议《关于修改部分地方性法规的决定》第二次修正）

第一章　总　则

第一条　为了加强对产品质量的监督，明确产品质量责任，保护用户、消费者的合法权益，维护社会经济秩序，根据《产品质量法》、《全国人大常委会关于惩治生产、销售伪劣商品犯罪的决定》等法律、法规，结合本省实际情况，制定本条例。

第二条　在本省行政区域内从事产品生产、销售活动，必须遵守本条例。

本条例所称的产品，是指经过加工、制作并用于销售的产品。

建设工程不适用本条例规定。但用于建设工程中的建筑材料、装饰材料，以及在建筑物内使用的、能保持其原有特性和用途的产品适用本条例规定。

第三条　省人民政府技术监督管理部门负责组织、协调全省的产品质量监督工作；考核认可产品质量监督检验机构；调解、仲裁产品质量纠纷；查处重大产品质量违法案件。

市、县人民政府技术监督管理部门负责本行政区域内的产品质量监督工作；调解、仲裁产品质量纠纷；查处产品质量违法案件。

第四条　各级工商、卫生、医药、商检等行政管理部门和各行业主管部门应依照有关法律、法规的规定，在各自职责范围内相互配合，做好产品质量监督工作。

第二章　责任和义务

第五条　生产者生产或销售者销售的产品，其质量、标识、包装必须符合《产品质量法》及有关法律、法规规定的要求。不得生产、销售假冒伪劣商品。

第六条　生产单位的质量检验机构及其质量检验人员或受企业委托代行出厂检验的质量检验机构及其质量检验人员应当对产品质量检验负责，不得为不合格产品签发合格证。

第七条　产品的监制者应对被监制产品负责，保证产品质量符合规定的要求。

第八条　销售单位的采购人员不得采购违反本条例第五条规定的产品，销售单位必须在进货时检查验收。

第九条　产品质量达不到规定标准，但仍有使用价值并符合安全、卫生要求的，必须在产品或其包装的明显部位标明“处理品”、“次品”或“等外品”字样，方可出厂或销售。

失去使用价值的产品、影响人体健康和危及人身、财产安全的产品，不得销售，并应予以销毁。

第十条　销售者销售的进口产品应符合《产品质量法》的相关规定。对关系人体健康和人身、财产安全的产品，应当附有中文说明书；限期使用的产品应当用中文或阿拉伯数字注明失效日期；用进口散件组装或分装的产品应在产品或其包装上用中文注明组装或分装厂的厂名、厂址。

第十一条　以代销或联营等形式销售产品者，承担与本条例规定的销售者同样的产品质量责任和义务。

第十二条　场地或者设备的提供者不得纵容、庇护使用者生产、销售违反本条例第五条规定的产品，发现违法行为的，应当立即向主管部门或其他有关部门举报。

第十三条 印制者承接印制注册商标标识、名优标志、认证标志或者含以上所列标识、标志的包装物和铭牌时，应当查验有关证明文件，并复印留存。委托人不能提供证明文件的，印制者不得承接印制。

印制者不得将印制的前款所述标识、标志、包装物和铭牌提供给非委托人。

第十四条 广告经营者和报刊、广播电台、电视台应当按照法律、法规的有关规定，查验有关广告产品的质量证明，审查广告内容。不得代理、设计、制作、发布虚假广告。

第三章 行政监督

第十五条 政府对产品质量的监督，实行以监督抽查为主要方式的监督检查制度，对重点产品同时实行定期监督检验制度。

法律、法规对产品质量监督检查另有规定的，依照有关法律、法规的规定执行。

第十六条 监督抽查工作由省人民政府技术监督管理部门组织、协调。

县级以上人民政府技术监督管理部门可在本行政区域内组织抽查。所需经费由同级财政拨款。

各级人民政府有关主管部门组织的抽查，其计划应报同级人民政府技术监督管理部门协调。抽查所需经费在部门自有资金中开支。

第十七条 定期监督检验工作由各级人民政府技术监督管理部门组织实施。定期监督检验产品目录和检验周期由省人民政府技术监督管理部门会同省有关主管部门制定并予以公布。定期监督检验按国家规定收取检验费。

第十八条 法定产品质量监督检验机构承担产品质量监督检验任务，应按照技术监督管理部门的有效文件或委托书的要求对产品进行抽样检验，抽样数量应符合标准或有效文件的规定。已抽取的样品在检验前应妥善保管，保持其质量的原有状况。

第十九条 产品质量监督检验的依据是国家标准、行业标准、地方标准或经备案的企业标准（含转化成企业标准的国外标准）、经济合同中有关质量的条款和以产品说明、实物样品等方式表明的产品质量状况。

第二十条 承担监督检验任务的检验机构应按技术监督管理部门下达的有效文件或委托书规定的期限上报检验结果。下达监督检验任务的技术监督管理部门应在接到检验结果之日起七日内将结果通知被检者。

被检者对检验结果有异议的，可在接到检验结果通知书之日起十五日内向下达监督检验任务的技术监督管理部门或其上一级技术监督管理部门申请复验。经复验证实原检验结果有误的，应即改正并免收复验的检验费；原检验结果正确的，应予维持并由申请复验者承担复验的检验费。

第二十一条 产品质量监督抽查的结果应当公布。

对经检查证明产品有质量问题的生产者、销售者，根据情节轻重，依法予以处理。

对生产产品不合格的企业，责令限期整改并实行质量跟踪制度。整改后，须由企业报实施监督检查的技术监督管理部门对首批产品进行抽样检验，经检验合格后，产品方可出厂。

第二十二条 各级工商行政管理部门在商标管理和市场管理中，负有对产品质量、标识、包装进行监督，查处假冒伪劣商品的职责。

各级工商行政管理部门应依照国家有关广告管理的规定，严格审查广告内容的真实性。

第二十三条 行政执法人员在进行产品质量监督时，应有两人以上参加，并出示行政执法证件和佩戴执法徽章，使用国家或本省统一的执法文书、罚没收据，严格按规定的程序执法。

第二十四条 行政执法人员在进行产品质量监督时，有权行使下列职权：

（一）查阅、复制有关的发票、账册、凭证、文件、业务函电和其他资料，用照相、录音、录相等手段取得所需的证明材料；

（二）进入产品存放地和仓库检查产品；

（三）对有严重质量问题或有严重质量问题重大嫌疑的产品进行封存、扣押；

（四）对违反产品标识规定等情节较轻的违法行为、罚款金额在五百元以下的，进行现场处罚。

行政执法人员对当事人正当的技术秘密和商业秘密，应当保密。

第二十五条 行政执法人员对实施封存或扣押的产品，应在十五日内作出鉴定结论。因办案需要延长封存或扣押期限的，应在期满前向上一级技术监督管理部门申请批准，并通知被封存或扣押产品的单位。延长期限一般不得超过三十日。因案情复杂需再延长期限的，应报省人民政府技术监督管理部门审批。

第二十六条 行政执法人员进行现场处罚时应制作现场处罚决定书和作现场笔录。现场笔录应当记载当事人的基本情况、主要违法事实、处罚内容，并由行政执法人员和当事人或见证人签名。

第四章 社会监督

第二十七条 用户、消费者就产品质量问题向产品的生产者、销售者查询时，生产者、销售者应在接到来信、来访之日起十五日内答复；用户、消费者因产品质量问题受到损害时，有权要求销售者或生产者按规定负责修理、更换、退货或者赔偿损失，交涉无效的，可向有关部门或用户、消费者组织申诉，或者依法向质量仲裁机构申请仲裁，也可以直接向人民法院起诉。

第二十八条 任何单位和个人发现生产、销售假冒伪劣商品的，有权向有关部门举报。有关部门应当为举报人保密。对举报有功的单位和个人，有关部门应当予以奖励。

第二十九条 各行业的同业组织负有对本行业产品质量进行监督的职责，督促企业依法生产、经营，保证产品质量。

第三十条 用户、消费者组织应依法对产品生产、销售进行监督，受理用户、消费者就产品质量问题的投诉，协同行政管理部门对产品质量进行监督检查。

第三十一条 新闻单位应利用新闻工具揭露生产、销售假冒伪劣商品的违法行为，经常性地向用户、消费者介绍产品质量知识，宣传国家和省有关产品质量监督管理的法律、法规。

第五章 法律责任

第三十二条 生产者、销售者在产品中掺杂、掺假，以假充真，以次充好，或者以不合格产品冒充合格产品的，责令停止生产或销售；没收违法所得，并处违法生产、销售产品货值金额百分之五十以上三倍以下的罚款，可以吊销营业执照；构成犯罪的，依法追究刑事责任。

第三十三条 生产者、销售者伪造产品的产地或者伪造、冒用他人的厂名、厂址、认证标志、名优标志等质量标志的，责令公开改正，没收违法所得，并处违法生产、销售产品货值金额等值以下的罚款，情节严重的，吊销营业执照。

第三十四条 产品标识不符合《产品质量法》相关规定的，责令改正；有包装的产品不符合《产品质量法》相关规定，情节严重的，可以责令停止生产或销售，并处违法生产、销售产品货值金额百分之三十以下的罚款。

第三十五条 生产者、销售者不按国家有关规定负责产品的修理、更换、退货和赔偿的，责令限期改正；拒不改正的，责令赔偿损失，可处违法所得一倍以上五倍以下的罚款，没有违法所得的，处以一万元以下的罚款。

第三十六条 广告经营者和报刊、广播电台、电视台违反本条例第十四条规定的，责令停止发布广告并公开更正，没收该广告的广告费收入，处以该广告费一倍以上五倍以下的罚款，情节严重的，吊销广告经营许可证。

第三十七条 生产者、销售者擅自启封、转移、销毁或销售被封存的产品的，处以封存产品总值一倍以上五倍以下的罚款，并可对责任人处以一千元以上五千元以下的罚款；情节严重，扰乱公共秩序的，由公安机关依照《中华人民共和国治安管理处罚法》的相关规定处罚。

第三十八条 本条例规定的吊销营业执照的行政处罚由工商行政管理

部门决定，其他行政处罚由技术监督管理部门或者工商行政管理部门按照国务院规定的职权范围决定。法律、法规对行使行政处罚权的机关另有规定的，依照有关法律、法规的规定执行。

第三十九条 当事人对行政处罚决定不服的，可以依照《产品质量法》的相关规定申请复议或向人民法院起诉。当事人逾期不申请复议也不向人民法院起诉，又不履行处罚决定的，由作出处罚决定的机关责令其限期缴纳罚款，逾期每日按罚款数额的百分之三加处罚款，可按规定程序冻结其银行存款，并可申请人民法院强制执行。

第四十条 产品质量监督抽样检验人员违反本条例第十八条规定的，由其所在单位给予行政处分；伪造检验数据或者伪造检验结论的，按照《产品质量法》的相关规定处理。

第四十一条 行政执法人员违反本条例第二十三条规定的，由其所在单位给予行政处分，并可由颁证机关收回行政执法证件和执法徽章。

行政执法人员在封存、扣押产品时滥用职权，使生产者或销售者的合法权益受到损害的，由其所在单位承担赔偿责任并对责任人给予行政处分。

第四十二条 国家工作人员有下列情况之一的，由其所在单位或者上级机关给予行政处分；构成犯罪的，依法追究刑事责任：

（一）利用职权，包庇有本条例所列违法行为的单位或者个人的；

（二）负有追查责任的国家工作人员玩忽职守、徇私舞弊，对有本条例所列违法行为的单位或者个人，不履行法律规定的追究职责的；

（三）滥用职权、假公济私，对检举、揭发本条例所列违法行为的举报人实行报复陷害的；

（四）利用职权、职务，以说情等方式干扰和妨碍行政执法人员依照本条例执行公务的。

第六章 附 则

第四十三条 本条例自颁布之日起施行。

广东省城镇房屋租赁条例

（1994年4月30日广东省第八届人民代表大会常务委员会第八次会议通过　根据2010年7月23日广东省第十一届人民代表大会常务委员会第二十次会议《关于修改部分地方性法规的决定》第一次修正）

第一章　总　则

第一条　为规范房屋租赁的行为，维护房屋租赁市场秩序，保障当事人的合法权益，根据法律、法规有关规定，结合我省实际，制定本条例。

第二条　本省行政区域内城镇、工矿区的房屋租赁适用本条例。法律、法规另有规定的，从其规定。

第三条　公民、法人或者其他组织拥有产权或者经营管理权的房屋，包括住宅、工商业用房、办公用房、仓库及其他用房可以依法出租。

第四条　房屋租赁当事人应当遵循自愿、平等、互利的原则。

第五条　县以上人民政府房地产管理部门负责房屋租赁的管理工作。

第六条　房屋有下列情形之一的，不得出租：

（一）未取得产权或者经营管理权的；

（二）产权有争议或者产权受到限制的；

（三）不可分割的共有房屋未取得其他共有人同意的；

（四）属违章建筑的；

（五）不符合安全标准的；

（六）法律、法规禁止的。

第二章　租赁合同

第七条　房屋租赁当事人应当签订书面租赁合同。租赁合同应当具备以下主要条款：

（一）当事人的姓名或者名称及地址；

（二）房屋的位置、面积、装修及设施；

（三）房屋用途；

（四）租赁期限；

（五）租金数额及交付方式；

（六）房屋维修责任；

（七）转租的约定；

（八）变更或者解除合同条件；

（九）违约责任；

（十）当事人约定的其他条款。

第八条　有下列情形之一的，可以变更或者解除租赁合同：

（一）符合合同约定可变更或者解除合同条件的；

（二）因不可抗力致使租赁合同全部不能履行的；

（三）当事人协商一致的。

因为变更或者解除租赁合同使一方当事人遭受损失的，除依法可以免除责任的以外，应当由责任方负责赔偿。

第九条　住宅承租人在租赁期内死亡的，租赁房屋的生前共同居住的人可以继续承租。

出租人在租赁期内死亡的，其合法继承人应当继续履行原租赁合同。

第十条　租赁期限届满，租赁合同终止。

原租期在一年以上，承租人需要继续承租的，应当在合同终止三个月前提出，并经出租人同意，重新签订租赁合同。

第十一条　签订、变更、终止租赁合同的，当事人应当向县以上房地产管理部门或者其派出机构进行登记。登记资料可以供查阅。

第三章　当事人的权利和义务

第十二条　当事人可以委托他人代为出租或者承租房屋。

受委托人应当持有授权委托书。境外当事人的委托书应当按照规定经过公证或者认证。

第十三条　房屋租金由当事人在租赁合同中约定。

第十四条　出租人依照租赁合同约定向承租人收取租金。

承租人按照租赁合同交付租金；违约的，应当支付违约金。

第十五条　出租人可以按照租赁合同收取不超过三个月租金数额的保证金。保证金的返还方式，由当事人在合同中约定。

第十六条　出租人应当按照租赁合同提供房屋；违约的，应当支付违约金，违约金不足以赔偿由此造成承租人损失的，出租人应当就不足部分进行补偿。

第十七条　当事人应当按照租赁合同负责检查、维修房屋及其设施。

出租人不按照合同约定及时维修房屋，致使房屋发生破坏性事故，造成承租人财产损失或者人身伤害的，应当承担赔偿责任。

承租人因使用不当，造成房屋损坏的，应当负责修缮并且支付由此产生的费用。

第十八条　租赁期间，出租人或者承租人改建、扩建或者改变房屋用途或者结构的，必须经对方同意。按照规定必须经有关部门批准的，应当报请批准。

第十九条　租赁期限届满而又没有重新签订租赁合同的，出租人有权按照合同约定的期限收回房屋。承租人未经出租人同意而逾期不迁出造成出租人损失的，应当承担赔偿责任。出租人可以请求房地产管理部门向承租人发出限期迁出通知书或者向人民法院提起诉讼。

经人民法院判决退出所承租住宅的承租人，确无其它住宅的，其所在单位应当把其列为无房户予以安排；符合条件的承租人，可向市、县人民政府申请列为住房困难户，统筹解决。

第二十条 承租人有下列行为之一的，出租人有权要求赔偿因此造成的损失，并且可以解除租赁合同：

（一）利用房屋进行非法活动的；

（二）擅自改变房屋结构或者约定用途的；

（三）擅自将房屋转租或者转借给第三人的；

（四）拖欠租金达六个月以上的。

第二十一条 下列人员在同等条件下，按照如下顺序对出租的房屋有优先承租权：

（一）房屋共有人；

（二）原承租人。

第二十二条 租赁期间，出租人转让已经出租的房屋，应当提前三个月书面通知承租人。

房地产权转移，受让人应当承担原出租人的义务并且享有出租人的权利。

第二十三条 房屋出租人应当依法纳税。

第二十四条 当事人发生争议，可以协商或者调解。当事人不愿协商、调解或者协商、调解不成的，可以依据租赁合同中的仲裁条款或者事后达成的书面仲裁协议，向房屋仲裁机构申请仲裁。当事人没有在租赁合同中订立仲裁条款，事后又没有达成书面仲裁协议的，可以向人民法院提起诉讼。

第四章 转 租

第二十五条 经出租人同意，承租人可以将租赁房屋的一部分或者全部转租给第三人。

第二十六条 转租人与受转租人应当按照本条例规定订立租赁合同，并且进行登记。

第二十七条 转租的租赁合同的租期，不得超过原租赁合同的租期。但当事人另有约定的除外。

第二十八条 转租的租赁合同生效后，转租人享有并且承担第三章规定的出租人的权利和义务，并且应当继续履行原租赁合同约定的义务；受转租人享有并且承担第三章规定的承租人的权利和义务。但当事人另有约定的除外。

第二十九条 转租人与受转租人对原出租人承担连带责任。

第三十条 转租期间，原租赁合同变更、解除或者终止的，因转租而签订的租赁合同随之相应变更、解除或者终止。

第五章 附 则

第三十一条 本省行政区域内城镇、工矿区以外的房屋租赁可以参照本条例执行。

国家机关、企业、事业单位职工租住本单位住房的，不适用本条例。

第三十二条 本条例施行前依法签订的房屋租赁合同继续有效。

第三十三条 本条例自1994年7月1日起施行。

广东省促进科学技术进步条例

（1995年9月19日广东省第八届人民代表大会常务委员会第十七次会议通过　根据2004年7月29日广东省第十届人民代表大会常务委员会第十二次会议《关于修改〈广东省对外加工装配业务条例〉等十项法规中有关行政许可条款的决定》第一次修正　根据2010年7月23日广东省第十一届人民代表大会常务委员会第二十次会议《关于修改部分地方性法规的决定》第二次修正）

第一章　总　则

第一条　为促进我省科学技术进步，发展社会生产力，推动经济建设和社会发展，根据《中华人民共和国科学技术进步法》和国家有关法律、法规，结合我省实际，制定本条例。

第二条　各级人民政府在社会主义现代化建设中必须把科学技术进步放在优先发展的地位，制定优惠政策予以扶持。

第三条　各级人民政府科学技术行政部门是本行政区域内科学技术工作的综合管理机构，负责科学技术进步的宏观管理和统筹协调。

其他行政部门依照各自职责，负责有关的科学技术进步工作。

第二章　科学技术研究、开发与应用

第四条　省、市人民政府应重视科学技术的研究、开发与应用，支持科学技术重点领域与关键技术的研究开发、联合攻关、中间试验和工业性试验，加速科学技术成果向现实生产力转化以及在经济建设和社会发展中的推广应用。

第五条 对经省级审定为农业新品种的成功培育单位，省每年拨出专项资金给予补贴，主要用于研究开发的再投入，以及奖励对培育新品种做出重大贡献的科学技术工作者。

第六条 各级人民政府要保护农业研究开发机构、技术推广机构的试验用地，任何单位不得侵占和挪作他用。确有必要调整试验用地的，必须按照省的有关规定执行。

第七条 为农业生产的产前、产中、产后服务的技术推广服务机构和各类组织，其开展技术服务或劳务所得收入按国家规定免征所得税。

第八条 大中型企业和企业集团应建立正常的技术开发投入机制和相对稳定的技术依托，使企业成为研究开发和技术创新的主体。

企业每年的技术开发费应占销售额适当的比例，企业的技术开发费依法按实际发生额计入成本。

大中型企业应建立自己的研究开发机构或与高等院校、科研院所合作，进行技术研究与开发。

第九条 企业要以市场为导向研制开发新产品，改革工艺流程，对引进技术设备消化吸收创新，用高新技术改造传统产业。

企业的技术引进要以专利、软件和必要的先进关键设备为主。重大项目及专利技术的引进要经过专利信息检索、咨询和专家论证。

第十条 鼓励企业应用科学技术新成果研制、开发新产品。凡省内首家生产的专利产品和新产品，按有关规定给予扶持。

第十一条 鼓励发展高新技术产业。经认定的高新技术企业享受国家和省对开发区内高新技术企业的税收优惠。

高新技术产业开发区和高新技术企业用地由当地政府实行优惠。

第十二条 加强基础研究和应用基础研究。省要逐步增大自然科学基金，重点支持经过评审筛选的基础性研究项目。

在自然科学基金中划出一定比例，资助35周岁以下的青年科学技术工作者的研究活动和国际合作。

第十三条 省要有计划地支持研究开发机构、高等院校建立或与企业联合建立省级重点实验室。

重点实验室应当对全社会开放，充分发挥其作用。

第十四条 研究开发机构和高等院校的技术成果转让、技术培训、技术咨询、技术服务、技术承包、技术设计和检测分析所取得的技术性服务收入，按国家规定免征所得税和营业税。

其他企业、事业单位的技术性服务，年净收入在30万元以下的，以及新办的专门从事技术性服务的企业、事业单位，按国家规定免征所得税。

第十五条 技术贸易机构和个体劳动者办理工商登记注册后，方可从事技术中介或技术经纪活动。

第三章 研究开发机构

第十六条 省人民政府根据经济、社会和科学技术发展的需要，以省重点科研机构、国家和省重点实验室、重点大学的优势学科为基础，建立省级研究开发中心，由省财政予以重点支持。

第十七条 省人民政府应支持企业建立工程技术研究开发中心，从事产业科学技术的研究、科学技术成果的中试以及工艺、装备等工程化开发。

第十八条 独立的技术开发型研究开发机构应逐步成为科技经济实体。经批准取得企业法人资格后，仍可继续享受国家和省关于研究开发机构的优惠政策。

研究开发机构可以实行民营。鼓励企业、团体和其他社会力量创办民营的研究开发机构。

第四章 科学技术工作者

第十九条 各级人民政府应建立科学技术奖励制度。对于有突出贡献的科学技术工作者，可以给予重奖，颁发特殊津贴，授予相应的荣誉称号。

省人民政府设立科学技术进步奖、自然科学奖或其他科学技术奖，奖励为发展科学技术事业和推动科学技术进步做出突出贡献的公民和组织。

第二十条 对具有特殊技术技能的科学技术工作者，可以实行特殊报酬制度。

第二十一条 凡在我省从事科学技术研究、开发工作而人事户口关系不在广东的省外科学技术工作者，其工资、福利和配偶就业、子女就读等方面，享受与我省科学技术工作者同等待遇。

第二十二条 承担国家或省委托的以社会效益为主的基础性研究项目的科学技术工作者，经批准可从其承担的项目经费（扣除固定资产购置费）中提取一定比例作为特殊补贴。

第二十三条 鼓励出国留学人员学成回国服务；出国留学、研究人员以及境外专家到我省讲学、合作研究开发、兴办科技企业，有关部门应提供工作、生活的必要条件，保证其来去自由。

出国留学人员回国时携带个人自用的合理数量的科学仪器、设备、试剂、生活用品等，按国家规定减免关税。

第五章　科学技术知识产权保护

第二十四条 实施国家和省制定的各类科学技术计划项目，由制定计划的部门或者其授权的专家委员会代表政府（委托方），与项目承担单位（受委托方）依法签订委托研究开发合同，约定科学技术知识产权的归属、保密和分享办法。

第二十五条 科学技术知识产权经评估后可以作为注册资金，但其所占份额不得超过全部注册资金的20%。

第二十六条 研究开发机构或个人，可将自己拥有的科学技术知识产权作为投资股本，取得合法收益。允许职务发明者在一定时期内对其职务发明占有一定比例的红股，或从该职务发明技术效益的税后利润中提取一定比例的报酬。发明者自行要求调离本单位后，其权利自动消失。

第二十七条 对于国家和省的重点科学技术攻关计划、高新技术研究发展计划项目所形成的科学技术成果，有下列情况之一的，受委托方应当报国家和省制定计划部门批准：

（一）转让专利申请权、专利权和其他科学技术知识产权的；

（二）许可外国的企业及其他组织或者个人实施的；

（三）与外国的企业及其他组织或者个人合资、合作实施的；

（四）以技术入股成立有限责任公司、股份有限公司的。

其中（二）、（三）项还应同时报对外经济贸易行政部门批准。

第二十八条 科学技术工作者以及有关工作人员不得违犯国家规定和合同约定，泄露、出卖和使用其在科学研究工作中所了解或掌握的科学技术秘密，损害科学技术知识产权拥有者的合法权益，或以此谋取利益。

在人才流动过程中，凡调离、辞职、退职等离开原单位，或者调进、受聘、业余兼职等到新单位的流动人员，其原单位和新单位均需与流动人员依法签定科学技术知识产权保护合同，明确各方有关科学技术知识产权的权利和义务等关系。

单位与流动人员依法签定的科学技术知识产权保护合同受法律保护。

第六章 对外科学技术合作与交流

第二十九条 鼓励研究开发机构、高等院校、企业、社会团体和科学技术工作者与国外以及港澳台地区有关组织和个人建立多种形式的合作关系。

对于与国外以及港澳台地区合作的重要科学技术研究项目，经省科学技术行政部门批准，可以在科学技术发展基金增值部分或者其他科学技术费用中优先给予资助。

第三十条 鼓励研究开发机构开展技术出口，或者依照国家有关涉外规定以技术入股的形式在国外以及港澳台地区兴办企业，生产科技产品，提供科学技术服务。

第三十一条 鼓励国外以及港澳台地区的组织和个人在我省以独资或合资、合作经营的方式成立研究开发机构。

第三十二条 研究开发机构、高等院校、企业以及其他组织依照国家有关规定，可以从国外聘用研究开发人员，或者接受国外组织和个人的委托进行研究开发。

第七章 科学技术投入

第三十三条 各级人民政府要逐步增大全社会科学技术研究开发经费的投入，使全社会研究开发经费占国内生产总值比例达到国家规定的指标。全省各级财政科学技术投入的增长速度要高于财政收入的年增长速度，使全省财政科学技术投入占财政总支出的比例达到省规定的指标。

鼓励全社会多渠道筹集科学技术资金。

第三十四条 各类金融机构应为科学技术成果商品化、产业化提供资金和融资服务。

鼓励发展各种形式的科学技术风险投资公司，开展各类型的科学技术风险投资及有关业务。

第三十五条 各级人民政府应创造条件，建立科学技术创业风险投资基金或科学技术发展基金，主要用于科学技术成果转化。

经省科学技术行政部门审核，报人民银行省分行审查批准，可成立各类型全省性的科学技术基金组织。科学技术基金组织经省民政部门核准登记，可成为社会团体法人。

鼓励国内外的组织和个人捐资设立各类型的科学技术基金。对科学技术基金捐赠，在年度应纳税所得额3%以内的部分，按国家规定不计征所得税。

第三十六条 科学技术基金组织的基金可以利用国家和省规定的方式增值，增值的可使用部分除提取部分并入基金本金外，其余用于资助科学研究活动和基金组织运作的必要开支，不得挪作他用。

第三十七条 经科学技术行政部门认定的高新技术企业，可以按规定从成本中提取科学技术开发风险准备。

第八章　附　则

第三十八条　违反本条例的，由有关部门依照法律的规定处理。

第三十九条　本条例自1995年12月1日起施行。

广东省实施《中华人民共和国反不正当竞争法》办法

（1996年4月5日广东省第八届人民代表大会常务委员会第二十一次会议通过　根据1997年12月1日广东省第八届人民代表大会常务委员会第三十二次会议关于修改《广东省实施〈中华人民共和国反不正当竞争法〉办法》第二十一条的决定第一次修正　根据2010年7月23日广东省第十一届人民代表大会常务委员会第二十次会议《关于修改部分地方性法规的决定》第二次修正）

第一章　总　则

第一条　根据《中华人民共和国反不正当竞争法》（以下简称《反不正当竞争法》），结合本省实际，制定本办法。

第二条　在本省行政区域内从事商品经营和营利性服务的经营者，必须遵守本办法。

经营者以外的组织或者个人，其行为对公平竞争有影响的，也必须遵守本办法。

第三条　县级以上人民政府工商行政管理部门对不正当竞争行为进行监督检查；法律、法规规定由其他部门监督检查的，依照其规定。

第四条　各级人民政府应当鼓励、支持和保护一切组织或者个人向监督检查部门检举、揭发不正当竞争行为，并为其保密，对有功者给予奖励。

第二章　禁止不正当竞争行为

第五条　经营者不得擅自使用下列他人的知名商品特有的名称、包装、装潢：

（一）按国家规定被认定为驰名商标或者著名商标的商品；

（二）经省级以上行政部门同意参加的国际评奖活动中获奖的商品；

（三）在本地区同类商品市场内为公众所知悉的商品。

第六条　经营者不得使用与他人知名商品的整体形象（包括文字、图形、颜色等）近似的名称、包装、装潢，使普通消费者误认为是该知名商品。

第七条　经营者不得在商品上作下列引人误解的虚假表示：

（一）伪造产品质量认证标志；

（二）使用与实际不符的产品质量认证标志；

（三）冒用名优产品标志；

（四）编造虚假的商品生产企业名称、原产地（含工业产品的加工和制造地、天然产品的产地、农副产品的生长和繁养地）、质量合格证或者监制单位；

（五）伪造商品的规格、等级、专利号、制作成分、生产日期和有效期；

第八条　经营者不得利用下列手段对商品的质量、制作成分、性能、用途、生产者、有效期、产地、专利号、获奖情况等作引人误解的虚假宣传：

（一）广告宣传；

（二）雇佣或者伙同他人进行销售诱导；

（三）现场演示或者说明；

（四）张贴、散发、邮寄商品说明书或者其他宣传材料；

（五）利用信息载体或者集会发布信息；

（六）利用大众传播媒介进行报导。

大众传播媒介及其工作人员不得对经营者或者其商品作虚假的宣传报道。

第九条　经营者不得采取下列手段，损害竞争对手的商业信誉和商品声誉：

（一）刊登对比性或者声明性广告，贬低竞争对手；

（二）利用商品说明书吹嘘其商品质量，贬低竞争对手；

（三）在公开场合散发传单或者小册子，对竞争对手的生产、销售、服务、产品质量等进行诋毁；

（四）自己或者唆使、雇佣他人，以客户或者消费者的名义向国家机关、新闻单位、行业协会、消费者组织等有关部门作虚假的投诉；

（五）以其他公开或者非公开的形式向用户和消费者捏造事实、散布谣言，贬低竞争对手。

第十条 投标人与招标人不得实施下列不正当竞争手段：

（一）投标人之间串通，抬高或者压低投标报价，以及在类似招标项目中轮流以高价位或者低价位中标；

（二）招标人在开标前开启投标人的投标书；

（三）招标人在开标前将标底告知投标人；

（四）招标人在评标定标时对不同的投标人实行不平等待遇；

（五）招标人与投标人串通，在公开投标时抬高或者压低标价，中标后再给投标人或者招标人额外补偿。

第十一条 抽奖式有奖销售的最高奖金不得超过五千元；以物品或者其他经济利益作为奖励的，按同期市场同类商品和服务的价格折算，其金额不得超过五千元。

第十二条 进行有奖销售的经营者应当向公众告知所设奖品的种类、中奖概率、奖金额以及兑奖时间、地点和方式等有关事项，不得对该事项作虚假的表示。

经营者不得变更已经公布的有奖销售决定事项。

第十三条 经营者不得用下列欺行霸市手段操纵市场，妨碍公平竞争：

（一）胁迫他人同自己交易；

（二）迫使他人之间进行交易；

（三）迫使竞争对手回避或者放弃与自己进行竞争；

（四）阻碍他人之间建立正常的交易关系；

（五）扰乱或者妨碍竞争对手正常的经营活动。

第十四条 公用企业、事业单位或者其他依法具有独占地位的经营者，不得采取下列行为：

（一）限定用户、消费者购买或者接受其附带提供的相关商品或者有偿服务；

（二）限定用户、消费者购买或者接受其指定的经营者的商品或者有偿服务；

（三）强制用户、消费者购买或者接受其提供的商品或者有偿服务；

（四）阻碍用户、消费者购买或者接受其他经营者提供的符合技术标准要求的商品或者符合要求的有偿服务；

（五）对不接受其不合理条件的用户、消费者，实行不提供或者中断、削减提供相关商品、服务，或者滥收费用；

（六）法律、法规规定的其他不正当竞争行为。

第十五条 经营者之间不得以合同、协议或者其他方式联合划定市场，限定商品价格和销量。法律、法规另有规定的，从其规定。

第三章 监督检查

第十六条 监督检查部门在监督检查不正当竞争行为时，发现与不正当竞争有关的财物有可能被转移、隐匿、销毁的，经县级以上监督检查部门负责人批准，可予以封存、扣留，并可以通知仓储、运输等有关单位依法协助办理；对违法事实认定清楚的，可以提请金融机构依法暂停支付违法行为人的存款。

第十七条 经营者的合法权益受到不正当竞争行为侵害时，有权向监督检查部门投诉；监督检查部门收到当事人的投诉后，应当在十日内作出是否受理的决定，并通知当事人。监督检查部门对决定受理的投诉，应当在国家规定的期限内作出处理。

第十八条 监督检查部门应当定期向社会公布有严重不正当竞争行为的经营者及主要事实，但应当对经营者的正当商业秘密保密。

第十九条 监督检查人员在监督检查不正当竞争行为时，应当出示检查证件；对不出示检查证件的，被检查的经营者有权拒绝检查。

第四章 法律责任

第二十条 经营者违反本办法第五条、第六条规定的，监督检查部门责令其停止违法行为，没收违法所得，根据情节，处以违法所得一倍以上三倍以下的罚款；情节严重的，可以吊销营业执照。

第二十一条 违反本办法第七条第（一）、（二）、（三）、（四）项规定的，监督检查部门应当责令其公开改正、没收违法所得，并根据情节处以违法所得一倍以上五倍以下罚款，没有违法所得的，处以一千元以上五万元以下的罚款。

违反第七条第（五）项规定的，责令改正，情节严重的，可以责令停止生产或销售，并可处违法所得百分之十五至百分之二十的罚款。

第二十二条 经营者违反本办法第八条第一款、第九条规定的，监督检查部门应当责令其停止违法行为，消除影响，并没收违法所得，可根据情节，处以五万元以上二十万元以下罚款。

违反本办法第八条第二款规定的，监督检查部门应当责令其公开检讨，有违法所得的，没收违法所得，并处以二万元以上五万元以下罚款。

第二十三条 违反本办法第十条规定的，应当按照《中华人民共和国招标投标法》的相关规定处理。

第二十四条 违反本办法第十一条、第十二条规定的，监督检查部门应当责令其停止违法行为，根据情节给予三个月以上六个月以下禁止开展有奖销售活动的处罚，并可处以三万元以上十万元以下罚款。

第二十五条 违反本办法第十三条规定的，监督检查部门应当责令其停止违法行为，没收违法所得，并处违法所得一倍以上三倍以下罚款；情节严重的，责令停业整顿；构成犯罪的，依法追究刑事责任。

第二十六条 违反本办法第十四条规定的，监督检查部门应当按《反不正当竞争法》第二十三条的规定处理。

第二十七条 违反本办法第十五条规定的，监督检查部门应当责令其停止违法行为，没收违法所得，并根据情节处以违法所得一倍以上三倍以下的罚款。

第二十八条 阻挠监督检查部门依法行使职权的，依照《中华人民共和国治安管理处罚法》的规定处理；构成犯罪的，依法追究刑事责任。

第二十九条 监督检查部门因行使本办法第十六条所规定的职权不当，使经营者的合法权益受到损失的，应当依照《中华人民共和国国家赔偿法》承担赔偿责任。

监督检查人员滥用职权、玩忽职守的，应当给予行政处分；构成犯罪的，依法追究刑事责任。

第三十条 当事人对监督检查部门及政府有关部门作出的处罚决定不服的，可按《中华人民共和国行政复议法》的规定申请复议，也可以直接向人民法院起诉。

当事人在处罚决定书送达之日起十五日内既不申请复议，也不向人民法院起诉，又不执行处罚决定的，作出处罚决定的机关可以依法强制执行或者申请人民法院强制执行。

第五章　附　则

第三十一条 本办法自公布之日起施行。

广东省实施
《中华人民共和国环境噪声污染防治法》办法

（1997年12月1日广东省第八届人民代表大会常务委员会第三十二次会议通过　根据2004年7月29日广东省第十届人民代表大会常务委员会第十二次会议《关于修改〈广东省对外加工装配业务条例〉等十项法规中有关行政许可条款的决定》第一次修正　根据2010年7月23日广东省第十一届人民代表大会常务委员会第二十次会议《关于修改部分地方性法规的决定》第二次修正）

第一条　根据《中华人民共和国环境噪声污染防治法》等法律法规，结合本省实际，制定本办法。

第二条　本办法适用于本省行政区域内的环境噪声污染防治。

第三条　各级人民政府应将环境噪声污染防治工作纳入环境保护规划，并制定防治环境噪声污染的政策和措施。根据国家声环境质量标准的规定，划定本辖区内各类标准适用区，建设环境噪声达标区。

各市、县人民政府要划出专项经费，用于建设城市环境噪声达标区和环境噪声污染防治示范工程。

专项经费由当地环境保护行政主管部门提出使用计划，报同级人民政府批准，由同级财政主管部门监督使用。

第四条　省、市、县环境保护行政主管部门，对本辖区的环境噪声污染防治实施统一监督管理。

公安、交通主管部门根据各自职责对交通运输噪声和社会生活噪声污染防治实施监督管理。

技术监督主管部门对工业产品、设备的标准中规定的噪声限值实施监督管理。

铁路、民航主管部门和港务监督、渔政监督部门根据各自职责分别对火车、航空器、船舶噪声污染防治实施监督管理。

工商、建设、文化等行政管理部门和乡镇人民政府及街道办事处，根据各自职责，依法协助环境保护行政主管部门对噪声污染防治实施监督管理。

公安、交通、技术监督、铁路、民航、港务监督、渔政监督、工商、建设、文化等部门的噪声污染防治监督管理工作应接受同级环境保护行政主管部门的检查、指导，并向环境保护行政主管部门报送噪声污染防治的情况。对不履行法定职责的，由环境保护行政主管部门报同级人民政府处理。

第五条 产生环境噪声的建设项目的动工建设、投产使用，必须报经环境保护行政主管部门审查同意。

建设项目需要配套的环境噪声污染防治设施没有建成或者没有达到国家规定要求的，不得投入生产或者使用。

第六条 产生环境噪声污染的单位和个体工商户，应依法申报登记和申领噪声排放许可证。广东省噪声排放许可证管理办法由省人民政府另行制定。

第七条 在工业生产中因使用固定的设备造成环境噪声污染的单位和个体工商户，必须向所在地的县级以上环境保护行政主管部门申报拥有造成环境噪声污染的设备的种类、数量以及在正常作业条件下所发出的噪声值和防治环境噪声污染的设施情况。

造成环境噪声污染的设备的种类、数量、噪声值和防治设施有重大改变的，必须在改变的15日前申报，并采取有效的防治措施。

第八条 产生环境噪声污染的单位和个体工商户，必须保持防治环境噪声污染的设施的正常使用；拆除或者闲置环境噪声污染防治设施的，必须提前15日向原审批的环境保护行政主管部门申请，环境保护行政主管部门应在接到申请后7日内予以答复；因事故停止使用的，应立即采取措施，减少或停止噪声排放，并于24小时内向原审批的环境保护行政主管部门报告。

第九条 环境保护行政主管部门负责组织对辖区的环境噪声质量常规监测和对噪声污染源的监督监测。

第十条 环境保护行政主管部门和其他依照法律、法规行使环境监督管理权的部门，有权对其辖区内排放噪声的单位和个体工商户进行现场检查。

被检查的单位和个体工商户必须如实反映情况，提供必要的资料，不得拒绝、阻挠现场检查。

行政执法人员进行现场检查时，应当出示证件。

第十一条 环境噪声污染防治设备定型前，必须经国家规定的部门认定的检测机构检定，达到规定要求方能投入批量生产。

第十二条 排放噪声超过国家环境噪声排放标准的单位和个体工商户，应采取有效措施进行治理并依法缴纳超标准排污费。

征收的超标准排污费必须用于污染的防治，不得挪作他用。

第十三条 对排放噪声造成严重污染和扰民的单位和个体工商户必须限期治理。

中央或者省人民政府管辖的单位的限期治理，由省人民政府决定。市人民政府管辖的单位的限期治理，由市人民政府决定。县及县以下人民政府管辖的单位的限期治理，由县人民政府决定。小型企业事业单位和个体工商户的限期治理由县级以上环境保护行政主管部门决定。

第十四条 禁止在噪声敏感建筑物集中区域设立产生噪声污染的工业生产项目；对已设立的，由县级以上人民政府或者环境保护行政主管部门按照规定权限作出决定，责令其限期治理；对产生噪声污染的经营活动，由县级以上环境保护行政主管部门责令整改。

噪声敏感建筑物集中区域的划定，由市、县级环境保护行政主管部门会同有关部门提出，报同级人民政府批准，并抄报上一级环境保护行政主管部门备案。

第十五条 在噪声敏感建筑物集中区域内，产生噪声严重扰民的建筑施工单位和经限期治理仍不能消除环境噪声污染的工业生产项目单位，必须在接受行政处罚的同时，与受其污染的单位和居民组织协商，采取调整生产作业时间及其他补偿措施，并将达成的协议报所在地环境保护行政主管部门备案。

第十六条 在城市范围内从事生产活动确需排放偶发性强烈噪声的，必须事前向当地公安机关提出申请，经批准后方可进行。当地公安机关应当向社会公告。

第十七条 在城市市区内建筑施工使用机械设备，可能产生环境噪声污染的施工单位应申领噪声排放许可证。

第十八条 在城市市区范围内排放建筑施工噪声超过国家规定标准的，环境保护行政主管部门可限制其作业时间。

第十九条 在城市市区范围内限制使用混凝土搅拌机。

第二十条 在城市噪声敏感建筑物集中区域内，除抢修和抢险作业外，禁止夜间进行环境噪声污染的建筑施工作业。因浇灌混凝土不宜留施工缝的作业和为保证工程质量需要的冲孔、钻孔桩成型及其他特殊情况，确需在夜间连续施工作业的，须有建设行政主管部门出具的证明、经建筑施工作业所在地的环境保护行政主管部门批准，并公告附近居民。

临近中小学校的建设施工，施工单位应采取隔离措施，降低噪声污染。

第二十一条 在城市市区内建筑施工禁止使用蒸汽桩机、锤击桩机。受地质、地形等条件限制确需使用的，必须报经建筑施工作业所在地的环境保护行政主管部门批准，其作业时间限制在7时至12时，14时至20时。

第二十二条 机动车辆产生的噪声必须符合国家规定的机动车辆噪声排放标准。本办法颁布后需领取车辆行驶证的机动车，超过噪声排放标准的，公安机关不予办理车辆行驶证；对超过噪声排放标准的机动车，公安机关不予办理年审。

机动车辆的噪声监测应由车辆噪声监测机构承担。

车辆噪声监测机构应将机动车辆噪声监测结果报送同级环境保护行政主管部门，并接受其监督。

第二十三条 机动车辆噪声应列入机动车辆大修的范围。机动车辆大修后经检验达到国家规定的机动车辆噪声排放标准方可出厂。

第二十四条 机动车辆在城市市区范围行驶，机动船舶在城市市区的内河航道航行，铁路机车驶经或者进入城市市区、疗养区时，必须使用低音喇叭；在禁鸣喇叭路段和区域不得鸣喇叭。

警车、消防车、工程抢险车、救护车等机动车辆安装、使用警报器，必须符合国务院公安机关的规定；在执行非紧急任务时，禁止使用警报器。

第二十五条 新建机场在选址、设计时，应采取措施避免航空器起飞、降落航道通过城市市区上空。

第二十六条 禁止任何单位、个人在城市市区噪声敏感建筑物集中区域内使用高音广播喇叭。

未经公安机关批准，不得在城市街道、广场、公园等公共区域和疗养区以及在群众娱乐、集会等活动中使用高音喇叭和广播宣传车。

第二十七条 文化行政主管部门核发营业性文化娱乐场所的文化经营许可证前，应征求同级环境保护行政主管部门的意见。营业性文化娱乐场所的场界噪声不符合国家规定的环境噪声排放标准的，文化行政主管部门不得核发文化经营许可证，工商行政管理部门不得核发营业执照。

经营中的营业性文化娱乐场所、体育场（馆）、城市集贸市场的经营者应当采取有效措施，使场界噪声值不超过规定的环境噪声排放标准。

第二十八条 在经营活动中使用空调器、冷却塔、抽风机、发电机、水泵、音响设施或其他产生噪声污染的设备的，必须采取有效的措施，使其边界的噪声不超过国家规定的噪声排放标准。

第二十九条 居民使用家用电器、乐器或进行娱乐及其他活动时，应当控制音量和采取其他有效措施降低噪声，不得对周围生活环境造成噪声污染。

禁止中午和夜间在住宅区、居民集中区、文教区和疗养区从事产生噪声污染的室内装修、家具加工等活动。

第三十条 禁止中午和夜间在住宅区和居民集中区高声叫卖、高声喧闹。

禁止在商业经营活动中使用高音喇叭或者采用其他发出高噪声的方法招揽顾客。

第三十一条 各级人民代表大会或县级以上人民政府可以根据环境保护的需要，作出限制或禁止燃放烟花爆竹的规定。

第三十二条 违反本办法的规定，有下列情形之一者，由县级以上环境保护行政主管部门或者其他依照法律、法规行使环境噪声监督管理权的部门责令其改正，并根据情节轻重给予处罚：

（一）违反本办法第五条规定，建设项目中需要配套建设的环境噪声污染防治设施没有建成或者没有达到国家规定的要求，擅自投入生产或者使用的，由批准该建设项目的环境影响报告书的环境保护行政主管部门责令停止生产或者使用。应当处以罚款的，按下列规定执行：建设项目中需要配套建设的环境噪声污染防治设施没有建成的，处以1万元以上5万元以下的罚款；环境噪声污染防治设施没有达到国家有关建设项目环境保护管理规定而投入生产的，处以5000元以上2万元以下罚款。

（二）违反本办法第六、七条规定，拒报或谎报有关环境噪声排放申报登记事项的，由县级以上环境保护行政主管部门给予警告或者处以300元以上3000元以下罚款。

（三）违反本办法第八条规定，擅自拆除或者闲置污染防治设施，致使环境噪声排放超过规定的标准的，由县级以上环境保护行政主管部门处以1000元以上1万元以下罚款。

（四）违反本办法第十条规定，拒绝执法人员现场检查，或接受检查时弄虚作假的，执法部门可根据不同情节，给予警告或者处以300元以上3000元以下罚款。

（五）违反本办法第十二条规定，不按照国家规定缴纳超标准排污费的，县级以上环境保护行政主管部门除追缴超标准排污费及滞纳金外，给予警告或者处以1000元以上1万元以下罚款。

（六）违反本办法第十三、十四条规定，对经限期治理逾期未完成治理任务的企业事业单位或者个体工商户，除依照国家规定加收超标准排污费外，可以根据所造成的危害和损失处以1万元以上10万元以下的罚款，或者责令其停业、搬迁、关闭。罚款由环境保护行政主管部门决定。责令停业、搬迁、关闭由作出限期治理决定的人民政府决定或者由作出限期治理决定的环境保护行政主管部门报请人民政府决定；责令中央直接管辖的企业事业单位停业、搬迁、关闭的，须报经国务院批准。

（七）违反本办法第十六条规定，未经当地公安机关批准，举行产生偶发性强烈噪声活动的，由公安机关给予警告或者处以500元以上5000元以下罚款。

（八）违反本办法第十八、二十、二十一条规定，拒不执行环境保护行政主管部门限制施工作业时间者，县级以上环境保护行政主管部门可以处以

3000元以上1万元以下罚款。

（九）违反本办法第二十四条规定，机动车辆使用高音喇叭、怪音喇叭或在禁鸣喇叭路段和区域鸣喇叭者，由当地公安机关给予警告或者处以100元以上300元以下罚款；机动船舶不按照规定使用声响装置的，由港务监督部门给予警告或者处以200元以上500元以下罚款。

（十）违反本办法第二十六条第一款规定，在城市市区噪声敏感建筑物集中区域内使用高音广播喇叭，造成环境噪声污染的，由公安机关给予警告，可以并处200元以上1000元以下罚款。

违反本办法第二十六条第二款规定，在城市市区街道、广场、公园等公共场所组织娱乐、集会等活动，使用音响器材，产生干扰周围生活环境的过大音量的，由公安机关给予警告，可以并处200元以上1000元以下罚款。

（十一）违反本办法第二十七条第二款、第二十八条规定，造成环境噪声污染的，县级以上环境保护行政主管部门可以处以200元以上1000元以下罚款。

（十二）违反本办法第二十九、三十条规定，造成环境噪声污染的，由公安机关给予警告，可以并处200元以上1000元以下罚款。

第三十三条　当事人对行政处罚决定不服的，可以在接到处罚决定通知书之日起15日内，向作出处罚决定的机关的上一级机关申请复议；当事人对复议决定不服的，可以在接到复议决定通知书之日起15日内，向人民法院起诉。当事人也可以在接到处罚决定通知书之日起15日内直接向人民法院起诉。

当事人逾期不申请复议，也不向人民法院起诉，又不履行处罚决定的，由作出处罚决定的机关申请人民法院强制执行。

第三十四条　排放环境噪声污染的单位和个体工商户缴纳超标准排污费或者被处以罚款，不免除其承担消除噪声危害及其他法律责任。

第三十五条　本办法规定的“中午”是指北京时间12时至14时；“夜间”是指北京时间22时至翌晨6时。

第三十六条　本办法自公布之日起施行。

广东省实施《中华人民共和国人民防空法》办法

（1998年7月29日广东省第九届人民代表大会常务委员会第四次会议通过　根据2010年7月23日广东省第十一届人民代表大会常务委员会第二十次会议《关于修改部分地方性法规的决定》修正）

第一条　为贯彻实施《中华人民共和国人民防空法》（以下简称《人民防空法》），结合本省实际，制定本办法。

第二条　县级以上各级人民政府和同级军事机关应当加强对本行政区域人民防空工作的领导。

县级以上各级人民政府对人民防空机构的设置及其主要负责人的任免应当征求同级军事机关的意见。

第三条　县级以上各级人民政府人民防空主管部门为本级人民政府管理人民防空工作的职能机构，负责本行政区域《人民防空法》和本办法的组织实施和检查监督。

计划、规划、建设等有关部门在各自的职责范围内负责有关的人民防空工作。

第四条　省人民政府和省军区按照国家规定的城市防护类别、防护标准，共同确定省级人民防空重点城市。

人民防空重点城市应当根据城市人口分布和战时防护要求制定人民防空工程建设规划并纳入城市总体规划，统筹安排，合理布局。

第五条　重要经济目标，由所在地县级以上人民政府和军事机关共同确定，实行分等级防护。

重要经济目标，根据本单位人民防空工作需要，可以设立人民防空工作机构，管理本单位人民防空工作。

新建重要经济目标时，应当按照人民防空的防护要求，将其防护设施纳入基本建设计划，统一建设。

第六条 省人民政府应当建立人民防空工程使用权证制度，鼓励、支持企业事业组织、社会团体和个人以出资、集资、合资或利用外资等多种形式修建人民防空工程。

建设和开发利用人民防空工程，有关部门应按照国家和省有关规定，在税收、用电、用水等方面给予优惠。

第七条 人民防空主管部门应当按照国家规定组织国家机关、社会团体、企业事业组织的人员参加公共人民防空工程建设和维护管理。

第八条 人民防空指挥工程，按照国家规定的防护标准、要求，由县级以上各级人民政府负责安排建设经费，人民防空主管部门负责组织建设和管理。

第九条 人民防空重点城市新建10层以上或基础埋置深度达3米以上的9层以下民用建筑，应建相应于首层建筑面积的防空地下室。其余的按国家和省有关规定统一规划修建防空地下室。

第十条 按照本办法第九条规定应当修建防空地下室，但因地质、施工等客观条件不能与地面建筑同时修建的，经市级以上（不含县级市，下同）人民防空主管部门审批后，由建设单位按应建防空地下室的面积，向所在地县级以上人民防空主管部门缴纳易地修建防空地下室所需的建设经费（以下简称易地建设费）。

新建民用建筑不按本办法第九条规定修建防空地下室，又无法再修建的，必须补缴易地建设费，并由人民防空主管部门按有关规定处罚。

不符合第一款规定条件的，人民防空主管部门不得批准建设单位以缴纳易地建设费代替防空地下室建设。

易地建设费由人民防空主管部门按《广东省行政事业性收费管理条例》管理，专项用于修建人民防空工程。

第十一条 应建防空地下室的民用建筑项目，报批时必须经人民防空主管部门审核。未经人民防空主管部门审核的，规划部门不得发给建设工程规划许可证，建设部门不得发给施工许可证。

第十二条 人民防空主管部门应加强对人民防空工程建设质量的监督。

单独修建的人民防空工程，由人民防空主管部门按国家有关规定组织竣工验收。

结合民用建筑修建的人民防空工程，必须有人民防空主管部门参加质量监督和竣工验收。

人民防空工程经验收不合格的，必须按国家规定的防护标准和质量标准进行补救。

第十三条 人民防空工程，战时必须服从防空需要，统一调配使用；在平时可按有偿使用的原则开发利用，收益归投资者所有。

由国家投资修建的人民防空工程，平时开发利用的收益，应当按照国家有关规定用于人民防空建设，严格管理。

平时开发利用人民防空工程，不得影响人民防空工程的防空效能，并接受人民防空主管部门的监督检查。

第十四条 县级以上各级人民政府有关部门，应保障人民防空指挥工程、公共人民防空工程和与其配套的进出道路、孔口、出入口、口部伪装房等设施的地面用地。对已建工程应界定和确认其口部、进出口道路的用地范围。在工程口部附近修建的其他建筑物应留出不少于倒塌半径的安全距离。

第十五条 邮电、通信、广播、电视系统等应当根据人民防空通信、警报保障计划，制定传递防空警报信号的方案，保证战时优先传递、发放防空警报。

建设人民防空通信、警报网所需的线（电）路、频率，有关部门应当按照战备要求给予保障。

第十六条 根据人民防空通信、警报建设规划，需设置通信、警报点的建筑物，应在其顶层无偿预留10平方米人民防空通信、警报工作间，并预留线路管孔、电源。

防空地下室应预留通信线路管孔和设备放置的位置。

第十七条 人民防空主管部门应当对设置在有关单位的警报设施定期进行检查。

因城市建设需要拆迁人民防空警报设施，必须经所在地县级以上人民防空主管部门批准，重建经费由拆迁单位负责。

第十八条 人民防空重点城市应当定期组织防空袭警报试鸣。当地人民政府应当在试鸣五日前发布公告。

第十九条 省人民防空主管部门应根据国家训练大纲制定本省人民防空队伍训练计划。各市、县（区）人民防空主管部门应根据训练大纲和训练计划组织有关部门安排训练和检查训练效果。训练所需装备、器材、经费由人民防空队伍的组建单位负责；特殊性的装备、专业器材由人民防空主管部门提供。

第二十条 人民防空教育应纳入国防教育计划。有关部门应按《人民防空法》的规定在各自职责范围内做好人民防空宣传教育工作。

学校的人民防空教育，由各级教育主管部门组织实施；人民防空主管部门组织编写教材和师资培训，协助解决专用器材和教具。

第二十一条 县级以上各级人民政府负担的人民防空经费，应列入同级财政预算，并根据人民防空的需要和国民经济的发展水平相应增加。

有关单位应当按照国家的规定负担人民防空经费。

人民防空经费，是人民防空战备建设的专项费用，必须用于人民防空建设，任何单位和个人不得挤占、挪用。财政、审计等部门应当予以监督、检查。

第二十二条 挤占、挪用人民防空经费的，由有关单位对责任人员给予行政处分；构成犯罪的，依法追究刑事责任。挤占、挪用的人民防空经费应当依法追回。

第二十三条 人民防空主管部门的工作人员在管理工作中有失职、违法行为的，给予行政处分；构成犯罪的，依法追究刑事责任。

第二十四条 人民防空主管部门实施行政处罚时，应按《中华人民共和国人民防空法》和《中华人民共和国行政处罚法》的规定执行。

第二十五条 本办法自公布之日起施行。

广东省体育设施建设和管理条例

（1998年7月29日广东省第九届人民代表大会常务委员会第四次会议通过 根据2010年7月23日广东省第十一届人民代表大会常务委员会第二十次会议《关于修改部分地方性法规的决定》修正）

第一条 为了加强体育设施的建设与管理，发展体育事业，增强人民体质，根据《中华人民共和国体育法》和有关法律、法规，结合本省实际，制定本条例。

第二条 本条例所称体育设施，是指用于体育训练、竞赛、健身活动的场地、建筑物及其配套设备。

第三条 各级人民政府体育行政部门或本级人民政府授权的机构是本级行政区域内体育设施的主管部门，负责公共体育设施的建设和管理。

国家机关、社会团体、学校、企业事业组织和个人兴办的体育设施由单位或个人自主管理，并接受本级人民政府体育行政部门的业务指导和监督。营业性的体育设施。按有关法律、法规和规章的规定进行管理。

各级人民政府其他有关部门按照各自职责，协助做好体育设施的建设和管理工作。

第四条 各级人民政府应当按照国家对城市公共体育设施用地定额指标的规定，把公共体育设施建设纳入城市建设规划和土地利用总体规划。

各级体育行政部门应当根据城市建设规划，会同有关部门制定公共体育设施发展规划，经本级人民政府批准后实施。

第五条 各级人民政府应当把公共体育设施建设资金，列入本级财政预算和基本建设投资计划，并随着国民经济的发展逐步增加投入。

公共体育设施有出租的，其保养、维修、管理费用由租赁单位负责；向社会开放又无固定收入的，其保养、维修、管理费用应当列入本级财政体育事业费预算。

各级体育行政部门可以依法通过多种形式筹集公共体育设施建设资金。

鼓励社会团体、企业事业组织、境外机构和个人捐赠、赞助体育设施建设以及采取多种形式投资建设、经营体育设施。

第六条 新建、改建、扩建体育场（馆）必须符合城市总体规划和体育设施发展规划，符合体育场（馆）建设规范标准，由建设规划行政部门征求体育行政部门意见后审核批准。

第七条 新建、改建、扩建居住区，必须按照国家城市居住区规划设计规范和城市公共体育运动设施用地定额指标的有关规定配套建设公共体育设施。

居住区体育设施的建设应当与居住区主体工程的建设同步进行，同时投入使用。

第八条 新建的各级各类学校必须按照国家和省规定的标准建设体育设施。原有的学校，体育设施未达到规定标准的，应采取措施逐步达到规定的标准。

第九条 公共体育设施的竣工验收要有体育行政部门参加。

第十条 省应当做好优秀运动队伍集训设施的规划和建设，逐步完善现有训练基地设施和生活配套设施的建设，并规划和建设集体育训练、全民健身及配套设施为一体的设备完善的体育中心。

市（不含县级市，下同）应当建设体育场、体育馆、游泳池（馆）等公共体育设施。有条件的应当建设设备完善的体育中心。

县（含县级市、区，下同）应当建设体育场、灯光球场、游泳池、体育馆或练习馆等公共体育设施。

乡镇应当建设田径场、篮球场和体育活动房等公共体育设施。

第十一条 各级体育行政部门应当加强公共体育设施管理，提高体育设施使用率。

公共体育设施应当向社会开放，方便群众开展体育活动，对学生、老年人、残疾人实行免费或优惠办法。

公共体育设施可以开展适合本设施特点的体育经营活动，所得收入必须用于体育设施的管理和维修。

国家机关、社会团体、学校、企业事业组织的体育设施，在不影响工作、教学、生产和生活秩序的前提下，应当向社会开放，为公民健身提供服务。

第十二条 国家机关、社会团体、学校、企业事业组织和个人兴办体育设施，应当向所在地体育行政部门办理备案手续。

第十三条 管理体育设施的单位或个人必须依照有关规定，建立健全体育设施的使用和维护制度，保证体育设施的完好和使用安全。

第十四条 任何组织和个人不得擅自拆除公共体育设施或者改变其功能、用途。因城乡建设确需拆除公共体育设施或者改变其功能、用途的，有关地方人民政府在作出决定前，应当组织专家论证，并征得上一级人民政府体育行政主管部门同意，报上一级人民政府批准。

如涉及大型公共体育设施的，上一级人民政府在批准之前，应当举行听证会，听取公众意见。

任何组织和个人不得侵占、破坏公共体育设施。

第十五条 因城乡建设确需拆迁公共体育设施的，应当按照国家有关规定；先行择地新建偿还，使用面积和功能不得减少，并适当改善条件；重建方案应当征询体育行政部门意见后由建设规划行政部门批准。

第十六条 临时占用公共体育设施的，必须经体育行政部门和建设规划行政部门批准，并缴纳体育设施使用补偿费。补偿费必须用于体育设施建设和管理。临时占用期满，占用者应当按期恢复公共体育设施的原有功能，保证公共体育设施完好。

第十七条 任何组织和个人违反本条例规定，有下列行为之一的，由县级以上人民政府体育行政部门责令限期改正；对单位主管人员由其所在单位或者上级机关给予行政处分；造成损失的，依法承担民事责任：

（一）公共体育设施未经体育行政部门参与竣工验收而投入使用的；

（二）体育设施的管理单位和个人不按本条例规定办理体育设施备案手续的；

（三）擅自改变公共体育设施的用途，或经批准同意后未按原设施面积和标准建设偿还的；

（四）未经体育行政部门同意拆迁公共体育设施，或经同意拆迁后不按本条例规定新建偿还的；

（五）临时占用公共体育设施，期满后不按本条例规定恢复原有功能或不缴纳补偿费的；

（六）侵占、破坏公共体育设施的。

第十八条 体育行政部门工作人员和体育设施管理人员滥用职权、徇私舞弊、玩忽职守、拒绝或拖延履行职责，致使体育设施被侵占、挪用、破坏或给使用人造成人身伤害的，由其所在单位或其上级机关给予行政处分；构成犯罪的，依法追究刑事责任。

第十九条 在体育设施规划、建设、管理或使用中，违反城市规划、土地管理、治安管理等有关规定的，由有关部门依法作出处理。

第二十条 本条例自1998年10月1日起施行。

广东省母婴保健管理条例

（1998年7月29日广东省第九届人民代表大会常务委员会第四次会议通过　根据2004年7月29日广东省第十届人民代表大会常务委员会第十二次会议《关于修改〈广东省对外加工装配业务条例〉等十项法规中有关行政许可条款的决定》第一次修正　根据2010年7月23日广东省第十一届人民代表大会常务委员会第二十次会议《关于修改部分地方性法规的决定》第二次修正）

第一条　为了加强母婴保健管理，保障母亲和婴幼儿健康，提高出生人口素质，根据《中华人民共和国母婴保健法》（以下简称《母婴保健法》）和有关法律、法规，结合本省实际，制定本条例。

第二条　本省行政区域内的婚前保健、孕产期保健、婴幼儿保健等母婴保健服务及其管理，适用本条例。

第三条　县级以上卫生行政部门是母婴保健工作的主管部门，对本行政区域母婴保健工作实施监督管理。

各级人民政府有关部门应当在各自职责范围内，配合卫生行政部门做好母婴保健工作。

第四条　县级以上卫生行政部门设立母婴保健监督员，负责所辖区域母婴保健工作的监督检查。

第五条　医疗保健机构开展母婴保健业务的，应当符合国务院《医疗机构管理条例》规定的要求。

从事母婴保健专项技术服务的医疗保健机构，按照下列规定办理审批手续，经审查合格的，发给母婴保健技术服务执业许可证：

（一）从事终止妊娠手术、结扎手术、助产技术服务的，由所在地县级以上卫生行政部门审批发证；

（二）从事婚前医学检查服务的，由所在地市级以上（不含县级市，下同）卫生行政部门审批发证；

（三）从事遗传病诊断、产前诊断的，由省卫生行政部门审批发证。

母婴保健技术服务执业许可证有效期为三年，到期由原发证部门重新审查发证。

第六条 从事母婴保健专项技术服务的医务人员，按照下列规定经考核合格的，发给母婴保健技术考核合格证：

（一）从事终止妊娠手术、结扎手术、助产技术的，由所在地县级以上卫生行政部门负责考核发证；

家庭接生员技术合格证书和乡村妇幼保健人员合格证书由县级卫生行政部门负责考核发证；

（二）从事婚前医学检查的，由所在地市级以上卫生行政部门负责考核发证；

（三）从事遗传病诊断、产前诊断的，由省卫生行政部门负责考核发证。

第七条 准备结婚的男女双方，应当在申请结婚登记前，持本人下列证件到经卫生行政部门审批的一方户籍或工作单位所在地的医疗保健机构接受婚前医学检查：

（一）居民身份证或其他有效身份证明、户籍证明；

（二）工作单位或户口所在地的居（村）民委员会出具的婚姻状况证明。

男女双方或一方为外籍公民、华侨的，应当按国家有关规定到承担涉外婚前医学检查的医疗保健机构接受检查。

经婚前医学检查的，医疗保健机构应当出具婚前医学检查证明。

第八条 从事婚前保健工作的医疗保健机构应当提高服务质量，方便群众，在边远山区应当开展巡回婚前保健服务。

第九条 经婚前医学检查，对患指定传染病在传染期内或者有关精神病在发病期内的，医师应当提出暂缓结婚的医学意见。

凡诊断有下列不宜生育的严重遗传性疾病之一的，医师应当提出医学意见，经男女双方同意，采取长效避孕措施或者施行结扎手术：

（一）双方为遗传性中度智力障碍或者一方为遗传性严重智力障碍；

（二）患其他医学上认为不宜生育的严重遗传性疾病。

接受婚前医学检查的当事人对检查结果有异议，可按照本条例第二十五条的规定申请医学技术鉴定，取得母婴保健医学技术鉴定证明。

婚前医学检查证明与母婴保健医学技术鉴定证明不一致的，以母婴保健医学技术鉴定证明为准。

第十条 婚姻登记管理机关办理结婚登记时，应当将婚前医学检查证明或者母婴保健医学技术鉴定证明作为结婚登记的依据，经婚前医学检查认为应当暂缓结婚的，暂缓办理结婚登记；认为不宜生育的，应当采取长效避孕措施或者施行结扎手术后，方可办理结婚登记。

第十一条 医疗保健机构进行婚前医学检查，必须执行物价部门规定的收费标准。对边远贫困地区或者交费确有困难的人员，婚前医学检查的费用给予减免。

第十二条 孕产妇应当在怀孕十二周内到医疗保健机构建立孕产妇保健手册，定期接受产前检查、孕产期保健教育和医学指导。

在本省暂住的外来人员中的孕产妇，应当到居住地的医疗保健机构登记，建立孕产妇保健手册，接受孕产期保健服务。

凡筛查出的高危孕产妇必须转到有条件的医疗保健机构进行产前检查和监护。

第十三条 经产前检查，孕妇有下列情形之一的，应当进行产前诊断：

（一）羊水过多或过少的；

（二）胎儿发育异常或胎儿可能有畸形的；

（三）孕早期接触过可能导致胎儿先天性缺陷的物质的；

（四）曾经分娩过严重缺陷儿的；

（五）年龄超过三十五岁的；

（六）夫妇双方患有地中海贫血病的；

（七）省以上卫生行政部门规定的其他情形的。

孕妇经产前诊断，有下列情形之一的，医师应当提出终止妊娠的医学意见，经本人签字同意（本人无行为能力的经其监护人签字同意）后，医疗保健机构可为其施行终止妊娠手术：

（一）胎儿患严重遗传性疾病的；

（二）胎儿有严重缺陷的；

（三）因患严重疾病，继续妊娠可能危及孕妇生命安全或者严重危害孕妇健康的。

第十四条 依照《母婴保健法》和本条例实行终止妊娠或结扎手术的，按照国家的规定享受休假和免费服务。

第十五条 孕妇应当住院分娩。高危孕妇必须到有条件的医疗保健机构住院分娩。

在交通不便的乡村，没有条件住院分娩的正常产妇，应当由持有家庭接生员技术合格证书的人员助产。

乡（镇）在离医疗机构五公里以内区域、县城镇和城市不得设立集体或个体接生站。

第十六条 医疗保健机构依据助产人员签署的出生医学记录出具出生医学证明；家庭接生的，凭接生员签署的出生医学记录，由乡（镇）卫生院出具出生医学证明；在途中出生的，由产妇户口所在地医疗保健机构查实后，出具出生医学证明。

户籍登记机关必须依法查验出生医学证明，方可办理新生儿户籍登记。

出生医学证明由国家统一印制，逐级发放到各医疗保健机构。

第十七条 全社会都要保护和支持母乳喂养。医疗保健机构应当建立母乳喂养制度。各单位应当为妇女哺乳提供必要条件。

第十八条 医疗保健机构应当为婴幼儿提供以下保健服务：

（一）科学育儿的医学指导和咨询；

（二）婴幼儿的定期体格检查和生长发育监测；

（三）小儿常见病、多发病防治；

（四）体弱、伤残、弱智儿的康复保健服务；

（五）计划免疫；

（六）省卫生行政部门认定的其他项目。

第十九条 全省实行新生儿疾病筛查制度。

承担新生儿疾病筛查的医疗保健机构，应当认真做好先天性甲状腺功能低下，苯丙酮尿症、地中海贫血等疾病的筛查，其他医疗保健机构应当配合做好样本采集和送检工作。

第二十条 新生儿出生后三十日内，应当到其母亲户籍所在地的医疗保健机构登记，建立儿童保健手册，接受婴幼儿保健系统管理。

在本省暂住的外来流动人员中的婴幼儿，应当到居住地的医疗保健机构登记办理儿童保健手册，接受婴幼儿保健系统管理。

第二十一条 卫生行政部门对托儿所、幼儿园的卫生保健工作进行监督管理。

医疗保健机构按照分级管理原则，负责辖区内托儿所、幼儿园卫生保健的业务指导和监测。

开办托儿所、幼儿园应当符合省卫生行政部门规定的卫生保健标准。

第二十二条 儿童入托儿所、幼儿园应当到医疗保健机构进行健康检查，凭儿童入托儿所、幼儿园健康检查表、儿童保健手册和儿童预防接种证，方可办理入托、入园手续。

托儿所、幼儿园工作人员和家庭看护婴幼儿的保姆每年必须到单位或家庭所在地的医疗保健机构进行健康检查，取得健康证明。患有国家规定传染病、滴虫性及霉菌性阴道炎、化脓性皮肤炎、精神病等疾病的人员不得从事儿童看护、保教工作。

第二十三条 对《母婴保健法》规定的指定传染病、严重遗传性疾病、有关精神病和本条例规定的疾病实行首诊报告制度。

全省实行孕产妇、婴儿生命和新生儿出生缺陷报告制度，建立孕产妇，围产儿死亡评审制度。

第二十四条 县级以上人民政府设立母婴保健医学技术鉴定组织（以下简称鉴定组织），其成员由卫生行政部门提名，报同级人民政府聘任。鉴定组织的日常工作由卫生行政部门承担。

第二十五条 当事人对婚前医学检查、遗传病诊断和产前诊断结果有异议的，可在接到诊断书之日起十五日内，向当地鉴定组织申请鉴定。

鉴定组织应当在收到书面申请之日起三十日内，作出鉴定结论。特殊情况可以适当延长时间，但最多不得超过六十日。当事人对鉴定结论仍有异议的，可在收到鉴定结论之日起十五日内，向上一级鉴定组织申请重新鉴定，鉴定组织应当在三十日内作出鉴定结论，省级鉴定为最终鉴定。

第二十六条 卫生行政部门和其他有关部门的管理人员应当遵纪守法，秉公执法。凡玩忽职守、滥用职权、徇私舞弊的，由其所在单位或者上级主管部门给予行政处分；构成犯罪的，依法追究刑事责任。

第二十七条 从事母婴保健服务的医务人员，应当遵守职业道德，文明服务，为当事人保守秘密。凡违反本条例，出具虚假的医学证明或违法进行胎儿性别鉴定的，由所在的医疗保健机构根据情节给予行政处分；有下列情形之一的，由卫生行政部门依法取消其执业资格：

（一）出具虚假医学证明或违法进行胎儿性别鉴定经制止仍没有改正的；

（二）出具虚假医学证明给当事人造成严重后果的；

（三）违法进行胎儿性别鉴定给当事人身心造成严重伤害的。

第二十八条 未取得母婴保健技术服务执业许可证、母婴保健技术考核合格证而从事婚前医学检查、遗传病诊断、产前诊断、医学技术鉴定、终止妊娠手术，以及出具本条例的有关医学证明的，由县级以上卫生行政部门予以制止，并给予以下处罚：

（一）警告；

（二）处以五百元以上五千元以下的罚款；情节严重或经制止仍不改正的，处以五千元以上二万元以下的罚款。

第二十九条 准许或者纵容传染病人、病原携带者和疑似传染病病人，从事儿童看护、保教工作的，由县级以上卫生行政部门责令限期改正，处以五千元以下罚款；情节严重的，处以五千元以上二万元以下罚款，对主管人员和直接责任人员由其所在单位或者上级机关给予行政处分。

第三十条 本条例自1998年10月1日起施行。

广东省商品房预售管理条例

（1998年7月29日广东省第九届人民代表大会常务委员会第四次会议通过　根据2000年8月22日广东省第九届人民代表大会常务委员会第二十次会议第一次修正　根据2010年7月23日广东省第十一届人民代表大会常务委员会第二十次会议《关于修改部分地方性法规的决定》第二次修正）

第一章　总　则

第一条　为了加强商品房预售管理，维护预售人和预购人的合法权益，促进房地产业的健康发展，根据《中华人民共和国城市房地产管理法》和有关法律、法规，结合本省实际，制定本条例。

第二条　本条例所称预售商品房，是指依法成立的房地产开发经营企业依法将其开发的商品房在竣工验收前出售，由预购人按合同约定支付购房款，预售人按合同约定交付商品房的行为。

本条例所称预售人，是指预售商品房的房地产开发经营企业。

本条例所称预购人，是指购买预售的商品房的单位和个人。

第三条　本条例适用在本省行政区域内依法开发的商品房的预售行为及其管理。

第四条　省人民政府建设行政主管部门和市、县人民政府建设行政主管部门或者房地产管理部门（以下称“主管部门”），负责本行政区域内商品房预售管理和本条例的组织实施。

政府其他有关行政管理部门在各自的职责范围内，做好商品房预售管理工作。

第五条 预售商品房应当遵循公平和诚实信用的原则。

第二章 商品房预售项目管理

第六条 预售商品房时，应当取得商品房预售许可证。取得商品房预售许可证应当具备下列条件：

（一）预售人已取得房地产开发资质证书、营业执照；

（二）按照土地管理部门有关规定交付土地使用权出让金，已取得土地使用权证书；

（三）持有建设工程规划许可证和建设工程施工许可证，并已办理建设工程质量和安全监督手续；

（四）已确定施工进度和竣工交付使用时间；

（五）三层以下的商品房项目已完成基础和结构工程；四层以上的商品房项目，有地下室工程的，已完成基础和首层结构工程，无地下室工程的，已完成基础和四层结构工程；

（六）已在项目所在地商业银行开设商品房预售款专用账户；

（七）预售商品房项目及其土地使用权未设定他项权；

（八）法律、法规规定的其他条件。

省建设行政主管部门可根据市场供求状况，在不低于前款第五项规定的条件下，对商品房预售项目工程形象进度进行调整，报省人民政府批准后实施。

第七条 预售人应当分期或者分单项向主管部门申请商品房预售许可证。

主管部门收到申请后，应当依照本条例规定的预售条件对项目进行核实，自受理申请之日起十日内，对符合条件的项目核发商品房预售许可证，对不符合条件的，应当书面通知申请人并告知不予核发的理由。

商品房预售许可证应当载明预售人的名称和预售商品房项目的坐落位置、楼号、楼层建筑面积数，并附图注明预售商品房项目的坐落位置和楼号。

第八条 主管部门核发商品房预售许可证时，应当要求预售人提交施工进度方案、投资计划和资金来源等材料，通过实地考察和分析，核准项目竣工交付使用时间的合理性。主管部门能证明其不合理的，应当责令预售人进行修改。

第九条 已预售的商品房项目竣工验收合格交付使用前，预售人不得用该商品房项目及其土地使用权设定他项权。

第十条 预售人不得擅自变更已预售的商品房项目的设计；对预售的商品房项目的结构型式、户型、使用功能、使用面积和合同约定的其他事项的设计进行变更时，应当征得相关的预购人同意；预购人不同意变更，经双方协商达不成补偿协议的，可以索取已交付的商品房预售款本息，并可以依照合同约定追偿预售人的违约金，合同没有约定违约金的，可以依法追偿已付预售款百分之十以上百分之二十以下的违约金。

第十一条 预售人将已预售的商品房项目转让给其他房地产开发企业开发建设时，应当经拥有已预售商品房建筑面积的三分之二以上的预购人同意。

转让预售的商品房项目的，受让方应当为依法成立并符合资质等级要求的房地产开发经营企业。

第十二条 转让预售的商品房项目的，受让方应当享有原预售人对预购人享有的权利，并承担原预售人对预购人所承担的义务。

第十三条 受让方与预售人签订项目转让合同之日起三十日内，受让方应当持下列文件到原发证机关变更商品房预售许可证：

（一）商品房项目的转让合同；

（二）原商品房预售许可证；

（三）土地管理和城市规划等部门同意变更的有关证件；

（四）受让方的房地产开发资质证书；

（五）在项目所在地商业银行开设的预售房款专用账户；

（六）法律、法规规定的其他条件的证明材料。

对符合条件的项目，主管部门应当自受理申请之日起十五日内变更商品房预售许可证。

预售人自签订项目转让合同之日起，应当停止预售商品房；受让方未换领商品房预售许可证的，不得预售商品房。

第十四条 市、县主管部门应当对已核发商品房预售许可证的项目进展情况进行跟踪监督，发现问题时，应当责令预售人限期改正。

第十五条 预售的商品房项目竣工后，主管部门应当按照法律、法规的规定组织竣工验收，验收合格后，方可交付预购人使用。

第十六条 市、县主管部门应当设立和公布商品房预售的查询和投诉电话；对受理的投诉，应当及时处理并予答复。

第三章 商品房预售行为管理

第十七条 预售商品房时，预售人应当以书面方式向预购人明示下列事项：

（一）预售人的名称、注册地址、联系电话和法定代表人；

（二）商品房预售许可证或者其经发证机关确认的复印件；

（三）项目开发进度和竣工交付使用时间；

（四）项目及其配套设施的平面示意图；

（五）商品房的结构类型、户型、装修标准：公共和公用建筑面积的分摊办法；

（六）预售商品房的价格和付款办法；

（七）商品房预售款的专用账户：

（八）物业管理事项；

（九）法律、法规规定的其他事项。

第十八条 预售人委托房地产中介机构代理销售的，应当委托有资格的中介机构代理并出具委托书，明确委托代理的范围和权限。代理人应当以书面方式向预购人明示第十七条规定的事项和下列事项：

（一）代理人的资格证书；

（二）预售人出具给代理人的委托书；

（三）代理人的地址和联系电话。

第十九条 预售人发布预售广告时，应当已取得商品房预售许可证。预售广告的内容必须真实、准确，不得有误导、欺骗公众和不符合预售的商品房项目的内容，并载明商品房预售许可证的编号和发证机关。

第二十条 预售人发布的预售商品房广告和印发的宣传资料所明示的事项，预购人有权要求在商品房预购销合同中约定。

第二十一条 预售人发布预售商品房广告时，应当提前五日将拟发布的广告式样报核发商品房预售许可证的主管部门和工商行政管理部门备案，主管部门和工商行政管理部门发现该广告内容与项目不符时，应当责令其停止发布。

第二十二条 预售商品房时，预售人与预购人应当签订书面的商品房预购销合同，在该合同签订三十日内持该合同到项目所在地房地产交易登记机构办理登记手续；房地产交易登记机构应当自受理之日起二十日内予以登记。

第二十三条 预购人与预售人签订书面的商品房预购销合同前，经双方协商同意，预售人可以向预购人收取一定数额的商品房预购定金；预售人收取定金前，应当向预购人提供商品房预购销合同草案。

收取商品房预购定金时，预售人与预购人应当订立书面协议，约定所收定金的具体数额和退还与不退还的具体办法。

预售人与预购人签订书面的商品房预购销合同后，预售人向预购人收取的商品房预购定金应当转作预购人支付的商品房预售款。

第二十四条 商品房预购销合同应当载明和约定下列事项：

（一）预售人、预购人和双方的委托代理人姓名（名称）、地址、邮政编码和合法证件号码；

（二）预售人用地依据和预售的商品房的坐落位置；

（三）预购的商品房的实得建筑面积、分摊建筑面积及其所含项目、楼号、楼层、房号和层高；

（四）预购的商品房的价格和代收税费的项目和标准；

（五）交付使用时的实际面积与预售时约定面积差异的处理办法；

（六）付款时间和方式及预购人逾期付款的违约责任；

（七）预售的商品房竣工交付使用的时间及逾期的违约责任；

（八）装修项目、标准和设备品牌、型号、材料规格及违约责任；

（九）基础设施、公共配套建筑的建设标准和运行要求及违约责任；

（十）物业管理事项；

（十一）双方认为需要约定的其他事项。

预售人、预购人和双方的委托代理人的姓名（名称）、地址、邮政编码、联系电话变更时，应当自变更之日起七日内书面通知相关各方。

第二十五条 商品房预购销合同应当附有预购商品房项目及楼层的平面图，并在平面图上标明预购人所购商品房的楼号、楼层和房号的位置。

预售的商品房价格和代收税费经预售人和预购人在合同中约定和载明后，除国家和省新开征的税费外，预售人不得向预购人收取其他款项。

第二十六条 预售人设置商品房样板房的，其布置、装修和设备的质量，除当事人另有约定的外，应当与预售说明书和实际交付使用的商品房一致；样板房在预售的商品房竣工交付使用前不得拆除。

第二十七条 商品房预售后，预售人应当定期向预购人通报商品房建设进展情况。

第二十八条 预售人向预购人交付预售的住宅商品房时，应当提供住宅质量保证书和住宅使用说明书。

住宅质量保证书应当载明住宅商品房的质量等级，承诺对地基基础和主体结构在合理使用年限内承担保修责任，承诺在正常使用情况下对住宅商品房各部位、部件的保修内容及其保修期限。

住宅使用说明书应当对住宅商品房的结构、性能和各部位（部件）的类型、性能、标准作出说明，并提出使用时应当注意的事项。

第四章　商品房预售款的监督管理

第二十九条 商品房预售款是预购人依照合同的约定，预先支付给预售人，在商品房竣工验收交付使用前用作该商品房建设费用的款项。

第三十条 预售人在商品房项目所在地的银行设立商品房预售款专用账户内的款项，在项目竣工之前，只能用于购买项目建设必需的建筑材料、设备和支付项目建设的施工进度款及法定税费，不得挪作他用。

预售人有多个商品房预售项目的，应当分别设立商品房预售款专用账户。

第三十一条 预购人应当按合同约定的付款时间，将商品房预售款直接存入商品房预售款专用账户，凭银行出具的存款凭证，向预售人换领交款收据。

预售人代预购人办理商品房房地产权证的，预购人可以留百分之十五的商品房价款，其中百分之十的商品房价款在预售的商品房竣工验收之后、交付使用之前支付，百分之五的商品房价款在预售人交付商品房房地产权证时支付。

预购人自己办理商品房房地产权证的，预购人可以留百分之十的商品房价款，在预售人取得商品房项目产权确认证明书并将商品房交付使用之日起十日内支付。

第三十二条 预售的商品房所在地的市、县房地产交易登记机构负责监督管理商品房预售款收存和使用。

第三十三条 预售人申请商品房预购销合同登记时，应当同时附送银行出具给预购人的首期商品房预售款存入专用账户的凭证。

预售人使用商品房预售款时，银行应当按房地产交易登记机构核准同意支付的数额拨付。

房地产交易登记机构应当自收到预售人使用商品房预售款申请之日起五日内作出答复；对符合本条例第三十条第一款规定的，应当同意其使用；对不同意使用的，应当以书面方式说明理由。

第三十四条 房地产交易登记机构监督管理商品房预售款时，可以向预售人收取监督管理款项千分之二的监督管理服务费。

第五章 法律责任

第三十五条 预售人违反本条例第六条、第九条、第十条、第十一条、第十二条、第十三条、第十五条、第十七条、第十八条、第二十二条、第二十三条、第二十四条、第二十五条、第二十七条、第二十八条、第三十条、第三十一条规定或者预购人违反本条例第二十四条、第三十一条第一款规定，给对方造成损失的，应当依法承担赔偿责任。涉嫌犯罪的，由司法机关依法处理。

第三十六条 违反本条例第六条规定预售商品房的，由主管部门责令停止预售，没收违法所得，可以处以其已预售的商品房价款百分之三十以上百分之五十以下的罚款。

第三十七条 违反本条例第九条规定，用已预售的商品房项目及其土地使用权设定他项权的，其设定无效。由此造成的损失，由预售人承担。

第三十八条 违反本条例第十三条第三款规定预售商品房的，主管部门应当责令其停止预售，补办手续，没收违法所得，可以并处违法所得五倍以下的罚款。

第三十九条 违反本条例第十七条、第十八条规定，预售人和代理人未向预购人明示法定事项，预购人提出请求仍不明示的，主管部门应当责令改正，予以警告，可以处以五百元以上二千元以下的罚款。

第四十条 预售人发布虚假广告和印发虚假宣传资料，欺骗和误导预购人，使预购人的合法权益受到损害的，预售人应当承担民事责任。广告经营者、发布者明知或者应知广告虚假仍设计、制作、发布的，应当依法承担连带责任。

第四十一条 预售人违反本条例第三十条第一款规定使用商品房预售款和违反本条例第三十一条第一款规定直接收存商品房预售款的，主管部门应当责令其改正，降低或者注销其房地产开发资质，可以处以违法使用款项百分之十以上百分之二十以下的罚款。

第四十二条 银行违反本条例第三十三条第二款支付商品房预售款和房地产交易登记机构违反本条例第三十条第一款规定同意使用商品房预售款的，上一级主管部门应当责令其改正和追回流失款项；给预购人造成损失的，依法承担连带责任。

预售人合法使用商品房预售款，房地产交易登记机构不予同意，给预售人造成损失的，应当承担赔偿责任。

第四十三条 当事人对主管部门和其他有关行政管理部门作出的具体行政行为不服的，可以在接到行政决定之日起十五日内向上一级机关申请行政复议，或者直接向人民法院起诉。对复议决定不服的，可以在接到复议决定之日起十五日内向人民法院起诉。

当事人对具体行政行为既不申请复议，也不向人民法院起诉，又不履行具体行政决定的，由作出具体行政行为的机关申请人民法院强制执行。

第四十四条 主管部门和其他有关行政管理部门工作人员玩忽职守、滥用职权、徇私舞弊、索贿受贿的，依法追究行政责任；涉嫌犯罪的，由司法机关依法处理。

第六章 附 则

第四十五条 本条例自1998年10月1日起施行。

广东省林地保护管理条例

（1998年9月18日广东省第九届人民代表大会常务委员会第五次会议通过 根据2010年7月23日广东省第十一届人民代表大会常务委员会第二十次会议《关于修改部分地方性法规的决定》第一次修正）

第一条 为了加强林地的保护和管理，保障林业稳定持续发展，根据《中华人民共和国森林法》（以下简称《森林法》）及《中华人民共和国森林法实施条例》（以下简称《森林法实施条例》）和《中华人民共和国土地法》及有关法律、法规，结合本省实际，制定本条例。

第二条 林地，是指林业用地，包括郁闭度零点三以上的乔木林地，竹林地、经济林地（包括木本的果类、油类、茶类、药类树木用地）、灌木林地、红树林地、疏林地、未成林造林地、采伐迹地、火烧迹地、苗圃地、林业科研教学的林用地和县级（含县级市、区，下同）以上人民政府批准规划的宜林地，以及国有森林经营单位的林地。

第三条 本省行政区域内林地的保护、管理和开发利用，适用本条例。

第四条 县级以上林业主管部门负责本行政区域林地规划、保护和开发利用的管理、监督，并组织实施本条例。

国土、农业、水利、矿产等部门依照各自的职责，协同实施本条例。

第五条 县级以上人民政府应当依照《森林法》的规定对国家所有的和集体所有的森林、林木和林地，个人所有的林木和使用的林地，登记造册，发放林权证（或山林权证，下同），确认所有权或使用权。省人民政府可以对省属国有的林场、国家级和省级森林和野生动植物类型自然保护区的森林、林木和林地登记造册，发放林权证。

第六条 林地的保护和利用总体规划，由县级以上林业主管部门负责编制，报同级人民政府批准。未经原编制机关审核同意，并报原批准机关批准，任何单位或个人不得变更。

二十五度以下缓坡林地的开发和林业产业内部林种结构调整用地（包括其他林地改为经济林地），由县级以上林业主管部门统一规划和管理。

第七条 依法确定给单位或个人使用的国有林地。有下列情形之一的，可由所在地县级以上林业主管部门报请同级人民政府批准，收回林地使用权。属于承包经营的集体林地，由集体经济组织收回：

（一）无特殊原因，连续两年荒芜无力继续承包经营的；

（二）造成林地资源严重破坏，不采取补救措施的；

（三）未经批准，用于非林业生产建设的。

第八条 林地使用权实行有偿使用制度，可以依照国家有关规定出租、转让、抵押，作价入股或者作为合资、合作造林的条件，但不得将林地改为非林地。

第九条 未经省林业主管部门审核同意，并报省人民政府批准，任何单位或个人不得改变国有林业企业事业单位林地的权属和用途。

第十条 需要变更或抵押林木、林地的所有权或使用权的，当事人应当依法向县级以上林业主管部门申请。办理权属变更或抵押登记手续。

申请办理变更或抵押登记应当提交以下材料：

（一）变更或抵押登记申请书；

（二）当事人身份证明文件；

（三）主合同以及当事人双方签订变更或抵押的合同；

（四）权属来源证明材料；

（五）登记机关要求提供的其他有关材料。

林木、林地权属变更登记必须经县级以上人民政府批准。

当事人可以委托代理人办理变更或抵押登记手续。委托代理人必须提供委托书和身份证明。

第十一条 进行勘查、开采矿藏和各项建设工程确需征收、征用、占用林地的，必须向县级林业主管部门提出申请，经省级以上林业主管部门审核同意发给使用林地许可证后，依照有关土地管理的法律法规办理建设用地审批手续。未经林业主管部门审核同意，有关部门不得办理用地审批手续。

第十二条 申请征用、占用林地的单位或个人，必须向县级以上林业主管部门提交下列文件、资料：

（一）国务院主管部门或县级以上人民政府主管部门按国家基本建设程序批准的项目用地计划指标和其他批准文件；

（二）林地的权属凭证及平面图；

（三）与林地的所有者或使用者签订的缴纳林地补偿费、林木补偿费、安置补助费的协议书；

（四）缴纳森林植被恢复费的凭证。

第十三条 经依法批准征用、占用林地的单位或个人，必须缴纳征用、占用林地的林地补偿费、林木补偿费、安置补助费和森林植被恢复费。

征用、占用商品林林地，按下列标准缴纳补偿费：

（一）林地补偿费：按被征用、占用林地前三年平均年产值的五至十倍补偿。

（二）林木补偿费：

1. 成熟林和近熟林：按林地的林木实际价值补偿；

2. 中龄林：按林地的林木实际价值二至三倍补偿；

3. 幼龄林：按实际造林投资三至四倍补偿；

4. 种植不到一年的未成林：按当年实际造林投资补偿；

5. 苗圃苗木、经济林：按前三年平均年产值三至四倍补偿。

（三）安置补助费：按国家和省有关征地安置农业人口的规定补助。但是，林地补偿费和安置补助费的总和不得超过林地被征用前三年平均年产值的三十倍。

（四）森林植被恢复费：按林地改良改造和营造相应人工林的炼山、整地、挖穴、造林（含种苗）的费用以及前三年抚育管理（包括护林防火、病虫害防治、垦复抚育等）的实际成本二至三倍缴纳。

征用、占用生态公益林林地的，其林地补偿费、林木补偿费和森林植被恢复费按征用、占用商品林林地的补偿标准加倍缴纳。安置补助费按征用、占用商品林林地的标准补助。

森林植被恢复费由县级以上林业主管部门收取，依照有关规定专款用于植树造林、森林植被恢复和管理。

第十四条 各级人民政府应当严格实施林地用途管制，建立林地总量控制制度，采取措施稳定和扩大林地面积。

禁止毁林开垦。对毁林开垦的林地，谁批准谁负责，谁破坏谁恢复，限期退耕还林。对拒不还林或者还林不符合国家有关规定的，由县级以上林业主管部门组织代为还林、所需费用由毁林开垦者承担。

第十五条 禁止乱批、滥占林地。临时使用林地进行采石、采砂、采矿、取土和修筑工程设施的，必须经县级以上林业主管部门审核同意后，按有关法律、法规规定办理审批手续，并按规定缴纳林木补偿费（不伐除林木的除外）、森林植被恢复费。

临时使用林地的单位和个人，应当采取保护林地的措施，防止造成滑坡、塌陷、水土流失以及损毁批准用地范围以外的林地及其附着物。

临时使用林地的期限为两年，超过两年的，按征用、占用林地的规定办理审批手续。

第十六条 林木、林地所有权或者使用权发生争议，当事人协商解决不了的，由人民政府按《森林法》等法律、法规处理。争议经调解或处理决定生效后，县级以上人民政府应当及时发放林权证。

第十七条 林权证是处理林木、林地所有权或者使用权争议的依据。

未持有林权证的，下列材料可以作为处理争议的证据：

（一）土地改革时期，人民政府依法颁发的土地证；

（二）土地改革时期，《土地改革法》规定不发证的林木、林地的土地清册；

（三）六十年代初人民政府将劳力、土地、耕畜、农具固定给生产小队使用时确定的山林权属和经营范围的材料、文件；

（四）当事人之间依法达成的协议、赠送凭证及附图；

（五）人民政府作出的处理决定；

（六）人民法院对同一争议作出的发生法律效力的裁定、判决；

（七）国有林业企业事业单位设立时，该单位的总体设计书所确定的经营管理范围及附图。

涉及行政区域边界纠纷的，按有关规定处理。

第十八条 林木、林地权属争议解决以前，任何一方当事人不得采伐有争议的林木，不得在有争议的林地上从事基本建设或者其他生产活动。

第十九条 处理林权争议工作中所需的测量、鉴定、制图、立界桩等费用，由争议各方当事人共同承担。

第二十条 违反本条例第六条、第九条、第十条的规定，擅自变更林地的保护和利用总体规划，改变国有林业企业事业单位林地的用途，变更林木、林地的所有权或使用权的，其批准文件和证件无效。对直接责任人，由上一级主管部门给予行政处分。

第二十一条 违反本条例第十一条、第十四条、第十五条的规定，擅自改变林地使用性质的，其批准文件和证件无效。对违法用地的单位或个人，由县级以上林业主管部门责令其限期恢复林地原状，退还使用的林地。对造成森林、林木、林地破坏的，依照《森林法》、《森林法实施条例》的规定处罚。

第二十二条 林业主管部门对有争议的林地发放使用林地许可证或对有争议的林木发放林木采伐许可证的，其批准文件和证件无效，对直接责任人，由上一级主管部门给予行政处分。

第二十三条 违反本条例的规定，需要给予治安管理处罚的，由公安机关按照《中华人民共和国治安管理处罚法》的规定处理；构成犯罪的，依法追究刑事责任。

第二十四条 当事人对人民政府或林业主管部门作出的处理决定或行政处罚决定不服的，可在接到处理或处罚决定书之日起15日内，向作出处理或处罚决定机关的上一级行政主管部门申请复议，或向人民法院起诉。逾期不申请复议，不起诉，又不履行处理或处罚决定的，由作出处理或处罚决定的机关申请人民法院强制执行。

第二十五条 本条例自1998年10月18日起施行。

广东省珠江三角洲水质保护条例

（1998年11月27日广东省第九届人民代表大会常务委员会第六次会议通过　根据2010年7月23日广东省第十一届人民代表大会常务委员会第二十次会议《关于修改部分地方性法规的决定》修正）

第一条　为保护珠江三角洲的水质，防治水污染，保障饮用水安全，实现水资源的可持续利用，促进现代化建设，根据《中华人民共和国水污染防治法》及有关法律、法规的规定，结合本地区的实际，制定本条例。

第二条　本条例适用于广东省珠江三角洲经济区的地表水体水质保护。珠江三角洲经济区（以下简称区域）的范围按《珠江三角洲地区改革发展规划纲要》的规定确定。

区域沿海海域水质保护不适用本条例。

第三条　区域内市（地级和地级以上市，下同）、县（县级市、区，下同）和乡、镇人民政府对辖区的水环境质量负责，实行水环境质量行政首长负责制。

第四条　区域内各级人民政府应从财政中安排专项经费用于水污染治理和水质保护。

第五条　区域内各市、县人民政府应定期向上级人民政府和同级人民代表大会常务委员会报告水质保护的情况。

第六条　省和区域内市、县人民政府环境保护行政主管部门对辖区内的水质保护实施统一监督管理。

水利行政主管部门、重要江河的水源保护机构根据各自职责参与水质保护规划制订和主要江河、湖泊、水库的水质监测。

卫生行政主管部门负责生活饮用水水源水质的卫生监督，协同调查处理饮用水源污染事故。

各级交通行政主管部门的航政、港务监督机关根据各自职责分别对船舶污染和港区环境实施监督管理。

地质矿产行政主管部门协同环境保护行政主管部门对矿产资源开发中的水污染防治实施监督管理。

农业行政主管部门加强对农药、化肥、除莠剂的使用管理，减少农业生产对水环境的污染。

林业行政主管部门参与水质保护规划的制订，加强对生态公益林的管理，防止水质污染。

公安、市政、环卫、国土、规划、供水、经济管理部门根据各自职责，协助环境保护行政主管部门对水质保护实施监督管理。

上述部门的水质保护工作，应接受同级环保部门的检查和指导，对不履行法定职责的，由环境保护行政主管部门报同级人民政府处理。

第七条 省人民政府划定区域内地表水环境质量功能区，制订水质控制目标。

水环境质量功能区和水质目标控制方案应当包括划定主要江河、湖泊、水库等地表水体的水环境质量功能区和所执行的水质标准，设置跨行政区主要河流边界断面及其水质控制指标，明确对河流边界断面水质负责的相关地区。

市、县、镇人民政府应根据区域内地表水环境质量功能区和水质控制目标，采取相应措施保证功能区和边界断面水质符合规定的目标。

第八条 区域内主要水污染物排放实施总量控制。省人民政府环境保护行政主管部门会同有关部门根据区域内地表水环境质量功能区和水质控制目标，将总量控制指标逐级分阶段分配到各市、县所属主要河段。

市、县环境保护行政主管部门应将区域内的企业事业单位和个体工商户排放的水污染物控制在分配的总量控制指标内。

水污染物排放量超过总量控制指标的市、县，必须按上级环境保护行政主管部门的要求限期削减水污染物排放量。

第九条 各地新建、扩建、改建、迁建的建设项目排放的水污染物，不得突破本行政区以及排放地点或河段的排污总量控制指标。

对已超出总量控制指标的地区，环境保护行政主管部门不得批准新建、扩建、改建可能增加水污染物排放量的建设项目的环境影响报告书。确需建设的，必须先行削减本地区的污染负荷，并征得上级环境保护行政主管部门的同意。

第十条 环境保护行政主管部门在审批可能造成跨行政区域水环境污染的建设项目的环境影响报告书时，应征求相关地区环境保护行政主管部门的意见，有不同意见并协调不成的，报共同的上级环境保护行政主管部门裁定。

第十一条 向水体排放水污染物的企业事业单位和个体工商户，应按规定向当地环境保护行政主管部门申报登记拥有的污染物排放设施、处理设施和在正常作业条件下排放污染物的种类、数量和浓度等，如实填写《排污申报登记表》。环境保护行政主管部门对《排污申报登记表》申报的情况核实后，根据分配的总量控制指标要求，发给排污许可证，实行总量控制排放。

水污染物排放许可证管理办法由省人民政府另行制定。

第十二条 排污单位必须在排污口安装污水排放计量器，并保证计量器的正常使用。

第十三条 区域内的城市（指国家按行政建制设立的市和镇）应当建设城市污水集中处理设施。一万人以上的乡、村也应当根据水质保护规划的要求，建设污水集中处理设施。城市污水处理率到二〇〇五年时不得低于百分之四十，到二〇一〇年时不得低于百分之七十。

第十四条 城市污水集中处理设施实行污水处理有偿服务，收取的污水处理费必须用于城市污水集中处理设施的运行和补助建设污水处理设施。

污水集中处理的收费办法，由省人民政府另行规定。

第十五条 排入城市污水集中处理设施进行处理的工业废水，必须达到规定的进水水质标准。

向城市污水集中处理设施排放污水并且缴纳污水处理费的单位不再缴纳排污费。

第十六条 城市污水集中处理单位应保持污水处理设施的正常运转，保证出水水质达到国家或地方规定的排放标准。

城市污水集中处理单位应对其出水水质和水量进行检测，定期向当地环境保护行政主管部门报告，并对其产生的污泥进行无害化处理。

城市污水集中处理单位排放的污水超过排放标准时，应由同级人民政府责令其限期治理，并缴纳超标排污费。

第十七条 禁止在区域内建设小型化学制浆造纸、制革、电镀、印染、染料、炼油、农药和其他污染严重的企业。

第十八条 船舶排放含油污水、生活污水，应符合船舶污染物排放标准。船舶的残油、废油、垃圾禁止排入水体。

第十九条 区域内的畜禽养殖场必须对粪便、废水和其他废弃物进行无害化处理，其废水必须经过处理达标后才能向水体排放。

第二十条 新建的港口、码头应设置回收船舶残油、废油、含油废水和船舶垃圾等废弃物的设施。

已建港口、码头尚未设置回收设施的，应在本规定颁布之日起两年内建成有关设施。

油码头和造船、修船、拆船单位应配备防止油污染事故的处理设施。

第二十一条 在生产、装卸和运输油类及有毒有害物品，以及利用港口码头、仓库或容器贮存上述物品时，必须配备防溢、防渗、防漏、防散落等安全设施和事故应急处理设施。

第二十二条 禁止单位和个人向水体倾倒固体废弃物。

贮存、运输和处置固体废弃物应当采取措施，防止污染水环境。

第二十三条 发生跨行政区水污染事故时，当地人民政府必须及时采取措施，处理污染，并通报相关地区人民政府和报告上级人民政府。

相关地区环境保护行政主管部门可以对跨界河流边界断面水质进行监测、检查，发现边界断面水质超标时，应将边界断面水质超标的情况向上级环境保护行政主管部门和同级人民政府报告。边界断面水质超标的市、县必须在接到报告之日起一个月内采取有效防治措施，削减污染物排放量。逾期仍不采取有效防治措施的，由其共同的上级人民政府责令其限期治理。

第二十四条 市、县集中式供水的饮用水地表水源保护区的划定，由省环境保护行政主管部门会同有关部门和市级人民政府提出，报省人民政府批准。

市、县集中式供水以外的饮用水地表水源保护区的划定，由市级人民政府提出，省环境保护行政主管部门审定后报省人民政府批准。

第二十五条 经批准的饮用水地表水源保护区应划定明确的地域界线，树立界碑。

第二十六条 饮用水地表水源保护区内执行下列规定：

（一）排放水污染物必须符合排污许可证规定的标准和总量；当水污染物排放总量不能保证受纳水体水质目标时，应削减排放总量；

（二）禁止毁林开荒，破坏植被和非更新性砍伐水源林、护岸林，以及使用炸药、毒品捕杀鱼类等破坏水环境生态的行为；

（三）禁止向水域排放和倾倒残油、废油、油性混合物、垃圾、粪便、工业废渣及其他废弃物；

（四）禁止设置占用河面经营或向水体排放污染物的餐饮场所；

（五）禁止建设大中型畜禽饲养场。

第二十七条 饮用水地表水源二级保护区，除执行第二十六条规定外，还应执行下列规定：

（一）禁止新建、扩建向水体排放污染物的建设项目，改建项目必须削减污染物的排放量；已有的排污口排放的污染物使水体达不到规定的水质标准时，由县级以上环境保护行政主管部门制订污染物削减计划，并监督排污单位执行，削减后仍达不到规定的水质目标的，由县级以上人民政府按照规定的权限责令其限期拆除或治理；

（二）禁止发展新的城镇，控制已建成的人口集中居住区；已建成的城镇和居住区内的生活污水应进行处理达标后方可排放；

（三）禁止在河面围养禽畜以及在河岸或河中沙洲设置禽畜饲养点；

（四）禁止堆置和填埋工业废渣、城市垃圾和其他废弃物；

（五）禁止设置装卸油类、垃圾、粪便和有毒物品的码头。

第二十八条 饮用水地表水源一级保护区内，除执行第二十六条和第二十七条规定外，还应执行下列规定：

（一）禁止向水体排放污水；原已设置的排污口，由县级以上人民政府按照规定的权限责令限期拆除；

（二）禁止新建、扩建与供水设施和保护水源无关的建设项目；原已建成的建设项目，由县级以上人民政府制订拆除计划，限期拆除；

（三）禁止从事旅游、游泳和其他可能污染水体的活动。

第二十九条 市、县人民政府不能保证边界断面水质符合规定的控制指标或逾期未完成限期削减水污染物排放总量任务的，由上一级人民政府责令改正，逾期不改正的，给主要负责人以行政处分。

第三十条 违反本条例第九条规定的，由本级人民政府或上级环境保护行政主管部门撤销原批准决定，对直接责任人给以行政处分。

第三十一条 违反本条例规定，有下列行为之一的，由县级以上环境保护行政主管部门或者其他依照法律、法规行使水污染监督管理权的行政管理部门责令其改正，并根据情节轻重给以处罚：

（一）拒报或者谎报有关污染物排放申报登记事项的，可以处以三百元以上三千元以下罚款；

（二）违反第十一条规定，未申领排污许可证，但排放污染物未超过国家规定的排放标准的，应当给予警告，责令限期办理排污许可证，可以并处三百元以上五千元以下的罚款；不按排污许可证规定的标准排放的，应当限期改正，并处以五千元以上十万元以下罚款，情节严重的可以吊销排污许可证；

（三）违反第十二条规定，不在排污口安装污水排放计量器并保证其正常使用、不能正确反映排污单位污水排放情况的，责令其改正，并可处以三百元以上三千元以下的罚款；

（四）违反第十七条规定，造成严重污染的，由所在地的市、县人民政府或者上级人民政府责令关闭；

（五）违反本条例第十八条、第二十二条第一款规定，排放、倾倒污染物、废弃物的，处以五千元以上十万元以下的罚款；

（六）违反本条例第二十六条第（三）项、第二十七条第（四）项的规定，除责令其消除污染后果外，处以五千元以上十万元以下的罚款；

（七）违反本条例第二十八条第（二）项的规定，新建、扩建与供水设施和保护水源无关的建设项目或设施的，由县级以上人民政府按照国务院规定的权限责令停业或者关闭。

第三十二条 违反本条例规定，造成重大水污染事故，构成犯罪的，依法追究刑事责任。

第三十三条 当事人对行政处罚不服的，可以在收到处罚决定书之日起十五日内，向作出处罚决定机关的上一级机关申请复议；对复议决定不服的，可以在接到复议决定书之日起十五日内，向人民法院提起诉讼。当事人也可以在接到处罚决定书之日起十五日内，直接向人民法院提起诉讼。

第三十四条 区域内各市人民政府可根据本条例，结合本地区的实际情况，制定实施办法，经同级人大常委会批准后施行。

第三十五条 本条例自1999年1月1日起施行。

广东省社会救济条例

（1998年12月31日广东省第九届人民代表大会常务委员会第七次会议通过　根据2010年7月23日广东省第十一届人民代表大会常务委员会第二十次会议《关于修改部分地方性法规的决定》修正）

第一章　总　则

第一条　为了维护公民的基本生活权益，保持社会稳定，根据《中华人民共和国宪法》第四十五条规定，结合我省实际，制定本条例。

第二条　本条例所称社会救济，是指各级人民政府对本行政区域内具有本省常住户口无法维持基本生活的人员给予的救助。社会救济应当保障救济对象的基本生活需要。

第三条　各级人民政府应当将社会救济纳入国民经济和社会发展规划，设立社会救济专项经费；组织社会力量帮助有劳动能力的救济对象开展生产自救；提倡和鼓励国家机关、企业事业单位、社会团体、集体经济组织和个人捐赠资金和物资，支持社会救济事业；鼓励和支持志愿者为救济对象服务。

第四条　各级人民政府民政部门主管本行政区域的社会救济工作，负责社会救济的组织、协调、指导和管理。财政、审计、监察、劳动、人事、统计、教育、社会保险等行政管理部门和工会等组织各负其责，积极配合民政部门做好社会救济工作。

第二章　社会救济范围和形式

第五条　符合下列条件之一的人员有权申请社会救济：

（一）无劳动能力，无生活来源，无法定赡养、抚养义务人或者法定赡养、抚养义务人是没有赡养、抚养能力的老年人、残疾人、未成年人；

（二）领取失业救济期间或失业救济期满仍未重新就业，凡共同生活的家庭成员人均收入低于当地最低生活保障标准的人员；

（三）在职人员、下岗人员、离休退休人员凡共同生活的家庭成员人均收入低于当地最低生活保障标准的人员；

（四）城镇无固定职业、无固定收入的居民凡共同生活的家庭成员人均收入低于当地最低生活保障标准的人员；

（五）农村村民凡共同生活的家庭成员人均收入低于当地农村最低生活保障标准的人员；

（六）遭受自然灾害无法维持基本生活的人员；

（七）其他法律、法规规定应当给予社会救济的人员。

符合前款规定，但违反《广东省计划生育条例》的人员，必须落实计划生育补救措施后，才能申请社会救济。

领取失业救济的人员以及无业、下岗人员，经劳动服务部门两次介绍就业，而无正当理由拒不就业的，不予救济。

因吸毒、赌博造成自身生活困难的不予救济。

第六条　社会救济分以下几种形式：

（一）符合本条例第五条第（一）项的人员，在城镇的，实行最低生活保障救济；在农村的，实行五保供养，即保吃、保穿、保住、保医和保葬。对其中的未成年人还应当保障其接受义务教育；

（二）对符合本条例第五条第（二）、（三）、（四）、（五）项的人员，按最低生活保障标准实行差额救济；

（三）对符合本条例第五条第（六）项的人员，实行自然灾害救济；

（四）对符合本条例第五条第（七）项的人员，按有关法律、法规规定实施社会救济；

（五）对符合本条例第五条的人员，生活发生特殊困难的，实行临时救济。

第七条 各级人民政府对救济对象采取发放现金、实物，按规定减免税收或有关费用等方式予以救济。

第八条 政府有关部门应鼓励和帮助救济对象自谋职业，在医疗、子女入学、房屋租赁等方面给予必要的照顾和扶持。

第三章 社会救济标准

第九条 最低生活保障标准按照城、乡和不同地区由县级以上人民政府根据当地下列情况确定，并视情况变化适时进行调整：

（一）维持吃、穿、住、医疗等基本生存所需物品、服务的种类和数量，其中未成年人增加义务教育费用；

（二）基本生活消费物价指数；

（三）地区社会经济发展及财政状况。

第十条 农村五保供养标准由省人民政府制定和颁布。

第十一条 自然灾害救济以保障灾民吃、穿、住和因灾害引起的疾病治疗等基本需要为主，对恢复住房确有困难的，可给予适当补助，具体标准，由县级以上人民政府确定。

第十二条 临时救济标准由乡、民族乡、镇或者街道办事处主管民政工作的机构根据救济对象的困难程度确定。

第十三条 本条例实施前，救济对象享受的救济标准高于当地最低生活保障标准的，维持原有标准不变。根据国家有关规定享受特殊待遇的优抚对象等人员，其抚恤金等不计入家庭收入。

第四章 社会救济程序

第十四条 申请社会救济，以家庭为单位，由户主（救济对象是孤儿的，由其监护人代理）向户口所在地的乡、民族乡、镇或者街道办事处提出书面申请，由乡、民族乡、镇或者街道办事处初审后，报县级人民政府民政部门审批。

第十五条 申请社会救济人员，应当如实填写社会救济申请表，提供户口簿、身份证、家庭收入证明等有关证件。

第十六条 乡、民族乡、镇或者街道办事处主管民政工作的机构或者县级以上民政部门应当对申请人家庭经济状况进行调查，有关单位和个人应当予以配合。

第十七条 乡、民族乡、镇或者街道办事处主管民政工作的机构对符合社会救济条件的申请，应当自收到申请之日起十五日内予以批准，或者签署意见后报送县级以上民政部门审批；县级以上民政部门应当自收到签署意见之日起十五日内予以批准。对不符合条件的，乡、民族乡、镇或者街道办事处主管民政工作的机构或者县级以上民政部门应当自收到申请或签署意见之日起十五日内予以退回，并书面说明理由。

第十八条 社会救济申请经批准后，由批准机关发给申请人社会救济证或者社会救济通知。救济对象凭社会救济证或者社会救济通知到乡、民族乡、镇或者街道办事处主管民政工作的机构领取社会救济款物。

第十九条 原批准救济的机关应当定期对救济对象的家庭收入进行复查，经调查其家庭收入确已不低于社会救济标准的，应当及时停止社会救济。

第二十条 乡、民族乡、镇或者街道办事处主管民政工作的机构应当将救济标准、救济名单、救济金额予以公布，接受群众监督。

第二十一条 因自然灾害需要紧急转移、安置、救济灾民，可不受本条例规定的救济程序限制，直接由当地人民政府决定救济方案并组织有关部门从速办理。

第五章　社会救济经费和物资

第二十二条　社会救济经费和物资来源：

（一）国务院下拨的特大自然灾害补助等社会救济经费；

（二）各级人民政府财政预算安排的自然灾害救济费、灾民救济粮差价补贴款、最低生活保障资金、临时社会救济费等社会救济经费；

（三）乡、民族乡、镇人民政府统筹供养五保户的款物；

（四）社会救济经费的增值资金和集体经济组织筹集的社会救济款物；

（五）社会捐赠或者社会募集用于社会救济的款物。

第二十三条　社会救济经费和物资必须用于社会救济，专款专用、专物专用，重点使用。

第二十四条　各级人民政府应当根据社会救济的需要，按照分级负责的办法落实经费和物资，由政府财政负担的社会救济经费列入财政预算，由集体经济组织筹集的社会救济款物由同级政府负责落实。乡、民族乡、镇人民政府应当落实五保供养的统筹经费和物资。

第二十五条　各级民政部门负责管理本级人民政府安排和上级补助的社会救济经费和物资，接收和管理用于社会救济的捐赠和募集的款物。

财政部门对社会救济经费实行预算管理，并与审计、监察等部门共同监督社会救济经费和物资的使用。

第六章　法律责任

第二十六条　申请社会救济的人员，对审查和批准机关的不予批准或者对答复不服的，或者救济对象对停止社会救济的决定不服的，可以向上一级民政部门申请行政复议，或者向人民法院提起诉讼。

上一级民政部门应当在接到复议申请之日起三十日内作出决定。申请人对复议决定不服的，可以在收到复议决定书之日起十五日内向人民法院提起诉讼。

第二十七条 在社会救济工作中有下列行为之一的，由其所在单位或者上级机关对主管人员和直接责任人给予行政处分；构成犯罪的，依法追究刑事责任：

（一）对不符合条件的救济对象发放救济款物的；

（二）虚报、克扣社会救济款物的；

（三）贪污、挪用社会救济款物的；

（四）滥用职权、玩忽职守造成严重后果的。

第二十八条 采取虚报、隐瞒、伪造等手段，骗取社会救济款物的，由县级人民政府民政部门给予批评教育或者警告，追回其冒领的社会救济款物；情节严重的，处冒领金额一倍以上三倍以下的罚款。

以暴力、威胁等手段阻碍社会救济工作人员执行公务的，由公安机关依法予以处罚；构成犯罪的，依法追究刑事责任。

第七章　附　则

第二十九条 本条例自1999年3月1日起施行。

广东省技术秘密保护条例

（1998年12月31日广东省第九届人民代表大会常务委员会第七次会议通过　根据2010年7月23日广东省第十一届人民代表大会常务委员会第二十次会议《关于修改部分地方性法规的决定》修正）

第一条　为保护技术秘密权利人的合法权益，调动社会对科学技术研究、开发和创新的积极性，推动科学技术进步，根据《中华人民共和国科学技术进步法》、《中华人民共和国反不正当竞争法》和有关法律、法规，结合本省实际，制定本条例。

第二条　技术秘密是指不为公众所知悉、能为权利人带来经济利益、具有实用性并经权利人采取保密措施的非专利技术和技术信息。

保密措施是指：

（一）技术秘密权利人与知悉或者可能知悉该技术秘密的有关人员签订了技术秘密保护协议；

（二）技术秘密权利人把该技术秘密保护要求明确告知有关人员；

（三）技术秘密权利人对该技术秘密的存放、使用、转移等环节采取了合理、有效的管理办法；

（四）其他有关保密措施。

第三条　本省行政区域内单位和个人拥有的技术秘密的保护，适用本条例。

属国家技术秘密，国家有法律、法规规定的，从其规定。

有损社会公共利益、违背社会道德的技术秘密，不受本条例保护。

第四条　各级人民政府科学技术行政部门会同同级工商行政管理部门，

负责组织本条例的实施。其他行政部门按照各自的职责，协助做好技术秘密保护工作。

第五条 以合作或者委托研究开发所形成的技术秘密，其权益归属依当事人书面约定的办法确定；没有约定的，当事人均有使用和转让该技术秘密的权利。但是，属委托开发的研究开发方在向委托方交付技术秘密之前，不得将该技术秘密转让给第三方。

第六条 不同单位或者个人独立研究开发出同一技术秘密的，其技术秘密权益分别归该单位或者个人所有。

第七条 单位应当建立和健全技术秘密保护制度，确定技术秘密保护管理机构和专职、兼职管理人员，采取有效措施，保护本单位的技术秘密。

第八条 单位应当对其技术秘密加以明示，其方式为：

（一）在技术资料档案上，加盖技术秘密标识；

（二）对不能加盖技术秘密标识的模型、样品、数据、配方、工艺流程等，以书面形式明示；

（三）其他的明示方式。

第九条 技术秘密权利人应当严格遵守技术秘密保护规定。在业务交往中需要涉及技术秘密的，应当与对方签订技术秘密保护协议。

第十条 对涉及技术秘密的研究、开发、生产等场所，单位应当采取防范措施，防止泄露技术秘密。

第十一条 单位可以在劳动合同中约定技术秘密保护条款，也可以与有关当事人依法签订技术秘密保护协议。

在技术秘密保护期限内，劳动合同终止的，当事人仍负有保护技术秘密的义务。

第十二条 技术秘密保护协议应当采用书面形式。

技术秘密保护协议主要内容包括：

（一）保护内容和范围；

（二）保护期限；

（三）双方的权利和义务；

（四）违约责任；

（五）其他。

第十三条 单位可以与知悉技术秘密的有关人员签订竞业限制协议。

前款所称竞业限制是指单位与知悉技术秘密的人员约定在解除、终止劳动合同后，在一定期限内，被竞业限制人员不得到与本单位生产或者经营同类产品、从事同类业务的有竞争关系的其他用人单位，或者自己开业生产或者经营同类产品、从事同类业务。

竞业限制的时间不得超过二年。在竞业限制期间，单位应当向被竞业限制人员支付一定的竞业限制补偿费。

第十四条 竞业限制协议应当双方协商一致，并且以书面形式签定。

竞业限制协议主要内容包括：

（一）生产同一种核心技术产品且有竞争关系的企业范围；

（二）竞业限制的期限；

（三）竞业限制补偿费的数额及支付方式；

（四）违约责任。

第十五条 职务技术成果完成人，对其完成的职务技术成果中的技术秘密负有保护义务；未经所在单位同意，不得擅自披露和使用。

国家公务员执行公务、有关专家参加科技成果鉴定或者技术论证、技术经纪人从事技术中介活动等，知悉他人技术秘密的，负有技术秘密保护义务，不得擅自披露和使用。

第十六条 当事人不得因技术合同无效而擅自披露技术秘密，依据无效技术合同接收的技术资料、样品、样机等，应当及时返还权利人，不得保留复制品。

第十七条 技术秘密一经公开，原签订的技术秘密保护协议或竞业限制协议即告失效。

第十八条 对已公开的资料或者售出的产品进行分析、解剖而获知技术的，不视为侵犯技术秘密行为。

第十九条 对技术秘密纠纷中的有关技术问题需要鉴定的，应当由省级以上科学技术行政部门推荐的专家进行鉴定。

第二十条 有下列行为之一的，由县级以上工商行政管理部门责令停止违法行为，并可根据情节处以一万元以上二十万元以下的罚款：

（一）以盗窃、利诱、胁迫或者其他不正当手段获取技术秘密的；

（二）披露、使用或者允许他人使用以前项手段获取技术秘密的；

（三）违反约定或者违反权利人有关技术秘密保护的要求，披露、使用或者允许他人使用其所掌握的技术秘密的。

第三人明知或者应知前款所列违法行为，获取、使用或者披露他人技术秘密的，视为侵犯技术秘密行为。

以上行为构成犯罪的，依法追究刑事责任。

第二十一条 侵害他人技术秘密权利的，侵权人应当赔偿技术秘密权利人的经济损失。经济损失赔偿额按当事人之间有关协议的约定计算。

当事人之间没有约定的，按以下方法计算：

（一）侵权行为尚未造成技术秘密完全公开的，损失赔偿额按下列方法之一计算；

1. 技术秘密权利人因被侵权而受到的实际损失；

2. 侵权人因侵权行为获得的全部利润。

（二）侵权行为造成技术秘密完全公开的，损失赔偿额应当按该技术秘密的全部价值量计算。技术秘密的全部价值量，由国家认可的资产评估机构评定。

第二十二条 当事人违反竞业限制协议的，应当负违约责任。

为获取他人技术秘密而录用被竞业限制人员的，录用单位或个人应当承担相应的法律责任。

第二十三条 技术秘密受让方不知悉并且没有合理的依据应当知悉转让方侵害他人技术秘密的，赔偿责任由非法转让方承担。受让方经技术秘密权利人同意，可以继续使用该技术秘密，但应当支付相应的费用。

第二十四条 因技术秘密保护协议发生纠纷，当事人可以根据协议中的仲裁条款或者事后达成的书面仲裁协议，向仲裁机构申请仲裁。

当事人在技术秘密保护协议中没有订立仲裁条款，事后又没有达成书面仲裁协议的，可以向人民法院起诉。

第二十五条 科学技术行政部门、工商行政管理部门执法人员滥用职权、玩忽职守、泄露技术秘密的，由所在单位给予行政处分；构成犯罪的，依法追究刑事责任。

第二十六条 本条例自公布之日起施行。

广东省个体工商户和私营企业权益保护条例

（1999年5月21日广东省人民代表大会常务委员会第十次会议通过　根据2010年7月23日广东省第十一届人民代表大会常务委员会第二十次会议《关于修改部分地方性法规的决定》第一次修正）

第一条　为创造公平竞争环境，促进个体、私营经济健康发展，保护个体工商户和私营企业的合法权益，发展社会主义市场经济，根据宪法和有关法律、法规的规定，结合本省实际，制定本条例。

第二条　本条例适用于本省行政区域内从事生产、经营活动的个体工商户和私营企业。

第三条　个体工商户和私营企业的合法权益受国家法律的保护。

个体工商户和私营企业应当守法经营，依法纳税，文明经商，公平竞争，不得损害国家利益、社会公共利益和他人的合法权益。

第四条　各级人民政府应当把个体、私营经济纳入国民经济发展规划，鼓励、支持和引导个体、私营经济健康发展。

第五条　各级人民政府鼓励和支持一切组织和个人对损害个体工商户和私营企业合法权益的行为进行监督。

新闻传播媒介应当对损害个体工商户和私营企业合法权益的行为进行舆论监督。

第六条　各级工商行政管理部门负责本条例的实施。

各级人民政府有关行政管理部门、司法机关，应当依照法律、法规的规定，在各自的职责范围内，维护个体工商户和私营企业的合法权益。

第七条　个体工商户和私营企业对其所有的财产享有占有、使用、收益和处分的权利。

禁止任何单位和个人侵占、破坏或以其他手段侵犯个体工商户和私营企业的合法财产。

第八条 个体工商户和私营企业享有市场准入的平等待遇。个体工商户、私营企业提出不违反法律、法规规定的生产经营申请，有关部门应当及时办理审批手续。

私营企业可开办中外合资经营企业、中外合作经营企业，可按规定取得进出口权或在境外投资办企业。

第九条 个体工商户和私营企业生产经营中所需的生产资料、贷款和社会服务，应当与公有制企业同等对待。

第十条 经核准登记的个体工商户的字号和私营企业的名称受法律保护。

个体工商户和私营企业的注册商标专用权、专利权，任何单位或个人不得侵犯。

个体工商户和私营企业的商业秘密受法律保护。

第十一条 个体工商户、私营企业独立自主经营，任何单位和个人不得干预。

个体工商户和私营企业有权根据生产经营的需要，依法招聘员工，决定用工条件、形式、数量、期限；依法变更和解除劳动合同。

第十二条 个体工商户和私营企业有权拒绝违反法律、法规和规章规定的各种收费、罚款、赞助和摊派。

第十三条 个体工商户和私营企业可以依法取得土地使用权。

因国家建设需要提前收回个体工商户和私营企业的土地使用权，拆迁地上建筑物及其他附着物的，建设单位应当按国家有关规定给予妥善安置和补偿。

任何单位和个人不得侵占、破坏个体工商户和私营企业的合法经营场地及其设施。

第十四条 个体工商户和私营企业的专业技术人员申请参加专业技术职称资格考试或评审的，由个体工商户或私营企业所在的个体劳动者协会、私营企业协会、工商业联合会、民营科技企业协会向人事管理部门填报有关材料，人事管理部门应当按照有关规定办理报考或评审手续。

人事管理部门对通过资格考试或评审的个体工商户和私营企业专业技术人员，应按规定颁发专业技术职称资格证书。

第十五条 个体工商户和私营企业向所在地的科技行政管理部门申报科技成果鉴定，科技行政管理部门应当及时组织专家鉴定。

个体工商户和私营企业开发列入国家和省级计划的新产品，按省有关规定享受优惠待遇。

第十六条 个体工商户和私营企业中的人员因商务、学习考察、短期培训、技术交流等事务需要出国（境）的，经所在的市、县个体劳动者协会、私营企业协会、工商业联合会签署意见，向户口所在地市、县公安机关申请办理出国（境）证件；经聘用一年以上并在其从业的个体工商户、私营企业所在地办理了“暂住证”的人员，可向从业所在地市、县公安机关申请办理出国（境）证件。因公务需要出国（境）的，按有关规定办理出国（境）证件。

第十七条 各级人民政府应当将个体工商户和私营企业从业人员的子女入托和义务教育纳入社会发展规划。

中、小学校和幼儿园吸收个体工商户和私营企业从业人员的子女入学、入托，应当按政府规定收费，不得乱收费。

第十八条 个体工商户和私营企业的营业执照是合法经营凭证，除工商行政管理部门外，其他任何单位和个人不得扣缴或者吊销。

第十九条 各级工商行政管理部门对个体工商户和私营企业进行年检（验照），不得附加法律、行政法规规定以外的条件。

第二十条 任何单位和个人不得强制个体工商户和私营企业购买有价证券和订购书籍报刊杂志。

第二十一条 任何单位和个人不得以评比、评优、达标等活动强行向个体工商户和私营企业收费、变相收费或要求赞助。

第二十二条 个体工商户和私营企业主所聘员工，不得利用职务之便，挪用个体工商户和私营企业的资金或侵占个体工商户和私营企业的财产；不得擅自用个体工商户或私营企业的资产为自己或他人提供担保。

第二十三条 个体工商户、私营企业及其员工的合法权益受到侵犯时，有权向有关行政管理部门检举、投诉，或者向人民法院提起诉讼。有关部门在接到检举、投诉后，应当在30日内作出处理并告知检举、投诉人。

个体工商户和私营企业对有关行政管理部门不履行职责，致使其合法权益受到损害的行为，或对有关行政管理部门的行政决定不服的，可依法申请复议或提起行政诉讼。

第二十四条 各级个体劳动者协会、私营企业协会、工商业联合会应维护个体工商户、私营企业的合法权益，接受个体工商户、私营企业的投诉、咨询，协调处理有关投诉、咨询的事项。

第二十五条 行政管理部门及其工作人员侵犯个体工商户、私营企业合法权益拒不改正的，各级个体劳动者协会、私营企业协会、工商业联合会应向违法部门的上级主管部门和违法工作人员所在单位报告，有关部门应当在30日内作出处理并答复报告人。

第二十六条 行政管理部门及其工作人员违反本条例，有下列情形之一的，由其所在单位的上级行政管理部门责令改正，情节严重的，对责任人给予行政处分；造成个体工商户和私营企业经济损失的，依法承担赔偿责任；构成犯罪的，依法追究刑事责任：

（一）强制个体工商户或私营企业购买有价证券和书籍报刊杂志的；

（二）强制向个体工商户和私营企业违法收费、摊派或要求赞助的；

（三）收费时不开具由财政部门或税务部门统一印制的收据或发票的；或不如实填写《个体工商户和私营企业缴费卡》的；

（四）年检（验照）时附加法律、行政法规规定以外条件的；

（五）越权扣缴、吊销营业执照的；

（六）占用个体工商户和私营企业的资金和物资的。

第二十七条 市级以下人民政府违法设立收费项目，或向个体工商户和私营企业进行摊派的，由其上一级人民政府予以撤销，责令如数退还，并对直接责任人给予行政处分。

各级行政管理部门违法设立收费项目，或向个体工商户和私营企业进行摊派的，由其上一级行政管理部门或本级人民政府予以撤销，责令如数退还，并对直接责任人给予行政处分。

第二十八条 挪用个体工商户或私营企业的资金，擅自用个体工商户或私营企业的资产为自己或他人提供担保，侵占、破坏或者非法查封、扣押、冻结、没收个体工商户或私营企业合法财产，以及以其他方式侵犯个体工商户或私营企业财产权，造成损失的，应当依法承担赔偿责任；构成犯罪的，依法追究刑事责任。

第二十九条 行政管理部门及其工作人员不依法行政，侵害个体工商户和私营企业合法权益的，按法律、法规的有关规定处理。

行政管理部门工作人员滥用职权、徇私舞弊、索贿受贿、侵害个体工商户或者私营企业权益的，由其所在单位或者行政监察机关根据情节给予行政处分；构成犯罪的，依法追究刑事责任。

第三十条 对申诉人、检举人或者投诉人进行打击报复的，由其所在单位或者行政监察机关依法处理；违反《中华人民共和国治安管理处罚法》的，由公安机关依法处理；构成犯罪的，依法追究刑事责任。

第三十一条 本条例发布前的本省有关规定与本条例不一致的，以本条例为准。

第三十二条 本条例自1999年7月1日起施行。

广东省农村集体经济审计条例

（1999年5月21日广东省第九届人民代表大会常务委员会第十次会议通过　根据2010年7月23日广东省第十一届人民代表大会常务委员会第二十次会议《关于修改部分地方性法规的决定》修正）

第一章　总　则

第一条　为加强对农村集体经济的审计监督，保护农村集体经济组织及其成员的合法权益，巩固和发展农村集体经济，根据国家有关法律、法规，结合我省实际，制定本条例。

第二条　本条例适用于本省行政区域内农村集体经济的审计监督。

第三条　县级以上人民政府农村集体经济行政管理部门（以下简称农村经济管理部门）和乡（镇）人民政府负责本行政区域内的农村集体经济审计工作和本条例的组织实施。

农村集体经济审计（以下简称农村审计）工作接受国家审计机关的指导与监督。

第四条　农村经济管理部门和乡（镇）人民政府依照本条例规定的职权和程序对农村集体经济进行审计监督；并依照有关法律、法规和有关财务收支的规定进行审计评价、处理和处罚。

第五条　农村经济管理部门和乡（镇）人民政府应当配备与审计业务相适应的审计人员。

农村审计人员实行分级培训和考核制度，并持证上岗，上岗证由省农村集体经济行政管理部门统一颁发。

第六条 农村审计工作所需的经费，列入本级财政预算。

第七条 办理审计事项的农村审计人员与被审计单位或审计事项有利害关系的，应当回避。

第八条 农村审计人员依法行使职权，受法律保护，任何人不得打击报复。

农村经济管理部门和乡（镇）人民政府及其审计人员办理审计事项，必须客观公正，实事求是，廉洁自律，保守秘密。

对在农村审计工作中有突出贡献的单位和个人，各级人民政府应当给予表彰和奖励。

第二章 审计范围与事项

第九条 农村经济管理部门和乡（镇）人民政府对下列单位财务收支的真实、合法和效益，依法进行审计监督：

（一）农村集体经济组织或村民委员会；

（二）农村集体经济组织或村民委员会所有的企业、事业单位。

第十条 农村经济管理部门和乡（镇）人民政府对下列事项进行审计监督：

（一）财务管理制度执行情况；

（二）财务预算执行情况；

（三）财务会计报表、凭证、账簿的完整性、真实性和合法性；

（四）资产、负债、损益、分配情况；

（五）土地征用补偿费收支和建设项目预算、决算情况；

（六）政府所拨资金、物资管理和使用情况；

（七）接受捐赠资金、物资的管理和使用情况；

（八）村提留、乡镇统筹费、农村义务工、劳动积累工等农民负担费用（劳务）的管理和使用情况；

（九）主要负责人任期经济责任；

（十）其他需要审计事项。

第三章　审计职责与职权

第十一条　农村经济管理部门和乡（镇）人民政府应当组织、指导农村集体经济组织或村民委员会进行年度审计、主要负责人任期经济责任审计以及其他专项审计。

第十二条　农村经济管理部门和乡（镇）人民政府应当根据下列情况确定审计任务和编制年度审计工作计划：

（一）因集体经济管理问题引起群众不满，需要审计的；

（二）需要进行重点审计调查的。

第十三条　县级农村经济管理部门负责乡（镇）一级农村集体经济的审计；乡（镇）人民政府负责村级集体经济的审计；上级农村经济管理部门对下级农村经济管理部门或乡（镇）人民政府审计管辖范围内的重大审计事项，可以直接进行审计。

第十四条　农村经济管理部门和乡（镇）人民政府在审计过程中有下列职权：

（一）要求被审计单位如实提供财务收支计划及其执行情况、财务报告、经济合同以及其他与财务收支有关的资料。被审计单位不得拒绝、拖延、谎报；

（二）就审计事项有关的问题向有关单位和个人进行调查，收集有关的证明材料。被调查的单位和个人应当如实反映情况和提供证明材料；

（三）发现被审计单位转移、隐匿、篡改、毁弃会计报表、凭证、账簿以及其他与财务有关资料的，可以采取取证措施；必要时，可暂时封存被审计单位与违反财务收支有关的账册资料。

第十五条　农村经济管理部门或乡（镇）人民政府发现被审计单位违反有关财务收支行为的，有权予以制止。对审计发现的问题，有权提出处理、处罚意见。

第四章　审计程序

第十六条　农村经济管理部门和乡（镇）人民政府应当根据审计事项组成不少于二人的审计组，于实施审计三日前向被审计单位送达审计通知书。

审计人员向有关单位和个人进行调查时，应当出示有关证件。

第十七条　审计组应当对审计结果提出审计报告，并征求被审计单位的意见。被审计单位收到审计报告之日起十日内，应将书面意见送交审计组。逾期未提出书面意见的，视同无异议。

第十八条　农村经济管理部门或乡（镇）人民政府审定审计报告，应当对审计事项作出评价，出具审计意见书。对违反规定的财务收支行为，情节轻微的，应当予以指明并责令自行纠正；对应依法给予处理、处罚的，应当在法定职权范围内作出处理、处罚的审计决定；对应由村、乡（镇）集体经济组织、村民会议或村民代表会议、乡（镇）人民代表大会处理的，应当作出审计建议书，向村、乡（镇）集体经济组织、村民会议或村民代表会议、乡（镇）人民代表大会提出处理意见。

农村经济管理部门或乡（镇）人民政府应当在收到审计组的审计报告之日起三十日内，将审计意见书或审计决定送达被审计单位。

审计意见书或审计决定送达之日起生效。

农村经济管理部门或乡（镇）人民政府应当检查审计意见书或审计决定的执行情况。审计意见书或审计决定应当报上一级农村经济管理部门备案。

第十九条　农村经济管理部门和乡（镇）人民政府办理的审计事项应当建立审计档案。

第五章　法律责任

第二十条　被审计单位违反本条例规定，拒绝或者拖延提供与其审计事项有关资料的，或者拒绝、阻碍检查的，农村经济管理部门或乡（镇）人民政府责令改正，通报批评或给予警告；拒不改正的，按下列规定追究责任：

（一）对被审计单位负有直接责任的主管人员和其他直接责任人员向村、乡（镇）集体经济组织、村民会议或村民代表会议、乡（镇）人民代表大会提出处理的建议；

（二）构成犯罪的，依法追究刑事责任。

第二十一条 农村经济管理部门或乡（镇）人民政府发现被审计单位转移、隐匿违法取得的资产的，应予制止，或者申请人民法院采取财产保全措施，同时责令其退还资产并赔偿损失；对直接责任人及其他有关人员，向村、乡（镇）集体经济组织、村民会议或村民代表会议、乡（镇）人民代表大会提出处理的建议。构成犯罪的，依法追究刑事责任。

第二十二条 农村经济管理部门或乡（镇）人民政府对被审计单位违反规定的财务收支行为，责令改正，给予警告；对有违法所得的，没收违法所得；对直接责任人和其他有关人员，向村、乡（镇）集体经济组织、村民会议或村民代表会议、乡（镇）人民代表大会提出处理的建议。

第二十三条 对侵占、挪用、私分集体资产的有关人员，农村经济管理部门或乡（镇）人民政府责令其退还财产并赔偿损失。构成犯罪的，依法追究刑事责任。

第二十四条 农村经济管理部门或乡（镇）人民政府提出的处理建议，有关单位应当依法及时作出决定，并将结果书面通知农村经济管理部门或乡（镇）人民政府。

第二十五条 农村审计人员滥用职权，徇私舞弊，玩忽职守的，依法给予行政处分；其违法取得的财物，依法予以追缴、没收。构成犯罪的，依法追究刑事责任。

第六章 附 则

第二十六条 本条例自公布之日起施行。

广东省实施《中华人民共和国教师法》办法

（1999年11月27日广东省第九届人民代表大会常务委员会第十三次会议通过　根据2010年7月23日广东省第十一届人民代表大会常务委员会第二十次会议《关于修改部分地方性法规的决定》修正）

第一条　为保障教师合法权益，提高教师队伍素质，促进我省教育事业的发展，根据《中华人民共和国教师法》和有关法律、法规，结合本省实际，制定本办法。

第二条　本办法适用于在本省行政区域内各级各类学校和其他教育机构中专门从事教育教学工作的教师。

第三条　各级人民政府教育行政部门按照各自职责负责本行政区域内的教师工作。

各级人民政府有关行政部门，在各自职权范围内负责有关的教师工作。

学校和其他教育机构根据国家规定，依法对教师工作进行自主管理。

第四条　教师是履行教育教学职责的专业人员，依照《中华人民共和国教师法》行使权利和履行义务，忠诚于人民的教育事业，不断提高教育教学质量和科学研究水平，为人师表，敬业爱生。

第五条　各级人民政府应当采取措施，建设一支结构合理、思想品德和业务素质优良的教师队伍。

全社会都应当尊重教师，保障和维护教师的合法权益，树立尊师重教的良好社会风尚。

第六条　实行教师资格制度。

在学校或者其他教育机构中任教的教师，必须具备教师资格。教师资格的取得，应当按照国家的有关规定，经本人申请，由县级以上教育行政部门或者有关部门以及有认定权的高等学校依法予以认定。

第七条 各级人民政府及其教育行政部门、有关部门和学校应当采取措施，提高教师队伍的学历层次，逐步使高等学校教师具有硕士研究生学历或者博士研究生学历，高级中学、中等职业技术学校教师具有大学本科或者研究生学历，初级中学教师具有大学本科学历，小学教师具有大学专科以上学历，幼儿园教师具有幼儿师范学校毕业及其以上学历。

第八条 中小学教师专业技术职务任职资格评定的具体工作，由县级以上教育行政部门负责。

技工学校和职业培训机构教师专业技术职务任职资格评定的具体工作，由地级市以上劳动行政部门负责。

中等专业学校、高等学校按照委托授权的规定，负责评定教师的专业技术职务任职资格。

第九条 学校和其他教育机构应当根据国家及省人民政府有关行政部门制定的教师编制标准和教师职务结构比例，确定人员配置方案，择优聘任教师。学校对教师的聘任应当遵循双方地位平等的原则，由学校和教师签订聘任合同，明确规定双方的权利、义务和责任。

中小学向社会招聘教师，由县级以上教育、人事行政部门按照国家和省有关规定办理。

高等学校依法自主聘任教师，吸引海内外优秀人才任教。

教师聘任期为一至六年，教师任职期满经考核合格可以续聘。

中小学对在聘期内教师的解聘，须经教育行政部门（或其主管的政府有关部门）审批。

第十条 各级人民政府和有关行政部门应当办好师范教育，优先保证师范教育的投入。

高等师范学校要坚持为基础教育服务，培养高素质的中小学教师和职业学校教师。

其他普通高等学校和高级技工学校也应当参与承担培养培训中小学教师和职业学校教师的任务。

第十一条 鼓励师范专业毕业生到边远山区和贫困地区乡村任教，并给予优惠政策，具体办法由当地人民政府制定。

第十二条 实行教师继续教育制度。

各级人民政府教育行政部门、学校主管部门和学校应当制定教师继续教育计划，对教师进行多种形式的思想政治教育和业务培训工作。教师应当按照计划要求参加继续教育，凡未按照计划要求参加继续教育或者未达到继续教育规定的，不予评聘或者晋级。

继续教育所需经费，按照国家和省有关规定予以解决。

第十三条 学校和其他教育机构应当建立健全教师年度考核制度，对教师的政治思想、业务水平、工作态度和工作成绩进行考核。教师考核结果是受聘任教、晋级、奖惩的依据。

第十四条 学校行政领导应当接受教师和教职工代表大会的监督，组织教师参与学校的民主管理，讨论学校的重大事项。

第十五条 教师的收入应当不低于省人民政府规定的教师最低收入标准，教师的平均工资水平应当高于或者不低于国家公务员的平均工资水平。

县级以上人民政府应当将国家和省规定支付的教师工资、离休退休金、教师津贴、补贴等全额列入年度财政预算，按月足额发放，不得拖欠。不得以学校收取的杂费抵拨教师的工资和补贴。

教龄满三十年，在教学岗位上退休的教师，按照本人退休时工资的百分之一百领取退休金。

社会力量所办学校和其他教育机构的教师的待遇，由举办者自行确定并予以保障。

第十六条 各级人民政府应当把教师住房建设纳入当地经济适用住房建设计划。对教师购买、租赁经济适用住房实行优先、优惠政策，具体办法由当地人民政府制定。

第十七条 教师的医疗应当与当地国家公务员享受同等待遇。

各级人民政府有关部门和学校每一至三年组织教师进行一次身体健康检查。

各级人民政府教育行政部门、其他教育机构的主管部门和学校，可利用假期优先组织优秀教师进行休养。

第十八条 各级人民政府和教育行政部门及学校要建立教师评优奖励制度，定期表彰奖励优秀教师。

各级人民政府应当设立专项奖励，奖励有突出贡献的教师。

第十九条 鼓励广大教师终生从事教育事业，建立教师荣誉证书制度，对教龄三十年以上的教师由县级以上人民政府发给荣誉证书，并给予奖励。

第二十条 有关部门对扰乱学校秩序致使教育教学活动不能正常进行的，或者侮辱、殴打教师的，根据不同情况，给予行政处分或者行政处罚；造成损害的，责令赔偿损失；构成犯罪的，依法追究刑事责任。

第二十一条 拖欠教师工资及政策性补贴的，由上级机关责令限期发放。挪用、克扣教师工资及政策性补贴的，由上级机关责令限期归还，并对直接责任人给予行政处分；构成犯罪的，依法追究刑事责任。

第二十二条 教育行政部门及其他有关行政部门的工作人员滥用职权、徇私舞弊、玩忽职守，侵犯教师合法权益的，由其所在单位或其主管部门给予行政处分；构成犯罪的，依法追究刑事责任。

第二十三条 教师有下列情形之一的，由所在学校、其他教育机构或者教育行政部门给予行政处分或者解聘：

（一）品行不良，侮辱、打骂、体罚或者变相体罚学生，情节严重或者经教育不改的；

（二）向学生或者家长索取财物，影响恶劣的；

（三）年度考核连续两年不合格的；

（四）考试工作中，玩忽职守，徇私舞弊的；

（五）其他不履行法定的教师义务的。

教师有前款第（一）项、第（四）项所列情形之一，构成犯罪的，依法追究刑事责任。

第二十四条 本办法自2000年2月1日起施行。

广东省各级人民代表大会常务委员会讨论决定重大事项规定

（2000年7月28日广东省第九届人民代表大会常务委员会第十九次会议通过　根据2010年7月23日广东省第十一届人民代表大会常务委员会第二十次会议《关于修改部分地方性法规的决定》修正）

第一条　为保证本省各级人民代表大会常务委员会依法行使讨论、决定本行政区域内各方面工作的重大事项的职权，根据《中华人民共和国宪法》、《中华人民共和国地方各级人民代表大会和地方各级人民政府组织法》和其他有关法律、行政法规，结合本省实际，制定本规定。

第二条　本省各级人民代表大会常务委员会讨论、决定本行政区域的政治、经济、教育、科学、文化、卫生、环境和资源保护、民政、民族、侨务等工作的重大事项适用本规定。

第三条　本省各级人民代表大会常务委员会讨论、决定重大事项应当在同级中国共产党委员会的领导下，依照法律规定进行。

第四条　本行政区域内的下列重大事项应当提请本级人民代表大会常务委员会审议，并作出相应的决议，决定：

（一）贯彻执行宪法、法律、法规和本级人民代表大会的决议、决定的重大措施；

（二）推进依法治省，加强社会主义民主与法制建设的重要决策和部署；

（三）教育、科学、文化、卫生、体育等事业的发展规划；

（四）根据本级人民政府的建议对国民经济和社会发展计划的部分变更；

（五）根据本级人民政府的建议对本级财政预算的部分变更；

（六）涉及人口、环境、资源等方面的重大措施；

（七）人民检察院检察长在重大问题上不同意检察委员会多数人的决定而提请决定的事项；

（八）决定授予或者撤销地方的荣誉称号；

（九）本级人民代表大会交由本级人民代表大会常务委员会审议并作出决定的重大事项；

（十）本级人民政府提请或者人民法院、人民检察院建议人民代表大会常务委员会审议并作出决定的其他重大事项；

（十一）法律、行政法规规定由人民代表大会常务委员会审议并作出决定的其他重大事项。

第五条 本行政区域内的下列重大事项应当向本级人民代表大会常务委员会报告，常务委员会可以提出意见、建议：

（一）本级国民经济和社会发展计划执行情况；

（二）本级预算执行情况；

（三）本级预算执行和其他财政收支的审计情况；

（四）本级预算外资金的使用、管理情况；

（五）本级教育基金的使用、管理情况，本级养老保险、失业保险、医疗保险等社会保险基金、扶贫基金和住房公积金的收支管理情况，环境保护资金征集使用情况；

（六）国民经济建设布局和产业结构的调整；

（七）土地利用总体规划和年度利用计划、城镇体系规划和城市规划的执行情况；

（八）有财政性资金投资的，对经济发展、环境和自然资源保护有较大影响的建设项目的立项；

（九）本级人民政府在香港、澳门特别行政区以及国外的国有资产的保值和增值情况；

（十）水、电、煤气、医疗、公共交通等公用事业服务价格标准的调整，对学生、农民及企业等收费标准及收费项目的调整；

（十一）华侨、归桥和侨眷权益保护情况；

（十二）主要江河流域、沿海滩涂的开发利用和资源环境保护情况；

（十三）省级以上风景名胜区、历史文物古迹和自然保护区的保护情况；

（十四）重大自然灾害，给国家、集体财产和公民生命财产造成严重损失的重大事故及其处理情况；

（十五）同外国地方政府建立友好关系；

（十六）本级人民政府、人民法院和人民检察院认为需要报告的其他重大事项；

（十七）法律、行政法规规定应当向人民代表大会常务委员会报告的其他重大事项。

县级以上地方各级人民政府应当在每年六月至九月期间，向本级人民代表大会常务委员会报告本年度上一阶段国民经济和社会发展计划、预算的执行情况；在本级人民代表大会常务委员会审查和批准决算的同时，向常务委员会报告上一年度预算执行和其他财政收支的审计情况；每半年向本级人民代表大会常务委员会报告本级预算外资金的使用、管理情况；其他各项规定的重大事项，应当根据实际情况或者按照本级人民代表大会常务委员会的要求报告。

第六条　人民代表大会常务委员会讨论、决定重大事项的程序，按照常务委员会议事规则的规定进行。

第七条　提请人民代表大会常务委员会审议的重大事项的议案、建议书或者报告应当包括以下主要内容：

（一）关于该重大事项的基本情况；

（二）与该重大事项有关的法律、法规、规章、政策依据；

（三）该重大事项的决策方案及其可行性说明；

（四）该重大事项的有关统计数据、调查分析等资料。

第八条　本规定第四条所列重大事项，应当以议案或者建议书形式提出。

对提请审议的重大事项议案，省级人民代表大会常务委员会应当自收到该议案之日起三个月内进行审议；市、县（区）人民代表大会常务委员会应当自收到该议案之日起二个月内进行审议。

第九条 对本规定第五条所列重大事项的报告，人民代表大会常务委员会主任会议应当在收到该报告后，决定是否提交最近召开的一次常务委员会会议审议。

第十条 人民代表大会常务委员会会议审议重大事项时，提请机关应当提供必要的附件和参阅材料，其主要负责人应当到会作说明，回答询问。

第十一条 对各级人民代表大会常务委员会作出的重大事项决定，有关机关应当贯彻实施，并根据决定规定的期限报告执行情况，对需要较长时间办理的，可以分阶段报告。

第十二条 人民政府违反宪法、法律、行政法规，对重大事项擅自作出决定的，本级人民代表大会常务委员会可以依法撤销其决定。

第十三条 市、县（区）人民代表大会常务委员会可以根据本规定，结合本地实际，作出具体规定。

第十四条 本规定自2000年10月1日起施行。

广东省建设工程监理条例

（2000年11月24日广东省第九届人民代表大会常务委员会第二十一次会议通过　根据2010年7月23日广东省第十一届人民代表大会常务委员会第二十次会议《关于修改部分地方性法规的决定》第一次修正）

第一章　总　则

第一条　为规范建设工程监理活动，提高建设工程管理水平和投资效益，保障建设工程质量，保护建设单位、监理单位和其他相关各方的合法权益，根据《中华人民共和国建筑法》和有关法律、法规，结合本省实际，制定本条例。

第二条　本省行政区域内的建设工程监理活动，适用本条例。

第三条　本条例所称建设工程监理，是指工程监理单位受建设单位的委托，在监理合同约定的范围内，依照法律、法规及有关的技术标准、设计文件、工程承包合同，对建设工程质量、建设工期和建设投资的控制等方面实施的监督管理。

本条例所称监理单位，是指依法取得监理单位资质证书，具有法人资格，对建设工程项目实施监督的社会中介组织。

本条例所称监理工程师，是指依法取得监理工程师资格证书并经注册取得监理工程师岗位证书，在监理单位从事监理业务的专业人员。

第四条　县级以上人民政府建设行政主管部门对本行政区域内的建设工程监理活动进行统一监督管理；其他有关行政管理部门依照有关法律、法规的规定在各自职责范围内对本行业的专业建设工程监理活动进行监督管理。

第五条 从事建设工程监理活动的单位及其从业人员，应当遵循守法、诚信、公正、科学的原则。

第二章 监理单位与监督管理

第六条 申请设立监理单位，应当报省人民政府建设行政主管部门审批。省人民政府建设行政主管部门受理申请后，应当在三十日内决定是否批准，并书面通知申请人，不予批准的，应当说明理由。

设立专业建设工程监理单位的，应当先征求省人民政府相关行政管理部门的意见。

监理单位凭省人民政府建设行政主管部门颁发的建设监理申请批准文件办理工商和税务登记后，方可开业。

第七条 设立监理单位，应当具备下列条件：

（一）有单位名称与办公场所；

（二）单位的负责人或者技术负责人必须取得监理工程师资格并有高级工程师或者高级建筑师职称；

（三）有国家规定数额的专职监理工程师；

（四）有国家规定最低数额的注册资金；

（五）有单位章程；

（六）国家规定的其他条件。

第八条 监理单位的资质等级分为甲、乙、丙三个等级，按国家规定实行分级审批。监理单位的资质等级核定条件、业务范围，按照国家和省人民政府的有关规定执行。

监理单位资质由核定资质等级的机关负责办理年审，但不得收取年审费用。

第九条 监理单位应当在核定的资质等级许可的范围内承接监理业务。

禁止监理单位超越资质等级许可范围或者以其他监理单位的名义承接监理业务。

禁止监理单位允许其他单位或个人以本单位的名义承接监理业务。

禁止监理单位转让监理业务。

第十条 从事监理工程师岗位工作的人员，必须持国家颁发的监理工程师执业资格证书按规定到省人民政府建设行政主管部门办理注册，取得监理工程师岗位证书。

取得监理工程师资格证书但未经注册的，不得以监理工程师的名义从事监理工作。监理工程师不得以个人名义承接监理业务。

第十一条 监理工程师不得同时在两个或者两个以上监理单位任职。

在职的国家机关工作人员及建设工程管理机关所属的事业单位工作人员不得在监理单位任职。

监理工程师不得涂改、倒卖、出租、出借或者以其他形式非法转让注册证书或者执业印章。

第十二条 监理单位及其监理工程师与被监理工程的设计、施工单位以及建筑材料、建筑构件配件和设备供应单位有隶属关系或者其他利害关系的，不得承接该工程的监理任务。

第十三条 根据本条例规定，必须实行监理的建设工程项目，建设单位应当依法确定监理单位，并签订建设工程监理合同。未签订建设工程监理合同，建设行政主管部门不得核发施工许可证。

第十四条 建设行政主管部门或者其他有关行政管理部门委托的建设工程质量监督机构在实施工程质量监督时，发现监理单位不履行监理义务、不按技术标准和规范、设计文件进行监理或者违反质量责任的，应当向建设行政主管部门和相关的行政管理部门报告，由建设行政主管部门会同有关行政管理部门进行处理。

第三章 监理的实施

第十五条 建设工程监理分为建设前期阶段监理、设计阶段监理、施工准备阶段监理、施工阶段监理和保修阶段监理。建设前期阶段、设计阶段、保修阶段是否实行监理，由建设单位自行决定。

第十六条 下列建设工程项目的施工准备阶段、施工阶段必须实行监理：

（一）国家、省、地级以上市的重点建设工程；

（二）建筑安排工程总造价在八百万元以上的工业、交通、水利、市政公用基础设施等建设工程；

（三）总建筑面积在二万平方米以上的住宅小区建设工程，单体建筑面积在三千平方米以上的一般工业与民用建筑工程；

（四）利用外国政府或者国际组织的贷款、援助资金的建设工程；

（五）国家或省人民政府规定必须实行监理的其他建设工程。

地级以上市人民政府的建设行政主管部门可以根据当地的实际情况，制定低于前款规定的规模标准，但不得缩小本条例确定的项目范围，报同级人民政府批准后执行，并报省人民政府建设行政主管部门备案。

前两款规定的建设工程项目以外的其他建设工程项目是否实行监理，由建设单位自行决定。

第十七条 建设单位可以委托监理单位承担建设工程各个阶段的监理，也可以委托监理单位承担建设工程某一阶段的监理。但施工准备阶段、施工阶段只能委托同一个监理单位监理。具体监理范围和内容由双方签订合同约定。

第十八条 实行监理的建设工程，建设单位应当委托具有相应的资质等级和业务许可范围的监理单位进行监理。

第十九条 依照法律、法规的规定，应当采取招标投标方式选择监理单位的建筑工程项目，建设单位应当依法进行招标。

第二十条 监理单位与建设单位应当签订书面建设工程监理合同。

建设工程监理合同的拟订，可以参照国家制定的合同示范文本。其主要条款包括：监理的范围和内容、双方的权利与义务、监理酬金的计取标准与支付方式、违约责任、双方约定的其他事项。

第二十一条 监理单位应当根据合同约定的监理业务，成立由总监理工程师、监理工程师及其他监理人员组成的监理工作机构。并向建设单位报送委派的总监理工程师及其监理工作机构主要成员名单、监理规划。

建设工程项目实施监理前，建设单位应当向勘察，设计以及施工单位发出书面通知，告知监理单位名称、监理内容、监理权限及总监理工程师姓名等事项；总监理工程师应当向勘察、设计和施工单位发出书面通知，告知项目监理工作机构组成人员姓名及监理权限。

第二十二条 监理项目实行总监理工程师负责制。总监理工程师应当根据监理合同对建设工程进行监督管理，并按照合同约定定期向建设单位报告监理工作。

第二十三条 实行监理的建设工程，其勘察、设计和施工单位应当接受监理单位的监督管理，并按照监理单位的要求及时提供与工程相关的必要资料。

第二十四条 承担施工阶段监理业务的监理工作机构应当进驻施工现场，派驻施工现场的总监理工程师、监理工程师应当具备与该工程施工阶段技术要求相适应的专业知识和管理能力。

监理工作机构应当按照工程监理规范的要求，采取旁站、巡视和平行检验等，对建设工程实施监理。

第二十五条 监理工程师发现工程设计不符合国家颁布的建设工程质量标准、设计规范或者合同约定的质量等要求的，应当报告建设单位要求设计单位改正。监理工程师发现工程施工不符合工程设计要求、施工技术规范或者合同约定的，监理工程师应当出具总监理工程师签发的书面通知要求施工单位改正。

总监理工程师对危及工程质量和安全的施工，应当按照监理权限及时下达停工指令。施工单位应当执行。

第二十六条 未经监理工程师签字，建筑材料、建筑构件配件和设备不得在工程上使用或者安装，施工单位不得进行下一道工序施工；未经总监理工程师签字，建设单位不得拨付工程款，不得进行竣工验收。

总监理工程师、监理工程师不得指定或者暗示使用某一供应商的建筑材料、建筑构件配件和设备；不得利用职权故意刁难供应商或者承包商，向利益相关人索要财物。

第二十七条 实施监理过程中，建设单位对勘察、设计、施工单位和有关单位的工程建设指令属授权监理范围的，均应通过总监理工程师发布。

建设单位应当授权一名熟悉工程情况、能在约定时间内作出答复的常驻代表，负责与监理单位联系。需要更换常驻代表的，应当提前三日通知监理单位。

建设单位发出的指令违反法律、法规规定的，总监理工程师有权拒绝执行，并书面通知建设单位。

第二十八条 监理单位不得与建设单位或者勘察、设计、施工单位以及设备材料供应商串通，弄虚作假，损害国家或者他人的合法利益。

第二十九条 建设单位发现监理人员不按监理合同履行监理职责，或者与勘察、设计、施工单位以及设备材料供应商串通给建设单位或建设工程造成损失的，建设单位有权要求更换监理人员，直到终止合同并要求监理单位承担相应的赔偿责任或连带赔偿责任。

第三十条 建设工程监理酬金计取标准，按照国家和省的有关规定执行。监理酬金单独列入工程概算。

中外合资、外资和国外贷款建设的工程项目监理酬金的计取标准及付款方式，可以参照国际惯例由双方协商确定。

第四章 法律责任

第三十一条 建设单位违反本条例第十五条规定，必须实施监理的建设工程项目未实施监理的，由有关的行政管理部门责令其改正，处以二十万元以上五十万元以下的罚款。

建设单位违反本条例第十七条规定，由有关的行政管理部门责令其改正，处以五十万元以上一百万元以下的罚款。

第三十二条 监理单位违反本条例第九条第二款、第三款规定的，由有关行政管理部门责令其停止违法行为，处以合同约定的监理酬金一倍以上两倍以下的罚款，没收违法所得；可以责令停业整顿，降低资质等级；情节严重的，吊销资质证书。

监理单位违反本条例第九条第四款规定的，由有关行政管理部门责令其改正，没收违法所得，处以合同约定的监理酬金百分之二十五以上百分之五十以下的罚款，可以责令停业整顿，降低资质等级；情节严重的，吊销资质证书。

违反本条例，未取得监理申请批准书或监理单位资质证书承接监理业务的，予以取缔，并依照本条第一款的规定处以罚款，没收违法所得。

违反本条例，以欺骗手段取得资质证书的，吊销资质证书，依照本条第一款规定处以罚款，没收违法所得。

第三十三条　监理单位违反本条例第十一条规定承接监理业务的，由有关行政管理部门责令其改正，处以五万元以上十万元以下的罚款，没收违法所得，降低资质等级或者吊销资质证书。

第三十四条　监理单位违反本条例第二十七条规定的，由有关行政管理部门责令其改正，处以五十万元以上一百万元以下的罚款，降低资质等级或者吊销资质证书；没收违法所得；造成损失的承担连带赔偿责任。

第三十五条　总监理工程师、监理工程师违反本条例规定，给不合格的建筑工程、建筑材料、建筑构件配件和设备按照合格签字认可的，由有关行政管理部门责令其改正，对监理单位处以五十万元以上一百万元以下的罚款，没收违法所得；降低资质等级或者吊销资质证书；给建设单位造成损失的，依法承担连带赔偿责任。

第三十六条　总监理工程师、监理工程师违反本条例第二十六条第二款规定的，由有关行政管理部门责令其停止执业一年；造成重大质量事故、重大伤亡事故或者其他严重后果的，吊销执业资格证书，五年内不予注册；情节特别恶劣的，终身不予注册；构成犯罪的，依法追究刑事责任。

第三十七条　监理工程师违反本条例第十条第一款规定的，由有关行政管理部门责令其停止执业一年。

总监理工程师、监理工程师违反本条例规定，工作严重失职或过错，造成质量事故的，由有关行政管理部门责令其停止执业一年；造成重大质量事故、重大伤亡事故或者其他严重后果的，吊销执业资格证书，五年内不予注册；情节特别恶劣的，终身不予注册；构成犯罪的，依法追究刑事责任。

第三十八条　依照本条例规定，给予监理单位罚款处罚的，对监理单位直接负责的主管人员和其他直接责任人员处以单位罚款数额的百分之五以上百分之十以下的罚款。

第三十九条 本条例规定的责令停业整顿、降低资质等级和吊销资质证书的行政处罚，由颁发证书的有关行政管理部门决定；其他行政处罚，由县级以上人民政府建设行政主管部门或者有关行政管理部门依照法律、法规规定的职权范围决定。

第四十条 建设行政主管部门及其他有关行政管理部门的工作人员在建设工程监理管理工作中玩忽职守、滥用职权、徇私舞弊的，依法给予行政处分；构成犯罪的，依法追究刑事责任。

第五章 附 则

第四十一条 外国和港、澳、台地区监理单位进入本省承担监理业务以及中外合资、外商独资建设和利用国外贷款、捐款建设的工程项目，选择外国或者港、澳、台地区的监理单位进行监理的，均按国家有关规定执行。

第四十二条 本条例自2001年1月1日起施行。《广东省建设项目社会监理管理规定》同时废止。

广东省动物防疫条例

（2001年12月3日广东省第九届人民代表大会常务委员会第二十九次会议通过　根据2010年7月23日广东省第十一届人民代表大会常务委员会第二十次会议《关于修改部分地方性法规的决定》修正）

第一条　为了加强对动物防疫工作的管理，预防、控制和扑灭动物疫病，促进养殖业发展，保护人体健康，根据《中华人民共和国动物防疫法》和国家有关规定，结合本省实际，制定本条例。

第二条　本条例适用于本省行政区域内动物疫病的预防、控制、扑灭和动物、动物产品的检疫等动物防疫活动。

进出境动物、动物产品的检疫，依照《中华人民共和国进出境动植物检疫法》的规定办理。

经检疫合格作为食品的动物、动物产品，其卫生检验、监督，依照《中华人民共和国食品卫生法》的规定办理。

第三条　省人民政府兽医主管部门主管全省的动物防疫工作。

市、县（区）人民政府兽医主管部门主管本行政区域内的动物防疫工作。

第四条　县级以上人民政府兽医主管部门所属的动物卫生监督机构，依法实施本行政区域内的动物防疫和动物防疫监督。

县级以上动物卫生监督机构可以根据实际需要向乡镇派驻动物防疫监督工作人员实施动物防疫和动物防疫监督。

第五条　国家对严重危害养殖业生产和人体健康的动物疫病实行计划免疫制度。按照国务院兽医主管部门公布的动物疫病病种名录实施强制免疫的，强制免疫内容应当记入动物免疫证明，并对猪、牛、羊等动物加封免疫标志。畜主凭免疫证明申报产地检疫。畜主未能提供动物免疫证明或者应当加封免疫标志的动物没有免疫标志的，动物卫生监督机构不得出具检疫合格证明。

实施强制免疫以外的动物疫病预防，由县级以上人民政府兽医主管部门制定计划，报同级人民政府批准后实施。

第六条 发现疑似一类动物疫病时，当地县级以上人民政府兽医主管部门应当立即派人到现场，划定疫点、疫区、受威胁区，采集病料，调查疫源。在作出诊断结论前，禁止疫区内的动物、动物产品及其相关的物品流出疫区。

诊断为动物疫病的，按照《中华人民共和国动物防疫法》有关规定执行；诊断为非动物疫病的，应当立即解除疫点、疫区、受威胁区。

第七条 对发生动物疫病并被封锁的疫点、疫区，在所有患病动物及其同栏、同群动物被扑杀、销毁后，经对该病一个潜伏期以上的监测，未再发现染疫动物的，由县级以上人民政府兽医主管部门确认，报原决定封锁的人民政府解除封锁。

第八条 各级人民政府应当安排专项经费，用于补助强制免疫、强制扑杀患病动物、强制消毒、紧急疫情处理和重要疫情监测等防疫工作。

第九条 从事动物检疫的人员应当符合国务院兽医主管部门规定的资格条件，并经省人民政府兽医主管部门审查合格，领取动物检疫员资格证书。

动物检疫员应当按照检疫规程实施检疫，并对检疫结果负责。

第十条 批量出售或者运输动物、动物产品的，货主必须提前一至二日向动物卫生监督机构申报检疫。动物卫生监督机构应当派动物检疫员在动物、动物产品出售或者运输前二小时进行现场检疫。

非批量出售或者运输动物、动物产品的，货主必须把动物或者动物产品送到动物卫生监督机构设置的检疫点检疫。检疫点应当有动物检疫员每天二十四小时值班。

检疫点的设置应当合理，方便群众，有利流通，便于检疫。

第十一条 屠宰厂（场、点）、肉类联合加工厂屠宰的动物，必须经动物卫生监督机构检疫合格。

第十二条 动物卫生监督机构按照检疫规程对屠宰厂（场、点）、肉类联合加工厂等单位屠宰的动物实施现场同步检疫。对检疫合格的，必须出具动物产品检疫合格证明，并加盖检疫验讫印章或者加封标志。

农民个人自宰自用生猪、牛、羊等动物的，应当向当地动物卫生监督机构申报检疫。

第十三条 对染疫动物及其排泄物、染疫动物的产品、病死或者死因不明的动物尸体，应当按照国家有关规定处理，不得随意处置。

第十四条 对动物、动物产品的运载工具以及垫料、包装物等与动物、动物产品直接接触的物品，承运人必须在装前和卸后按照国家有关规定进行消毒，并取得动物卫生监督机构出具的消毒证明。

动物交易场所、加工场所应当按照省人民政府兽医主管部门的规定进行消毒。

第十五条 检疫证明不得转让、涂改、伪造。

对检疫证明不符合规定的动物、动物产品，动物卫生监督机构应当进行补检、重检。

第十六条 从省外调入本省的动物、动物产品，抵达目的地后，货主应当及时向当地动物卫生监督机构报验，缴验检疫证明和消毒证明。经核对无误的方可进仓、屠宰或者调拨、出售、使用。

第十七条 动物饲养场、屠宰厂（场、点）、肉类联合加工厂、动物和动物产品贮存场等单位，从事动物、动物产品生产、经营活动，应当向县级以上人民政府兽医主管部门申领动物防疫合格证。

兽医主管部门应当自收到申请之日起三十日内进行审查，对符合国家规定的动物防疫条件的，发给动物防疫合格证。

第十八条 种畜、种禽必须达到国家和省规定的健康合格标准。

第十九条 从事动物诊疗活动，应当取得县级以上人民政府兽医主管部门发放的动物诊疗许可证。申请人领取动物诊疗许可证后，应当向工商行政管理部门申请注册登记，领取营业执照，方可从事动物诊疗活动。

第二十条 申请领取动物诊疗许可证，必须具备下列条件：

（一）具有相应的专业技术人员。技术负责人必须具有兽医大专以上学历或者兽医师以上职称，并有二年以上兽医临床工作经验，其他从事诊疗的人员必须具有兽医中专以上学历或者助理兽医师以上职称，或者本条例施行前已从事兽医诊疗活动三年以上的。

（二）具有国家和省规定的动物诊疗的营业场所和设备设施。

（三）有执行有关动物防疫、动物诊疗法律、法规和规章的管理制度。

第二十一条 申请领取动物诊疗许可证，应当提交下列资料：

（一）申请书；

（二）诊疗人员的学历、职称、执业经验等证明；

（三）有关诊疗场所、设备设施和管理制度的证明材料。

第二十二条 县级以上人民政府兽医主管部门收到领取动物诊疗许可证申请后，应当依法进行审查，对经营场所和设备设施等情况进行现场查验。对符合法定条件的，应当在收到申请之日起三十日内核发动物诊疗许可证；不符合法定条件的，不予核发动物诊疗许可证，并自收到申请之日起三十日内书面通知申请人。

第二十三条 患有人畜共患传染病的人员不得直接从事动物诊疗以及动物饲养、经营和动物产品生产、经营活动。

第二十四条 违反本条例规定，转让、伪造或者变造检疫证明、检疫标志或者畜禽标识的，由动物卫生监督机构依照《中华人民共和国动物防疫法》的相关规定处罚。

第二十五条 违反本条例规定，未取得动物诊疗许可证从事动物诊疗活动的，由动物卫生监督机构责令停止诊疗活动，没收违法所得；违法所得在三万元以上的，并处违法所得一倍以上三倍以下罚款；没有违法所得或者违法所得不足三万元的，并处三千元以上三万元以下罚款。

动物诊疗机构违反本条例规定，造成动物疫病扩散的，由动物卫生监督机构责令改正，处一万元以上五万元以下罚款；情节严重的，由发证机关吊销动物诊疗许可证。

第二十六条 违反法律规定，逃避检疫，引起重大动物疫情，致使养殖业生产遭受重大损失或者严重危害人体健康的，依法追究刑事责任。

第二十七条 动物检疫员违反规定，对未检疫或者检疫不合格的动物、动物产品出具检疫证明、加盖验讫印章的，由其所在单位或者上级管理机关给予记过或者撤销动物检疫员资格的处分；情节严重的，给予开除的处分。

因前款规定的违法行为给有关当事人造成损害的，由动物检疫员所在单位承担赔偿责任。

动物防疫监督工作人员滥用职权，玩忽职守，徇私舞弊，隐瞒和延误疫情报告，伪造检疫结果，构成犯罪的，依法追究刑事责任；尚不构成犯罪的，依法给予行政处分。

第二十八条 违反动物防疫规定的其他行为，法律、行政法规已对其规定行政处罚的，依照其规定处罚。

第二十九条 本条例自2002年1月1日起施行。

广东省归侨侨眷权益保护实施办法

（2002年1月25日广东省第九届人民代表大会常务委员会第三十次会议通过 根据2010年7月23日广东省第十一届人民代表大会常务委员会第二十次会议《关于修改部分地方性法规的决定》修正）

第一条 为了保护归侨、侨眷的合法权益，根据《中华人民共和国归侨侨眷权益保护法》结合本省实际，制定本实施办法。

第二条 归侨、侨眷的身份需要确认的，须持所在单位或者街道办事处、乡镇人民政府或者户籍所在地公安派出所根据其人事档案、本人提供的有效证件或者户籍登记出具的亲属关系证明，由县级以上人民政府侨务部门办理。

同华侨、归侨有长期扶养关系的其他亲属，必须经县级以上公证机关出具扶养公证后，方于确认。

华侨、归侨去世后，其国内眷属的侨眷身份不变。

第三条 县级以上人民政府侨务部门是同级人民政府主管本行政区域内侨务工作的职能部门，组织协调有关部门做好保护归侨、侨眷的合法权益的工作，并对《中华人民共和国归侨侨眷权益保护法》和本办法的实施负有督促检查的职责。

第四条 各级人民政府和有关部门应当对回国在本省定居的华侨予以安置和扶助。

华侨要求回国在本省定居的，按照有关规定办理申请手续。

申请人在三个月内未收到审批结果通知的，有权查询，受理单位应当及时作出答复。

回国在本省定居或者工作的华侨高级人才，可按照本省关于鼓励出国留学高级人才来粤创业的有关规定办理认定手续并享受有关优惠政策。

第五条 省人民代表大会和归侨、侨眷人数较多的市、县（区）、乡镇人民代表大会应当有适当名额的归侨、侨眷代表。各级归国华侨联合会可以依法推荐归侨、侨眷代表候选人。

第六条 归侨、侨眷依法申请成立的社会团体开展适合归侨、侨眷需要的合法的社会活动，受法律保护，各级人民政府和有关部门应当给予支持。

归侨、侨眷依法申请成立的社会团体拥有的合法财产受法律保护，任何单位或者个人不得侵占或者损毁。

第六条 各级归国华侨联合会代表归侨、侨眷的利益，依法维护归侨、侨眷的合法权益。

第八条 各级人民政府应当把华侨农场纳入当地社会经济发展总体规划。对华侨农场改制设立的管理区或者镇实行财政转移支付制度，将其教育、卫生、公安等纳入当地人民政府统一计划和管理，经费纳入地方财政预算。

各级人民政府应当扶持华侨农场的发展，对其所需的华侨事业费、基本建设投资等资金，列入各级财政预算计划。

国家和有关部门专项分配给华侨农场的资金和物资，任何部门不得截留、挪用或者拖欠。

各级人民政府应当把贫困华侨农场纳入农村扶贫工作计划。贫困华侨农场享受贫困山区和贫困县的优惠政策。

华侨农场的合法土地使用权受法律保护。任何单位或者个人不得非法占用华侨农场的土地或者损坏华侨农场的农作物。

第九条 华侨农场及其职工应当依法参加当地的社会保险，缴纳社会保险费用。

华侨农场职工的养老、医疗、失业、工伤、生育等项社会保险实行属地管理。各级人民政府及其有关部门应当给予扶助，按照当地社会保险的规定，保障华侨农场职工的社会保险待遇。

第十条 华侨农场的归侨（含配偶、子女），经有关部门批准安置在城镇工作的，给予办理户口迁移手续。

华侨农场的归侨（含子女）职工，在农村的配偶要求到农场落户团聚的，应当批准。

第十一条 各级人民政府应当扶持贫困归侨、侨眷的生活和生产发展。

对失业归侨再就业应当给予扶持和帮助，原所在单位及其主管部门应当优先安排归侨就业；劳动保障部门的就业训练和职业介绍机构应当优先培训、推荐失业归侨就业。

对家庭人均月收入低于当地最低生活保障标准的归侨、侨眷，可以向户籍所在地居民（村民）委员会申请最低生活保障救济。

归侨、侨眷属农村“五保”供养的，应当优先安排入住福利院或者敬老院。

第十二条 归侨、侨眷在省内兴办公益事业捐赠的款物，受法律保护，任何单位或者个人不得侵占、贪污或者挪用。

第十三条 华侨、归侨、侨眷私有房屋的所有权受法律保护。华侨、归侨、侨眷业权人享有占有、使用、收益和处分的权利，任何单位或者个人不得侵犯。

第十四条 归侨学生、归侨子女和华侨在国内的子女报考各类学校，给予照顾录取；报考侨务部门主管的学校及华侨、港澳居民捐资兴办的学校，应当优先录取。

报考大专院校未被录取的归侨学生、归侨子女和华侨在国内的子女，愿意继续报考升学的，可继续留原校补习。

第十五条 归侨、侨眷的侨汇收入，任何单位或者个人不得截留、冻结、侵吞、扣压或者没收，不得强行借贷和兑换。

第十六条 归侨、侨眷申请出境，按照国家有关规定办理。

归侨、侨眷申请人认为有关单位不同意或者不批准其出境不符合国家有关规定，有权向上一级出入境管理机关提出申诉，受理单位应当自收到申诉之日起十个工作日内作出处理和答复。

归侨、侨眷依法申请出境，有关单位不得作出损害其合法权益的规定。在获得前往国家或者地区的入境签证之前，不得辞退、免职；不得令其办理停职、停薪、退学、停学或者腾退住房；不得令其办理退耕、退养；不得自行规定收取保证金、抵押金或者扣压土地权属和房屋产权证书；不得停发或者扣发离休金、退休金、退职金、养老金。

第十七条 集体所有制企业、事业单位的归侨、侨眷职工的出境探亲待遇，按照国家机关和国有企业、事业单位归侨、侨眷职工的出境探亲待遇办理，并享受所在单位同等条件人员同等待遇。

归侨、侨眷出境探望在境外定居的子女，享受国家规定的关于已婚归侨、侨眷出境探望父母的待遇。

第十八条 出境定居的离休、退休、退职的归侨、侨眷职工，享受原单位同等条件人员同等待遇，继续领取离休金、退休金、退职金、养老金，并可以按照国家外汇管理有关规定兑换成外汇携带或者汇出境外。

出境定居的离休、退休、退职的归侨、侨眷职工，领取离休金、退休金、退职金、养老金的，应当自出境定居次年始，在规定时间内向支付单位提供由中华人民共和国驻外国的外交代表机关或者领事机关出具的生存证明，支付单位应当继续足额发放。本人回当地的，凭其入境有效护照或者有效证件领取。

出境定居的离休、退休、退职的归侨、侨眷职工出境前已按照成本价购买的原住公房，其房屋所有权归购房者所有；原租用的公房，经产权单位同意并按照有关规定签订租赁合同后，可由其直系亲属继续租用，房租按照当地规定的租金标准计租；在职期间按照规定享受货币分房补贴的，离境前未使用过的住房补贴本息余额或者未按照本人职务标准领足规定年限的住房补贴，应当准予一次性提取。

出境定居的离休、退休、退职的归侨、侨眷职工临时入境期间在当地就医的，享受原单位同等条件人员同等医疗待遇。

第十九条 获准出境定居的归侨、侨眷在职职工，其所在单位应当在其获得前往定居国家或者地区入境签证后，为其办理离职手续，按照国家有关规定发放一次性离职金。

出境定居的归侨、侨眷在职职工，应当准予一次性提取社会养老保险个人账户全部储存额，同时终结养老保险关系。

出境定居的归侨、侨眷在职职工在出境前已按照成本价购买的原住公房，房屋所有权归购房者所有，同时解除与所在单位服务年限的约定。

申请出境定居的归侨、侨眷在职职工，在获得前往国家或者地区的入境签证之前，符合货币分房条件的，应当与所在单位同等条件人员同等对待。

出境定居的归侨、侨眷在职职工，应当准予一次性提取本人账户下的住房公积金、住房补贴本息余额。

出境定居的归侨、侨眷在职职工在办理离职手续前，由工作单位全额出资、全脱产专业培训、时间满一年以上的，应当按照双方签订的协议交付培训费。

具有大学和大学以上学历的归侨、侨眷出境定居，免交培养费和免除服务期。

第二十条 中华人民共和国成立后在国家机关和财政全额拨款的事业单位工作的归侨职工，退休时退休金不足本人工资百分之一百的，照顾加发退休补助费；已参加社会养老保险的归侨职工，其养老保险金按照有关规定发放。

第二十一条 归侨、侨眷自费出国留学，从出境之日起保留公职或者学籍一年。

第二十二条 归侨、侨眷的合法权益受到侵害时，有权要求有关主管部门依法处理或者依法向人民法院提起诉讼。有关主管部门应当在规定期限内作出处理。

被侵害人可向归国华侨联合会请求援助，归国华侨联合会应当给予支持和帮助。

第二十三条 外籍华人和港澳同胞居住在本省的眷属，可参照本实施办法执行。

第二十四条 本办法自2002年3月1日起施行。1992年9月26日广东省第七届人民代表大会常务委员会第二十八次会议通过的《广东省归侨侨眷权益保护实施办法》同时废止。

广东省基本农田保护区管理条例

（2002年1月25日广东省第九届人民代表大会常务委员会第三十次会议通过　根据2010年7月23日广东省第十一届人民代表大会常务委员会第二十次会议《关于修改部分地方性法规的决定》修正）

第一条　为了加强对基本农田的保护，稳定耕地面积，提高耕地质量，促进农业生产和社会经济的可持续发展，根据《中华人民共和国土地管理法》（以下简称《土地管理法》）、《中华人民共和国农业法》和《基本农田保护条例》及其他有关法律、法规，结合本省实际，制定本条例。

第二条　各级人民政府应当把基本农田保护工作纳入国民经济和社会发展计划，作为政府领导任期目标责任制的一项内容，并由上一级人民政府监督实施。

第三条　省、市、县（区）人民政府土地行政主管部门和农业行政主管部门，依照本条例和本级人民政府规定的责任分工，负责本行政区域内的基本农田保护管理工作。

乡（镇）人民政府负责本行政区域内的基本农田保护管理工作。

县级以上人民政府应当在土地有偿使用费中提取一定比例用于基本农田保护管理工作。

第四条　全省划定的基本农田应当占本省行政区域内耕地总面积的百分之八十以上，市、县（区）、乡（镇）级基本农田的具体数量指标，由上一级人民政府逐级分解下达。

第五条　各级人民政府在编制土地利用总体规划时，应当将基本农田保护作为规划的一项内容，明确基本农田保护的数量指标、质量要求和布局安排。

县级土地利用总体规划应当确定基本农田保护区。

乡（镇）土地利用总体规划应当确定基本农田保护区，并明确到具体地块。

第六条 下列耕地应当按照土地利用总体规划划入基本农田保护区，严格管理：

（一）经国务院有关主管部门或者县级以上人民政府批准确定的粮、油、糖生产基地内的耕地；

（二）有良好的水利与水土保持设施的耕地，正在实施改造计划以及可以改造的中、低产田；

（三）蔬菜生产基地；

（四）农业科研、教学试验田；

（五）原为水田或者其他优质耕地，改为其他农业用途且土壤耕作层未被破坏或者轻度破坏易于恢复的农用地。

根据土地利用总体规划，铁路、公路等交通沿线以及城市和村庄、集镇建设用地周边的耕地，应当优先划入基本农田保护区；需要退耕还林、还牧、还湖的耕地，不应当划入基本农田保护区。

第七条 基本农田保护区以乡（镇）为单位划区定界，由县级人民政府土地行政主管部门会同同级农业行政主管部门组织实施。基本农田保护区划区定界应当遵守国家规定的技术规程，并以县、乡（镇）土地利用总体规划和上一级人民政府下达的数量指标为依据。

划区定界工作，村、乡（镇）应当做到有报告书、有分布图、有保护标志、有责任人、有保护措施，县级以上应当做到有报告书、有分布图、有责任人、有保护措施。

各级人民政府土地行政主管部门应当建立基本农田保护区资料档案和基本农田保护区变更台账，对基本农田保护区的变化情况进行动态监测。基本农田保护区的登记资料应当注明基本农田保护区的界线范围和面积。

各级人民政府土地行政主管部门建立的基本农田保护区资料档案，应当抄送同级农业行政主管部门。

第八条 基本农田保护区划定后，由各级人民政府组织土地行政主管部门和农业行政主管部门逐级检查验收，最后由省人民政府组织土地行政主管部门和农业行政主管部门验收确认。经验收确认的基本农田保护区，由县级人民政府设立保护标志，予以公告。任何单位和个人不得破坏或擅自改变基本农田保护区的保护标志。

第九条 禁止在基本农田保护区内取土、挖砂、采矿、采石、建房、建窑、建坟、堆放固体废弃物或者进行其他破坏基本农田的活动。

禁止向基本农田保护区内排放不符合标准的废水、废物、废气。

第十条 基本农田保护区经依法划定后，任何单位和个人不得擅自改变或者占用。国家能源、交通、水利、军事设施等重点建设项目选址确实无法避开基本农田保护区，需要占用基本农田，涉及农用地转用或者征收土地的，必须按《土地管理法》和《土地管理法实施条例》的有关规定办理审批手续。

第十一条 经依法批准占用基本农田保护区内的耕地的单位，应当依照《中华人民共和国耕地占用税暂行条例》的规定缴纳耕地占用税，并依照《土地管理法》第三十一条的规定履行开垦耕地义务或者缴纳耕地开垦费。不履行耕地开垦义务，又未缴纳耕地开垦费的，不得动工建设。

开垦耕地或者缴纳耕地开垦费的具体办法由省人民政府制定。

第十二条 经国务院批准占用基本农田的，当地人民政府应当按照国务院的批准文件修改土地利用总体规划，并依照补充耕地方案，补充划入数量和质量相当的基本农田。

基本农田补充应当在项目所在地乡（镇）范围内进行，该乡（镇）没有适宜的耕地可供补充的，经逐级申报，可在县、市、省范围内调整补充。

第十三条 进行非农业建设损害基本农田保护区的农田水利等设施或者毁坏种植条件的，用地单位应当负责修复或者恢复种植条件，有关费用应当在非农业建设投资中列支。用地单位对基本农田保护区内受损害的农田水利等设施未予修复或者毁坏种植条件未能恢复的，受损害的单位和个人可以要求用地单位限期修复或恢复，并赔偿所造成的实际损失。

第十四条 各级人民政府农业行政主管部门应当做好本行政区域内的基本农田保护区建设的组织规划工作。

县（市、区）、乡（镇）人民政府应当组织农村集体经济组织，有计划、有步骤地采用生物性措施和工程治理相结合的办法，实行山、水、田、林、路综合治理，增加和完善农田基础设施，提高抗灾能力。

第十五条 利用基本农田从事农业生产经营的单位和个人，应当承担农田建设和保养义务，保持和培肥地力。鼓励和提倡农业生产者对其经营的基本农田施用有机肥料，科学合理施用化肥和农药。

利用基本农田从事农业生产的单位和个人，不得进行破坏耕作层及其他破坏地力的生产活动。

第十六条 县级人民政府农业行政主管部门应当会同土地行政主管部门组织有关农村集体经济组织或者村民委员会评定基本农田地力等级，建立档案，并应当对基本农田地力的变化情况定期进行检查。

第十七条 经依法批准占用基本农田的单位，应当承担保护所占用基本农田耕作层土壤的义务，按照县级以上人民政府的要求，将所占用基本农田耕作层的土壤，用于新开垦耕地、劣质地或者其他耕地的土壤改良。

第十八条 各级人民政府应当建立基本农田保护区定期检查制度，组织土地行政主管部门、农业行政主管部门以及其他有关部门对基本农田保护情况进行检查，并将检查情况书面报告上一级人民政府。

各级人民政府应当建立基本农田保护监测网络和巡查制度。

第十九条 严禁污染基本农田。因发生事故或者其他原因造成基本农田环境污染的，经县级以上人民政府农业行政主管部门会同土地、环境保护行政主管部门组织有关专家鉴定可以恢复原种植条件的，由县级以上人民政府环境保护行政主管部门责令限期治理，恢复原种植条件；无法恢复原种植条件的，造成污染的单位和个人应当负责开垦与所污染的基本农田的数量和质量相当的耕地，没有条件开垦或开垦的耕地不符合要求的，应当按照省人民政府的有关规定缴纳耕地开垦费，专款用于开垦新的耕地。

对基本农田环境污染进行鉴定的，有关鉴定结论应当在污染事故发现之日起三个月内作出。

第二十条 承担缴纳耕地开垦费义务的单位和个人，不按规定的期限和数额缴纳耕地开垦费的，应当从逾期之日起承担欠缴款额每日千分之二的滞纳金。有关土地行政主管部门应当责令其限期缴纳，逾期仍不缴纳的，依法申请人民法院强制执行。

第二十一条 任何单位和个人都有保护基本农田的义务，并有权检举、控告侵占、破坏基本农田和其他违反本条例的行为。

县级以上人民政府土地行政主管部门、农业行政主管部门对本行政区域内发生的破坏基本农田的行为，有权责令改正。

第二十二条 违反本条例规定，有下列行为之一的，依照国家和省的土地管理法律、法规处罚。构成犯罪的，依法追究刑事责任。单位主管人和直接责任人是国家公务员的，应当依法给予行政处分：

（一）未经批准或者采取欺骗手段骗取批准，非法占用基本农田的；

（二）超过批准数量，非法占用基本农田的；

（三）非法批准占用基本农田的；

（四）买卖或者以其他形式非法转让基本农田的。

依照前款第（一）、（二）项规定给予罚款的，罚款额为每平方米二十元以上三十元以下；依照前款第（四）项规定给予罚款的，罚款额为非法所得的百分之四十以上百分之五十以下，其中擅自将农民集体所有的基本农田的土地使用权出让、转让或者出租用于非农业建设的，罚款额为非法所得的百分之二十。

第二十三条 违反本条例规定，破坏或者擅自改变基本农田保护区标志的，由县级以上地方人民政府土地行政主管部门责令恢复原状，可以处五百元以上，一千元以下罚款。

第二十四条 本条例自2002年4月1日起施行。1993年9月16日广东省第八届人民代表大会常务委员会第四次会议通过的《广东省基本农田保护区管理条例》同时废止。

广东省东江水系水质保护条例

（2002年3月27日广东省第九届人民代表大会常务委员会第三十二次会议通过　根据2010年7月23日广东省第十一届人民代表大会常务委员会第二十次会议《关于修改部分地方性法规的决定》修正）

第一章　总　则

第一条　为了保护东江水系的水质，防治污染，保障水系沿岸城乡用水及对香港供水，根据《中华人民共和国水污染防治法》和有关法律法规，结合东江水系的实际情况，制定本条例。

第二条　本省东江流域（以下简称“流域”）内的干流、支流、湖泊、水库、渠道等地表水体和地下水体的水质保护适用本条例。

第三条　省人民政府和流域内县级以上人民政府应当根据地表水环境功能区划和跨行政区域水体适用的水环境质量标准，制订辖区水质保护目标，人民政府主要负责人对实现该目标负主要领导责任。

第四条　省人民政府和流域内县级以上人民政府应当将水污染防治项目列入国民经济与社会发展规划和计划，并安排城市污水、生活垃圾及其他废弃物集中处理项目的资金。

省人民政府和流域内县级以上人民政府应当鼓励和支持各类投资主体建设、经营处理城市污水、生活垃圾及其他废弃物的设施。

第五条　任何单位和个人有责任保护水系的水质，有权对污染水环境的行为进行监督和检举。对保护水系水质有显著成绩的单位和个人，由省人民政府和流域内各级人民政府予以表彰、奖励。

者海事行政主管部门报告，接受调查处理。

第十五条 在流域内的集中式供水水源和东深供水工程水体受到严重污染的紧急情况时，所在地的环境保护行政主管部门应当立即报告同级人民政府和上级环境保护行政主管部门，采取强制性的应急措施。

第十六条 各级环境保护行政主管部门或者依法行使环境监督管理权的有关部门对管辖范围内的排污单位进行现场检查时，被检查单位必须配合检查并如实提供与水污染防治有关的情况和资料，检查人员应当为被检查单位保守商业秘密。

第十七条 省人民政府应当每年从财政预算中安排东江水系水质保护专项资金，用作上、中游水系水质保护经费。

水质保护经费的使用管理办法由省人民政府规定。

第四章 防止水污染

第十八条 水系干流、支流沿岸万人以上的城市和未纳入城市污水管网的独立工业区、居住小区应当设置生活污水二级处理设施。流域内各市市区应当建立生活污水二级处理设施。

第十九条 禁止在饮用水源保护区内新建排污口。

饮用水源一级保护区已有的排污口必须限期搬迁或者关闭；饮用水源二级保护区和其他保护区已有排污口排放的污染物使水体达不到规定水质标准的，必须限期削减排放量；限期削减后仍达不到水质标准的，必须限期搬迁或者关闭。

前款规定的限期削减排污量、限期搬迁或者关闭由县级以上人民政府环境保护行政主管部门决定。

第二十条 流域内严格控制新建造纸、制革、味精、电镀、漂染、印染、炼油、发酵酿造、非放射性矿产冶炼以及使用含汞、砷、镉、铬、铅为原料的项目。

流域内建设大中型畜禽养殖场实行总量控制，合理布局。

第二十一条 流域内禁止新建下列企业：

（一）生产农药、铬盐、钛白粉、氟制冷剂的；

（二）稀土分离、炼砒、炼铍、纸浆制造业和氰化法提炼产品的；

（三）开采和冶炼放射性矿产的。

第二十二条 下列物质禁止向水系水体排放、倾倒，或者在河道管理范围内及湖泊、水库的最高水位线以下的滩地和岸坡堆放、贮存、填埋：

（一）含汞、镉、砷、铬、铅、氰化物、黄磷等剧毒物品及其废渣和农药；

（二）油类、酸液、碱液和剧毒废液；

（三）含高、中放射性物质的废水和放射性固体废弃物；

（四）工业废渣、城市生活垃圾和其他废弃物。

在河道管理范围以外及湖泊、水库最高水位线以上陆域堆放、贮存、填埋上述物质，必须采取防水、防渗漏、防流失措施。

第二十三条 禁止在饮用水源一级保护区内从事旅游、游泳和放养禽畜、网箱养殖的活动。禁止在饮用水源二级保护区内新建、扩建向水体排放污染物的建设项目，改建项目的，必须削减污染物排放量。饮用水源保护区内已有的畜禽养殖场，由所在地县级以上人民政府根据情况责令限期搬迁或者关闭。

第二十四条 东江干流和一级支流两岸最高水位线水平外延五百米范围内，禁止新建废弃物堆放场和处理场。已有的堆放场和处理场，要采取有效的防污措施，危及水体水质安全的，由当地人民政府责令限期搬迁。

第二十五条 禁止在水系水体中清洗装贮过油类或者有毒、有害污染物的车辆、船只、容器。

禁止在水系岸边和水上拆船。

禁止向饮用水源保护区水体排放含放射性物质的废水和含病原体的污水。

向水体排放热水，应当采取措施保证水体水温符合水环境质量标准。

第二十六条 流域内禁止利用渗井、渗坑、裂隙、钻孔、溶洞排放或者倾倒含有毒、有害污染物的废水、含病原体的污水和其他废弃物，禁止使用无防止渗漏措施的沟渠、池塘输送、贮存上述物质。

第二十七条 在水系航行、停泊、作业的船舶，应当按照海事行政主管部门的规定，配备油水分离器或者专用容器等防污设备，应当持有船舶检验部门签发的合格证和海事行政主管部门规定的防污证书和文书，并按有关规定记录。

装卸、运输油类或者其他有毒、有害污染物的船舶，应当采取严格的防溢漏措施。

第二十八条 在水系沿岸新建港口和码头，应当按照国家和省有关建设项目环境保护管理的规定，设置接收和处理残油、废油、含油污水、船舶洗舱水、压舱水、粪便、垃圾等废弃物的设施。已有的港口和码头未设置上述设施的，限期设置。

从事造船、修船、打捞船作业的，应当配备有效的防污器材和设备，防止油类、油性混合物和其他废弃物污染水体。

第二十九条 在流域内开采、冶炼矿产，采石取土挖砂，必须保护植被，保持水土，妥善处置矿渣和其他废弃物，防止污染水体。终止开采、冶炼时，应当恢复植被。

第五章　法律责任

第三十条 违反本条例第十六条规定，排污单位不如实提供与水污染防治有关的情况和资料的，由县级以上人民政府环境保护主管部门或者其他依照本条例规定行使监督管理权的部门责令改正，处一万元以上十万元以下的罚款。

第三十一条 违反本条例第二十六条规定的，由环境保护行政主管部门责令停止违法行为，限期采取治理措施，消除污染，处以罚款；逾期不采取治理措施的，环境保护主管部门可以指定有治理能力的单位代为治理，所需费用由违法者承担：

（一）利用钻孔、溶洞排放或者倾倒含病原体的污水和其他废弃物的，可以处五万元以上五十万元以下的罚款；

（二）利用渗井、渗坑、裂隙排放含有毒、有害污染物废水的，可以处五万元以上五十万元以下的罚款；

（三）使用无防止渗漏措施的沟渠、池塘输送、贮存含病原体的污水或者其他废弃物的，可以处二万元以上二十万元以下的罚款；

（四）使用无防止渗漏措施的沟渠、池塘输送、贮存含有毒、有害污染物废水的，可以处二万元以上二十万元以下的罚款。

第三十二条 违反本条例第二十七条、第二十八条规定，应当配备防污染设施而没有配备的，由环境保护行政主管部门责令停止生产或者使用，并可以处十万元以下罚款。

第三十三条 违反国家规定，造成重大环境污染事故，致使公私财产遭受重大损失或者人员伤亡的严重后果，构成犯罪的，依法追究刑事责任。

第三十四条 环境保护行政主管部门和行使环境监督管理权的有关部门的工作人员，滥用职权、玩忽职守、徇私舞弊，造成水系水污染损害的，由其所在单位或上级主管机关给予行政处分；构成犯罪的，依法追究刑事责任。

第六章　附　则

第三十五条 本条例下列用语的含义：

（一）东江流域是指从广东省龙川县合河坝至出海口的东江干流及其全部支流在广东省境内的集雨面积。

（二）东江水系是指与东江干流连通一起的全部水体。

（三）最高水位线是指东江河道五十年一遇的洪水水位线。

第三十六条 本条例自2002年5月1日起施行。1991年广东省第七届人民代表大会常务委员会第十七次会议通过的《广东省东江水系水质保护条例》同时废止。

广东省安全技术防范管理条例

（2002年5月30日广东省第九届人民代表大会常务委员会第三十三次会议通过　根据2010年7月23日广东省第十一届人民代表大会常务委员会第二十次会议《关于修改部分地方性法规的决定》修正）

第一章　总　则

第一条　为加强安全技术防范管理，保护国家、集体财产和公民人身、财产安全，根据国家有关规定，结合本省实际，制定本条例。

第二条　在本省行政区域内从事安全技术防范产品生产、销售和安全技术防范系统设计、施工、维修、使用等活动，以及对上述活动的管理，适用本条例。

第三条　本条例所称安全技术防范（以下简称技防），是指运用科学技术手段，预防、发现、制止违法犯罪行为和重大治安事故，维护公共安全的活动。

本条例所称技防产品，是指用于技防活动，具有防入侵、防抢劫、防盗窃、防破坏、防爆炸等功能的专用产品。

本条例所称技防系统，是指综合运用技防产品及其他相关产品组成的安全防范系统。

第四条　各级人民政府应当加强对技防工作的领导，将其纳入社会治安综合治理目标管理，督促有关部门做好管理工作。

第五条　公安机关是技防工作的主管部门。县级以上公安机关负责本行政区域内技防工作的规划、管理、指导和监督。

质量技术监督、工商、建设等有关行政管理部门在各自的职责范围内做好技防管理工作。

第二章　技防装置范围

第六条　下列场所和部位应当装置符合技防标准的技防产品或者技防系统：

（一）武器、弹药及易燃、易爆、剧毒、放射性物品、易制毒化学品的生产或者存放场所；

（二）国家重点科研机构，集中存放重要档案资料的馆、库；

（三）博物馆、纪念馆、展览馆等集中陈列、存放重要文物、资料和贵重物品的场所；

（四）金库，货币、有价证券、票据的制造或者集中存放场所，票据、货币押运车辆，金融机构的营业和金融信息的运行、储存场所；

（五）广播、电视、电信、邮政及供水、供电、供气等单位的要害部位或者场所；

（六）机场、港口和大型车站、码头、停车场的重要部位，高速公路、城市快速干线和地铁的重要路段、路口及隧道、大型桥梁的重要部位；

（七）星级酒店（宾馆）和公共娱乐场所的大堂出入口、电梯和其他主要通道等重要部位。

国家对特殊场所的技防要求另有规定的，从其规定。

第七条　县级以上公安机关负责规划、指导本辖区内报警网络系统的建设，使装置报警系统的场所和部位形成多级报警网络。

第八条　公安机关及其工作人员不得向装置技防产品或者技防系统的单位和个人指定技防产品的品牌、销售单位和技防系统的设计、施工、维修单位。

第九条　任何单位和个人不得利用技防产品或者技防系统侵犯他人的合法权益。

第三章 技防产品管理

第十条 对技防产品生产的管理分别实行工业产品生产许可证制度、安全认证制度、生产登记制度。对生产同一类技防产品的管理，只适用上述制度的其中一种。

第十一条 实行工业产品生产许可证制度和安全认证制度的技防产品的管理，依照国家有关规定执行。

第十二条 依照国家有关规定实行生产登记制度的技防产品，须经省公安机关批准生产登记后，方能生产和销售。

第十三条 申请技防产品生产登记的单位应当持下列资料向所在地地级以上市公安机关提出申请：

（一）生产登记申请书；

（二）工商营业执照；

（三）符合法定要求的产品标准；

（四）法定检验机构出具的样品检验报告或者鉴定证明。

地级以上市公安机关应当自收到申请之日起十日内进行初审，初审合格的，报送省公安机关核准。初审不合格的，退回申请并说明理由。

省公安机关应当自收到初审意见之日起十五日内，对符合条件的，核发生产登记批准证书；对不符合条件的，作出不批准的决定并说明理由。

第十四条 生产技防产品的单位，应当严格执行质量技术监督法律、法规的有关规定，保证产品符合有关质量标准。

第十五条 销售技防产品的单位和个人，应当向县级以上公安机关备案。

第十六条 销售技防产品的单位和个人，应当建立进货验收制度，验明生产单位的产品质量检验合格证明，并验明工业产品生产许可证证书或者安全认证证书或者生产登记批准证书。

第四章　技防系统管理

第十七条　依照本条例规定，需要装置技防系统的新建、改建、扩建的建筑工程，应当将技防系统的建设纳入建筑工程的规划。技防系统应当与建筑工程同时设计、同时施工、同时投入使用。技防系统的设计方案应当报县级以上公安机关核准。建筑工程竣工验收应当有县级以上公安机关参加。技防系统验收不合格的，建筑工程不得投入使用。

第十八条　依照本条例规定，需要装置技防系统但尚未装置的，应当依附现有建筑物或者管线或者采取其他有效方式装置，其设计方案应当报县级以上公安机关核准，并由县级以上公安机关负责竣工验收。

第十九条　技防系统的设计、施工、验收和维修，应当依照国家标准执行，没有国家标准的，依照行业标准执行，没有行业标准的，依照地方标准和有关技术规范执行。

第二十条　公安机关对技防系统的设计、施工和维修单位实行资格等级管理。未取得相应等级资格证书的，不得从事技防系统的设计、施工和维修业务。

第二十一条　申请技防系统设计、施工和维修资格的单位应当持下列资料向所在地地级以上市公安机关提出申请：

（一）资格申请书；

（二）工商营业执照；

（三）技防系统质量保证体系；

（四）技防系统维护、维修管理制度。

地级以上市公安机关应当自收到申请之日起十五日内进行初审，初审合格的，报送省公安机关核准。初审不合格的，退回申请并说明理由。

省公安机关应当自收到初审意见之日起十五日内，依照资格等级的要求对符合条件的，核发相应等级资格证书；对不符合条件的，作出不核发资格证书的决定并说明理由。

属于省工商行政管理部门核发营业执照范围的技防系统设计、施工和维修单位可以直接向省公安机关提出申请。

第二十二条 省外单位进入本省投标、承接技防系统设计、施工和维修业务的，应当持所在地取得的资格证书向省公安机关备案。

第二十三条 境外单位进入本省投标、承接技防系统设计、施工和维修业务的，依照国家有关规定执行。

第二十四条 涉及国家安全、国家秘密的技防系统的设计、施工和维修，依照国家有关规定执行。

第二十五条 技防系统的建设和使用单位，应当接受公安机关的指导和监督，建立各项规章制度，加强技防系统的日常维护，保障技防系统正常运行。

第二十六条 技防系统的设计、施工、验收、维修、建设和使用单位应当妥善保管技防系统的设计图纸及有关资料，加强对技防系统知密人员的教育和管理；设计、施工、维修和使用人员应当经过技防安全培训。

第二十七条 对依照本条例规定装置的技防系统，任何单位和个人不得有下列行为：

（一）盗窃、毁坏技防系统的设备、设施；

（二）破坏、删除、修改技防系统的运行程序和记录；

（三）擅自改变技防系统的用途和范围；

（四）泄露技防系统的秘密；

（五）擅自使用技防系统的记录资料；

（六）影响技防系统使用的其他行为。

第五章 法律责任

第二十八条 违反本条例第六条规定，不装置技防产品或者技防系统的，由县级以上公安机关给予警告，并责令限期改正；逾期不改正的，对单位处五千元以上三万元以下罚款；造成严重后果的，对单位处三万元以上十万元以下罚款，对单位直接负责的主管人员和其他直接责任人员处五千元以上一万元以下罚款。

第二十九条 违反本条例第十二条规定，擅自生产和销售未办理生产登记的技防产品的，由县级以上公安机关没收非法技防产品和违法所得，并责令限期改正；逾期不改正的，处二万元以上五万元以下罚款。

第三十条 违反本条例第十五条、第二十二条规定，未向公安机关办理备案手续，销售技防产品或者承接技防系统设计、施工和维修业务的，由县级以上公安机关责令限期改正，逾期不改正的，处一千元以上五千元以下罚款。

第三十一条 违反本条例第十七条、第十八条规定，技防系统设计方案未经核准或者未经验收合格而投入使用的，由县级以上公安机关责令改正，并对建设单位处一万元以上三万元以下罚款。

第三十二条 违反本条例第二十条、第二十二条规定，未取得相应等级资格证书而承接技防系统设计、施工和维修业务的，由县级以上公安机关责令改正，没收违法所得，并处一万元以上三万元以下罚款。

第三十三条 违反本条例第二十七条第（一）项规定，盗窃、毁坏技防系统的设备、设施的，依照《中华人民共和国治安管理处罚法》处罚；构成犯罪的，依法追究刑事责任。

违反本条例第二十七条第（二）、（三）、（四）、（五）、（六）项规定，由县级以上公安机关责令改正，对单位处一万元以上三万元以下罚款，对个人处二千元以上一万元以下罚款；构成犯罪的，依法追究刑事责任。

第三十四条 当事人对行政处罚、行政决定不服的，可以依法申请行政复议或者提起行政诉讼。

第三十五条 公安机关及其工作人员违反本条例规定，指定技防产品品牌、销售单位和技防系统设计、施工、维修单位或者有其他玩忽职守，滥用职权，徇私舞弊行为的，对直接负责的主管人员和其他直接责任人员依法给予行政处分；给当事人造成损失的，依法予以赔偿；构成犯罪的，依法追究刑事责任。

第六章　附　则

第三十六条　公安机关依照本条例规定核发生产登记批准证书、等级资格证书，除省人民政府批准收取的费用外，不得收取其他费用。

第三十七条　本条例自2002年8月1日起施行。1989年10月27日省人民政府发布的《广东省社会公共安全技术防范管理暂行规定》自本条例施行之日起废止。

广东省饮用水源水质保护条例

（2007年3月29日广东省第十届人民代表大会常务委员会第三十次会议通过　根据2010年7月23日广东省第十一届人民代表大会常务委员会第二十次会议《关于修改部分地方性法规的决定》修正）

第一章　总　则

第一条　为保护饮用水源水质，确保饮用水安全，根据《中华人民共和国水污染防治法》、《中华人民共和国水法》等有关法律法规，结合本省实际，制定本条例。

第二条　本省行政区域内饮用水源水质保护适用本条例。

第三条　县级以上人民政府负责本行政区域内饮用水源水质保护工作，将饮用水源水质保护情况纳入政府环境保护责任考核范围，并建立饮用水源水质保护协调领导机制，统筹协调辖区内饮用水源水质保护工作，使饮用水源水质符合国家规定的标准。

第四条　各级人民政府应当将饮用水源水质保护纳入经济社会发展规划。规划项目布局和产业结构调整应当符合饮用水源水质保护的要求。

第五条　各级人民政府应当加大投入，保障饮用水源水质安全工程建设、管理的需要。

第六条　各级人民政府应当加强保护饮用水源和节约用水的宣传教育，组织开展水质保护实用技术的研究与推广应用，提高水资源循环利用率，鼓励清洁生产，削减污水排放量。

第七条　县级以上人民政府环境保护行政主管部门对本行政区域内饮用

水源水质保护工作实施统一监督管理。

县级以上人民政府规划、建设、国土、水、公安、海事、渔业、农业、林业、卫生等行政主管部门按照各自的职责，做好对饮用水源污染防治的监督管理工作，及时制止违反饮用水源水质保护规定的行为。

第八条 公民、法人和其他组织都有保护饮用水源水质的义务。

第二章 饮用水源保护区的划定

第九条 饮用水源保护区是指依法在饮用水源取水口附近划定的水域和陆域，包括地表水源保护区和地下水源保护区。饮用水源保护区分一级保护区、二级保护区。必要时，可以在饮用水源保护区外围划定一定的区域作为准保护区。

饮用水源保护区的划定，应当符合水环境功能区划。

第十条 饮用水源保护区依照《中华人民共和国水污染防治法》及其实施细则、《中华人民共和国水法》、《中华人民共和国土地管理法》等有关规定划定，并予以公告。

跨市、县饮用水源保护区的划定，由相关市、县人民政府协商提出划定方案，由地级以上市人民政府报省人民政府批准；协商不成的，由省人民政府环境保护行政主管部门会同有关行政主管部门和相关市、县人民政府提出划定方案，由省人民政府环境保护行政主管部门报省人民政府批准。

饮用水源保护区划定的技术规范，由省人民政府环境保护行政主管部门会同有关行政主管部门制定。

饮用水源保护区需要调整的，按照本条规定的划定饮用水源保护区的程序办理。

第十一条 县级以上人民政府可以根据本辖区的经济社会和人口发展情况以及水源分布和用水需要，确定备用饮用水源。

确定为备用饮用水源的，应当采取措施加强保护。

第十二条 因划定或者调整饮用水源保护区，对饮用水源保护区内的公民、法人和其他组织的合法权益造成损害的，有关人民政府应当依法予以补偿。

第三章　饮用水源保护区水质保护

第十三条　饮用水源保护区水质应当符合国家规定的标准。

第十四条　县级以上人民政府可以依法征用饮用水源一级保护区内的土地，用于涵养饮用水源，保护饮用水源水质。

第十五条　饮用水地表水源保护区内禁止建设下列项目：

（一）新建、扩建排放含有持久性有机污染物和含汞、镉、铅、砷、铬等污染物的项目；

（二）设置排污口；

（三）设置油类及其他有毒有害物品的储存罐、仓库、堆栈、油气管道和废弃物回收场、加工场；

（四）设置占用河面、湖面等饮用水源水体或者直接向河面、湖面等水体排放污染物的餐饮、娱乐设施；

（五）设置畜禽养殖场、养殖小区；

（六）其他污染水源的项目。

第十六条　饮用水地表水源保护区内禁止下列行为：

（一）排放、倾倒、堆放、填埋、焚烧剧毒物品、放射性物质以及油类、酸碱类物质、工业废渣、生活垃圾、医疗废物、粪便及其他废弃物；

（二）从事船舶制造、修理、拆解作业；

（三）利用码头等设施装卸油类、垃圾、粪便、煤、有毒有害物品；

（四）运输剧毒物品的车辆通行；

（五）使用剧毒和高残留农药；

（六）破坏水环境生态平衡、水源涵养林、护岸林、与水源保护相关的植被的活动；

（七）使用炸药、有毒物品捕杀水生动物；

（八）开山采石和非疏浚性采砂。

第十七条 饮用水地表水源保护区内不得使用船舶运输剧毒物品、危险废物以及国家规定禁止运输的其他危险化学品。

运载前款规定以外物品的船舶穿越饮用水地表水源保护区，应当配备防溢、防渗、防漏、防散落设备，收集残油、废油、含油废水、生活污染物等废弃物的设施，以及船舶发生事故时防止污染水体的应急设备。

第十八条 饮用水地表水源一级保护区内还禁止下列行为：

（一）新建、扩建与供水设施和保护水源无关的项目；

（二）设置旅游设施、码头；

（三）向水体排放、倾倒污水；

（四）放养畜禽和从事网箱养殖活动；

（五）从事旅游、游泳、洗涤和其他可能污染水源的活动；

（六）停泊与保护水源无关的船舶、木（竹）排。

第十九条 县级以上人民政府及其有关部门应当采取有效措施，加强对地下饮用水源保护区的保护，严格按照国家有关规定防治地下饮用水源保护区的水质污染。

公民、法人和其他组织应当严格遵守国家有关规定，不得污染地下饮用水源水质。

第二十条 农村饮用水小型集中式取水点周围半径二百米区域内禁止下列行为：

（一）清洗装贮过有毒有害物品的容器；

（二）使用剧毒、高残留农药；

（三）建立墓地；

（四）掩埋动物尸体。

农村饮用水小型集中式取水点周围半径一百米区域内还禁止下列行为：

（一）设置排污口；

（二）设置饲养场、肥料堆积场、公共厕所；

（三）堆积垃圾、工业废料。

违反前两款规定的，当地村民委员会有权要求其立即停止违法行为，消除危害，并可以向当地人民政府环境保护行政主管部门报告。环境保护行政主管部门接到报告或者发现违反前两款规定的行为，应当及时采取措施予以制止。

第四章　监督管理

第二十一条　县级以上人民政府环境保护行政主管部门对饮用水源水质实施监督管理，应当履行下列职责：

（一）加强监督检查，并做好协调工作；

（二）对影响饮用水源水质的陆域污染源进行监控；

（三）组织建设饮用水源水质监测网络，对饮用水源水质实施监测；

（四）编制本行政区域主要集中式饮用水源地水质月报，及时向社会发布；

（五）会同有关行政主管部门调查处理饮用水源水质异常情况；

（六）会同有关行政主管部门依法对饮用水源水质污染事故进行处理。

第二十二条　县级以上人民政府有关行政主管部门，应当按照下列职责分工，做好饮用水源水质保护的监督管理工作：

（一）规划行政主管部门应当做好饮用水源保护区的规划管理工作；

（二）建设行政主管部门或者人民政府确定的行政主管部门应当加强城镇供水设施的建设和保护，以及城镇生活污水和生活垃圾处理设施的建设和管理，优化供水布局；

（三）国土行政主管部门应当优先安排饮用水源保护工程用地，并依法及时查处饮用水源保护区内违法用地的行为；

（四）水行政主管部门应当合理配置水资源，维护水体自净能力，会同国土、林业等行政主管部门做好饮用水源保护有关的水土保持工作；

（五）公安部门应当加强对运输剧毒、危险化学品的管理；

（六）海事管理机构应当加强对船舶和水上浮动设施污染的防治和监督管理；

（七）渔业行政主管部门应当加强渔业船舶和水产养殖业对水质污染的防治；

（八）农业行政主管部门应当加强对种植业、畜禽养殖业的监督管理，控制农药、化肥、农膜、畜禽粪便对饮用水源的污染；

（九）林业行政主管部门应当加强对饮用水源涵养林等植被的保护和管理，做好饮用水源湿地保护的组织协调工作；

（十）卫生行政主管部门应当加强对生活饮用水水质卫生质量的监督、监测和农村饮用水取水点水质的监测工作。

其他有关行政主管部门应当按照各自职责，做好饮用水源水质保护工作。

第二十三条 各级人民政府监察机关应当依法对行政主管部门及其工作人员履行饮用水源水质保护工作职责进行监督检查，及时查处不依法履行职责的行为。

第二十四条 各级人民政府及其有关行政主管部门应当按照下列要求做好农村饮用水源水质保护工作：

（一）将农村饮用水源水质保护纳入乡村建设和发展规划，做好水源选择、水质鉴定和卫生防护等工作，保障农村饮水安全；

（二）做好农村改水、改厕以及污水和垃圾集中处理设施建设等治污保洁工作；

（三）推广生态农业和沼气工程，引导农民科学使用化肥、农药，减少种养业等对饮用水源水质的污染。

各级人民政府应当加强农村饮用水安全工程建设和维护管理工作，逐步实行城乡统筹区域集中供水，减少小型、分散供水点。

第二十五条 县级以上人民政府应当制定本行政区域内饮用水源水质污染事故应急预案。

饮用水源受到严重污染、威胁供水安全等紧急情况时，当地人民政府应当立即启动应急预案，保证供水安全。

第二十六条 发生事故或者其他突发性事件造成或者可能造成饮用水源污染的，责任者应当立即采取消除或者减轻污染的措施，并报告当地人民政府环境保护行政主管部门和有关行政主管部门。接到报告的行政主管部门应当按照国家和省的有关规定采取应急措施，及时处理。

排污单位在发生事故或者其他突发性事件后拒不停止排放污染物的，人民政府环境保护行政主管部门应当依法采取措施，及时制止排放污染物。

第二十七条 经批准在饮用水源保护区内设置取水口的单位，应当经常对饮用水源保护区进行巡查，发现污染或者可能污染饮用水源的行为或者水质出现异常时，应当立即向当地人民政府环境保护行政主管部门报告；环境保护行政主管部门接到报告后，应当及时组织、协调相关行政主管部门调查处理。

第五章 法律责任

第二十八条 违反本条例第十五条、第十八条第（一）、（二）项规定的，由县级以上人民政府责令停业、关闭或者限期拆除、恢复原状，并依法予以处罚；逾期不执行的，依法强制执行。法律法规另有规定的，从其规定。

第二十九条 违反本条例下列规定，由人民政府环境保护行政主管部门责令改正，并可以按以下规定处罚：

（一）违反本条例第十六条第（一）项规定，排放、倾倒、堆放、填埋、焚烧剧毒物品的，处五万元以上十万元以下罚款；排放、倾倒、堆放、填埋、焚烧放射性物质、油类、酸碱类物质、工业废渣的，处二万元以上五万元以下罚款；

（二）违反本条例第十六条第（二）、（三）项规定，处二万元以上五万元以下罚款；

（三）违反本条例第二十条第一款、第二款规定，对单位处五千元以上一万元以下罚款，对个人处五百元以上一千元以下罚款。

第三十条 违反本条例下列规定，由海事管理机构责令改正，并可以按以下规定处罚：

（一）船舶违反本条例第十六条第（一）项规定，排放、倾倒剧毒物品的，处五万元以上十万元以下罚款；排放、倾倒放射性物质、油类、酸碱类物质、工业废渣的，处二万元以上五万元以下罚款。

（二）违反本条例第十七条第一款规定的，处五万元以上十万元以下罚款；

（三）违反本条例第十七条第二款规定的，处二万元以上五万元以下罚款；

（四）违反本条例第十八条第（六）项规定的，处一千元以上两千元以下罚款。

第三十一条　违反本条例第十六条第（五）项规定的，由农业行政主管部门责令改正，可以处五千元以上一万元以下罚款。

第三十二条　违反本条例第十六条第（七）项规定的，由渔业行政主管部门依法予以处罚。

违反本条例第十八条第（四）项规定，从事网箱养殖活动的，由渔业行政主管部门责令限期拆除养殖设施，可以处五千元以上一万元以下罚款。

第三十三条　违反本条例第十六条第（一）项规定，排放、倾倒、堆放、填埋、焚烧城市生活垃圾、粪便的，由城市人民政府市容环境卫生行政主管部门依法予以处罚。

第三十四条　违反本条例第十六条第（四）项、第（六）项规定的，分别由公安部门、林业行政主管部门依法予以处罚。

第三十五条　违反本条例第十六条第（八）项规定的，由国土资源、水行政主管部门依法予以处罚。

第三十六条　违反本条例规定受到行政处罚的单位和个人，应当承担消除污染、排除危害和依法赔偿损失的责任。

第三十七条　各级人民政府及其有关部门有下列行为之一的，由上一级行政主管部门或者监察机关责令改正并通报批评；对直接负责的主管人员和其他直接责任人员，由上一级行政主管部门或者监察机关根据情节轻重给予处分；构成犯罪的，依法追究刑事责任：

（一）违反本条例第二十五条第二款规定，对饮用水源受到严重污染、供水安全受到威胁等紧急情况，未立即启动应急预案，保证供水安全的；

（二）违反本条例第二十六条规定，对发生事故或者突发事件造成或者可能造成水源水质污染，未及时按照国家和省的有关规定采取应急措施的；

（三）违反本条例第二十七条规定，对污染或者可能污染饮用水源的行为或者水质异常情况，接到报告后未及时组织协调相关行政主管部门调查处理的；

（四）不依法进行处罚的；

（五）滥用职权、贪污受贿、徇私舞弊的。

第三十八条 本行政区域内发生重大饮用水源水质污染事故造成严重后果的，对直接责任人依法予以惩处，对负有领导责任的当地人民政府及饮用水源水质保护监督管理部门的主要负责人、分管负责人给予处分。

第六章 附 则

第三十九条 本条例施行前批准在饮用水源保护区内设置的项目和设施，依照本条例属于禁止设置的，由县级以上人民政府或者有关行政主管部门限期停业、关闭或者拆除，恢复原状；逾期不停业、关闭或者拆除的，依法强制执行。停业、关闭或者拆除的项目和设施的所有者或者经营者的合法权益受到损害的，有关人民政府依法予以补偿。

本条例施行前未经批准在饮用水源保护区内设置的项目和设施，依照本条例属于禁止设置的，由县级以上人民政府或者有关行政主管部门责令限期停业、关闭或者拆除，恢复原状；逾期不执行的，依法强制执行。

第四十条 本条例自2007年7月1日起施行。

广东省实施《中华人民共和国计量法》办法

（2010年7月23日广东省第十一届人民代表大会常务委员会第二十次会议通过）

第一章　总　则

第一条　为了加强计量监督管理，保障国家计量单位制的统一和量值的准确可靠，促进生产、贸易和科学技术的发展，维护国家利益和消费者、经营者的合法权益，根据《中华人民共和国计量法》和其他有关法律、行政法规，结合本省实际，制定本办法。

第二条　本办法适用于在本省行政区域内从事计量活动和实施计量监督管理。

第三条　从事计量活动应当遵循科学规范、诚实信用、守法经营的原则。实施计量监督管理应当遵循科学公正、公开透明、程序合法、便民高效的原则。

第四条　省计量行政主管部门主管全省的计量监督管理工作，市、县（市、区）计量行政主管部门对本行政区域内的计量活动实施监督管理。

县级以上人民政府有关行政管理部门按照各自职责做好有关的计量监督管理工作。

第五条　各级人民政府应当有计划地发展计量事业，支持计量科学技术研究，推广先进的计量科学技术和计量管理方法，引导企事业单位建立健全计量保证体系和能源计量管理体系。

第二章　计量单位与计量器具

第六条　国际单位制计量单位和国家选定的其他计量单位，为国家法定计量单位。国家法定计量单位的名称、符号按照国家有关规定执行。

第七条　从事下列活动，需要使用计量单位的，应当使用国家法定计量单位：

（一）制发公文、公报、统计报表；

（二）编播广播、电视节目，发布、传输信息；

（三）出版、发行出版物；

（四）制作、发布广告；

（五）生产、销售产品，提供服务，标注产品标识，编制产品使用说明书；

（六）印制票据、票证、账册；

（七）出具证书、报告等技术文件；

（八）制作公共服务性标牌、标志；

（九）制定标准、技术规范；

（十）国家规定应当使用国家法定计量单位的其他活动。

进出口商品，出版古籍、文学书籍以及其他需要使用非国家法定计量单位的，按照国家有关规定执行。

第八条　计量器具包括计量基准器具、计量标准器具、工作计量器具。

第九条　计量标准器具（以下简称计量标准）的使用，必须具备下列条件：

（一）经计量检定合格；

（二）有正常工作所需的环境条件；

（三）有称职的保存、维护、使用人员；

（四）有完善的管理制度。

第十条　省、市、县（市、区）计量行政主管部门建立的社会公用计量标准，省人民政府有关部门建立的本部门使用的各项最高计量标准，以及企业、事业单位建立的本单位使用的各项最高计量标准，应当依法考核合格，取得计量标准考核证书后，方可用于计量检定和计量校准工作。

主持考核的计量行政主管部门应当采用量值比对、盲样检测和测量过程控制等方式，对计量标准进行监督管理。

第十一条 建立了计量标准的单位应当在计量标准考核证书的有效期内保持计量标准的获证条件。

任何单位不得使用超过计量标准考核证书有效期的计量标准开展计量检定和计量校准工作。

第十二条 以销售为目的制造列入中华人民共和国依法管理的计量器具目录型式批准部分的计量器具，或者对社会开展经营性修理计量器具业务的，应当依法取得制造计量器具许可证或者修理计量器具许可证。

第十三条 制造、销售的计量器具，应当符合产品标准的要求；国家计量检定规程和国家其他计量技术规范有要求的，应当同时符合其要求。

第十四条 委托制造实施许可证管理的计量器具的，被委托方应当依法取得相同产品名称、型号规格、测量范围、准确度等级计量器具的制造计量器具许可证。

委托制造的计量器具，应当在计量器具或者其铭牌、产品说明书、外包装上标注被委托方的制造计量器具许可证标志、编号，委托方和被委托方的名称、地址、联系电话等。

委托双方应当将签订的委托合同报其所在地县（市、区）计量行政主管部门备案。

第十五条 任何单位和个人不得有下列行为：

（一）擅自改动、拆装强制检定计量器具；

（二）擅自开启、破坏检定封印或者防作弊装置；

（三）设计、销售、使用具有改变强制检定计量器具准确性功能的计算机软件，损害经营者或者消费者的利益；

（四）销售、使用擅自改动、拆装的强制检定计量器具；

（五）违反国家有关技术规范安装、使用强制检定计量器具。

第三章 计量检定、校准与认证

第十六条 计量器具的计量性能评定方式包括计量检定、计量校准两种。

第十七条 社会公用计量标准，部门和企、事业单位使用的最高计量标准，以及用于贸易结算、安全防护、医疗卫生、环境监测等方面的列入国家强制检定目录的工作计量器具，使用者应当向法定计量检定机构申请计量检定，但商品房安装用于贸易结算的水表、电能表、燃气表、热量计等工作计量器具，由商品房的建设单位向法定计量检定机构申请首次强制检定。

涉及人体健康、公共安全，用于贸易结算、安全防护、医疗卫生、环境监测方面的计量器具，用于行政执法或者与消费者利益密切相关的新型计量器具，由省计量行政主管部门报经省人民政府按有关规定审批后纳入强制检定范围。

非强制检定的计量器具，由建立了相应计量标准的使用者自行定期检定或者校准；未建立计量标准的，使用者可以自行送计量技术机构检定或者校准。

第十八条 列入中华人民共和国依法管理的计量器具目录型式批准部分的进口计量器具，在销售前必须经省计量行政主管部门检定合格。省计量行政主管部门不能检定的，向国务院计量行政主管部门申请检定。

未经检定合格的，不得销售。

第十九条 工作计量器具的强制检定采取首次强制检定和周期检定两种形式。

强制检定的工作计量器具检定合格的，法定计量检定机构应当在计量器具上加贴检定合格标志。

第二十条 水表、电能表、燃气表、热量计使用期限届满，供水、供电、供气、供热（冷）的经营者应当负责更换。

水表、电能表、燃气表、热量计未经检定或者检定不合格的，不得安装使用。

第二十一条 计量行政主管部门应当定期公布下列依法申请强制检定

的具体工作计量器具的检定结果：

（一）测速仪、呼出气体酒精含量探测器及其他主要用于行政执法和安全防护的计量器具；

（二）血压计、心脑电图仪及其他主要用于医疗卫生的计量器具；

（三）法律、法规规定应当公布检定结果的其他计量器具。

第二十二条 用于贸易结算、安全防护、医疗卫生、环境监测方面的列入强制检定目录的工作计量器具应当逐步实行免费检定，所需费用由同级财政保障。免费检定的计量器具范围，由省计量行政主管部门会同省财政、物价部门提出，报省人民政府批准后公布。

第二十三条 对社会开展计量校准服务的，应当建立相关的经国家或者本省计量行政主管部门考核合格的最高计量标准，并向省计量行政主管部门备案，由省计量行政主管部门向社会公布。

对社会开展计量校准服务应当遵守国家有关计量校准的技术规范、工作规程；未经委托人同意，不得转委托承接的计量校准业务。

第二十四条 对社会出具计量检定和校准数据的单位和个人，应当按照计量检定规程和国家计量校准规范出具计量检定和校准报告，保证数据真实、准确，不得伪造数据，不得出具虚假检定和校准报告。

第二十五条 为社会提供公证数据的产品质量检验机构、疾病预防控制机构，从事检验检测鉴定的农产品质量安全检测机构、机动车安全技术检验机构、建设工程质量检测机构、防雷装置检测机构、农机鉴定机构、环境检测机构、司法鉴定检测实验室以及法律、行政法规规定的其他机构和在流通领域出具计量公正数据的社会公正计量行（站）必须依法经计量行政主管部门计量认证。

计量认证获证机构应当保持获证时的条件，未取得计量认证证书的，不得向社会出具检验检测公证数据或者计量公正数据；不得伪造数据或者出具虚假报告。

第二十六条 计量认证获证机构已参加国家或者省有关行政部门当年组织的比对试验、能力验证，其试验、验证项目与计量行政主管部门组织的比对试验、能力验证项目相同的，可免于参加计量行政主管部门组织的比对试验、能力验证。

计量行政主管部门应当采取监督评审、比对试验和能力验证等方式，对计量认证获证机构进行监督管理。

第四章　商贸与能源计量

第二十七条　企业、事业单位应当建立健全计量管理制度，配备与生产、科研、经营管理相适应的计量检测设备，根据需要合理配置专（兼）职计量人员，对检测设备、测试技术和测试数据以及测量、校准过程进行严格控制和管理。

第二十八条　交易商品或者提供服务以量值结算的，经营者应当以依法检定合格的计量器具指示的量值作为结算依据。实际值和结算值应当一致，计量偏差应当符合国家和省的有关规定。

现场交易商品以量值结算的，经营者应当明示计量操作过程和计量器具指示的量值；对方有异议时，应当重新操作并明示计量器具指示的量值。

第二十九条　市场、商场的商品交易存在以量值作为结算依据的，其主办者应当在显著位置设置无偿使用的符合要求的公平秤、公平尺等计量器具，组织市场、商场内经营者使用的计量器具的周期送检工作，并配合计量行政主管部门做好计量监督管理工作。

第三十条　生产、销售定量包装商品，应当在商品包装的显著位置正确、清晰地标注净含量。商品净含量的计量偏差应当符合国家和省的有关规定。

第三十一条　经营者收购农副产品和销售农业生产资料，应当正确使用计量器具进行交易和评定等级，不得利用计量器具伪造数据或者压低等级。

第三十二条　经营者使用的燃油加油机等计量器具应当具有制造计量器具许可证标志、编号，出厂产品合格证书以及计量器具检定证书。

燃油加油机维修需要破坏检定封印的，经营者应当及时告知当地计量行政主管部门，经当地计量行政主管部门确认加油机检定封印未被破坏的，方可向具有合法维修资格的单位报修；维修后的燃油加油机应当报经法定计量检定机构检定，检定合格后方可重新投入使用。

第三十三条 眼镜制配使用的计量器具应当具有制造计量器具许可证标志、编号、出厂产品合格证书以及计量器具检定证书。

第三十四条 供水、供电、供气、供热（冷）的经营者，应当按照用户、消费者使用的计量器具指示的量值进行结算，不得将户外管线或者其他设施的能源损耗和损失转嫁给用户、消费者。

第三十五条 房地产建筑面积和使用面积按照国家和省有关规定进行测量，保证数据的准确。

计量行政主管部门应当加强对房地产面积测量用计量器具的监督管理。

第三十六条 餐饮业中经营以量计价的商品，应当用符合规定的计量器具计量计价，不得估算计价。

第三十七条 企业、事业单位根据需要对本单位的计量保证体系和提供数据的有效性进行评定的，可以向省、市计量行政主管部门申请计量保证体系确认。

第三十八条 列入国家实行能源效率标识产品目录的产品的生产者、进口商，应当对其在产品上标注或者在产品外包装物、说明书以及广告宣传使用的能源效率标识的准确性负责，不得伪造或者冒用能源效率标识，不得利用能源效率标识对其用能产品进行虚假宣传，误导消费者。

销售者不得销售应当标注但未标注能源效率标识的产品，不得伪造或者冒用能源效率标识。

任何单位和个人对违反前款规定的行为，可向节能管理部门、计量行政主管部门举报、投诉，接到举报投诉的部门应当及时调查处理。

第三十九条 计量行政主管部门应当引导计量技术机构提高节能服务水平，指导有能力的技术机构帮助用能单位开展能源计量管理体系认证工作。

企业和重点用能单位应当建立能源计量器具管理制度，依据国家强制性标准，配备和使用经依法检定合格的能源计量器具，保证能源计量器具量值准确。

重点用能单位应当建立符合国家要求的能源计量管理体系，加强对能源消耗数据的在线采集，对各类能源的消费实行科学计量，向计量行政主管部门报送能源计量管理数据。

第五章 监督管理

第四十条 计量行政主管部门应当加强计量监督管理，依法实施行政许可，及时查处计量违法行为，并组织对计量器具质量、定量包装商品净含量和用户、消费者反映的其他突出问题实施重点检查。

除国家、省计量行政主管部门组织的监督检查和用户、消费者的举报、投诉外，计量行政主管部门自上次实施监督检查之日起六个月内，不得再对经检验合格的同一企业的同一产品进行重复抽检或者监督试验。

第四十一条 计量行政主管部门实施监督检查所进行的检验、检定不收费，监督检查所需检验、检定费用由财政予以保障。

第四十二条 计量行政主管部门实施计量监督检查或者查处计量违法行为时，可以行使下列职权：

（一）询问当事人和其他相关人员，调查有关情况；

（二）进入生产、经营场所或者被检查物品存放地进行现场检查，抽取检验样品；

（三）查阅、复制有关的账册、票据、凭证、合同、计算机数据、经营记录等资料；

（四）依法查封、扣押有关的计量器具、设备、零配件及商品。

计量行政主管部门应当做好查封、扣押物品登记工作，对扣押的物品妥善保管，不得损坏。

第四十三条 任何单位和个人不得拒绝、阻碍计量行政主管部门依法进行的计量监督检查；不得擅自处理、转移被依法查封、扣押有关的计量器具、设备、零配件及商品。

第四十四条 实施计量监督检查或者查处计量违法行为需要抽取检验、检定样品的，应当按照国家和省的有关标准，在市场上或者企业待销产品中随机抽取，并填写抽样单。

所需检验、检定样品由被检查者无偿提供，但抽取样品的数量不得超过检验、检定的合理需要。

计量行政主管部门应当自抽取样品之日起五个工作日内委托计量技术机构检验、检定样品，计量技术机构应当按照约定的期限将检验、检定结果送计量行政主管部门，计量行政主管部门应当自接到检验、检定结果之日起五个工作日内将检验、检定结果书面告知被检查者。

第四十五条 被检查者对检验、检定结果有异议的，可以自接到检验、检定结果之日起十五日内，书面向抽取检验、检定样品的计量行政主管部门或者其上一级计量行政主管部门申请复检一次。

计量行政主管部门应当自接到复检申请之日起五个工作日内组织调查。具备复检条件的，应当另行指定计量技术机构对原样品或者备用样品进行复检，并做出复检结论；不具备复检条件的，应当作出不予受理复检申请的决定，并说明理由。

复检结论与原检验、检定结果不一致的，以复检结论为准，复检费用由原检验、检定机构承担；复检结论与原检验、检定结果一致的，复检费用由申请人承担。

第四十六条 除已合理损耗或者计量行政主管部门依法决定没收的外，计量行政主管部门应当自检验、检定结果或者复检结果送达被检查者之日起二十日内返还检验、检定样品。

因计量行政主管部门或者检验、检定者的过错，造成检验、检定样品损坏或者灭失的，计量行政主管部门或者检验、检定者应当给予赔偿。

第四十七条 计量行政主管部门的行政执法人员应当按照法定程序，公正、文明执法；在进行计量监督检查时，应当不少于两人参加，并出示行政执法证件，使用统一的执法文书；对不出示行政执法证件的，被检查者有权拒绝检查。

第四十八条 任何单位和个人有权向计量行政主管部门举报或者投诉计量违法行为。

计量行政主管部门应当在接到举报或者投诉后五日内决定是否受理，并告知举报人或者投诉人；不予受理的，应当说明理由。

计量行政主管部门对决定受理的案件，应当及时组织调查，并将处理结果告知举报人或者投诉人，同时向社会公开。

第四十九条 计量行政主管部门及其工作人员应当对举报人、投诉人的情况以及在实施计量监督检查、查处计量违法行为过程中获知的商业秘密、技术秘密和个人隐私，予以保密。

第六章 法律责任

第五十条 违反本办法第十三条规定，制造、销售不符合产品标准要求或者国家计量技术规范要求的计量器具的，由计量行政主管部门责令停止制造、销售，没收违法制造、销售的计量器具，并处违法制造、销售计量器具货值金额一倍以上三倍以下的罚款；有违法所得的，没收违法所得。

第五十一条 违反本办法第十四条第一款规定，未取得相应制造计量器具许可证而接受委托制造计量器具或者委托未取得相应制造计量器具许可证的企业制造计量器具的，由计量行政主管部门责令停止制造，没收违法制造计量器具，对委托双方分别并处一万元以上三万元以下罚款；有违法所得的，没收违法所得。

违反本办法第十四条第二款规定，未标注或者未按规定标注被委托方的许可证标志、编号及相关信息的，由计量行政主管部门对被委托方予以警告，并责令限期改正；逾期不改的，处一万元以上三万元以下罚款。

违反本办法第十四条第三款规定，委托双方未按规定报备委托合同的，由计量行政主管部门予以警告，并责令限期改正；逾期不改的，处一千元以上三千元以下罚款。

第五十二条 违反本办法第十五条规定，有下列行为之一的，由计量行政主管部门没收计量器具和违法所得，并可以处一万元以上三万元以下罚款；违法所得超过三万元的，处违法所得一倍以上三倍以下罚款：

（一）擅自改动、拆装强制检定计量器具的；

（二）擅自开启、破坏检定封印或者防作弊装置的；

（三）设计、销售、使用具有改变强制检定计量器具准确性功能的计算机软件，损害经营者或者消费者利益的；

（四）销售、使用擅自改动、拆装的强制检定计量器具的。

第五十三条 违反本办法第十一条第一款、第二十五条第二款规定，不按要求保持计量标准考核证书获证条件的或者计量认证条件的，由计量行政主管部门责令限期改正；逾期不改或者整改后仍不符合发证条件的，由发证部门吊销其计量标准考核证书、计量认证证书，或者撤销相应的计量认证项目，并予以公告。

第五十四条 违反本办法第十条、第十一条第二款、第十七条第一款、第二十条、第二十三条、第二十四条、第二十五条规定，有下列行为之一的，由计量行政主管部门处一万元以上三万元以下罚款；有违法所得的，没收违法所得。法律法规另有规定的，从其规定：

（一）未依法取得计量标准考核证书或者使用超过计量标准考核证书有效期限的计量标准开展计量检定、校准工作的；

（二）用于贸易结算的水表、电能表、燃气表、热量计等工作计量器具不依法申请首次强制检定或者使用期限届满不更换的；

（三）未经委托人同意转委托承接的计量校准业务的；

（四）伪造数据，出具虚假的计量检定、校准报告的；

（五）未经计量认证，擅自向社会出具检验检测公证数据、计量公正数据或者伪造数据，出具虚假报告的。

第五十五条 违反本办法第二十八条第一款、第二十九条、第三十一条规定，有下列行为之一的，计量行政主管部门可以处三千元以上一万元以下罚款；有违法所得的，没收违法所得：

（一）经营者不以计量器具指示的量值作为结算依据或者计量偏差超出国家或者本省规定范围的；

（二）市场、商场主办者未设置公平秤、公平尺等计量器具的；

（三）经营者利用计量器具压低农副产品、农业生产资料的等级或者伪造数据的。

第五十六条 违反本办法第三十条规定，未标注定量包装商品净含量或者商品净含量的计量偏差不符合国家和省的有关规定的，由计量行政主管部门可以处违法商品货值金额一倍以上三倍以下罚款。

第五十七条 违反本办法第三十二条、第三十三条、第三十四条规定，有下列行为之一的，由计量行政主管部门没收违法所得及涉案的计量器具，并处一万元以上三万元以下罚款；违法所得超过三万元的，处违法所得一倍以上三倍以下罚款：

（一）加油站经营者使用不符合要求的计量器具加油或者不按要求维修燃油加油机的；

（二）眼镜制配经营者使用不符合要求的计量器具制配眼镜的；

（三）供水、供电、供气、供热（冷）经营者不按照用户、消费者使用的计量器具指示的量值进行结算，或者将户外管线或者其他设施的能源损耗和损失转嫁给用户、消费者的。

第五十八条 违反本办法第四十三条规定，擅自处理、转移被查封、扣押物品的，由计量行政主管部门处一万元以上三万元以下的罚款；被查封、扣押物品货值金额在三万元以上的，处货值金额一倍以上三倍以下罚款。

第五十九条 计量行政主管部门及其工作人员违反本办法规定，有下列行为之一的，对直接负责的主管人员和其他直接责任人员给予处分；构成犯罪的，依法追究刑事责任：

（一）违反规定实施行政许可的；

（二）违反规定对同一企业的同一产品进行重复抽检或者监督试验的；

（三）抽取、返还、赔偿检验样品不符合规定的；

（四）违反规定实施查封、扣押的；

（五）对举报或者投诉的计量违法行为没有按本办法的规定及时受理或者查处的；

（六）违反国家或者省的规定收取费用的；

（七）徇私舞弊、滥用职权、索贿受贿的。

第七章　附　则

第六十条　本办法下列用语的含义是:

（一）计量校准，是指在规定条件下，为确定测量仪器或测量系统所指示的量值，或实物量具或参考物质所代表的量值，与对应的由标准所复现的量值之间关系的一组操作。

（二）社会公正计量行（站），是指依法成立并经省人民政府计量行政主管部门考核批准，在流通领域为社会提供计量公正数据的中介服务机构。

第六十一条　本办法自2010年10月1日起施行。

广东省志愿服务条例

（1999年8月5日广东省第九届人民代表大会常务委员会第十一次会议通过
2010年7月23日广东省第十一届人民代表大会常务委员会第二十次会议修订）

第一章 总 则

第一条 为鼓励和规范志愿服务活动，保障志愿者组织、志愿者和志愿服务对象的合法权益，促进志愿服务事业发展，倡导奉献、友爱、互助、进步的志愿服务精神，推动社会主义和谐社会建设，根据有关法律、法规，结合本省实际，制定本条例。

第二条 本条例适用于本省行政区域内的志愿者、志愿者组织及其志愿服务活动。

第三条 本条例所称志愿服务，是指不以获取报酬为目的，自愿以自己的时间、知识和技能等帮助他人和服务社会的公益性活动。

本条例所称志愿者，是指参加志愿服务活动的个人，也称义工。

本条例所称志愿者组织，是指从事志愿服务的非营利性的社会公益性组织。

第四条 县级以上人民政府应当引导、支持和促进志愿服务事业的发展，将志愿服务事业纳入国民经济和社会发展规划，为志愿服务活动提供保障。

第五条 省志愿者联合会指导和协调本省行政区域内的志愿服务活动，市、县（区）志愿者联合会（协会）或者义工联合会（协会）（以下统称志愿者联合会）指导和协调本行政区域内的志愿服务活动。

志愿者联合会在同级共青团组织的指导下开展工作，并接受民政主管部门的监督管理。

第六条 国家机关、社会团体、企业事业单位和基层群众性自治组织应当鼓励和支持志愿服务活动，维护志愿者和志愿者组织的合法权益。

第七条 全社会应当尊重志愿者的志愿服务活动。

提倡、鼓励公民和社会各界参加志愿服务活动。

第二章 志愿者组织

第八条 具备《社会团体登记管理条例》规定条件的志愿者组织，应当在县级以上人民政府民政主管部门依法进行登记，接受其监督和管理。

第九条 志愿者组织依法开展志愿服务活动，并可以按照志愿者联合会的章程申请成为其团体会员。

第十条 志愿者组织履行下列职责：

（一）负责志愿者的招募、注册、培训、考核和激励等工作；

（二）组织开展志愿服务活动；

（三）为志愿者提供必要的帮助，维护其合法权益；

（四）志愿者组织章程规定的其他职责。

第十一条 志愿者组织招募志愿者时，应当公告志愿服务项目和志愿者的条件、数量、服务内容以及风险等信息。

第十二条 志愿者组织应当建立注册制度、志愿服务时间累计和绩效评价制度，并建立志愿服务档案。

志愿者要求志愿者组织出具参加志愿服务证明的，志愿者组织应当及时、如实出具证明。

未经志愿者本人同意，志愿者组织不得公开或者向第三方提供志愿者的个人信息。

第十三条 国家机关、人民团体、企业事业单位、基层群众性自治组织和其他社会组织可以组织本单位、本系统、本社区的志愿者开展志愿服务活动。

第三章　志愿者

第十四条　志愿者应当具备相应的民事行为能力、志愿服务能力和从事志愿服务必要的身体条件。

限制民事行为能力人经其监护人同意或者由其监护人陪同，可以参加与其年龄、身心状况相适应的志愿服务。

第十五条　鼓励符合条件的个人向志愿者组织申请成为注册志愿者。

第十六条　志愿者享有下列权利：

（一）自愿加入或者退出志愿者组织；

（二）参加志愿者组织的活动，接受与所参加的志愿服务活动有关的教育、培训；

（三）获得志愿服务活动真实、准确、完整的信息；

（四）获得参加志愿服务活动所必要的条件和安全保障；

（五）要求志愿者组织帮助解决志愿服务过程中的困难和问题；

（六）对志愿者组织的工作进行监督，提出建议、批评；

（七）在自身生活有困难时优先获得志愿服务；

（八）法律、法规及志愿者组织章程规定的其他权利。

第十七条　志愿者应当履行下列义务：

（一）遵守法律法规，以及志愿者组织的章程和制度；

（二）接受志愿者组织的指导和安排，履行志愿服务承诺，完成志愿服务工作；

（三）尊重志愿服务对象，不得泄露在参加志愿服务过程中获悉的个人隐私、商业秘密和其他依法受保护的信息，不得损害志愿服务对象的合法权益；

（四）因故不能完成志愿服务活动时，及时告知志愿者组织；

（五）不得向志愿服务对象收取或者变相收取报酬；

（六）不得利用志愿者身份从事以营利为目的的活动或者违背社会公德的活动；

（七）维护志愿者组织和志愿者的声誉和形象。

第十八条 志愿者参加经志愿者组织安排的志愿服务活动时，应当佩戴志愿服务标志。

第四章 志愿服务活动

第十九条 志愿服务的范围主要包括扶贫济困、帮孤助残、支教助学、科技推广、医疗卫生、环境保护、社区服务、大型社会活动、应急救援等社会公益事业。

志愿者组织开展志愿服务的具体范围和项目应当向社会公开。

第二十条 需要志愿服务的单位和个人可以向志愿者组织提出申请，并如实告知所需志愿服务的信息和风险。

志愿者组织应当在十日内对志愿服务的申请进行审查并予以答复；不能提供志愿服务的，应当说明理由。

第二十一条 志愿者组织与志愿者之间、志愿者组织与志愿服务对象之间，应当就志愿服务内容协商一致。任何一方要求签订书面协议的，应当签订书面协议。

志愿者组织安排志愿者从事志愿服务活动，有下列情形之一的，应当签订书面志愿服务协议：

（一）对人身安全、身心健康有较高风险的；

（二）连续三个月以上专职服务的；

（三）为大型社会公益活动、应急救援等提供志愿服务的；

（四）组织志愿者在本行政区域以外开展志愿服务活动的；

（五）志愿服务活动涉及境外人员的。

第二十二条 志愿者组织安排志愿服务时，应当根据志愿服务的需要，为志愿者提供必要的安全、卫生、医疗等条件和保障，开展相关的知识和技能培训，为志愿者配发志愿服务标志，帮助志愿者解决与志愿服务活动相关的实际困难。

第二十三条 志愿者组织应当告知志愿者从事志愿服务活动时的风

险，不得安排志愿者从事超出其自身能力的活动。

志愿者组织应当根据志愿服务活动的需要，为参加志愿服务活动的志愿者提供相应的人身意外伤害保险。

第二十四条 志愿者组织和志愿者在参加应急救援志愿服务时，应当接受当地人民政府及其指定的志愿者组织的统一指挥和管理。

第二十五条 举办大型社会公益活动需要志愿服务的，举办者可以自行招募志愿者，也可以委托志愿者组织招募志愿者。

第二十六条 志愿者组织应当依照法律、法规以及章程的规定开展志愿服务活动，不得从事以营利为目的的活动或者其他非法活动。

任何单位和个人不得强行指派志愿者组织或者志愿者提供志愿服务，不得利用志愿者组织或者志愿者的名义、志愿服务标志等进行以营利为目的的活动或者其他非法活动。

第二十七条 志愿者组织可以按照国家有关规定开展国内外志愿服务交流活动。

第五章 支持与保障

第二十八条 志愿者组织和志愿服务的经费来源包括政府支持、社会捐赠和资助，以及其他合法收入。

第二十九条 本省依法设立省志愿者事业发展基金会，为发展全省志愿服务事业提供支持和保障。

省志愿者事业发展基金会的资金主要用于：

（一）资助志愿服务项目、志愿文化培育、志愿理念宣传、志愿者事业研究、志愿服务推广；

（二）资助志愿者培训、志愿者表彰和志愿者权益保障；

（三）资助其他与志愿者事业发展相关的项目。

资金的使用和管理依法接受有关部门的监督，并向社会公开。

第三十条 鼓励公民、法人和其他组织捐赠、资助志愿者组织和志愿服务活动。

捐赠人和资助人按照国家有关规定享受相关优惠。

志愿者组织接受的捐赠、资助，应当按照其章程的规定，并根据与捐赠人、资助人约定的合法方式使用。

第三十一条 志愿服务经费应当专款专用，任何单位和个人不得侵占、私分或者挪用。

志愿服务经费的筹集、使用和管理，应当接受有关部门和捐赠者、资助者、志愿者以及社会的监督。

第三十二条 教育主管部门、学校应当将志愿服务教育纳入青少年思想品德教育内容，组织青少年开展力所能及的志愿服务活动，培养青少年树立志愿服务意识。

第三十三条 新闻媒体应当无偿开展志愿服务的公益性宣传。

第三十四条 鼓励国家机关、社会团体、企业事业单位和其他组织招聘人员以及学校招收学生时，在同等条件下优先录用、录取优秀志愿者。

第六章 法律责任

第三十五条 志愿者在参加经志愿者组织安排的志愿服务过程中，因志愿者过错造成志愿服务对象人身财产损失或者其他损害的，志愿者组织应当依法承担民事责任。

如果损失或者损害是因志愿者故意或者重大过失造成的，志愿者组织承担民事责任后，可以向其追偿。

第三十六条 志愿者在参加经志愿者组织安排的志愿服务过程中，因志愿者组织或者志愿服务对象过错受到人身财产损失或者其他损害的，志愿者组织或者志愿服务对象应当依法承担民事责任。

志愿者在参加经志愿者组织安排的志愿服务过程中，因不可抗力受到损害的，志愿者组织应当给予适当补偿；因第三人的原因受到损害的，志愿者组织应当协助志愿者向第三人取得赔偿。

第三十七条 违反本条例规定，利用志愿者联合会、志愿者组织或者志愿者的名义、标志进行以营利为目的的活动或者其他非法活动的，志愿者联合会、志愿者组织有权要求有关部门予以制止并责令其改正；构成犯罪的，依法追究刑事责任。

第三十八条 违反本条例规定，侵占、私分或者挪用志愿服务经费的，依法追究有关人员的法律责任。

第七章 附 则

第三十九条 本条例自2010年9月1日起施行。1999年8月5日广东省第九届人民代表大会常务委员会第十一次会议通过的《广东省青年志愿服务条例》同时废止。

广东省森林公园管理条例

（2010年7月23日广东省第十一届人民代表大会常务委员会第二十次会议通过）

第一章　总　则

第一条　为了保护和合理利用森林风景资源，优化生态环境，规范森林公园的管理，发展森林生态旅游，根据《中华人民共和国森林法》和有关法律、法规，结合本省实际，制定本条例。

第二条　本条例适用于本省行政区域内森林公园的规划、建设、利用、管理和资源保护，以及在森林公园游览、休闲、科学考察和进行文化教育等活动。

本条例所称森林公园，是指以森林资源为依托，具有一定规模和质量的森林风景资源与环境条件，按照法定程序批准设立，可供人们游览、休闲、科学考察和进行文化教育等活动的地域。

第三条　森林公园建设是国家生态建设和自然保护事业的重要组成部分，属社会公益事业。

第四条　森林公园的建设、管理应当坚持保护优先、合理利用、统筹规划、科学管理、持续发展的原则，促进生态效益、社会效益和经济效益相统一。

第五条　县级以上人民政府应当加强对森林公园建设和管理工作的领导、组织和协调，将森林公园建设纳入本地区国民经济和社会发展规划。

第六条　省林业行政主管部门负责全省森林公园管理工作。

市、县（含县级市，下同）林业行政主管部门负责本行政区域内森林公园管理工作。

发展改革、国土、环保、城乡建设、水利、文化、物价、工商、海洋渔业、旅游等有关部门按照各自职责，负责森林公园有关管理工作。

森林公园管理机构负责森林公园的日常保护和管理工作。

第七条 森林公园建设和管理资金实行多渠道筹集、分级管理，接受林业行政主管部门和同级财政部门的管理与监督。

森林公园基础设施建设资金和森林公园管理机构人员经费，由同级财政部门会同有关部门区分不同情况，按照财政供给原则确定资金来源渠道。

第二章 设立与建设

第八条 省林业行政主管部门应当根据全省森林资源的总体状况，编制全省森林公园建设与发展规划，经征求国土、环保、城乡建设、水利等有关部门意见后，报省人民政府批准实施。

森林公园的设立应当符合土地利用总体规划。

设立森林公园应当进行地质灾害危险性评估，避开地质灾害危险区。

第九条 森林公园分为国家级、省级和市、县级。

设立国家级森林公园，按照国家有关规定申报。

设立省级森林公园，由申请人提出申请，经省林业行政主管部门审批，报国务院林业主管部门备案。

设立市、县级森林公园，由申请人提出申请，经所在地地级以上市林业行政主管部门审批，报同级人民政府和省林业行政主管部门备案。

设立森林公园的审批，法律、法规另有规定的，从其规定。

第十条 设立森林公园，应当具备下列条件：

（一）符合全省森林公园建设与发展规划；

（二）面积不得少于一百公顷、森林覆盖率不得低于百分之七十，但是城区和有特殊保护、开发价值的地域除外；

（三）风景资源质量等级达到国家规定的森林公园风景资源质量等级评定三级标准以上；

（四）森林、林木、林地权属清楚，界线明确；

（五）可行性报告获得论证通过；

（六）有相应的管理组织和技术、管理人员；

（七）法律、法规规定的其他条件。

设立省级森林公园面积不得少于二百公顷，风景资源质量等级达到二级标准以上。

第十一条 申请设立森林公园应当提交以下材料：

（一）申请书；

（二）森林、林木、林地以及其他土地的权属证明材料；

（三）风景资源质量等级评定报告、可行性报告和森林风景资源景观照片、光盘等影像资料；

（四）管理组织的职责、制度和技术、管理人员配置等情况的说明材料。

第十二条 利用国家所有的森林、林木以及集体所有或者个人承包的森林、林木、林地设立森林公园的，应当经所有权人和使用权人同意，利用国家所有的林地设立森林公园的，应当经使用权人同意，并依法签订书面协议，办理相关手续。

第十三条 申请设立省级森林公园的，地级以上市林业行政主管部门应当自收到有关材料之日起十五日内提出审核意见，并报省林业行政主管部门审批。省林业行政主管部门应当自收到审核意见之日起二十日内作出书面决定。符合条件的，予以批准；不符合条件的，不予批准并书面说明理由。

申请设立市、县级森林公园的，地级以上市林业行政主管部门应当自收到有关材料之日起二十日内作出书面决定。符合条件的，予以批准；不符合条件的，不予批准并书面说明理由。

第十四条 申请人应当自批准之日起十八个月内，按照国家的森林公园总体设计规范要求，委托具有法定资质的单位编制森林公园总体规划。

第十五条 编制森林公园总体规划应当坚持有利于保护和改善生态环境、可持续利用森林资源的原则，并符合下列要求：

（一）充分保护现有森林植被；

（二）维护生态系统的完整性，保持生态平衡；

（三）以自然景观为主，严格控制人造景点的设置；

（四）严格限制永久性设施的建设。

除森林公园道路建设外，规划用于工程设施建设的用地不得超过森林公园陆地面积的百分之三。

第十六条 国家级、省级森林公园总体规划，报省林业行政主管部门审批；市、县级森林公园总体规划，报批准设立森林公园的地级以上市林业行政主管部门审批，并报省林业行政主管部门备案。

森林公园总体规划批准后应当向社会公布，任何单位和个人有权免费查阅。

经批准的森林公园总体规划不得擅自变更。因保护和建设确需对森林公园总体规划进行调整的，应当报原审批机关审批，批准后应当向社会公布。

第十七条 森林公园内不得建设破坏森林资源和景观、妨碍游览、污染环境的工程设施，不得设立各类开发区；森林公园生态保护区和游览区内不得建设宾馆、招待所、培训中心、疗养院以及与森林风景资源保护无关的其他建筑物。已经建设的，应当按照森林公园总体规划逐步迁出。

规划区内建设项目的选址和设计方案，应当经林业行政主管部门审查同意后，按照国家基本建设程序报城乡规划建设行政主管部门审批。建设工程设施，需要将林地转为非林业建设用地的，应当依法办理建设用地审批手续。建设项目竣工后，由城乡规划建设行政主管部门会同林业行政主管部门验收合格，方可投入使用。

第十八条 森林公园建筑物的高度、色彩和建筑风格等应当与景观相协调，在游览区未经批准不得擅自建设人文景观或者景点。

森林公园的天然林应当予以保护，人工营造的纯林应当按照森林公园总体规划的要求进行树种调整和改造，提高其游览、观赏价值和综合效能。

第十九条 森林公园设立后，因特殊原因确需改变管理机构、经营范围以及界线，或者分立、合并、撤销的，应当按照设立程序报原批准机关审批。

第三章　资源保护

第二十条　森林公园管理机构负责组织实施森林公园总体规划，依法保护自然资源和开展日常管理工作。

未设立森林公园管理机构的，森林公园开办者设立的管理组织（以下简称“管理组织”）应当在所在地县级以上林业行政主管部门的指导下负责森林公园的日常保护和管理工作。

第二十一条　森林公园管理机构或者管理组织应当对森林公园内的古树名木、文物、历史遗迹、古建筑、重要景观等进行调查、鉴定、编号登记，建立档案，设立保护标志。

第二十二条　森林公园管理机构或者管理组织应当加强对野生动植物的保护，定期开展野生动植物资源调查，建立档案，对野生动物的栖息地、野生植物的原生地设立外围保护地带或者设置保护设施。

第二十三条　森林公园管理机构或者管理组织应当培育具有地方特色的风景林木，保持当地森林景观优势特征，提高森林风景资源的观赏价值。

第二十四条　森林公园管理机构或者管理组织应当组织专业人员对林业有害生物进行调查、监测和预防；发现疑似突发林业有害生物事件等异常情况的，应当采取应急措施，并立即报告当地林业行政主管部门。

第二十五条　森林公园管理机构或者管理组织应当建立护林防火责任制度，配备防火设施、设备，设置防火标志牌，划定禁火区和防火责任区，制定森林防火应急预案，定期开展防火检查，消除火灾隐患。

第二十六条　森林公园内禁止下列破坏森林资源的行为：

（一）猎捕和其他妨碍野生动物生息繁衍的活动；

（二）砍伐、损毁古树名木、珍贵树木和其他国家重点保护植物；

（三）毁林开垦和毁林采石、采砂、采土以及其他毁林、破坏景观的行为；

（四）排放超标的废水、废气和生活污水以及乱倒垃圾和其他污染物；

（五）新建、改建坟墓；

（六）法律、法规禁止的其他行为。

第二十七条 在森林公园林地范围内修筑游客安全防护设施，在游览区内修筑游客步行游览观光道路，需要占用林地的，应当经地级市以上林业行政主管部门批准。

第二十八条 建设单位、施工单位在森林公园内进行工程项目建设以及搭建临时设施的，应当对周围景物、景点、水体、地形地貌、林草植被采取有效保护措施，并在竣工后及时清理现场，恢复原状。

第二十九条 在森林公园设置、张贴广告应当依照广告管理法律、法规的规定，不得破坏自然景观。

第三十条 进入森林公园从事教学、科研、考察、采集标本或者开展影视拍摄等活动，应当经森林公园管理机构同意，法律、法规规定需要办理审批手续的，应当依法办理审批手续。从事上述活动搭建临时设施的，应当符合国家有关消防安全的规定，并在活动结束后十五日内拆除，恢复原状。

从事前款规定活动的，不得破坏森林公园生态环境。

第四章 利用与管理

第三十一条 省林业行政主管部门会同省有关部门制定森林公园建设与管理技术标准和规范，推行标准化管理。

第三十二条 森林公园的经营权或者项目经营权可以依法进行流转，流转后的建设和管理应当符合森林公园总体规划。

以国有森林资源为主体设立的森林公园，其经营权或者项目经营权依法进行流转的，应当按照规定进行评估，并报有关行政主管部门核准。流转应当采取招标投标方式。

以集体所有的森林、林木、林地为主体设立的森林公园，其经营权或项目经营权的流转应当经原森林、林木、林地所有权人或者使用权人的同意，并签订协议，报原批准设立森林公园的林业行政主管部门备案。

第三十三条 各级人民政府及其有关行政主管部门、森林公园管理机构、森林公园经营者不得擅自改变森林公园性质和隶属关系。

第三十四条 在森林公园内从事经营活动的，应当依法办理相关手续，并在指定区域进行。

第三十五条 森林公园应当开设资源科学宣传展示馆（室），建立景观景物说明介绍系统。

森林公园管理机构应当建立健全安全保障制度，加强安全管理，保障游览安全；科学合理地确定游览线路和各景区、景点的游客容量，制定疏导游客的具体方案，设置路标路牌和安全警示等标识标志，定期检查险要旅游路段，及时排除安全隐患。

禁止超过游客容量接纳游客和在没有安全保障的区域开展游览活动；游客数量接近游客容量时，森林公园管理机构应当发布通告限制游客进入森林公园。

第三十六条 进入森林公园的游客应当遵守公共管理秩序，不得有下列行为：

（一）采挖花草、树根；

（二）毁损公共服务设施以及设备；

（三）随地吐痰、便溺，抛弃塑料品、金属品或者其它废弃物；

（四）在禁火区吸烟和使用明火，在非指定区域生火烧烤、焚烧香烛、燃放烟花爆竹；

（五）在树木、岩石、古迹、建筑物以及设施上刻画；

（六）法律、法规禁止的其他行为。

第三十七条 森林公园的资源和设施可以有偿使用。

森林公园的门票和园内交通运输服务价格等由县级以上人民政府价格行政主管部门制定，并按照价格管理有关规定报上一级价格行政主管部门备案。

第三十八条 林业行政主管部门应当对森林公园总体规划实施情况和森林生态环境变化情况进行动态监测，并定期向社会公布。

第三十九条 林业行政主管部门应当建立定期巡查制度，加强对森林公园森林资源保护与利用的监督检查。

第五章　法律责任

第四十条　违反本条例第十七条规定，依法应当经城乡规划建设行政主管部门审批的建设项目，未经批准擅自施工的；或者将林地转为非林业建设用地未办理建设用地审批手续的，由有关行政主管部门责令其停止施工、限期拆除，依法予以处罚。

第四十一条　违反本条例第二十六条规定，在森林公园内从事破坏森林资源活动的，由县级以上林业行政主管部门或者有关行政主管部门责令停止违法行为、限期恢复原状或者采取其他补救措施，没收违法所得，并处一千元以上一万元以下的罚款；构成犯罪的，依法追究刑事责任。

第四十二条　违反本条例第二十八条规定，在施工中未采取保护措施，造成景物、景点、水体、地形地貌、林草植被被破坏或者工程竣工后未及时清理现场、恢复原状的，由县级以上林业行政主管部门责令停止违法行为、限期恢复原状或者采取其他补救措施，并处二万元以上十万元以下的罚款。

第四十三条　违反本条例第二十九条规定，未经批准在森林公园内设置、张贴广告的，由县级以上工商行政主管部门责令拆除，依法予以处罚；造成自然景观破坏的，由县级以上林业行政主管部门责令限期恢复原状，赔偿损失，并处一千元以上一万元以下的罚款。

第四十四条　违反本条例第三十条规定，未经批准进入森林公园从事教学、科研、考察、采集标本等活动的，由县级以上林业行政主管部门处一千元以上一万元以下的罚款；未经批准开展影视拍摄等活动的，依照有关法律、法规予以处罚，未及时拆除临时设施、恢复原状的，由县级以上林业行政主管部门责令限期恢复原状，并处五万元以上十万元以下的罚款。

第四十五条　违反本条例第三十三条规定，各级人民政府及其有关行政主管部门、森林公园管理机构、森林公园经营者擅自改变森林公园性质和隶属关系的，由其上级人民政府或者上级行政主管部门责令改正，对直接负责的主管人员和其他直接责任人员依法给予处分；构成犯罪的，依法追究刑事责任。

第四十六条　违反本条例第三十四条规定，在指定区域以外进行经营活动的，由县级以上林业行政主管部门责令停止经营活动，并处五百元以上五千元以下的罚款。

第四十七条　违反本条例第三十六条规定的，由森林公园管理机构责令停止违法行为、限期恢复原状或者采取其他补救措施，并由县级以上林业行政主管部门处五十元以上五百元以下的罚款；刻画、涂污或者以其他方式损坏国家保护的文物、名胜古迹的，依照法律、法规的有关规定予以处罚；构成犯罪的，依法追究刑事责任。

第四十八条　由于过度开发或者经营管理不善致使森林风景资源质量等级下降达不到相应级别森林公园要求的，由原批准机关给予降级或者撤销森林公园命名，并处五万元以上十万元以下的罚款。

第四十九条　有关行政主管部门和森林公园管理机构的工作人员不履行监督职责、滥用职权、玩忽职守的，依法给予处分；构成犯罪的，依法追究刑事责任。

第五十条　本条例规定的行政处罚，有关行政主管部门可以依法委托森林公园管理机构实施。县级以上林业行政主管部门应当对森林公园管理机构实施处罚的情况进行监督检查。

第六章　附　则

第五十一条　本条例施行前已设立的森林公园存在林权争议的，按照国家和省林权争议调解处理有关规定处理。

第五十二条　本条例自2010年9月1日起施行。

广东省实施《中华人民共和国消防法》办法

（1999年11月27日广东省第九届人民代表大会常务委员会第十三次会议通过　2010年7月23日广东省第十一届人民代表大会常务委员会第二十次会议修订）

第一章　总　则

第一条　为了预防火灾和减少火灾危害，加强应急救援工作，保护人身、财产安全，维护公共安全，根据《中华人民共和国消防法》以及有关法律法规，结合本省实际，制定本办法。

第二条　本办法适用于本省行政区域内的消防安全活动。

第三条　消防工作贯彻预防为主、防消结合的方针，按照政府统一领导、部门依法监管、单位全面负责、公民积极参与的原则，实行消防安全责任制，建立健全社会化的消防工作网络。

第四条　各级人民政府负责本行政区域内的消防工作，应当将消防工作纳入国民经济和社会发展计划，将消防业务经费和消防设施维护费用纳入年度财政预算，保障消防工作与经济社会发展相适应。

各级人民政府的消防安全委员会应当定期研究并协调解决消防工作重大事项，组织开展消防安全专项治理。

第五条　县级以上人民政府公安机关依法对本行政区域内的消防工作实施监督管理，并由本级人民政府公安机关消防机构负责实施。

发展和改革主管部门应当将公共消防设施建设列入年度地方固定资产投资计划，并予以立项；在审查城乡基础设施建设、改造项目时，应当审查有关公共消防设施的投资计划。

安全生产监督主管部门依法对危险化学品的从业单位在生产、经营、储存、运输、使用过程中的消防安全进行监督管理。

市政、通信等主管部门应当加强对消防供水、消防通信等公共消防设施的维护管理，确保设施完好，水量、水压充足，信息畅通。

教育、人力资源和社会保障等主管部门应当组织、指导、监督学校及其他教育机构做好消防知识的教育、教学和培训工作。

县级以上人民政府其他有关部门按照各自职责，依照法律、法规的规定做好消防工作。

第六条　铁路、交通、民航系统的消防工作，由其设立的公安机关消防机构和当地公安机关消防机构按照国家有关规定分工负责。管辖范围不明确的，由省公安机关消防机构决定。

第七条　各级人民政府应当组织开展消防宣传教育活动，提高公民的消防安全意识，鼓励、支持个人参加消防志愿者组织和消防志愿服务活动，定期开展对政府及其有关部门消防安全责任人消防法律、法规等知识的培训。

村民委员会、居民委员会应当组织开展多种形式的消防宣传教育活动，在公共场所设立消防宣传栏和消防安全标识。

广播、电视、报刊、通信、网络等传播媒体应当无偿开展消防安全公益宣传，确保一定的消防公益宣传发布量。

第八条　每年十一月九日为消防日，每年十一月为消防安全宣传月。

第二章　消防安全责任

第九条　各级人民政府应当对本级人民政府有关部门及下一级人民政府履行消防安全职责的情况进行监督检查，实施消防安全责任考评。

第十条　各级人民政府的主要负责人是消防安全第一责任人，对消防安全工作负全面责任；分管消防安全工作的负责人是消防安全责任人，对消防安全工作负直接领导责任。

单位的法定代表人或者主要负责人是单位消防安全责任人。合伙企业中对外代表合伙企业、执行合伙事务的合伙人或者全体合伙人是单位消防安全责任人。

单位应当落实逐级消防安全责任制和岗位消防安全责任制，明确逐级和岗位消防安全职责，确定各级、各岗位的消防安全责任人。

第十一条 各级人民政府应当履行下列消防安全职责：

（一）执行有关消防法律、法规，制定和组织实施消防发展规划，建立、落实、完善本行政区域内的消防安全责任制；

（二）组织消防安全宣传教育；

（三）按照国家规定的标准配备公共消防设施和消防队（站）的装备；

（四）定期组织消防安全检查，及时解决消防工作中的重大问题；

（五）组织扑救火灾；

（六）法律、法规规定的其他消防安全职责。

第十二条 城市街道办事处应当履行下列消防安全职责：

（一）宣传消防法律、法规，普及消防安全知识；

（二）督促本行政区域内的单位制定消防安全制度、消防安全操作规程，落实消防安全责任制；

（三）指导、支持和帮助居民委员会开展群众性消防工作；

（四）组织消防安全检查，消除火灾隐患；

（五）根据当地经济发展和消防工作的需要，建立专职消防队、志愿消防队，承担火灾扑救工作；

（六）发生火灾时，协助有关部门开展灭火救援和火灾事故调查工作；

（七）法律、法规规定的其他消防安全职责。

第十三条 公安机关消防机构依法履行下列消防安全职责：

（一）贯彻、执行消防法律、法规，对单位和个人遵守消防法律、法规的情况依法实施监督检查，实施消防行政许可，查处消防违法行为；

（二）参与编制城乡消防规划；

（三）确定本行政区域内的消防安全重点单位，并由公安机关报本级人民政府备案；

（四）依法开展消防产品监督工作；

（五）开展消防安全宣传，组织消防安全培训，指导消防队伍的建设；

（六）推进消防科学技术的研究，推广消防科学技术研究成果；

（七）依法对消防技术服务机构进行监督管理；

（八）组织灭火救援和依照国家规定参加其他应急救援工作；

（九）法律、法规规定的其他消防安全职责。

第十四条 公安派出所应当在上级公安机关消防机构的指导和监督下履行下列消防安全职责：

（一）依法对本行政区域内的有关单位和场所实施日常消防监督检查；

（二）开展消防安全宣传教育，普及消防安全知识；

（三）督促本行政区域内的物业服务企业、居民委员会、村民委员会以及其他单位和个人履行消防安全职责，落实防火、灭火措施；

（四）按照职责范围对消防违法行为进行查处；

（五）协助公安机关消防机构进行火灾事故调查；

（六）法律、法规规定的其他消防安全职责。

公安派出所的消防监督检查范围由省公安机关确定。

第十五条 村民委员会、居民委员会应当履行下列消防安全责任：

（一）开展群众性消防工作，宣传消防法律、法规，普及消防安全知识；

（二）制定防火安全公约，健全消防安全制度，督促村民、居民遵守；

（三）开展防火安全检查；

（四）建立志愿消防队，配备必要的消防器材，有条件的可以配备专职消防安全管理人员；

（五）发生火灾时，协助有关部门开展灭火救援和火灾事故调查工作；

（六）法律、法规规定的其他消防安全责任。

第十六条 物业服务企业在服务区域内应当履行下列消防安全责任：

（一）保障公共疏散通道、安全出口、消防车通道畅通；

（二）负责管理、维护、保养公共消防设施和器材，确保公共消防设施和器材完好、有效；

（三）制定灭火和应急疏散预案，定期组织有关人员参加消防安全培训和进行消防演练；

（四）根据需要建立志愿消防队，配备必要的消防器材，开展日常的火灾防范和扑救工作；

（五）对妨碍公共疏散通道、安全出口、消防车通道畅通以及破坏公共消防设施、器材的行为，及时制止；制止无效的，及时报告当地公安派出所。

未实行物业管理的居民住宅区，居民委员会应当组织业主或者物业使用人进行消防安全自我管理。

第十七条 建设工程施工现场的消防安全管理由施工单位负责，建设单位协助。

施工单位应当履行下列消防安全责任：

（一）保证施工现场疏散通道、安全出口、消防车通道畅通；

（二）按照国家规定配备相应种类、数量的消防器材并确保完好有效；

（三）铺设临时消防供水管道，设置临时消火栓，保证消防水源；

（四）施工现场的办公场所、员工集体宿舍与作业区应当分开设置，并保持安全距离。

施工单位不得在尚未竣工的建筑物内设置员工集体宿舍。

第十八条 单位消防安全责任人应当履行下列消防安全责任：

（一）组织制定、实施本单位消防工作规划；

（二）确保本单位为消防安全提供必要的经费和组织保障；

（三）确定逐级消防安全责任，组织制定和落实消防安全制度、消防安全操作规程；

（四）组织消防安全宣传教育；

（五）组织防火检查，消除火灾隐患，及时处理涉及消防安全的问题；

（六）保证单位消防安全符合规定，使用合格的消防产品，完善消防设施；

（七）支持配合公安消防队、政府专职消防队进行灭火救援应急演练；

（八）发生火灾时，及时组织人员疏散和扑救；

（九）法律、法规规定的其他消防安全责任。

第十九条 公民应当履行下列消防安全义务：

（一）遵守消防法律、法规，维护消防安全；

（二）预防火灾，维护公共消防设施；

（三）不得损坏、挪用或者擅自拆除、停用消防设施、器材，不得埋压、圈占、遮挡消火栓或者占用防火间距，不得占用、堵塞、封闭疏散通道、安全出口、消防车通道；

（四）发现火灾应当立即报警，无偿为报警提供便利，不得阻拦报警，不得谎报火警；

（五）火灾扑灭后，相关人员应当按照公安机关消防机构的要求保护现场，接受事故调查，如实提供与火灾有关的情况；

（六）任何成年人都有参加有组织的灭火工作的义务；

（七）法律、法规规定的其他消防安全义务。

第三章　火灾预防

第二十条 各级人民政府应当按照消防规划组织改造供水管网、修建消火栓、消防水池和天然水源取水设施，确保消防用水。

城镇公共消防设施、消防装备不足或者不适应实际需要的，公安机关消防机构应当报告当地人民政府。当地人民政府应当及时组织住房和城乡建设、市政供水、通信以及其他主管部门增建、改建、配置、进行技术改造、维修和管理，由当地公安机关消防机构对消防设施、消防装备进行验收和检查。

第二十一条 各级人民政府规划新建、扩建和改建城镇，应当组织规划、消防、市政建设、市政供水等有关部门对城乡消防安全布局、消防队（站）、消防供水、消防通信、消防车通道、消防装备等建设进行规划，与其他市政基础设施统一规划、统一建设，同步发展。

第二十二条 地下单体建筑和建筑高度超过五十米的居住建筑建设工程，建设单位应当将消防设计文件报送公安机关消防机构审核，并在建设工程竣工后向公安机关消防机构申请消防验收。公安机关消防机构应当在法定期限内组织消防设计审核和消防验收。未经依法审核或者审核不合格的，建设单位、施工单位不得施工；未经消防验收或者消防验收不合格的，禁止投入使用。

第二十三条 按照国家工程建设消防技术标准需要进行消防设计的建设工程，依法不需要申请办理施工许可证的，建设单位应当在施工之前将消防设计文件报公安机关消防机构备案，公安机关消防机构应当进行抽查。

第二十四条 公众聚集场所在投入使用、营业前，建设单位或者使用单位应当建立火灾风险防范机制，向场所所在地的县级以上地方人民政府公安机关消防机构申请消防安全检查，经检查不符合要求或者未经检查的，不得投入使用、营业。

已经消防安全检查合格依法投入使用、营业的公众聚集场所，变更名称、主要负责人的，应当依法申请办理消防安全检查事项变更登记手续。

对已经消防安全检查合格依法投入使用、营业的公众聚集场所因消防安全隐患或者消防安全违法行为被责令停产停业或者停止使用的，公安机关消防机构应当撤销原同意其投入使用、营业的消防安全检查决定。

第二十五条 人员密集场所室内装修、装饰，应当按照消防技术标准的要求，使用不燃、难燃材料。

装修、装饰施工过程中，室内装修防火材料应当按照国家消防技术标准的要求进行见证取样和抽样检验。

第二十六条 公安机关消防机构应当组织对消防产品的使用和维修情况进行监督检查或者抽查，并将消防产品监督检查或者抽查的结果及时向社会公布。

公安机关消防机构在建设工程消防竣工验收、备案抽查和消防安全检查时，建设单位应当提供消防产品来源的证明。

第二十七条 建设工程竣工后，建设单位报公安机关消防机构验收或者备案前，消防设施应当依照国家有关规定检测合格。

建筑消防设施的产权单位或者使用单位应当建立和落实消防设施的管理、检查、检测、维修、保养、建档等工作制度，对建筑消防设施、电器设备、电气线路每年至少进行一次全面检测，检测报告存档备查。

第二十八条 消防设施检测、消防安全监测、电气防火技术检测、消防设施维护保养等消防技术服务机构，应当依法获得相应的资质。

消防技术服务机构依照法律、行政法规、国家标准、行业标准和执业准则，接受委托提供消防技术服务，并对服务质量负责。

消防技术服务机构应当接受公安机关消防机构的监督管理。

第二十九条 取得消防技术服务机构的资质应当符合下列条件：

（一）具有企业法人资格；

（二）具有固定的办公场所和相应的检验、检测场地；

（三）具备相应的检验、检测的设施、设备；

（四）具有健全的企业管理规章制度和消防技术服务质量保证体系；

（五）具有相应数量取得消防技术服务执业资格的专业技术人员。

第三十条 在本省申请消防技术服务机构资质的，应当向省公安机关消防机构提出申请，并提交下列资料：

（一）工商营业执照或者工商部门核发的企业名称预先核准通知书、法定代表人的身份证明；

（二）办公场所和检验、检测场地的所有权或者使用权证明；

（三）从事技术服务所需的设施、设备清单和所有权或者使用权证明、检验认证资料、出厂合格证；

（四）计量认证合格证书；

（五）企业管理规章制度和消防技术服务质量保证体系文件；

（六）专业技术人员的身份证明、职称证明和执业资格证书及其名录。

第三十一条 省公安机关消防机构应当自收到消防技术服务机构的申请之日起二十个工作日内作出行政许可决定。

第三十二条 消防技术服务机构的执业人员应当向公安机关消防机构提交有相应资格的证明资料进行备案。

第三十三条 生产、储存、经营易燃易爆危险品以外的其他物品的场所与居住场所设置在同一建筑物内的，应当符合国家标准或者行业标准、地方标准。

第三十四条 按照国家标准需要进行消防设计的建设工程，未经消防设计审核合格的，建设部门不得核发施工许可证，房地产管理部门不得核发商品房预售许可证。

第三十五条 建筑物或者场所出租使用的，产权单位应当保证其提供的场所或者建筑物符合消防安全条件，与使用单位或者承包、承租单位签订消防安全责任书，以书面形式明确各方消防安全责任；未以书面形式明确的，产权单位对公用的疏散通道、安全出口、建筑消防设施和消防车通道进行统一管理，使用单位或者承包、承租单位对使用的建筑物或者场所的消防安全负责。

第三十六条 同一建筑物由两个以上单位管理或者使用的，不得设置影响疏散的分隔设施。

第三十七条 下列人员应当接受消防安全培训：

（一）单位的消防安全责任人、消防安全管理人员；

（二）专职消防队员；

（三）消防工程设计、施工、安装、维修保养、监理人员和消防控制室的管理人员；

（四）从事易燃易爆危险物品生产、储存、运输、销售、装卸工作涉及消防安全的操作人员；

（五）消防产品的检验维修人员；

（六）其他依法需要培训的人员。

消防安全重点单位的消防安全管理人、消防控制室的管理人员、易燃易爆危险品保管人员应当持有相应的上岗证书。

第三十八条 公众聚集场所的经营管理者和生产、储存、运输、销售易燃易爆危险品的企业应当健全火灾风险防范机制，保证履行消防安全责任，保障公众安全，投保火灾公众责任保险。

保险人应当在承保前对投保单位的消防安全状况进行检查，在保险期间内，及时向投保单位提出消除不安全因素和安全隐患的书面建议。

第三十九条 人员密集场所应当按照标准配置消防设施，在明显位置设置疏散示意图或者通过张贴图画、广播、视像等方式，向公众宣传防火、灭火、疏散、逃生等方法。

歌舞娱乐场所及其包房内应当设置声音或者视像警报，在火灾发生初期及时播送火灾警报，引导人员安全疏散。

第四十条 禁止在公众聚集场所室内存放或者使用烟花、爆竹以及其他易燃易爆危险品。

第四十一条 管理储存可燃物资仓库应当执行国家有关消防技术标准和管理规定，采取消防安全措施，消除消防安全隐患。

第四章 消防组织

第四十二条 各级人民政府应当按照国家有关规定设立普通消防站和特勤消防站。

已纳入城乡规划的消防站建设用地，不得擅自改变其用途。

第四十三条 各级人民政府和各单位应当根据有关法律、法规，结合实际需要，组建专职消防队、志愿消防队等多种形式的消防组织。

专职消防队的建设和管理，按照国家和省的有关规定执行。

志愿消防队应当配备一定的消防器材装备，定期进行灭火训练，掌握防火、灭火知识和消防器材使用方法，增强火灾扑救的能力。

第四十四条 专职消防队的组建单位应当按照规定为专职消防队员办理养老、医疗、工伤、失业、生育等社会保险，并为专职消防队员购买必要的商业保险。

第四十五条 对因参加有组织灭火救援受伤、致残或者死亡的人员，事故发生地或者伤亡人员工作生活所在地的人民政府、所在单位，应当按照国家有关规定给予医疗、优抚或者安置。

第五章 灭火救援

第四十六条 县级以上人民政府应当组织有关部门针对本行政区域内

的火灾特点制定应急预案，建立由公安、卫生、供水、供电、供气、通信、医疗救护、环境保护、交通运输、气象等有关单位组成的应急联动机制，定期组织演练。

相关单位抢险救援力量应当接受公安机关消防机构的调度，迅速赶赴灾害现场参与灭火救援。

第四十七条 供水、供电、供气、医疗救护、交通运输、环境保护等有关单位应当设有与公安消防指挥中心连接的专线通信，并确保通信畅通。

第四十八条 火灾扑救工作由公安机关消防机构统一组织和指挥，专职消防队、志愿消防队和其他参加火灾扑救的人员应当服从调动和指挥。

第四十九条 未经公安机关消防机构同意，任何单位和个人不得进入火灾扑救现场警戒范围。

火灾扑灭后，公安机关消防机构应当根据保护现场的实际需要，划定现场封闭范围，并设置警戒标记；发生火灾的单位和相关人员应当按照公安机关消防机构的要求保护现场。必要时，公安机关消防机构可以交由当地公安派出所保护现场。

火灾原因调查完毕，经公安机关消防机构决定后方可解除现场封闭。

第五十条 赶赴执行火灾扑救或者应急救援任务的消防车、消防艇、抢险救援车辆发生交通事故，其正常功能未受到影响且未造成人员伤亡的，现场处置的交通警察应当先予放行，任务执行完毕后再进行交通事故处理。

第五十一条 火灾扑灭后，受损单位和个人应当如实向公安机关消防机构申报火灾直接财产损失，并提供有关原始票据或者其他证明材料；难以提供证明材料的，应当聘请依法设立的价格鉴证机构出具火灾直接财产损失鉴定意见。

公安机关消防机构根据当事人的申报和证据材料统计火灾直接财产损失；涉及刑事案件的，公安机关消防机构应当委托依法设立的价格鉴证机构出具火灾直接财产损失鉴定意见。

第五十二条 公安机关消防机构在火灾事故调查中发现有下列情形的，应当移送有关行政管理部门进行调查处理和事故统计：

（一）有放火嫌疑的，移送公安机关刑事侦查部门；

（二）车辆在道路上发生火灾事故的，移送公安机关交通管理部门；

（三）因爆炸物品爆炸引起火灾事故的，移送公安机关治安管理部门；

（四）生产、经营、储存、运输、使用危险化学品和处置废弃危险化学品过程中发生火灾事故的，移送安全生产监督主管部门；

（五）电力设备、设施因故障引起自身燃烧未蔓延至其他物品的，移送电力主管部门；

（六）发生燃气火灾事故的，移送住房和城乡建设主管部门。

第六章 监督检查

第五十三条 各级人民政府有关部门应当根据本系统的特点，有针对性地开展消防安全检查，督促本系统各单位落实消防安全责任制，整改火灾隐患，保证社会公共消防安全。

第五十四条 公安机关消防机构在消防监督检查中发现城乡消防安全布局、公共消防设施不符合消防安全要求，或者发现本地区存在影响公共安全的重大火灾隐患的，应当由公安机关书面报告本级人民政府。

接到报告的人民政府应当在十五日内核实情况，组织或者责成有关部门、单位采取措施，予以整改。

第五十五条 公安机关消防机构的工作人员在进行火灾事故调查时，可以查阅、复制有关的发票、账册、凭证、文件、业务函电和收集其他证明资料，对有关人员进行询问。

任何单位和个人不得阻碍公安机关消防机构的工作人员进入被检查单位或者火灾事故现场，不得阻碍依法执行公务。

第五十六条 各级人民政府有关部门应当建立消防安全执法联动机制。单位或者场所被公安机关消防机构依法给予责令停产停业处罚的，或者未依法取得批准擅自从事有关活动的，负责行政审批的政府部门或者机构应当依法予以查封、取缔，并给予行政处罚。

第五十七条 公安机关消防机构应当通过网络或者广播、电视、报刊等新闻媒体，定期公布本行政区域内存在严重消防违法行为的单位及其整改情况。

单位或者个人存在严重消防违法行为，经公安机关消防机构责令改正且逾期不改正的，公安机关消防机构在依法处理的同时，可以建议有关机构将有关单位或者个人的违法信息录入企业或者个人信用征信系统。

第五十八条 公安机关消防机构及其工作人员应当按照法定的职权、程序和时限进行消防行政许可和实施消防监督检查。

第五十九条 公安机关消防机构及其工作人员执行职务，应当自觉接受社会监督。

任何单位和个人有权对公安机关消防机构及其工作人员在执法中的违法、违纪行为进行检举、控告。收到检举、控告的机关，应当按照职责及时查处，并将处理结果书面答复检举人、控告人。

第七章 法律责任

第六十条 物业服务企业不履行本办法第十六条规定的责任，有下列行为之一的，由公安机关消防机构责令改正，处五千元以上二万元以下罚款；情节严重的，处二万元以上五万元以下罚款：

（一）占用、堵塞、封闭公共疏散通道、安全出口、消防车通道或者对妨碍公共疏散通道、安全出口、消防车通道畅通的行为未及时制止和报告的；

（二）对公共消防设施、器材未进行管理、维护、保养或者对破坏公共消防设施、器材的行为未及时制止和报告的。

第六十一条 建设工程施工单位违反本办法第十七条规定，未履行消防安全责任，或者在尚未竣工的建筑物内设置员工集体宿舍的，由公安机关消防机构责令改正，处五千元以上二万元以下罚款；情节严重的，处二万元以上五万元以下罚款，并处责令停止施工。

第六十二条 违反本办法第二十五条第一款规定，人员密集场所未使用不燃、难燃材料，导致产生消防安全隐患的，由公安机关消防机构责令限期改正；逾期不改正的，按照下列情形处以罚款；情节严重的，并处责令停产停业：

（一）建筑面积为一千平方米以下的，处五千元以上二万元以下罚款；

（二）建筑面积超过一千平方米的，处二万元以上五万元以下罚款。

第六十三条　单位违反本办法第二十七条第二款规定，未对建筑消防设施或者电器设备、电气线路进行全面检测的，由公安机关消防机构责令改正，按照下列情形处以罚款：

（一）属于人员密集场所单位的，处三万元以上五万元以下罚款；

（二）属于其他单位的，处五千元以上三万元以下罚款。

第六十四条　消防设施检测、消防安全监测、电气防火技术检测、消防设施维护保养等消防技术服务机构违反本办法第二十八条规定，有下列行为之一的，由公安机关消防机构责令改正，处五万元以上十万元以下罚款，并对直接负责的主管人员和其他直接责任人员处一万元以上五万元以下罚款；有违法所得的，并处没收违法所得；给他人造成损失的，依法承担赔偿责任；情节严重的，由原许可机关依法责令停止执业或者吊销相应资质：

（一）未取得相应执业资质从事消防技术服务的；

（二）未按照法律、行政法规、国家标准、行业标准和执业准则进行消防技术服务的。

第六十五条　单位违反本办法第三十七条第二款规定，有关人员未持证上岗的，由公安机关消防机构责令限期改正；逾期不改正的，按照下列情形处以罚款：

（一）属于人员密集场所的，处一万元以上三万元以下罚款；

（二）属于其他场所的，处三千元以上一万元以下罚款。

第六十六条　违反本办法第三十九条规定，歌舞娱乐场所及其包房内未设置声音或者视像警报，或者人员密集场所未在明显位置设置疏散示意图的，由公安机关消防机构责令改正，按照下列情形处以罚款：

（一）建筑面积为一千平方米以下的，处五千元以上二万元以下罚款；

（二）建筑面积超过一千平方米的，处二万元以上五万元以下罚款。

第六十七条　违反本办法第四十一条规定，管理储存可燃物资仓库未执行国家有关消防技术标准和管理规定，导致产生消防安全隐患的，由公安机关消防机构责令限期改正；逾期不改正的，按照下列情形处以罚款：

（一）建筑面积为一千平方米以上一万平方米以下的，处五千元以上二万元以下罚款；

（二）建筑面积超过一万平方米的，处二万元以上五万元以下罚款。

第六十八条 单位未履行法律、法规规定的消防安全责任，产生火灾事故，造成严重损失的，由公安机关消防机构按照下列规定处以罚款，构成犯罪的，依法追究刑事责任：

（一）造成一般火灾事故的，处二千元以上二万元以下罚款；

（二）造成较大火灾事故的，处二万元以上五万元以下罚款；

（三）造成重大火灾事故的，处五万元以上十五万元以下罚款；

（四）造成特别重大火灾事故的，处十万元以上三十万元以下罚款。

第六十九条 县级以上人民政府有关部门违反本办法第四十六条第二款规定，导致灭火救援工作受到影响的，公安机关消防机构应当通报监察机关和有关主管部门，由监察机关和有关主管部门对其主要负责人和其他直接责任人员给予处分。

第七十条 公安机关消防机构、公安派出所和有关行政管理部门及其工作人员有下列行为之一，予以处分；构成犯罪的，依法追究刑事责任：

（一）对不符合消防安全要求的建设工程、场所准予消防设计审核合格、消防验收合格、消防备案抽查合格、消防安全检查合格；

（二）无故拖延消防设计审核、消防验收、消防安全检查，未在法定期限内履行职责；

（三）利用消防行政许可和消防监督检查工作牟取利益；

（四）利用职务关系从事与消防有关的生产经营活动；

（五）利用职权干扰消防行政许可和消防监督检查工作；

（六）发现火灾隐患未责令并监督有关单位、个人进行整改；或者对火灾隐患单位、个人拒不整改的行为未及时处理；

（七）对危害消防安全的投诉、举报未及时处理；

（八）其他滥用职权、玩忽职守、徇私舞弊等行为。

第八章　　附　则

第七十一条　个体工商户有下列情形之一的，其消防安全责任参照本办法中的单位进行监督管理：

（一）经营、使用公众聚集场所的；

（二）经营、使用易燃易爆危险品生产经营场所的；

（三）经营、使用建筑面积一百平方米以上或者建筑层数两层以上的其他生产经营场所的。

第七十二条　本办法自2010年10月1日起施行。1999年11月27日广东省第九届人民代表大会常务委员会第十三次会议通过的《广东省实施〈中华人民共和国消防法〉办法》同时废止。

广东省各级人民代表大会选举实施细则

（1992年7月18日广东省第七届人民代表大会常务委员会第二十七次会议通过　1995年9月19日广东省第八届人民代表大会常务委员会第十七次会议第一次修订　2006年7月28日广东省第十届人民代表大会常务委员会第二十六次会议第二次修订　根据2010年9月29日广东省第十一届人民代表大会常务委员会第二十一次会议《关于修改〈广东省各级人民代表大会选举实施细则〉的决定》修正）

第一章　总　则

第一条　根据《中华人民共和国全国人民代表大会和地方各级人民代表大会选举法》（以下简称选举法）和《中华人民共和国地方各级人民代表大会和地方各级人民政府组织法》（以下简称地方组织法），结合本省实际，制定本实施细则。

第二条　省、设区的市的人民代表大会的代表，由下一级人民代表大会选举。

不设区的市、市辖区、县、自治县、乡、民族乡、镇的人民代表大会的代表，由选民直接选举。

第三条　年满十八周岁的公民，都有选举权和被选举权。但依照法律被剥夺政治权利的除外。

第四条　每一选民在一次选举中只有一个投票权。

第五条　驻在不设区的市、市辖区、县、自治县内的上级国家机关、人民团体和不属于本级人民政府管辖的企业事业单位的选民，参加所在地人民代表大会代表的选举。

驻在市辖区内的县、自治县的机关、团体和企业事业单位的选民，参加县、自治县人民代表大会代表的选举。

不设区的市、市辖区、县、自治县国家机关、政党、人民团体和企业事业单位的选民，参加所在乡、民族乡、镇人民代表大会代表的选举。

第六条 地方各级人民代表大会的选举经费，列入财政预算。

第二章 选举工作机构

第七条 省、设区的市人民代表大会常务委员会主持本级人民代表大会代表的选举，指导本行政区域内不设区的市、市辖区、县、自治县、乡、民族乡、镇人民代表大会代表的选举工作。

省、设区的市设立选举工作委员会或者选举工作办公室，受本级人民代表大会常务委员会领导，负责办理有关选举事宜。

第八条 不设区的市、市辖区、县、自治县、乡、民族乡、镇人民代表大会换届选举时，设立选举委员会，主持本级人民代表大会代表的选举。不设区的市、市辖区、县、自治县的选举委员会受本级人民代表大会常务委员会的领导。乡、民族乡、镇的选举委员会受不设区的市、市辖区、县、自治县的人民代表大会常务委员会的领导。

正在筹备设立的不设区的市、市辖区、县、自治县在本级人民代表大会筹备组的领导下成立选举委员会，主持本级人民代表大会代表的选举。

选举委员会设办公室，办理选举工作的具体事宜。

第九条 选举委员会由辖区内各政党、各人民团体负责人和其他有关方面的人员组成。

不设区的市、市辖区、县、自治县选举委员会设主任一人，副主任二至三人，委员十至十五人，由本级人民代表大会常务委员会任命。

乡、民族乡、镇选举委员会设主任一人，副主任一至二人，委员五至九人，由本级人民代表大会主席团报上一级人民代表大会常务委员会任命。正在筹备设立的乡、民族乡、镇的选举委员会的组成人员由上一级人民代表大会常务委员会任命。

民族自治地方的选举委员会中，应当有实行区域自治的民族的选民担任主任或者副主任，居住在本自治区域内的其他民族应当有适当名额。

第十条 选举委员会组成人员被提名为代表候选人的，本人应当向不设区的市、市辖区、县、自治县人民代表大会常务委员会辞去选举委员会的职务，接受辞职的人民代表大会常务委员会应当及时予以公告。

第十一条 选举委员会履行下列职责：

（一）制订选举工作方案，培训选举工作人员，开展选举的宣传工作，确定选举日期；

（二）划分选区，分配各选区应选的代表名额；

（三）制定选区的选举办法；

（四）印制选民登记表、提名代表候选人登记表、选票和其它表格、证件、名册，制作流动票箱；

（五）进行选民登记，审查选民资格，公布选民名单；受理对于选民名单不同意见的申诉，并作出决定；

（六）了解核实并组织介绍代表候选人的情况；根据较多数选民的意见，确定和公布正式代表候选人名单；

（七）主持投票选举；

（八）确定选举结果是否有效，公布当选代表名单，核发当选代表通知书；

（九）受理对选举中违法行为的检举和控告，协调有关部门处理破坏选举的行为；

（十）负责选举经费的管理和使用；

（十一）审定选举工作情况报告表，向上一级报告选举工作情况；

（十二）法律法规规定的其他职责。

选举委员会应当及时公布选举信息。

第十二条 不设区的市、市辖区、县、自治县人民代表大会和乡、民族乡、镇人民代表大会同时换届选举时，不设区的市、市辖区、县、自治县选举委员会可以委托乡、民族乡、镇选举委员会办理人民代表大会代表的选举工作；乡、民族乡、镇人民代表大会不换届选举的，不设区的市、市辖区、县、自治县选举委员会可以在本行政区域内各乡、民族乡、镇或者街道办事处设立选举工作办公室作为派出机构，承办有关选举事宜。

第十三条 选区设立选举工作领导小组。选举工作领导小组成员由选区各有关方面协商推选，并报各该级选举委员会批准。

选举工作领导小组履行下列职责：

（一）划分选民小组；

（二）组织选民学习选举法、本实施细则和有关选举的文件，做好选举各阶段的宣传发动工作；

（三）办理选民登记；

（四）组织选民提名、协商代表候选人；

（五）设置投票站，监制票箱，培训监票人、计票人和流动票箱工作人员，布置选举场地；

（六）组织选民投票选举；

（七）向选举委员会汇报选举工作情况和选举结果。

第十四条 选举工作结束后，选举委员会和选举工作领导小组自行终止。

有关选举的文件、表册、选票和印章，应当交本级人民代表大会常务委员会工作机构保管；或者由乡、民族乡、镇人民代表大会主席指定的专人保管。

第三章　代表名额的确定和分配

第十五条 各级人民代表大会代表的名额，依照选举法有关规定确定：

（一）省人民代表大会代表的名额，由全国人民代表大会常务委员会确定；

（二）设区的市和不设区的市、市辖区、县、自治县人民代表大会代表的名额，由省人民代表大会常务委员会确定，报全国人民代表大会常务委员会备案；

（三）乡、民族乡、镇人民代表大会代表的名额，由不设区的市、市辖区、县、自治县人民代表大会常务委员会确定，报上一级人民代表大会常务委员会备案。

计算代表名额的人口数，以各级人民政府统计部门公布的户籍人口数为准。

第十六条 各级人民代表大会代表名额，由本级人民代表大会常务委员会或者本级选举委员会根据本行政区域所辖的下一级各行政区域或者各选区的人口数，按照每一代表所代表的城乡人口数相同的原则，以及保证各地区、各民族、各方面都有适当数量代表的要求进行分配。在县、自治县的人民代表大会中，人口特少的乡、民族乡、镇，至少应有代表一人。

第十七条 驻在不设区的市、市辖区、县、自治县内的上级国家机关、人民团体和不属于本级人民政府管辖的企业事业单位的选民参加所在地人民代表大会代表选举时，或者不设区的市、市辖区、县、自治县国家机关、政党、人民团体和企业事业单位的选民参加乡、民族乡、镇人民代表大会代表选举时，其代表名额由本级选举委员会根据本行政区域的实际情况依法进行分配。

第十八条 人民解放军选举出席省、设区的市人民代表大会代表的名额，由省、设区的市人民代表大会常务委员会决定。驻有人民解放军的不设区的市、市辖区、县、自治县，分配给驻军的代表名额可为一至三名。

人民解放军出席县级以上的地方各级人民代表大会的代表，按照《中国人民解放军选举全国人民代表大会和县级以上地方各级人民代表大会代表的办法》的有关规定选举产生。

第四章　选区划分和选民登记

第十九条 选区划分应当方便选民参加选举活动和了解代表候选人，方便代表联系选民和选民对代表的监督。

第二十条 选区按居住状况划分，也可以按生产单位、事业单位、工作单位划分。人口数不足选出一名代表的，可以按行业、系统划分，或者按相邻单位联合划分。

选区的大小，按照每一选区应选一至三名代表划分，超过三名的，选举无效。

本行政区域各选区每一代表所代表的人口数应当大体相等。

第二十一条 选民登记按选区进行。每一选民只能在一个选区办理选民登记。

计算公民年满十八周岁的截止时间，以当地的选举日为准。

第二十二条 选民在户籍所在地办理登记。

实际上已经迁居本地但是户籍没有转入的，在取得户籍所在地选民资格的证明后，可以在现居住地办理选民登记。

第二十三条 公民在选举期间出国探亲、学习、讲学、访问、考察、援外等的，由其近亲属或者所在工作单位代为办理选民登记。

旅居国外的中华人民共和国公民，在县级以下人民代表大会代表选举期间在国内的，可以在原户籍所在地，或者出国前居住地，或者现工作所在地办理选民登记。

下落不明的公民暂不予登记。在选举日前返回的，予以补办登记。

第二十四条 精神病患者不能行使选举权利的，经选举委员会确认，不列入选民名单。对是否患病有争议的，以县以上医院出具的证明为准。

第二十五条 下列人员的选民登记按照国家法律有关规定执行：

（一）被判处有期徒刑、拘役、管制而没有附加剥夺政治权利的；

（二）被羁押，正在受侦查、起诉、审判的；

（三）正在取保候审或者被监视居住的；

（四）正在被劳动教养的；

（五）正在受拘留处罚的。

第二十六条 选民名单应当在选举日的二十日以前公布。

对公布的选民名单有不同意见的，可以在选民名单公布之日起五日内向选举委员会提出申诉。选举委员会对申诉意见，应当在三日内作出处理决定。申诉人如果对处理决定不服，可以在选举日的五日以前向人民法院起诉，人民法院应当在选举日以前作出判决。人民法院的判决为最后决定。

未列入选民名单又不申请列入的，视为放弃选举权。

第五章　代表候选人提名和确定

第二十七条　选民直接选举的人民代表大会代表的候选人，按选区提名产生。

选民十人以上联名，各政党、各人民团体可以联合或者单独推荐代表候选人。推荐者应当向选举委员会介绍代表候选人的情况，填写提名代表候选人登记表，并在选举日的十七日以前提交选举委员会。

接受推荐的代表候选人应当向选举委员会如实提供个人身份、简历等基本情况。提供的基本情况不实的，选举委员会应当向选民通报。

第二十八条　各政党、各人民团体联合或者单独推荐的代表候选人的人数，每一选民参加联名推荐的代表候选人的人数，均不得超过该选区应选代表的名额。

不设区的市、市辖区、县、自治县、乡、民族乡、镇的政党、人民团体向选举委员会提名推荐本级人民代表大会的代表候选人，合计不得超过本级人民代表大会代表名额总数的百分之十五。所提名推荐的代表候选人可以推荐到本行政区域内的选区参加选举。

第二十九条　选民、各政党、各人民团体依法提名推荐的代表候选人，选举委员会应当将其列入代表候选人名单，不得调换或者增减。选举委员会应当将汇总后的名单及其基本情况交各选区在选举日的十五日以前公布，并交各该选区的选民小组讨论、协商，确定正式代表候选人名单。

正式代表候选人的人数应当多于应选代表名额三分之一至一倍。选举委员会不得事先限定以最低差额比例确定正式代表候选人的人数。

所提代表候选人的人数超过前款规定的最高差额比例的，由选举委员会交各该选区的选民小组讨论、协商，根据较多数选民的意见，确定正式代表候选人名单；对正式代表候选人不能形成较为一致意见的，采用无记名投票的方式进行预选，根据预选时得票多少的顺序，确定正式代表候选人名单。

第三十条 选举委员会应当在选举日的七日以前公布正式代表候选人名单及其基本情况，同时公布投票选举的具体时间和地点。

正式代表候选人名单按姓名笔划顺序排列。经过预选的，按得票多少的顺序排列。

第三十一条 正式代表候选人名单公布之后，选举委员会应当向选民介绍代表候选人的情况。推荐代表候选人的政党、人民团体和选民可以在选民小组会议上介绍所推荐的代表候选人的情况。但在选举日必须停止对代表候选人的介绍。

选民可以在选举日的三日以前提出与代表候选人见面的要求。选举委员会应当根据选民的要求，组织代表候选人与选民见面，由代表候选人介绍本人的情况，回答选民的问题。

向选民介绍代表候选人，以及代表候选人作自我介绍，应当实事求是，不得违反法律法规。

第六章 选民投票选举

第三十二条 不设区的市、市辖区、县、自治县、乡、民族乡、镇换届选举本级人民代表大会代表时，应当规定统一的选举日。选民投票选举应当在选举日进行。因特殊情况当日不能完成投票选举的选区，经选举委员会批准，投票选举的时间可以顺延三日。

第三十三条 选民根据选举委员会的规定，凭身份证或者选民证领取选票。

第三十四条 选举委员会应当根据各选区选民分布状况，按照方便选民投票的原则设立投票站进行选举。选民居住比较集中的，可以召开选举大会，进行选举；因患有疾病等原因行动不便或者居住分散并且交通不便的选民，可以在流动票箱投票。

每个投票站、流动票箱的工作人员不得少于三人。投票地点应当设立秘密写票处。流动票箱应当符合安全保密、方便使用的要求。他人不得围观选民填写选票，工作人员不得诱导选民填写选票。

选民在选举期间外出，经选举委员会同意，可以书面委托其他选民代为投票。每一选民接受的委托不得超过三人，并应当按照委托人的意愿代为投票。

第三十五条 投票选举在选举委员会的指导下，由选区选举工作领导小组组织。

监票人、计票人由选区选举工作领导小组组织召开选民小组长会议协商推选，报选举委员会决定。其他选举工作人员由选举委员会决定。正式代表候选人及其近亲属不得担任监票人、唱票人、计票人和流动票箱工作人员。

投票截止后，不得再组织和接受缺席的选民投票，并应当集中票箱，公开计票。计票完毕，经监票人、计票人和选举委员会核实无误，作出记录，并由监票人签字后将选票封存，待本届人民代表大会任期届满后始得销毁。

第三十六条 代表候选人在一个选区未获当选的，在本次选举中，不得再推荐到另一个选区参加选举。

第七章 人民代表大会会议的选举

第三十七条 各级人民代表大会会议进行选举时，必须有三分之二以上的代表出席始得举行。没有出席选举大会的代表不得委托投票。

第三十八条 各级人民代表大会进行选举时，应当制定选举办法。选举办法应当在主席团向大会提名推荐候选人之前提交大会通过。

乡、民族乡、镇人民代表大会主席团提出的选举办法草案在提交大会审议前，应当报告上一级人民代表大会常务委员会。

选举办法不得与选举法、地方组织法和本实施细则的有关规定相抵触。

第三十九条 选举地方各级国家机关领导成员时，各项职务候选人的提名和确定，按照地方组织法的有关规定进行。

第四十条 选举上一级人民代表大会代表时，各政党、各人民团体联合或者单独推荐的代表候选人数，代表十人以上联名推荐的代表候选人数，均不得超过大会选举办法规定的应选名额。代表候选人数符合选举法有关规定差额比例的，直接进行投票选举。候选人数超过选举法规定的最高差额比例的，进行预选，根据预选时得票多少的顺序，按照大会选举办法依法确定的具体差额比例，确定正式代表候选人名单。

代表联合提名候选人应当填写提名候选人登记表。一人同时被提名为多项职务候选人的，应当列入候选人名单，分别进行选举。

第四十一条 县级以上各级人民代表大会换届选举本级国家机关领导成员或者换届选举上一级人民代表大会代表时，主席团将候选人名单提交代表酝酿至提名候选人截止的时间，不得少于四十八小时；乡、民族乡、镇人民代表大会换届选举本级国家机关领导成员时，主席团将候选人名单提交代表酝酿至提名候选人截止的时间，不得少于二十四小时。

第四十二条 候选人不愿意接受提名的，应当书面向主席团提出，主席团应当向其成员和提名的代表说明。如果提名者同意撤回提名，所提的候选人可以不列入候选人名单；如果提名者不同意撤回提名，应当将所提候选人列入候选人名单，并说明候选人不愿意接受提名的理由，供代表在酝酿、讨论正式候选人和投票选举时参考。

第四十三条 各项职务的正式候选人名单按姓名笔划顺序排列。经过预选的，按得票多少的顺序排列。

第四十四条 各项职务的正式候选人名单确定后，主席团应当向代表介绍正式候选人的情况，可以组织候选人与代表见面，也可以由候选人作简要的自我介绍。

第四十五条 代表联合提名的候选人或者不是正式候选人的人员当选，与主席团提名的候选人当选同样有效。

第四十六条 地方国家机关领导成员出缺进行补选时，候选人的人数可以多于应选人数，也可以同应选人数相等。另行选举不足额的地方国家机关领导人员时，应当依照地方组织法和本实施细则的有关规定，实行差额选举。

第八章　代表资格审查

第四十七条　各级人民代表大会代表的选举结束后，由本级人民代表大会常务委员会代表资格审查委员会或者乡、民族乡、镇人民代表大会代表资格审查委员会进行代表资格审查，并将审查结果向本级人民代表大会常务委员会或者乡、民族乡、镇人民代表大会报告。

正在筹备设立的不设区的市、市辖区、县、自治县、乡、民族乡、镇人民代表大会代表的选举结束后，由正在筹备设立的不设区的市、市辖区、县、自治县、乡、民族乡、镇的选举委员会进行代表资格审查，并将审查结果向本级人民代表大会筹备组报告。正在筹备设立的乡、民族乡、镇的选举委员会应当同时将审查结果报上一级人民代表大会常务委员会备案。

第四十八条　代表资格审查的主要内容：

（一）代表候选人的提出、确定是否符合法定程序；

（二）代表候选人名额是否符合法定的差额比例；

（三）选民或者代表联名推荐的代表候选人是否都列入了代表候选人名单；

（四）参加投票的人数是否符合法定人数；

（五）当选人是否具有选民资格，获得法定票数；

（六）投票选举是否符合选举法的其他有关规定。

第四十九条　各级人民代表大会代表的代表证，由本级人民代表大会常务委员会或者乡、民族乡、镇人民代表大会主席团颁发。当选通知书应当送代表所在单位或者村（居）民委员会。

第五十条　公民不得同时担任两个以上无隶属关系的行政区域的人民代表大会代表。

第九章　对代表的监督和罢免、辞职、补选

第五十一条　各级人民代表大会的代表受原选区选民或者原选举单位

的监督。选民或者选举单位有权依法罢免自己选出的代表。

被提出罢免的代表有权在讨论罢免的会议上申辩，也可以书面提出申辩意见。

第五十二条 不设区的市、市辖区、县、自治县人民代表大会代表，原选区选民五十人以上联名，乡、民族乡、镇的人民代表大会代表，原选区选民三十人以上联名，可以向不设区的市、市辖区、县、自治县人民代表大会常务委员会书面提出罢免要求。

书面罢免的要求应当写明罢免的对象和理由。对新当选的代表，原选区选民自代表当选之日起六个月内不得以其执行代表职务不称职为由提出罢免要求。

第五十三条 受理机关收到罢免要求后，应当在二十日内进行调查核实。提出罢免要求的选民符合法定人数的，受理机关应当在三十日内启动罢免程序，并将罢免要求和理由、调查材料和被提出罢免的代表的书面申辩意见印发原选区全体选民。

选区表决罢免要求，由不设区的市、市辖区、县、自治县人民代表大会常务委员会派有关负责人员主持。

罢免要求未获通过的，原选区选民在一年之内不得以同样或者类似的理由再次提出罢免要求。

第五十四条 县级以上地方各级人民代表大会举行会议时，主席团或者十分之一以上代表联名，可以提出对由该级人民代表大会选出的上一级人民代表大会代表的罢免案。在人民代表大会闭会期间，县级以上地方各级人民代表大会常务委员会主任会议或者常务委员会五分之一以上组成人员联名，可以向常务委员会提出对由该级人民代表大会选出的上一级人民代表大会代表的罢免案。罢免案应当写明罢免的对象和理由。

代表或者常务委员会组成人员依法联名提出的罢免案所列事实清楚的，代表大会主席团或者常务委员会主任会议可以分别提交本次大会会议或者常务委员会会议审议决定；所列事实不清楚的，本次会议可以暂不进行审议，会后应当对涉及该罢免案的问题进行调查核实，并根据调查结果提交下次会议审议决定。

第五十五条 罢免由选民直接选出的代表，必须经原选区现有选民的过半数通过。现有选民名单应当重新核实。

罢免由县级以上人民代表大会选出的代表，必须经该级人民代表大会过半数的代表通过；在人民代表大会闭会期间，必须经常务委员会组成人员的过半数通过。

罢免代表采用无记名的表决方式。

罢免的决议必须报送上一级人民代表大会常务委员会备案、公告。

第五十六条 代表职务被罢免后，其所担任的按照法律规定必须在本级人民代表大会代表中提名选举或者任命的职务相应撤销，由人民代表大会主席团或者常务委员会予以公告。

第五十七条 省、设区的市人民代表大会代表，可以向选举他的人民代表大会的常务委员会书面提出辞职。常务委员会接受辞职，须经常务委员会组成人员的过半数通过。接受辞职的决议，须报上一级人民代表大会常务委员会备案、公告。

不设区的市、市辖区、县、自治县人民代表大会代表，可以向本级人民代表大会常务委员会书面提出辞职；乡、民族乡、镇人民代表大会代表可以向本级人民代表大会书面提出辞职。不设区的市、市辖区、县、自治县人民代表大会常务委员会接受辞职，须经常务委员会组成人员的过半数通过。乡、民族乡、镇人民代表大会接受辞职，须经人民代表大会过半数的代表通过。接受辞职的，应当予以公告。

辞去代表职务的请求被接受后，其所担任的按照法律规定必须在本级人民代表大会代表中提名选举或者任命的职务自行终止，由常务委员会或者主席团予以公告。

第五十八条 补选和另行选举由选民直接选出的代表，由各该不设区的市、市辖区、县、自治县人民代表大会常务委员会或者乡、民族乡、镇人民代表大会主席主持。

补选和另行选举时，应当重新核实选区现有选民名单。在选举日的五日以前公布选民人数和代表候选人名单及其基本情况，在选举日的三日以前公布正式代表候选人名单及其基本情况。

省、设区的市未选足的代表名额，必须由下一级人民代表大会依法选举。

补选或者另行选举各级人民代表大会代表，采用无记名投票方式。

补选代表的任期到本届人民代表大会任期届满时止。

第十章　对破坏选举的制裁

第五十九条　主持选举的机构发现有破坏选举的行为或者收到对破坏选举行为的举报，应当及时依法调查处理；需要追究法律责任的，及时移送有关机关予以处理。

第六十条　为保障选民和代表自由行使选举权和被选举权，对有下列行为之一，破坏选举，违反治安管理规定的，依法给予治安管理处罚；构成犯罪的，依法追究刑事责任：

（一）以金钱或者其他财物贿赂选民或者代表，妨害选民和代表自由行使选举权和被选举权的；

（二）以暴力、威胁、欺骗或者其他非法手段妨害选民和代表自由行使选举权和被选举权的；

（三）伪造选举文件、虚报选举票数或者有其他违法行为的；

（四）对于控告、检举选举中违法行为的人，或者对于提出要求罢免代表的人进行压制、报复的。

国家工作人员有前款所列行为的，还应当依法给予行政处分。

以本条第一款所列违法行为当选的，其当选无效。

第十一章　附　则

第六十一条　本实施细则自2006年8月1日起施行。

广东省人民代表大会常务委员会关于加强人民检察院对诉讼活动的法律监督工作的决定

（2010年9月29日广东省第十一届人民代表大会常务委员会第二十一次会议通过）

为了加强我省各级人民检察院对诉讼活动的法律监督工作，维护司法公正和权威，保障公民、法人、其他组织的合法权益，根据宪法和法律，结合本省实际，作出如下决定：

一、各级人民检察院依法对侦查机关的立案、侦查和看守所监管，人民法院的审判和执行，刑罚执行机关的刑罚执行和监管，以及行政执法机关移送涉嫌犯罪案件等诉讼活动实施法律监督。

二、各级人民检察院应当加强对公安机关刑事立案和侦查活动的法律监督，重点监督下列行为：

（一）不应当立案而立案或者应当立案而不立案的；

（二）立案后不进行侦查或者无正当理由久侦不结的；

（三）立案后不符合撤案条件而撤案的；

（四）存在刑讯逼供、暴力取证等违法行为的；

（五）违法采取拘留、逮捕等强制措施和搜查、扣押、冻结等侦查措施的；

（六）逮捕后违法变更强制措施的；

（七）限制或者剥夺当事人、律师、诉讼代理人诉讼权利的。

三、各级人民检察院应当加强对人民法院刑事审判、民事审判、行政审判以及执行活动的法律监督，重点监督下列行为：

（一）立案、管辖、回避、保全、先予执行、调查取证、庭审、强制措施、送达等审判活动违反法律规定的；

（二）判决和裁定在认定事实、采信证据、适用法律、定罪量刑方面可能有错误的；

（三）调解活动违反当事人自愿原则或者损害国家利益、公共利益或者第三人利益的；

（四）执行行为侵害当事人或者案外人合法权益的；

（五）限制或者剥夺当事人、辩护人、诉讼代理人诉讼权利的。

四、各级人民检察院应当加强对刑罚执行机关刑罚执行和监管活动的法律监督，重点监督下列行为：

（一）收押、释放被监管人员不符合法律规定的；

（二）殴打、体罚、虐待被监管人员的；

（三）被监管人员非正常死亡的；

（四）羁押被监管人员超过法定期限的；

（五）提请减刑、假释和暂予监外执行的；

（六）被监管人员在监外执行、社区矫正中脱管或者漏管的。

五、各级人民检察院应当加强对行政执法机关移送涉嫌犯罪案件活动的法律监督，重点监督下列行为：

（一）对涉嫌犯罪的案件，应当移送侦查而不移送的；

（二）以行政处罚代替刑事追究的；

（三）拒绝移交涉案款物或者故意隐匿、销毁证据以及故意隐匿、私分、销毁涉案物品的。

六、各级人民检察院应当采取下列措施，加强对直接受理的刑事案件侦查工作的法律监督：

（一）建立重要职务犯罪案件线索报送上一级人民检察院备案制度；

（二）讯问职务犯罪嫌疑人实行同步录音录像；

（三）完善办理职务犯罪侦查案件立案报送上一级人民检察院备案和逮捕、撤案、不起诉报送上一级人民检察院批准制度；

（四）完善对违法侦查行为的救济程序。

七、各级人民检察院可以采取调查违法行为、提出检察建议、发出纠正违法通知、建议更换办案人、提出抗诉、查办案件等方式依法加强对诉讼活动各个环节的法律监督。

八、各级人民检察院应当依法查处国家机关工作人员在立案、侦查、审查逮捕、审查起诉、审判、执行等诉讼活动中的贪污贿赂、玩忽职守、徇私舞弊、枉法裁判等职务犯罪行为。

九、各级人民检察院应当建立健全下列监督机制，加强对诉讼活动的法律监督：

（一）重大、复杂、疑难刑事案件侦查活动的提前介入机制；

（二）对刑事二审案件不开庭审理后改判和法院自行提起再审等审判活动的监督机制；

（三）预防和纠正超期羁押的监督机制；

（四）对减刑、假释的提请、裁定活动和暂予监外执行的呈报、审批活动的监督机制；

（五）被监管人员投诉和申诉案件的受理、审查和监督机制；

（六）被监管人员非正常死亡的监督机制；

（七）民事、行政申诉案件的受理、审查和监督机制；

（八）民事调解和民事执行工作的监督机制；

（九）人民群众、当事人、律师对诉讼活动提出举报、控告、申诉的受理和审查机制。

十、各级人民检察院应当加强与公安机关、人民法院、刑罚执行机关的工作协调和配合，建立和完善执法情况通报、信息共享、联席会议等工作机制。

十一、各级公安机关、人民法院、刑罚执行机关应当依照法定权限和程序行使职权，配合人民检察院对诉讼活动的法律监督。建立对人民检察院监督意见的反馈机制，对人民检察院以通知立案书、纠正违法通知书、检察建议书等形式提出的监督事项，应当依法办理并书面反馈。

十二、各级公安机关应当采取下列措施，配合人民检察院开展对诉讼活动的法律监督工作：

（一）定期向同级人民检察院通报刑事案件立案、撤案、拘留等执法活动情况；

（二）对人民检察院通知立案的案件，应当依法及时立案侦查，立案后撤案或者在两个月内未采取侦查措施的，应当向人民检察院书面说明理由；

（三）配合人民检察院对违法侦查活动的调查；

（四）释放被逮捕人或者变更逮捕措施、另案处理、退回补充侦查后自行处理的，应当及时通知人民检察院。

十三、各级人民法院应当采取下列措施，配合人民检察院开展对诉讼活动的法律监督工作：

（一）对人民检察院依法提出抗诉的案件，应当及时开庭审理，审理后维持原判的，应当在裁判文书中说明不采纳抗诉意见的理由；

（二）对人民检察院提出的再审检察建议，应当予以审查，符合再审条件的应当依法再审，认为不符合再审条件的应当书面说明理由；

（三）对公诉案件中以不开庭方式审理的上诉案件和自行提起再审的案件，改变原审判决结果的，应当在作出裁判后及时将裁判文书送达同级人民检察院；

（四）对人民检察院提出的审判、执行活动中违反法律规定或者侵害当事人、辩护人和诉讼代理人诉讼权利的检察建议，应当审查并依法作出处理；

（五）会同人民检察院完善检察长列席同级人民法院审判委员会会议的制度；

（六）会同人民检察院完善将量刑建议和量刑辩论纳入庭审的规范；

（七）配合人民检察院调阅或者复制审判卷宗材料，并提供便利条件。

十四、各级刑罚执行机关应当定期向人民检察院通报刑罚执行和监管活动情况。提请减刑、假释、暂予监外执行的，应当同时将有关材料抄送人民检察院；对人民检察院提出的书面纠正意见，应当及时予以书面反馈。

十五、各级人民检察院应当采取下列措施加强诉讼监督能力建设：

（一）加强检察队伍的专业化建设；

（二）完善考评激励机制；

（三）完善对诉讼活动的法律监督职权在人民检察院各内设机构之间的优化配置；

（四）推进信息化建设；

（五）加强检务督察，强化对下级人民检察院执法活动的监督。

十六、各级人民检察院应当加强外部监督制约机制建设，自觉接受人大监督和社会监督，依法接受公安机关、人民法院、刑罚执行机关的制约。

各级人民检察院应当定期向同级人民代表大会常务委员会报告对诉讼活动的法律监督工作情况；完善办案公开、检察文书说理、当事人权利义务告知等检务公开制度，保障人民群众对检察工作的知情权、参与权、监督权。

十七、各级人民代表大会常务委员会依法对人民检察院开展诉讼活动的法律监督工作实施监督，促进人民检察院依法、规范监督。对人民群众反映的诉讼活动中的问题，属于人民检察院法律监督职权范围的，交由同级人民检察院处理，人民检察院应当依法处理并反馈。

十八、各级人民政府应当支持人民检察院依法开展对诉讼活动的法律监督工作，改善执法条件，为人民检察院开展对诉讼活动的法律监督工作提供保障。

行政执法机关应当与公安机关、人民检察院建立沟通联系、信息共享、案件移送等工作机制，促进行政执法与刑事司法的有效衔接。对涉嫌犯罪的案件，在移送公安机关的同时应当将案件情况通报人民检察院；对人民检察院查询未移送的可能涉嫌犯罪的案件情况或者要求提供有关案件材料的，应当予以配合；对人民检察院针对执法活动中提出的检察建议，应当办理并书面反馈。

十九、报刊出版、广播电视、网络传播等媒体应当加强人民检察院对诉讼活动的法律监督工作的宣传，提高对诉讼活动的法律监督工作的社会认知度。

二十、人民检察院不依法履行对诉讼活动的法律监督职责，公安机关、人民法院、刑罚执行机关不依法接受人民检察院依法实施的法律监督，行政执法机关不依法移送涉嫌犯罪的案件，应当依法追究主管人员和直接责任人员的责任。

二十一、本决定自公布之日起施行。

广东省人民代表大会常务委员会关于促进和保障佛山市顺德区综合改革试验工作的决定

（2010年9月29日广东省第十一届人民代表大会常务委员会第二十一次会议通过）

为了贯彻《珠江三角洲地区改革发展规划纲要（2008-2020年）》，促进和保障佛山市顺德区继续开展以落实科学发展观为核心的综合改革试验工作，作出如下决定：

一、顺德区开展以大部制改革、简政强镇事权改革和省直管县试点改革为重点的综合改革试验工作，是在新形势下破解制约科学发展的体制机制障碍、率先建立与社会主义市场经济体制相适应的科学发展模式的重大探索。依法支持和保障顺德区科学发展、先行先试，充分发挥其综合改革试验区的示范作用，对本省进一步深化改革、加快经济发展方式转变、推动科学发展具有积极意义。

二、顺德区作为省直管县体制的试点，区人民政府及其工作部门按照省人民政府赋予的地级市管理权限，可以行使省人民代表大会及其常务委员会制定的地方性法规规定由地级市人民政府及其工作部门行使的行政管理权。

三、顺德区实行县镇事权改革的街道办事处，可以由省人民政府决定行使乡镇人民政府的行政管理权。

四、省人民政府在坚持国家法制统一原则的前提下，加强对顺德区综合改革试验工作的支持指导，加快落实顺德区综合改革试验工作的各项政策措施，确保改革顺利推进。顺德区应当以综合改革试验工作为契机，进一步改革创新，为全省深化县镇体制改革、推进科学发展、建设服务型政府探索经验和提供示范。

五、本决定自公布之日起施行。

广东省专利条例

（2010年9月29日广东省第十一届人民代表大会常务委员会第二十一次会议通过）

第一章 总 则

第一条 为了加强专利保护和管理，鼓励发明创造，推动发明创造的应用，提高自主创新能力，促进经济社会发展，根据《中华人民共和国专利法》、《中华人民共和国专利法实施细则》和有关法律、行政法规，结合本省实际，制定本条例。

第二条 本条例适用于本省行政区域内的专利工作及相关活动。

第三条 专利工作应当遵循激励创造、有效应用、依法保护、科学管理的原则。

第四条 县级以上人民政府应当实施知识产权战略，加强对专利工作的领导，将专利工作纳入国民经济和社会发展规划，采取有效措施促进发明创造以及专利的应用、保护和管理。

第五条 县级以上人民政府专利行政部门负责本行政区域内的专利保护和管理工作。

县级以上人民政府有关部门按照各自职责做好相关专利工作。

第六条 县级以上人民政府应当安排专项经费，用于促进本行政区域内的发明创造以及专利的应用、保护和管理。

第二章　激　励

第七条　鼓励企业事业单位研究、开发对产业发展有重大推动作用的专利技术和设备，促进原始创新、集成创新和引进消化吸收再创新。

鼓励企业事业单位建立内部专利人才绩效评价和激励机制。

第八条　企业事业单位申请专利、办理其他专利事务和引进先进专利技术或者设备等费用，依法计入企业成本或者列为事业费。

企业和实行企业化管理的事业单位研究和开发新技术、新产品、新工艺的费用，依法享受税收优惠。

第九条　单位和个人从事专利技术转让、技术开发业务和与之相关的技术咨询、技术服务业务取得的收入，依法享受税收优惠。

第十条　县级以上人民政府及其有关部门应当将专利拥有量特别是发明专利的拥有量作为衡量自主创新能力和科技、产业项目立项与验收的重要指标，采取措施促进专利的有效应用，提高专利产业化水平。

第十一条　承担由财政资助的科研项目所完成的发明创造，除涉及国家安全、国家利益和重大社会公共利益或者另有约定的外，专利申请权和专利权属于科研项目的承担单位。

第十二条　政府采购应当优先采购具有本国自主专利技术的产品。

第十三条　鼓励和支持有条件的企业事业单位、行业协会参与国家标准、行业标准和地方标准等技术标准的制定工作，推动自主研发的专利技术形成相关技术标准。

第十四条　鼓励企业事业单位和个人进行发明创造并申请专利。

第十五条　省人民政府对本省获得中国专利奖的企业事业单位或者个人给予奖励。

省人民政府设立广东专利奖，对为本省经济社会发展做出突出贡献、产生显著效益的专利项目实施单位和有重大贡献的专利发明人或者设计人予以奖励。

第三章　应　用

第十六条　各级人民政府及其有关部门应当加强专利应用工作，支持符合国家和省的产业政策、技术水平高、市场前景好的专利技术项目的实施，对拥有自主专利技术的项目在同等条件下优先立项，促进专利技术的产业化。

第十七条　鼓励和支持高等学校、科研机构和企业事业单位开展多渠道、多形式的合作，共同研究、开发和应用专利技术。

第十八条　鼓励商业银行开展专利权质押贷款等业务，增加对专利技术产业化项目的信贷投入。

鼓励担保机构优先为专利技术产业化项目提供融资担保。

第十九条　县级以上人民政府有关部门应当发展和规范专利交易市场，支持专利技术交易机构、网络专利交易平台的建立和发展，提高专利技术交易服务水平，推进专利技术商品化。

第二十条　拥有专利资产的单位有合并、分立、上市、改制、清算、投资、转让、置换、拍卖、偿还债务等情形的，应当按照国家规定进行专利资产评估。

第二十一条　单位和个人可以依法通过专利申请权转让、专利权转让、专利实施许可或者专利权质押等方式促进专利应用。

第二十二条　国有企业事业单位的发明专利和主要由财政资助的科研项目所完成的发明专利，省人民政府认为对国家利益或者公共利益具有重大意义的，依法决定在批准范围内推广应用。实施单位应当按照国家规定向专利权人支付使用费。

第四章　保　护

第二十三条　发明或者实用新型专利权被授予后，除法律法规另有规定的以外，任何单位和个人未经专利权人许可，不得为生产经营目的以相同或者具有等同技术特征的技术方案实施其专利。

前款所称等同技术特征，是指与所记载的技术特征以基本相同的手段，实现基本相同的功能，达到基本相同的效果，并且本领域的普通技术人员无需经过创造性劳动就能够联想到的特征。

第二十四条 外观设计专利权被授予后，除法律法规另有规定的以外，任何单位和个人未经专利权人许可，不得为生产经营目的以相同或者近似的外观设计实施其专利。

前款所称近似，是指侵权设计与授权外观设计在整体视觉效果上无实质性差异。

第二十五条 任何单位和个人不得为第二十三条、第二十四条所列侵权行为提供制造、许诺销售、销售、进口、运输、仓储等便利条件。

第二十六条 未经专利权人许可，实施其专利，即侵犯其专利权，引起纠纷的，由当事人协商解决；不愿协商或者协商不成的，专利权人或者利害关系人可以向人民法院起诉，也可以请求专利行政部门处理。

第二十七条 请求专利行政部门处理专利侵权纠纷的，应当符合下列条件：

（一）提交专利侵权纠纷处理请求书、证据，以及身份证明、营业执照等资料；

（二）请求人是专利权人或者利害关系人；

（三）有明确的被请求人；

（四）有明确的请求事项和事实、理由；

（五）当事人之间无仲裁约定且未向人民法院起诉；

（六）属于该专利行政部门管辖范围和受理事项范围。

第二十八条 专利行政部门自收到专利侵权纠纷处理请求书等有关资料之日起七日内作出是否受理的决定，并书面通知请求人；不予受理的，应当说明理由。

第二十九条 专利行政部门办理专利侵权纠纷案件，应当指定三名以上单数承办人员处理该专利侵权纠纷案件。

第三十条 专利行政部门处理专利侵权纠纷案件，可以采取下列措施：

（一）对当事人的生产经营场所实施现场勘验检查；

（二）询问当事人或者有关人员，调查与案件有关的情况；

（三）查阅、复制与案件有关的合同、发票、账簿、计算机数据以及其他有关资料；

（四）检查与案件有关的物品，抽样取证；

（五）在证据材料可能灭失或者可能转移的情况下，经本部门负责人批准，可以先行登记保存。

专利行政部门依法执行公务，有关单位和个人应当协助、配合，如实反映情况，不得拒绝、阻挠。

第三十一条 专利行政部门处理专利侵权纠纷案件，进行现场勘验检查时，应当向被请求人或者有关人员出示执法证件和送达勘验检查通知书；被请求人或者有关人员应当如实回答询问，并协助调查或者检查。询问或者检查应当制作笔录。

第三十二条 专利行政部门处理专利侵权纠纷案件时，认为当事人有可能转移与案件有关的物品而造成他人损失的，根据请求人的申请和担保，可以对与案件有关的物品采取封存、暂扣措施。专利行政部门采取封存、暂扣措施应当经部门负责人批准，并制作封存、暂扣决定书和清单，当场交付当事人。

被请求人对被封存、暂扣物品提供担保的，经专利行政部门审查同意，解除封存或者归还暂扣物品。

第三十三条 专利行政部门对暂扣或者登记保存的物品应当妥善保管，不得损坏。

当事人对已被封存的物品，不得擅自拆封、转移、毁损、变卖。

第三十四条 专利行政部门审理专利侵权纠纷案件时，当事人有权进行陈述和申辩。专利行政部门应当充分听取当事人的意见，对当事人提出的事实、理由和证据，应当进行复核。

第三十五条 专利行政部门可以采用下列方式处理专利侵权纠纷案件：

（一）经调解达成协议的，制作调解书；

（二）构成侵犯专利权的，作出责令停止侵权行为的决定；

（三）不构成侵犯专利权的，作出驳回请求的决定；

（四）专利权被宣告无效的，或者请求人撤回请求，经专利行政部门审查同意的，作出撤销案件的决定。

第三十六条 专利行政部门处理专利侵权纠纷案件，调解不成的，应当在受理案件之日起六个月内作出处理决定；情况复杂需要延长期限的，经本部门负责人批准，可以延长三个月。

第三十七条 专利行政部门处理专利侵权纠纷时，认定侵权行为成立的，责令侵权人立即停止制造、使用、销售、许诺销售、进口等侵权行为，责令销毁侵权产品或者使用侵权方法直接获得的产品，销毁制造侵权产品或者使用侵权方法的专用零部件、工具、模具、设备等物品。

当事人不服的，可以自收到处理决定之日起十五日内依法向人民法院起诉；侵权人期满不起诉又不停止侵权行为的，专利行政部门可以申请人民法院强制执行。

第三十八条 展会期间发生专利侵权纠纷的，可以采取调解、协议裁决或者行政处理等处理方式。

专利行政部门在行政处理时，认定侵权成立的，应当责令被请求人立即从展会上撤出侵权展品，销毁介绍侵权展品的宣传材料。

展会期间专利侵权纠纷处理的具体办法，由省人民政府自本条例施行之日起一年内制定。

第三十九条 专利权人及利害关系人应当依法行使其权利，不得有下列行为：

（一）以现有技术或者现有设计申请专利并获得专利授权后，向专利行政部门提出专利侵权的处理请求；

（二）强制专利实施被许可人购买其他专利使用权；

（三）强制专利实施被许可人只能将基于专利权人专利作出的改进专利卖回给专利权人；

（四）禁止专利实施被许可人对该专利的有效性提出异议。

第四十条 专利行政部门对查获的假冒专利产品和标识应当予以销毁。

第五章 服 务

第四十一条 专利行政部门应当加强专利信息化建设，规范专利信息服务，促进专利信息的传播、开发和利用，有条件的地方应当建立专利信息服务网络和重点行业、产业专利数据库。

第四十二条 省、地级以上市人民政府专利行政部门应当建立专利预警机制，监测和通报重点区域、行业、产业和技术领域的国内外专利状况、发展趋势和竞争态势，为政府决策及企业事业单位发展服务。

第四十三条 从事专利代理、检索、评估、许可贸易等服务的机构及其从业人员，应当依照有关法律、行政法规取得执业资质或者资格；专利服务机构应当依法办理登记注册手续。

专利服务机构及其从业人员不得泄露当事人的商业秘密；不得损害专利申请人、专利权人以及其他当事人的合法权益。

第四十四条 县级以上人民政府及其有关部门应当加强专利法律法规和有关专利知识的宣传，加大对专利工作从业人员的培训力度。

鼓励开展青少年专利基础知识教育，有条件的高等学校、中等职业学校和普通中小学校可以开设专利知识课程。

第六章 监督管理

第四十五条 县级以上人民政府应当加强对专利工作的监督管理，建立健全监督管理机制。

上级人民政府专利行政部门应当对下级人民政府专利行政部门的工作进行指导和监督。

第四十六条 省、地级以上市人民政府应当对以下重大经济活动实行专利审查：

（一）涉及专利的重大产业技术和装备引进政策的制定；

（二）涉及重要引进技术的消化吸收再创新活动；

（三）涉及国家利益并拥有重要专利的企业并购、技术出口等活动；

（四）涉及专利的重大项目和产品的政府投资活动；

（五）规模以上的国有或者国有控股企业涉及专利的重大经济活动。

第四十七条 政府投资立项的各类重大研究、开发和产业化项目的承担单位，在实行股份制改造、中外合资、中外合作中转让相关专利时，应当报当地项目管理部门和专利行政部门备案。

第四十八条 省人民政府专利行政部门收到申请成立专利代理机构的申请后，可以委托地级以上市人民政府专利行政部门提出初步审核意见，并根据初步审核意见提出审查意见，依法报国务院专利行政部门审批。

律师事务所申请开办专利代理业务的，应当经地级以上市司法行政部门同意后，报省专利行政部门审查。省专利行政部门审查同意的，上报国务院专利行政部门审批。

第四十九条 专利行政部门应当按照国家规定对专利代理机构与专利代理人进行执业监督。

专利代理行业协会应当建立健全行业自律机制，规范专利代理机构及专利代理人的执业行为，促进行业健康有序的发展。

第五十条 专利行政部门应当将专利行政执法职权与程序向社会公开，并向社会公开举报、投诉电话，接受社会监督。

第五十一条 任何单位和个人都有权对专利行政部门、有关行政部门违反本条例的行为向其上级主管部门或者监察机关举报、投诉；上级主管部门或者监察机关应当自收到举报、投诉之日起十五日内决定是否受理，并告知举报人、投诉人。

任何单位和个人都有权对假冒专利、扰乱市场秩序等违法行为向专利行政部门和有关行政部门举报、投诉；专利行政部门和有关行政部门应当自收到举报、投诉之日起十五日内决定是否受理，并告知举报人、投诉人；对决定受理的，应当及时组织调查并将处理结果告知举报人、投诉人，同时向社会公开。

第五十二条 任何单位和个人不得借专利评奖、专利转让、举办会展、出版专利项目汇编或者发明人名录等名义，骗取专利申请人、专利权人、发明人、设计人等的财物。

第七章　法律责任

第五十三条　违反本条例第二十五条规定，为侵犯专利权行为提供便利条件的，由专利行政部门责令行为人停止该行为。

第五十四条　认定专利侵权的行政处理决定、民事判决或者仲裁裁决生效后，侵权人再次侵犯同一专利权，扰乱市场秩序的，由专利行政部门按照本条例第三十七条第一款的规定处理，没收违法所得，并可处违法所得一倍以上五倍以下的罚款；没有违法所得的，可以处一万元以上五万元以下的罚款；情节严重的，可以处五万元以上十万元以下的罚款。

第五十五条　违反本条例第三十九条规定的，由专利行政部门给予警告，责令改正，可以处一万元以上五万元以下的罚款；情节严重的，可以处五万元以上十万元以下的罚款。

第五十六条　违反本条例第四十三条规定，未依法取得专利服务的执业资质或者资格，以营利为目的从事专利服务的，由专利行政部门责令改正，没收违法所得，并可处违法所得一倍以上五倍以下的罚款；没有违法所得的，可以处一万元以上五万元以下的罚款；情节严重的，可以处五万元以上十万元以下的罚款。

第五十七条　违反本条例第三十条第二款、第三十三条第二款、第五十二条规定的，依法给予治安管理处罚；构成犯罪的，依法追究刑事责任。

第五十八条　专利行政部门违反本条例第三十三条第一款规定的，由上级行政机关或者有关部门责令改正，对直接负责的人员和其他责任人员依法给予处分。

专利行政部门的工作人员以及其他有关国家机关工作人员玩忽职守、滥用职权、徇私舞弊、贪污受贿的，依法给予处分；构成犯罪的，依法追究刑事责任。

第八章　附　则

第五十九条　本条例自2010年12月1日起施行。1996年9月25日广东省第八届人民代表大会常务委员会第二十四次会议通过的《广东省专利保护条例》同时废止。

广东省村民委员会选举办法

（1998年11月27日广东省第九届人民代表大会常务委员会第六次会议通过　2001年7月27日广东省第九届人民代表大会常务委员会第二十七次会议第一次修订　2010年12月1日广东省第十一届人民代表大会常务委员会第二十二次会议第二次修订）

第一章　总　则

第一条　为了规范村民委员会的选举工作，保障村民依法行使民主权利，根据《中华人民共和国村民委员会组织法》和有关法律，结合本省实际，制定本办法。

第二条　村民委员会由主任、副主任和委员共三至七人组成，各村的具体职数由村民会议或者村民代表会议提出方案，报乡、民族乡、镇人民政府批准，并报不设区的市、市辖区、县、自治县人民政府主管部门备案。

村民委员会成员中应当至少有一名妇女；多民族村民居住的村应当有人数较少的民族的成员；两个以上自然村联合设立村民委员会，其成员分布应当考虑村落状况。

村民委员会成员之间不得有夫妻、父母子女、兄弟姐妹关系。

第三条　村民委员会主任、副主任和委员，由村民直接选举产生。任何组织或者个人不得指定、委派或者撤换村民委员会成员，也不得停止其职务。

第四条　村民委员会每届任期三年，届满应当及时进行换届选举。村民委员会成员可以连选连任。因特殊情况需要提前或者延期换届的，由村民委员会提出申请，经村民会议或者村民代表会议讨论通过后，由乡、民族乡、镇人民政府报不设区的市、市辖区、县、自治县人民政府批准。

第五条 村民委员会的换届选举工作由省人民政府统一部署，由设区的市和不设区的市、市辖区、县、自治县人民政府组织实施，各级人民政府主管部门负责日常工作。

各级人民政府应当建立村民委员会选举观察制度和重大事项报告制度。

第六条 村民委员会的选举工作应当在中国共产党广东省各级委员会的领导下依照宪法和法律进行。中国共产党在农村的基层组织，发挥领导核心作用，依法支持和保障村民委员会换届选举工作。

地方各级人民代表大会和县级以上地方各级人民代表大会常务委员会，对村民委员会的选举工作依法进行监督。

第七条 各级人民政府组织和指导村民委员会选举工作所需经费，由本级财政安排。财政困难的不设区的市、市辖区、县、自治县，上级人民政府给予补助。

村民委员会的选举经费由村的集体经济收益解决，不设区的市、市辖区、县、自治县和乡、民族乡、镇财政给予适当的补助。不得将选举经费摊派给村民。

第二章 选举工作机构

第八条 村民委员会换届选举期间，不设区的市、市辖区、县、自治县和乡、民族乡、镇应当成立村民委员会换届选举工作指导小组，指导村民委员会换届选举工作。

乡、民族乡、镇村民委员会换届选举工作指导小组具体负责下列工作：

（一）宣传和执行《中华人民共和国村民委员会组织法》、《广东省实施〈中华人民共和国村民委员会组织法〉办法》和本办法；

（二）具体部署、指导和监督选举工作，引导村民依法进行选举；

（三）制定选举工作方案，规范选举文书、选票样式，并报上一级人民政府主管部门备案；

（四）培训选举工作人员；

（五）受理有关选举的申诉、检举和控告；

（六）做好有关选举的信访工作；

（七）指导、协助村民委员会完成工作移交；

（八）指导建立、健全选举工作档案；

（九）总结和组织交流选举工作经验。

第九条 村成立村民选举委员会，负责主持村民委员会的选举工作。村民选举委员会由主任、副主任和委员共七至十一人组成。

村民选举委员会成员可以通过召开村民会议或者村民代表会议无记名投票推选产生，也可以将选举委员会成员名额分配到各村民小组会议无记名投票推选产生。村民选举委员会成员按照得票多少的顺序确定当选。推选方式和具体名额由村民会议或者村民代表会议确定。

村民选举委员会的任期，自推选产生之日起至村民委员会完成工作移交时止。

第十条 村民选举委员会成员的分工可以通过内部协商或者投票决定，并向全体村民公布，同时报乡、民族乡、镇村民委员会换届选举工作指导小组备案。

村民选举委员会议事实行少数服从多数的原则。

第十一条 村民选举委员会履行下列职责：

（一）开展宣传动员工作，解答村民提出的有关选举的问题；

（二）制定本村换届选举工作实施方案，经村民会议或者村民代表会议通过，报乡、民族乡、镇村民委员会换届选举工作指导小组备案后公告；

（三）确定、公布选举方式、选举日和日程安排，准备村民委员会成员候选人提名表、选票和其他表格；

（四）培训监票人、计票人、唱票人、公共代写人等工作人员；

（五）审查、登记并公布登记参加选举的村民名单，处理村民对登记参加选举的村民名单有异议的申诉；

（六）审查村民委员会成员候选人资格，依法确定、公布候选人名单；

（七）组织投票选举，公布选举结果，并报乡、民族乡、镇村民委员会换届选举工作指导小组备案；

（八）总结和上报选举工作情况，建立选举工作档案；

（九）主持村民委员会的工作移交。

第十二条 村民选举委员会成员在选举期间无正当理由三次不参加村民选举委员会会议的，其职务自行终止。

对不依法履行职责的村民选举委员会成员，乡、民族乡、镇村民委员会换届选举工作指导小组或者本村五分之一以上有选举权的村民可以提出免职建议，经村民会议、村民代表会议或者推选其为村民选举委员会成员的村民小组会议同意，予以免职。

村民选举委员会成员接受提名为村民委员会成员候选人的，其村民选举委员会职务自行终止。

村民选举委员会成员职务自行终止或者被免职的，村民选举委员会应当予以公告，其缺额按照原推选得票多少的顺序依次递补或者另行推选。

第三章 参加选举村民的登记

第十三条 年满十八周岁的村民，依照法律规定享有选举权和被选举权。

计算村民年龄的截止时间为本村的选举日。

第十四条 村民委员会选举前，应当对下列人员进行登记，列入参加选举的村民名单：

（一）户籍在本村并且在本村居住的村民；

（二）户籍在本村，不在本村居住，本人表示参加选举的村民；

（三）户籍不在本村，在本村居住一年以上，本人申请参加选举，并经村民会议或者村民代表会议同意参加选举的公民。

已在户籍所在地或者居住地登记参加村（居）民委员会选举的公民，不得再参加其他地方村民委员会的选举。

第十五条 有下列情形之一的，经村民选举委员会确认，不列入参加选举的村民名单：

（一）依照法律被剥夺政治权利的；

（二）精神病患者不能行使选举权利的；

（三）本人书面明确表示不参加选举的；

（四）登记期间不在本村居住，村民选举委员会依法告知后，在规定期限内未表示参加选举的。

第十六条 村民选举委员会应当在选举日二十日前在村民委员会和各村民小组所在地公布登记参加选举的村民名单。

对登记参加选举的村民名单有异议的，应当自名单公布之日起五日内向村民选举委员会申诉，村民选举委员会应当自收到申诉之日起三日内作出处理决定，并书面告知有关村民；村民对处理决定不服的，可以自收到告知书之日起三日内向乡、民族乡、镇村民委员会换届选举工作指导小组申诉，该指导小组应当在选举日七日前作出决定，书面答复申诉人，并告知该村村民选举委员会。

第十七条 因故不能如期进行选举，由村民选举委员会提请村民会议或者村民代表会议审议，另行确定选举日，并报乡、民族乡、镇村民委员会换届选举工作指导小组。推迟时间不得超过三个月。推迟选举的，应当核实登记参加选举的村民名单的变动情况，并予以公告。

第四章 选举方式

第十八条 村民委员会成员的选举，可以采取有候选人的选举方式，也可以采取无候选人的选举方式。

第十九条 村民委员会成员一般具备以下条件：

（一）遵守宪法、法律、法规和国家政策；

（二）遵守村民自治章程和村规民约；

（三）品行良好，公道正派，热心公益；

（四）有一定的组织管理能力，工作认真负责，能够在本村工作并带头发展农村经济；

（五）具有初中以上学历，身体健康。

第二十条 采取有候选人选举方式的，候选人由本村登记参加选举的村民投票提名产生。

登记参加选举的村民可以自荐参选村民委员会成员候选人，并在选举日十五日前向村民选举委员会提交自荐材料。村民选举委员会对自荐人进行资格审查后，在选举日十日前在村民委员会和各村民小组所在地以姓名笔划为序公布自荐名单。

第二十一条 提名村民委员会候选人，应当由村民选举委员会召开村民会议或者各村民小组会议，由过半数登记参加选举的村民参加投票。

登记参加选举的村民可以提名自荐名单中的村民，也可以提名其他村民。每一村民提出的候选人人数不得超过应选名额。

正式候选人按照得票多少的顺序确定，其中应当至少有一名妇女。

第二十二条 村民选举委员会确认提名有效并进行资格审查后，应当在选举日五日前在村民委员会和各村民小组所在地以姓名笔划为序公布候选人名单。

本人不愿意被列为候选人的，应当自名单公布之日起两日内向村民选举委员会书面说明。候选人的缺额按照提名得票多少的顺序依次递补。

第二十三条 村民选举委员会应当组织候选人在指定场所与村民见面，由候选人介绍履行职责的设想，回答村民提出的问题。但选举日必须停止此项活动。

候选人在宣传和介绍自己时，应当实事求是，不得违反法律、法规和国家政策。有关主要内容应当事先书面提交村民选举委员会备案。

第二十四条 村民委员会成员实行差额选举，候选人人数应当多于应选名额。村民委员会主任、副主任候选人人数应当分别比应选名额多一人，委员候选人人数应当比应选名额多一至三人。

第二十五条 村民委员会的选举可以一次性投票选举主任、副主任和委员；也可以先选主任，再选副主任，最后选委员。

分次投票选举村民委员会成员的，主任候选人未当选时，可以作为副主任的候选人；副主任候选人未当选时，可以作为委员的候选人。

第二十六条 采取无候选人选举方式的，在选举日直接进行投票选举。

有意愿参选村民委员会成员的村民，应当在选举日十日前向村民选举委员会书面提出参选意愿。村民选举委员会对有参选意愿的村民进行资格审查后，在选举日五日前在村民委员会和各村民小组所在地以姓名笔划为序公布参选人名单。

第五章 选举程序

第二十七条 投票选举前，村民选举委员会应当做好下列准备工作：

（一）核实登记参加选举的村民人数、办理委托投票，公布名单。

（二）提前五日公布投票选举的具体时间、地点和有关安排。

（三）准备票箱和选票，布置选举大会会场，设立投票站；选票由乡、民族乡、镇人民政府统一印制，加盖本村村民选举委员会印章。

（四）提请村民会议或者村民代表会议决定监票人、计票人、唱票人、公共代写人等工作人员名单，并予以公布；村民委员会成员候选人及其配偶、父母子女和兄弟姐妹不得担任选举工作人员。

（五）向村民公布或者说明写票方法和其他选举注意事项。

（六）完成村选举工作实施方案规定的其他准备事项。

第二十八条 在村民选举委员会主持下，投票选举可以采取召开选举大会的方式，也可以采取设立中心投票站和分投站的方式。

居住分散、确实不便到会场或者投票站投票的，经村民选举委员会提出，报乡、民族乡、镇村民委员会换届选举工作指导小组批准并公告后，可以设立流动票箱进行投票。

票箱应当符合安全、保密的要求。每个票箱必须有三名以上监票人负责监督。

第二十九条 登记参加选举的村民在选举期间外出不能参加投票的，

可以书面委托本村有选举权的近亲属代为投票，但每一村民接受委托投票不得超过三人。

委托投票应当自登记参加选举的村民名单公布之日起六日内到村民选举委员会办理，村民选举委员会应当对委托投票的村民进行审核，并在两日内在村民委员会和各村民小组所在地予以公告。

第三十条 村民委员会选举采取无记名投票方式，选举会场和投票站必须设立秘密写票处。因特殊原因无法填写选票的村民，可以委托公共代写人或者除候选人以外的人代写，代写人不得违背委托人的意愿。

登记参加选举的村民和代写人进入秘密写票处写票，其他人不得围观；任何人不得亮票、拍摄选票或者在选票上做记号。

投票选举时，对候选人可以投赞成票，可以投反对票，可以投弃权票，也可以另选其他村民。

第三十一条 投票结束后，每个票箱应当当场密封，并于当日由监票人送回选举大会会场或者中心投票站集中，当众开箱，由监票人、计票人、唱票人公开核对、计算票数，做好记录，并由监票人签名确认。

第三十二条 有登记参加选举的村民过半数参加投票，且收回选票数等于或者少于发出选票数的，选举有效；收回选票数多于发出选票数的，选举无效。

选票上所选的每项职务人数等于或者少于应选人数的有效，多于应选人数的无效，书写模糊无法辨认或者不按规定符号填写的部分无效。

第三十三条 村民委员会成员候选人或者本村其他村民获得参加投票的村民的过半数赞成票，始得当选。主任、副主任的当选人按照得票多少的顺序确定。主任、副主任的当选人中有妇女的，委员的当选人按照得票多少的顺序确定；没有妇女的，委员的当选人按照下列原则确定：

（一）有妇女获得过半数赞成票的，应当首先确定得票最多的妇女当选，其他当选人按照得票多少的顺序确定；

（二）没有妇女获得过半数赞成票的，应当在委员的应选名额中确定一个名额另行选举妇女成员，其他当选人按照得票多少的顺序确定。

得票数相同不能确定当选人时，应当在三日内对得票数相同的人再次投票选举，以得票多的当选。

当选人数不足应选名额的，应当另行选举。

第三十四条 当选的村民委员会成员之间有夫妻、父母子女或者兄弟姐妹关系的，只保留其中职务最高的一人的职务；如果职务相同，则只保留得票最多的一人的职务，其他当选人由村民选举委员会宣布其当选无效。

第三十五条 另行选举时，根据前一次投票时得票多少的顺序，按照本办法第二十四条规定的差额数，从未获当选者中确定候选人。另行选举的当选人按照得票多少的顺序确定，但获得赞成票不得少于所投票数的三分之一。

经过三次投票选举，当选人数已达三人以上但仍少于应选名额的，不足的名额是否再另行选举，由村民会议或者村民代表会议决定。

第三十六条 村民选举委员会确认选举有效并进行资格审查后，当场公布选举结果，并报乡、民族乡、镇村民委员会换届选举工作指导小组和不设区的市、市辖区、县、自治县人民政府主管部门备案。不设区的市、市辖区、县、自治县人民政府主管部门应当在十日内颁发统一印制的村民委员会主任、副主任和委员当选证书。

第三十七条 任何组织和个人不得有下列行为：

（一）以暴力、威胁、欺骗、诽谤等手段致使村民、候选人不能依法行使选举权和被选举权；

（二）用金钱或者其他手段贿赂村民、候选人或者选举工作人员；

（三）涂改、伪造选票或者虚报选票数；

（四）妨害村民选举委员会和选举工作人员履行职责。

村民对前款所列情形有权向乡、民族乡、镇村民委员会换届选举工作指导小组，乡、民族乡、镇人民代表大会和人民政府，不设区的市、市辖区、县、自治县人民代表大会常务委员会和人民政府及其有关主管部门举报，有关机关应当负责调查并依法处理。

第三十八条 不设区的市、市辖区、县、自治县人民政府主管部门或者乡、民族乡、镇人民政府对有异议的选举结果，应当自受理之日起十日内依法认定是否有效。

第三十九条 村民委员会应当自新一届村民委员会产生之日起十日内完成工作移交。工作移交由村民选举委员会主持，由乡、民族乡、镇人民政府监督。

第六章 罢免、辞职、职务自行终止与补选

第四十条 村民委员会成员向村民负责，接受村民监督。村民会议有权罢免村民委员会成员。

第四十一条 本村五分之一以上有选举权的村民或者三分之一以上的村民代表联名，可以提出罢免村民委员会成员的要求。罢免要求应当书面提出，并列明罢免理由。

第四十二条 村民委员会成员有下列情形之一的，乡、民族乡、镇人民政府可以提出罢免建议：

（一）违反法律、法规和国家政策，不适合继续担任村民委员会成员的；

（二）失职渎职造成村民利益重大损失的；

（三）连续三个月以上无正当理由不参加村民委员会工作的。

第四十三条 对提出的罢免要求或者罢免建议，村民委员会应当在三十日内召开村民会议进行无记名投票表决。罢免村民委员会成员，须有登记参加选举的村民过半数投票，并须经投票的村民过半数通过，罢免结果应当予以公告。罢免村民委员会成员不得实行委托投票。

罢免村民委员会主任或者全体村民委员会成员的，应当在不设区的市、市辖区、县、自治县人民政府主管部门和乡、民族乡、镇人民政府的指导下，由重新推选产生的村民选举委员会主持。

第四十四条 提出罢免要求或者罢免建议者，应当到村民会议作出说明并回答询问，被提出罢免的人有权出席会议进行申辩或者书面提出申辩意见。罢免未获通过的，一年内不得以同一事实和理由再次提出罢免要求或者罢免建议。

第四十五条 村民委员会成员因故辞职，应当书面向村民委员会提

出，村民委员会应当自收到辞职申请之日起三十日内召开村民会议或者村民代表会议进行审议，决定是否接受其辞职，并在五日内公告。

第四十六条 村民委员会成员有下列情形之一的，其职务自行终止：

（一）死亡的；

（二）被判处刑罚的；

（三）丧失行为能力的；

（四）违反计划生育法律、法规超计划生育的；

（五）连续两次民主评议不称职的。

村民委员会成员职务自行终止的，村民委员会应当予以公告，并报乡、民族乡、镇人民政府备案。

第四十七条 村民委员会成员出现缺额，可以由村民会议或者村民代表会议进行补选。村民委员会成员不足三人时，应当在一个月内补选；已足三人但仍缺额的，是否补选，由村民委员会提出意见，经村民会议或者村民代表会议决定，报乡、民族乡、镇人民政府备案。补选村民委员会个别成员的，由村民委员会主持；补选全体村民委员会成员的，由重新推选产生的村民选举委员会主持。

补选时，村民委员会成员中没有妇女的，应当先补选妇女成员，其他候选人从本届未获当选者中按照得票多少的顺序确定，候选人人数可以多于或者等于应选名额。登记参加选举的村民过半数或者村民代表会议组成人员的三分之二以上参加投票，选举有效，以获得赞成票多的当选，但获得的赞成票不得少于所投票数的二分之一。补选结果应当报乡、民族乡、镇人民政府和不设区的市、市辖区、县、自治县人民政府主管部门备案。

补选的村民委员会成员的任期至本届村民委员会任期届满时止。

第七章 法律责任

第四十八条 有下列行为之一的，由上一级人民政府责令改正，对直接责任人给予处分：

（一）指定村民委员会成员候选人的；

（二）指定、委派或者撤换村民委员会成员的；

（三）违反法律、法规规定停止村民委员会成员职务的；

（四）无正当理由不组织或者拖延村民委员会换届选举的；

（五）以不正当手段妨害村民委员会成员履行职责的。

第四十九条 违反本办法第三十七条规定，采取不正当手段当选村民委员会成员的，由不设区的市、市辖区、县、自治县人民政府主管部门或者乡、民族乡、镇人民政府宣布其当选无效；违反《中华人民共和国治安管理处罚法》的，由公安机关依法处理；构成犯罪的，依法追究刑事责任。

第五十条 村民选举委员会不主持工作移交或者上一届村民委员会不办理移交手续的，由乡、民族乡、镇人民政府责令改正；造成村集体财产损失的，依法承担赔偿责任；违反《中华人民共和国治安管理处罚法》的，由公安机关依法处理。

第八章 附 则

第五十一条 辖有村的街道办事处，在村民委员会选举中履行本办法规定的应当由乡、民族乡、镇人民政府履行的职责。

第五十二条 村民代表的推选，以及村民小组长和副组长的选举参照本办法执行。

第五十三条 本办法自公布之日起施行。

广东省无线电管理条例

（2010年12月1日广东省第十一届人民代表大会常务委员会第二十二次会议通过）

第一章　总　则

第一条　为了加强无线电管理，维护空中电波秩序，有效利用无线电频谱资源，保证各种无线电业务的正常进行，根据《中华人民共和国无线电管理条例》和有关法律、法规，结合本省实际，制定本条例。

第二条　本条例适用于本省行政区域内使用无线电频谱资源，设置、使用无线电台（站），研制、生产、销售、进口无线电发射设备，使用辐射无线电波的非无线电设备，无线电监测以及相关的管理活动。

军事系统的无线电管理按照国家有关规定执行。

第三条　无线电管理应当坚持科学管理、保护资源、保障安全、促进发展的原则。

第四条　省人民政府应当组织编制全省无线电事业发展规划，充分利用无线电频谱资源，促进经济发展、社会稳定。

县级以上人民政府应当采取有效措施，保障全省无线电事业发展规划的实施。

第五条　县级以上人民政府管理无线电工作的部门（以下统称无线电主管部门）负责本行政区域内的无线电管理工作。

其他有关主管部门按照各自职责，做好有关无线电管理工作。

第六条　县级以上人民政府及其无线电主管部门应当向社会宣传无线

电知识，引导、鼓励和支持提高无线电频谱资源利用率的新技术新业务的应用，促进无线电频谱资源共享和优化配置。

第二章　无线电频率管理

第七条　省无线电主管部门应当根据国家无线电频率的统一划分和频谱资源规划，以及全省无线电事业发展规划，编制全省无线电频谱资源规划。

第八条　使用无线电频率，应当具备以下条件：

（一）符合国家无线电频率划分和频谱资源规划、省无线电频谱资源规划；

（二）具有明确的用途和可行的技术方案；

（三）具有相应的专业技术人员、设施；

（四）法律、法规规定的其他条件。

第九条　使用无线电频率，应当向地级以上市无线电主管部门提出书面申请。但是，中央驻粤、省直属单位使用无线电频率，以及跨地级以上市行政区域使用无线电频率，应当向省无线电主管部门提出书面申请。国家另有规定的，从其规定。

第十条　无线电主管部门受理无线电频率使用申请后，应当根据国家和省规定的审批权限，在二十日内作出是否指配的决定并书面告知申请人；作出不予指配决定的，应当说明理由和依据。

第十一条　对用于经营性的无线电频率，可以依法采用招标、拍卖等方式指配。

第十二条　无线电频率申请人应当在获得频率使用权之日起六个月内办理设台（站）使用手续；逾期未办理的，由原指配频率的无线电主管部门收回频率；因特殊情况需要延长办理时间的，申请人应当在限期内向原指配频率的无线电主管部门申请。

第十三条　无线电频率使用期限不得超过十年。在无线电频率使用期限内，使用者终止使用所指配的无线电频率的，应当提前三十日向原指配的无线电主管部门办理注销手续。

第十四条 未经无线电主管部门批准，任何单位或者个人不得擅自转让无线电频率使用权，不得扩大频率使用范围或者改变使用用途。

禁止出租或者变相出租无线电频率。

第十五条 取得无线电频率使用权的单位或者个人应当按照国家有关规定缴纳无线电频率占用费。

无线电主管部门收取的频率占用费，应当及时上缴财政，不得截留、挪用。

无线电频率占用费的减免，按照国家有关规定执行。

第十六条 省无线电主管部门根据国家无线电频率划分规定，可以分配部分公众无线电频率，制定相应的技术规范，并向社会公布。

使用公众无线电频率的，免缴频率占用费，免于申领无线电台执照。

第十七条 已经指配的无线电频率，连续两年未使用的，原指配的无线电主管部门应当予以收回。

第十八条 无线电频率使用期届满，如需继续使用的，应当在届满三十日前，向原指配的无线电主管部门重新提出申请。

变更使用无线电频率的，应当提前三十日向原指配部门提出申请；符合法定条件、标准的，无线电主管部门应当依法办理变更手续。

第十九条 因国家修改无线电频率划分，或者因公共利益的需要调整或者提前收回已指配的无线电频率，给使用无线电频率的单位或者个人造成损失的，依法给予补偿。

第二十条 因国家决定实施国防动员，需要征用已指配的无线电频率的，由指配无线电频率的无线电主管部门的同级人民政府依法征用。被征用的无线电频率使用完毕，应当及时返还。因征用造成直接损失的，依法给予补偿。

第三章　无线电台（站）的设置和使用管理

第二十一条 地级以上市无线电主管部门应当会同同级人民政府有关

主管部门根据无线电事业发展规划、无线电频谱资源规划编制无线电站址资源规划。无线电站址资源规划应当符合城乡规划、土地利用总体规划和环境保护规划。

第二十二条 设置、使用无线电台（站），应当具备下列条件：

（一）已取得无线电频率使用权；

（二）符合无线电站址资源规划；

（三）具有符合国家技术标准的无线电发射设备；

（四）具有熟悉无线电管理规定、具备相关业务技能和操作资格的人员；

（五）具有科学可行的无线电网络设计和发展规划，符合相关要求的电磁环境；

（六）对其他无线电台（站）不会产生有害干扰；

（七）法律、行政法规规定的其他条件。

设置、使用广播电台、雷达等大功率台（站），应当符合电磁辐射防护的有关限值规定，并满足电磁兼容要求。

设置固定大型无线电台（站），其规划布局应当符合资源共享的管理要求。

第二十三条 中央驻粤、省直属单位无线电台（站）的设置，覆盖和服务于两个以上地级以上市行政区域的无线电台（站）的设置，由省无线电主管部门受理和审批。

雷达、导航、卫星地球站、微波站、短波无线电台（站），广播，电视发射台（含差转台），无线寻呼发射台等需要在全省统筹布局的无线电台（站）的设置，由地级市以上无线电主管部门受理，由省无线电主管部门审批。

各地级以上市市属单位覆盖和服务于本行政区域范围内的无线电台（站）的设置，由地级以上市无线电主管部门受理和审批，报省无线电主管部门备案。

通信范围或者服务区域涉及两个以上的省（自治区、直辖市）以及涉及境外的无线电台（站）、其他因特殊需要设置的无线电台（站），由省无线电主管部门按照国家规定报国家无线电主管部门审批。

第二十四条 无线电主管部门受理设置无线电台（站）申请后，应当根据审批权限，在二十日内作出是否批准的决定并书面告知申请人；作出不予批准决定的，应当说明理由和依据。

第二十五条 设置、使用临时无线电台（站），应当向当地无线电主管部门申请，经批准后，方可使用。

在涉及国家安全、公共安全等紧急情况时，可以临时设置、使用无线电台（站），并及时向所在地无线电主管部门报告。紧急情况解除后，应当停止设置、使用该无线电台（站）；需要继续设置、使用的，应当按照本条例规定办理审批手续。

第二十六条 船舶、机车、航空器上的制式无线电台（站），应当按照国家有关规定，领取无线电台执照并报无线电主管部门备案。

第二十七条 无线电台（站）设置、使用者应当在无线电台（站）建成后三十日内，向原审批部门提交书面申请，领取无线电台执照后，台站方可正式投入使用。无线电主管部门应当在接到申请后七日内审查核发无线电台执照。

禁止伪造、变造、转让、出租或者出借无线电台执照。

第二十八条 无线电台执照中所核定内容需要变更的，应当向核发执照的无线电主管部门提出申请，经审查批准后，重新核发无线电台执照。

第二十九条 无线电台（站）的设置、使用者，应当对发射设备和天线进行维护和管理，确保其性能指标符合国家标准和管理规定，避免对其他无线电台（站）产生有害干扰。

第三十条 禁止使用无线电台（站）发送、接收与其台（站）用途无关的信号；禁止利用无线电接收设备非法截取涉及国家安全、国家秘密或者公共安全，以及单位和个人的信息。

第三十一条 国家规定应当使用呼号的无线电台（站），必须使用无线电主管部门指配的呼号。

省和地级以上市无线电主管部门根据台站审批权限指配呼号。

任何单位或者个人未经批准，不得编制、使用无线电台（站）呼号。

第三十二条 无线电台（站）停用或者被撤销的，其设置、使用者应当在停用或者被撤销后三十日内，向核发无线电台执照的无线电主管部门办理注销手续，交回无线电台执照。

无线电台执照被依法吊销的，持照者应当自被吊销之日起三十日内，交回无线电台执照。

无线电台执照注销或者被依法吊销的，无线电台（站）的设置、使用者应当及时拆除无线电台（站）的天线、电缆及其附属设施，并向原审批的无线电主管部门书面报告处理情况。

第四章　无线电发射设备管理

第三十三条　任何单位或者个人不得生产、进口、销售和使用未经国家无线电管理机构型号核准或者未标明其型号核准代码的无线电发射设备。国家另有规定的除外。

使用或者维修无线电发射设备，不得擅自改变无线电发射设备的性能和主要技术参数。

第三十四条　进口无线电发射设备的，应当按照国家规定，向无线电主管部门提出申请，经核准后，到海关办理相关进口手续。

第三十五条　生产、销售涉及国家安全、公共安全以及可能严重影响电磁环境的无线电发射设备，生产者和销售者应当登记产品的数量、批号以及购买者，并向所在地无线电主管部门备案。

前款规定需要向无线电主管部门备案的无线电发射设备目录，由省无线电主管部门会同有关部门制定，并向社会公布。

第三十六条　研制、生产无线电发射设备，应当采取措施有效抑制电波发射。需要进行实效发射试验的，应当经省无线电主管部门批准。

第五章　无线电安全

第三十七条　工业、科学、医疗设备、电气化运输系统、高压电力线、信息技术设备、机动车（船）点火装置以及其他电器装置产生的无线电波辐射，应当符合国家强制性标准和国家无线电管理规定，不得危害公民身体健康，不得对无线电业务产生有害干扰。

用于防治无线电电磁辐射污染的设施、设备应当保持正常运行，不得擅自拆除或者停止使用。

第三十八条 建设产生无线电波辐射的工程设施，可能对无线电台（站）造成有害干扰的，其选址定点应当由城乡规划主管部门和无线电主管部门协商确定。

因工程建设需要搬迁无线电台（站）的，建设单位应当对因此造成的损失予以赔偿。

第三十九条 省人民政府应当根据有关标准和技术规范的要求，划定电磁环境保护区域。任何设备对电磁环境保护区域内需要特殊保护的无线电台（站）产生有害干扰的，应当立即停止使用。

第四十条 依法设置的无线电台（站）受到其他无线电有害干扰时，可以向所在地无线电主管部门投诉。无线电主管部门应当在受理后二十日内作出处理并将处理结果告知投诉人。

第四十一条 因国家安全和社会公共利益需要，省人民政府可以依法发布无线电管制命令，实行无线电管制。

决定实施无线电管制的，应当在开始实施无线电管制十日前发布无线电管制命令，明确无线电管制的区域、对象、起止时间、频率范围以及其他有关要求。但是，紧急情况下需要立即实施无线电管制的除外。

无线电管制命令由无线电主管部门会同相关主管部门组织实施，在管制区域内任何使用无线电发射设备和辐射无线电波设备的单位和个人，应当遵守管制规定，不得拖延或者拒绝执行。

第四十二条 各地级以上市人民政府应当组织建立电磁空间环境保障应急机制和城市应急指挥无线电通信网络。

政府投资建设的无线电网络和地铁、机场、港口、核电站等重要区域建设的无线电指挥调度网，应当与当地人民政府应急指挥通信网络实现互联互通。

第六章　无线电监测和监督检查

第四十三条　各级无线电监测机构应当负责本行政区域内的下列工作：

（一）监测无线电台（站）的操作情况；

（二）查找无线电干扰源和未经批准使用的无线电台（站）；

（三）测定无线电设备的主要技术指标；

（四）检测非无线电设备的无线电波辐射；

（五）进行电磁环境测试、分析，为无线电主管部门进行频谱规划、频率指配和审批无线电台（站）提供技术依据；

（六）无线电主管部门委托的其他事项。

除前款规定外，任何单位和个人不得以任何形式在我省行政区域内从事无线电波监测。法律、法规另有规定的，从其规定。

第四十四条　县级以上人民政府无线电主管部门应当依照本条例的规定履行职责，对使用无线电频率，设置、使用无线电台（站），研制、生产、进口、销售和维修无线电发射设备以及使用辐射无线电波的非无线电设备的行为进行监督检查。

其他有关主管部门在各自职责范围内，做好相应的监督检查工作。

第四十五条　无线电主管部门进行监督检查，可以进入相关场所进行现场检查、取证，要求被检查的单位或者个人提供有关材料和文件，询问当事人和有关人员。发现有违法行为的，可以采取下列措施：

（一）实施必要的技术性措施，制止或者阻断非法无线电发射；

（二）关闭、查封违法设置、使用的无线电台（站）或者暂扣无线电发射设备。

第四十六条　无线电主管部门依法进行监督检查，执法人员不得少于两人，并应当向当事人和有关人员出示执法证件。当事人或者相关人员应当予以配合，如实回答询问，提供与检查有关的资料，不得妨碍、阻挠无线电监督检查工作。

第四十七条　无线电主管部门应当建立健全投诉、举报制度，公布投诉、举报电话、信箱或者电子邮箱。

无线电主管部门应当在接到投诉举报后十日内决定是否受理。对决定受理的，应当及时组织调查并将处理结果告知投诉、举报人；对不予受理的，应当说明理由。

第四十八条 无线电主管部门在监督检查中发现无线电台（站）设置、使用不具备本条例规定条件的，应当责令设置、使用者限期整改；逾期不整改或者整改不符合要求的，由原批准的无线电主管部门收回无线电频率使用权，关闭无线电台（站）。

第四十九条 县级以上无线电主管部门应当建立无线电电磁环境监测和评估制度，定期向社会公布无线电电磁环境状况。

无线电监测机构应当对无线电发射设备定期进行分类检测，出具检测报告，为无线电电磁环境保护提供技术依据。

第七章 法律责任

第五十条 违反本条例第十四条规定，擅自扩大频率使用范围或者改变使用用途的，由无线电主管部门责令改正，没收非法所得，并可处一千元以上五千元以下罚款；拒不改正的，吊销无线电台执照。

第五十一条 违反本条例第十五条规定，未按照规定缴纳无线电频率占用费的，由无线电主管部门责令限期缴纳，并按照规定收取滞纳金；逾期不缴纳的，收回无线电频率或者吊销无线电台执照。

第五十二条 违反本条例第二十二条第二款、第三十七条规定，超出电磁辐射防护的有关限值规定，危害公民身体健康的，由有关主管部门依法责令限期改正并予以处罚。

第五十三条 违反本条例第二十七条规定，无线电台（站）没有取得无线电台执照投入使用的，由无线电主管部门责令限期改正；逾期不改正的，处五千元以上一万元以下罚款。

伪造、变造、转让、出租或者出借无线电台执照的，由无线电主管部门处一万元以上三万元以下罚款。

渔业船舶违反本条例第二十七条规定的，由渔业主管部门依照本条第一款、第二款规定处罚。

第五十四条 违反本条例第三十条规定，非法截取涉及国家安全、国家秘密或者公共安全以及单位和个人信息的，由无线电主管部门责令限期改正，并可处一万元以上三万元以下罚款；情节严重的，予以查封或者没收设备，吊销无线电台执照；构成犯罪的，依法追究刑事责任。

第五十五条 违反本条例第三十一条规定，未按照无线电主管部门的指配使用呼号，或者擅自编制、使用无线电台（站）呼号的，由无线电主管部门责令限期改正；逾期不改正的，处五千元以上一万元以下罚款。

第五十六条 违反本条例第三十三条第一款规定，使用未经国家无线电管理机构型号核准或者未标明其型号核准代码的无线电发射设备的，由无线电主管部门予以查封或者没收设备，没收非法所得，并可处一千元以上五千元以下罚款。

渔业船舶上的制式无线电台（站），使用未经国家无线电管理机构型号核准或者未标明其型号核准代码的无线电发射设备的，由渔业主管部门依照本条第一款规定予以处罚。

销售未经国家无线电管理机构型号核准的或者未标明其型号核准代码的无线电发射设备的，由工商行政管理部门依照本条第一款规定予以处罚。

第五十七条 违反本条例第三十三条第二款规定，擅自改变无线电发射设备的性能和主要技术参数的，由无线电主管部门责令限期改正；逾期不改正的，处五千元以上一万元以下罚款；造成严重后果的，予以查封或者没收设备。

第五十八条 违反本条例第三十五条第一款规定，生产者和销售者未按照规定将产品的生产和销售情况报当地无线电主管部门备案的，由无线电主管部门责令限期改正，可处一万元以上三万元以下罚款。

第五十九条 违反本条例第三十九条规定，对电磁环境保护区域内的无线电台（站）产生有害干扰的，由无线电主管部门责令限期改正；逾期不改正或者造成严重后果的，查封或者没收设备，并处两万元以上五万元以下罚款。

第六十条 违反本条例第四十三条第二款规定，未经批准擅自从事无线电波监测活动的，由无线电主管部门予以警告；情节严重的，没收设备，并可处一万元以上三万元以下罚款。

第六十一条 无线电主管部门和其他有关主管部门在无线电监督管理中，有下列行为之一的，对主管人员和其他直接责任人员依法给予处分；构成犯罪的，依法追究刑事责任：

（一）违反规定条件、程序批准指配频率、批准设置、使用无线电台（站）、发放无线电台（站）执照的；

（二）利用职权收受、索取财物的；

（三）对违法行为不及时查处的；

（四）其他玩忽职守、滥用职权、徇私舞弊的。

第八章 附 则

第六十二条 本条例下列用语的含义：

（一）无线电频率划分，是指将某个特定的频带列入频率划分表，规定该频带可以在指定的条件下供一种或者多种地面或者空间无线电业务或者射电天文业务使用。

（二）无线电频率指配，是指将无线电频率或者频道批准给无线电台在规定条件下使用。

（三）无线电台（站），是指为开展无线电业务或者射电天文业务所必需的一个或者多个发信机或者收信机，或者发信机与收信机的组合（包括附属设备）。

（四）无线电干扰，是指由于一种或者多种发射、辐射、感应或者其组合所产生的无用能量对无线电系统的接收产生的影响，其表现为性能下降、误解、或者信息丢失，若不存在这种无用能量，则此后果可以避免。

（五）有害干扰，是指危害无线电导航或者其他安全业务的正常运行，或者严重地损害、阻碍、或者一再阻断按照规定正常开展的无线电业务的干扰。

（六）无线电台（站）呼号，是指以若干英文字母、阿拉伯数字、英文字母和阿拉伯数字或者特定符号组合，由无线电主管部门指配用于识别不同地区、不同无线电台（站）类别、空中无线电波的发射标志。

（七）无线电发射设备，是指开展无线电通信、导航、定位、测定、雷达、遥测、遥令、广播电视等业务中各种传输、发射无线电波的设备，不包含可以辐射电磁波的工业、科学和医疗应用设备，电气化运输系统、高压电力线、机动车（船）点火装置及其他电器装置等。

第六十三条 本条例自2011年2月1日起施行。

广东省道路交通安全条例

（2006年1月18日广东省第十届人民代表大会常务委员会第二十二次会议通过　2011年3月30日广东省第十一届人民代表大会常务委员会第二十五次会议修订）

第一章　总　则

第一条　根据《中华人民共和国道路交通安全法》、《中华人民共和国道路交通安全法实施条例》和有关法律、法规，结合本省实际，制定本条例。

第二条　本省行政区域内的车辆驾驶人、车辆所有人、行人、乘车人以及与道路交通活动有关的单位和个人，应当遵守本条例。

第三条　县级以上人民政府公安机关交通管理部门负责本行政区域内的道路交通安全管理工作。

县级以上人民政府交通、建设、农业（农业机械）主管部门依据各自职责，负责有关的道路交通工作。

第四条　各级人民政府应当建立道路交通安全评价制度。对辖区内发生的交通事故、政府及其职能部门对交通安全采取的预防和治理措施、完成道路交通安全管理目标情况，以及下一年度工作目标等进行综合评价，每年度向社会公布。

第五条　各级人民政府及其有关部门应当经常开展道路交通安全宣传教育活动，提高公众的道路交通安全意识。

教育主管部门应当将道路交通安全教育纳入法制教育的内容，组织、指导、监督学校以及其他教育机构做好道路交通安全教育工作。

公安机关交通管理部门应当通过各种途径宣传道路交通安全知识，提供道路交通安全咨询，发布道路交通安全信息。

新闻、出版、广播、电视等单位应当加强道路交通安全法律法规等公益宣传，刊播道路交通安全管理信息。

第二章　车辆和驾驶人

第六条　本省注册登记的机动车改变登记事项的，机动车所有人应当自变更之日起十个工作日内，向登记该机动车的公安机关交通管理部门或者农业（农业机械）主管部门申请变更登记，并提交有关变更资料。

机动车驾驶人在申领机动车驾驶证时提供的实际住所地址或者联系电话等联系方式发生变更的，应当自变更之日起十个工作日内，向公安机关交通管理部门或者农业（农业机械）主管部门提交有关变更资料。

第七条　本省注册登记的机动车应当按照下列规定喷涂、粘贴标识、标志，并保持清晰、完整和有效：

（一）载货汽车及其挂车后部、侧面粘贴符合国家标准的车身反光标识，重型、中型载货汽车还应当在驾驶室两侧喷涂车属单位名称、驾驶室核载人数及核定载质量；

（二）拖拉机及其挂车后部、侧面粘贴红白车身反光标识；

（三）大型、中型客车驾驶室两侧喷涂车属单位名称、核载人数；

（四）校车应当按照国家标准统一标识，车身后部喷涂最高行驶限速标识；

（五）危险货物运输车辆，应当按照有关规定喷涂相关标识、标志。

机动车驾驶人在实习期内驾驶机动车的，应当按照规定在车辆后部明显位置粘贴或者悬挂实习标志。

具体喷涂式样由省人民政府公安机关规定。

第八条　下列机动车应当安装、使用符合国家和省有关标准的卫星定位汽车行驶记录仪，并保持完好、有效运行：

（一）在本省注册登记的重型载货汽车、半挂牵引车、危险货物运输车辆、建设施工单位散装物料车、校车、教练车、从事道路营运的载客汽车；

（二）不在本省注册登记但在本省作业的建设施工单位散装物料车。

机动车所有人或者驾驶人可以自行选择购买、安装符合国家和省有关标准的卫星定位汽车行驶记录仪。

第九条 总质量大于三千五百千克的货车和挂车，应当按照国家标准在其侧面及后下部安装防护装置。

机动车不得安装影响交通技术监控设备正常使用的装置，不得加装、改装影响交通安全的灯具。机动车号牌上不得喷涂、粘贴影响交通技术监控信息接收的材料。

第十条 机动车未按照规定进行安全技术检验上道路行驶的，应当扣留机动车进行强制检验。机动车安全技术检验机构由当事人自行选定。检验合格的，由违法行为发现地公安机关交通管理部门或者农业（农业机械）主管部门发给检验合格标志。

被扣留机动车拖移至机动车安全技术检验机构及检测的费用，由当事人承担。

第十一条 电动自行车、残疾人机动轮椅车等安装有动力装置的非机动车实行登记制度，经公安机关交通管理部门登记后，方可上道路行驶。

在一定区域内限制电动自行车和其他安装有动力装置的非机动车上道路行驶的，由所在地的地级以上市人民政府经公开征求意见后报省人民政府批准。

其他种类的非机动车需要实行登记制度的，由地级以上市人民政府报省人民政府批准。

第十二条 申请非机动车登记的，应当提交非机动车所有人身份证明、车辆来历证明、合格证明或者进口凭证。申请残疾人机动轮椅车登记的，还应当提交县级以上残疾人联合会出具的残疾人下肢残疾证明。

已注册登记的非机动车所有权发生转移的，当事人应当携带本人身份证明和车辆、号牌、行驶证，到登记该非机动车的公安机关交通管理部门及时办理变更登记。

申请登记的电动自行车等安装有动力装置的非机动车，应当符合国家安全技术标准，并经检验合格。

公安机关交通管理部门应当自受理申请之日起三个工作日内完成非机动车登记审查工作，对符合条件的，应当发放非机动车登记证书、号牌和行驶证；对不符合条件的，应当向申请人说明不予登记的理由。登记只收取工本费用。

非机动车号牌、行驶证的式样由省人民政府公安机关交通管理部门规定并监制。

第十三条 驾驶应当登记的非机动车上道路行驶，必须悬挂非机动车号牌。驾驶残疾人机动轮椅车、电动自行车等安装有动力装置的非机动车时，还应当随车携带行驶证。

非机动车号牌、行驶证丢失或者灭失的，车辆所有人应当携带本人身份证明和车辆，到登记该非机动车的公安机关交通管理部门补领。

第十四条 申请汽车类机动车驾驶证，应当通过道路驾驶技能考试。道路驾驶技能考试由省人民政府公安机关交通管理部门组织。

在地级以上市辖区内道路上学习驾驶技能的，应当按照地级以上市公安机关交通管理部门指定的路线、时间进行；在跨地级以上市道路上学习驾驶技能的，应当按照省人民政府公安机关交通管理部门指定的路线、时间进行。

第十五条 公安机关交通管理部门应当对机动车驾驶人的道路交通安全违法行为、累积记分、处罚的执行和发生交通事故的情况等信息予以记录。

公安机关交通管理部门可以向机动车驾驶人、驾驶人所在单位、保险机构以及政府交通、建设、农业（农业机械）等相关主管部门提供机动车驾驶人交通安全记录。机动车驾驶人要求提供其本人交通安全记录的，公安机关交通管理部门应当免费提供。

用人单位雇用人员、保险机构办理保险业务需要参考机动车驾驶人交通安全记录的，可以要求被雇用人、投保人提供交通安全记录。

第三章　道路通行条件

第十六条　道路主管部门或者交通设施管理部门应当根据国家技术标准或者规范要求，结合道路实际通行条件和交通安全运行评价报告，设定不同路段道路通行速度；在急弯、陡坡、临水、临崖等危险路段，设置钢筋混凝土、波纹钢防撞栏或者其他有效的安全防护设施，并根据危险程度及路段环境情况在长坡路段设置车辆紧急避险区。

第十七条　交通信号、交通技术监控设备的设置应当征求公安机关交通管理部门的意见，符合道路交通安全、畅通的要求和国家标准，并保持清晰、醒目、准确、完好。

道路主管部门或者交通设施管理部门应当根据道路通行需要或者公安机关交通管理部门的建议，及时增设、调换、更新道路交通信号灯、交通标志、交通标线。增设、调换、更新限制性的道路交通信号灯、交通标志、交通标线，应当提前十个工作日向社会公告，广泛进行宣传。

任何单位和个人不得设置、移动、占用、损毁交通信号和交通技术监控设备。

第十八条　道路主管部门应当在没有交通信号灯控制的道路交叉路口，以及通道、出入口进入道路的明显位置，设置规范的警示标志、让行标志、标线以及减速装置。在高速公路入口的明显位置应当设置道路限速标志，因路况原因确需减速通行的路段，应当在减速路段前合理距离设置限速标志或者减速警示标志。

学校、幼儿园、医院、养老院门前的道路及路口应当设置清晰、醒目的交通信号；没有行人过街设施的，应当施划人行横道线，设置提示标志。

第十九条　国道、省道沿线的加油站、停车场、客货运站场等单位，应当在加油站、停车场、客货运站出入口与公路交接处两端设置黄色闪光警示装置或者反光警示桩，并设置减速设施。黄色闪光警示装置或者反光警示桩应当符合国家标准。

任何单位和个人不得在设置警示标志的地方设置广告及其他标牌。

第二十条 新建、改建、扩建道路建设项目的交通安全设施，应当按照国家标准与建设道路同时设计、同时施工、同时投入使用。安全设施投资应当纳入建设项目概算。

高速公路交通安全的管理设施、场所应当与高速公路同时设计、同时施工、同时投入使用。

第二十一条 国道、省道穿越城镇的路段，有条件的应当设置中心隔离设施、交通信号灯、照明、机动车与非机动车隔离栏等交通安全设施。

设有中心隔离设施的公路，确有需要设置缺口的，间隔不得少于五百米。

第二十二条 道路主管部门可以在有条件的高速公路入口和国道、省道的收费站设置车辆载重检测设备，并在发卡或者收费时对载货的汽车进行超限超载检测。超限超载检测不得收取费用。

第二十三条 使用固定式交通技术监控设备测速的路段，应当在合理间距提前设置测速警告标志。

使用移动测速设备测速的，应当由交通警察操作。使用车载移动测速设备的，还应当使用制式警车。

第二十四条 在不影响行人、车辆通行的情况下，县级以上人民政府公安机关交通管理部门或者县级以上人民政府确定的管理部门会同公安机关交通管理部门根据道路交通状况，可以在城市道路范围内施划、调整或者撤销道路停车泊位，并及时调整相应交通标志、标线，将道路停车泊位的情况向社会公布。

任何单位和个人不得擅自划定道路停车泊位，不得在城市内街或者窄道设置收费停车站（点）。机动车停放在未经批准的停车泊位或者停车站（点），公安机关交通管理部门及其交通警察应当先行劝告驾驶人驾驶机动车离开；驾驶人拒不驶离的，依法予以处理。

道路停车泊位的收入应当上交县级以上人民政府财政部门。

第二十五条 未经县级以上人民政府公安机关交通管理部门会同有关部门的许可，任何单位和个人不得占用道路从事非交通活动。

因工程建设需要占用、挖掘道路，或者跨越、穿越道路架设、增设管线设施的，应当事先征得道路主管部门的同意；影响交通安全的，还应当征得公安机关交通管理部门的同意。道路主管部门、公安机关交通管理部门应当根据工程建设和道路实际情况，确定施工作业路段和时间；道路主管部门应当加强监督管理，督促施工作业单位按期完工；公安机关交通管理部门应当加强交通安全监督检查，维护道路交通秩序。

施工作业单位应当将批准施工作业的部门、施工作业的路段、车道以及时间等在施工现场公布，并提前向社会公告，在经批准的路段和时间内完成施工作业。

道路施工需要车辆绕行的，施工作业单位应当在绕行处设置标志；不能绕行的，应当修建临时通道，保证车辆和行人安全通行。

第四章　道路通行规定

第二十六条　县级以上人民政府对机动车、非机动车限制、禁止通行区域或者道路作出规定，应当提前十五个工作日向社会公告，必要时公开征求意见。

第二十七条　车辆应当按照规定各行其道。低速载货汽车、三轮汽车、拖拉机、摩托车应当在最右侧车道行驶。

高速公路、城市快速路同方向有二条车道的，载货汽车除因超车需要外，不得驶入左侧车道；同方向有三条以上车道的，载货汽车不得驶入最左侧车道。

同方向有二条以上机动车道的道路，可以划设专用车道。专用车道可以划分为小客车、公交车、摩托车等专用道。

第二十八条　驾驶车辆驶入、驶出道路或者借道通行时，应当让在道路内正常行驶的车辆或者行人优先通行。

未设置导向标志、标线的交叉路口，左转弯的机动车应当提前驶入最左侧的车道转弯，右转弯的机动车应当提前驶入最右侧的车道转弯。

驾驶车辆不得在超越前方车辆后突然减速、转弯。

行车遇前方有障碍时，在确保安全前提下可以借用相邻的机动车道通行。

第二十九条 机动车在夜间或者遇风、雨、雪、雾等低能见度情况下在道路上临时停车，应当开启危险报警闪光灯、示廓灯、后位灯。

第三十条 机动车行经没有交通信号的道路时，遇行人横过道路，应当避让；遇老年人、儿童、孕妇、抱婴者，以及持盲杖的盲人、行走不便的残疾人横过道路，应当停车让行。

机动车遇喷涂“校车”字样并载有学生的车辆应当让行。

第三十一条 机动车安全带应当按照国家标准配备，保持齐备有效，不得拆除。机动车行驶时，驾驶人和乘坐人员应当按照规定使用安全带。

驾驶人应当督促乘坐人员使用安全带。驾驶人不得在乘坐人员未按照规定使用安全带的情况下驾驶机动车。

第三十二条 机动车在高速公路上通行，不得停车、上下乘客，但遇交通事故、车辆故障、失火、运载的危险品发生泄漏等紧急情况以及交通阻塞必须停车的除外。

车辆在高速公路上发生故障时，车上人员应当迅速转移到右侧路肩上或者应急车道内，不得在车道内或者骑、轧车行道分界线检修车辆。遇交通阻塞停车时，应当持续开启危险报警闪光灯，夜间还应当保持开启示廓灯和后位灯。

第三十三条 两轮摩托车只允许在后座位置搭载一人，但不得搭载未满十二周岁的未成年人。

摩托车行驶时，驾驶人以及乘坐人员应当配戴符合国家规定标准的安全头盔，并系扣牢固。驾驶人应当督促乘坐人员正确使用安全头盔，不得在乘坐人员未按照规定使用安全头盔的情况下驾驶摩托车。

第三十四条 低速载货汽车、三轮汽车、拖拉机不得进入高速公路、城市快速路，也不得在大中城市中心城区内的道路通行。其他限制拖拉机通行的道路，由地级以上市人民政府根据当地实际情况规定，并报省人民政府批准。

经批准进入大中城市中心城区作业的建设施工单位散装物料车，应当按照公安机关交通管理部门批准的路线和时间行驶。

第三十五条 未经批准，任何单位和个人不得组织、参与道路赛车。

禁止在道路上驾驶机动车追逐竞驶。

第三十六条 非机动车和行人不得进入城市快速路、高速公路。

在没有划分非机动车道和人行道的道路，非机动车和行人应当在道路两侧通行。通行宽度从道路（不含路肩）右侧边缘线算起，行人不得超过一米，电动自行车、自行车不得超过一点五米，三轮车不得超过二点二米，畜力车不得超过二点六米。

第三十七条 自行车、电动自行车在城市市区道路上不得载人，但安装有固定安全座椅的，可以附载一名身高一点二米以下儿童。在其他道路上载人不得超过一人。

残疾人机动轮椅车等其他非机动车载人的规定，由地级以上市人民政府根据当地实际情况制定，报省人民政府批准。

第三十八条 在道路上作业的人员应当按照规定穿着反光服饰，过往车辆应当减速避让。作业人员横穿车行道应当直行通过，注意来往车辆。

第三十九条 客运站场应当按照规定对进站公路客运车辆进行安全检查，不准超载和不符合安全技术条件的公路客运车辆驶出站场。

货运站场应当按照规定对车辆配载，不准超载超限的货车驶出站场。

第四十条 任何单位和个人不得使用不具备危险货物运输资格的车辆运输危险货物，不得将危险货物交付不具备危险货物运输资格的运输单位或者驾驶人承运。

任何单位和个人不得使用未经注册登记的或者不符合安全要求的车辆运输货物，也不得将货物交付不具备相应资格的驾驶人承运。

任何单位和个人不得使用无相应客运经营资格的车辆运送旅客。

第五章　交通事故处理

第四十一条 交通事故发生后，公安机关交通管理部门应当立即派交通警察赶赴现场处理事故，有关单位应当及时通告并协助尽快恢复交通。当事人应当予以配合。

当事人拒不配合、无力实施或者遇有影响公众利益等紧急情况的，公安机关交通管理部门可以指定单位将车辆移至不妨碍交通的地点，并清理现场，所需费用由当事人承担。当事方应当接收、保管从现场清理的所属物品。

机动车在道路上发生故障难以移动影响通行的，现场清理适用本条第二款规定。

第四十二条 因调查交通事故的需要，公安机关交通管理部门可以查阅或者复制道路收费站、停车场、渡口，以及道路管理部门和其他有关单位记录的车辆信息、相关人员的有关资料，有关单位应当及时无偿提供。

第四十三条 在高速公路、城市快速路和大中城市中心城区道路上发生交通事故，未造成人身伤亡且当事人之间对交通事故事实及成因无争议的，应当即行撤离现场；对交通事故事实及成因有争议的，当事人应当迅速报警，按照公安机关交通管理部门或者交通警察的指令，在确保安全的前提下对现场拍照，及时将可移动的车辆和物品移至安全地带，不得妨碍其他车辆通行。

造成供电、通讯等设施损毁的，驾驶人应当报警，不得驶离。公安机关交通管理部门应当及时通知有关部门处理；造成路产损坏或者公路污染的，公安机关交通管理部门应当及时通知公路管理机构处理。

第四十四条 发生交通事故后当事人未立即停车，未保护现场，或者有条件报案而不及时报案，致使事故基本事实无法查清的，应当按照下列规定承担事故责任：

（一）一方当事人有上述行为的，承担全部责任；

（二）当事人均有上述行为的，共同承担责任；但是，机动车与非机动车、行人发生交通事故的，由机动车一方承担事故主要责任。

依法可以自行协商处理和第四十三条规定的交通事故除外。

第四十五条 发生交通事故后，当事人为了逃避法律追究，驾驶车辆或者遗弃车辆逃离交通事故现场的，逃逸的当事人应当承担事故的全部责任。

第四十六条 机动车与非机动车驾驶人、行人之间发生交通事故，造成人身伤亡、财产损失的，由保险公司在机动车第三者责任强制保险责任限额范围内予以赔偿。不足的部分，按照下列规定承担赔偿责任：

（一）非机动车驾驶人、行人无事故责任的，由机动车一方承担赔偿责任；

（二）非机动车驾驶人、行人负事故次要责任的，由机动车一方承担百分之八十的赔偿责任；

（三）非机动车驾驶人、行人负事故同等责任的，由机动车一方承担百分之六十的赔偿责任；

（四）非机动车驾驶人、行人负事故主要责任的，由机动车一方承担百分之四十的赔偿责任；

（五）非机动车驾驶人、行人负事故全部责任的，由机动车一方承担不超过百分之十的赔偿责任。

交通事故的损失是由非机动车驾驶人、行人故意造成的，机动车一方不承担责任。

非机动车驾驶人、行人与处于静止状态的机动车发生交通事故，机动车一方无交通事故责任的，不承担赔偿责任。

未参加机动车第三者责任强制保险的，由机动车方在该车应当投保的最低保险责任限额内予以赔偿，对超过最低保险责任限额的部分，按照第一款的规定赔偿。

第四十七条 本省依法设立道路交通事故社会救助基金。

有下列情形之一的，由交通事故发生地的道路交通事故社会救助基金垫付交通事故受害人人身伤亡的部分或者全部抢救费用、丧葬费用：

（一）抢救费用超过机动车第三者责任强制保险责任限额的；

（二）肇事机动车未参加机动车第三者责任强制保险的；

（三）机动车肇事后逃逸的。

道路交通事故社会救助基金管理机构垫付抢救费用、丧葬费用的，有权向交通事故责任人追偿。

交通事故死亡人员身份无法确认的，其死亡赔偿金按照事故发生地的上一年度城镇居民人均可支配收入计算二十年，交由道路交通事故社会救助基金管理机构代为保存。

第四十八条 有下列情形之一，当事人直接向保险公司报告的，保险公司应当依法理赔：

（一）当事人依法自行协商处理的交通事故；

（二）仅造成投保车辆损失的单方交通事故；

（三）车辆在道路以外通行时发生的事故。

第六章 执法监督

第四十九条 公安机关交通管理部门及其交通警察应当依法履行职责，公开办事制度和程序，简化办事手续，方便人民群众，严格、公正、文明执法，保障道路交通有序、安全、畅通。

第五十条 公安机关交通管理部门应当建立健全行政执法责任制，采取有效措施，防止和纠正道路交通安全执法中的错误或者不当行为。

第五十一条 公安机关和上一级公安机关交通管理部门应当对公安机关交通管理部门及其交通警察的执法活动进行指导和监督，发现执法有过错的，依法予以纠正；发现处罚决定有错误的，依法予以撤销或者变更。

第五十二条 公安机关交通管理部门应当建立健全投诉、举报制度，公布投诉、举报电话、信箱或者电子邮箱。公安机关交通管理部门应当自接到投诉、举报之日起十五日内决定是否受理，并告知投诉、举报人；对决定受理的，应当及时组织调查并将处理结果告知投诉、举报人。

第五十三条 当事人要求查阅公安机关交通管理部门确认其交通违法行为的交通技术监控记录资料时，公安机关交通管理部门应当允许查阅并提供方便。

第五十四条 交通警察在道路上执勤执法时，不得有下列行为：

（一）违法扣留车辆、机动车行驶证、驾驶证和机动车号牌；

（二）违反规定当场收缴罚款，依法当场收缴罚款但不开具罚款收据、不开具简易程序处罚决定或者不如实填写罚款金额；

（三）利用职务便利索取、收受他人财物或者谋取其他利益；

（四）违法使用警报器、标志灯具；

（五）非执行紧急公务时拦截搭乘机动车；

（六）故意刁难违法行为人；

（七）因自身的过错与违法行为人或者群众发生纠纷或者冲突；

（八）从事非职责范围内的活动。

第七章　法律责任

第五十五条　行人、乘车人违反道路交通安全法律、行政法规和本条例关于道路通行规定的，处警告或者十元罚款。

非机动车驾驶人违反道路交通安全法律、行政法规和本条例关于道路通行规定的，处警告或者二十元罚款；但有下列行为之一的，责令改正，处警告或者五十元罚款：

（一）逆向行驶的；

（二）醉酒驾驶或者驾驭的；

（三）违反规定载人，或者行驶时速超过十五公里的；

（四）进入高速公路的；

（五）驾驶自行车、电动自行车、三轮车横过机动车道时未下车推行的；

（六）非下肢残疾人驾驶残疾人机动轮椅车的；

（七）自行车、三轮车加装动力装置的；

（八）电动自行车等安装有动力装置的非机动车未依法登记，或者未按照规定悬挂号牌，或者未携带行驶证的；

（九）在划分机动车道、非机动车道和人行道的道路上未按照规定车道行驶的。

第五十六条　驾驶机动车有下列行为之一的，责令改正，处警告或者五十元罚款：

（一）行经铁路道口或者渡口，未按照规定通行的；

（二）未避让正在作业的道路养护车、工程作业车的；

（三）未按照规定鸣喇叭示意的；

（四）在驾驶室的前后窗范围内悬挂、放置妨碍驾驶人视线物品的；

（五）行经漫水路或者漫水桥时未低速通过的；

（六）没有关好车门、车厢的；

（七）在没有划分机动车道、非机动车道和人行道的道路上行驶，未在道路中间通行的；

（八）违反警告标志、标线指示的。

第五十七条 驾驶机动车有下列行为之一的，责令改正，处警告或者一百元罚款：

（一）违反依次交替通行规定或者让行规定的；

（二）遇前方机动车停车排队等候或者缓慢行驶时，在人行横道、网状线区域内停车等候的；

（三）载运超限物品行经铁路道口时未按照指定的道口、时间通过的；

（四）在单位院内、居民居住区内未低速行驶、避让行人的；

（五）未放置检验合格标志、保险标志，或者未携带行驶证、驾驶证的；

（六）违反规定会车或者倒车的；

（七）违反路口通行规定的；

（八）违反牵引故障机动车规定的；

（九）使用手持电话或者有其他妨碍安全驾驶行为的；

（十）未按照规定喷涂、粘贴标识或者放大牌号的；

（十一）从匝道驶入或者驶离高速公路未按照规定使用转向灯的；

（十二）从匝道驶入高速公路妨碍正常行驶车辆的；

（十三）非紧急情况时在高速公路应急车道上行驶的。

第五十八条 驾驶机动车有下列行为之一的，责令改正，处警告或者一百五十元罚款：

（一）在划分机动车道、非机动车道和人行道的道路上未按照规定车道行驶的；

（二）在划设专用车道的道路上，违反规定使用专用车道的；

（三）载货长度、宽度、高度超过规定的；

（四）载物行驶时遗洒、飘散载运物的；

（五）运载影响交通安全的超限不可解体物品，未按照规定的时间、路线、速度行驶的，或者未悬挂明显标志的；

（六）在禁止鸣喇叭的区域或者路段鸣喇叭的；

（七）超过规定时速百分之五十以下的；

（八）违反规定牵引挂车的；

（九）未避让持盲杖的盲人的；

（十）驾驶摩托车手离车把或者在车把上悬挂物品的；

（十一）拖拉机驶入禁止通行的道路，或者牵引多辆挂车的；

（十二）在高速公路匝道、加速车道或者减速车道上超车的；

（十三）两轮摩托车在高速公路载人的；

（十四）机动车在高速公路发生故障，驾驶人没有组织车上人员迅速转移到右侧路肩上或者应急车道内的。

第五十九条 驾驶机动车有下列行为之一的，责令改正，处警告或者二百元罚款：

（一）在机动车道内未按照规定车道行驶，或者变更车道时影响其他车辆正常行驶的；

（二）遇前方停车排队等候或者缓慢行驶时，未依次等候，从前方车辆两侧穿插或者超越行驶的；

（三）违反规定掉头，或者超车的；

（四）逆向行驶，或者下陡坡时熄火、空挡滑行的；

（五）行经人行横道未减速行驶，或者遇行人正在通过人行横道时未停车让行的；

（六）行经没有交通信号的道路，遇行人横过道路未避让的；

（七）未按照交通信号灯规定通行的；

（八）在同车道未按照规定与前车保持必要的安全距离的；

（九）未按照规定避让执行紧急任务的警车、消防车、救护车、工程救险车的；

（十）载人超过核定人数的；

（十一）驾驶人或者乘坐人员未按照规定使用安全带的；

（十二）未按照规定使用灯光、警报器、标志灯具的；

（十三）违反禁令标志、禁止标线指示的；

（十四）使用他人机动车驾驶证的；

（十五）驾驶证丢失、损毁、或者被依法扣留期间以及记分达到十二分仍驾驶机动车的；

（十六）交通事故发生后，不服从交警指挥，造成交通阻塞的；

（十七）违反规定运载危险物品的；

（十八）未将故障车辆移到不妨碍交通的地方停放的；

（十九）道路养护施工作业车辆、机械作业时未开启示警灯和危险报警闪光灯的；

（二十）连续驾驶超过四小时未停车休息，或者停车休息时间少于二十分钟的；

（二十一）实习期内违反规定驾驶机动车，或者未在机动车后部粘贴、悬挂实习标志的；

（二十二）在道路上发生故障或者事故后，未按照规定使用灯光或者设置警告标志的；

（二十三）违反规定停放、临时停车，妨碍其他车辆、行人通行的；

（二十四）未悬挂、未按照规定安装、故意遮挡或者污损机动车号牌的；

（二十五）其他机动车喷涂警车、消防车、救护车、工程救险车专用或者与其相类似的标志图案的；

（二十六）服用国家管制的精神药品或者麻醉药品，或者过度疲劳的；

（二十七）在机动车上安装影响交通技术监控设备正常使用的装置，或者在机动车号牌上喷涂、粘贴影响交通技术监控信息接收材料的；

（二十八）拖拉机载人的；

（二十九）摩托车驾驶人未按照规定戴安全头盔，或者乘坐人员未按照规定戴安全头盔的；

（三十）禁止进入高速公路的机动车进入高速公路的；

（三十一）在高速公路发生故障，未按照规定使用危险报警闪光灯或者设置警告标志的；

（三十二）违反规定拖曳故障车、事故车的；

（三十三）在正常情况下以低于规定最低时速在高速公路行驶，或者在高速公路行驶超过限定时速但未超过百分之五十的；

（三十四）在低能见度气象条件下未按照规定在高速公路行驶的；

（三十五）载货汽车车厢在高速公路载人的；

（三十六）在高速公路倒车、逆行、穿越中央分隔带掉头或者在车道内停车的；

（三十七）在高速公路试车、学习驾驶，或者上下乘客的；

（三十八）在高速公路路肩上行驶，或者骑、轧高速公路车行道分界线，或者非紧急情况时在应急车道上或者路肩上停车的；

（三十九）通过高速公路施工作业路段，未减速行驶的；

（四十）运输剧毒化学品超过规定时速不足百分之五十的。

行为人有前款第四十项情形的，可以并处吊销机动车驾驶证。

第六十条　行为人有下列情形之一的，处五百元罚款：

（一）饮酒后驾驶机动车的；

（二）公路客运车辆载客超过额定乘员的；

（三）货运机动车超过核定载质量的；

（四）总质量大于三千五百千克的货车和挂车未按照国家标准在其侧面及后下部安装防护装置的；

（五）未按照规定安装、使用卫星定位汽车行驶记录仪的；

（六）擅自更改、删除或者伪造卫星定位汽车行驶记录仪信息资料的；

（七）非机动车违反交通管制的规定强行通行，不听劝阻的。

行为人有前款规定第一项情形的，应当暂扣三个月驾驶证；有前款规定第二项、第三项情形之一的，应当扣留机动车至违法状态消除；有前款规定第四项、第五项、第六项情形之一的，应当责令改正。

第六十一条　行为人有下列情形之一的，处一千元罚款：

（一）非法安装警报器或者标志灯具的；

（二）未取得机动车驾驶证、机动车驾驶证被吊销或者被暂扣期间，驾驶非汽车类机动车的；

（三）驾驶非机动车造成交通事故后逃逸，尚未构成犯罪的；

（四）机动车行驶超过规定时速百分之五十不足百分之一百的；

（五）驾驶拼装或者已达报废标准的非汽车类机动车上道路行驶的；

（六）在高速公路、城市快速路和大中城市中心城区道路上发生未造成人身伤亡的交通事故，当事人应当即行撤离事故现场而未撤离，导致发生严重阻塞或者次生事故的。

行为人有前款第一项情形的，由公安机关交通管理部门强制拆除警报器或者标志灯具，予以收缴；有前款第四项情形的，可以并处吊销机动车驾驶证；有前款第五项情形的，应当收缴车辆，强制报废，并吊销机动车驾驶证；有前款第六项情形，情节严重的，可以并处吊销机动车驾驶证。

第六十二条 行为人有下列情形之一的，处一千五百元罚款：

（一）未取得机动车驾驶证、机动车驾驶证被吊销或者被暂扣期间，驾驶汽车类机动车的；

（二）将机动车交由未取得机动车驾驶证或者机动车驾驶证被吊销、暂扣的人驾驶的；

（三）强迫机动车驾驶人违反道路交通安全法律、法规和机动车安全驾驶要求驾驶机动车，造成交通事故，尚未构成犯罪的；

（四）故意损毁、移动、涂改交通设施，造成危害后果，尚未构成犯罪的；

（五）驾驶拼装或者已达报废标准的汽车类机动车上道路行驶的。

行为人有前款第二项情形的，可以并处吊销机动车驾驶证；有前款第五项情形的，应当收缴车辆，强制报废，并吊销机动车驾驶证。

第六十三条 行为人有下列情形之一的，处二千元罚款：

（一）公路客运车辆载客超过额定乘员百分之二十或者违反规定载货的；

（二）货运机动车超过核定载质量百分之三十或者违反规定载客的；

（三）伪造、变造或者使用伪造、变造的机动车登记证书、号牌、行驶证、检验合格标志、保险标志、驾驶证或者使用其他车辆的机动车登记证书、号牌、行驶证、检验合格标志、保险标志的；

（四）驾驶机动车造成交通事故后逃逸，尚未构成犯罪的；

（五）机动车行驶超过规定时速百分之一百以上，或者运输剧毒化学品超过规定时速百分之五十以上的；

（六）机动车违反交通管制的规定强行通行，不听劝阻的；

（七）非法拦截、扣留机动车辆，不听劝阻，造成交通严重阻塞或者较大财产损失的；

（八）参与未经批准的道路赛车的；

（九）在道路上驾驶机动车追逐竞驶的；

（十）驾驶人在三年内的任一记分周期内的道路交通安全违法行为记分超过规定分值继续驾驶校车的。

行为人有前款第一项、第二项情形之一的，由公安机关交通管理部门扣留机动车至违法状态消除；有前款第三项情形的，由公安机关交通管理部门予以收缴，扣留机动车，当事人提供相应的合法证明或者补办相应手续的，应当及时退还机动车；有前款第五项情形的，可以并处吊销机动车驾驶证；有前款第八项情形的，可以并处吊销机动车驾驶证，五年内不得重新取得机动车驾驶证；有前款第九项情形的，可以并处吊销机动车驾驶证，五年内不得重新取得机动车驾驶证，构成犯罪的，依法追究刑事责任。

第六十四条　运输单位的公路客运车辆载客超过额定乘员或者违反规定载货，货运机动车超过核定载质量或者违反规定载客，经处罚未改正的，对直接负责的主管人员处五千元罚款。

擅自划定道路停车泊位或者停车站（点）的，责令改正，对个人处五千元罚款，对单位处二万元罚款；有违法所得的，没收违法所得。

未经批准，擅自挖掘公路、占用公路施工或者从事其他影响公路交通安全活动的，由交通主管部门责令停止违法行为，并恢复原状，可以处三万元罚款；未经批准，擅自挖掘城市道路、占用城市道路施工或者从事其他影响城市道路交通安全活动的，由城市道路主管部门责令停止违法行为，并恢复原状，可以处二万元罚款。

组织未经批准的道路赛车的，处五万元罚款，有违法所得的，没收违法所得。

第六十五条 在道路上醉酒驾驶机动车的，依法追究刑事责任，给予行政处罚和行政处理。

第六十六条 未取得机动车驾驶证驾驶车辆发生交通事故后逃逸，尚未构成犯罪的，五年内不得申领机动车驾驶证；构成犯罪的，终生不得申领机动车驾驶证。

第六十七条 机动车有三次以上道路交通违法行为记录，机动车所有人、驾驶人经公安机关交通管理部门依法送达违法行为处理通知书后拒不接受处理的，公安机关交通管理部门可以扣留机动车驾驶证、行驶证；确有必要的，可以扣留机动车。机动车所有人、驾驶人接受处理后，公安机关交通管理部门应当立即返还机动车驾驶证、行驶证或者机动车。

第六十八条 公安机关交通管理部门根据交通技术监控记录资料或者经查实的公民举报的道路交通安全违法行为，可以对违法的机动车所有人或者管理人依法予以处罚。对能够确认驾驶人的，依法对驾驶人予以处罚。

第六十九条 公安机关交通管理部门及其工作人员有下列行为之一的，对直接负责的主管人员、其他直接责任人员，或者有关工作人员给予处分；构成犯罪的，依法追究刑事责任：

（一）违反规定条件、程序作出审批决定或者发放牌证、许可证的；

（二）违法扣留车辆、机动车行驶证、驾驶证、车辆号牌的；

（三）违反规定当场收缴罚款，依法当场收缴罚款但不开具罚款收据、不开具简易程序处罚决定或者不如实填写罚款金额的；

（四）违法使用警报器、标志灯具的；

（五）非执行紧急公务时拦截搭乘机动车的；

（六）故意刁难违法行为人的；

（七）因自身的过错与违法行为人或者群众发生纠纷或者冲突的；

（八）徇私舞弊，不公正处理交通事故的；

（九）接到具有重大影响的交通事故报告后，故意隐瞒不报、拖延报告，或者不及时处置，或者因处置不力导致事故后果扩大的；

（十）利用职权非法占有公共或者他人财物，索取、收受贿赂，或者滥用职权、玩忽职守的；

（十一）其他未按照规定实施行政处罚和未履行法定职责的。

第七十条 道路主管部门、交通设施管理部门及其工作人员有下列行为之一的，对直接负责的主管人员、其他直接责任人员，或者有关工作人员给予处分；构成犯罪的，依法追究刑事责任：

（一）未按照国家标准或者规范要求设定道路通行速度的；

（二）未按照规定设置交通安全防护设施、交通监控设备、交通信号等，或者未保持其清晰、醒目、准确、完好的；

（三）对占用、挖掘道路或者跨越、穿越道路架设、增设管线设施的施工作业未依法审批的；

（四）未督促经批准占用、挖掘道路或者跨越、穿越道路架设、增设管线设施的施工作业单位按期完工的；

（五）对未经批准擅自挖掘道路、占用道路施工或者从事其他影响道路交通安全活动疏于监督的；

（六）滥用职权、徇私舞弊、玩忽职守的；

（七）其他未履行法定职责的。

第八章　附　则

第七十一条 对道路交通安全违法行为的罚款处罚，可以实行异地缴纳罚款制度，具体办法由省人民政府自本条例施行之日起一年内制定。

卫星定位汽车行驶记录仪的安装、使用、监管办法，道路交通事故社会救助基金实施办法，电动自行车等安装有动力装置的非机动车的检验办法由省人民政府自本条例施行之日起一年内制定。

第七十二条 本条例自2011年10月1日起施行。2006年1月18日广东省第十届人民代表大会常务委员会第二十二次会议通过的《广东省道路交通安全条例》同时废止。

广东省民用建筑节能条例

（2011年3月30日广东省第十一届人民代表大会常务委员会第二十五次会议通过）

第一章　总　则

第一条　为了促进民用建筑节能，加强民用建筑节能管理，降低民用建筑使用过程中的能源消耗，提高能源利用效率，根据《中华人民共和国节约能源法》和《民用建筑节能条例》等有关法律、行政法规，结合本省实际，制定本条例。

第二条　本条例适用于本省行政区域内新建（含改建、扩建）民用建筑节能、既有民用建筑节能改造、民用建筑用能系统运行节能、可再生能源在民用建筑中的应用及其相关活动。

本条例所称民用建筑，是指居住建筑、国家机关办公建筑和商业、服务业、教育、卫生等其他公共建筑。

本条例所称民用建筑节能，是指在保证建筑使用功能和室内热环境质量的前提下，采取节能措施，降低建筑使用过程中能源消耗的活动。

第三条　县级以上人民政府应当把民用建筑节能纳入国民经济和社会发展规划。

县级以上人民政府建设主管部门应当会同有关部门组织编制本行政区域的民用建筑节能规划，报本级人民政府批准后实施。

建筑节能规划应当执行国家和本省的节能标准，对新建建筑的节能、既有建筑的节能改造、建筑用能系统运行节能、可再生能源在建筑中的应用等提出目标、具体安排和保障措施。

第四条 各级人民政府应当加强对民用建筑节能工作的领导，积极培育民用建筑节能服务市场，健全民用建筑节能服务体系，推动民用建筑节能技术的开发应用，做好民用建筑节能知识的宣传教育工作。

第五条 县级以上人民政府建设主管部门负责本行政区域内民用建筑节能的监督管理工作。

县级以上人民政府发展和改革、财政、经济和信息化、税务、城乡规划、环保、科技、消防等有关主管部门按照各自职责，配合做好民用建筑节能的相关工作。

第六条 省人民政府建设主管部门应当制定本省地方民用建筑节能标准，会同有关部门发布推广使用民用建筑节能的新技术、新工艺、新设备、新材料、新产品的目录和限制或者禁止使用能源消耗高的技术、工艺、设备、材料、产品的目录。

省人民政府建设主管部门应当制定绿色建筑和绿色社区的标准，开展绿色建筑和绿色社区的评价标识，推广绿色建筑。

第七条 县级以上人民政府建设主管部门组织和鼓励建筑节能新技术、新工艺、新设备、新产品、新材料的研发和推广；推行建筑节能示范工程制度；普及建筑节能知识，提供有关建筑节能的信息、技术、培训等服务。

第二章　新建建筑节能

第八条 市、县、镇人民政府编制城市、镇总体规划应当优化城市空间布局，合理确定人均土地资源的占用指标，统筹考虑建筑节能和可再生能源在建筑中的应用。

城市人民政府城乡规划主管部门、镇人民政府编制城市、镇详细规划应当在建筑物布局、形状、朝向、采光、通风、密度、高度和绿化等方面符合能源利用和建筑节能标准的要求。

第九条 民用建筑项目依法应当进行设计招标投标的，招标人或者其委托的招标代理机构编制的招标文件中应当包括建筑节能的要求，并作为评标的必要条件。

第十条 建设单位应当对建设工程符合建筑节能强制性标准负责。

建设单位不得明示或者暗示设计单位、施工单位降低建筑节能强制性标准进行设计、施工；不得明示或者暗示施工单位使用不符合建筑节能强制性标准和施工图设计文件要求的材料、产品、设备和建筑构配件。

按照合同约定由建设单位采购相关材料、产品、设备和构配件的，建设单位应当保证符合建筑节能强制性标准和施工图设计文件要求。

第十一条 设计单位编制的建设工程项目方案设计应当包括建筑节能设计专项说明；编制的初步设计文件应当包括建筑节能设计专篇；编制的施工图设计文件应当包括建筑节能设计说明和节能计算书等，明确材料、构件、设备的技术指标要求和节能措施、构造等内容。设计单位编制的大型公共建筑工程方案设计应当有建筑节能专题报告。

施工图设计文件审查机构应当对施工图设计文件中建筑节能内容是否符合建筑节能强制性标准进行审查。未经审查或经审查不符合强制性标准的，施工图设计文件审查机构不得出具施工图设计文件审查合格证明文件，建设主管部门不得颁发施工许可证。

第十二条 施工单位应当对其承包的工程施工是否符合建筑节能强制性标准负责。

施工单位应当编制建筑节能工程专项施工方案，按照方案组织施工，并按照施工图设计文件的要求对进入施工现场的墙体材料、保温材料、门窗、空调系统和照明设备等进行查验，对产品说明书和产品标识上注明的能源消耗指标不符合施工图设计文件要求的，不得使用；施工单位应当对公共建筑的集中空调系统及其监控系统进行联合试运转调试。

建设主管部门对不符合建筑节能强制性标准的在建工程应当责令停止施工，限期改正。

第十三条 工程监理单位应当编制建筑节能专项监理方案，并严格按照建筑节能专项监理方案组织工程监理。

建筑节能专项监理方案主要包括：

（一）材料和设备的查验；

（二）关键工序的监理形式；

（三）节能施工方案的论证和审批；

（四）节能工程的验收等。

第十四条 建设工程质量监督机构编制的工程质量监督方案应当包括建筑节能工程监督的内容。提交的建设工程质量监督报告应当有建筑节能的专项监督意见。

第十五条 建设单位组织竣工验收时，应当对民用建筑是否符合建筑节能标准进行查验，验收报告中应当有建筑节能专项内容。对不符合建筑节能强制性标准的，不得出具竣工验收合格报告，不得交付使用。

建设主管部门应当对竣工验收资料进行审核，对不符合建筑节能强制性标准的项目，不予验收备案并说明理由。

第十六条 国家机关办公建筑和大型公共建筑的所有权人或者使用权人应当在建筑物投入使用二年内按国家有关规定对建筑能效进行测评和标识，并予以公示。

鼓励房地产开发企业对居住建筑的建筑能效进行测评和标识。

第十七条 从事建筑能效测评的机构，应当具备国家规定的专业人员和检测设备等条件，出具的测评报告应当真实、完整。

第十八条 房地产开发企业应当在销售现场公布所售房屋的能耗设计指标、节能措施及保护要求、节能工程质量保修期等基本信息，在商品房买卖合同、住宅质量保证书和住宅使用说明书中载明，并对其真实性、准确性负责。

商品房买受人在节能工程质量保修期内可以委托民用建筑能效测评机构对所购买商品房所载明的能耗设计指标进行评估。对不符合能耗设计指标的，房地产开发企业应当返修，并承担评估和返修费用，给买受人造成的损失，依法予以赔偿。

第三章　既有建筑节能

第十九条　县级以上人民政府应当制定和执行既有建筑节能改造的激励政策，有计划、分步骤地推进既有建筑节能改造。

第二十条　省人民政府建设主管部门应当制定既有建筑节能改造技术标准和规程，指导、监督全省既有建筑节能改造。

县级以上人民政府建设主管部门应当会同房产管理等有关主管部门对本行政区域内既有建筑的建设年代、结构形式、用能系统、能耗指标、寿命周期等组织调查统计和分析，依照本地民用建筑节能规划，制定既有建筑节能改造计划，明确节能改造目标、范围、经费来源和要求，报本级人民政府批准。

国家机关既有办公建筑的节能改造，由本级人民政府机关事务管理机构会同有关部门制订改造计划，报本级人民政府批准。

第二十一条　既有建筑节能改造应当以不符合节能标准的国家机关办公建筑、大型公共建筑、政府投资和以政府投资为主的公共建筑为重点，实行强制性改造和市场引导相结合。

实施既有建筑的节能改造，应当优先采用遮阳、改善通风、建筑用能系统的智能控制等改造措施。

第二十二条　国家机关办公建筑、政府投资和以政府投资为主的公共建筑的节能改造，应当制订节能改造方案，并按照国家有关规定办理相关审批手续后方可实施。改造完成后，应当按照民用建筑节能工程验收规范进行验收。

第四章　建筑用能系统运行节能

第二十三条　国家机关办公建筑和大型公共建筑的所有权人或者使用权人应当建立健全建筑节能管理制度和操作规程，对建筑用能系统进行监测、维护，加强建筑用能系统能耗计量管理。

第二十四条 县级以上人民政府建设主管部门应当对本行政区域内国家机关办公建筑和大型公共建筑能耗情况进行调查统计和评价分析，并逐步建立能耗实时监管平台。

国家机关办公建筑和大型公共建筑所有权人或者使用权人应当定期将能耗情况报所在地建设主管部门。

第二十五条 县级以上人民政府建设主管部门应当建立民用建筑能源审计制度，依法对高能耗的国家机关办公建筑和大型公共建筑进行能源审计，并将审计结果向社会公布。

高能耗的国家机关办公建筑和大型公共建筑所有权人或者使用权人应当按照审计结果进行节能改造，提高能源利用效率。

第二十六条 省人民政府节能工作主管部门应当会同建设主管部门制定公共建筑用电限额标准。

县级以上人民政府节能工作主管部门应当会同同级建设主管部门根据公共建筑用电限额标准确定本行政区域内公共建筑重点用电单位及其年度用电限额，对超过用电限额的征收超额附加费，按照行政事业性收费，实行收支两条线管理，纳入财政账户，专款用于建筑节能改造。超额附加费的征收标准，由省人民政府另行制定。

第五章　可再生能源的应用

第二十七条 省人民政府应当制定民用建筑应用可再生能源的鼓励政策，对在民用建筑中应用可再生能源的给予支持。

第二十八条 省人民政府建设主管部门应当根据本省气候条件、产品技术水平和经济发展等方面的特点，制定太阳能等可再生能源在建筑中应用的设计、施工、验收标准或者技术导则，组织应用技术研究，并将技术成果公开供社会免费使用。

第二十九条 采用集中空调系统，有稳定热水需求，建筑面积在一万平方米以上的新建（含改建、扩建）公共建筑，应当配套设计和建设空调废热回收利用装置，未配套的，不得通过施工图设计文件审查和竣工验收备案。

第三十条 地级以上市人民政府建设主管部门应当根据当地实际情况明确太阳能在建筑中的应用条件，加强对建筑应用太阳能技术的指导。

具备太阳能应用条件的建筑，建设单位应当选择合适的太阳能应用系统，用于热水供应等；设计单位应当按照有关太阳能应用的标准进行设计，未按照标准进行设计的，不得通过施工图设计文件审查和竣工验收备案。

第三十一条 政府投资的建设项目应当带头应用太阳能及其他可再生能源，并列入投资计划。

第三十二条 各级人民政府鼓励和扶持太阳能光伏发电和热水建筑一体化，开展应用示范工程；鼓励和扶持建设单位选择合适的太阳能应用系统用于采暖、制冷、照明；鼓励和扶持在江、河、湖、海附近的建筑中使用地表水源热泵系统；鼓励中水回用、建筑废弃物回收利用。

第六章 激励措施

第三十三条 县级以上人民政府应当安排资金，用于支持下列民用建筑节能工作：

（一）建筑节能的科学技术研究、产品开发和标准制定；

（二）既有建筑围护结构和空调系统的节能改造；

（三）可再生能源在民用建筑中的应用；

（四）民用建筑节能示范工程；

（五）新型墙体材料、绿色建筑和节能项目的推广应用；

（六）民用建筑节能监管系统的建设；

（七）鼓励家庭装配节能设施；

（八）其他民用建筑节能活动。

第三十四条 用于支持民用建筑节能工作的资金主要来源如下：

（一）财政拨款；

（二）新型墙体材料专项基金；

（三）按照本条例规定征收的超额附加费；

（四）社会捐助等其他来源。

第三十五条 鼓励对建筑屋顶和外墙实施安全美观的绿化，降低建筑能耗。

第三十六条 生产、使用列入推广目录的建筑节能新技术、新工艺、新设备、新产品和新材料的，按照国家有关规定享受税收优惠等扶持政策。

企业购置用于建筑节能专用设备的投资额，依法按照一定比例实行税额抵免。

第三十七条 建筑项目经建筑能效测评获得低能耗建筑能效标识的，依法减免建设单位该项目的企业所得税。

建筑项目列入可再生能源产业发展指导目录的，建设单位依法享受该项目的税收优惠。

第三十八条 鼓励金融机构按照国家有关规定，对民用建筑节能项目提供信贷支持。

第三十九条 县级以上人民政府应当制定优惠政策，鼓励社会资金参与可再生能源建筑应用、既有建筑节能改造及示范工程等民用建筑节能项目。投资人有权按照约定获得投资收益。

第七章　法律责任

第四十条 有下列情形之一的，由县级以上人民政府建设主管部门责令限期改正；逾期未改正的，处三万元以上五万元以下的罚款：

（一）违反本条例第九条规定，招标人未在招标文件中明确民用建筑节能要求的；

（二）违反本条例第十三条规定，工程监理单位未编制建筑节能专项监理方案的。

第四十一条 违反本条例第十一条第二款规定，施工图设计文件审查机构未对施工图设计文件中的民用建筑节能内容进行审查的，由县级以上人民政府建设主管部门责令限期改正，并处三万元以上五万元以下的罚款；出具虚假审查合格证明文件的，处十万元以上二十万元以下的罚款；情节严重的，由省人民政府建设主管部门撤销对审查机构的认定；有违法所得的，没收违法所得。

第四十二条 违反本条例第十七条规定，民用建筑能效测评机构出具能效测评虚假报告的，由县级以上人民政府建设主管部门责令限期改正，并处五万元以上十万元以下的罚款；情节严重的，由省人民政府建设主管部门撤销对能效测评机构的认定；有违法所得的，没收违法所得。

第四十三条 违反本条例第十八条规定，房地产开发企业有下列情形之一的，由县级以上人民政府建设主管部门责令限期改正；逾期未改正的，处交付使用的房屋销售总额的百分之一至二的罚款；情况严重的，由颁发资质证书的部门降低资质等级或者吊销资质证书：

（一）未在销售现场公示所售商品房的能耗设计指标、节能措施和保护要求、节能工程质量保修期等基本信息的；

（二）未在商品房买卖合同中明确所售商品房能耗设计指标、节能措施和保护要求、节能工程质量保修期等基本信息的；

（三）所售商品房的能耗设计指标、节能措施和保护要求、节能工程质量保修期等基本信息不真实、不准确的。

第四十四条 依照本条例规定，给予单位罚款处罚的，对单位直接负责的主管人员和其他直接责任人员处单位罚款数额百分之五以上百分之十以下罚款。

第四十五条 县级以上人民政府有关部门及其工作人员违反本条例规定，有下列行为之一的，对负有责任的主管人员和其他直接责任人员依法给予行政处分；构成犯罪的，依法追究刑事责任：

（一）对不符合民用建筑节能强制性标准的民用建筑工程，核发施工许可证、予以竣工验收备案的；

（二）未按照法律、法规的规定使用建筑节能资金的；

（三）未依法履行民用建筑节能监督检查职责，对应当制止和查处的违法行为不制止、不查处、造成严重后果的；

（四）有其他滥用职权、玩忽职守行为的。

第八章　附　则

第四十六条　本条例自2011年7月1日起施行。

广东省实施珠江三角洲地区改革发展规划纲要保障条例

（2011年7月29日广东省第十一届人民代表大会常务委员会第二十七次会议通过）

第一章　总　则

第一条　为了保障珠江三角洲地区改革发展规划纲要（以下简称规划纲要）的实施，推动珠江三角洲地区改革创新，促进本省经济社会全面协调可持续发展，根据有关法律法规，制定本条例。

第二条　本条例适用于本省行政区域内实施规划纲要的保障工作。

第三条　规划纲要是经国务院批准指导珠江三角洲地区改革发展的行动纲领。各级人民政府及其有关部门应当严格执行规划纲要，围绕规划纲要提出的总体要求和发展目标开展相关工作。

任何单位和个人不得擅自调整规划纲要，因情况变化确需调整的，由省人民政府按照国家有关要求向国家有关主管部门提出调整建议。

第四条　实施规划纲要应当坚持科学发展原则，鼓励改革创新、先行先试。

第五条　省人民政府负责实施规划纲要的领导工作，统筹协调珠江三角洲地区的改革发展工作，推动全省经济社会全面发展。

珠江三角洲地区各级人民政府负责规划纲要在本行政区域内的实施工作。珠江三角洲以外的地区各级人民政府应当积极参与规划纲要的相关实施工作。

珠江三角洲地区地级以上市人民政府设立的实施规划纲要领导协调机构，负责规划纲要实施、监督管理的综合协调工作。领导协调机构办公室承担具体工作。

政府各部门在各自职责范围内负责实施规划纲要的具体工作。

第六条 各级人民政府及其部门应当收集、听取社会各界对规划纲要的实施工作提出的意见和建议，并在实施规划纲要过程中予以考虑。

第七条 广播、电视、报刊、网络等媒体应当广泛宣传报道规划纲要及其实施情况，并配合有关单位依法公开相关信息。

第二章 组织与协调

第八条 编制和修改珠江三角洲地区相关专项规划，应当以规划纲要为依据。编制和修改其他规划，涉及珠江三角洲地区的，应当与规划纲要相衔接。

第九条 省人民政府应当制订省实施规划纲要的年度工作计划。珠江三角洲地区各级人民政府应当根据上级人民政府的年度工作计划，制订本地区实施规划纲要的年度工作计划，并报送上一级人民政府。

省人民政府各部门、珠江三角洲地区县级以上人民政府各部门应当按照本级人民政府的工作部署，制订本部门实施规划纲要的年度工作计划，并报送同级人民政府。

年度工作计划应当包括目标任务、进度安排和责任落实等内容。

第十条 省人民政府、珠江三角洲地区县级以上人民政府应当对其所属部门和下一级人民政府报送的年度工作计划进行审核，对不符合规划纲要要求的，应当要求制订机关作出修改。

第十一条 珠江三角洲地区各级人民政府应当定期向上一级人民政府报告实施规划纲要工作进展情况，珠江三角洲地区县级以上人民政府相关部门应当定期向同级人民政府报告实施规划纲要工作进展情况。

第十二条 省人民政府应当建立健全实施规划纲要的工作机制，协调解决实施规划纲要中的重大问题和跨部门、跨地区的重大事项。

省人民政府应当定期召集省人民政府有关部门和珠江三角洲地区地级以上市人民政府，研究协商实施规划纲要的重大事项并作出决定，涉及珠江三角洲以外的地区的，应当请相关地级市人民政府参加。

省人民政府有关行政主管部门可以召集省人民政府有关部门和珠江三角洲地区地级以上市人民政府，对涉及实施规划纲要的具体事项进行协商；涉及投资新建重大产业项目和重要产业基地布局等重大具体事项的，省人民政府有关行政主管部门应当按照各自职责牵头协调。

第十三条 珠江三角洲地区地级以上市人民政府应当通过协作会议等形式，对涉及区域协作发展的重要事项进行沟通、协商，取得一致意见后作出决定或者签订合作协议，并严格执行。省人民政府应当督促决定或者合作协议的执行。

区域协作发展事项需要省人民政府及其有关部门协调的，珠江三角洲地区地级以上市人民政府可以提请省人民政府及其有关部门协调，省人民政府及其有关部门认为有必要的，应当牵头协调。

第十四条 珠江三角洲地区地级以上市依照法定的权限制定涉及实施规划纲要的地方性法规、政府规章和其他规范性文件，或者编制产业发展规划、城乡规划、土地利用总体规划、交通规划、环境保护规划和水资源利用规划等，可能对其他地区造成影响的，应当征求所涉地区地级以上市人民政府的意见，并对意见的采纳情况作出说明，及时反馈给提出意见的地级以上市人民政府。

第十五条 省人民政府应当根据经济社会发展需要，加强与香港、澳门特别行政区政府的沟通、协调，推动重大基础设施建设、产业发展、环境保护、共建优质生活圈、区域合作规划等方面的合作。

第十六条 各级人民政府在执行区域协作发展决定或者合作协议，以及其他实施规划纲要中发生争议的，应当协商解决；协商不成的，可以由共同的上一级人民政府作出决定。

第三章　促进与保障

第十七条　省人民政府应当制定并组织实施珠江三角洲地区基础设施建设、产业布局、城乡规划、环境保护、基本公共服务等一体化的发展规划。

珠江三角洲地区地级以上市人民政府应当根据一体化发展规划确定的发展战略和发展目标，逐步推进各市在一体化发展方面的制度衔接。

第十八条　省人民政府应当统筹跨行政区域的产业发展规划，明确区域内产业发展定位、发展重点和空间布局，完善有关政策措施，在珠江三角洲地区重大产业项目布局和共建共享方面建立协调机制，支持珠江三角洲地区和珠江三角洲以外的地区的产业和劳动力转移。

珠江三角洲地区和珠江三角洲以外的地区人民政府应当共同做好产业和劳动力转移工作，促进区域的产业转型升级和资金、技术、人才、项目等方面的合理配置。

第十九条　省人民政府应当统筹规划交通、能源、水资源、信息基础网络等基础设施建设，在珠江三角洲地区项目规划、选址、建设进度、技术标准等方面建立协调机制，促进珠江三角洲地区基础设施建设一体化。

第二十条　省人民政府应当统筹珠江三角洲地区城市、各类园区、开发区、合作区的布局、规模和规划建设标准，加强对区域绿地、绿道和重点发展地区的强制性监督控制，促进珠江三角洲地区城镇空间布局协调，城乡一体化发展。

第二十一条　省人民政府应当确定珠江三角洲地区基本公共服务一体化的范围，逐步建立珠江三角洲地区基本公共服务一体化的财政投入及其保障机制。

第二十二条　省人民政府应当统筹规划建设珠江三角洲地区环境保护基础设施。珠江三角洲地区地级以上市人民政府应当建立区域污染联防联治等管理协调机制，加强相邻生态功能区合作。

省人民政府应当建立区域性环境信息网络和污染源动态管理信息系统，实现城市间、部门间环境信息共享。

第二十三条 省人民政府、珠江三角洲地区各级人民政府应当建立专项资金，支持人才的培养与引进、科学技术的研究开发、技术成果产业化、技术和产品的示范与推广工作。

第二十四条 省人民政府、珠江三角洲地区各级人民政府应当建立和完善信息网络，统一信息交换标准和规范，共建公共信息数据库，实现珠江三角洲地区政府间的信息共享。

第二十五条 省人民政府、珠江三角洲地区各级人民政府应当根据规划纲要的总体要求和发展目标，创新行政、经济、社会管理的体制机制。有关改革创新措施应当进行充分的调查研究和论证，并广泛听取社会各界和公众的意见和建议。

改革创新工作涉及面广、问题复杂的，可以在局部地区或者部分单位进行试点；条件成熟时可以制定地方性法规。

第二十六条 地方性法规和政府规章的制定机关应当根据实施规划纲要的需要，适时制定、修改或者废止有关地方性法规和政府规章。

省人民政府根据实施规划纲要的需要，可以制定单独适用于珠江三角洲地区的政府规章，或者提请省人民代表大会及其常务委员会制定单独适用于珠江三角洲地区的地方性法规。

第二十七条 实施规划纲要涉及法律、法规或者国家政策未规定的事项，珠江三角洲地区地级以上市人民政府在遵循国家法制统一原则的前提下，可以制定规范性文件。

珠江三角洲地区各级人民政府及其部门应当定期清理规范性文件，及时修改或者废止与规划纲要和本条例不一致的规范性文件。

第二十八条 实施规划纲要需要扩大县级人民政府和镇人民政府市场监管、社会管理、公共服务方面的行政管理职权的，应当坚持科学发展、权责统一、分类指导的原则。

省人民政府可以按照前款规定，批准县级人民政府及其部门、具备一定人口规模和经济实力的镇人民政府，行使地方性法规、政府规章规定的由上一级人民政府及其部门行使的行政管理职权，并就批准的行政管理事项制订调整目录。

省人民政府作出的批准决定和制订的行政管理事项调整目录应当向省人民代表大会常务委员会备案，并向社会公告。

行政管理职权调整后，县级人民政府和镇人民政府应当加强行政管理能力，建立健全行政执法责任制。同级人民代表大会或者常务委员会应当加强对行政管理职权调整后的县级人民政府、镇人民政府实施法律、法规情况的监督检查。

第二十九条 珠江三角洲地区各级人民政府的行政决策涉及下列事项的，决策机关应当依照相关法律、法规的要求采取听证会、论证会、座谈会、网上咨询等方式听取社会公众的意见，并将意见采纳情况向社会公布：

（一）产业发展规划，城乡规划，土地利用总体规划，环境保护规划和区域、流域、海域建设规划的编制或者重大调整；

（二）政府重大投资项目、重大市政基础设施建设项目、重大土地及矿产等自然资源和其他重要公共资源配置项目的立项审批；

（三）土地征收计划项目，国有土地上房屋和集体土地的征收、征用及其补偿安置；

（四）其他涉及经济社会发展全局、事关人民群众切身利益的重大行政决策事项。

第四章 考核与监督

第三十条 省人民政府应当建立健全科学合理的评估考核制度，对珠江三角洲地区地级以上市人民政府和省人民政府各部门实施规划纲要的情况进行评估考核。

珠江三角洲地区地级以上市人民政府应当参照省人民政府的评估考核制度，对其所属部门和下一级人民政府进行评估考核。

评估考核的标准、程序和结果应当向社会公开。

第三十一条 评估考核应当邀请人大代表、政协委员以及专家学者参与，并广泛听取社会公众的意见。

第三十二条 评估考核机关对评估考核优秀的单位和个人予以通报表彰；对评估考核不合格的予以通报批评并责令限期整改。

评估考核结果应当作为领导干部任用、奖惩的重要依据。行政机关连续两次综合考核不合格，其主要负责人负有领导责任的，责令其限期整改；主要负责人工作有严重失误、失职造成重大损失或者恶劣社会影响的，应当引咎辞去领导职务，本人不提出辞职的，由有权机关责令其辞去领导职务。

第三十三条 省人民政府、珠江三角洲地区地级以上市人民政府应当每年向同级人民代表大会及其常务委员会报告实施规划纲要的工作情况和实施本条例的情况，并接受同级人民代表大会及其常务委员会的监督。

第三十四条 省人民政府、珠江三角洲地区各级人民政府应当定期组织对实施规划纲要工作情况的监督检查，及时纠正不符合规划纲要要求或者违反本条例的行为。

省人民政府各部门应当在各自职责范围内，做好实施规划纲要的监督检查工作。

第三十五条 任何单位和个人对不符合规划纲要要求或者违反本条例的行为，有权向各级人民政府或者其有关部门投诉、举报。

各级人民政府及其有关部门应当建立健全投诉举报制度，受理单位和个人的投诉、举报，并及时核实处理。

第三十六条 行政机关有下列情形之一的，由上级机关责令限期改正：

（一）擅自调整规划纲要内容和实施步骤的；

（二）组织编制的专项规划，不符合规划纲要要求的；

（三）未按照本条例规定制订实施规划纲要年度工作计划的；

（四）未按照本条例规定定期报告本地区、本部门实施规划纲要工作进展情况的；

（五）其他不符合规划纲要总体要求，出现重大失误造成严重后果的。

第五章　附　则

第三十七条　本条例所称珠江三角洲地区，是指广州市、深圳市、珠海市、佛山市、江门市、东莞市、中山市、惠州市和肇庆市的行政区域。

第三十八条　本条例自2011年9月1日起施行。

广东省非物质文化遗产条例

（2011年7月29日广东省第十一届人民代表大会常务委员会第二十七次会议通过）

第一章　总　则

第一条　为了继承和弘扬优秀的传统文化，加强对非物质文化遗产的保护、保存工作，根据《中华人民共和国非物质文化遗产法》等有关法律、法规，结合本省实际，制定本条例。

第二条　本条例适用于本省行政区域内非物质文化遗产的保护、保存活动。

本条例所称非物质文化遗产是指各族人民世代相传并视为其文化遗产组成部分的各种传统文化表现形式，以及与传统文化表现形式相关的实物和场所。包括：

（一）传统口头文学以及作为其载体的语言；

（二）传统美术、书法、音乐、舞蹈、戏剧、曲艺和杂技；

（三）传统技艺、医药和历法；

（四）传统礼仪、节庆等民俗；

（五）传统体育和游艺；

（六）其他非物质文化遗产。

第三条　非物质文化遗产保护、保存应当坚持政府主导、社会参与，正确处理经济建设、社会发展与非物质文化遗产保护的关系，加强对非物质文化遗产的认定、记录、建档等保存工作，加强对体现优秀传统文化，具有历史、文学、艺术、科学价值的非物质文化遗产的传承、传播等保护工作。

第四条 县级以上人民政府应当将非物质文化遗产保护、保存工作纳入本级国民经济和社会发展规划；将保护、保存经费列入本级财政预算，并随着财政收入的增长而增加。

县级以上人民政府应当设立非物质文化遗产保护专项资金，用于本行政区域内非物质文化遗产的调查、传承、传播、濒危项目抢救等保护、保存工作。

第五条 省、地级以上市人民政府应当在资金、人才培养、设施建设等方面加强对少数民族地区、贫困地区非物质文化遗产保护、保存工作的扶持，并在其设立的非物质文化遗产保护专项资金中加大对本行政区域内少数民族地区、贫困地区的扶持力度。

第六条 县级以上人民政府建立非物质文化遗产保护协调机制，协调处理非物质文化遗产保护中涉及的重大事项。

非物质文化遗产保护、保存工作涉及两个以上行政区域的，由共同的上级人民政府及其文化主管部门予以协调。

第七条 县级以上人民政府文化主管部门（以下简称文化主管部门）负责本行政区域内的非物质文化遗产保护、保存工作。

县级以上人民政府发展改革、经济和信息化、教育、民族宗教、财政、税务、国土资源、住房城乡建设、规划、旅游等有关部门，按照各自职责，负责有关的非物质文化遗产保护、保存工作。

第八条 各级非物质文化遗产保护工作机构在文化主管部门的领导下，组织实施非物质文化遗产保护、保存的相关工作。

文化馆（站）、村民委员会、居民委员会开展相应的非物质文化遗产保护、保存工作，文化主管部门应当给予指导和支持。

第九条 任何单位和个人对违反非物质文化遗产法律、法规和本条例的行为，有权向文化主管部门举报或者投诉。

文化主管部门应当依法受理，并将处理结果告知举报人或者投诉人。

第二章　非物质文化遗产代表性项目名录

第十条　县级以上人民政府及其有关部门应当对本行政区域内的非物质文化遗产资源状况进行调查，建立非物质文化遗产档案和相关数据库。

鼓励公民、法人和其他组织向文化主管部门提供非物质文化遗产信息。

第十一条　县级以上人民政府应当建立本级非物质文化遗产代表性项目名录，对本行政区域内体现优秀传统文化，具有历史、文学、艺术、科学价值的非物质文化遗产进行保护。

列入非物质文化遗产代表性项目名录的，应当具有世代传承传播、活态存在的特点，具有鲜明的民族或者地域特色，并在当地有较大影响。

第十二条　公民、法人和其他组织认为某项非物质文化遗产体现优秀传统文化，具有历史、文学、艺术、科学价值，可以向文化主管部门提出列入非物质文化遗产代表性项目名录的建议。

第十三条　公民、法人和其他组织可以向文化主管部门提出列入非物质文化遗产代表性项目名录的申请。申请主体为非申请项目传承人（团体）的，应当获得申请项目传承人（团体）的授权。

第十四条　县级以上人民政府可以从本级非物质文化遗产代表性项目名录中向上一级文化主管部门推荐列入上一级非物质文化遗产代表性项目名录的项目。

第十五条　向文化主管部门提交的申请材料或者推荐材料应当包括：

（一）项目介绍，包括项目的名称、历史、现状和价值；

（二）传承情况介绍，包括传承范围、传承谱系、传承人的技艺水平、传承活动的社会影响；

（三）保护要求，包括保护应当达到的目标和应当采取的措施、步骤、管理制度；

（四）有助于说明项目的视听资料等材料。

第十六条　非物质文化遗产代表性项目的认定实行专家评审制度。

评审工作应当遵循公开、公平、公正的原则。

第十七条 文化主管部门可以建立由具有较高学术水平和良好职业道德的专家组成的非物质文化遗产专家库。

第十八条 文化主管部门应当组织五名以上专家组成专家评审小组，对推荐、申请或者建议列入非物质文化遗产代表性项目名录的项目进行初评。初评意见应当经专家评审小组成员过半数通过。

文化主管部门应当组织五名以上专家组成专家评审委员会，对初评意见进行审议，提出审议意见。

专家评审小组和专家评审委员会从非物质文化遗产专家库中随机选择相关领域的专家组成。未建立非物质文化遗产专家库的，从相关领域选择专家组成。

专家评审小组的成员不得同时担任专家评审委员会的成员。县级人民政府文化主管部门组织的专家评审委员会人数不足的，专家评审小组成员可以参加专家评审委员会，但不得超过专家评审委员会总人数的三分之一。

第十九条 文化主管部门应当将拟列入本级非物质文化遗产代表性项目名录的项目予以公示，征求公众意见。公示时间不得少于二十日。

公示期间，公民、法人和其他组织有异议的，应当书面提出。文化主管部门经过调查，认为异议不成立的，应当在收到异议之日起三十日内书面告知异议人并说明理由；认为异议成立的，应当重新组织专家按照本条例规定的程序进行评审。

第二十条 文化主管部门根据专家评审委员会的审议意见和公示结果，拟订本级非物质文化遗产代表性项目名录，报本级人民政府批准、公布。

市、县级非物质文化遗产代表性项目名录应当报上一级文化主管部门备案。

第二十一条 文化主管部门对通过调查或者其他途径发现因自然或者人为原因而面临消亡、失传的非物质文化遗产项目，应当建立非物质文化遗产濒危项目目录，并将该目录报上一级文化主管部门。

文化主管部门应当会同有关部门制定非物质文化遗产濒危项目抢救方案，采取有效措施及时进行抢救性保护、保存。在建立非物质文化遗产代表性项目名录时，对体现优秀传统文化，具有历史、文学、艺术、科学价值的非物质文化遗产濒危项目予以优先考虑。

第三章　非物质文化遗产的传承、传播和其他保护措施

第二十二条　文化主管部门应当组织制定保护规划，对本级人民政府批准公布的非物质文化遗产代表性项目予以保护，并对濒危的非物质文化遗产代表性项目予以重点保护。保护规划由非物质文化遗产保护工作机构负责执行。

文化主管部门应当对保护规划的实施情况进行监督检查；发现保护规划未能有效实施的，应当及时纠正、处理。

第二十三条　对列入非物质文化遗产代表性项目名录的项目，文化主管部门可以认定保护单位和代表性传承人。

第二十四条　非物质文化遗产代表性项目的保护单位应当具有该项目相对完整的资料，具备实施该项目保护计划的能力和开展传承、展示活动的场所及条件。

非物质文化遗产代表性项目的保护单位经文化主管部门组织五名以上专家评议、公示后，由文化主管部门批准并向社会公布。

第二十五条　非物质文化遗产代表性项目的保护单位应当履行下列职责：

（一）收集该项目的实物、资料，并登记、整理、建档；

（二）推荐代表性传承人；

（三）保护该项目相关的文化场所；

（四）开展该项目的展示展演活动；

（五）为该项目传承及相关活动提供必要条件；

（六）制定并实施该项目保护计划，定期报告项目保护实施情况，并接受监督；

（七）其他应当履行的职责。

非物质文化遗产代表性项目的保护单位无正当理由不履行保护职责并拒不改正的，文化主管部门应当撤销其保护单位资格并按照本条例规定的程序重新认定；因客观原因无法继续履行保护职责的，文化主管部门应当按照本

条例规定的程序另行认定。

第二十六条 公民、法人和其他组织可以向文化主管部门推荐非物质文化遗产代表性项目的代表性传承人人选，公民也可以自行申请认定为代表性传承人。

公民、法人和其他组织推荐非物质文化遗产代表性项目的代表性传承人的，应当征得被推荐人的书面同意。

向文化主管部门提交的推荐材料或者申请材料应当包括：

（一）被推荐人或者申请人的基本情况；

（二）该项目的传承谱系以及被推荐人或者申请人的学艺与传承经历；

（三）被推荐人或者申请人的技艺特点、成就及相关的证明材料；

（四）被推荐人或者申请人持有该项目的相关实物、资料的情况；

（五）其他说明被推荐人或者申请人代表性的材料。

认定非物质文化遗产代表性项目的代表性传承人，应当参照执行本条例有关非物质文化遗产代表性项目评审的规定，代表性传承人名单经文化主管部门批准后予以公布。

第二十七条 非物质文化遗产代表性项目的代表性传承人应当符合法定条件。下列人员不得认定为代表性传承人：

（一）仅从事非物质文化遗产资料收集、整理和研究的人员；

（二）文化主管部门和非物质文化遗产保护工作机构的工作人员；

（三）其他不直接从事非物质文化遗产项目传承活动的人员。

第二十八条 非物质文化遗产代表性项目的代表性传承人应当依法履行义务，并享有下列权利：

（一）开展传授、展示技艺、讲学以及文艺创作、学术研究等活动；

（二）享受人民政府规定的传承人补助费；

（三）开展传承活动有困难的，可以申请文化主管部门予以支持；

（四）提出非物质文化遗产保护工作的意见、建议；

（五）其他与非物质文化遗产保护相关的权利。

县级以上人民政府及其文化主管部门应当在活动经费、场所等方面支持非物质文化遗产代表性项目的代表性传承人依法开展非物质文化遗产代表性项目的传承、传播活动。

第二十九条 文化主管部门应当建立本级非物质文化遗产代表性项目代表性传承人档案。

文化主管部门应当每年将本行政区域内代表性传承人的情况报送上一级文化主管部门。

第三十条 文化主管部门应当指导非物质文化遗产代表性项目保护单位和代表性传承人依法保护其享有的知识产权。

第三十一条 县级以上人民政府对列入本级非物质文化遗产代表性项目名录的项目给予项目保护传承经费，对非物质文化遗产代表性项目的代表性传承人开展传承、传播活动给予传承人补助费。

任何单位和个人不得截留、挪用、挤占前款规定的项目保护传承经费和传承人补助费。

第三十二条 县级以上人民政府应当鼓励和扶持有关单位和个人在有效保护的前提下，合理利用非物质文化遗产资源。

鼓励采取与经贸、旅游相结合的方式保护和传承具有生产性、表演性或者观赏性的非物质文化遗产代表性项目。

第三十三条 县级以上人民政府可以结合节庆、文化活动、当地民间习俗等实际情况，组织开展非物质文化遗产代表性项目的展示、表演等活动。

第三十四条 县级以上人民政府应当在文化馆（站）内设立专门展室，或者根据需要建立非物质文化遗产专题的公共文化设施，用于非物质文化遗产代表性项目的传承、收藏和研究。

文化馆、图书馆、博物馆、美术馆等公共文化机构应当有计划地传播非物质文化遗产代表性项目，并依照国家和省有关规定向社会免费开放。

第三十五条 县级以上人民政府应当依法加强对与非物质文化遗产代表性项目密切相关的珍稀矿产、动物、植物等天然原材料的保护。

严禁乱采、滥挖或者盗猎、盗卖与非物质文化遗产代表性项目密切相关的珍稀矿产、动物、植物等天然原材料。

第三十六条 县级以上人民政府应当对与非物质文化遗产代表性项目直接关联的建筑物、场所、遗迹及其附属物划定保护范围，作出标志说明，建立专门档案，并在城乡规划和建设中采取有效措施予以保护。

前款所称标志说明包括非物质文化遗产代表性项目的名称、级别、简介和立标机关、立标日期等内容。

第三十七条 各级人民政府设立的文化机构在遵循自愿原则的基础上，可以依法对本行政区域内具有代表性的非物质文化遗产资料和实物进行征集、收购。收购时，应当合理作价，并向所有者颁发证书。

鼓励公民、法人和其他组织将其所有的非物质文化遗产资料和实物捐赠给政府设立的文化机构收藏、或者委托政府设立的文化机构保管或者展出。对捐赠者，应当予以表彰，并颁发捐赠证书；对委托者，应当注明委托单位的名称或者个人姓名。

鼓励公民、法人和其他组织依法成立研究机构，兴办专题博物馆，开设专门展室，开展对非物质文化遗产的研究工作，展示非物质文化遗产代表性项目。

第三十八条 县级以上人民政府及其文化主管部门和报刊、广播、电视、互联网等媒体，应当通过非物质文化遗产代表性项目专题展示、专栏介绍等方式，普及非物质文化遗产知识，提高全社会的非物质文化遗产保护意识。

第三十九条 学校应当按照教育主管部门的规定，因地制宜开展非物质文化遗产教育活动，并将非物质文化遗产代表性项目教育列为素质教育的内容。

第四十条 鼓励和支持公民、法人和其他组织依法通过资金资助、物资支持、提供场所等方式参与非物质文化遗产代表性项目的传承、传播活动。

鼓励和支持社会团体、研究机构、大专院校参与与非物质文化遗产有关的科学技术研究和非物质文化遗产保护方法研究。

鼓励依法开展非物质文化遗产保护工作的地区和国际交流合作。

第四十一条 各级人民政府及其有关部门应当加强非物质文化遗产保护工作队伍的建设，培养非物质文化遗产保护、研究、传承等各类专门人才。

第四章　法律责任

第四十二条　违反本条例第三十一条第二款规定，截留、挪用、挤占项目保护传承经费、传承人补助费的，由县级以上人民政府有关部门责令返还，并依照有关法律、法规予以处罚；构成犯罪的，依法追究刑事责任。

第四十三条　违反本条例第三十五条第二款规定，非法采挖或者盗猎、盗卖与非物质文化遗产代表性项目密切相关的珍稀矿产、动物、植物等天然原材料的，由县级以上人民政府有关部门依照有关法律、法规予以处罚；构成犯罪的，依法追究刑事责任。

第四十四条　违反本条例关于非物质文化遗产代表性项目、保护单位或者代表性传承人的评审规定，弄虚作假的，由文化主管部门给予警告；已认定为非物质文化遗产代表性项目、保护单位或者代表性传承人的，予以撤销，并责令返还项目保护传承经费、传承人补助费。

第四十五条　行政主管部门、非物质文化遗产保护工作机构及其工作人员违反本条例规定，有下列情形之一的，由其上级主管部门或者监察机关责令改正；情节严重的，对直接负责的主管人员和其他直接责任人员依法给予处分；构成犯罪的，依法追究刑事责任：

（一）截留、挪用、挤占非物质文化遗产保护专项资金的；

（二）未按照本条例第九条规定处理举报或者投诉的；

（三）未按照本条例第十八条、第十九条、第二十条、第二十四条第二款、第二十六条第四款、第二十七条规定认定非物质文化遗产代表性项目、保护单位和代表性传承人的；

（四）未按照本条例第二十一条规定建立非物质文化遗产濒危项目目录或者及时进行抢救性保护的；

（五）未按照本条例第二十二条规定组织制定非物质文化遗产代表性项目保护规划，或者未对保护规划的实施情况进行监督检查的；

（六）有其他滥用职权、玩忽职守、徇私舞弊行为的。

第五章　附　则

第四十六条　本条例自2011年10月1日起施行。

广东省测绘条例

（2011年7月29日广东省第十一届人民代表大会常务委员会第二十七次会议通过）

第一章　总　则

第一条　根据《中华人民共和国测绘法》和有关法律、法规，结合本省实际，制定本条例。

第二条　本条例适用于本省行政区域内的测绘（不含军事测绘）活动。

法律、行政法规另有规定的，从其规定。

第三条　省人民政府测绘行政主管部门，负责全省测绘工作的统一监督管理。

县级以上人民政府测绘行政主管部门，负责本行政区域测绘工作的统一监督管理，并接受上级测绘行政主管部门的业务指导。

县级以上人民政府其他有关部门，按照本级人民政府规定的职责分工，负责本部门有关的测绘工作。

第四条　县级以上人民政府应当鼓励测绘科学技术的创新和进步，建立和完善基础地理信息的更新机制，推进地理信息资源共享，促进经济社会发展，为社会公众服务。

第五条　测绘活动涉及国家秘密、军事设施的，应当遵守国家秘密、军事设施管理方面的有关规定。

第二章　测绘基准和测绘系统

第六条　测绘活动应当使用国家统一的测绘基准和测绘系统，执行国家统一的测绘技术规范和标准。

第七条　因建设、城市规划和科学研究的需要，大城市和国家重大工程项目确需建立相对独立的平面坐标系统的，报国务院测绘行政主管部门批准；其他确需建立相对独立的平面坐标系统的，由省人民政府测绘行政主管部门批准。

同一城市或者行政区域只能建立一个相对独立的平面坐标系统，并应当与国家坐标系统相联系。

申请建立相对独立的平面坐标系统，应当提交申请书、论证报告、技术方案以及与国家统一平面坐标系统的联系方式。

第八条　本条例实施前已经建立两个以上相对独立的平面坐标系统的，应当由所在地地级以上市人民政府测绘行政主管部门会同有关部门确定选用一个相对独立的平面坐标系统，报省人民政府测绘行政主管部门批准。

相对独立的平面坐标系统由所在地的市、县人民政府统一管理，实行资源共享，任何单位不得垄断。

第九条　国家尚未制定统一的测绘技术规范和标准，或者需要省作出具体规定的，由省人民政府测绘行政主管部门制定统一的测绘技术规范和标准；行业测绘的专业技术规范和标准由相应的行政主管部门会同省人民政府测绘行政主管部门制定。

第十条　建立地理信息系统或者建立需要使用地理信息数据的其他信息系统，必须采用符合国家标准的基础地理信息数据。

第三章　基础测绘

第十一条　县级以上人民政府测绘行政主管部门会同其他有关部门根据

上一级基础测绘规划和本行政区域内的实际情况，组织编制本行政区域的基础测绘规划，报本级人民政府批准，并报上一级测绘行政主管部门备案后组织实施。

第十二条 县级以上人民政府应当将基础测绘纳入本级国民经济和社会发展年度计划及财政预算。

县级以上人民政府发展改革主管部门会同测绘行政主管部门，根据本行政区域的基础测绘规划，编制本行政区域的基础测绘年度计划，并分别报上一级主管部门备案。

省对贫困山区和少数民族地区的基础测绘给予适当的财政支持。

第十三条 县级以上人民政府测绘行政主管部门负责管理本行政区域的下列基础测绘事项：

（一）基础航空摄影与航天遥感资料的获取；

（二）基础地理信息系统的建立、更新与维护；

（三）测绘基础设施建设；

（四）基础地理底图的绘制；

（五）上级规定由其负责管理的其他基础测绘项目。

全省统一的三等以上（含三等）平面控制网、高程控制网和空间定位系统的建立、更新与维护以及比例尺小于1：5000（含1：5000）的地形图、影像图和相应数字化产品的测制与更新由省人民政府测绘行政主管部门负责。

市、县统一的四等以下（含四等）平面控制网、高程控制网和空间定位系统的建立、更新与维护以及1：2000至1：500比例尺地图、影像图、数字化产品以及相应深化产品的测制与更新由市、县人民政府测绘行政主管部门负责。

第十四条 基础测绘成果实行定期更新制度。

大中城市至少三年更新一次，其他地区至少五年更新一次。

基础地理信息系统以及国民经济和社会发展急需的基础测绘成果应当及时更新。

县级以上人民政府测绘行政主管部门应当及时收集有关交通、居民点、地名等地理信息的变化情况，并予以更新。

第十五条 县级以上人民政府测绘行政主管部门应当根据应对自然灾害

等突发事件的需要，制定相应的基础测绘应急保障预案。自然灾害等突发事件发生后，县级以上人民政府应当立即启动预案，采取有效措施，开展基础地理信息数据的应急测制和更新工作。

第四章　界线测绘和其他测绘

第十六条　行政区域界线的测绘以及省、市、县行政区域界线标准画法图，按照国务院有关规定执行。

乡、镇行政区域界线标准画法图，由省人民政府民政部门和省人民政府测绘行政主管部门共同拟订，报省人民政府批准后公布。

第十七条　地籍测绘、房产测绘应当满足土地权属、房屋权属的调查和确定土地、房屋权属的界址点、界址线及权属面积的需要。

土地权属证书和房屋权属证书中的权属界址点、界址线附图，应当由具有相应测绘资质的测绘单位按照国家和省的有关规定测绘。

第十八条　敷设和更新城市地下管线，竣工后应当及时进行测绘。建设单位敷设和更新城市地下管线，应当在覆土以前进行竣工测绘，竣工测绘成果以及废弃的地下管线资料，建设单位应当在工程竣工后三个月内向所在地的建设行政主管部门和测绘行政主管部门报送备案。

测绘行政主管部门和建设行政主管部门收到备案后，应当及时公布城市管线测绘成果及相关的地下管线资料目录，方便公众查询。有关单位可以依照法律法规的规定使用城市管线测绘成果及相关的地下管线资料。

水利、能源、交通、通信、市政、资源开发和其他领域的工程测量活动，应当按照国家有关的工程测量技术规范进行，并接受测绘行政主管部门的监督管理。

第五章　测绘资质与测绘市场

第十九条　从事测绘活动的单位，应当依法取得测绘行政主管部门颁发的相应等级的测绘资质证书，并在资质等级许可的范围内从事测绘活动。

第二十条　测绘资质审查和测绘资质证书发放的具体条件、程序和期限按照国家的有关规定执行。

第二十一条　测绘单位合并、分立、需要变更资质等级或者变更业务范围的，应当重新申请办理资质审查手续。

测绘单位变更名称、地址、法定代表人，应当持有关批准文件和证明资料，申请办理相关变更手续。

第二十二条　从事测绘活动的专业技术人员，应当依法取得相应的执业资格。

第二十三条　测绘人员进行测绘活动时，应当持有测绘作业证件，遵守有关作业规范，尽可能减少对正常生活生产秩序的影响。

有关单位和个人对依法进行的测绘活动应当提供便利，并给予必要的协助。任何单位和个人不得妨碍、阻挠测绘人员依法进行测绘活动。

第二十四条　承担一定规模的测绘项目的单位应当在项目实施前，向省人民政府测绘行政主管部门或者测绘项目所在地县级以上人民政府测绘行政主管部门办理项目备案。

第二十五条　测绘项目应当实行招标的，按照国家和省有关招投标的规定执行。涉及国家安全、国家秘密，或者法律法规规定不适宜招标的测绘项目，可以不进行招标。

第二十六条　测绘项目应当按照国家的有关规定实行项目监理。

第二十七条　用于测绘活动的测绘仪器设备，应当按照国家有关规定进行检定。经检定不合格的仪器设备，不得投入使用。

第二十八条　实行测绘年度统计制度。

测绘单位应当向测绘行政主管部门提供统计资料。

县级以上人民政府测绘行政主管部门应当将测绘年度统计结果报上一级

测绘行政主管部门。

第二十九条 测绘执法人员开展监督检查，应当出示执法证件。受监督检查的单位或个人应当予以配合，按照要求提供有关资料，就测绘活动情况作出说明。

第三十条 省人民政府测绘行政主管部门应当会同相关部门建立测绘单位信用信息公开制度，将测绘单位的资质、成果质量和执行法律法规、测绘规范和标准、测绘合同等有关信用信息向社会公布。

第六章 测绘成果

第三十一条 县级以上人民政府测绘行政主管部门应当每年编制测绘成果目录，向社会公布，并将测绘成果副本和目录向省人民政府测绘行政主管部门汇交。

第三十二条 基础测绘成果资源实行共建共享。

规划、行政管理、决策、信息化建设、资源调查等需要使用基础测绘成果的，应当使用已有适宜的基础测绘成果。

无偿使用基础测绘成果和使用财政资金完成的测绘成果的单位，应当向测绘行政主管部门无偿提供本单位掌握的、可用于基础测绘成果更新的图件资料和数据。

鼓励非基础测绘成果实行共建共享。

第三十三条 测绘成果实行有偿使用制度，但国家机关因防灾、减灾和国防建设等公共利益的需要，可以无偿使用。

基础测绘成果和国家投资完成的其他测绘成果，用于国家机关决策和社会公益性事业的，可以无偿使用。

第三十四条 县级以上人民政府测绘行政主管部门应当推进公众版测绘成果的加工和编制工作，鼓励公众版测绘成果的开发利用，促进测绘成果的社会化应用和公共服务。

第三十五条 除依法汇交测绘成果外，承担测绘项目的单位、使用测绘成果的单位和个人未经测绘成果所有权人同意，不得擅自复制、转让、转借或者以其他方式向第三方提供其测绘、使用的测绘成果；测绘行政主管部门及测绘成果保管单位可以利用汇交的测绘成果进行基础测绘图件、数据更新，但未经测绘成果所有权人同意，不得直接将汇交的测绘成果向第三方提供使用。

第三十六条 县级以上人民政府测绘行政主管部门对测绘成果实施质量监督，调处测绘成果质量纠纷。

测绘成果必须经过检查验收，质量合格方可提供使用。测绘单位应当对其完成的测绘成果质量负责。

基础测绘成果的检查验收，由同级人民政府测绘行政主管部门组织实施；非基础测绘成果的检查验收，由测绘项目的投资方组织实施。

第三十七条 重要地理信息数据实行统一审核与公布制度。

本省行政区域内重要自然和人文地理实体的位置、高程、面积、数量、长度等重要地理信息数据，除依法由国务院批准、公布外，由省人民政府测绘行政主管部门审核，并与有关部门、军队测绘主管部门会商后，报省人民政府批准公布。

第三十八条 县级以上人民政府测绘行政主管部门和其他有关部门应当按照职责分工，加强对地图产品的监督管理，保证地图质量。

第三十九条 编制地图和提供互联网地图服务的单位应当取得相应的测绘资质，地图的内容表示应当符合国家的有关规定，使用标准地名和行政区域界线标准画法，保证地图内容的现势性和正确性。

第四十条 公开出版地图，提供互联网地图服务，展示、登载未出版的地图，引进地图或者生产、加工附有地图的各类产品，有关单位应当将试制样图或者样品报测绘行政主管部门审核批准。未经审核批准的地图和附有地图的各类产品，不得出版、展示、印刷、引进或者生产、加工，不得提供互联网地图服务。测绘行政主管部门对地图进行审核、批准，不得收取费用。

本省编印的中、小学教学地图和附有地图的教材、教学资料、教学用品，应当由省人民政府教育行政主管部门会同省人民政府测绘行政主管部门审定。

本条第一款、第二款规定的审批的权限和程序按照国家有关地图管理的规定办理。

引用已经测绘行政主管部门审核批准的地图并标注审图号的，不需要报测绘行政主管部门批准。

第四十一条 经审核批准的地图和附有地图的产品，送审单位应当在发行、登载、展示、销售前将样品或者样图一式两份报审批部门备案。

第七章 测量标志保护

第四十二条 县级以上人民政府应当加强测量标志的保护工作，按照规定检查、维护永久性测量标志。

乡、镇人民政府应当做好本行政区域内的测量标志保护工作。

第四十三条 建设永久性测量标志的单位，应当对测量标志设立明显的标记，并向当地测绘行政主管部门备案。

第四十四条 永久性测量标志实行委托保管制度。设置永久性测量标志的部门应当将永久性测量标志委托测量标志设置地的有关单位或者人员负责保管，签订测量标志委托保管书，明确委托方和被委托方的权利和义务。

第八章 法律责任

第四十五条 违反本条例规定，交付、提供未经检验或者经检验不合格的测绘成果的，责令改正，可以并处三万元以下的罚款；造成损失的，依法承担赔偿责任；有违法所得的，还应当没收违法所得；构成犯罪的，依法追究刑事责任。

第四十六条 承担一定规模的测绘项目的单位在项目实施前，未按规定办理项目备案的，责令限期备案，并将违法情况列入测绘单位信用信息库，作为年度注册的考核内容之一；逾期不改的，处以三千元以上一万元以下的罚款。

第四十七条 违反本条例规定，有下列行为之一的，责令停止违法行为，并处三千元以上一万元以下的罚款：

（一）未经测绘行政主管部门审核或者审定，擅自编制、印刷、出版、展示、登载和销售地图或者附有地图的各类产品的；

（二）未按照规定将地图样图或者样品报送备案的。

第四十八条 违反本条例规定，县级以上人民政府测绘行政主管部门及其工作人员有下列行为之一的，对负有直接责任的主管人员和其他直接责任人员依法给予处分；构成犯罪的，依法追究刑事责任：

（一）利用职务上的便利索取、收受他人财物或者谋取其他利益的；

（二）办理审批事项或者查处违法行为中，滥用职权、玩忽职守的；

（三）不依法履行监督管理职责，造成严重后果的。

第四十九条 本条例规定的行政处罚由县级以上人民政府测绘行政主管部门决定。法律、行政法规另有规定的，从其规定。

第九章 附 则

第五十条 本条例自2011年11月1日起施行。

1997年5月31日广东省第八届人民代表大会常务委员会第二十九次会议通过的《广东省测绘管理条例》同时废止。

广东省实施《中华人民共和国全国人民代表大会和地方各级人民代表大会代表法》办法

（1994年2月26日广东省第八届人民代表大会第二次会议通过　2011年7月29日广东省第十一届人民代表大会常务委员会第二十七次会议修订）

第一条　为了实施《中华人民共和国全国人民代表大会和地方各级人民代表大会代表法》，结合本省实际，制定本办法。

第二条　本省各级人民代表大会代表是本省各级国家权力机关组成人员，代表人民的利益和意志，依照宪法和法律赋予的职权，参加行使国家权力。

第三条　代表依照《中华人民共和国全国人民代表大会和地方各级人民代表大会代表法》及本办法的规定，在本级人民代表大会会议期间的工作和在本级人民代表大会闭会期间的活动，都是执行代表职务。

代表不脱离各自的生产和工作。代表出席本级人民代表大会会议，参加闭会期间统一组织的履职活动，应当安排好本人的生产和工作，优先执行代表职务。

第四条　代表应当按时出席本级人民代表大会会议。因健康等特殊原因不能出席本级人民代表大会会议的，县级以上的地方各级人民代表大会代表应当向本级人民代表大会常务委员会书面请假。乡、民族乡、镇的人民代表大会代表应当向本级人民代表大会主席团书面请假。

未经批准两次不出席本级人民代表大会会议的，其代表资格终止。

第五条　代表参加本级人民代表大会全体会议、代表团全体会议、小组会议，审议列入会议议程的各项议案和报告，应当做好准备，围绕会议议题发表意见，遵守议事规则。

第六条 县级以上的地方各级人民代表大会代表十人以上联名，乡、民族乡、镇的人民代表大会代表五人以上联名，有权依照法律规定的程序向本级人民代表大会提出属于本级人民代表大会职权范围内的议案。议案应当有案由、案据和方案。

代表可以就下列事项提出议案：

（一）制定、修改、废止或者解释地方性法规的事项；

（二）需要由本级人民代表大会及其常务委员会决定的有关宪法、法律、法规贯彻实施中的重大问题；

（三）贯彻实施上级和本级人民代表大会及其常务委员会决议、决定中的重大问题；

（四）属于本级人民代表大会职权范围内的其他事项。

第七条 代表参加本级人民代表大会的各项选举，依法行使选举权。

第八条 代表在审议议案和报告时，可以口头或者书面向本级有关国家机关提出询问。有关国家机关应当派负责人或者负责人员回答询问。

第九条 人民代表大会会议期间，县级以上的地方各级人民代表大会代表十人以上联名，有权依照法律规定的程序书面提出对本级人民政府及其所属各部门以及人民法院、人民检察院的质询案；乡、民族乡、镇的人民代表大会代表十人以上联名，有权依照法律规定的程序书面提出对本级人民政府的质询案。

质询案应当写明质询对象、质询的问题和内容。质询的问题和内容应当属于人民代表大会及其常务委员会职权范围内的事项。

质询案由主席团决定交由受质询机关在主席团会议、大会全体会议、有关的专门委员会会议或者代表团会议上口头答复，或者由受质询机关书面答复。在主席团会议或者专门委员会会议上答复的，提质询案的代表有权列席会议，发表意见。主席团认为必要的时候，可以将答复质询案的情况报告印发会议。

质询案以口头答复的，应当由受质询机关的负责人到会答复；质询案以书面答复的，应当由受质询机关的负责人签署，由主席团印发会议或者印发提质询案的代表。

提出质询案的代表半数以上对答复不满意的，可以要求受质询机关再作答复。

第十条 县级以上的地方各级人民代表大会会议期间，全体代表十分之一以上联名，有权依法提议组织关于特定问题的调查委员会，由主席团提请全体会议决定。

第十一条 县级以上的地方各级人民代表大会代表，有权向本级人民代表大会及其常务委员会提出对各方面工作的建议、批评和意见；乡、民族乡、镇的人民代表大会代表，有权向本级人民代表大会提出对各方面工作的建议、批评和意见。

建议、批评和意见应当一事一议，明确具体，注重反映实际情况和问题。

人民代表大会常务委员会办事机构以及乡、民族乡、镇的人民代表大会主席团，对代表提出的建议、批评和意见，应当及时转交有关机关、组织研究处理。承办单位必须研究处理并按规定期限答复。代表对答复不满意的，承办单位应当听取代表意见，改进办理工作，重新研究答复；重新答复后代表仍不满意的，承办单位应当向交办单位书面报告有关情况。承办单位逾期不办或者敷衍搪塞的，同级人民政府或者上级主管部门应当对该单位及有关责任人给予批评教育，并责令其改正。

第十二条 代表在闭会期间的活动以集体活动为主，以代表小组活动为基本形式。代表可以按照便于组织和开展活动的原则，按地区或者行业组成代表小组。代表小组应当建立活动制度，制定年度活动计划。

代表小组的召集人由本小组代表推选产生，负责组织开展代表小组活动。

代表小组开展以下活动：

（一）学习和宣传宪法、法律、法规，以及上级和本级人民代表大会及其常务委员会的决议、决定；

（二）开展视察和调查研究；

（三）联系人民群众，通过走访、约见、座谈等方式听取、反映人民群众的意见和要求；

（四）交流履行代表职务的经验；

（五）法律、法规规定的其他代表活动。

第十三条 县级以上的各级人民代表大会代表根据本级人民代表大会常务委员会的统一安排进行视察。视察内容应当结合本级人民代表大会及其常务委员会决议、决定贯彻落实情况，围绕全局和社会关注的热点问题，在征求代表意见基础上确定。

代表视察应当深入基层，采取座谈、走访、现场考察等形式，广泛听取各方面的意见。

代表按前款规定进行视察时，可以提出约见本级或者下级有关国家机关负责人。人民代表大会常务委员会应当协助联系安排，被约见的有关国家机关负责人或者由他委托的负责人员应当听取代表的建议、批评和意见。

代表可以持代表证在本人工作、居住地进行视察。县级以上的地方各级人民代表大会常务委员会根据代表的要求，联系安排本级或者上级的代表持代表证进行视察。被视察单位应当如实汇报情况，听取代表的建议、批评和意见，改进工作。代表遇有与本人及其近亲属有利害关系的案件或者其他事项的，应当回避。

代表视察时，可以向被视察单位提出建议、批评和意见，但不直接处理问题。

第十四条 县级以上的各级人民代表大会代表根据人民代表大会常务委员会的安排，围绕经济社会发展和关系人民群众切身利益、社会普遍关注的重大问题，开展专题调研。

第十五条 代表参加视察、专题调研活动形成的报告，由本级人民代表大会常务委员会办事机构转交有关机关、组织。对报告中提出的意见和建议的研究处理情况应当向代表反馈。

第十六条 省、设区的市的人民代表大会代表可以列席原选举单位的人民代表大会会议，并可以应邀列席原选举单位的人民代表大会常务委员会会议和本级人民代表大会各专门委员会会议。县级以上的各级人民代表大会代表可以应邀列席本级人民代表大会常务委员会会议，参加本级人民代表大会常务委员会组织的执法检查和其他活动。

代表列席会议和参加活动前，应当进行调查研究，做好准备。

第十七条 乡、民族乡、镇的人民代表大会代表在本级人民代表大会闭会期间，根据统一安排，开展调研等活动；组成代表小组，分工联系选民，反映人民群众的意见和要求。

第十八条 代表在人民代表大会各种会议上的发言和表决，不受法律追究，任何组织和个人不得对代表进行压制、打击报复。

第十九条 对县级以上的各级人民代表大会代表，实施逮捕、刑事审判以及采取法律规定的其他限制人身自由措施的，应当由该代表所属的人民代表大会同级或者上级有关机关报经代表本级人民代表大会主席团或者常务委员会许可。人民代表大会主席团或者常务委员会受理有关机关依法提请许可的申请，应当审查是否存在对代表在人民代表大会各种会议上的发言和表决进行法律追究，或者对代表提出建议、批评和意见等其他执行职务行为打击报复的情形，并据此作出决定。

县级以上的各级人民代表大会代表因为是现行犯被拘留，执行机关应当在二十四小时内向该级人民代表大会主席团或者常务委员会书面报告。乡、民族乡、镇的人民代表大会代表被逮捕、受刑事审判以及被采取法律规定的其他限制人身自由措施的，执行机关应当在二十四小时内向乡、民族乡、镇的人民代表大会书面报告。

对同时担任两级和两级以上代表职务的代表，实施上述限制人身自由的措施，执行机关应当同时分别报告有关人民代表大会的主席团或者常务委员会，并按照其中最高一级人民代表大会的主席团或者常务委员会的决定执行。

代表被执行机关限制人身自由时，应当主动表明代表身份，并有权向本级人民代表大会主席团或者常务委员会提出申诉，执行机关应当在十二小时内转交。

第二十条 代表在本级人民代表大会闭会期间，应当积极参加履职活动，无特殊情况，每年执行代表职务的时间：省的代表不少于十五日，设区的市的代表不少于十二日，县、不设区的市、市辖区的代表不少于十日，乡、民族乡、镇的代表不少于七日。

代表不在原选区或者原选举单位所辖范围内工作、居住的，在任期内至少到原选区或者原选举单位参加一次代表活动。

第二十一条 建立代表履职情况登记通报制度。由原选举单位代表工作部门，以及人民代表大会各专门委员会或者人民代表大会常务委员会工作机构，对代表在闭会期间参加活动的情况进行登记，并予以通报。

第二十二条 代表所在单位应当保障代表优先执行代表职务。代表依法执行代表职务时，其所在单位应当给予时间保证和提供便利条件；其工资、奖金、补贴等福利待遇，均按在本单位正常出勤对待。无固定工资收入、生活困难的代表，由本级财政按照本级人民代表大会常务委员会以及乡、民族乡、镇的人民代表大会确定的标准，给予补贴。

代表执行代表职务时，可以凭代表证或者县级以上人民代表大会常务委员会办事机构的证明，优先购买车、船、机票，交通部门应当提供便利。

第二十三条 县级以上的地方各级人民代表大会及其常务委员会或者乡、民族乡、镇的人民代表大会的会议经费，代表视察、专题调研、执法检查、代表小组活动、代表履职学习的经费，无固定工资收入、生活困难的代表执行代表职务的补贴经费，由本级人民代表大会常务委员会或者乡、民族乡、镇的人民代表大会编制年度预算，交本级人民政府财政部门编入年度财政预算草案，经本级人民代表大会批准执行，专款专用。

第二十四条 县级以上的地方各级人民代表大会常务委员会，各级人民政府和人民法院、人民检察院，应当及时向本级人民代表大会代表通报工作情况，提供信息资料，保障代表的知情权。

代表根据履职的需要，可以要求本级有关国家机关提供相关信息资料，有关国家机关应当予以提供。

第二十五条 县级以上的地方各级人民代表大会常务委员会应当有计划地组织代表参加履职学习，协助代表全面熟悉人民代表大会制度、掌握履行代表职务所需的法律知识和其他专业知识。

乡、民族乡、镇的人民代表大会代表可以参加上级人民代表大会常务委员会组织的代表履职学习。

第二十六条 县级以上的地方各级人民代表大会常务委员会的办事机构和工作机构是代表执行代表职务的集体服务机构，为代表执行代表职务提供服务保障。

第二十七条 代表应当模范地遵守宪法、法律、法规，自觉遵守社会公德，保守国家秘密，在自己参加的生产、工作和社会活动中，协助宪法、法律、法规的实施；要采取多种方式密切联系原选区选民或者原选举单位和人民群众，接受其监督，努力为人民服务。

由选民直接选举的代表应当以多种方式向原选区选民报告履职情况。

第二十八条 任何组织和个人都应当尊重代表的权利，支持代表执行代表职务。

阻碍、拒绝协助代表依法执行代表职务，或者对依法执行代表职务的代表打击报复的，按照《中华人民共和国全国人民代表大会和地方各级人民代表大会代表法》第四十四条的规定处理。县级以上的地方各级人民代表大会常务委员会对支持、纵容、包庇上述违法行为的组织和个人，应当及时责令有关部门依法查处。

第二十九条 本办法自公布之日起施行。

广东省渔港和渔业船舶管理条例

（2011年9月29日广东省第十一届人民代表大会常务委员会第二十八次会议通过）

第一章　总　则

第一条　为了加强渔港和渔业船舶管理，保护渔港和渔业船舶所有者和经营者的合法权益，保障渔业生产安全，促进渔业发展，根据《中华人民共和国渔业法》等法律法规，结合本省实际，制定本条例。

第二条　本条例适用于本省行政区域及管辖水域内渔港的规划、建设、维护、经营和管理，渔业船舶的设计、制造、维修、使用和管理。

第三条　县级以上人民政府渔业行政主管部门负责本行政区域内渔港和渔业船舶的管理工作。县级以上人民政府渔业行政主管部门所属的渔政监督管理机构、渔业船舶检验机构具体负责对渔港和渔业船舶的监督管理。

县级以上人民政府公安边防、工商等部门以及渔港所在地乡镇人民政府，按照各自职责做好渔港和渔业船舶的监督管理工作。

第四条　县级以上人民政府应当加强渔港建设，鼓励渔业生产采用节能、环保、高效的新技术、新工艺和新材料，促进现代渔业发展。

县级以上人民政府应当推进渔港和渔业船舶管理信息化建设，建立健全管理信息系统，提高服务水平。

第二章　渔港规划与建设

第五条　省人民政府渔业行政主管部门应当根据国家渔港布局规划及本省经济和社会发展的需要，会同省发展改革、城乡规划、交通运输、海事、环保等部门和有关市、县人民政府，编制全省渔港布局规划，报省人民政府批准后公布实施。

县级以上人民政府渔业行政主管部门应当根据全省渔港布局规划，会同发展改革、城乡规划、交通运输、海事、环保等有关部门及渔港所在地的乡（镇）人民政府，编制本地区渔港建设规划，报本级人民政府批准实施，并报上一级人民政府渔业行政主管部门备案。

第六条　渔港布局规划、建设规划应当体现合理利用岸线资源的原则，符合海洋功能区划、土地利用总体规划和城乡规划，并与港口、航道、防洪等相关专业规划相衔接。

编制渔港布局规划、建设规划，应当采取论证会、听证会或者其他方式征求专家和渔民等公众的意见。

第七条　县级以上人民政府应当将渔港建设纳入当地国民经济和社会发展计划，列入农业基础设施建设和防灾减灾体系，安排相应的公益性基础设施建设和日常维护及灾后重建资金，保障渔业船舶避风、锚泊和航行等安全生产需要。

鼓励社会力量依法投资渔港的建设与维护。

第八条　渔港航道和航标、导航、通信预警、消防等安全设施和环境保护设施，应当与渔港主体工程同时设计、同时施工、同时投入使用。

第九条　由县级以上人民政府财政投入为主建设的渔港，经营权由县级以上人民政府依法确定。由社会资金依法投资建设的渔港，投资人按照投资协议，享有权益，承担义务。

第十条　任何单位和个人不得擅自改变渔港的性质、功能和范围；确需改变的，应当征求专家和渔民等公众的意见，并报渔港建设规划原批准机关批准。渔港建设规划原批准机关批准前应当征求省人民政府渔业行政主管部门的意见。

根据前款规定改变渔港的性质、功能和范围，给相关单位和个人造成损失的，应当新建同等规模和功能的渔港或者依法给予合理补偿。

第十一条 渔港陆域、水域范围由县级以上人民政府根据渔港建设规划确定。跨县、市行政区域的，由共同的上一级人民政府确定。

渔港陆域、水域范围应当设立相应的界碑（标）。

第三章 渔港管理与服务

第十二条 县级以上人民政府应当组织建设与渔港相配套的道路、给排水、供电、通信、消防等设施，保障渔港的正常运行。

县级人民政府应当及时组织疏浚渔港港池，清理港航障碍物，保障渔港功能。

第十三条 县级人民政府渔政监督管理机构应当加强渔港水域管理，对国家中心渔港、一级渔港应当派驻专门人员，实施安全检查等工作，维护渔港秩序。

第十四条 渔港经营者应当依法公布经营服务收费项目和标准，承担渔港的日常维护，提供公平、良好的服务。渔港经营性收费依法实行政府指导价或者政府定价的，渔港经营者应当按照规定执行。

船舶因防台风、风暴潮等紧急情形需要进入渔港避险的，渔港经营者应当为其提供便利，不得拒绝。

第十五条 渔港所在地县级以上人民政府渔业行政主管部门应当制定渔港管理章程，经本级人民政府批准后，向社会公布实施。

第十六条 船舶进出渔港应当按照规定办理签证，接受渔政监督管理机构的安全检查；船舶应当按照指定区域在渔港水域内停泊，并遵守有关管理规定。

第十七条 在渔港区域范围内装卸易燃、易爆、有毒等危险物品的，应当向渔政监督管理机构提出申请，经批准后在指定的安全地点装卸。

第十八条 禁止在渔港港池、锚地、航道、避风塘从事捕捞作业和养殖生产。

第十九条 在渔港区域范围内新建、改建、扩建各种设施或者进行其他水上、水下施工作业的，应当按照国家规定办理审批手续；影响通航的，渔政监督管理机构应当在施工前发布航行通告。

在渔港区域范围外从事工程建设等活动可能导致港区淤积、水文变化或者危及渔港安全的，施工单位应当采取有效的防护措施。

第二十条 任何单位和个人不得侵占、损坏助航、导航、通信、消防以及防波堤、护岸等渔港设施；造成渔港设施损坏的，应当及时向渔政监督管理机构报告，并依法承担赔偿责任。

第四章 渔业船舶管理

第二十一条 捕捞渔业船舶实行渔业船网工具指标控制管理。县级以上人民政府应当鼓励、支持海洋捕捞渔业船舶所有人，淘汰中、小型海洋捕捞渔业船舶，发展大型海洋捕捞渔业船舶，增强从事外海和远洋渔业捕捞生产能力。

县级以上人民政府应当规范渔业船舶生产秩序，引导渔民按照捕捞渔船的数量合理发展捕捞辅助船，按照养殖水域的面积合理发展养殖渔船。

第二十二条 从事渔业船舶设计、制造、更新改造、维修的，应当符合国家规定的条件，并遵守国家渔业船舶技术规则。

任何单位和个人不得擅自改变渔业船舶吨位、载重线、主机功率、人员定额和适航区域；不得擅自拆除有关航行、作业和人身财产安全以及防治污染环境的重要设备、部件。

未经核准登记注册非法建造、改装渔业船舶的厂、点或者未履行审批手续擅自建造、改装渔业船舶的造船厂，由工商部门依法处理。

第二十三条 渔业船舶登记包括渔业船舶的所有权和国籍登记、光船租赁登记、抵押登记。渔业船舶登记内容需要变更的，渔业船舶所有者应当在变更发生之日起三十日内申请办理变更登记。

非法使用无船名、无船舶证书、无船籍港的船舶从事渔业生产的，由县级以上渔业行政主管部门依法处理。

第二十四条 渔业船舶的船名号、船籍港应当按照有关规定书写、悬挂，不得覆盖、涂改、伪造。

渔业船舶证件和船员证件应当随船携带，不得涂改、伪造、冒用、买卖或者租借。

渔业船舶电子证件与纸质证件具有同等法律效力。

第二十五条 渔业船舶有下列情形之一的，应当予以报废：

（一）船舶的安全性能已发生变化，无修复价值，经渔业船舶检验机构检验认定不得继续航行作业的；

（二）船舶所有人自愿要求报废的。

报废的渔业船舶不得继续用于渔业生产活动，不得在渔港水域内停泊。报废的渔业船舶应当在渔业行政主管部门监督下，在适当的场所予以拆解或者销毁。

生活困难的渔民报废渔业船舶的，所在地人民政府应当在就业、安居、技能培训、子女职业教育等方面予以扶持或者帮助。

第二十六条 渔业船舶有下列情形之一的，船舶所有人应当在三十日内，向船籍港渔政监督管理机构申请办理渔业船舶所有权注销登记：

（一）转移所有权；

（二）失踪满六个月；

（三）灭失；

（四）报废或者拆解；

（五）改为非渔业船舶。

逾期未申请办理渔业船舶所有权注销登记的，渔政监督管理机构应当予以公告，公告期限为三十日。公告期限届满后，应当注销渔业船舶所有权登记。

第二十七条 办理渔业船舶所有权注销登记的，所有人应当填写注销登记申请表，并向发证机关交回下列材料：

（一）渔业船舶所有权登记证书；

（二）渔业船舶国籍证书；

（三）渔业船舶航行签证簿；

（四）渔业船舶检验证书注销证明；

（五）渔业捕捞许可证注销证明。

第五章　渔业安全生产管理

第二十八条　各级人民政府应当加强对渔业安全生产工作的领导，建立渔业安全生产预警预报体系和应急救助体系，健全渔业安全生产事故行政责任追究制度，并组织实施。

县级以上人民政府渔业行政主管部门及其渔政监督管理机构应当加强渔港和渔业船舶安全生产监督管理。

县级以上人民政府及渔业行政主管部门的主要负责人是本行政区域、本部门职责范围内渔业安全生产的第一责任人，对渔业安全生产工作全面负责；其他负责人对分管范围内的渔业安全生产工作具体负责。

乡（镇）人民政府、街道办事处应当加强渔业安全生产管理，落实渔业安全生产规章制度。

居民委员会、村民委员会等基层群众性自治组织应当协助做好上述工作。渔业安全生产管理员应当具备相应的安全生产知识和管理能力。

第二十九条　县级以上人民政府渔业行政主管部门应当按照国家和省有关无线电管理规定，会同本级人民政府无线电管理部门制订渔业无线电使用规划，切实加强渔业船舶无线电管理，并向渔业船舶传递安全生产及相关信息。

第三十条　县级以上人民政府渔业行政主管部门应当加强休闲渔业的安全监督管理。交通运输、海事、旅游、公安边防等行政主管部门按照各自职责，做好休闲渔业的安全监督管理工作。

鼓励利用渔业船舶发展休闲渔业。渔业船舶从事休闲渔业的，应当确定经营范围，办理工商登记，向登记地县级以上人民政府渔业行政主管部门备案，并由渔业行政主管部门将备案的有关情况通报公安边防等部门。休闲渔业船舶从事捕捞的，应当持有渔业捕捞许可证。

休闲渔业船舶经营者应当加强船舶的安全管理，遵守船舶航行规范和载客人数核定要求，保障游客安全。严禁渔业船舶非法载客。

第三十一条 渔业船舶应当按照规定配备船员，配置消防、救生、无线电通信、信号、航行设备，以及渔业安全生产通信指挥系统终端等安全设备。

消防、救生、无线电通信、信号、航行设备和渔业安全生产通信指挥系统终端等安全设备，以及易燃、易爆等危险物品的使用和存放，应当符合规定。

第三十二条 所在地人民政府及有关部门启动安全生产应急救助预案的，渔港、渔业船舶经营者及其从业人员应当予以配合。渔港及渔业船舶所有者、经营者不得强迫从业人员违规或者冒险作业。

第三十三条 船长、轮机长等渔业船舶职务船员应当取得相应的职务船员证书。渔业船舶普通船员应当按照国家规定取得相应的专业训练合格证或基础训练合格证后，方可上岗作业。

渔业船舶所有者、经营者不得雇用未取得渔业船舶职务船员证书、专业训练合格证或基础训练合格证的人员上船从事相应的作业。

第三十四条 渔业船舶船员在渔业船舶航行、作业和停泊过程中应当严格遵守避碰规则、安全操作规程和值班守则；临水作业时，应当穿着救生衣。

渔业船舶不得超过核定的航区或者抗风等级航行和作业。

第三十五条 渔业船舶有下列情形之一的，渔政监督管理机构有权禁止其离港，或者令其停航、改航、停止作业：

（一）处于不适航或者不适拖状态的；

（二）发生水上安全生产事故，有关手续未办结的；

（三）存在安全隐患，可能妨害水上航行安全的；

（四）法律、法规规定的其他情形。

第三十六条 渔业船舶发生事故或者遇险的，应当立即向海上搜救机构、渔业行政主管部门或者渔政监督管理机构报告；接到报告的单位，应当迅速核实情况，组织救助，同时向当地人民政府及有关部门报告或者通报。

渔业船舶之间或者非渔业船舶与渔业船舶之间发生碰撞事故的，当事船舶应当及时救助遇险人员，并及时向海上搜救机构、渔业行政主管部门或者海事行政主管部门报告，接受渔业或者海事行政主管部门调查处理。对逃逸的船舶，渔政监督管理机构或者海事部门应当按照各自的管理职责及时查处。

第三十七条 县级以上人民政府应当鼓励、支持和引导从事渔业生产的单位和个人加入渔业专业合作经济组织，参加非商业性渔业互助保障组织。

渔业船舶的所有者或者经营者应当与建立劳动关系的渔业从业人员依法签订劳动合同，并办理社会保险。

鼓励、引导渔业船舶的所有者或者经营者办理责任保险。鼓励渔业从业人员和渔业船舶的所有者、经营者办理互助保险。

第六章　法律责任

第三十八条 违反本条例第十条规定，擅自改变渔港的性质和功能的，由省人民政府渔业行政主管部门责令限期改正，并处以五万元以上十万元以下罚款。

第三十九条 违反本条例，有下列行为之一的，由渔政监督管理机构责令停止违法行为，限期改正；情节严重的，可并处五千元以上二万元以下罚款；造成损失的，应当承担赔偿责任：

（一）违反本条例第十七条规定，未经批准装卸易燃、易爆、有毒等危险物品的；

（二）违反本条例第十九条规定，未经批准新建、改建、扩建各种设施或者进行其他水上、水下施工作业的；

（三）违反本条例第三十条规定，渔业船舶非法载客、擅自从事休闲渔业活动或者超过休闲渔业船舶核定的载客人数载客的。

第四十条 违反本条例第三十三条规定，雇用未取得相关职务证书人员上船作业的，由渔政监督管理机构责令停止违法行为，并处一百元以上五百元以下罚款。

第四十一条 违反本条例第三十一条规定，渔业船舶未按规定配备和使用渔业安全生产通信指挥系统终端设备，由渔政监督管理机构责令限期改正。

第四十二条 渔业行政主管部门、渔政渔港监督、渔业船舶检验机构及其工作人员有下列行为之一的，由行政监察机关或任免机关依照有关规定给予处分；涉嫌犯罪的，移送司法机关依法追究刑事责任：

（一）违反规定实施渔业船舶检验的；

（二）违反规定办理渔业船舶登记的；

（三）不履行监督检查职责或者发现违法行为不予查处的；

（四）对遇险渔业船舶及人员不及时组织施救，造成严重后果的；

（五）有其他玩忽职守、滥用职权、徇私舞弊行为的。

第七章　附　则

第四十三条　本条例下列用语的含义是：

（一）渔港，是指专门为渔业生产服务和供渔业船舶停泊、避风、装卸渔获物、补充渔需物资的人工港口或者自然港湾，包括综合性港口中渔业专用码头、渔业专用水域和渔业船舶专用锚地。

（二）渔业船舶，是指依法登记，从事渔业生产的船舶以及为渔业生产服务的船舶。包括捕捞渔船、养殖渔船、捕捞辅助船、非专业渔船等。

捕捞渔船，是指从事捕捞活动的生产船。

养殖渔船，是指从事养殖活动的生产船。

捕捞辅助船，是指渔获物运销船、冷藏加工船、渔用物资和燃料补给船等为渔业捕捞生产提供服务的渔业船舶。

非专业渔船，是指从事捕捞活动的教学、科研、资源调查船，特殊用途渔船，休闲渔业船舶等船舶。

休闲渔业船舶，是指以休闲娱乐为目的，从事水上垂钓、捕捞、采集、观光、体验渔业生产等与渔业有关的休闲活动的船舶。

（三）渔港水域，是指渔港的港池、锚地、避风湾和航道。

（四）渔港设施，是指渔港的防波堤、防沙堤、防潮堤、护岸堤、码头、通讯、助航、导航标志等设施。

第四十四条　本条例自2011年12月1日起施行。1994年7月6日广东省第八届人民代表大会常务委员会通过的《广东省渔港管理条例》同时废止。

广东省公共文化服务促进条例

（2011年9月29日广东省第十一届人民代表大会常务委员会第二十八次会议通过）

第一章　总　则

第一条　为了保障公民的基本文化权益，促进公共文化服务，根据有关法律、法规，结合本省实际，制定本条例。

第二条　本条例适用于本省行政区域内公共文化服务的提供、公共文化设施的建设、公共文化服务的激励和保障等活动。

第三条　本条例所称公共文化服务，是指各级人民政府及其文化等有关主管部门或者社会力量向公众提供的公共文化设施和公益性文化产品、文化活动及相关文化服务。

前款所称公共文化设施包括图书馆、博物馆、文化馆（站、室）、纪念馆、美术馆、非物质文化遗产馆（传习所）、科技馆、青少年宫、文物保护单位、文化广场、广播电视台（站）等；公益性文化产品包括文艺作品、藏书藏品、出版物、影视广播节目等；公益性文化活动包括文艺演出、图书阅览、群众文化活动、陈列展览、文化艺术教育、影视广播节目播放等。

第四条　公共文化服务的促进活动应当坚持政府主导、社会参与、协调发展、方便群众的原则。

第五条　各级人民政府统一负责、领导本行政区域内的公共文化服务工作。

县级以上人民政府文化主管部门具体负责本行政区域内的公共文化服务

工作。

县级以上人民政府发展改革、教育、民族宗教、财政、税务、国土资源、规划、住房城乡建设、体育、旅游等有关主管部门，在各自职责范围内做好有关的公共文化服务工作。

第六条 县级以上人民政府应当制定公共文化服务发展规划，并将其纳入本级国民经济和社会发展规划。

第七条 各级人民政府应当将公共文化服务经费纳入财政预算，确保足额投入并随着财政收入的增长而增加。

第八条 县级以上人民政府应当在资金、人才培养、设施建设等方面加强对贫困地区、少数民族地区公共文化服务的扶持，重点扶持公共文化设施建设。

省、地级以上市人民政府在其设立的公共文化服务专项资金中应当加大对本行政区域内贫困地区、少数民族地区的扶持力度。

第九条 村民委员会、居民委员会应当因地制宜开展公共文化服务活动。

鼓励社会力量向公众提供公共文化设施和公益性文化产品、文化活动及相关文化服务。

县级以上人民政府文化主管部门应当加强对村民委员会、居民委员会和社会力量开展公共文化服务活动的指导和支持。

第十条 任何单位和个人对违反本条例的行为，有权向文化等有关主管部门举报或者投诉。

文化等有关主管部门应当依法受理，并将处理结果告知举报人或者投诉人。

第二章 公共文化服务提供

第十一条 各级人民政府及其文化等有关主管部门应当根据当地经济社会发展水平、历史文化传统、人口状况和公众的实际需求提供公共文化服务，创新公共文化服务方式，并逐步增加本行政区域内公共文化服务总量。

第十二条 各级人民政府应当推动各类公共文化设施免费开放。

第十三条 各级人民政府及其文化等有关主管部门可以采取政府购买、项目补贴或者奖励等方式鼓励和支持社会力量提供公共文化服务，推动经营性文化设施提供低票价或者免费的公益性文化服务。

第十四条 各级人民政府及其文化等有关主管部门应当在校园、社区、企业和农村开展流动公共文化服务。

第十五条 各级人民政府应当扩大农村和少数民族地区广播电视、电影放映、文化信息资源共享等公共文化服务的覆盖范围，并增加相关服务内容，支持针对农村和少数民族地区群众需要的，尤其是农村和少数民族题材的公共文化产品的生产，创造条件为农村和少数民族地区提供免费的公共文化服务。

文化等有关主管部门应当对农村和少数民族地区文化工作者定期进行培训，支持文化工作者到农村和少数民族地区辅导群众文化活动。

第十六条 文化等有关主管部门应当为外来务工人员、老年人、未成年人和残疾人等群体提供有针对性的公共文化服务。

有条件的地区应当在外来务工人员较多的区域建设综合性文化设施并免费开放。

第十七条 公共文化设施的管理单位应当根据公众文化需求逐步增加服务项目，并在国家法定节假日和学校寒暑假期间适当延长公共文化设施的开放时间。

公共文化设施的管理单位不得因公共文化设施免费开放而降低服务水平。

第十八条 公共文化设施的管理单位应当完善服务条件，健全服务规范，建立服务公示制度。

因特殊原因需要改变公共文化服务有关事项的，公共文化服务的管理单位应当以便于知晓的方式提前向公众发布公告。

第十九条 公共文化设施和机场、车站、码头、广场等人员流动较大的公共场所应当放置报刊、资料供公众阅览。

第二十条 公益性文化机构应当创造条件开展免费的公益性演出、文化艺术教育等文化活动。

第二十一条 鼓励社会公众开展自发性的文化活动。

机关、企业事业单位应当组织开展文化活动，加强自身文化建设。

学校应当开展校园文化活动，加强对学生文化艺术素质的教育。

各级人民政府及其文化等有关主管部门应当对在文化广场等场所依法开展的自发性群众文化活动和机关、企业事业单位、学校的文化活动给予必要的支持和指导。

第二十二条 各级人民政府及其文化主管部门应当加强区域合作，推动文化资源的整合共享。

珠江三角洲地区各级人民政府及其文化主管部门应当建立合作机制，推动公共文化服务一体化。

第二十三条 县级以上人民政府文化等有关主管部门应当采取便于公众知晓的方式提供本地公共文化服务信息，并收集公众对本地公共文化服务的意见和建议。

第二十四条 各级人民政府及其文化等有关主管部门应当通过数字化、信息化等技术手段，推动公共文化信息资源的公开和共享，并提高公共文化服务的信息化、网络化水平，增强文化信息资源的传输、存储和供给能力，提供方便快捷的文化服务。

第三章 基层公共文化设施建设

第二十五条 基层公共文化设施建设应当纳入当地国民经济和社会发展规划，与当地经济社会发展水平相适应。

县级、乡镇人民政府应当按照国家和省的规定建设、完善文化馆、图书馆、综合文化站（室）、文化广场、农村广播基础设施等基层公共文化设施并配备相应设备。

第二十六条 县级以上人民政府应当加大对基层公共文化设施建设的扶持力度，将社区文化中心建设纳入城市规划；应当从城市住房开发投资中提取一定比例的经费，用于社区公共文化设施建设。具体实施办法由省人民政府另行制定。

鼓励发达地区支持贫困地区和少数民族地区的基层公共文化设施建设。

第二十七条 基层公共文化设施应当配置开展公共文化服务必需的设备和图书等文化资源，并有计划地更新、充实。

基层公共文化设施及其设备和图书等文化资源应当按照国家有关规定办理资产登记及相关手续，依法管理。

第二十八条 基层公共文化设施可以通过以下方式开展公共文化服务：

（一）举办文体、展览、讲座等活动；

（二）开展读书读报活动；

（三）开展数字文化信息服务；

（四）其他公共文化服务。

第二十九条 基层公共文化设施应当完善内部管理制度和服务规范，保障其用于开展文明、健康的公共文化活动。

第三十条 乡镇、街道综合文化站应当具备图书报刊阅读、影视节目播放、宣传教育、文艺演出、体育活动等功能，并免费开放。

综合文化站应当建在交通便利、人口集中、便于群众参与活动的区域。

第三十一条 城市社区、农村综合文化室应当具备图书报刊阅读、文化信息服务、文体活动等功能，并免费开放。

第四章　激励与保障

第三十二条 各级人民政府对在公共文化服务促进工作中作出显著成绩的单位和个人，应当给予表彰和奖励。

第三十三条 鼓励社会力量以捐赠方式建设公共文化设施或者开展文化活动。

捐赠人通过公益性社会团体、县级以上人民政府或者其相关部门捐建公共文化设施的，可以依法享受税收方面的优惠。

捐赠人对于捐赠的公共文化设施可以留名纪念；捐赠人单独捐赠或者主

要由捐赠人出资建设的，可以由捐赠人提出公共文化设施的名称，报县级以上人民政府批准。

第三十四条 鼓励社会力量将其所有的文化产品、文化设施委托公益性文化机构管理，用于公共文化服务活动。

第三十五条 鼓励社会力量赞助公益性文化活动，赞助方可以获得符合有关法律法规规定的合理回报。

第三十六条 鼓励珠江三角洲地区通过捐资、援赠物品、共享文化资源、业务合作、人员培训等方式支持贫困地区发展公共文化服务。

第三十七条 各级人民政府及其文化主管部门应当支持民营文艺表演团体参与公共文化活动，由此产生的合理费用由主办方支付。

有条件的地区应当将公共文化设施免费或者低价为参与公共文化活动的民营文艺表演团体提供排练和演出场地。

第三十八条 县级以上人民政府及其文化等有关主管部门应当建立和完善公共文化人才引进、培训、激励等制度，加强基层公共文化人才队伍的建设。

第三十九条 县级以上人民政府及其文化等有关主管部门可以采取下列方式，加强公共文化服务人才队伍建设：

（一）职业教育、专业培训或者委托培养；

（二）挂职、选拔、交流等；

（三）聘用聘任、兼职客座、定期服务、项目合作等。

第四十条 基层公共文化设施的管理单位应当根据基层公共文化设施所承担的职能、任务及所服务的人口规模合理配置公共文化服务人员。

第四十一条 鼓励、支持高校毕业生到基层从事公共文化服务工作。

第四十二条 文化主管部门应当推动建立本行政区域内的文化志愿者组织。

鼓励热心公共文化服务工作的人员向文化志愿者组织申请成为注册志愿者。

因举办大型公益性文化活动需要志愿者服务的，举办者可以自行招募志愿者，也可以委托文化志愿者组织招募志愿者。

第四十三条 文化等有关主管部门应当对文化志愿者进行必要的专业知识培训，对优秀的文化志愿者予以表彰。

第四十四条 各级人民政府及其文化等有关主管部门应当定期对本行政区域内的公共文化服务情况进行监督检查。

使用财政资金举办公共文化设施的，其资金使用情况应当接受财政、审计部门的监督。

第五章 法律责任

第四十五条 各级人民政府、有关主管部门及其工作人员违反本条例规定，有下列情形之一的，由其上级机关或者监察机关责令改正；情节严重的，对直接负责的主管人员和其他直接责任人员依法给予处分；构成犯罪的，依法追究刑事责任：

（一）截留、挪用、挤占捐赠财产的；

（二）侵占公共文化财产的；

（三）未按照规定处理举报或者投诉的；

（四）擅自拆除公共文化设施或者改变其性质、功能、用途的；

（五）其他滥用职权、玩忽职守、徇私舞弊的行为。

第六章 附 则

第四十六条 本条例自2012年1月1日起施行。

广东省工伤保险条例

（1998年9月18日广东省第九届人民代表大会常务委员会第五次会议通过 2004年1月14日广东省第十届人民代表大会常务委员会第八次会议第一次修订 2011年9月29日广东省第十一届人民代表大会常务委员会第二十八次会议第二次修订）

第一章 总 则

第一条 为了保障因工作遭受事故伤害或者患职业病的职工获得医疗救治和经济补偿，促进工伤预防和职业康复，分散用人单位的工伤风险，根据《中华人民共和国社会保险法》、《工伤保险条例》，结合本省实际，制定本条例。

第二条 职工有依法享受工伤保险待遇的权利。本省行政区域内的企业、事业单位、社会团体、民办非企业单位、基金会、律师事务所、会计师事务所等组织和有雇工的个体工商户（以下称用人单位）应当在生产经营所在地依法参加工伤保险，为本单位全部职工或者雇工（以下称职工）缴纳工伤保险费。

国家机关和与其建立劳动关系的职工，依照本条例执行。

第三条 工伤保险工作应当坚持预防、救治、补偿和康复相结合的原则。

第四条 用人单位和职工应当遵守有关安全生产和职业病防治的法律法规，执行安全卫生规程和标准，预防工伤事故，减少职业病危害。

第五条 省人民政府社会保险行政部门负责全省的工伤保险工作，组织实施本条例。

市、县（含县级市、区）人民政府社会保险行政部门负责本行政区域内的工伤保险工作。

各级社会保险经办机构具体承办工伤保险事务。

第六条 各级人民政府应当发展工伤康复事业，帮助因工致残者得到康复和从事适合身体状况的劳动。

第七条 各级人民政府应当保证工伤保险基金的征集和工伤保险待遇的给付。遇有特殊情况，工伤保险基金不敷使用时，由统筹地区的人民政府给予补贴。

工伤保险基金、享受工伤保险待遇的收入按照国家规定不征收税、费。

第八条 工伤保险费由社会保险费征收机构征收。

第二章 工伤认定

第九条 职工有下列情形之一的，应当认定为工伤：

（一）在工作时间和工作场所内，因工作原因受到事故伤害的；

（二）工作时间前后在工作场所内，从事与工作有关的预备性或者收尾性工作受到事故伤害的；

（三）在工作时间和工作场所内，因履行工作职责受到暴力等意外伤害的；

（四）患职业病的；

（五）因工外出期间，由于工作原因受到伤害或者发生事故下落不明的；

（六）在上下班途中，受到非本人主要责任的交通事故或者城市轨道交通、客运轮渡、火车事故伤害的；

（七）法律、行政法规规定应当认定为工伤的其他情形。

第十条 职工有下列情形之一的，视同工伤：

（一）在工作时间和工作岗位，突发疾病死亡或者在四十八小时之内经抢救无效死亡的；

（二）在抢险救灾等维护国家利益、公共利益活动中受到伤害的；

（三）因工作环境存在有毒有害物质或者在用人单位食堂就餐造成急性中毒而住院抢救治疗，并经县级以上卫生防疫部门验证的；

（四）由用人单位指派前往依法宣布为疫区的地方工作而感染疫病的；

（五）职工原在军队服役，因战、因公负伤致残，已取得革命伤残军人证，到用人单位后旧伤复发的。

职工有前款第一、二、三、四项情形的，按照本条例的有关规定享受工伤保险待遇；职工有前款第五项情形的，按照本条例的有关规定享受除一次性伤残补助金以外的工伤保险待遇。

第十一条 职工符合本条例第九条、第十条的规定，但是有下列情形之一的，不得认定为工伤或者视同工伤：

（一）故意犯罪的；

（二）醉酒或者吸毒的；

（三）自残或者自杀的；

（四）法律、行政法规规定的其他情形。

第十二条 用人单位应当在职工发生事故伤害或者按照职业病防治法规定被诊断、鉴定为职业病后的第一个工作日，通知统筹地区社会保险行政部门及其参保的社会保险经办机构，并自事故伤害发生之日或者按照职业病防治法规定被诊断、鉴定为职业病之日起三十日内，向统筹地区社会保险行政部门提出工伤认定申请。遇有特殊情况，经报社会保险行政部门同意，申请时限可以适当延长。

用人单位未按照前款规定提出工伤认定申请的，该职工或者其近亲属、工会组织自事故伤害发生之日或者按照职业病防治法规定被诊断、鉴定为职业病之日起一年内，可以直接向用人单位所在地统筹地区社会保险行政部门提出工伤认定申请。

用人单位未在本条第一款规定的时限内提交工伤认定申请的，在提出工伤认定申请之前发生的符合本条例规定的工伤待遇等有关费用由用人单位承担。

第十三条 未参加工伤保险的职工发生事故伤害或者被诊断、鉴定为职业病的，由用人单位生产经营所在地社会保险行政部门负责工伤认定。

第十四条 提出工伤认定申请应当提交下列材料：

（一）工伤认定申请表；

（二）用人单位与劳动者存在劳动关系（包括事实劳动关系）的证明材料；

（三）医疗诊断证明或者职业病诊断证明书（或者职业病诊断鉴定书）。

工伤认定申请表应当包括事故发生的时间、地点、原因以及职工伤害程度等基本情况。

工伤认定申请人提供材料不完整的，社会保险行政部门应当一次性书面告知工伤认定申请人需要补正的全部材料。申请人按照书面告知要求补正材料后，社会保险行政部门应当受理。

第十五条 社会保险行政部门受理工伤认定申请后，根据审核需要可以对事故伤害进行调查核实，用人单位、职工、工会组织、医疗机构以及有关部门有协助工伤调查和提供证据的义务。

职业病诊断和诊断争议的鉴定，依照职业病防治法的有关规定执行。对依法取得的职业病诊断证明书或者职业病诊断鉴定书，社会保险行政部门不再进行调查核实。

职工或者其近亲属、工会组织认为是工伤，用人单位不认为是工伤的，由用人单位承担举证责任。

第十六条 社会保险行政部门应当自受理工伤认定申请之日起六十日内作出工伤认定的决定，并书面通知申请工伤认定的职工或者其近亲属以及该职工所在单位。

社会保险行政部门对受理的事实清楚、权利义务明确的工伤认定申请，应当自受理工伤认定申请之日起十五日内作出工伤认定的决定。

作出工伤认定决定需要以司法机关或者有关行政主管部门的结论为依据的，在司法机关或者有关行政主管部门尚未作出结论期间，作出工伤认定决定的时限中止。

社会保险行政部门工作人员与工伤认定申请人有利害关系的，应当回避。

第三章　劳动能力鉴定

第十七条　职工发生工伤，经治疗伤情相对稳定（医疗终结期满）后存在残疾、影响劳动能力的，应当进行劳动能力鉴定。

用人单位、工伤职工或者其近亲属应当在工伤职工医疗终结期满三十日内向统筹地区劳动能力鉴定委员会提出劳动能力鉴定申请，并提供工伤认定决定和职工工伤医疗的有关资料。

医疗终结期的确认由劳动能力鉴定委员会按照国家和省的有关规定执行。医疗终结期需要延长的，由劳动能力鉴定委员会按照国家和省的有关规定批准。

第十八条　劳动能力鉴定是指劳动功能障碍程度和生活自理障碍程度的等级鉴定。

劳动功能障碍分为十个伤残等级，最重的为一级，最轻的为十级。

生活自理障碍等级根据进食、翻身、大小便、穿衣及洗漱、自主行动五项条件确定。五项条件均需要护理者为一级，五项中四项需要护理者为二级，五项中三项需要护理者为三级，五项中一至二项需要护理者为四级。

劳动能力鉴定及职工工伤与职业病致残等级标准按照国家有关规定执行。

第十九条　省、地级以上市人民政府设立劳动能力鉴定委员会，由社会保险行政部门、卫生行政部门、工会组织、社会保险经办机构以及用人单位代表组成。

劳动能力鉴定委员会办公室设在社会保险行政部门。

劳动能力鉴定委员会负责劳动能力障碍程度和生活自理障碍程度鉴定，以及工伤医疗终结期和停工留薪期确认、工伤复发确认、辅助器具配置确认、工伤康复确认等工作。

第二十条　劳动能力鉴定委员会收到劳动能力鉴定申请后，应当从其建立的医疗卫生专家库中随机抽取三名或者五名相关专家组成专家组，由专家组提出鉴定意见。劳动能力鉴定委员会根据专家组的鉴定意见作出工伤职工劳动能力鉴定结论，必要时，可以委托具备资格的医疗机构协助进行有关的诊断。

劳动能力鉴定委员会应当自收到劳动能力鉴定申请书之日起六十日内作出劳动能力鉴定结论，必要时，作出劳动能力鉴定结论的期限可以延长三十日。劳动能力鉴定结论应当及时送达申请鉴定的单位和个人。

劳动能力鉴定工作应当客观、公正。劳动能力鉴定委员会组成人员或者参加鉴定的专家与当事人有利害关系的，应当回避。

医疗卫生专家库的设置办法及劳动能力鉴定工作程序由省劳动能力鉴定委员会另行制定。

第二十一条 工伤职工及其近亲属或者用人单位对劳动能力鉴定委员会作出的劳动能力鉴定结论不服的，可以自收到鉴定结论之日起十五日内申请复查，对复查鉴定不服的，可以自收到复查鉴定结论之日起十五日内向上一级劳动能力鉴定委员会申请再次鉴定；也可以自收到鉴定结论之日起十五日内向上一级劳动能力鉴定委员会申请再次鉴定。

省级劳动能力鉴定委员会作出的劳动能力鉴定结论为最终结论。

第四章 工伤保险待遇

第二十二条 职工发生工伤时，用人单位应当采取措施及时救治工伤职工。

职工治疗工伤应当在签订服务协议的医疗机构就医，情况紧急时可以先到就近的医疗机构急救；疑似职业病或者患职业病的，用人单位应当及时送省级卫生行政部门指定的医疗机构诊断，并及时送签订服务协议的医疗机构治疗。

职工经治疗伤情稳定，需要工伤康复的，用人单位、工伤职工或者其近亲属可以向统筹地区劳动能力鉴定委员会提出工伤康复申请。经劳动能力鉴定委员会确认，工伤职工可以在签订服务协议的康复机构进行康复。

第二十三条 工伤职工因医疗条件所限需要转院治疗的，应当由签订服务协议的医疗机构提出，经报社会保险经办机构同意；因康复条件所限需要转院康复的，应当由工伤职工、用人单位或者签订服务协议的康复机构提出，经报社会保险经办机构同意。

第二十四条 社会保险经办机构与医疗机构、康复机构签订服务协议，应当事先征求同级总工会、有关企业协会的意见。签订服务协议的医疗机构、康复机构名单应当向社会公布。

第二十五条 治疗工伤所需费用符合工伤保险诊疗项目目录、工伤保险药品目录、工伤保险住院服务标准的，从工伤保险基金支付。工伤保险诊疗项目目录、工伤保险药品目录、工伤保险住院服务标准按照国家和省的有关规定执行。

职工住院治疗工伤、康复的伙食补助费由工伤保险基金按照不低于统筹地区因公出差伙食补助标准的百分之七十支付。经批准转统筹地区以外门诊治疗、康复及住院治疗、康复的，其在城市间往返一次的交通费用及在转入地所需的市内交通、食宿费用，由工伤保险基金按照统筹地区人民政府规定的标准支付。

第二十六条 职工因工伤需要暂停工作接受工伤医疗的，在停工留薪期内，原工资福利待遇不变，由所在单位按月支付。停工留薪期根据医疗终结期确定，由劳动能力鉴定委员会确认，最长不超过二十四个月。

工伤职工鉴定伤残等级后，停发原待遇，按照本章的有关规定享受伤残待遇。工伤职工在鉴定伤残等级后仍需治疗的，经劳动能力鉴定委员会批准，一级至四级伤残，享受伤残津贴和工伤医疗待遇；五级至十级伤残，享受工伤医疗和停工留薪期待遇。

经劳动能力鉴定委员会确认可以进行康复的，工伤职工在签订服务协议的康复机构发生的符合规定的工伤康复费用，从工伤保险基金支付。

工伤职工在停工留薪期间生活不能自理需要护理的，由所在单位负责。所在单位未派人护理的，应当参照当地护工从事同等级别护理的劳务报酬标准向工伤职工支付护理费。

第二十七条 工伤职工已经被鉴定为一级至四级伤残等级并经劳动能力鉴定委员会确认需要生活护理的，由工伤保险基金按照工伤职工生活自理障碍等级支付生活护理费。

生活护理费以统筹地区上年度职工月平均工资的一定比例按月计发，标准为：一级为百分之六十，二级为百分之五十，三级为百分之四十，四级为百分之三十。

生活护理费每年按照统筹地区上年度职工平均工资增长同步调整，统筹地区上年度职工平均工资负增长时不调整。

第二十八条 工伤职工因日常生活或者就业需要，必须安装假肢、矫形器、假眼、假牙和配置轮椅、拐杖等辅助器具，或者辅助器具需要维修、更换的，由签订服务协议的医疗、康复机构提出意见，经劳动能力鉴定委员会确认，所需费用按照国家规定的标准从工伤保险基金支付。

辅助器具应当限于辅助日常生活及生产劳动之必需，并采用国内市场的普及型产品。工伤职工选择其他型号产品，费用高出普及型的部分，由个人自付。

第二十九条 职工因工致残被鉴定为一级至四级伤残，本人要求退出工作岗位、终止劳动关系的，办理伤残退休手续，享受以下待遇：

（一）一次性伤残补助金。由工伤保险基金按伤残等级支付，标准为：一级伤残为二十七个月的本人工资，二级伤残为二十五个月的本人工资，三级伤残为二十三个月的本人工资，四级伤残为二十一个月的本人工资。

（二）伤残津贴。由工伤保险基金按月支付，直至本人死亡，标准为：一级伤残为本人工资的百分之九十，二级伤残为本人工资的百分之八十五，三级伤残为本人工资的百分之八十，四级伤残为本人工资的百分之七十五。伤残津贴实际金额低于当地最低工资标准的，由工伤保险基金补足差额。

办理伤残退休手续的工伤职工应当参加统筹地区职工基本医疗保险。按照规定应当由用人单位缴纳的基本医疗保险费，由工伤保险基金承担。

一级至四级伤残职工与原单位保留劳动关系，退出工作岗位的，按照《工伤保险条例》的有关规定执行。

伤残津贴每年参照基本养老保险金的调整办法调整。

第三十条 一级至四级伤残职工户籍从单位所在地迁回原籍的，其伤残津贴可以由统筹地区社会保险经办机构按照标准每半年发放一次。用人单位应当按照统筹地区上年度职工月平均工资为基数发给六个月的安家补助费。所需交通费、住宿费、行李搬运费和伙食补助费等，由用人单位按照因公出差标准报销。

第三十一条 户籍不在统筹地区的一级至四级伤残职工，本人要求解除或者终止劳动关系并一次性享受工伤保险待遇的，可以与统筹地区社会保险经办机构签订协议，由社会保险经办机构按照以下规定支付工伤保险待遇费用，终结工伤保险关系：

（一）一次性伤残补助金。按照本条例第二十九条第一款第一项规定的标准计发。

（二）伤残津贴。按照本条例第二十九条第一款第二项规定的标准一次性计发十年。

（三）一次性工伤医疗补助金。按照以下标准计发：一级伤残为十五个月的本人工资，二级伤残为十四个月的本人工资，三级伤残为十三个月的本人工资，四级伤残为十二个月的本人工资。

（四）生活护理费。经劳动能力鉴定委员会确认需要生活护理的，按照本条例第二十七条第二款规定的标准一次性计发十年。

第三十二条 职工因工致残被鉴定为五级、六级伤残的，享受以下待遇：

（一）一次性伤残补助金。由工伤保险基金支付，标准为：五级伤残为十八个月的本人工资，六级伤残为十六个月的本人工资。

（二）保留与用人单位的劳动关系，由用人单位安排适当工作。难以安排工作的，由用人单位按月发给伤残津贴，标准为：五级伤残为本人工资的百分之七十，六级伤残为本人工资的百分之六十，并由用人单位按照规定为其缴纳应缴纳的各项社会保险费。伤残津贴实际金额低于当地最低工资标准的，由用人单位补足差额。

第三十三条 五级、六级伤残职工本人提出与用人单位解除或者终止劳动关系的，由工伤保险基金支付一次性工伤医疗补助金，由用人单位支付一次性伤残就业补助金，终结工伤保险关系：

（一）一次性工伤医疗补助金。标准为：五级伤残为十个月的本人工资，六级伤残为八个月的本人工资。

（二）一次性伤残就业补助金。标准为：五级伤残为五十个月的本人工资，六级伤残为四十个月的本人工资。

第三十四条 职工因工致残被鉴定为七级至十级伤残的，由工伤保险基金支付一次性伤残补助金，标准为：七级伤残为十三个月的本人工资，八级伤残为十一个月的本人工资，九级伤残为九个月的本人工资，十级伤残为七个月的本人工资。

七级至十级伤残职工依法与用人单位解除或者终止劳动关系的，由工伤保险基金支付一次性工伤医疗补助金，由用人单位支付一次性伤残就业补助金，终结工伤保险关系：

（一）一次性工伤医疗补助金。标准为：七级伤残为六个月的本人工资，八级伤残为四个月的本人工资，九级伤残为二个月的本人工资，十级伤残为一个月的本人工资。

（二）一次性伤残就业补助金。标准为：七级伤残为二十五个月的本人工资，八级伤残为十五个月的本人工资，九级伤残为八个月的本人工资，十级伤残为四个月的本人工资。

第三十五条 计发本条例第三十三条、第三十四条规定的一次性工伤医疗补助金和一次性伤残就业补助金，本人工资低于工伤职工与用人单位解除或者终止劳动关系前本人十二个月平均月缴费工资的，按照解除或者终止劳动关系前本人十二个月平均月缴费工资为基数计发。缴费工资不足十二个月的，以实际缴费月数计算本人平均月缴费工资。本人平均月缴费工资高于统筹地区职工平均工资百分之三百的，按照统筹地区职工平均工资的百分之三百计算；低于统筹地区职工平均工资百分之六十的，按照统筹地区职工平均工资的百分之六十计算。

第三十六条 工伤职工工伤复发，确认需要治疗的，享受本条例第二十五条、第二十六条和第二十八条规定的工伤待遇。

第三十七条 职工因工死亡，其近亲属按照下列规定从工伤保险基金领取丧葬补助金、供养亲属抚恤金和一次性工亡补助金：

（一）丧葬补助金为六个月的统筹地区上年度职工月平均工资。

（二）供养亲属抚恤金按照职工本人工资的一定比例发给由因工死亡职工生前提供主要生活来源、无劳动能力的亲属。标准为：配偶每月百分之四十，其他亲属每人每月百分之三十，孤寡老人或者孤儿每人每月在上述标准的基础上增加百分之十。核定的各供养亲属的抚恤金之和不应当高于因工死亡职工生前的工资。供养亲属的具体范围按照国务院社会保险行政部门的规定执行。

（三）一次性工亡补助金标准为上年度全国城镇居民人均可支配收入的二十倍。

伤残职工在停工留薪期内因工伤导致死亡的，其近亲属享受本条第一款规定的待遇。

一级至四级伤残职工在停工留薪期满后死亡的，其近亲属可以享受本条第一款第一项、第二项规定的待遇。

供养亲属抚恤金每年按照统筹地区上年度职工平均工资增长调整，统筹地区职工平均工资负增长时不调整。

第三十八条 职工因工外出期间发生事故或者在抢险救灾中下落不明的，按照《工伤保险条例》的有关规定处理。被宣告死亡后重新出现的，应当退还已发的供养亲属抚恤金和一次性工亡补助金。

第三十九条 定期领取伤残津贴的人员或者领取供养亲属抚恤金的供养亲属，应当每年提供由用人单位或者居住地户籍管理部门出具的生存证明，方可继续领取。

第四十条 工伤职工有下列情形之一的，停止享受工伤保险待遇：

（一）丧失享受待遇条件的；

（二）拒不接受劳动能力鉴定的；

（三）拒绝治疗的。

第四十一条 用人单位分立、合并、转让的，承继单位应当承担原用人单位的工伤保险责任；原用人单位已经参加工伤保险的，承继单位应当到当地社会保险经办机构办理工伤保险变更登记。

企业破产，因分立、合并之外的原因解散，或者终止的，在清算时依法拨付应当由用人单位支付的工伤保险待遇费用，清偿欠缴的工伤保险费及其利息和滞纳金。

第四十二条 用人单位实行承包经营的，工伤保险责任由职工劳动关系所在单位承担。

用人单位实行承包经营，使用劳动者的承包方不具备用人单位资格的，由具备用人单位资格的发包方承担工伤保险责任。

非法承包建筑工程发生工伤事故，劳动者的工伤待遇应当由分包方或者承包方承担，分包方或者承包方承担工伤保险责任后有权向发包方追偿。

职工被借调期间受到工伤事故伤害的，由原用人单位承担工伤保险责任，但原用人单位与借调单位可以约定补偿办法。

第四十三条 职工所在用人单位未依法缴纳工伤保险费，发生工伤事故的，由用人单位支付工伤保险待遇。

用人单位不支付工伤保险待遇，工伤职工或者其近亲属可以提出先行支付的申请，经审核符合规定的，从工伤保险基金中先行支付工伤保险待遇项目中应当由工伤保险基金支付的项目。

从工伤保险基金中先行支付的工伤保险待遇应当由用人单位偿还。用人单位不偿还的，由社会保险经办机构依法向用人单位追偿。

第五章 工伤保险基金

第四十四条 工伤保险基金的构成：

（一）用人单位缴纳的工伤保险费；

（二）工伤保险基金的利息；

（三）滞纳金；

（四）财政补贴；

（五）法律、法规规定的其他收入。

第四十五条 工伤保险基金根据以支定收、收支平衡的原则筹集。

统筹地区社会保险经办机构每年根据用人单位工伤保险费使用、工伤发生率等情况，按照国家规定的行业差别费率及行业内费率档次确定单位缴费费率。

第四十六条 工伤保险费由用人单位承担，职工个人不缴纳工伤保险费。

用人单位缴纳工伤保险费的数额为本单位职工工资总额乘以单位缴费费率之积。

难以按照工资总额缴纳工伤保险费的行业，其缴纳工伤保险费的具体方式按照国家有关规定执行。

第四十七条 工伤保险基金实行地级以上市统筹。

工伤保险基金应当建立储备金，市级统筹按照工伤保险基金征收总额的百分之十五建立储备金，其中，市级储备金留存百分之十，向省级储备金上解百分之五。

储备金用于重大事故、职业康复、伤残人员异地安置和基金不敷使用时的调剂。

市级储备金不足支付的，由省级储备金调剂、地级以上市人民政府财政垫付。

第四十八条 工伤保险基金存入社会保障基金财政专户并按照同期城乡居民储蓄存款利率计息，所得利息全部转入工伤保险基金。

第四十九条 工伤保险基金用于下列支出项目：

（一）工伤保险待遇；

（二）职业康复费用；

（三）工伤取证费和劳动能力鉴定费；

（四）工伤预防费。

前款第二项按照不超过上年度结存的工伤保险基金三分之一的比例，第三项按照不超过上年度工伤保险基金实际收缴总额百分之二的比例，由社会保险经办机构于每年九月提出下年度的用款支出计划，报同级社会保险行政部门和财政部门审核同意后，列入下年度工伤保险基金支出预算，下年度据实列支。

在保证本条例第四十七条第二款规定的储备金足额留存和本条第一款第一项、第二项、第三项规定的费用足额支付的前提下，可以按照不超过上年度工伤保险基金实际收缴总额百分之五的比例，提取工伤预防费。提取的费用由社会保险经办机构会同安全生产监督管理部门于每年九月提出下年度的用款支出计划，报同级社会保险行政部门和财政部门审核同意后，列入下年度工伤保险支出预算，下年度据实列支。

工伤预防费、工伤取证费和劳动能力鉴定费作为专项经费管理使用，专项经费管理使用按照国家和省的有关规定执行。

任何单位或者个人不得将工伤保险基金用于投资运营、兴建或者改建办公场所、发放奖金，或者挪作其他用途。

第六章　监督管理

第五十条　社会保险行政部门依法对工伤保险费的征缴和工伤保险基金的支付情况进行监督。

财政部门和审计机关依法对工伤保险基金的收支、管理情况进行监督。

各级社会保险经办机构应当建立健全内部审计制度。

社会保险监督委员会依法对工伤保险基金的收支、管理情况实施社会监督。

第五十一条　工会组织依法维护工伤职工的合法权益，对用人单位的工伤保险工作实行监督。

第五十二条　职工有权监督用人单位参加工伤保险及缴费情况。用人单位应当向职工如实通告因工伤亡、参加工伤保险和缴费情况。

第五十三条　用人单位和职工有权向社会保险费征收机构和社会保险经办机构查询本单位工伤保险缴费和工伤保险待遇支付情况。社会保险费征收机构和社会保险经办机构应当提供相应的查询、咨询服务。

第五十四条　职工与用人单位发生工伤待遇方面的争议，按照处理劳动争议的有关规定处理。

第五十五条　有下列情形之一的，有关单位或者个人可以依法申请行政复议，也可以依法向人民法院提起诉讼：

（一）申请工伤认定的职工或者其近亲属、该职工所在单位对工伤认定申请不予受理的决定不服的；

（二）申请工伤认定的职工或者其近亲属、该职工所在单位对工伤认定结论不服的；

（三）用人单位对社会保险经办机构确定的单位缴费费率不服的；

（四）签订服务协议的医疗机构、康复机构、辅助器具配置机构认为社会保险经办机构未履行有关协议或者规定的；

（五）工伤职工或者其近亲属对社会保险经办机构核定的工伤保险待遇有异议的。

第七章　法律责任

第五十六条　用人单位依照本条例规定应当参加工伤保险而未参加的，由社会保险行政部门责令其限期参加并依法处理。用人单位未按时足额缴纳工伤保险费的，由社会保险费征收机构责令限期缴纳或者补足，并自欠缴之日起，按日加收万分之五的滞纳金；逾期仍不缴纳的，由有关行政部门处欠缴数额一倍以上三倍以下的罚款。

第五十七条　用人单位依照本条例规定应当参加工伤保险而未参加或者未按时缴纳工伤保险费，职工发生工伤的，由该用人单位按照本条例规定的工伤保险待遇项目和标准向职工支付费用。

用人单位按照规定补缴应当缴纳的工伤保险费和滞纳金后，由工伤保险基金和用人单位按照本条例的规定支付新发生的费用。

第五十八条　用人单位少报职工工资，未足额缴纳工伤保险费，造成工伤职工享受的工伤保险待遇降低的，工伤保险待遇差额部分由用人单位向工伤职工补足。

第五十九条　用人单位、工伤职工或者其近亲属骗取工伤保险待遇，医疗机构、康复机构、辅助器具配置机构骗取工伤保险基金支出的，由社会保险行政部门责令退还，处骗取金额二倍以上五倍以下的罚款；构成犯罪的，依法追究刑事责任。

第六十条 用人单位未按照本条例第十五条第一款规定提供证据，或者提供虚假资料的，由社会保险行政部门对其处以二千元以上二万元以下的罚款。

第六十一条 各级人民政府、有关行政管理部门和社会保险经办机构及其工作人员违反本条例，有下列行为之一的，上级机关应当责令其改正，追回挪用流失款项；有违法所得的，没收违法所得；对直接负责的主管人员和其他直接责任人员依法给予处分；构成犯罪的，依法追究刑事责任：

（一）擅自增加或者减免应当缴纳的工伤保险费及其利息或者滞纳金的；

（二）未按照规定将工伤保险费及其利息或者滞纳金全部存入工伤保险基金专户的；

（三）挪用工伤保险基金的；

（四）未按照规定核定各项工伤保险待遇标准或者领取期限的；

（五）未按照规定上解工伤保险储备金的。

第六十二条 社会保险行政部门工作人员有下列情形之一的，依法给予处分；构成犯罪的，依法追究刑事责任：

（一）无正当理由不受理工伤认定申请，或者弄虚作假将不符合工伤条件的人员认定为工伤职工的；

（二）未妥善保管申请工伤认定的证据材料，致使有关证据灭失的；

（三）收受当事人财物的。

第六十三条 从事劳动能力鉴定的组织或者个人有下列情形之一的，由社会保险行政部门责令改正，处二千元以上一万元以下的罚款；构成犯罪的，依法追究刑事责任：

（一）提供虚假鉴定意见的；

（二）提供虚假诊断证明的；

（三）收受当事人财物的。

第八章 附 则

第六十四条 中央、省属和军队驻穗单位工伤保险依法实行省本级统筹，工伤保险工作按照国家和省的有关规定执行。

第六十五条 劳动者达到法定退休年龄或者已经依法享受基本养老保险待遇的，不适用本条例。

前款规定的劳动者受聘到用人单位工作期间，因工作原因受到人身伤害的，可以要求用人单位参照本条例规定的工伤保险待遇支付有关费用。双方对损害赔偿存在争议的，可以依法通过民事诉讼方式解决。

第六十六条 本条例中下列用语的含义：

（一）本人工资，是指工伤职工在本单位因工作遭受事故伤害或者患职业病前十二个月平均月缴费工资。本单位为工伤职工缴纳工伤保险费不足十二个月的，以实际月数计算平均月缴费工资。本人工资高于统筹地区职工平均工资百分之三百的，按照统筹地区职工平均工资的百分之三百计算；本人工资低于统筹地区职工平均工资百分之六十的，按照统筹地区职工平均工资的百分之六十计算。

（二）原工资福利待遇，是指工伤职工在本单位受工伤前十二个月的平均工资福利待遇。工伤职工在本单位工作不足十二个月的，以实际月数计算平均工资福利待遇。

第六十七条 用人单位为职工办理工伤保险参保手续次日起，在规定的缴费周期内缴纳工伤保险费的，该参保职工发生工伤，由工伤保险基金按照本条例规定的工伤保险待遇项目和标准支付费用。

第六十八条 本条例自2012年1月1日起施行。本条例施行前已受到事故伤害或者患职业病的职工尚未完成工伤认定的，按照本条例的规定执行；本条例施行前已完成工伤认定的，本条例施行后发生的工伤保险待遇依照本条例的规定执行。

广东省农村扶贫开发条例

（2011年11月30日广东省第十一届人民代表大会常务委员会第三十次会议通过）

第一章　总　则

第一条　为规范农村扶贫开发，加快农村贫困地区和贫困人口脱贫致富，促进区域协调发展，推进统筹城乡发展和社会和谐，根据有关法律、法规，结合本省实际，制定本条例。

第二条　本条例适用于本省行政区域内的农村扶贫开发。

本条例所称农村扶贫开发，是指国家机关和社会各界通过扶持产业发展，完善基础设施，改善生产、生活条件和教育、医疗、卫生条件，提高人口素质，开展技能培训，促进转移就业等措施，帮助农村贫困地区及贫困人口提高自我发展能力、实现脱贫致富的活动。

第三条　农村扶贫开发应当遵循政府主导、社会参与、自力更生的原则，推进农村地区科学发展。

第四条　各级人民政府统一领导本行政区域的农村扶贫开发工作，并建立工作目标责任制。

县级以上人民政府扶贫开发主管部门负责统筹协调和组织实施本行政区域的农村扶贫开发工作，其他有关部门按照各自职责，做好农村扶贫开发工作。

乡镇人民政府应当明确农村扶贫开发的工作机构和人员。

第五条　县级以上人民政府应当把农村扶贫开发纳入本行政区域国民经济和社会发展规划，并制定专项农村扶贫开发规划。

县级以上人民政府制定其他专项发展规划，应当与本行政区域专项农村扶贫开发规划相衔接。执行上述规划时，应当优先安排农村贫困地区建设项目。

第六条 每年六月三十日为广东扶贫济困日。各级人民政府应当组织开展扶贫济困活动，鼓励国家机关、企业、事业单位、社会组织和个人积极支持农村扶贫开发。

第二章 扶贫开发对象

第七条 农村扶贫开发以贫困户和贫困村为对象。

农村扶贫标准由省人民政府制定，并根据经济社会发展状况适时调整。

第八条 农村扶贫开发对象中的贫困户，是指年人均纯收入低于农村扶贫标准、有劳动能力和劳动意愿的农村家庭，包括有劳动能力和劳动意愿的农村低保对象。

第九条 农户申请为贫困户的，由村民委员会对申请人的收入等情况进行核实并召开村民大会或者村民代表会议进行评议，经乡镇人民政府审核后报县级人民政府确定，并报地级以上市人民政府扶贫开发主管部门备案。

评议、审核结果应当在农户所在地村民委员会和村民小组公示。公示期间，村民提出异议的，村民委员会和乡镇人民政府应当进行调查、核实，情况属实的，应当予以采纳。不予采纳的，应当公开说明理由。

第十条 贫困村的确定由村民委员会申请，经乡镇、县、地级以上市人民政府逐级审查后，报省人民政府扶贫开发主管部门批准并向社会公布。

第十一条 地级以上市人民政府可以按照不低于省贫困户、贫困村标准，根据经济社会发展总体水平制定本市贫困户、贫困村标准。

第十二条 贫困户经帮扶后年人均纯收入超过本行政区域农村扶贫标准且有稳定收入来源，贫困村经帮扶实现帮扶目标任务的，应当认定为脱贫。

第三章　扶贫开发措施

第十三条　实行发达地区、国家机关、国有企业、事业单位、社会组织定点帮扶贫困村、贫困户制度。

省人民政府扶贫开发主管部门应当统筹提出帮扶方案，报省人民政府批准后组织实施。

承担定点帮扶任务的发达地区、国有企业等有条件的单位每年安排一定的资金、项目、人力，其他单位每年筹措一定的资金、安排人力，扶持被帮扶贫困地区、贫困村发展经济和社会事业。

第十四条　实行农村扶贫定点帮扶的，帮扶方和被帮扶方应当订立帮扶协议，明确双方的权利和义务。

帮扶方应当制定帮扶计划，按照计划完成帮扶任务。被帮扶方应当主动配合完成帮扶计划。

扶贫开发主管部门应当建立帮扶档案，实施动态监测管理。

第十五条　鼓励金融机构扩大扶贫开发专项贷款的发放范围和贷款规模，探索金融业参与农村扶贫开发的新途径。

第十六条　鼓励和支持企业、事业单位、社会组织和个人到贫困地区投资基础设施建设、兴办工商企业和发展教育、文化、广播、电视、医疗卫生等事业，以及从事科技推广、人才引进、人员培训、劳务输出等活动。

第十七条　鼓励和支持社会中介组织开展扶贫项目策划、贫困人口统计、经济数据分析、咨询服务等专业性活动。

第十八条　各级人民政府应当组织开展扶贫济困宣传活动，鼓励国家机关、企业、事业单位、社会组织和个人捐款捐物支持农村扶贫开发。

第十九条　对勤劳思富的贫困户和贫困村，应当优先予以扶持。

第二十条　鼓励贫困户自主创业、贫困村发展集体经济。对从事工商业经营的，按照国家规定给予税费等优惠。

第二十一条　实行农村扶贫开发目标责任制和考核评价制度，上级人民政府应当将农村扶贫开发目标任务完成情况作为对下一级人民政府和相关部门及其负责人考核评价的重要内容。

县及乡镇人民政府开展扶贫开发工作措施得力、脱贫率高、成绩突出的，由省人民政府给予表彰。

第二十二条 对农村扶贫开发工作做出突出贡献的单位和个人，由县级以上人民政府给予表彰和奖励。对热心捐助的单位和个人，县级以上人民政府可以授予荣誉称号。

第二十三条 各级人民政府应当开展勤劳致富光荣宣传活动，增强贫困户、贫困村脱贫致富的信心，引导贫困户、贫困村积极脱贫。

贫困户和贫困村被认定为脱贫的，县级以上人民政府应当予以表彰和奖励，鼓励贫困户和贫困村向其学习，通过广播电视等各种方式宣传其自力更生的脱贫事迹，弘扬脱贫致富光荣的社会风尚。

第四章 扶贫开发资金

第二十四条 农村扶贫开发资金包括：

（一）财政专项扶贫资金；

（二）国家机关、事业单位、国有企业、社会组织定点扶贫资金；

（三）金融机构扶贫开发专项贷款；

（四）公民、法人或者其他组织捐赠的扶贫资金；

（五）其他用于农村扶贫开发的资金。

第二十五条 各级人民政府应当将农村扶贫开发资金列入年度财政支出预算，并建立与本地区经济发展水平相适应的财政扶贫资金增长机制。

第二十六条 财政专项扶贫资金和国家机关、事业单位、国有企业、社会组织定点扶贫资金重点用于改善贫困村、贫困户的生产和生活条件、发展扶贫产业、开发人力资源、培训贫困农民劳动技能、移民扶贫。

扶贫开发专项贷款重点用于扶持贫困户发展生产、扶贫龙头企业和农民专业合作社连结贫困户发展生产以及支持贫困户危房改造和贫困村的基础设施建设。

公民、法人或者其他组织捐赠的扶贫资金应当按照捐赠者的意愿使用。

第二十七条 财政专项扶贫资金的分配应当依据贫困地区自然条件、基础设施状况、贫困人口数量、农民收入情况、资金使用效益等因素合理安排。对资金使用效益好的地区，可以适当倾斜。

分配方案由扶贫开发主管部门会同财政部门提出，报同级人民政府审定。

第二十八条 财政专项扶贫资金投资的农村扶贫开发项目由村民委员会向乡镇人民政府提出申请。申请书应当列明项目对村经济社会发展的影响、涉及贫困人口的数量、增收效果等内容。乡镇人民政府核实后，经县级人民政府扶贫开发主管部门会同发展改革等部门审查，报同级人民政府批准。

财政专项扶贫资金投资的农村扶贫开发项目经批准后，任何单位和个人不得擅自变更；确需变更的，应当报原批准机关同意。

第二十九条 定点扶贫资金的使用，由承担扶贫开发项目的国家机关、事业单位、国有企业和社会组织与扶贫开发项目所在地人民政府商定。

第三十条 各级财政部门和农村扶贫项目承担单位应当设立财政专项扶贫资金专账，并按照财务管理制度管理。

第三十一条 农村扶贫开发资金应当专款专用，任何单位和个人不得截留、挪用或者侵占。

农村扶贫开发资金应当按照扶贫开发项目进度及时拨付，不得以现金形式直接支付给扶贫开发对象。

第三十二条 扶贫开发主管部门应当会同财政等部门，建立健全财政专项扶贫资金绩效考核制度，定期对资金使用绩效进行考核评价。

第三十三条 农村扶贫开发资金使用计划和实施情况每年应当公示，接受社会监督，个人大额捐赠资金的使用情况应当向捐赠人反馈。公示内容包括：扶贫开发项目名称、实施单位及责任人、项目内容、项目地点、投资规模、完成时间及扶贫资金数额等。

扶贫开发主管部门应当公开受理电话和电子信箱，接受社会监督。

第五章　监督管理

第三十四条　县级人民政府扶贫开发主管部门及其他有关部门应当对农村扶贫开发项目实施监督管理。

第三十五条　扶贫开发主管部门监督检查扶贫开发项目时，被检查的单位和个人应当予以配合，并提供有关情况和资料。

第三十六条　财政、审计、监察部门应当依法对农村扶贫开发资金的使用情况进行监督。

第三十七条　农村扶贫开发项目应当实行项目责任制、合同管理制。

项目承担单位负责农村扶贫开发项目的组织实施，编制项目实施方案，建立项目档案。

第三十八条　大中型农村扶贫开发工程项目应当建立管护制度，明确工程管护主体和管护责任。

任何单位和个人不得擅自占用、变卖或者毁坏扶贫开发项目的设施、设备和资产。确需处置的，应当由村民大会通过，并经帮扶单位和县级人民政府扶贫开发主管部门同意。

第三十九条　贫困村村民及其推选的代表有权对本村扶贫资金使用情况及使用效益进行监督。

第四十条　任何单位和个人有权对违反本条例的行为进行举报。有关单位应当及时进行调查核实，并依法予以处理。

第六章　法律责任

第四十一条　采取弄虚作假手段，骗取农村扶贫开发优惠待遇的，由有关部门取消其获取的优惠待遇，获取经济利益的，依法予以追回，并追究相关责任人的责任。

第四十二条　承担农村扶贫开发工作任务的单位和个人不履行职责，

未完成农村扶贫开发任务，造成不良影响的，由上级人民政府扶贫开发主管部门予以批评，责令限期完成，并依照有关规定追究相关责任人员的责任。

第四十三条 违反本条例第三十一条规定，截留、挪用或者侵占农村扶贫开发资金的，由有关部门责令限期改正，对直接负责的主管人员和其他直接责任人员依法给予处分；构成犯罪的，依法追究刑事责任。

第四十四条 违反本条例第三十八条规定，擅自占用、变卖或者毁坏扶贫开发项目的设施、设备和资产的，由有关部门责令限期改正，对直接负责的主管人员和其他直接责任人员依法给予处分；构成犯罪的，依法追究刑事责任。

第四十五条 扶贫开发主管部门和其他有关部门及其工作人员滥用职权、玩忽职守、徇私舞弊的，由其上级机关或者监察机关对直接负责的主管人员和其他直接责任人员依法给予处分；构成犯罪的，依法追究刑事责任。

第七章 附 则

第四十六条 本条例自2012年1月1日起施行。

广东省社会养老保险条例

（1998年9月18日广东省第九届人民代表大会常务委员会第五次会议通过 根据2012年1月9日广东省第十一届人民代表大会常务委员会第三十一次会议《关于修改〈广东省固体废物污染环境防治条例〉等七项法规中有关行政强制条款的决定》修正）

第一章 总 则

第一条 为保障劳动者年老退休后的基本生活，维护社会安定，根据《中华人民共和国宪法》和有关法律、法规，结合我省实际，制定本条例。

第二条 本条例适用于我省行政区域内下列单位和人员（以下统称被保险人）：

（一）所有企业、城镇个体经济组织和与之形成劳动关系的劳动者；

（二）国家机关、事业单位、社会团体和与之建立劳动合同关系的劳动者。

国家机关、财政拨款的事业单位、社会团体工作人员的养老保险基金计征和发放办法由省人民政府另行制定。

第三条 社会养老保险实行法定基本养老保险、地方补充保险和单位补充保险等多层次的保险。政府鼓励有条件的地方、单位为被保险人建立补充保险。

第四条 社会保险部门主管社会养老保险工作，实行系统管理。

第五条 社会养老保险实行社会统筹和个人账户相结合方式，养老保险费用由国家、单位和个人三方合理负担。养老保险待遇同被保险人的缴费工资和缴费年限挂钩，并建立合理调节机制，使之与国民经济发展和人民生活水平相适应。

第六条 人民政府必须保证养老保险基金的征集和待遇的给付。

养老保险基金及其收益、各项养老保险待遇按国家规定免征税费。

第二章 养老保险基金的征集

第七条 社会养老保险以中华人民共和国居民身份证号作为被保险人唯一和终身的社会保障号。

第八条 养老保险基金的来源：

（一）单位和被保险人缴纳的养老保险费；

（二）养老保险基金的银行存款利息；

（三）基金收益；

（四）滞纳金；

（五）地方财政拨款；

（六）社会捐赠；

（七）其他收入。

第九条 单位和被保险人必须按规定的标准逐月缴纳养老保险费。被保险人缴纳的养老保险费全部计入个人账户；单位缴纳的养老保险费一部分计入个人账户，其余计入社会养老保险基金，属于参加社会养老保险的全体被保险人共同所有。

第十条 被保险人按本人上年度月平均工资的一定比例缴纳养老保险费，缴费比例由省人民政府根据职工工资收入水平和个人账户积累的情况决定。单位按所属被保险人上年度月平均工资总额的一定比例缴纳养老保险费，具体比例由社会保险部门会同财政部门测定，经上级社会保险部门审核后报同级人民政府批准执行。

被保险人月工资收入超过所在市上年度职工月平均工资百分之三百部分，不计征养老保险费，低于所在市职工月平均工资百分之六十的，按所在市上年度职工月平均工资百分之六十计征。

第十一条 单位缴纳养老保险费按财税法规规定列支。个人缴纳养老保险费在征收个人所得税前扣缴。

第十二条 单位应缴纳的养老保险费，由开户银行凭社会保险部门开具的托收单向单位扣缴，任何单位不得拒付。被保险人应缴纳的养老保险费由单位在工资中代扣缴。

第十三条 欠缴养老保险费、又没有能力补缴的单位，可用固定资产或实物变现抵缴。

第十四条 单位破产、终止或因其他原因中止经营清产核资时，清算人、单位必须分别通知单位所在地的社会保险部门，养老保险费应按工资同等顺序清偿。

分立、合并（兼并）单位要承担原单位的养老保险责任。

第三章 养老保险待遇

第十五条 被保险人经社会保险部门资格审查，符合下列条件之一的，按月领取养老金，直到死亡：

（一）1998年7月1日后参加工作，达到法定退休年龄，缴费年限累计满十五年；

（二）1998年7月1日前（不含本日）参加工作，达到法定退休年龄，缴费年限累计满十年。

按月领取养老金的被保险人（含出境定居人员），必须每年提供生存证明。

第十六条 养老保险缴费年限指单位和被保险人都按规定标准缴费的年限。缴费年限按实际缴纳养老保险费的月份累计计算。

1998年7月1日前（不含本日），被保险人已参加社会养老保险的年限计算为缴费年限。国有和县以上集体所有制单位的原干部和固定职工，在当地实施《广东省职工社会养老保险暂行规定》前，按照国家原规定计算的连续工龄视同缴费年限。

第十七条 符合本条例第十五条第（一）项规定的被保险人，养老金由基础养老金和个人账户养老金两部分组成，退休时的基础养老金月标准为所在市上年度职工月平均工资的百分之二十，个人账户养老金月标准为个人账户储存额（含利息，下同）除以120。

基础养老金从社会养老保险基金中支付，个人账户养老金从个人账户中支付。养老金每年7月调整，所在市上年度职工平均工资负增长时不调整。

第十八条 符合本条例第十五条第（二）项规定的被保险人，养老金由基础养老金、个人账户养老金和过渡性养老金组成。退休时每月领取的基础养老金和个人账户养老金的标准、养老金的调整以及来源按前条规定执行。过渡性养老金从社会养老保险基金支付，具体计发办法由实施细则规定。

第十九条 1998年7月1日后参加工作的被保险人，达到法定退休年龄，缴费年限不满十五年的，不得领取基础养老金，只能一次领取其个人账户储存额，同时终结养老保险关系。

1998年7月1日前（不含本日）参加工作的被保险人，达到法定退休年龄，缴费年限不满十年的，不得领取基础养老金和过渡性养老金，只能一次领取个人账户储存额和一次性老年津贴，同时，终结养老保险关系。一次性老年津贴从社会养老保险基金支付，其标准由实施细则规定。

第二十条 1998年7月1日前（不含本日）已经离退休的被保险人，保持原养老金水平，统一按基础养老金和过渡性养老金调整。

第二十一条 被保险人退休前出境定居，个人账户储存额退还给被保险人，同时终结养老保险关系。被保险人退休后出境定居，由社会保险部门继续支付养老金。

被保险人死亡，个人账户储存额退还给其法定继承人，无法定继承人的，转入社会养老保险基金。

第二十二条 被保险人退休后死亡的丧葬费、供养直系亲属救济费、生活困难补助费由社会保险部门按国家和省有关规定发给。

第四章　养老保险管理

第二十三条　养老保险基金管理按国家规定执行。

养老保险基金按照国家规定的城乡居民储蓄存款同期利率计息，利息全部转入养老保险基金。

第二十四条　单位在取得营业执照或获准成立后的三十日内，必须向社会保险部门办理养老保险申报手续；单位变更、终止或人员增减、变动时，必须在十五日内向社会保险部门办理变更、终结养老保险关系手续。

第二十五条　社会保险部门必须为单位和被保险人建立社会养老保险档案。被保险人跨统筹范围变换工作单位时，必须办理养老保险关系和基金转移手续。

第二十六条　养老保险基金必须实行全额征收、全额拨付，任何单位不得挪用、截留。

养老金实行社会化发放。

第二十七条　养老保险基金实行全省统一核算。

在养老保险基金实行全省统一核算前，各市（地级及地级以上的市，下同）、县（含县级市、区，下同）按养老保险基金征收总额的一定比例向省、市社会保险部门上缴调剂金，用于对养老金发放困难地区和企业进行调剂。各地应上缴的调剂金，由省或市社会保险部门开具缴款通知书通知开户银行扣缴，各地不得拒付。

第五章　监督检查

第二十八条　社会保险监督委员会是养老保险基金的监督组织，由人民政府代表、单位代表、被保险人代表三方等额组成，依法对养老保险行政执法与基金管理、使用进行社会监督。社会保险监督委员会的活动方式由章程规定，其章程须报同级人民政府批准。

第二十九条 国家审计机关依法对养老保险基金收支和单位缴纳养老保险费情况进行审计监督。各级社会保险部门应当建立健全养老保险基金预、决算和会计、统计及内部审计制度。

第三十条 社会保险部门实行公开办事制度，向单位和被保险人公布养老金发放情况，提供个人账户有关信息和社会养老保险的咨询、查询服务。

第三十一条 单位必须向被保险人如实公布养老保险缴费情况。被保险人和工会组织有权监督单位按规定缴纳养老保险费，监督社会保险部门按规定发放养老金。

第三十二条 社会保险部门有权对单位和被保险人参加社会养老保险、缴费及养老金发放等有关情况进行稽查。

第六章 法律责任

第三十三条 社会保险部门及其工作人员违反本条例规定，有下列行为之一的，由同级人民政府或上级机关责令其改正，情节严重的，对主管人员和直接责任人员给予行政处分；构成犯罪的，由司法机关依法追究刑事责任：

（一）违反养老保险基金的管理规定，未将养老保险基金及利息全部存入养老保险基金账户或未按规定向被保险人计发养老金的；

（二）擅自更改被保险人养老保险档案，利用职权营私舞弊的；

（三）挪用、贪污养老保险基金的；

（四）违反基金管理规定，造成基金损失的；

（五）擅自增加或减免应缴纳的养老保险费和滞纳金的。

拖欠被保险人养老金的，应将拖欠期间的利息连同本金一起补发。

第三十四条 人民政府及其部门、单位挪用、截留养老保险基金的，应责令其改正，并由其上级机关对主管人员和直接责任人员分别追究行政责任，对单位法定代表人，可由社会保险部门处以二千元至五千元的罚款；构成犯罪的，由司法机关依法追究刑事责任。

第三十五条 单位未按时足额缴纳养老保险费的，由社会保险费征收机构责令限期缴纳或者补足，并自欠缴之日起，按日加收应缴额万分之五的滞纳金；逾期仍不缴纳的，由有关行政部门处欠缴数额一倍以上三倍以下的罚款。

第三十六条 被保险人或其供养直系亲属在享受养老保险待遇条件变更或者失去领取条件时，应立即向社会保险部门报告。被保险人或其亲属以非法手段获取养老保险待遇的，应追回其全部非法所得，并可处以非法所得三倍罚款；构成犯罪的，由司法机关依法追究刑事责任。

第七章 争议处理

第三十七条 单位与被保险人之间因社会养老保险事项发生争议，依照劳动争议的规定执行。

第三十八条 单位或者被保险人对社会保险部门的行政行为有异议的，可在知道或应当知道该行为之日起十五日内提请上级社会保险部门复议。对复议决定不服的，可在复议决定书送达之日起十五日内向人民法院提起诉讼。单位或者被保险人逾期不申请复议，不提起诉讼，又不履行义务的，社会保险部门可以申请人民法院强制执行。

第八章 附 则

第三十九条 社会养老保险由单位所在地社会保险部门统一管理。中央、省属和军队驻穗单位由省社会保险部门直接管理；驻其他市、县的，可委托所在市的社会保险部门管理。

第四十条 省、市、县补充养老保险办法由省、市、县人民政府制订。单位补充养老保险办法由单位根据有关规定制订。本条例除特指补充保险的条款外均为法定基本养老保险条款。

第四十一条 省人民政府根据本条例制定实施细则。

第四十二条 本条例自1998年11月1日起施行。

广东省高速公路管理条例

（1998年7月29日广东省第九届人民代表大会常务委员会第四次会议通过 根据2012年1月9日广东省第十一届人民代表大会常务委员会第三十一次会议《关于修改〈广东省固体废物污染环境防治条例〉等七项法规中有关行政强制条款的决定》修正）

第一章 总 则

第一条 为加强高速公路的建设和管理，保障高速公路安全、畅通和高效运营，发挥高速公路在国民经济中的作用，根据《中华人民共和国公路法》及有关法律、法规，结合我省实际，制定本条例。

第二条 本省高速公路的规划、建设、运营和在高速公路上通行的车辆驾乘人员以及在高速公路管理范围内从事其他活动的单位和个人，均应遵守本条例。

第三条 省交通主管部门是全省高速公路的主管部门，负责本条例的组织实施和监督检查，其设置的公路管理机构负责国道、国道主干线、省道的高速公路管理。非国道、国道主干线、省道的高速公路由所在地级以上市交通主管部门负责管理。

连接高速公路的城市快速及高速道路，按国务院颁布的《城市道路管理条例》的规定管理。

高速公路的交通安全、治安管理由公安机关负责。

省规划、国土、建设等有关部门及高速公路沿线各级人民政府，应依照各自职责，协助做好高速公路管理工作。

第四条 鼓励国内外企业和其他组织、个人独资、合资或合作建设高速公路，从事高速公路经营。

第二章 发展规划

第五条 高速公路规划必须服从国家高速公路的总体规划，并依据我省经济和社会发展以及国防建设的需要进行编制，与其他有关行业发展规划相协调，与城市建设发展规划相结合。

第六条 全省高速公路规划由省交通主管部门会同省有关部门和沿线地级以上市人民政府编制，报省人民政府批准后，报国务院交通主管部门备案。

第七条 经批准的高速公路规划是编制高速公路建设计划、确定高速公路建设项目的依据。

高速公路规划的修改，必须经原审批机关批准。

第八条 各级人民政府要将高速公路规划用地纳入土地利用总体规划，不得改变用地性质，其征地拆迁费用标准按有关法律、法规执行。

第三章 资金筹集

第九条 本省高速公路建设资金采取下列方式筹集：

（一）各级人民政府财政拨款；

（二）公路建设基金；

（三）国内外金融机构或外国政府贷款；

（四）发行公路建设债券或股票；

（五）国内外企业或其他组织、个人投资、捐款、赠款；

（六）转让公路、桥梁经营权；

（七）国家规定或允许的其他筹集资金方式。

第十条 利用贷款、集资修建和国内外经济组织依法投资修建的高速公路，需收取车辆通行费的，必须经省人民政府批准。

高速公路车辆通行费的收费标准（含收费标准的调整），由省交通主管部门会同省价格主管部门审核后报省人民政府审批。收费单位应当在固定收费场所公布收费项目和收费标准，接受社会监督。收取高速公路车辆通行费，必须使用省地方税务局监制的票据。

第十一条 经批准开征的各项高速公路专项资金应当纳入财政预算或财政专户管理。年度使用计划由省交通主管部门编制，经省计划、财政部门审核，由省计划部门汇总下达。高速公路的各种专项资金，实行有偿使用，专款专用。

第四章 建设与养护

第十二条 高速公路建设项目的设计、施工应当按照有关法律、法规、规章以及公路工程技术标准组织实施，规范工程监理，保证工程质量。

高速公路建设项目竣工后，应当按国家有关规定进行验收。未经验收或验收不合格的，不得正式投入使用。

第十三条 高速公路建设的征地、拆迁、安置的组织工作，由高速公路沿线市、县人民政府负责。

高速公路建设原则上不得占用基本农田保护区内的土地，确实无法避开而需占用的，应当按有关法律、法规规定办理审批手续。

第十四条 高速公路的养护应当按照国家有关公路养护标准规范进行，由各路段经营企业具体负责的高速公路大、中修工程项目，应当实行招标投标制度。

第十五条 在高速公路上进行施工、养护作业时，施工、养护人员应当穿着统一的安全标志服，按施工、养护规范堆放材料，并设置施工标志和交通安全标志；作业车辆、机械须设置明显的作业标志。作业完工后应及时清理现场。

第五章 路政管理

第十六条 公路管理机构依法保护高速公路、高速公路用地及高速公路附属设施，制止、处理各种侵占、损坏高速公路、高速公路用地及高速公路附属设施的行为。

第十七条 公路路政执勤人员执行公务时，应当按国家规定统一着装，佩戴统一标志，并持有效执法证件。公路路政管理执勤巡查车辆应当设置统一标志。

第十八条 任何单位和个人未经县级以上交通主管部门批准，不得在高速公路用地范围内设置公路标志以外的其他标志。

第十九条 禁止在高速公路建筑控制区（其范围自高速公路两侧边沟外缘起三十米）内构筑永久性工程设施和建筑物、构筑物。

第二十条 禁止在高速公路用地范围内取土、堆物、倾倒垃圾、设置障碍、种植作物、开渠引水、摆摊设点，以及进行其他危及行车安全的活动。

第二十一条 不得擅自占用、挖掘、拆除、移动、损坏高速公路及其附属设施。确因特殊需要利用、占用高速公路用地和设施，修建跨（穿）越高速公路的桥梁、渡槽，埋设供水、排水、供气、供电、供油、通讯、水利等管道、管线设施的，必须经有关交通主管部门批准，并按照有关规定给予补偿；影响交通安全的，还须征得有关公安机关同意，并采取相应安全措施。造成高速公路及其设施损坏的，应当赔偿经济损失。高速公路需扩建时，原建设单位应当将其所建相关设施迁移。

第二十二条 公路路政执勤人员应上路巡查，依法纠正、制止各种违反本条例规定的行为，协同有关部门组织力量排除突发危险路况，维护公路完好畅通。

第二十三条 进入高速公路的车辆应按照规定行驶，不得随意停车。如因发生故障或其他原因确需临时停车的，必须停在紧急停车带内或右侧路肩上。

第二十四条 造成高速公路及其附属设施损坏的，责任者应当及时报告公路管理机构，并接受公路管理机构的现场调查和处理。

对污染、损坏路产的车辆，公路路政执勤人员可责令其暂停行驶，在指定地点停放，接受处理。

第二十五条 车辆在高速公路上发生交通事故，应当迅速报告公安机关处理，及时疏导交通。

由于交通事故造成高速公路路产损坏的，当事责任人应按有关规定向路产所有者赔偿损失，并承担相关的责任，由公安机关并案处理。

第二十六条 因恶劣气候、自然灾害或重大交通事故使高速公路交通受到严重影响时，公安机关和公路管理机构应当采取紧急措施疏导、恢复交通，当地人民政府应当给予协助；确需关闭高速公路时，由公路管理机构会同公安机关共同发布公告实施，并报告上级人民政府。

第二十七条 车辆超过高速公路桥梁、隧道限制标准通行时，须持有公路管理机构批准核发的《超限运输车辆通行证》。超限运输单位必须承担为此所采取的技术保护措施和修复损坏部分所需的费用。影响交通安全的超限运输，还须经公安机关批准。

第六章　经营管理

第二十八条 从事高速公路经营，应当组建高速公路经营企业，并按有关规定办理报批和注册登记手续。

第二十九条 高速公路经营企业负责各路段的经营管理，包括：路面养护及交通标志、标线等设施的管理和维修；高速公路电脑收费系统和监控、通信设施的管理、维修及高速公路的路障清理；按省人民政府规定向使用高速公路的车辆收取通行费。

高速公路经营企业应当保证高速公路路面平整，设施完善，交通标志、标线明显；高速公路及其附属设施遭受损坏时，高速公路经营企业应当采取措施设置警告标志，并予以修复，使车辆畅通。

第三十条 高速公路的车辆拯救业务按省人民政府有关规定执行。车辆拯救费用由被拯救车辆当事人承担，收费标准由省价格主管部门审定。

第三十一条 高速公路在规划和建设时，应在一定距离内，设立休息区和服务区。在服务区内经营加油站、旅业、餐饮、停车场和车辆拯救维修等业务的，经交通主管部门同意后，按规定程序办理审批手续。

经营企业转让经营权时，应按国家有关规定的权限和程序办理审批手续。

第三十二条 由国内外经济组织依照本条例规定投资建成并经营的收费高速公路，经营期限不超过三十年。经营期限届满，该高速公路及其附属设施由国家无偿收回，由有关交通主管部门管理。经营企业所移交的高速公路应当处于良好的状态。

第七章 法律责任

第三十三条 违反本条例第十八条规定，擅自在高速公路用地范围内设置公路标志以外的其他标志的，由公路管理机构责令其限期拆除，可处以二万元以下的罚款。

第三十四条 违反本条例第十九条规定，在高速公路控制区内构筑永久性工程设施和建筑物、构筑物的，由公路管理机构责令其限期拆除；逾期不拆除的，由公路管理机构依法强制拆除，有关费用由建筑者、构筑者承担，并可处以一万元以上五万元以下的罚款。

第三十五条 违反本条例第二十条、第二十一条规定，未造成公路路产损坏的，由公路管理机构责令其停止违法行为，恢复原状，可处以一百元以上五百元以下的罚款；已造成公路路产损坏的，责令其恢复原状，赔偿公路路产损失，并可处以三万元以下的罚款。

第三十六条 违反本条例第二十七条规定，车辆在高速公路上擅自超限行驶，未造成公路路产损坏的，由公路管理机构责令其停止违法行为，可处以一百元以上五百元以下的罚款；造成公路路产损坏的，由高速公路管理机构责令其赔偿损失，并可处以三万元以下的罚款。

第三十七条 未按国家有关规定缴纳高速公路车辆通行费，或使用作废票据及采取其他手段逃缴车辆通行费的，由公路管理机构责令其补交，并可处以罚款，但最高不得超过应缴通行费的三倍。

第三十八条 违反本条例第十五条、第二十九条第二款规定，工程施工、养护单位未按规定设置安全设施和警示标志，造成通行的车辆受损坏、人员受伤害的，高速公路经营企业应承担相应的民事责任。

第三十九条 当事人对公路管理机构做出的行政处罚决定不服的，可按照法律、法规规定申请复议或向人民法院起诉。逾期不申请复议也不起诉，又不履行行政处罚决定的，由作出处罚决定的机关申请人民法院强制执行。

第四十条 违反本条例规定，应当受到治安行政处罚的，由公安机关依法处理；涉嫌犯罪的，由司法机关依法处理。

第四十一条 公路管理机构的工作人员滥用职权、玩忽职守、徇私舞弊的，由其主管部门给予行政处分；涉嫌犯罪的，由司法机关依法处理。

第八章　附　则

第四十二条 本条例下列用语的含义：

（一）“高速公路”是指全封闭、全立交、专供汽车分道高速行驶的公路。

（二）“高速公路用地”是指依法征用的专用于高速公路及其配套的收费站、服务区等设施的用地。

（三）“高速公路附属设施”是指高速公路的排水、交通安全、通讯、监控、养护、收费、供电、供水、照明等设施和防护构造物、界碑、里程碑（牌）、花草、树木、管理用房等。

第四十三条 全部控制出入并收取车辆通行费的汽车专用公路的管理，参照本条例执行。

第四十四条 本条例自1998年10月1日起施行。

广东省河口滩涂管理条例

（2001年1月17日广东省第九届人民代表大会常务委员会第二十二次会议通过根据2012年1月9日广东省第十一届人民代表大会常务委员会第三十一次会议《关于修改〈广东省固体废物污染环境防治条例〉等七项法规中有关行政强制条款的决定》第一次修正）

第一章　总　则

第一条　为加强河口滩涂管理，保障河道行洪纳潮，维护人民生命财产安全，保护和合理开发利用河口滩涂资源，促进经济可持续发展，根据《中华人民共和国水法》、《中华人民共和国防洪法》及有关法律、法规，结合本省实际，制定本条例。

第二条　本省行政区域内河道入海河口滩涂（以下简称河口滩涂）的开发利用、整治和管理，适用本条例。

本条例所称河口滩涂开发利用，是指从事河口滩涂的促淤、圈围、围垦等活动。

第三条　本省行政区域内的河口滩涂，属国家所有；法律另有规定的从其规定。未经批准，任何单位和个人不得占用。

第四条　各级人民政府应当加强对河口滩涂的管理，严格控制河口滩涂的开发利用。

开发利用河口滩涂资源，必须保障行洪安全和纳潮需要，实行兴利与除害相结合，统筹兼顾交通、水产养殖、国土资源开发、改善生态环境等，保障河口的合理延伸，发挥滩涂资源的综合效益。

第五条 县级以上人民政府水行政主管部门对本行政区域内的河口滩涂实行统一管理，负责实施本条例。

国土资源、海洋与渔业、交通、规划、建设、环保、民政、林业等行政管理部门依照各自职责，协同实施本条例。

第六条 珠江、韩江、榕江、漠阳江、鉴江、九洲江的河口以及跨地级以上市的河口是本省的主要河口。主要河口滩涂由省水行政主管部门管理；其他河口滩涂按分级管理原则，由有管辖权的市、县水行政主管部门管理。

第七条 珠江河口的具体范围按水利部《珠江河口管理办法》的规定划定。

其他主要河口的具体范围由省水利、海洋与渔业等行政管理部门组织划分，报省人民政府审批确定。

其他河口的具体范围由有管辖权的市、县水利、海洋与渔业等行政管理部门组织划分，报同级人民政府审批确定，并报省水行政主管部门备案。

第二章　开发利用

第八条 各级人民政府应当按照各自权限制定河口滩涂开发利用规划。

河口滩涂开发利用规划应当在综合调查和评价的基础上，根据当地自然、经济、技术等条件，按照国民经济和社会发展的需要编制。河口滩涂开发利用规划应当符合流域综合规划，并与土地利用总体规划、海域开发利用总体规划、城市总体规划和航道整治规划相协调。

第九条 本省主要河口滩涂的开发利用规划，由省水行政主管部门会同省国土资源、海洋与渔业、交通、规划、建设、环保、民政、林业等部门和有关市、县人民政府编制，报省人民政府批准。其中珠江河口滩涂的开发利用规划在报省人民政府批准前，应当由水利部珠江水利委员会审查并出具书面意见。

其他河口滩涂的开发利用规划，由有管辖权的市、县水行政主管部门会同有关部门编制，报同级人民政府批准，并报上一级水行政主管部门备案。

经批准的河口滩涂开发利用规划，是河口滩涂开发利用和整治的基本依据。规划的调整、补充和修改，须经原批准机关批准。

第十条 开发利用河口滩涂必须具备下列条件：

（一）符合河口滩涂开发利用规划；

（二）河口滩涂高程已较稳定，处于淤涨扩宽状态；

（三）符合河道行洪纳潮，生态环境、渔业资源保护，航道、河势稳定，防汛工程设施安全的要求。

第十一条 开发利用河口滩涂，应当向有管辖权的水行政主管部门提出申请，并提交可行性研究报告等文件、资料。可行性研究报告包括如下主要内容：

（一）经有审批权的环保部门审查同意的河口滩涂开发利用项目环境影响评价报告；

（二）河口滩涂开发利用项目所涉及的防洪措施；

（三）河口滩涂开发利用项目对河口变化、行洪纳潮、堤防安全、河口水质的影响以及拟采取的措施；

（四）开发利用河口滩涂的用途、范围和开发期限。

第十二条 开发利用河口滩涂，实行防洪规划同意书制度。

开发利用主要河口滩涂的，由河口所在地地级以上市水行政主管部门初审后，报省水行政主管部门审查并出具防洪规划同意书。开发利用珠江河口滩涂按规定需由水利部珠江水利委员会出具防洪规划同意书的，应当经省水行政主管部门审查同意。

开发利用其他河口滩涂的，由有管辖权的市、县水行政主管部门审查后出具防洪规划同意书，报上一级水行政主管部门备案。

第十三条 在主要河口促淤、圈围、围垦滩涂，符合防洪规划的，由省水行政主管部门征求河口所在地地级以上市人民政府的意见后，会同省海洋与渔业、国土资源、交通等部门组织专家论证，报省人民政府审批。经批准后方可依照国家规定的基本建设程序办理有关手续。

在其他河口促淤、圈围、围垦滩涂，符合防洪规划的，由有管辖权的市、县水行政主管部门会同海洋与渔业、国土资源、交通等部门组织专家论证后，报同级人民政府审批。经批准后方可依照国家规定的基本建设程序办理有关手续。

在河口从事其他开发利用滩涂的活动和建设，应当经有管辖权的水行政主管部门会同有关部门审查同意。

第十四条 河口滩涂开发利用工程竣工后，开发利用的单位或个人应当向原审查的水行政主管部门报送有关竣工资料，报请水行政主管部门会同有关部门进行验收。工程不符合设计标准或规定要求的，开发利用单位或个人必须返工重建并承担费用。

未经验收或经验收不合格的工程，不得投入使用。

第三章 整治和管理

第十五条 各级水行政主管部门应当按分级管理权限，根据河口整治规划的要求，结合河道行洪纳潮需要，提出河口的年度整治计划，报同级人民政府批准后实施。

第十六条 各级人民政府应当根据河口年度整治计划，多渠道、多层次筹集资金，用于河口的整治。

第十七条 河口滩涂实行有偿使用。开发利用河口滩涂的单位和个人，应当按规定缴纳河道管理范围占用费。河道管理范围占用费专项用于河口的整治、防洪防浪设施建设等，任何部门和个人不得截留或者挪用。

第十八条 经批准开发利用河口滩涂的项目，自批准之日起两年内未能开工建设，又未经原批准机关同意延期的，应当重新办理审批手续后方可开工。

第十九条 水行政主管部门应当对河口滩涂开发利用项目施工情况进行检查，被检查单位和个人应当如实提供有关情况。对未按批准的位置和界限进行施工的，水行政主管部门应当责令其限期改正。

第二十条 经批准开发利用河口滩涂的单位和个人，不得擅自改变河口滩涂用途、范围。确需改变的，应当经原批准机关批准。

第二十一条 本条例实施前未经县级以上人民政府批准正在施工的河

口滩涂开发利用工程，应当在本条例实施后三个月内按本条例第十一条、第十二条、第十三条的规定补办申报审批手续。

本条例实施前已经完工的河口滩涂开发利用工程，经有管辖权的水行政主管部门鉴定为妨碍行洪纳潮但可以治理的，原开发利用建设单位和个人应当按照规定的防洪标准和由有管辖权的水行政主管部门提出、经同级人民政府批准的治理方案进行治理。影响行洪纳潮又无法达到治理要求的，必须有计划地平围行洪，退地还河，具体方案由有管辖权的水行政主管部门提出，报同级人民政府批准后实施。

第二十二条 河口滩涂经开发形成土地的，由县级以上人民政府国土资源行政主管部门依法管理，开发利用单位和个人依法享有土地使用权。开发利用单位和个人应当在工程验收后持防洪规划同意书、工程验收合格证明材料和其他有关证件，到国土资源行政主管部门办理确权登记发证手续。

河口滩涂经开发后未形成土地的，由水行政主管部门管理。

第二十三条 不得在河口的渔业资源保护区和渔港围垦。确需围垦的，应当先征求渔业行政主管部门的意见。

第二十四条 不得在港口、码头港区范围和航道进行围垦及从事其他妨碍港口、码头港区和航道的开发利用活动。因河道冲淤或防汛等确实需要围垦的，应当先征求交通行政主管部门的意见。

第二十五条 生态公益林规划区、红树林和鸟类自然保护区范围内的河口滩涂，禁止开发利用。

第二十六条 在河口管理范围内开采砂、石、砂金的，必须报经有管辖权的水行政主管部门批准；涉及交通、国土资源等部门的，由水行政主管部门会同有关部门批准；并按批准的范围、数量和作业方式开采，按规定缴纳河道采砂管理费。

第二十七条 河口滩涂开发利用的检查、监督等日常管理工作，由河口滩涂所在地水行政主管部门负责。

第四章　法律责任

第二十八条　违反本条例第十二条、第十三条、第十八条规定，未经批准或未重新办理审批手续而进行开发利用活动的，由水行政主管部门责令停止违法行为，限期恢复原状或采取其他补救措施，可以处一万元以上五万元以下罚款；对负有直接责任的主管人员和其他直接责任人员依法追究责任。对既不恢复原状也不采取其他补救措施的，由水行政主管部门依法申请人民法院强制执行。

第二十九条　违反本条例第十四条第二款规定的，责令其停止使用，可以处一万元以上五万元以下罚款；造成重大安全事故，构成犯罪的，依法追究刑事责任。

第三十条　违反本条例第十七条、第二十六条规定，不缴纳河道管理范围占用费和河道采砂管理费的，责令其限期缴纳。

缴费单位拒不缴纳河道管理范围占用费、河道采砂管理费，逾期不申请复议或者逾期不起诉又不履行的，由水行政主管部门依法申请人民法院强制执行。

第三十一条　违反本条例第十九条、第二十条规定，未按批准的位置和界限施工又不改正，或擅自改变开发利用项目的用途、范围的，可以处一万元以上五万元以下罚款；影响行洪纳潮但尚可采取补救措施的，责令采取补救措施；严重影响行洪纳潮的，责令限期拆除，逾期不拆除的，强行拆除，所需费用由开发利用单位或个人承担。

第三十二条　违反本条例第二十二条、第二十三条、第二十四条、第二十五条规定的，由国土资源、海洋与渔业、交通、林业行政管理部门依照有关法律法规的规定处罚。

第三十三条　阻碍、威胁水行政主管部门和有关行政管理部门的工作人员依法履行职务，应当给予治安管理处罚的，依照治安管理处罚条例的规定处罚；构成犯罪的，依法追究刑事责任。

第三十四条　水行政主管部门和有关行政管理部门工作人员滥用职

权、玩忽职守、徇私舞弊的，由所在部门给予行政处分；构成犯罪的，依法追究刑事责任。

第五章　附　则

第三十五条　本条例自2001年3月1日起施行。

广东省河道堤防管理条例

（1984年6月16日广东省第六届人民代表大会常务委员会第八次会议批准　1984年7月4日广东省人民政府公布根据1988年10月16日广东省第七届人民代表大会常务委员会第四次会议《关于修改〈广东省河道堤防管理条例〉第十四条的决定》第一次修正根据1996年12月3日广东省第八届人民代表大会常务委员会第二十五次会议《关于修改〈广东省河道堤防管理条例〉的决定》第二次修正　根据2012年1月9日广东省第十一届人民代表大会常务委员会第三十一次会议《关于修改〈广东省固体废物污染环境防治条例〉等七项法规中有关行政强制条款的决定》第三次修正）

第一条　为加强河道和堤防工程管理，维护工程完整，确保安全渡汛，保障社会主义建设和人民生命财产的安全，促进工农业生产发展，根据国家有关法律、法规的规定，特制定本条例。

第二条　各级人民政府的水利部门，是本省各地河道堤防管理的主管部门，负责本条例的组织实施和监督执行；会同交通行政主管部门负责本地区江河流域的规划和水利资源开发利用；负责堤防工程的管理维护，并在各级防汛指挥部统一领导下做好防洪调度工作。

第三条　为加强河道堤防管理工作，各地应根据需要建立健全河道堤防管理机构，归各级水利部门领导。

市区、城镇河段的河道堤防管理机构，由当地城建部门与水利部门共同组建和领导，按江河流域规划的要求及市区、城镇总体规划的安排，负责市区、城镇范围内的河道堤防管理和防洪工作。

第四条　凡与河道堤防管理工作有关的部门，必须在当地人民政府的领导下，密切配合，共同做好河道堤防的管理工作。

各级河道堤防主管部门要本着专业管理和群众管理相结合的原则，充分依靠群众，切实管理好河道和堤防。

第五条 水利、电力部门在河道建设水利、水电工程时，必须按照统筹兼顾的原则，充分考虑交通、航运、放排、自然生态和资源保护等方面的实际需要，并应征得有关部门的同意。

第六条 任何单位和个人需要在河道、滩地、堤防或护堤地上作业，事前必须报经当地河道堤防主管部门同意，并服从指挥。在河道、滩地内开采砂石土料，应由当地河道堤防主管部门统一规划、管理，与河道整治相结合。

第七条 凡在河道、滩地上修建工程设施的，不得影响河道行洪、排涝及上下游左右岸河道堤防安全，不得引起河势的不良变化，不得妨碍河道水文观测，不得危及水陆交通安全。

在河道、滩地上修建工程设施，必须提出设计方案报经当地河道堤防主管部门和交通行政主管部门同意后，按下列分级管理权限呈报审批：

一、工程设施涉及或影响的范围在本行政区域内的，由所在行政区域的河道堤防主管部门审批；

二、工程设施涉及或影响的范围跨行政区域的，由其上一级河道堤防主管部门审批；

三、在本省境内的西江、北江、东江、韩江及珠江三角洲主干河道、滩地上进行建设，由建设单位提出规划设计方案，报省水利部门审批；在珠江三角洲各出海口门进行滩涂开发，由开发利用单位提出规划设计方案，报省水利部门转报水利部流域管理机构审批。

未经批准，任何单位或个人不得填堵河道，或在河道、滩地上抛石筑坝和围垦；不得在堤防或护堤地上修建各类建筑物或其他工程设施。

经批准在河道管理范围内的工程建设项目和其他设施，建设单位或个人应当向河道堤防主管部门缴纳河道管理范围占用费。收费标准和办法，由省人民政府制定。

第八条 西江、北江、东江、韩江的主要干堤，堤身只准铺种草皮，不准种树。其他江海堤防种植护堤作物，必须严格按照省的有关规定，由河道堤防管理部门统一规划、管理，任何单位及个人不得擅自垦堤种植。

第九条 区级以上水利部门及其他专业部门对其管理的堤防工程，应根据当地水情，规定警戒水位和安全水位（西江、北江、东江、韩江等主要江河干堤的警戒水位和安全水位，应报省河道堤防主管部门审定），建立健全防洪组织和防汛工作制度，落实防洪抢险队伍和任务，按规定储存和更新防汛物资，做好汛期的防洪工作。

江海堤防涵闸和拦河闸坝工程的闸门启闭操作，必须由管理单位指定专人按操作规程执行，其他任何单位和个人不得擅自操作或越权指挥。

第十条 堤防两侧应留有护堤地。凡过去已征用、划定的护堤地，均归国家所有，由河道堤防主管部门管理。

新建堤防和尚未划定护堤地的堤段，当地市（地）、县人民政府应按下列规定划定护堤地：

一、西江、北江、东江、韩江干流的堤防和捍卫重要城镇或五万亩以上农田的其他江海堤防，均从内、外坡堤脚算起每侧三十米至五十米；

二、捍卫一万至五万亩农田的堤防，从内、外坡堤脚算起每侧二十米至三十米；

三、捍卫一万亩以下农田的堤防，由县（市）人民政府根据实际需要划定。

未达设计标准的堤防和险段，其护堤地应适当加宽。

第十一条 凡利用堤顶作公路的，必须经当地河道堤防主管部门同意。所用堤段的路面铺筑和养护、维修，以及因提高防洪标准，需要重新铺筑路面时所需的物资器材，均由交通行政主管部门或使用单位负责。修建跨越堤顶的道路，必须另行填筑坡道，不得挖低堤顶，留下路缺。

第十二条 任何单位确因生产或建设需要破堤修建涵闸、泵站、交通旱闸、埋设管道或兴建其他工程设施，应提出工程设计方案，经当地河道堤防主管部门同意，并报上一级河道堤防主管部门批准后，才能动工。报建单位应按批准的工程设计方案施工，按期完工，并报请验收。如不符合安全要求的，原建单位必须负责加固、改建或堵闭，废弃的应拆除并回填夯实。

第十三条 为保证河道两岸堤防安全，凡在本省内河行驶的高速双体船及其他大马力浪损堤围的船只，应当在通过危险堤段时减速行驶。

河道堤防主管部门应会同交通行政主管部门，根据堤防及其滩岸的具体情况，在必须限制航速的河段设立限制航速标志。

第十四条 凡受江海堤围直接捍卫的农田（包括农民的自留地）和农工商企业，每年应向河道堤防管理部门交纳堤围防护费。收费标准和办法由省人民政府规定。

第十五条 对模范执行和维护本条例有显著成绩，或在同违法行为作斗争中有重要贡献的单位和个人，由各级人民政府或河道堤防主管部门给予表扬和奖励。

第十六条 凡违反本条例，妨碍河道堤防管理者，应根据不同情况，按下列规定处理：

一、擅自在河道、滩地、堤防或护堤地上修建工程设施，以及围垦和违反规定进行种植者，按“谁设障，谁清障”的原则，限期由原建单位或其所有者拆除清理。

二、在河道、滩地上倾倒矿渣、炉碴、煤灰、泥土、砖石、瓦砾、陶瓷碎片、垃圾的，限期由原倾倒单位或个人清除。

三、在河道、滩地上乱挖及乱堆土、砂、石料、煤炭等杂物，或在堤身及护堤地内取土、扒口、挖洞、埋葬、铲草皮、开沟，或在堤上行驶铁轮、木轮和重型车辆，以及擅自挖低堤顶通车等，造成堤防及河道护岸工程损毁的，应由造成损毁的单位或个人负责修复，并赔偿由此而造成的损失。

四、船舶在限制航速的河段超速行驶，应对船舶负责人和直接责任人予以罚款或行政处分；造成河道两岸堤防及护岸工程损毁者，还应根据其损毁程度和应负的责任，令其部分或全部赔偿修复工程的费用和所造成的损失。

五、擅自启闭防洪防潮堤上涵闸的闸门，挪用、盗窃防汛抢险物资器材，损毁防汛站仓、通讯、照明、观测设备和各种测量标志等防汛管理设施的，应根据损失程度，令其赔偿外，还应根据情节轻重，分别给予罚款，行政处分，直至依法追究刑事责任。

上述各项，除责令当事人负责拆除、清理、修复（或负责该项费用）和赔偿损失外，可以根据情节轻重，没收其非法所得，并处以一千元以上一万元以下罚款。

第十七条 各级河道堤防管理部门及其工作人员，必须模范执行本条例。凡违反本条例，玩忽职守，营私舞弊，虚报情况，伪造资料，违章运行，致使公共财产、国家和人民利益遭受损失的，应给予管理单位负责人和直接责任人行政处分或经济处罚；触犯刑法构成犯罪者，由司法机关依法追究刑事责任。

第十八条 对拒不执行本条例，以暴力、威胁方法阻碍河道堤防管理人员依法执行职务的，或破坏河道堤防工程设施的，或不服从防洪调度命令造成重大事故的，由公安、司法机关依法处理。

第十九条 对违反本条例的当事人须作出责令拆除、清理、修复及赔偿、罚款等处罚的，由当地县级以上河道堤防主管部门决定。

当事人对行政处罚决定不服的，可以在接到处罚通知之日起十五日内，向作出处罚决定的机关的上一级机关申请复议；对复议决定不服的，可以在接到复议决定之日起十五日内，向人民法院起诉。当事人也可以在接到处罚通知之日起十五日内，直接向人民法院起诉。当事人逾期不申请复议或者不向人民法院起诉又不履行处罚决定的，由作出处罚决定的机关申请人民法院强制执行。

第二十条 全民所有制企业、事业单位和行政机关支付的经济赔偿或罚款，应从单位的利润留成、企业基金、经费包干结余等资金中支付，不得摊入生产成本或基本建设投资，不得列入营业外支出，不得因经济赔偿或被罚款而减少上交利润和应纳税金。对个人的罚款，由个人负担。

第二十一条 违反本条例被处以罚款的当事人，应在收到处罚决定书之日起十五日内，到指定的银行缴纳罚款。收受罚款的银行应定期将罚款上缴国库。具体收缴办法由省水行政主管部门会同省财政厅、中国人民银行广东省分行制定。

第二十二条 对负有直接责任的单位负责人和当事人，应给予行政处分的，由所在地河道堤防主管部门提出意见，按干部、职工的管理权限，报请县级以上人民政府批准执行。

第二十三条 本条例自公布之日起施行。过去省颁发的有关条例、规定，凡与本条例相抵触的，一律以本条例为准。省有关部门应对以前颁发的管理规定加以清理，并报请原发布机关宣布废止或加以修订。

广东省租赁房屋治安管理规定

（2012年5月31日广东省第十一届人民代表大会常务委员会第三十四次会议通过）

第一条 为了加强租赁房屋的治安管理，维护社会治安秩序，根据有关法律、法规，结合本省实际，制定本规定。

第二条 本规定适用于本省行政区域内用于居住的租赁房屋的治安管理服务活动。

租赁房屋用于其他用途的治安管理活动适用国家和省的有关规定。

第三条 各级人民政府领导和综合协调本行政区域内租赁房屋的治安管理服务工作。

各级人民政府应当按照资源整合、互联互通的原则，推进租赁房屋治安管理信息化，实现政府职能部门间的信息共享。

乡镇人民政府、城市街道办事处应当按照便民原则，根据实际情况集中办理租赁房屋相关业务。

第四条 市、县（区）人民政府应当在租赁房屋集中的地区统筹规划、建设公共安全视频图像信息系统，加强对公共安全视频图像信息系统及其信息资料的管理，维护公共安全。

第五条 各级公安机关负责租赁房屋的治安管理服务工作，履行下列职责：

（一）建立租赁房屋信息管理网络系统，采集、查核租赁房屋信息；

（二）建立健全租赁房屋信息登记制度等管理制度；

（三）建立治安状况通报制度和租赁房屋治安违法行为举报制度；

（四）指导出租人和承租人做好安全防范措施，督促其依法报送租赁房屋信息；

（五）指导乡镇、街道负责租赁房屋服务管理的机构开展租赁房屋治安管理服务工作，培训机构工作人员；

（六）其他租赁房屋治安管理服务工作。

住房管理、人口和计划生育、税务、工商等部门按照各自职责，做好租赁房屋治安管理服务工作。

第六条　乡镇、街道负责租赁房屋服务管理的机构受公安机关委托，开展租赁房屋信息采集、登记等治安管理服务的日常工作。

居民委员会、村民委员会应当协助做好租赁房屋治安管理服务工作。

第七条　任何单位和个人对违反租赁房屋治安管理法律、法规和本规定的行为，有权向公安机关等管理部门举报或者投诉。

对在租赁房屋治安管理服务工作中做出突出贡献的单位和个人，可以给予表彰、奖励。

第八条　租赁房屋的，应当向房屋所在地公安派出所或者乡镇、街道负责租赁房屋服务管理的机构报送租赁房屋信息。

出租人应当自签订房屋租赁合同之日起三个工作日内报送；未签订合同的，出租人应当自承租人入住之日起三个工作日内报送。承租人变更或者房屋停止租赁的，出租人应当自承租人变更之日起或者自停止租赁之日起三个工作日内报送。转租房屋给他人的，承租人应当自房屋转租之日起三个工作日内报送。

通过房地产中介服务机构租赁房屋的，由房地产中介服务机构在签订房屋租赁合同之日起三个工作日内报送。

出租人委托代理人管理租赁房屋的，应当书面明确租赁房屋信息报送人；未明确的，由代理人报送。

第九条　租赁房屋的，应当报送出租人、承租人的下列租赁房屋信息：

（一）姓名；

（二）身份证件的种类和号码；

（三）联系方式；

（四）租赁房屋地址。

报送租赁房屋信息的，可以到房屋所在地公安派出所或者乡镇、街道负责租赁房屋服务管理的机构报送，也可以通过电话、传真、网络、短信等方式报送。

第十条 房屋所在地公安派出所或者乡镇、街道负责租赁房屋服务管理的机构对收到的租赁房屋信息，应当及时登记、录入租赁房屋信息管理网络系统。

公安派出所或者乡镇、街道负责租赁房屋服务管理的机构应当为出租人或者其代理人、承租人和房地产中介服务机构报送租赁房屋信息提供便利，简化办事程序，在租赁房屋集中地区、办事窗口、网站等公布报送租赁房屋信息的流程、方式、材料目录。

公安派出所或者乡镇、街道负责租赁房屋服务管理的机构办理租赁房屋信息登记不得收取费用。

第十一条 公安机关、有关管理部门和乡镇、街道负责租赁房屋服务管理的机构及其工作人员，对租赁房屋治安管理服务工作中获悉的信息应当予以保密，不得用于法定职责以外的用途。

房地产中介等服务机构及其工作人员对获悉的租赁房屋信息应当予以保密，不得出售或者非法提供给他人。

第十二条 公安机关、有关管理部门和乡镇、街道负责租赁房屋服务管理的机构应当对租赁房屋集中地区进行日常巡查，定期走访并进行治安安全检查，及时通告周边治安状况，指导做好治安防范措施。

第十三条 出租人发现治安安全隐患和出租的房屋内有涉嫌违法犯罪活动或者犯罪嫌疑人的，应当及时报告公安机关，并配合公安机关查处。

出租的房屋居住人数达到三十人以上的，出租人应当采取措施，配合相关租赁房屋服务管理机构做好治安管理工作。

第十四条 出租人以小时、天数为租期出租房屋的，应当遵守下列规定：

（一）安装租住人员信息采集系统；

（二）即时采集和报送租住人员基本信息；

（三）配备专职管理人员，制定管理制度。

第十五条 承租人应当接受公安派出所或者乡镇、街道负责租赁房屋服务管理的机构的监督、检查，不得提供虚假身份证件、留宿无身份证件的人员；不得利用承租的房屋生产、储存、经营爆炸性、毒害性、放射性、腐蚀性等危险品或者假冒伪劣商品以及进行其他违法犯罪活动。

承租人发现同住人员有违法犯罪嫌疑的，应当及时向有关部门举报，配合有关部门进行查处。

第十六条 物业服务企业应当配合公安派出所或者乡镇、街道负责租赁房屋服务管理的机构，做好租赁房屋治安管理服务工作。

第十七条 公安机关、有关管理部门和乡镇、街道负责租赁房屋服务管理的机构及其工作人员违反本规定，有下列情形之一的，对直接负责的主管人员和其他直接责任人员依法给予处分；构成犯罪的，依法追究刑事责任：

（一）违反规定收取费用的；

（二）对举报的违法犯罪活动，不依法及时处理的；

（三）未规范管理公共安全视频图像信息系统及其信息资料的；

（四）将租赁房屋治安管理工作中获悉的信息用于法定职责以外用途的；

（五）有其他滥用职权、玩忽职守、徇私舞弊行为的。

第十八条 出租人或者其代理人、承租人、房地产中介服务机构未按照本规定报送租赁房屋信息的，由公安机关责令限期改正；逾期未改正的，处二百元以上五百元以下罚款。

出租人以小时、天数为租期出租房屋，未安装租住人员信息采集系统的，由公安机关责令限期改正；未按照本规定采集或者报送租住人员信息的，责令限期改正，逾期未改正的，处五百元以上一千元以下罚款。

房地产中介等服务机构及其工作人员将获悉的租赁房屋信息出售或者非法提供给他人的，由公安机关没收违法所得，处五千元以上一万元以下罚款；构成犯罪的，依法追究刑事责任。

第十九条 本规定自2012年10月1日起施行。1994年9月15日广东省第八届人民代表大会常务委员会第十次会议通过、2000年7月28日广东省第九届人民代表大会常务委员会第十九次会议修订的《广东省流动人员租赁房屋治安管理规定》同时废止。

广东省民营科技企业管理条例

（1994年1月18日广东省第八届人民代表大会常务委员会第六次会议通过　根据2008年7月31日广东省第十一届人民代表大会常务委员会第四次会议《关于修改〈广东省民营科技企业管理条例〉的决定》第一次修正　根据2012年7月26日广东省第十一届人民代表大会常务委员会第三十五次会议《关于修改〈广东省民营科技企业管理条例〉等二十三项法规的决定》第二次修正）

第一章　总　则

第一条　为调动科技人员的积极性，促进民营科技事业的发展，根据《中华人民共和国科学技术进步法》及有关法律、法规，结合我省的实际，制定本条例。

第二条　民营科技企业是指以科技人员为主体创办的，以科技创新为主要特征，实行自愿组合、自筹资金、自主经营、自负盈亏的科研、生产、经营的经济实体。

民营科技企业以技术开发、技术转让、技术咨询和技术服务以及新技术新产品研制、中试、生产、示范、推广、销售为主要业务经营范围。

第三条　民营科技企业是社会主义经济的组成部分，其合法权益和正当经营活动受法律保护。

民营科技企业必须依法经营，保守国家机密，不得损害国家利益，不得用非法手段损害他人利益。

第四条　鼓励离休、退休、辞职、退职及待业的非在职科技人员在我省创办各种形式的民营科技企业。在职（包括停薪留职）的科技人员申请创办民营科技企业须经其所在单位同意。

国有科研院所、高等院校、企业和社会团体可开办各种形式的民营科技企业。

第五条 民营科技企业可以采取独资企业、合伙企业、有限责任公司、股份有限公司的组织形式。

第六条 各级人民政府科技行政管理部门是民营科技企业的科技业务管理部门，对民营科技企业实行分级管理，负责其指导和服务，不参予经营活动，不承担经济连带责任；其他有关行政管理部门按规定的职责负责有关工作。

第二章 设立与变更

第七条 设立民营科技企业应符合下列条件：

（一）符合民营科技企业的业务经营范围；

（二）有合法的专利或科技成果、新技术产品、专有技术；

（三）与业务经营范围相适应的大专以上科技人员应占专职从业人员（不含生产工人）的30%以上；专职从业人员应有非在职证明或单位同意的证明；

（四）有与业务经营范围相适应的工作条件、固定的工作场所和注册资本；知识产权经合法评估可折价作注册资本，但不应超过注册资本总金额的30%；

（五）有符合规定的名称和依法订立的企业章程。

第八条 申办民营科技企业按下列程序办理：

（一）向同级工商行政管理部门申请办理企业登记；

（二）向税务机关办理税务登记。

第九条 凡从事国家规定的特殊专业的民营科技企业，必须报请专业主管部门审批。

第十条 民营科技企业的分立、合并、变更登记注册内容以及申请实行股份制转换等事项，应到原核准登记的工商行政管理部门和有关部门办理变更登记。

第十一条 民营科技企业解散、宣告破产、被撤销和其他原因终止时，应当依法进行清算。并向工商行政管理部门办理注销登记，报科技行政管理部门备案。

第三章 鼓励与扶持

第十二条 民营科技企业享受法律规定的税收优惠以及政府其他有关的优惠待遇。

第十三条 民营科技企业正式投产后，效益好，管理制度健全的，其人员符合户口管理或省政府有关规定的，可在经营所在地申请入户或享受其他优惠待遇。对拥有重大科技成果者，可按规定优先办理入户。

第十四条 民营科技企业业务骨干因业务需要出国（出境）的，由科技行政管理部门审查后，报有关部门办理审批手续。

第十五条 民营科技企业可向银行、信用社及其它金融机构申请贷款。其所需的特殊生产资料和设施，可向人民政府有关主管部门申请供应。

第十六条 在民营科技企业工作满一年以上的科技人员，可以参加专业技术职务资格评审，其专业技术职务由民营科技企业自行聘任。

第十七条 民营科技企业可以申请和接受委托承担国家和有关部门的科研项目。取得的科研成果可以申报鉴定和有关科技奖励。

第十八条 民营科技企业可根据需要招聘专业人才。凡受聘到民营科技企业的科技人员，其人事档案可存放在企业所在地的人才交流服务机构。

第十九条 鼓励民营科技企业的技术和产品进入国际市场，民营科技企业可以参与对外贸易洽谈和技术交流，自行选择外贸代理机构；可以按国家有关规定利用外资，在境内兴办合资、合作经营企业。经过批准也可以在国外（境外）兴办合资、合作经营企业、独资企业，以及在境外设立分支机构或销售网点。对年出口额达到有关部门规定规模的民营科技企业，经批准可享有进出口经营权及出口产品退税等相应权利。

第二十条 鼓励单位或个人以其合法拥有的专利、非专利技术向民营科技企业折价投资入股联营。专利、非专利技术折价由投资各方依法协商确定。

第二十一条 鼓励归国留学人员在我省创办民营科技企业或到民营科技企业工作，并按有关规定享受相应的优惠。

第四章 管 理

第二十二条 民营科技企业应按照国家和省的有关规定明确企业产权关系，界定企业资产的归属，确定各自的财产所有权。

第二十三条 民营科技企业应依法建立健全财务会计制度，配备财会人员，向有关管理部门按期报送会计报表和有关统计报表。

第二十四条 民营科技企业应依法经营、按章纳税。减免税的部分应作为企业的发展基金，用于科学研究、技术开发和扩大再生产，不得挪作他用。

第二十五条 民营科技企业及其聘用的人员应按规定实行社会保险。

民营科技企业应保障职工合法权益和福利待遇。

第二十六条 省、市、县可根据实际需要成立民营科技企业协会，沟通政府与企业的关系，协助政府管理民营科技企业，促进国内外交流与合作，为民营科技企业提供各种服务。

第二十七条 对违法经营、损害国家和群众利益、进行不正当竞争、获取非法利益的民营科技企业，由有关部门依法处理。

民营科技企业有关管理部门及其工作人员在办理民营科技企业有关事项时，违反法律、法规，玩忽职守，徇私舞弊的，由有关部门依法处理。

第二十八条 本条例自公布之日起施行。

广东省自主创新促进条例

（2011年11月30日广东省第十一届人民代表大会常务委员会第三十次会议通过　根据2012年7月26日广东省第十一届人民代表大会常务委员会第三十五次会议《关于修改〈广东省民营科技企业管理条例〉等二十三项法规的决定》修正）

第一章　总　则

第一条　为了提高自主创新能力，推动产业转型升级，促进经济社会发展，根据有关法律、法规，结合本省实际，制定本条例。

第二条　本条例适用于本省行政区域内研究开发与创造成果、成果转化与产业化、创新型人才建设及创新环境优化等自主创新促进活动。

本条例所称的自主创新，是指公民、法人和其他组织主要依靠自身的努力，为拥有自主知识产权或者独特核心技术而开展科学研究和技术创新，运用机制创新、管理创新、金融创新、商业模式创新、品牌创新等手段，向市场推出新产品、新工艺、新服务的活动。

第三条　促进自主创新应当坚持以企业为主体，以市场为导向，以高等学校、科学技术研究开发机构为支撑，产学研相结合，政府引导，社会参与。

第四条　县级以上人民政府领导本行政区域内的自主创新促进工作，组织有关部门开展自主创新战略研究，确定自主创新的目标、任务和重点领域，发挥自主创新对经济建设和社会发展的支撑和引领作用。

县级以上人民政府科学技术主管部门负责本行政区域内自主创新促进工作的组织管理和统筹协调。

县级以上人民政府其他有关部门在各自的职责范围内，负责自主创新促进的相关工作。

第五条 县级以上人民政府应当根据国民经济和社会发展规划组织编制自主创新规划，并根据自主创新规划制定年度计划。

县级以上人民政府应当加大财政性资金投入，并制定相关的产业、技术等政策，引导社会资金投入，保障自主创新经费持续稳定增长，使其与自主创新活动相适应。

第二章 研究开发与创造成果

第六条 县级以上人民政府应当鼓励和支持开展原始创新、集成创新和引进消化吸收再创新活动，创造具有市场竞争力的自主创新成果。

第七条 省人民政府设立的省级自然科学基金，以及与国家相关部门联合设立的自然科学基金，应当资助高等学校、科学技术研究开发机构、企业、科学技术社会团体和科学技术人员开展基础研究和科学前沿探索，提高原始创新能力，创造原创性成果。

第八条 各级人民政府应当支持企业、事业单位通过技术合作、技术外包、专利许可或者建立战略联盟等方式，对各种现有技术进行集成创新，促进产业关键共性技术研发、系统集成和工程化条件的完善，形成有市场竞争力的产品或者新兴产业。

第九条 省人民政府应当根据国家和本省的产业政策和技术政策，编制鼓励引进先进技术、装备的指南，引导企业、事业单位引进先进技术、装备，并进行消化、吸收和再创新。

限制引进国内已具备研究开发能力的关键技术、装备，禁止引进高消耗、高污染和已被淘汰的落后技术、装备。

第十条 利用财政性资金或者国有资本引进重大技术、装备的，应当编制引进消化吸收再创新方案，明确消化吸收再创新的计划、目标、进度，并经地级市以上人民政府科学技术主管部门联合有关部门组织的专家委员会进行论证。

经批准引进重大技术、装备的，应当按照前款规定编制的方案进行消化吸收再创新。

通过消化吸收拥有自主知识产权或者独特核心技术、形成自主创新能力，应当作为对引进重大技术、装备进行评估和验收时的重要依据。

第十一条 县级以上人民政府应当整合本级有关自主创新财政性资金，坚持统筹使用，分项管理。

县级以上人民政府确定利用财政性资金设立自主创新项目，应当坚持宏观引导、平等竞争、同行评审、择优支持的原则；确定利用财政性资金设立自主创新项目的项目承担者，应当按照国家和省有关规定执行。

县级以上人民政府财政、科学技术主管部门应当会同有关部门建立和完善有关自主创新财政性资金的绩效评价制度，提高有关自主创新财政性资金的使用效益。

第十二条 利用财政性资金或者国有资本购置、建设的大型科学仪器设施，应当依法履行共享使用义务，为公民、法人和其他组织开展自主创新活动提供共享服务。

鼓励以社会资金购置、建设的大型科学仪器设施所在单位向社会提供共享服务。

地级市以上人民政府应当采取有效措施，支持公民、法人和其他组织共享大型科学仪器设施开展自主创新活动。

第十三条 申请利用财政性资金或者国有资本新购、新建大型科学仪器设施的，申请报告或者项目可行性研究报告应当包括共享服务承诺，明确共享时间、范围、方式等内容。

本省已有大型科学仪器设施的共享服务能够满足相关科学研究和技术开发活动需要的，主管部门不再批准利用财政性资金新购、新建大型科学仪器设施。

第十四条 省人民政府科学技术主管部门负责对大型科学仪器设施共享进行统筹协调，建立和完善大型科学仪器设施共享服务平台，向社会提供大型科学仪器设施共享的信息查询、服务推介等服务管理工作。

利用财政性资金或者国有资本购置、建设大型科学仪器设施的管理单位，应当在完成安装、调试验收之日起一个月内，向省人民政府科学技术主管部门报送大型科学仪器设施的名称型号、应用范围、服务内容等基本信息。本条例实施前购置、建设的，应当在本条例实施之日起两个月内报送有关基本信息。

省人民政府科学技术主管部门应当在收到本条第二款规定的基本信息之日起一个月内通过统一的信息平台向社会公布。

利用财政性资金或者国有资本购置、建设的大型科学仪器设施，向社会提供共享服务需要收取费用的，收费标准由价格主管部门依法制定。收取的费用，应当用于大型科学仪器设施的建设、维护和管理。

第十五条 县级以上人民政府及其科学技术、发展改革、经济和信息化等有关主管部门应当在政策、规划、资金、人才、场所等方面支持在产业集群区域和具有产业优势的领域建立公共研究开发平台、公共技术服务平台、科学技术基础条件平台等公共创新平台，为科技型中小企业技术创新提供关键共性技术研究开发、信息咨询、技术交易转让等创新服务。

利用财政性资金资助建设的公共创新平台为企业、事业单位的自主创新活动提供服务的情况，应当作为考核其运行绩效的重要内容，但涉及国家秘密或者重大公共安全的除外。

第十六条 支持企业、高等学校和科学技术研究开发机构共建博士后科研工作站、博士后创新实践基地、产学研创新联盟或者产学研结合基地，引导人才、资金、技术、信息等创新要素向企业集聚，推进产学研合作。

第十七条 县级以上人民政府应当促进军用与民用科学技术在基础研究、应用研究开发、创新成果转化与产业化等方面的衔接与协调，推动军用与民用科学技术有效集成、资源共享和交流协作。

支持企业、高等学校和科学技术研究开发机构参与承担国防科学技术计划任务，鼓励军用科学技术研究开发机构承担民用科学技术项目。

第十八条 鼓励与香港特别行政区、澳门特别行政区、台湾地区的企业、高等学校、科学技术研究开发机构、科学技术社会团体联合开展科学技术攻关、共建科学技术创新平台等自主创新合作，推进创新要素的流动、组合、集成和共享。

第十九条 企业、高等学校、科学技术研究开发机构、科学技术社会团体和科学技术人员依法开展国际科学技术合作与交流，合作设立研究开发机构的，县级以上人民政府及其有关部门应当在出入境管理、注册登记、信息服务等方面提供便利条件。

境外的企业、高等学校、科学技术研究开发机构、学术团体、行业协会等组织，可以依法在本省独立兴办研究开发机构。

第二十条 地级市以上人民政府及其有关部门应当设立软科学研究项目，支持开展战略规划、政策法规、项目论证等方面的软科学研究，促进自然科学与人文社会科学的交叉融合，为科学决策提供理论与方法。

第二十一条 各级人民政府应当依法保护企业、事业单位的商业模式创新活动，制定激励扶持政策，引导企业、事业单位采用合同能源管理、重大技术设备融资租赁、电子商务等商业模式提升商业运营能力。

支持企业、事业单位利用互联网或者新技术，优化内部流程和整合外部资源，开发使用信息管理技术，开展产业链融合重组，推进运营模式创新。

第二十二条 县级以上人民政府应当加强自主品牌与区域品牌的培育和保护工作，重点推进战略性新兴产业、先进制造业、现代服务业、优势传统产业、现代农业等产业领域的企业品牌建设。

第二十三条 县级以上人民政府应当制定和实施知识产权战略，促进专利权、商标权和著作权等知识产权的创造和运用，加强对自主知识产权的保护和管理。

地级市以上人民政府应当组织专家，对利用财政性资金或者国有资本设立的重大自主创新项目涉及的知识产权状况、知识产权风险等进行评议。

第二十四条 县级以上人民政府应当制定激励扶持政策，有条件的设立技术标准专项资金，支持企业、事业单位、行业协会主导或者参与国际标准、国家标准、行业标准和地方标准的制定和修订，推动自主创新成果形成相关技术标准。

鼓励企业、事业单位、行业协会在自主创新活动中实行科研攻关与技术标准研究同步，自主创新成果转化与技术标准制定同步，自主创新成果产业化与技术标准实施同步。

第三章　成果转化与产业化

第二十五条　县级以上人民政府应当制定相关扶持政策，通过无偿资助、贷款贴息、补助资金、保费补贴和创业风险投资等方式，支持自主创新成果转化与产业化，引导企业加大自主创新成果转化与产业化的投入。

第二十六条　省人民政府应当定期发布自主创新技术产业化重点领域指南，优先支持高新技术产业、先进制造业、现代服务业和战略性新兴产业自主创新成果的转化与产业化活动。

支持企业、高等学校、科学技术研究开发机构利用留学人员科技交流会、高新技术成果交易会等人才与科技信息交流平台，吸引国内外高层次人才在本省实施创新成果转化与产业化。

第二十七条　高等学校、科学技术研究开发机构和企业按照国家有关规定，可以采取科技成果折股、知识产权入股、科技成果收益分成、股权奖励、股权出售、股票期权等方式对科学技术人员和经营管理人员进行股权和分红激励，促进自主创新成果转化与产业化。

第二十八条　县级以上人民政府应当支持企业发展成为具有自主知识产权、自主品牌和持续创新能力的创新型企业。

省级以上创新型企业应当组建研究开发院，制定企业创新发展战略，整合优化各类创新资源，从事核心技术、关键技术和公共技术研究。

省级创新型企业可以优先承担省级自主创新重大专项，其相关研究开发和产业化涉及的资金及用地优先予以保障。

第二十九条　县级以上人民政府应当支持高等学校、科学技术研究开发机构和企业完善技术转移机制，引导高等学校、科学技术研究开发机构的自主创新成果向企业转移或者实施许可。

使用本省财政性资金的自主创新成果，项目承担者应当在项目验收之后三个月内向省人民政府科学技术主管部门报送成果信息及其技术转移情况。

自主创新成果信息及其技术转移情况应当通过统一的信息平台向社会公开，但依照国家和省有关规定不能公开的除外。

第三十条 高等学校、科学技术研究开发机构将其职务创新成果转让给他人的，应当从技术转让所得的净收入中提取不低于百分之三十的比例，奖励完成该项创新成果及其转化做出重要贡献的人员。

高等学校、科学技术研究开发机构采用技术作价入股方式实施转化的，应当从职务创新成果作价所得股份中提取不低于百分之三十的份额，奖励完成该项创新成果及其转化做出重要贡献的人员。

高等学校、科学技术研究开发机构可以与完成该项创新成果及其转化做出重要贡献的人员约定高于前两款规定比例的奖励。

第三十一条 利用本省财政性资金资助的自主创新项目，项目立项部门应当与高等学校、科学技术研究开发机构和企业等项目承担者就项目形成的创新成果约定知识产权目标和实施转化期限，并在项目验收时对约定事项进行考核评价。

第三十二条 利用本省财政性资金设立的科学技术基金项目或者科学技术计划项目所形成的发明专利权、计算机软件著作权、集成电路布图设计专有权和植物新品种权，由项目承担者依法取得，但法律、法规另有规定的除外。

项目承担者应当依法实施前款规定的知识产权，采取保护措施，并向项目立项部门提交实施和保护情况的年度报告。约定的实施转化期限届满之日起两年内，项目承担者和创新成果完成人没有依法或者依照约定实施转化的，省人民政府为了国家安全、国家利益和重大社会公共利益的需要，可以无偿实施，也可以许可他人有偿实施或者无偿实施。

第三十三条 高等学校、科学技术研究开发机构取得的具有实用价值的职务创新成果，在约定的实施转化期限届满之日起一年内未实施转化的，在不变更职务创新成果权属的前提下，创新成果完成人可以根据与本单位的协议或者经本单位同意，进行创新成果转化，并依法或者依协议享受权益。

高等学校、科学技术研究开发机构主要利用财政性资金项目取得的具有实用价值的职务创新成果，本单位在约定的实施转化期限届满之日起三年内仍未实施转化的，在不变更职务创新成果权属的前提下，经项目立项部门同意，创新成果完成人可以实施转化。

第三十四条 自主知识产权首次转化使用在本省的，项目所在地的县级以上人民政府应当制定有关政策措施，在项目立项、土地、场所等方面给予支持。

第三十五条 地级市以上人民政府有关主管部门应当完善促进自主创新成果转化与产业化的科学技术人员考核评价制度。

有关主管部门应当将自主创新成果转化与产业化情况作为科学技术人员项目申报、成果奖励的依据，并作为职称评审、岗位聘用的评价内容，但基础理论研究等学科除外。

第三十六条 县级以上人民政府及其有关主管部门应当支持知识产权服务机构、技术交易机构、科技咨询与评估机构、科技企业孵化器、创业投资服务机构和生产力促进中心等科学技术中介服务机构的发展。建立和推行政府购买科技公共服务制度，对科技创新计划、先进技术推广、扶持政策落实等专业性、技术性较强的工作，可以委托给符合条件的科学技术中介服务机构办理。

科学技术中介服务机构应当为企业、高等学校、科学技术研究开发机构提供研发服务、知识产权服务、检测服务、创意设计、技术经纪、科学技术培训、科学技术咨询与评估、创业风险投资、科技企业孵化、技术转移与推广等科学技术中介服务，促进自创新成果的转化和产业化。

科学技术中介服务机构应当将业务范围、执业人员、中介服务情况等基本信息报送地级市以上人民政府科学技术主管部门，并由地级市以上人民政府科学技术主管部门向社会公布。

第三十七条 科学技术中介服务业应当建立行业自律制度。科学技术中介服务机构及其从业人员，应当遵守相关法律、法规，按照公平竞争、平等互利和诚实信用的原则开展业务活动。

科学技术中介服务机构及其从业人员不得有下列行为：

（一）提供虚假的评估、检测结果或者鉴定结论；

（二）泄露当事人的商业秘密或者技术秘密；

（三）欺骗委托人或者与一方当事人串通欺骗另一方当事人；

（四）其他损害国家利益和社会公共利益的行为。

第三十八条 省人民政府可以根据本省产业布局、经济可持续发展等需要批准建立省级高新技术产业开发区，支持省级以上高新技术产业开发区发展成为国家自主创新示范区。

县级以上人民政府应当支持高新技术产业开发区的建设、发展，引导高新技术产业开发区发展特色和优势高新技术产业、先进制造业、现代服务业和战略性新兴产业。

县级以上人民政府应当支持发展民营科技企业，推动具备条件的民营科技产业园区和产业转移园区发展成为省级以上高新技术产业开发区。

第三十九条 县级以上人民政府应当促进主导产业集聚发展，提高专业化配套协作水平，完善产业链，促进发展形成专业镇或者产业集群。

专业镇或者产业集群应当集聚高新技术和先进技术，支持企业开展技术创新活动，提升特色和优势传统产业集群科学技术水平。

第四十条 县级以上人民政府应当支持农业基础研究、新品种选育和新技术研究开发，对地域特征明显且申请条件成熟的特色、优势农产品实行地理标志保护。

第四十一条 鼓励公民、法人和其他组织开展资源与环境、人口与健康、文化创意、节能减排、公共安全、防震减灾、城市建设等领域的自主创新活动，应用先进创新技术及成果促进社会事业发展。

第四十二条 地级市以上人民政府可以依法发起设立或者参与设立创业投资引导基金，引导社会资金流向创业投资企业，引导创业投资企业向具有良好市场前景的自主创新项目、初创期科技型中小企业投资。

鼓励和支持建立科技金融机构，开展知识产权质押融资、保险、风险投资、证券化、信托等金融创新服务。保险机构可以根据自主创新成果转化与产业化的需要开发保险品种。

鼓励创新型企业上市融资，支持未上市的创新型企业在证券公司代办股份转让系统挂牌。

第四十三条 县级以上人民政府应当健全政府采购制度，对公民、法人或者其他组织研究开发形成的新技术、新产品、新成果，在性能、技术等指标能够满足政府采购需求的条件下，政府采购应当购买；首次投放市场的，政府采购应当率先购买。

第四章　创新型人才建设与服务

第四十四条　地级市以上人民政府应当定期制定创新型人才发展规划和紧缺人才开发目录，加强创新型人才的培养和引进工作。

县级以上人民政府应当优先保证对创新型人才建设的财政投入，保障人才发展重大项目的实施。

第四十五条　地级市以上人民政府应当制定和完善培养、引进创新型人才的政策措施，并为创新型人才在企业设立、项目申报、科研条件保障和出入境、户口或者居住证办理、住房、子女入学、配偶安置等方面提供便利条件。

地级市以上人民政府科学技术主管部门应当会同有关部门组织引进优先发展产业急需的创新科研团队和领军人才。

创新型人才认定、管理与服务的具体办法由省人民政府另行制定。

第四十六条　县级以上人民政府应当支持企业、高等学校、科学技术研究开发机构建立创新型人才培养机制，以及开展岗位实践、在职进修、学术交流等人才培训活动。

第四十七条　鼓励高等学校、科学技术研究开发机构选派科学技术人员参与企业自主创新活动，开展成果转化的研究攻关；鼓励企业选派专业技术人员到高等学校、科学技术研究开发机构开展自主创新课题研究。

第四十八条　企业、高等学校、科学技术研究开发机构等有关单位应当创新人才培养模式，结合本省自主创新的目标、任务和重点领域开展相关的创新实践活动，培养急需、紧缺的创新型人才。

企业、高等学校、科学技术研究开发机构等有关单位应当建立创新型人才的激励机制，完善岗位工资、绩效工资、年薪制和奖励股票期权等分配方式。

第四十九条 鼓励有关单位和科学技术人员在自主创新活动中自由探索、勇于承担风险。

对于以财政性资金或者国有资本为主资助的探索性强、风险性高的自主创新项目，原始记录证明承担项目的单位和科学技术人员已经履行了勤勉尽责义务仍不能完成的，经立项主管部门会同财政主管部门或者国有资产管理部门组织的专家论证后，可以允许该项目结题。相关单位和个人继续申请利用财政性资金或者国有资本设立的自主创新项目不受影响。

第五十条 公民、法人或者其他组织从事自主创新活动，应当恪守学术道德，不得弄虚作假或者抄袭、剽窃、篡改他人创新成果。

公民、法人或者其他组织在申请政府设立的自主创新项目、科学技术奖励及荣誉称号，以及申请享受各种创新扶持政策时，应当诚实守信，提供真实可靠的数据、资料和信息。

政府设立的自主创新项目的管理机构，应当为承担项目的科学技术人员和组织建立科研诚信档案，并建立科研诚信信息共享机制。科研诚信情况应当作为专业技术职务职称评聘、自主创新项目立项、科研成果奖励等的重要依据。

第五章　激励与保障

第五十一条 县级以上人民政府科学技术、发展改革、经济和信息化、财政、税务等有关部门应当落实国家和省促进自主创新的税收、金融等优惠政策，加强宣传引导工作，制定办事指南，简化办事程序，为企业、事业单位和科学技术人员享受有关优惠政策提供便捷服务。

第五十二条 科学技术重点基础设施、重大科学技术工程等建设项目应当纳入土地利用总体规划、城乡规划和政府投资计划。

对高新技术企业和省级以上创新型企业的生产性建设用房、科研机构科研用房，以及省级以上的工程技术中心、企业技术中心、企业研究开发院、重点实验室、中试基地、科普场馆等建设工程，依照国家规定减免城市基础设施配套费。

第五十三条 省级以上产业园区的战略性新兴产业、高新技术产业的研究开发项目用地，依法可以采取协议出让等方式取得，但不得擅自转让、改变用途；确需转让或者改变用途的，应当报请有批准权的人民政府批准。

第五十四条 各级人民政府应当逐步提高科学技术经费的财政投入总体水平，财政用于科学技术经费的增长幅度，应当高于本级财政经常性收入的增长幅度。

引导社会加大对自主创新的投入，逐步提高研究与开发经费占地区生产总值的比例，二〇一五年全省应当达到百分之二点三以上，此后应当逐步增长。

第五十五条 对高等学校、科学技术研究开发机构和企业自筹资金研究开发并具有自主知识产权的自主创新项目，县级以上人民政府可以采取后补助方式予以财政性资金资助。资助资金应当用于该项目在本省的后续研究开发、成果转化和产业化活动。

第五十六条 利用本省财政性资金设立的自主创新项目，承担项目人员的人力资源成本费可以从项目经费中支出，最高不超过该项目经费的百分之三十；其中，软科学研究项目和软件开发类项目，人力资源成本费最高不超过该项目经费的百分之五十。

第五十七条 利用本省财政性资金设立的自主创新项目的主管部门，应当建立评审专家库，建立健全自主创新项目的专家评审制度和评审专家的遴选、回避、问责制度。

利用财政性资金设立的自主创新项目及其承担者的情况，应当由项目主管部门向社会公开，但依照国家和省有关规定不能公开的除外。

第五十八条 财政性自主创新资金应当专款专用，任何组织或者个人不得虚报、冒领、贪污、挪用、截留。

县级以上人民政府审计机关和财政主管部门应当依法对财政性自主创新资金的管理和使用情况进行监督检查。

第五十九条 县级以上人民政府应当建立科学技术奖励制度，创新奖励模式，对在科学技术进步活动和自主创新工作中做出重要贡献的单位和个人给予奖励。

鼓励社会力量设立科学技术奖项，对在科学技术进步活动和自主创新工作中做出重要贡献的单位和个人给予奖励。

单位和个人在申报或者推荐各类科学技术奖项时，应当提供真实可靠的科研数据和评审材料，不得骗取或者协助他人骗取科学技术奖励。

第六十条 单位和个人可以依法捐赠财产或者设立科学技术基金资助本省自主创新活动，并可以依法享受税收优惠政策。

第六十一条 省人民政府科学技术主管部门应当会同省人民政府统计机构建立健全自主创新统计制度，对全省自主创新发展状况进行监测、分析和评价，全面监测自主创新活动、能力、水平和绩效。

全省自主创新主要统计指标应当定期向社会公布。

第六十二条 省人民政府应当建立自主创新考核制度，考核市、县人民政府推动自主创新的工作实绩。

第六十三条 各级国有资本经营预算应当安排适当比例的资金用于国有企业自主创新，并逐年增加。

国有企业应当加大自主创新投入，建立健全自主创新人才建设机制和创新收益分配制度。

县级以上人民政府有关部门应当完善国有企业考核评价制度，应当将企业的创新投入、创新能力建设、创新成效等情况纳入国有企业及其负责人的业绩考核范围。

第六十四条 县级以上人民政府应当引导社会培育创新精神，形成崇尚创新、勇于突破、激励成功、宽容失败的创新文化。

机关、企业、事业单位、社会团体、新闻媒体应当开展科学技术普及和宣传工作，鼓励和支持开展群众性技能竞赛、技术创新和发明创造活动，提高公众科学素质。

第六章 法律责任

第六十五条 违反本条例第十条第二款规定，未按照编制方案进行消化吸收再创新的，由地级市以上人民政府科学技术主管部门责令其限期改正；逾期不改正的，不予通过验收，并由其主管部门对直接负责的主管人员和其他直接责任人员依法给予处分，三年内不得申请市级以上自主创新项目和科学技术奖励。

第六十六条 违反本条例第十二条第一款规定，不依法履行共享使用义务的，由省人民政府科学技术主管部门责令改正，通报批评，并由其主管部门对直接负责的主管人员和其他直接责任人员给予处分；拒不改正的，大型科学仪器设施管理单位三年内不得申请市级以上自主创新项目和科学技术奖项，且不得利用财政性资金新购、新建大型科学仪器设施。

第六十七条 违反本条例第十四条第二款、第二十九条第二款规定，不依照规定报送相关信息的，由主管部门责令改正；拒不改正的，给予通报批评。

第六十八条 违反本条例第三十七条第二款规定，由地级市以上人民政府科学技术主管部门责令改正，并予以警告，没收违法所得，并处违法所得一倍以上五倍以下的罚款；没有违法所得的，处一万元以上三万元以下的罚款；情节严重的，依法由相关部门吊销营业执照和资格证书；给他人造成经济损失的，依法承担民事责任；构成犯罪的，依法追究刑事责任。

第六十九条 违反本条例第五十条第二款、第五十九条第三款规定，提供虚假的数据、资料、信息或者评审材料的，由主管部门给予通报批评，取消已获得的荣誉称号或者科学技术奖项，追回已资助的财政性资金，并记入科研诚信档案；情节严重的，依法给予处分，五年内该单位或者直接责任人员不得申报自主创新项目或者科学技术奖项。

第七十条 违反本条例第五十八条第一款规定，虚报、冒领、贪污、挪用、截留财政性自主创新资金的，依照国家和省有关规定责令改正，追回有关财政性资金和违法所得，依法给予行政处罚；对直接负责的主管人员和其他直接责任人员依法给予处分；构成犯罪的，依法追究刑事责任。

第七十一条 科学技术等主管部门及其工作人员违反本条例规定，有下列情形之一的，由监察机关或者其主管部门对直接负责的主管人员和其他直接责任人员依法给予处分；构成犯罪的，依法追究刑事责任：

（一）未按照本条例第十条第一款规定组织专家委员会对引进消化吸收再创新方案进行论证的；

（二）未按照本条例第十三条第二款规定，予以批准新购、新建大型科学仪器设施的；

（三）未依法对财政性自主创新资金的管理和使用情况进行监督检查的；

（四）有其他滥用职权、玩忽职守、徇私舞弊行为的。

第七章　附　则

第七十二条　本条例自2012年3月1日起施行。

广东省宗教事务条例

（2000年5月26日广东省第九届人民代表大会常务委员会第十八次会议通过《广东省宗教事务管理条例》　2010年1月22日广东省第十一届人民代表大会常务委员会第十六次会议修订为《广东省宗教事务条例》　根据2012年7月26日广东省第十一届人民代表大会常务委员会第三十五次会议《关于修改〈广东省民营科技企业管理条例〉等二十三项法规的决定》修正）

第一章　总　则

第一条　为了保障公民宗教信仰自由，维护宗教和睦与社会和谐，规范宗教事务管理，根据宪法、国务院《宗教事务条例》和有关法律、法规，结合本省实际，制定本条例。

第二条　本条例适用于本省行政区域内的宗教事务。

第三条　公民有宗教信仰的自由。任何组织和个人不得强制公民信仰宗教或者不信仰宗教，不得歧视信仰宗教的公民和不信仰宗教的公民。

信教公民和不信教公民、信仰不同宗教的公民应当相互尊重、和睦相处。

第四条　宗教团体、宗教活动场所、宗教教职人员及信教公民的合法权益和正常的宗教活动受法律保护。

宗教团体、宗教活动场所和信教公民应当遵守宪法、法律、法规和规章，维护国家统一、民族团结和社会和谐稳定。宗教活动应当在宪法、法律、法规和规章允许的范围内进行。

任何组织或者个人不得利用宗教进行危害国家安全、破坏社会秩序、妨碍国家教育制度以及其他损害国家利益、社会公共利益和公民合法权益的活动。

第五条 各宗教坚持独立自主自办的原则，宗教团体、宗教活动场所和宗教事务不受外国势力的支配。

第六条 各级人民政府应当依法维护宗教团体、宗教活动场所和信教公民的合法权益，听取宗教团体、宗教活动场所和信教公民的意见，协调宗教事务管理工作，鼓励和支持宗教团体、宗教人士和信教群众在经济社会发展中发挥积极作用。

第七条 县级以上人民政府宗教事务部门依法对涉及国家利益和社会公共利益的宗教事务进行行政管理，县级以上人民政府其他有关部门在各自职责范围内依法负责有关的行政管理工作。

县级以上人民政府宗教事务管理工作所需经费纳入本级财政预算。

第二章 宗教团体

第八条 本条例所称宗教团体，是指由信教公民依法成立的区域性宗教社会组织。

第九条 成立宗教团体，应当依照国务院《社会团体登记管理条例》等有关规定，经县级以上人民政府宗教事务部门审查同意后，向同级人民政府民政部门申请登记。

宗教团体变更登记或者注销登记事项，应当经宗教事务部门审核后，向登记机关办理变更登记或者注销登记手续。

第十条 宗教团体享有下列权利：

（一）维护本团体及其信教公民的合法权益；

（二）按照本团体的章程开展活动；

（三）认定本团体的宗教教职人员；

（四）举办以自养为目的的企业及其他社会公益服务性事业；

（五）举办宗教院校、培训班，培养宗教教职人员；

（六）进行宗教文化学术研究和交流，开展宗教方面对外友好交往；

（七）按照国家有关规定出版、印刷、发行宗教出版物；

（八）法律、法规规定的其他权利。

第十一条 宗教团体应当履行下列义务：

（一）遵守国家宪法、法律、法规和规章，贯彻执行国家的宗教政策；

（二）接受当地人民政府及其有关部门的监督、管理；

（三）团结、教育信教公民爱国守法，维护民族团结、国家统一和社会和谐稳定；

（四）依照有关规定建立健全和执行各项管理制度；

（五）法律、法规规定的其他义务。

第三章　宗教活动场所

第十二条 本条例所称宗教活动场所，是指依法设立和登记，供信教公民进行宗教活动的寺院、宫观、清真寺、教堂（以下简称寺观教堂）和其他固定宗教活动处所。

第十三条 宗教活动场所的筹备设立和登记，按照国家有关规定办理。

第十四条 宗教活动场所应当根据本宗教活动场所的条件和实际需要，确定常住教职人员人数，并报登记管理机关备案。

第十五条 任何组织和个人不得违法设立宗教活动场所，不得为违法、违规的宗教活动提供场所。

第十六条 宗教活动场所应当依法成立管理组织，实行民主管理，建立健全各项管理制度。

第十七条 建设宗教活动场所，应当符合城乡规划，并且依法办理建设项目报批手续。

依法登记的宗教活动场所易地重建，应当经所在地县级以上人民政府宗教事务部门审核同意后，报地级以上市人民政府宗教事务部门批准，并由批准部门报省人民政府宗教事务部门备案。

核定公布为文物保护单位和不可移动文物的宗教活动场所的修缮、迁移、改建、扩建等，按照文物保护管理的规定执行。

第十八条 宗教活动场所合并、分立、终止或者变更登记内容的，应当到原登记管理机关办理相应的变更登记手续。

第十九条 宗教活动场所可以接受个人和团体自愿的布施、乜贴、奉献和其他捐赠，但不得以任何方式和名义索捐。

第二十条 宗教活动场所可以申办以自养为目的的企业及其他社会公益服务性事业，可以在宗教活动场所内经营销售宗教用品、宗教艺术品和合法出版的宗教出版物。

第二十一条 任何组织和个人进入宗教活动场所，应当尊重该场所的宗教信仰和宗教习俗。

第二十二条 在宗教活动场所管理的范围内改建或者新建建筑物、设立商业服务网点、举办陈列展览、拍摄电影电视片，应当征得该宗教活动场所和宗教活动场所登记机关同意。

第二十三条 将宗教活动场所划入风景名胜区，应当征求该宗教活动场所和宗教活动场所登记机关的意见。

以宗教活动场所为主要游览内容的风景名胜区，其所在地的县级以上人民政府应当协调、处理宗教活动场所与园林、文物、旅游等方面的利益关系，维护宗教活动场所的合法权益。

以宗教活动场所为主要游览内容的风景名胜区的规划建设，应当与宗教活动场所的风格、环境相协调。

第二十四条 下列人员进入风景名胜区前往宗教活动场所，应当免收门票，但风景名胜区内提供索道、观光车、游艇等服务项目的费用除外：

（一）风景名胜区内宗教活动场所所属的宗教教职人员及其工作人员；

（二）与风景名胜区内宗教活动场所所属的宗教是同一宗教的宗教教职人员；

（三）国家规定应当免收门票的其他人员。

第四章　宗教教职人员

第二十五条　本条例所称宗教教职人员，是指经宗教团体认定和宗教事务部门备案的从事宗教教务活动的人员。

第二十六条　宗教教职人员的身份由所属宗教团体按照规定程序认定，报相应的人民政府宗教事务部门备案。

未经认定和备案或者被解除宗教教职人员身份的，不得以宗教教职人员身份从事宗教活动。

第二十七条　宗教教职人员担任或者离任宗教活动场所主要教职，应当按照国家有关规定，经所属的宗教团体同意后，报相应的人民政府宗教事务部门备案。

前款规定的宗教活动场所主要教职，包括佛教寺院住持、方丈，道教宫观住持、方丈，伊斯兰教清真寺主持教务活动的阿訇、伊玛目，天主教堂主任司铎，基督教堂主任牧师及相当于牧师的专职长老。

第二十八条　宗教教职人员应当依照本宗教团体规定的职责，在确定的教务区域内主持宗教活动。

第二十九条　本省宗教教职人员应邀到外省或者邀请外省宗教教职人员来本省举行或者主持宗教活动，应当经省有关宗教团体同意，报省人民政府宗教事务部门备案。

本省宗教教职人员超出确定的教务区域跨县（市、区）、地级以上市举行或者主持宗教活动，应当经其所属的宗教团体和主持宗教活动所在地的宗教团体同意，并且分别报当地人民政府宗教事务部门备案。

第三十条　宗教团体调配宗教教职人员需办理户口迁移等手续的，报所在地县级以上人民政府宗教事务部门同意后，公安及有关行政管理部门应当给予办理。

第三十一条　符合基本社会保险条件的宗教教职人员参加养老、医疗等基本社会保险，依照有关法律、法规的规定执行。

宗教团体和宗教活动场所的管理组织应当按照规定，为与之建立劳动合同关系的劳动者缴纳各项社会保险费。

第五章 宗教活动

第三十二条 本条例所称宗教活动，是指信教公民按照宗教教义、教规及宗教的传统、习惯进行的活动。

第三十三条 集体举行的宗教活动应当在核准登记的宗教活动场所或者经县级以上人民政府宗教事务部门认可的临时地点进行，并且应当由经认定的宗教教职人员或者符合规定的人员主持。

第三十四条 宗教团体、寺观教堂跨县（县级市、区）、地级以上市举行超过宗教活动场所容纳规模的大型宗教活动，或者在宗教活动场所外举行大型宗教活动，应当符合下列条件：

（一）活动内容符合国家法律、法规的规定，符合宗教仪轨和宗教传统习惯；

（二）拟举办的活动不会对道路交通安全秩序和社会公共秩序造成严重影响；

（三）具备组织大型宗教活动的能力和必要的条件；

（四）场所建筑、设施、场地符合安全要求；

（五）有完善的应急预案，安全责任明确。

主办大型宗教活动的宗教团体、寺观教堂应当在拟举行日的二十日前，向宗教活动举办地相应的人民政府宗教事务部门备案。

第三十五条 非宗教组织不得设立宗教活动场所、设置宗教设施和举行宗教活动。

第六章 宗教院校和宗教教育

第三十六条 宗教院校应当由全省性宗教团体举办，并且按照国家有关规定办理相关手续。

第三十七条 宗教团体和寺观教堂举办宗教培训班，应当报所在地同级人民政府宗教事务部门备案。

非宗教团体和非寺观教堂不得违法举办宗教培训班。

第三十八条 宗教团体、寺观教堂不得与境外宗教组织或者宗教教职人员合作举办宗教院校或者宗教培训班。

宗教院校和宗教培训班聘请境外有关人士讲学、讲课，按照国家有关规定办理。

第三十九条 宗教院校、宗教培训班的办学和管理必须符合国家有关规定。

第七章 宗教财产

第四十条 本条例所称宗教财产，是指宗教团体或者宗教活动场所合法使用的土地，合法所有或者使用的房屋、构筑物、山林、墓地、设施、用品、工艺品、门票收入、从事生产经营服务等活动的收入、各类捐赠以及其他合法财产和收益。

宗教团体、宗教活动场所的合法财产和收益受法律保护，任何组织和个人不得侵占、哄抢、私分、损毁或者非法查封、扣押、冻结、没收、处分。

第四十一条 宗教团体和宗教活动场所应当建立健全各项财产管理制度。

第四十二条 宗教活动场所的土地使用权、房屋所有权和使用权应当依法取得。

属于宗教财产的房产和管理使用的土地，应当按照国家有关规定，由宗教团体或者宗教活动场所管理组织向国土、房产管理部门申请登记，领取房地产权证书或者使用证书；发生变更时，应当及时办理变更手续，并且报当地人民政府宗教事务部门备案。

第四十三条 宗教房地产权属来源证明资料不全的，由宗教团体书面说明产权情况，县级以上人民政府宗教事务部门出具证明，经调查属实并公示无产权纠纷的，在不违反城市规划并补办土地使用权手续后，房地产管理部门应当给予登记。

对于原以个人名义办理了登记发证，现宗教团体申请登记的宗教房地产，经原权属人出具书面意见承认该房地产属宗教团体房地产，并经县级以上人民政府宗教事务部门证明属实后，房地产管理部门应当给予变更登记。

第四十四条 城乡规划应当考虑宗教活动场所的建设需要，保护具有历史价值的和重点的宗教活动场所。

因城市规划或者重点工程建设需要拆迁宗教团体或者宗教活动场所的房屋、构筑物的，拆迁人应当与该宗教团体或者宗教活动场所协商，并征求有关宗教事务部门的意见。经各方协商同意拆迁的，拆迁人应当对被拆迁的房屋、构筑物予以重建；或者根据国家有关规定，按照被拆迁房屋、构筑物的市场评估价格予以补偿。

第四十五条 列为文物保护单位的宗教活动场所和宗教建筑，未经省人民政府宗教事务部门和有关行政管理部门批准，不得改作他用，并且应当在城市建设规划中划定其保护范围和建设控制地带。在保护范围和控制地带内的各项建设活动，应当执行有关规定。

第八章　宗教出版物

第四十六条 本条例所称宗教出版物，是指宗教内部使用的经书、典籍、教义、教规等传经布道的出版物，研究、评价宗教历史、人物、事件、教义、教规、经书、典籍的出版物以及根据经书、典籍、教义、教规等为基础加工编写的通俗读物，包括报纸、期刊、图书、音像制品、电子出版物以及由国家有关部门认定的纳入出版管理的其他媒体形态。

第四十七条 宗教团体、寺观教堂编印宗教内部资料性出版物，报省人民政府宗教事务部门审批，批准后报省新闻出版行政管理部门按照法定程序核发准印证。

第四十八条 承接印刷、复制境外宗教出版物，按照国家有关规定办理。

第四十九条 任何组织和个人不得运送、销售、复制和散发私自印制或者非法入境的宗教出版物。

第五十条 涉及宗教内容的出版物，应当遵守国家的宗教政策法规，尊重信教公民的宗教感情。

第五十一条 宗教团体、宗教活动场所、宗教教职人员在互联网上设立宗教网站，应当遵守国家有关法律法规，不得传播危害国家统一、主权和领土完整，破坏民族团结，破坏国家宗教政策和社会稳定以及其他危害社会公共利益的信息。

第九章 宗教涉外事务

第五十二条 宗教团体、宗教活动场所和宗教教职人员在同境外宗教组织、宗教人士开展友好往来和文化学术交流活动中，应当坚持独立自主、相互尊重、互不干涉、平等友好的原则。

其他组织或者个人在对外交流合作活动中不得接受附加的宗教条件。

第五十三条 宗教团体和宗教教职人员出境留学、进修、应邀出访或者邀请境外宗教组织、宗教教职人员来访，参加宗教活动以及讲经、讲道，按照国家有关规定办理手续。

第五十四条 外国人可以在本省行政区域内依法登记的寺观教堂参加宗教活动，可以邀请本省宗教教职人员为其举行宗教仪式。

本省行政区域内的外国人集体进行宗教活动的，应当在由县级以上人民政府宗教事务部门认可的经依法登记的寺观教堂或者在由省人民政府宗教事务部门指定的临时地点举行。

第五十五条 任何境外组织和个人在本省行政区域内进行宗教活动，应当遵守中国的法律、法规，不得干涉和支配中国宗教团体和宗教事务，不得成立宗教团体、设立宗教办事机构、设立宗教活动场所和宗教院校、宗教培训班，不得在中国公民中发展教徒、委任宗教教职人员、擅自招收宗教留学生，不得进行违法、违规的宗教聚会活动、散发宗教宣传品和进行其他传教活动。

第五十六条 携带宗教印刷品、宗教音像制品和其他宗教用品进出境，按照国家有关规定处理。

第五十七条 宗教团体和宗教活动场所接受境外宗教组织、宗教界人士的捐赠，按照国家有关规定办理。

任何组织和个人不得接受境外的宗教津贴和传教经费。

第十章 法律责任

第五十八条 宗教事务部门和有关行政管理部门工作人员违反本条例规定，滥用职权、玩忽职守、徇私舞弊的，予以处分；构成犯罪的，依法追究刑事责任。

第五十九条 任何单位或者个人，有下列行为之一的，由所在地县级以上人民政府宗教事务部门责令改正；有违法所得和非法财物的，予以没收，情节严重的并处违法所得一至三倍罚款：

（一）违反本条例第十五条，为违法、违规的宗教活动提供场所的；

（二）违反本条例第十七条第二款，未经批准易地重建宗教活动场所的；

（三）违反本条例第二十二条，未经同意在宗教活动场所管理的范围内新建建筑物和设施、设立商业服务网点、进行销售活动、举办陈列展览、拍摄电影电视片的；

（四）违反本条例第二十六条第二款，未经认定和备案或者被解除宗教教职人员身份的人员以宗教教职人员身份进行宗教教务活动的；

（五）违反本条例第三十三条，在依法登记的宗教活动场所或者宗教事务部门认可的临时地点以外组织、主持集体宗教活动的；

（六）违反本条例第三十五条，非宗教组织设立宗教活动场所、设置宗教设施和举行宗教活动的；

（七）违反本条例第三十七条第二款，违法举办宗教培训班的；

（八）违反本条例第五十三条，邀请境外宗教组织、宗教教职人员来访，参加宗教活动以及讲经、讲道未办理相应手续的；

（九）违反本条例第五十七条第一款，未按规定接受境外捐赠的；

（十）违反本条例第五十七条第二款，接受境外的宗教津贴和传教经费的。

第六十条 任何单位或者个人违反本条例，侵犯宗教团体、宗教活动场所和信教公民合法权益或者干扰破坏宗教团体、宗教活动场所正常宗教活动的，由宗教事务部门或者有关主管部门责令改正；有违反治安管理行为的，依照《中华人民共和国治安管理处罚法》予以处罚；损害宗教团体、宗教活动场所、信教公民合法权益的，依法承担民事责任；构成犯罪的，依法追究刑事责任。

第十一章 附 则

第六十一条 本省宗教组织和宗教人士与香港特别行政区、澳门特别行政区、台湾地区宗教组织和宗教人士的交往活动，遵循互不隶属、互不干涉和相互尊重的原则。

侨居国外的中国公民，香港特别行政区、澳门特别行政区、台湾地区的居民在本省进行宗教活动，按照国家有关规定和参照本条例第九章的规定执行。

第六十二条 本条例自2010年3月1日起施行，2000年5月26日广东省第九届人民代表大会常务委员会第十八次会议通过的《广东省宗教事务管理条例》同时废止。

广东省散居少数民族权益保障条例

（1997年12月1日广东省第八届人民代表大会常务委员会第三十二次会议通过根据2012年7月26日广东省第十一届人民代表大会常务委员会第三十五次会议《关于修改〈广东省民营科技企业管理条例〉等二十三项法规的决定》修正）

第一条 为保障散居少数民族的合法权益，维护和发展平等、团结、互助的社会主义民族关系，促进各民族的共同繁荣，根据宪法和有关法律、法规规定，结合本省实际，制定本条例。

第二条 本条例所称的散居少数民族，是指本省行政区域内除民族自治区地方实行区域自治的少数民族以外的少数民族。

第三条 任何组织和个人应当尊重散居少数民族的风俗习惯，保障散居少数民族公民宗教信仰自由，禁止民族歧视，禁止破坏民族团结和制造民族分裂的行为。

任何组织和个人不得侵犯散居少数民族公民的合法权益。

第四条 各级人民政府民族事务行政主管部门对本条例的实施负有督促、检查的职责。

第五条 散居少数民族人口较多地方的人民代表大会中，应当有一定比例的少数民族代表；辖有民族乡的县级人民代表大会常务委员会组成人员中，应当有少数民族成员。

第六条 民族乡乡长由建立民族乡的少数民族公民担任。民族乡人民政府配备的少数民族工作人员的数量应当逐步做到与其人口所占比例相适应。

各级人民政府民族事务行政主管部门的工作人员中，应当配备有适当数量的少数民族干部。

第七条 散居少数民族人口较多地方的各级人民政府，应当有计划地选拔和培养少数民族干部和各种专业人才。

国家机关、企事业单位在招收或者录用公务员、职员、工人时，在同等条件下优先招收或者录用少数民族公民，不得以生活习俗、语言不同为理由拒绝招收或者录用少数民族公民。

第八条 禁止在各类出版物、广播、电影、电视、音像制品、文艺表演和其他活动中出现歧视、侮辱少数民族、伤害民族感情的语言、文字、图像和行为。

第九条 散居少数民族公民合法权益受到侵害时，有关国家机关应当依法及时处理。

第十条 散居少数民族人口较多地方的人民政府，在制定国民经济计划和社会发展规划时，应当考虑到少数民族的特点和需要，作出有利于少数民族经济和社会发展的安排。

有关部门在安排经济建设项目和专项资金、贷款，开展对口支援和经济技术协作等方面，应当对民族乡和散居少数民族聚居的管理区优先给予照顾和扶持。

上级人民政府应当帮助民族乡加强农业、林业、牧业、渔业和水利、电力、交通、邮电等基础设施建设。

民族乡的财政支出基数，由上一级人民政府根据实际情况，按照照顾民族乡的原则确定。民族乡的地方财政收入超收部分可全部或者部分留给当地使用。

第十一条 在民族乡从事森林、水力、矿产等资源开发的企事业单位和个人，在同等条件下，应当优先招收或者录用当地少数民族人员，并从企业或者项目年税后利润中提取5%—10%给民族乡政府，用于发展当地经济和安排群众生产、生活。

第十二条 上级人民政府应当扶持帮助下列企业发展生产，提高经济效益：

（一）民族乡办的企业；

（二）散居少数民族人口较多的乡（镇）、村委会以及街道办事处办的企业；

（三）散居少数民族投资额占30%以上的企业；

（四）以散居少数民族为主要服务对象的企业。

信贷部门对本条所述企业，在信贷政策允许范围内给予优先支持。

税务部门对本条所述企业，应当根据实际情况，按照国家有关规定给予减免税照顾。

第十三条　散居少数民族人口较多地方的人民政府应当在师资、财力、物力等方面帮助散居少数民族发展基础教育和职业教育、成人教育。

第十四条　各级人民政府根据散居少数民族的民族特点和居住地区的实际情况、可以设立以寄宿制和助学金为主的公办民族小学、民族中学和民族职业中学。

少数民族学生较多的小学，经县级以上教育行政主管部门批准，可以设立民族小学。

少数民族学生较多的中学，经地级市以上教育行政主管部门批准，可以设立民族中学。

第十五条　民族学校应当配备少数民族教职员工，教职员工编制可根据当地的实际情况和民族特点，给予适当照顾。

第十六条　普通中学招收散居少数民族学生，应当降低10—20分录取。

各高等院校、中等专业学校、技工学校招收民族乡的少数民族考生，应当按照自治地方的政策待遇给予降分录取；对其他散居少数民族考生按省有关规定给予优先录取。

市、县（区）所属的中等农业、林业、师范、卫生、水电等学校，每年应当安排一定名额录取本行政区域的散居少数民族学生。

第十七条　对家庭经济确有困难的散居少数民族学生，各级教育部门及各大、中专院校应适当减免学杂费，并在发放助学金上给予照顾。

第十八条　上级人民政府应当鼓励和组织素质高的教师、医务人员及其他专业技术人员到民族乡工作，帮助民族乡发展教育、医疗卫生事业和开展科学技术推广普及工作。

第十九条 散居少数民族人口较集中的地方，需要兴办广播电视站、电视差转台、文化馆（站）、图书发行网点等文化事业的，上级人民政府应当给予帮助。

第二十条 上级人民政府应当重视办好民族乡和散居少数民族人口较多自然村的卫生院（站），发展传统医药，开展妇幼保健工作，加强对地方病和多发病的防治。

第二十一条 散居少数民族应当依照国家和本省的有关规定，实行计划生育，推行优生、优育，提高人口素质。

第二十二条 国家机关、企事业单位的少数民族干部、职工参加本民族重大节日活动，有关单位应当按照国家有关规定给予假日，并照发工资。

第二十三条 进入城镇进行经济文化活动的少数民族公民（包括外省、区的少数民族公民），其合法权益受法律保护。少数民族公民应当遵守当地的有关规定。宾馆、旅店、招待所不得因生活习惯不同拒绝接待少数民族公民。

第二十四条 在有清真饮食习惯的少数民族人口较多的城市，当地人民政府应当统筹规划并支持兴办必要的清真饮食服务行业。

生产、经营清真食品、肉食、饮食的单位和个人，由工商行政管理部门按规定给予办理营业执照。

对有清真饮食习惯的少数民族干部、职工，有关单位应当按照国家有关规定发给清真伙食补助费。

第二十五条 尊重少数民族的丧葬习俗。城市人民政府应当做好信仰伊斯兰教的少数民族的殡葬服务工作。

信仰伊斯兰教的少数民族的公共墓地应当予以保护，不得侵占。

第二十六条 对为民族团结进步事业做出显著成绩的单位和个人，以及长期从事民族工作有显著成绩的个人，各级人民政府应当给予表彰或者奖励。

第二十七条 违反本条例有关规定，损害少数民族合法权益的单位和个人，由本单位或者上级部门给予批评教育或者行政处分；构成犯罪的，依法追究刑事责任。

第二十八条 本条例自公布之日起施行。

广东省地质环境管理条例

（2003年7月25日广东省第十届人民代表大会常务委员会第五次会议通过 根据2012年7月26日广东省第十一届人民代表大会常务委员会第三十五次会议《关于修改〈广东省民营科技企业管理条例〉等二十三项法规的决定》修正）

第一章 总 则

第一条 为加强地质环境保护和管理，合理利用地质资源，防治地质灾害，保障公共财产和人民生命财产安全，根据有关法律、法规，结合本省实际，制定本条例。

第二条 本省行政区域内的地质环境管理、地质灾害防治、地质遗迹保护和利用活动，适用本条例。

本条例所称地质环境，是指人类活动所涉及的各种岩体、土体、地下水、矿藏以及地质遗迹等地质要素的总和。

本条例所称地质灾害，是指由自然产生或者人为诱发的对环境及人民生命和财产安全造成危害的地质现象，主要包括崩塌、滑坡、泥石流、地面塌陷、地裂缝、地面沉降等。

本条例所称地质遗迹，是指在地球演化的漫长地质历史时期，由各种内外动力地质作用，形成、发展并遗留下来的不可再生的地质自然遗产。

第三条 县级以上人民政府应当加强对本行政区域内地质环境管理工作的领导，建立健全地质灾害防治工作领导责任制，并将地质环境保护纳入国民经济和社会发展计划。

第四条 县级以上人民政府国土资源行政主管部门（以下简称县级以上

国土资源行政主管部门）负责本行政区域内的地质环境管理工作。

县级以上人民政府有关部门，依照各自职责，协同做好地质环境管理工作。

第五条 县级以上国土资源行政主管部门负责会同有关部门编制本行政区域的地质环境保护规划、地质灾害防治规划和地质遗迹保护规划，报同级人民政府批准后公布实施。

土地利用总体规划、城市总体规划、交通规划、水资源开发利用规划等应当符合地质环境保护的要求。

第六条 县级以上人民政府应当根据地质灾害防治规划和有关规定，安排地质灾害调查、预防和治理经费，并纳入年度计划和财政预算。

第二章 地质环境监测

第七条 县级以上国土资源行政主管部门根据地质环境保护规划和地质环境保护的需要，会同有关部门建立并统一管理本行政区域内的地质环境监测网络。

县级以上人民政府应当加强地质环境监测工作，鼓励、扶持地质环境监测的科学研究，逐步提高地质环境监测水平。

第八条 地质环境监测机构对地质灾害、地质遗迹以及有可能诱发地质灾害的施工现场实施监测时，有关单位和个人应当予以协助。

第九条 采矿权人应当按照国家有关规定，对矿山地质环境进行动态监测，并将观测资料和监测结果报告所在地地质环境监测机构。

开采地下水、地热水、矿泉水的，应当遵守国家和省的有关规定，并按照有关技术规范对水位、水量、水温、水质进行长期观测，将观测资料和监测结果报告所在地地质环境监测机构。

第十条 实行地质灾害防治预报制度。地质灾害预报由当地县级以上国土资源行政主管部门提出，报本级人民政府发布。

第十一条 任何单位和个人不得擅自占用或者破坏用于地质灾害监测的

场地、设施和标志。确需占用或者移动监测场地、设施和标志的，必须征得地质环境监测机构同意并承担相应费用。

第三章　地质灾害防治

第十二条　地质灾害防治实行预防为主、避让与治理相结合的方针。

第十三条　县级以上国土资源行政主管部门会同有关部门编制本行政区域的年度地质灾害防灾预案，报同级人民政府审查批准后组织实施。

第十四条　县级以上国土资源行政主管部门应当将地质灾害防治规划划定的地质灾害易发区、地质灾害危险区予以公布，并在地质灾害危险区边界设立明显的警示标志。

在容易发生地质灾害的地区，县级以上国土资源行政主管部门应当加强巡查。在崩塌、滑坡、泥石流、地面塌陷、地裂缝、地面沉降等区域周围，设立警示标志和采取必要的避险措施。

第十五条　在地质灾害危险区内，禁止工程建设、采矿、伐木、开垦、削坡、采石、取土，堆放渣石、弃土，抽吸或者疏排地下水等可能诱发地质灾害的活动。

擅自批准前款规定活动的，上级人民政府国土资源行政主管部门有权撤销其批准文件。

在地质灾害易发区内进行工程建设的，建设单位应当在申请建设用地时，提供相应的地质灾害危险性评估报告。

第十六条　地质灾害危险性评估应当由具有相应资质的评估机构承担，并包括下列内容：

（一）工程建设诱发、加剧地质灾害的可能性；

（二）工程建设本身可能遭受地质灾害危害的危险性；

（三）综合评估结论及建议采取的措施。

评估机构作出的评估结论应当真实、客观，并对评估结论负责。

第十七条　从事地质灾害危险性评估的机构，必须依法取得地质灾害危

第六章　附　则

第三十九条　地震灾害的防御管理适用《中华人民共和国防震减灾法》及相关法规的规定。

第四十条　本条例自2003年10月1日起施行。

广东省矿产资源管理条例

（1999年9月24日广东省第九届人民代表大会常务委员会第十二次会议通过　根据2012年7月26日广东省第十一届人民代表大会常务委员会第三十五次会议《关于修改〈广东省民营科技企业管理条例〉等二十三项法规的决定》修正）

第一章　总　则

第一条　为了加强我省矿产资源勘查、开发的管理，保护和合理利用矿产资源，保护矿山环境，促进我省矿业发展，根据《中华人民共和国矿产资源法》和有关法律、法规，制定本条例。

第二条　在本省行政区域内从事矿产资源勘查、开发的单位和个人，必须遵守本条例。

第三条　矿产资源是指由地质作用形成的，呈固态、液态、气态的具有利用价值的自然资源。矿产资源的矿种和分类以国家确认公布的为准。

第四条　矿产资源属于国家所有。地表或者地下的矿产资源的国家所有权，不因矿产资源所依附的土地所有权或者使用权的不同而改变。

第五条　县级以上人民政府负责地质矿产管理工作的部门（以下简称县级以上地矿主管部门）对本辖区内的矿产资源勘查、开采和矿山地质环境保护实施监督管理，组织实施本条例。

各级土地、林业、环保、水利、劳动等有关部门，按照各自行政职能，协同做好矿产资源管理工作。

第六条　开采矿产资源实行统一规划。县级以上人民政府必须做好本辖区内矿产资源的开采规划，并报上一级人民政府地矿主管部门备案。

第七条 从事矿产资源勘查、开采的单位和个人，必须具备国家和省规定的资质条件。

勘查、开采矿产资源实行许可证制度和探矿权、采矿权有偿取得制度。

探矿权、采矿权通过申请或招标投标的方式取得，符合有关法律、法规规定的，经依法批准可以转让、出租和抵押。

第八条 开采矿产资源，必须依法缴纳资源税和矿产资源补偿费，采矿权人为纳税缴费义务人。

销售矿产品必须使用统一发票，收购未缴纳矿产资源补偿费的矿产品的单位或个人为代扣代缴矿产资源补偿费的义务人。

第九条 经依法申请登记取得勘查许可证、采矿许可证的外国公司、企业、其他经济组织和个人，可以依照法律、法规和有关规定，在本省投资勘查、开采矿产资源。

第二章　矿产资源勘查

第十条 从事矿产资源勘查工作（含地球物理、地球化学勘探，矿物或水质分析、化验、鉴定、测试与选冶试验）的单位，必须先向省地矿主管部门申请领取地质勘查单位资格证书。

第十一条 勘查下列矿产资源，由省地矿主管部门审批登记，颁发勘查许可证：

（一）国务院《矿产资源勘查区块登记管理办法》第四条第一款、第二款规定以外的矿产资源；

（二）国务院地矿主管部门授权省地矿主管部门审批登记的矿产资源。

第十二条 国家出资勘查矿产资源的，受委托承担勘查工作的单位为探矿权申请人；合资、合作勘查矿产资源的，探矿权申请人由合同约定。

探矿权申请人依照国务院《矿产资源勘查区块登记管理办法》的规定履行手续，领取勘查许可证，成为探矿权人。

第十三条 探矿权人享有下列权利：

（一）根据工程需要依法取得临时的土地使用权；

（二）在勘查区块及相邻区通行；

（三）在勘查区块及相邻区架设供电、供水、通讯管线，但是不得影响或者损害原有的供电、供水、通讯设施；

（四）自行销售勘查中按照批准的工程设计施工回收的矿产品，但是国务院规定由指定单位统一收购的矿产品除外；

（五）法律、法规规定的其他权利。

探矿权人行使前款所列权利时，有关法律、法规规定应当经过批准或者履行其他手续的，应当遵守有关法律、法规的规定。

第十四条 探矿权人自领取勘查许可证之日起六个月内，应当按照勘查许可证标定的工作阶段和批准的勘查区块的范围进行与工作阶段相适应的勘查作业。

探矿权人应当在勘查作业开始之日起七日内用书面形式报告省地矿主管部门和勘查区块所在地县级地矿主管部门。

第十五条 禁止任何单位和个人进入他人依法取得探矿权的勘查区块进行勘查或者采矿活动。

第十六条 探矿权人获得可供进一步勘查或开发利用的勘查成果，可向省地矿主管部门申请探矿权保留，经审查批准，领取勘查许可证。

获得探矿权保留的探矿权人，在规定期间内享有优先取得探矿权保留范围内的探矿权和采矿权。

第十七条 探矿权人通过合法勘查活动取得的矿产资源勘查报告、勘查资料等勘查成果，依照有关规定可以出让、转让。

第十八条 探矿权人必须按省地矿主管部门规定汇交地质资料。对已汇交地质资料的单位和个人，由省地矿主管部门发给地质资料汇交证书。

汇交地质资料的单位和个人对地质资料中暂不宜向社会公开的部分可以申请保密。省地矿主管部门审查核准后，确定合理的保密范围和期限，给予保密。

第十九条 探矿权人在申请探矿权变更、保留和注销时，应出示地质资料汇交证书。

第三章　矿产资源储量管理

第二十条　矿产资源储量实行评审认定制度。由省地矿主管部门对下列报告作出评审认定：

（一）供矿山建设设计使用的大型（国家另有规定的除外）、中型、小型矿床勘查报告和供中型、小型水源地建设使用的地下水勘查报告；

（二）转让探矿权、采矿权时应核实的矿产资源储量报告；

（三）矿产资源储量发生重大变化的报告；

（四）非正常损失的矿产资源储量注销报告；

（五）矿山闭坑地质报告。

省地矿主管部门应当自收到前款规定的报告之日起，对小型矿床的勘查报告在三个月内作出评审认定，对中、大型矿床的勘查报告在六个月内作出评审认定。

第二十一条　提交第二十条规定报告的单位必须持有该矿区的有效勘查许可证或采矿许可证、地质资料汇交保证书。无有效勘查许可证或采矿许可证及地质资料汇交保证书的，省地矿主管部门不予评审认定。

第二十二条　有下列情形之一的，必须按规定向地矿主管部门申报登记：

（一）矿区不同勘查阶段所探明的矿产资源储量和矿山原储量登记范围外新探明的矿产资源储量；

（二）开办矿山企业所占用的矿产资源储量；

（三）变更矿区范围、开采矿种和企业名称后矿山企业所占用的矿产资源储量；

（四）闭坑、停办矿山剩余保有储量。

第二十三条　矿产勘查单位和矿山企业在履行矿产资源储量登记后，应当按规定向所在地地级以上市地矿主管部门报送上一年度基层矿产资源储量表。

第四章　矿产资源开采

第二十四条　开采下列矿产资源，由省地矿主管部门审批，颁发采矿许可证：

（一）国务院《矿产资源开采登记管理办法》第三条第一款、第二款规定以外的，其矿山建设规模为中型以上或可供开采的矿产资源储量规模为中型以上的矿产资源；

（二）跨地级以上市行政区域的矿产资源；

（三）经省人民政府批准列入我省保护性开采的矿产资源；

（四）国务院地矿主管部门授权审批登记的矿产资源。

第二十五条　开采下列矿产资源，由地级以上市地矿主管部门审批，颁发采矿许可证：

（一）本条例第二十四条规定以外的，其矿山建设规模为小型的矿产资源；

（二）矿山建设规模为中型的，开采用作普通建筑材料的砂、粘土、陶瓷土等矿产资源；

（三）年开采量10～30万立方米的建筑石料；

（四）跨县级行政区域的矿产资源。

第二十六条　开采只能用作普通建筑材料的砂、粘土、陶瓷土及年开采量不足10万立方米的建筑石料的小型矿山由县或县级市地矿主管部门审批，颁发采矿许可证。

第二十七条　采矿权申请人申请开采登记，需具备下列条件：

（一）有可供开采的矿种和与开采规模相适应的经地矿主管部门认定的矿产资源储量及与矿山建设相适应的资金；

（二）有与矿山建设规模相适应的矿山开采及自然生态环境治理的技术和设备条件。

第二十八条　采矿权申请人在提出采矿权申请前，应当持批准的地质勘查报告或相应的地质资料，向地矿主管部门申请划定矿区范围。

地矿主管部门划定矿区范围后，采矿权申请人应当根据开办矿山企业需要，按照国家规定办理有关手续。

第二十九条 采矿权申请人申请办理开采登记，领取采矿许可证，应向地矿主管部门提交下列资料：

（一）申请登记书和矿区范围图；

（二）采矿权申请人资质条件的证明；

（三）矿产资源开发利用方案；

（四）有具备地质环境监测评价资格的机构编制的矿山地质环境影响评价报告书；

（五）有经县级以上人民政府水行政主管部门同意的水土保持方案和经县级以上人民政府环境保护行政主管部门审批的环境影响评价报告书（表），及采矿权申请人与有关主管部门签订的自然生态环境治理合同书；

（六）法律、法规规定应当提交的其他资料。

第三十条 地矿主管部门自收到开采登记申请之日起四十日内作出准予登记或不予登记的决定，并书面通知采矿权申请人。

准予登记的，采矿权申请人应当自收到通知之日起三十日内，到地矿主管部门办理登记手续，领取采矿许可证。

不予登记的，地矿主管部门应当书面通知采矿权申请人，并说明理由，原划定的矿区范围予以注销。

第三十一条 禁止任何单位和个人进入他人依法取得采矿权的矿区范围进行采矿或勘查活动。

在矿区范围内新建、扩建地面设施的，必须经采矿权人同意；未经同意并造成矿山企业损失的，行为人应负赔偿责任并恢复原状。

第三十二条 地矿主管部门在颁发采矿许可证后，应当通知矿区范围所在地的有关县级人民政府。有关县级人民政府应当自收到通知之日起九十日内对矿区范围予以公告，并可根据采矿权人的申请，组织埋设界桩或者设置地面标志。

第三十三条 采矿权人享有下列权利：

（一）按照采矿许可证规定的矿区范围和期限从事开采活动；

（二）根据矿山建设的需要依法申请取得土地使用权；

（三）在矿区范围内建设采矿所需的生产设施；

（四）自行销售矿产品，但是国务院规定由指定单位统一收购的矿产品除外；

（五）法律、法规规定的其他权利。

采矿权人行使前款所列权利时，法律、法规规定应当经过批准或者履行其他手续的，从其规定。

第三十四条　探矿权人可以在划定的勘查作业范围内对符合规定的矿床进行边探边采，但必须在实施边探边采前向省地矿主管部门提交论证资料，经审核批准，办理采矿登记手续，领取采矿许可证。

第三十五条　采矿权人应按审查认可的矿产资源开发利用方案进行采矿活动，禁止乱采滥挖或破坏性开采矿产资源。开采回采率、采矿贫化率和选矿回收率均应达到地矿主管部门核定、确认的要求。

第三十六条　在采矿许可证有效期内，有下列情况之一的，采矿权人应当向原发证的地矿主管部门申请办理变更登记：

（一）变更矿区范围的；

（二）变更主要开采矿种的；

（三）变更开采方式的；

（四）变更矿山企业名称的；

（五）经依法批准转让采矿权的；

（六）采矿权抵押实现的。

第三十七条　采矿权人在采矿许可证有效期内或期满，需要停办或者关闭矿山的，应当自决定停办或者关闭矿山之日起三十日内向原发证的地矿主管部门申请办理采矿许可证注销手续。申请人应提交停办或关闭矿山报告。停办或关闭矿山报告应具备下列内容：

（一）矿产资源储量消耗情况及批准文件；

（二）停办或者关闭矿山前采掘工程进行情况及不安全隐患的资料；

（三）土地垦复及自然生态环境治理合同履行情况；

（四）法律、法规规定应当提交的其他资料。

第五章　探矿权采矿权转让、出租和抵押

第三十八条　探矿权、采矿权经依法批准，可以以出售、作价入股等方式转让，具体办法按国务院《探矿权采矿权转让管理办法》执行。

第三十九条　符合下列条件的，采矿权可以出租：

（一）在采矿许可证的有效期限内；

（二）采矿权属无争议；

（三）采矿权人投入采矿生产满一年或完成矿山开采基础建设工程；

（四）承租人具有与所开采的矿种和采矿规模相适应的资金、设备及技术条件；

（五）法律、法规规定的其他条件。

第四十条　采矿权人出租采矿权应当与承租人签订书面合同，并自合同签订之日起三十日内报原颁发采矿许可证的地矿主管部门备案。

第四十一条　采矿权出租期间，出租人和承担人依照法律、法规的规定和合同约定享有权利、承担义务。但出租人缴纳资源税、矿产资源补偿费、采矿权使用费的义务不因租赁关系的确立而改变。

采矿许可证规定的开采范围只能出租给一个承租主体。承租人不得将采矿权转租。

第四十二条　探矿权人、采矿权人申请探矿权、采矿权抵押应当签订抵押合同。

抵押国家出资形成的探矿权、采矿权，其矿权价值评估由国务院地矿主管部门会同国务院国有资产管理部门认定的评估机构负责。

国有矿山企业在抵押前，应当征得矿山企业主管部门的同意。

采矿权抵押时，其矿区范围内的采矿设备是否随之抵押，由抵押合同约定。

第四十三条　抵押权人可以向原发证的地矿主管部门咨询抵押人探矿权、采矿权使用的情况，原发证的地矿主管部门应予答复。

第四十四条　抵押权实现发生探矿权、采矿权转让时，必须按照国务

院《探矿权采矿权转让管理办法》规定的转让条件办理探矿权、采矿权转让手续，换领勘查许可证、采矿许可证。

第六章　矿山地质环境保护

第四十五条　勘查、开采矿产资源的单位和个人应当采用先进的技术、工艺、装备进行探矿、采矿和选矿活动，减轻探矿、采矿和选矿活动对矿山地质环境的影响。

第四十六条　大、中型矿山企业要建立地质灾害防灾预案制度，对矿区范围的地质构造、土壤、地下水等矿山地质环境要素进行监测，并向省地矿主管部门指定的地质环境监测机构报送有关监测数据。

第四十七条　勘查、开采矿产资源的单位和个人未采取符合国家规定的防治措施，不得从事下列造成破坏矿山地质环境的活动：

（一）诱发地面开裂、沉降、塌陷、山体崩塌、滑坡、泥石流等地质灾害的；

（二）引发区域性地下水水位下降、地下水疏干、泉水干涸等地下水资源破坏的；

（三）对地下水、土壤造成污染的；

（四）对具有重大科学研究价值的地质遗迹和重要观赏性地质地貌景观造成破坏的。

第四十八条　禁止在地质灾害危险区内从事采矿、削坡、堆放渣石、抽取地下水等活动。

第四十九条　矿业活动中废弃的槽、井、孔、坑必须进行封闭或者填实，恢复到安全状态。

矿山设计的矿柱、岩柱，在规定的期限内，应当予以保护，不得开采或毁坏。

第五十条　采矿权人应当对矿区范围内的危岩、危坡、山地开裂带、地面沉降区和塌陷区设立警示标志并进行有效的治理，排除危害。

采矿权人应当制定防治地质灾害的抢险、救护应急方案，并报当地地矿主管部门备案。

第七章　监督管理

第五十一条　各级地矿主管部门应当对本辖区内勘查单位的资格、探矿权人的勘查范围和资金投入等情况实行监督检查，发现有违反法律、法规规定的，应当发出监督意见书。

探矿权人应在每个勘查年度末向其颁发勘查许可证的地矿主管部门报告勘查投入情况，接受地矿主管部门的核查、监督。

第五十二条　县级以上地矿主管部门应当对本辖区内的采矿权人合理开发利用矿产资源、保护矿山地质环境及其他应当履行的法定义务等情况进行监督检查。省地矿主管部门根据需要可向重点矿山企业派出矿产督察员。

采矿权人应当如实向地矿主管部门和矿产督察员报告有关情况并按国家和省有关规定，提交年度报告和填报有关报表。

第五十三条　县级以上地矿主管部门会同环保、土地等有关部门对本辖区内的矿山环境保护工作实施监督管理。

采矿权人有保护矿山环境的义务，任何单位和个人有权对污染和破坏矿山环境的行为进行检举和控告。

第五十四条　省人民政府对采矿权人实施自然生态环境治理保证金（以下简称保证金）制度。采矿权人向地矿主管部门缴纳保证金，作为矿山自然生态环境治理的备用金。保证金存入银行专户，专项管理，利息转入本金，所有权属缴纳人。保证金的缴纳标准及管理办法由省人民政府规定，法律、法规另有规定的，从其规定。

第五十五条　采矿权人履行自然生态环境治理合同书中的治理措施，由地矿主管部门会同环境保护主管部门验收合格的，保证金及其利息退还采矿权人；验收不合格的，责令采矿权人重新进行治理；采矿权人不进行治理或治理后验收不合格又不再进行治理的，保证金及其利息由矿山所在地县级以上人民政府转为治理费用，并负责组织治理。

第五十六条 不按本条例规定提交年度基层矿产资源储量表的，由地级以上市地矿主管部门予以责令补交基层矿产资源储量表。

第五十七条 上级地矿主管部门应当对下一级地矿主管部门的行政行为进行监督，对下一级地矿主管部门不当或违法的行政行为有权改变或撤销。

第八章 法律责任

第五十八条 违反本条例规定，乱采滥挖或破坏性开采矿产资源的，由省地矿主管部门处以相当于矿产资源损失价值百分之五十以下的罚款；不能计算矿产资源损失价值的，处以二十万元以下罚款，并由原发证机关吊销采矿许可证；情节严重构成犯罪的，由司法机关依法追究刑事责任。

第五十九条 违反本条例规定，未取得采矿许可证擅自采矿的，由县级以上地矿主管部门责令停止采矿、赔偿损失，没收采出的矿产品，能够计算违法所得的，追缴违法所得，并处违法所得百分之五十以下的罚款；不能计算违法所得的，处以十万元以下罚款。拒不停止开采，造成矿产资源破坏，构成犯罪的，由司法机关依法追究刑事责任。

第六十条 违反本条例规定，超越批准的矿区范围进行开采矿产资源活动的，由县级以上地矿主管部门责令退回批准的本矿区范围内开采，赔偿损失，没收越界开采的矿产品和违法所得，可以并处十万元以下罚款；情节严重的，由原发证机关吊销采矿许可证。构成犯罪的，由司法机关依法追究刑事责任。

第六十一条 违反本条例规定，满六个月未按勘查许可证标定的工作内容进行勘查作业的，由县级以上地矿主管部门责令限期改正；逾期不改正的，处以五万元以下的罚款；情节严重的，原发证机关可吊销勘查许可证。

第六十二条 违反本条例规定，有下列行为之一的，由矿山所在地县级以上地矿主管部门责令改正；继续进行违法活动的，处以五万元以下的罚款：

（一）在地质灾害危险区内从事容易诱发地质灾害活动的；

（二）不建立防灾预案制度，不向指定的地质环境监测部门报送监测资料的；

（三）不对矿区范围内的危岩、危坡、开裂带、沉降区和塌陷区设置警示标志的；

（四）人为诱发地质灾害，破坏矿区地质环境的。

第六十三条 不按本条例规定提交年度报告、拒绝接受监督检查或者弄虚作假的，由县级以上地矿主管部门责令停止违法行为，予以警告，可以并处五万元以下的罚款；情节严重的，由原发证机关吊销采矿许可证。

第六十四条 上述各项罚款应使用财政部门规定的罚款票据，并全部上缴财政。

第六十五条 地矿主管部门的工作人员玩忽职守、弄虚作假、滥用职权或徇私舞弊的，由其所在单位或上级主管部门给予行政处分；构成犯罪的，由司法机关依法追究刑事责任。

第六十六条 当事人对行政处罚决定不服的，可依法申请行政复议，也可以直接向人民法院起诉。但法律规定必须先进行行政复议的，从其规定。

当事人逾期不申请复议也不向人民法院起诉，又不履行处罚决定的，由作出处罚决定的机关申请人民法院强制执行。

第九章　附　则

第六十七条 本条例自公布之日起施行。1986年1月25日颁布的《广东省矿产资源开发管理暂行条例》同时废止。

广东省人才市场管理条例

（2002年12月6日广东省第九届人民代表大会常务委员会第三十八次会议通过　根据2010年7月23日广东省第十一届人民代表大会常务委员会第二十次会议《关于修改部分地方性法规的决定》第一次修正　根据2012年7月26日广东省第十一届人民代表大会常务委员会第三十五次会议《关于修改〈广东省民营科技企业管理条例〉等二十三项法规的决定》第二次修正）

第一条　为适应社会主义市场经济发展需要，建立和完善机制健全、运行规范、服务周到、指导监督有力的人才市场体系，优化人才资源配置，维护当事人的合法权益，根据国家有关法律、法规，结合本省实际，制定本条例。

第二条　本省行政区域内人才市场管理及其相关的活动，适用本条例。

第三条　本条例所称人才市场管理，是指对人才中介服务机构从事人才中介服务、用人单位招聘和个人应聘以及与之相关活动的管理。人才市场服务的对象是各类用人单位和专业技术人员、管理人员。

本条例所称用人单位，是指依法设立，具有用人自主权的各类组织。

本条例所称相关活动，是指人才中介服务、人才应聘、用人单位招聘人才以及其他为人才流动提供服务的活动。

第四条　人才市场活动应当遵守法律、法规及政策规定，坚持公开、平等、竞争、择优和诚实信用的原则。

第五条　人才流动应当遵循人尽其才、才尽其用、优化配置、自主择业和单位自主用人的原则。

鼓励国内外人才通过调动、聘用、兼职、技术入股、人才租赁等方式为本省服务。

鼓励各类人才向国家和本省重点、急需的建设工程、科研项目，优先发展的行业、部门和经济欠发达地区流动。

第六条 用人单位招聘人才不得有性别、民族等方面的歧视性行为。

第七条 县级以上人民政府人事行政部门是本辖区内人才市场的综合管理部门，负责本条例的组织实施。

县级以上人民政府工商行政管理、信息产业、物价、公安等有关部门按照各自职责做好人才市场的管理工作。

第八条 人才中介服务机构的设置应当符合经济社会发展的需要和人才市场发展的要求，统筹规划，合理布局。

第九条 从事人才中介服务活动，应当依法设立人才中介服务机构。设立人才中介服务机构应当具备下列条件：

（一）有机构名称、组织章程和管理制度；

（二）有与其申请的业务相适应的固定服务场所、设施，注册资金不得少于十万元；

（三）有五名以上具有大学专科毕业以上学历、取得省人民政府人事行政部门颁发的人才中介服务资格证的专职工作人员；

（四）能独立承担民事责任；

（五）法律、法规规定的其他条件。

第十条 设立人才中介服务机构，应当向所在地县级以上人民政府人事行政部门提出书面申请，人事行政部门接到申请书后，应当按照第九条规定的条件进行审核，并在二十日内作出批准或者不批准的决定，二十日内不能作出决定的，经本行政机关负责人批准，可以延长十日。

省直单位、中央和省外单位以及其他依法在省人民政府有关行政管理部门登记注册的单位，在本省设立人才中介服务机构的，由省人民政府人事行政部门审批。其他单位或者个人设立人才中介服务机构的，由所在地县级以上人民政府人事行政部门审批。

人才中介服务机构设立分支机构的，应在征得原审批机关书面同意后，由分支机构所在地的县级以上人民政府人事行政部门审批。

第十一条 经批准设立的人才中介服务机构和从事人才中介信息网络业务的机构，由人事行政部门发给广东省人才中介服务许可证（以下简称许可证）。

人才中介服务资格证和许可证由省人民政府人事行政部门统一制发。

许可证实行年检制度。逾期不办理年检手续的，自上一次年检期满之日起自动失效。

年检不得收费。

第十二条 经批准获得许可证的人才中介服务机构，应当按照有关规定办理登记注册手续。

第十三条 从事人才中介服务或者相关业务的外国公司、企业和其他经济组织在本省行政区域内开展人才中介服务活动的，必须与国内的人才中介服务机构合资经营。设立中外合资人才中介服务机构应当符合国家中外合资经营企业法律、法规的规定，由省人民政府人事行政部门审批，颁发许可证，并按照有关规定办理其他手续。

香港特别行政区、澳门特别行政区、台湾地区的投资者在本省行政区域内设立合资人才中介服务机构，参照前款规定执行。

第十四条 人才中介服务机构经批准可以从事下列业务：

（一）收集、整理、储存和发布人才供求信息；

（二）人才推荐；

（三）人才招聘；

（四）人才租赁；

（五）人才培训；

（六）人才测评；

（七）人才择业咨询指导；

（八）人才资源开发与管理咨询；

（九）法律、法规、规章允许的其他业务。

审批机关可以根据人才中介服务机构所在地区或者行业的经济、社会发展需要以及人才中介服务机构自身的设备条件、人员和管理情况等，批准其开展一项或者多项业务。

第十五条 人才中介服务机构应当公开服务内容和工作程序，严格执行国家和省制定的收费项目和标准，依法开展业务经营活动。不得超越许可证核准的业务范围经营，不得扩大收费范围、提高收费标准，不得提供虚假信息、作出虚假承诺欺诈用人单位和求职人员，不得采取不正当手段从事中介服务活动。

第十六条 人才中介服务机构或者其他单位未经人事行政部门授权，不得管理流动人才人事档案，不得开展与流动人才人事档案相关的出国政审、身份认定、工龄计算、申报晋升专业技术职务任职资格等人事管理业务。

第十七条 人才中介服务机构不得以委托、挂靠、转让、承包等方式经营。

第十八条 人才中介服务机构需要变更机构名称、法定代表人、经营场所、经营业务范围以及停业、终止等，应当按照原审批程序，办理变更或者注销登记手续；不办理变更或者注销登记手续的，许可证视为无效。

第十九条 人才应聘和用人单位招聘人才可以通过以下方式进行：

（一）委托人才中介服务机构推荐；

（二）人才交流会洽谈；

（三）利用各种信息网络、新闻媒体、人才招聘广告、求职启事；

（四）符合法律、法规规定的其他方式。

用人单位聘用外国和香港特别行政区、澳门特别行政区、台湾地区的人才，应当按照国家和省的规定办理手续。

第二十条 要求流动的人才，应当向所在单位提出书面申请。符合法律、法规和国家有关规定的，所在单位应当同意，并从接到书面申请之日起三十日内给予办理相关手续。

用人单位不得阻碍人才的合理流动。

第二十一条 用人单位不得违反国家有关规定招聘下列人员：

（一）正在承担国家、省重点工程、重点科研项目、重点学科的技术和管理的主要人员，未经单位或者主管部门同意的；

（二）由国家或省统一派出而又未满轮换年限的赴新疆、西藏工作的人员；

（三）正在从事涉及国家安全或者重要机密工作的人员；

（四）有违法违纪嫌疑正在依法接受审查尚未结案的人员；

（五）法律、法规规定暂时不能流动的其他特殊岗位的人员。

第二十二条 任何单位和个人不得在人才流动中泄露国家秘密，不得侵害权利人的知识产权，不得披露、使用或者以其他方式侵害他人的商业秘密。

第二十三条 人才应聘，应当按照用人单位的招聘要求，提供真实、有效的证件、证书和相关资料。

禁止任何单位和个人制造、兜售、使用与人才流动相关的假人事档案、假学历、假学位、假职称和其他虚假证明材料。

第二十四条 用人单位招聘人才应当如实公布招聘的职位、数量、条件、待遇等，不得有欺诈行为或者采取其他方式谋取非法利益，不得扣押应聘人员的证件。

第二十五条 以招聘人才为对象的各类人才交流会，应当由符合本条例规定条件的人才中介服务机构举办。人才交流会实行备案管理，具体办法由省人力资源社会保障部门会同公安机关制定。

第二十六条 广告主或者信息发布者在新闻媒体、互联网等刊播、发布人才招聘广告或者信息的，其内容应当真实。广告经营者或者网络经营者对所发布的人才招聘广告或者信息负有核实的责任。

第二十七条 违反本条例规定，有下列行为之一的，由县级以上人民政府人事行政部门给予行政处罚：

（一）擅自设立人才中介服务机构或者从事人才中介服务活动的，责令停办，没收其违法所得，并处以三万元以上五万元以下的罚款；

（二）使用假人事档案、假学历、假学位、假职称及其他虚假证明材料的，处以三千元以上一万元以下罚款；

（三）用人单位和人才中介服务机构在招聘人才活动中有欺诈行为或者收取不合法费用的，责令退还收取的不合法费用，对单位处以一万元以下的罚款，对直接责任人处以五千元以下的罚款；

（四）擅自管理流动人才人事档案的，责令立即向所在地人事行政部门移交人事档案，没收违法所得，并处以三万元以上五万元以下的罚款，对直接责任人处以一万元以下的罚款；

（五）超越许可证核准的业务范围经营、擅自扩大收费范围、提高收费标准、采取不正当手段从事中介活动，或者以委托、挂靠、转让、承包等方式经营的，根据情节轻重，给予警告、没收违法所得、责令停业整顿或者吊销许可证，并处以违法所得三倍以下的罚款。

第二十八条 制造、兜售假人事档案、假学历、假学位、假职称及其他虚假证明材料的，由县级以上人民政府人事行政部门没收违法所得，并处以一万元以上三万元以下的罚款，构成犯罪的，依法追究刑事责任。

第二十九条 用人单位在招聘人才中有歧视性行为、阻碍人才合理流动或者擅自招聘第二十一条所列人员的，由县级以上人民政府人事行政部门责令改正，给单位和个人造成损失的，应当承担赔偿责任。

第三十条 刊播、发布虚假的人才招聘广告或者信息的，由工商行政管理部门按照广告法规规定给予处罚。

第三十一条 人事行政部门和其他有关行政管理部门工作人员在人才市场管理活动中有下列行为之一的，按照人事管理权限由有关部门给予行政处分；造成损失的，应当承担民事责任；构成犯罪的，依法追究刑事责任：

（一）违反本条例第十条规定，违规审批的；

（二）参与人才中介服务机构经营活动，谋取私利的；

（三）在执法中贪污受贿、玩忽职守、滥用职权、损害有关当事人的合法权益的。

第三十二条 违反本条例规定，造成当事人损失，应当承担责任的，按照有关法律、法规规定办理。

第三十三条 人才流动发生争议的，当事人可以根据国家有关规定向人事争议仲裁机构申请仲裁。当事人对人事争议仲裁机构的裁决不服的，可自收到裁决书之日起十五日内向人民法院起诉。

第三十四条 属于劳动管理和劳动争议仲裁的事项，按照有关法律、法规规定执行。

第三十五条 本条例自2003年2月1日起施行。

广东省职业介绍管理条例

（2000年3月30日广东省第九届人民代表大会常务委员会第十七次会议通过　根据2003年9月26日广东省第十届人民代表大会常务委员会第六次会议《关于提请修改〈广东省职业介绍管理条例〉有关条款的议案》第一次修正　根据2012年7月26日广东省第十一届人民代表大会常务委员会第三十五次会议《关于修改〈广东省民营科技企业管理条例〉等二十三项法规的决定》第二次修正）

第一章　总　则

第一条　为保护用人单位和求职劳动者的合法权益，规范职业介绍行为，促进劳动者就业，根据《中华人民共和国劳动法》和国家有关规定，结合本省实际，制定本条例。

第二条　在本省行政区域内从事职业介绍、通过职业介绍进行求职或者招用劳动者，适用本条例。

第三条　职业介绍机构包括公益性职业介绍和经营性职业介绍机构。劳动保障行政部门设立的职业介绍机构是政府向社会提供就业服务的公益性事业单位。非劳动保障行政部门设立的职业介绍机构是经劳动保障行政部门批准设立的向社会提供就业服务的经营性机构。

第四条　职业介绍必须遵循合法、公正、公开、诚实的原则，促进用人单位和求职者依法建立劳动关系。

第五条　县级以上人民政府应当统筹规划，采取有效措施，办好职业介绍事业，培育和建立统一开放、竞争有序的劳动力市场。

县级以上人民政府劳动保障行政部门应当设立公益性职业介绍机构，其经费纳入同级财政预算。

第六条 县级以上人民政府劳动保障行政部门主管本行政区域内职业介绍工作。工商、物价等有关行政部门在各自职责范围内对职业介绍活动进行监督管理。

第二章 机 构

第七条 从事职业介绍活动，必须依法设立专门的职业介绍机构。

国家另有规定的，从其规定。

第八条 申请设立职业介绍机构应当具备下列条件：

（一）有机构名称和组织章程；

（二）有三名以上取得广东省职业介绍从业人员资格证的从业人员；

（三）有固定的办公场所和必要的设施；

（四）有不少于十万元的开办资金；

（五）有相应的财务核算制度；

（六）符合法律、法规、规章规定的其他条件。

第九条 申请设立职业介绍机构应向劳动保障行政部门提交下列文件、证件：

（一）申请报告；

（二）组织章程；

（三）资金信用证明；

（四）办公场所证明；

（五）主要负责人的基本情况证明；

（六）从业人员的广东省职业介绍从业人员资格证；

（七）法律、法规、规章规定的其他资料。

第十条 职业介绍机构的设立须经所在地县级以上劳动保障行政部门审批。

第十一条 经审核批准设立的职业介绍机构，由劳动保障行政部门发给职业介绍许可证。公益性职业介绍机构凭有关批准文件和职业介绍许可证到同级政府机构编制管理机关办理登记手续后方可开展职业介绍活动；经营性职业介绍机构凭职业介绍许可证到同级工商行政管理部门申领营业执照，并到税务机关办理登记手续后方可营业。

工商行政管理部门核发营业执照后十日内，应书面通知同级劳动保障行政部门。

第三章 职 责

第十二条 职业介绍机构应当开展下列职业介绍服务：

（一）为求职者和用人单位进行求职和招聘登记；

（二）为求职者和用人单位提供求职、招聘信息；

（三）为求职者和用人单位提供劳动政策咨询和就业指导；

（四）安排求职者和用人单位见面洽谈，促进双方建立劳动关系。

第十三条 公益性职业介绍机构除本条例第十二条规定的职业介绍服务外，还可以开展以下服务：

（一）为求职者提供职业能力、择业方向的测试；

（二）为用人单位和求职者办理档案挂靠，代办社会保险、用工手续、劳动合同鉴证等劳动保障事务代理业务；

（三）组织地区、省际劳动力交流活动。

第十四条 职业介绍机构申请从事介绍国内人员到国外和香港特别行政区、澳门特别行政区和台湾地区（以下简称港、澳、台）就业，由省劳动保障行政部门审核后报国家劳动保障行政部门审批。

职业介绍机构申请从事介绍国外和港、澳、台人员入粤就业，由省劳动保障行政部门审批。

未经批准，职业介绍机构不得从事本条第一款、第二款所列业务。法律、法规另有规定的，从其规定。

第十五条 用人单位和求职者应当向职业介绍机构提交证明其身份和情况的合法证件和有关材料，未提交合法证件和有关材料的，职业介绍机构不得向其提供职业介绍服务。

用人单位招聘人员，不得向应聘者收取任何费用。

第十六条 职业介绍机构、用人单位、求职者提供招聘、求职信息必须真实、有效。

委托招聘、委托求职应签订协议书，协议书的格式和内容由省劳动保障行政部门制定。

第十七条 公益性职业介绍机构从事本条例第十二条规定所列职业介绍服务，不得收取服务费。经营性职业介绍机构可按规定收取职业介绍服务费。

职业介绍机构的收费办法和公益性职业介绍机构的经费核拨办法由省人民政府制定。

第十八条 职业介绍机构在委托招聘、委托求职协议生效后三十日内，未能为用人单位找到符合协议要求的求职者，或未能为求职者找到符合协议要求的就业岗位的，必须退还按规定应退的费用。

第十九条 职业介绍机构应优先为残疾人、退出现役的军人和取得职业资格证书的求职人员介绍职业。

第四章　管　理

第二十条 职业介绍机构不得以委托、挂靠、转让、转包或与其他单位、个人合作等方式经营。

第二十一条 职业介绍机构应当定期向劳动保障行政部门报告工作情况，提交统计报表及有关资料，并接受劳动保障行政部门的监督。

第二十二条 职业介绍机构举办劳动力交流会实行备案管理。具体办法由省人力资源社会保障部门会同公安机关制定。

国家另有规定的，从其规定。

第二十三条 职业介绍机构不得为没有外出人员就业登记卡或广东省流动人员就业证的流动人员介绍职业。

第二十四条 职业介绍机构不得介绍未取得职业资格证书的人员到国家规定的就业准入工种（岗位）就业。

第二十五条 职业介绍机构不得为未满十六周岁的未成年人介绍职业。法律、法规另有规定的，从其规定。

职业介绍机构不得介绍妇女和年满十六周岁不满十八周岁的劳动者从事国家规定禁忌从事的职业。

第二十六条 职业介绍机构必须在其办公场所明显处悬挂职业介绍许可证和有关证照，经营性职业介绍机构应同时悬挂营业执照和收费许可证、收费标准；其从业人员应当佩戴省劳动保障行政部门统一印制的上岗证。

第二十七条 职业介绍机构变更机构名称、机构负责人、经营地址，应在变更前向原审批的劳动保障行政部门报告，办理变更登记手续；不办理变更登记手续的，职业介绍许可证视为无效。

劳动保障行政部门接到职业介绍机构提交的变更申请后，应在五个工作日内给予答复。

第二十八条 职业介绍从业人员实行岗位资格证制度。经县级以上劳动保障行政部门专门培训、考核合格，取得广东省职业介绍从业人员资格证的人员，方可从事职业介绍活动。广东省职业介绍从业人员资格证由省劳动保障行政部门统一制定，在全省范围内有效。

第二十九条 劳动保障行政部门对职业介绍许可证和广东省职业介绍从业人员资格证实行年审制度。没有办理年审手续的职业介绍许可证和广东省职业介绍从业人员资格证，自上一次年审期满之日起自动失效。

第五章 罚 则

第三十条 违反本条例第七条、第十条规定，擅自设立职业介绍机构或从事职业介绍活动的，由劳动保障行政部门予以取缔，没收其违法所得，责令当事人赔偿受害者的经济损失，并处以三万元以上五万元以下的罚款；构成犯罪的，依法追究其刑事责任。

第三十一条 违反本条例第十四条第三款规定的，由劳动保障行政部门没收其违法所得，吊销其职业介绍许可证，并可按每介绍一人处以一万元以上三万元以下的罚款。

第三十二条 违反本条例第十五条第二款规定的，向求职者收取费用的，由劳动保障行政部门责令其限期退回收取的费用，并处以违法所得金额一至三倍的罚款。

第三十三条 违反本条例第十七条规定的，由物价行政部门没收其违法所得，并处以违法所得金额三至五倍的罚款。情节严重的，由县级以上劳动保障行政部门责令其停业整顿或吊销其职业介绍许可证。

第三十四条 违反本条例第十八条规定的，由劳动保障行政部门责令其退还按规定应退的费用，并按应退金额处以二倍罚款。情节严重的，由劳动保障行政部门吊销其职业介绍许可证。

第三十五条 违反本条例第二十条规定的，由劳动保障行政部门责令其停业整顿。情节严重的，吊销其职业介绍许可证。

第三十六条 违反本条例第二十三条、第二十四条规定的，由劳动保障行政部门按每介绍一人处以五百元罚款。违反本条例第二十五条规定的，由劳动保障行政部门按每介绍一人处以三千元以上六千元以下的罚款。情节严重的，责令其停业整顿或吊销其职业介绍许可证。

第三十七条 违反本条例第二十六条规定的，由劳动保障行政部门予以警告，责令改正；逾期不改的，对职业介绍机构处以五百元以上一千元以下罚款；情节严重的，责令其停业整顿，并可吊销其从业人员的广东省职业介绍从业人员资格证。

第三十八条 违反本条例第二十八条规定，聘用的从业人员未领取广东省职业介绍从业人员资格证的，由劳动保障行政部门责令限期清退，并可对该职业介绍机构按未领证人数每人处以一千元以上二千元以下的罚款。

第三十九条 当事人对劳动保障、物价、工商等行政部门的行政处罚不服的，可在接到处罚决定书之日起六十日内向作出处罚决定机关的上一级机关申请行政复议或向人民法院起诉。

当事人逾期不申请复议或者不起诉，又拒绝执行的，由作出处罚决定的机关申请人民法院强制执行。

第六章　附　则

第四十条　本条例自2000年9月1日起施行。

广东省建设项目环境保护管理条例

（1994年7月6日广东省第八届人民代表大会常务委员会第九次会议通过 根据1997年9月22日广东省第八届人民代表大会常务委员会第三十一次会议《关于修改〈广东省建设项目环境保护管理条例〉的决定》第一次修正 根据2004年7月29日广东省第十届人民代表大会常务委员会第十二次会议《关于修改〈广东省对外加工装配业务条例〉等十项法规中有关行政许可条款的决定》第二次修正 根据2010年7月23日广东省第十一届人民代表大会常务委员会第二十次会议《关于修改部分地方性法规的决定》第三次修正 根据2012年7月26日广东省第十一届人民代表大会常务委员会第三十五次会议《关于修改〈广东省民营科技企业管理条例〉等二十三项法规的决定》第四次修正）

第一章 总 则

第一条 为加强本省建设项目的环境管理，有效控制环境污染和生态破坏，保护环境资源，保障人民健康，促进社会经济持续发展，根据国家环境保护法律、法规，结合本省实际，制定本条例。

第二条 本条例适用于本省行政区域内所有在建设过程及项目建成后产生废水、废气、废渣、粉尘、噪声、振动、电磁波辐射、放射性物质、有毒有害物质、恶臭等影响环境质量的建设项目及其他影响自然生态环境的建设项目。

本条例所称建设项目指新建、改建、扩建、迁建项目，技术改造项目，区域开发建设项目。主要包括：

（一）工业建设；

（二）水利工程（含江河整治）、围海（江）造地工程；

（三）港口、码头、机场、铁路（含货场、编组站）、公路干线（含高速公路、城镇高架路等）、电讯工程；

（四）危险物品、放射性物品、化学品仓库；

（五）饮食业、屠宰业、旅馆、娱乐场所、旅游区；

（六）医院、疗养院、教学和科研单位实验室（厂）、广播电视发射设施、电影制片厂；

（七）城市污水处理厂、垃圾（废物）处理场（厂）、城市环境整治工程；

（八）各类开发区（含工业区）、城市新区的总体建设及具体项目；

（九）省人民政府环境保护行政主管部门确定的其他对环境影响较大的建设项目。

第三条 凡从事本条例第二条所列项目的建设必须执行建设项目环境影响报告的报审制度；必须执行防治污染及其他保护环境的设施与主体工程同时设计、同时施工、同时投产使用（下称“三同时”）的制度。

项目建成后，其污染物排放必须符合国家或地方规定的标准和环境保护有关法律、法规的要求；其绿化面积和生态保护必须达到国家或地方规定的要求。

第四条 建设项目的选择、布局、选址必须符合环境规划的要求，必须同时考虑拟建地区整体环境质量的保护和改善。在水源保护区、自然保护区及其他需要特殊保护的地区内，不得建设污染环境或破坏生态的项目。

第五条 对改建、扩建和技术改造项目的建设，必须同时治理该项目原有的污染。

第六条 引进项目的建设单位必须执行我国有关环境保护的法律、法规，优先选择无污染少污染的清洁生产工艺，配套设置防治污染设施。

第七条 处理、处置有毒有害废物的项目，必须经环保部门专项审批。任何单位不得将废物转移给没有污染防治能力的单位。

第八条 各级人民政府应对本辖区的环境质量负责，采取措施有效控制新的污染和生态破坏，改善环境质量。任何人不得违反环境影响报告的报审制度和“三同时”制度，批准项目的建设。

县级以上人民政府环境保护行政主管部门（下称环保部门）对本辖区建设项目的环境保护实施统一监督管理。

第二章 管理职责

第九条 环保部门对建设项目环境保护实行分级审批管理。分级审批管理办法由省人民政府规定。

第十条 各级人民政府有关部门，应按各自的职责，协同环保部门做好建设项目的环境保护管理工作。

建设污染环境和破坏生态环境的项目，必须遵守国家有关建设项目环境保护管理的规定。其环境影响报告经环保部门批准后，项目设立审批部门方可办理项目设立审批。

第十一条 省人民政府环保部门负责制订建设项目环境保护管理规范，对在本省承担环境污染治理工艺设计的单位进行资质审查并核发证书。

第十二条 环保部门及其环境保护监督管理人员，必须依法对建设项目环境保护进行检查监督，不得经营建设项目的环境保护工程。

第三章 项目设立阶段环境保护管理

第十三条 在建设项目初步选址或项目建议书阶段，建设单位或有关主管部门应将项目初步选址等有关情况会知环保部门，环保部门对可能造成较大环境影响的项目，应参与初步选址。项目建议书应有环境保护内容和环保部门的意见。

第十四条 建设单位必须在建设项目可行性研究阶段，完成环境影响报告的报审；不设立可行性研究阶段的，在项目定址或设计前完成环境影响报告的报审。环境影响报告的形式为环境影响报告书、环境影响报告表或环境影响登记表。

第十五条 环境影响报告书或环境影响报告表由建设单位委托符合资质的环境影响评价单位编制。环境影响评价的现状监测由符合资质的环境监测站承担。

第十六条 环保部门自接到环境影响报告书、环境影响报告表或环境影响登记表之日起，应分别在六十日、三十日、十五日内予以批复。

第十七条 对环境影响较大、公众较为关注的项目，环保部门应征询公众的意见，并对合理的意见予以采纳；对未采纳的主要意见，应向公众解释。

第十八条 改变建设项目地点、使用功能、排污状况的，须提前向环保部门重新申报环境影响报告。

第四章 项目建设阶段环境保护管理

第十九条 建设项目的设计文件必须有环境保护专项内容。

第二十条 建设单位和施工单位必须对在施工（包括施工运输）过程中产生的污水、废气、粉尘、废弃物、噪声、振动等污染及对自然、生态环境的破坏，制定相应的防治措施，在施工中保证实施，并及时修整和复原受到破坏的环境。

各市（含县级市）人民政府应把防止建设施工污染纳入城市综合管理，制定相应的管理办法。

第二十一条 环境保护设施必须与主体工程同时运用使用，达不到环境保护要求的，须及时向环保部门报告并改进，对环境影响较大的，应立即停止主体工程运行使用。

第二十二条 建设项目投入运行使用后，建设单位或运行使用单位须在限期内向环保部门申报环境保护设施竣工报告，经环保部门审核批准，申领排污许可证。

第五章　区域开发建设项目环境保护管理

第二十三条　开发区的设立报批文件，应有环境保护内容及环保部门的意见。未经同级环保部门同意，有关部门不予办理设立开发区的手续。

第二十四条　在开发区的总体规划阶段，开发区管理部门须按省人民政府环保部门规定的程序组织进行环境影响评价和编制环境保护专项规划，报审批开发区总体规划的同级人民政府环保部门审批。环境保护专项规划应纳入总体规划。

建设情况及环境条件变化时，应及时补充进行环境质量的调查与评价，调整环境保护专项规划。

第二十五条　对工业区、城市新区等成片开发建设的环境保护管理，参照本条例第二十三条、第二十四条的规定执行。

第二十六条　对区域性围海围江造地开发、流域水电梯级开发、港口开发、江河整治、大型农业开发等其他区域开发建设，须在规划阶段由制定开发规划的单位按本条例规定报批环境影响报告书。

第六章　法律责任

第二十七条　对违反本条例第十四条、第十八条规定，未经报审环境影响报告，擅自进行建设，或瞒报、假报建设项目有关情况致使环境影响报告失实的，由环保部门根据不同情节责令限期改正，停止施工或停止生产、运行使用；逾期不改正的，可以处五万元以上二十万元以下的罚款，对建设单位直接负责的主管人员和其他直接责任人员，依法给予处分。

第二十八条　对违反本条例第二十二条规定，项目竣工后，在限期内未向环保部门申报环境保护设施竣工报告的，由环保部门责令限期改正。逾期不改或造成污染的，停止生产、运行使用，可根据不同情节处五万元以下的罚款。

第二十九条　对违反本条例第二十一条规定，环境保护设施没有与主体工程同时投入运行使用或没有达到国家有关建设项目环境保护管理规定要求的，由环境保护行政主管部门根据不同情节，责令限期改正，停止生产、运行使用。依据国家有关防治污染的法律、法规规定的罚款幅度进行处罚。

第三十条 对违反本条例第七条规定，未经批准擅自兴建处理、处置有毒有害废物的项目的，按本条例第二十七条的规定处罚；对废物的转移单位由环保部门根据转移废物的数量与危害程度处以二万至二十万元的罚款。

第三十一条 对违反本条例造成环境严重污染或破坏后果的，根据其危害程度，由环保部门责令停止施工，停止生产、运行使用，消除危害，并可处以五万至三十万元的罚款，同时对直接责任人员处以所在单位罚款额度的百分之五以下的罚款。对造成重大环境事故，导致财产重大损失或人身伤亡严重后果的直接责任人员，依法追究刑事责任。

属施工单位直接责任的，对施工单位处以上款规定的处罚。

第三十二条 各级环保部门按其审批管理的权限执罚，罚款缴入同级人民政府财政。

第三十三条 当事人对行政处罚决定不服的，可以在接到处罚通知起十五日内，向作出处罚决定的机关的上一级机关申请复议；对复议决定不服的，可以在接到复议决定之日起十五日内，向人民法院起诉。当事人也可以在接到处罚通知之日起十五日内，直接向人民法院起诉。当事人逾期不申请复议、也不向人民法院起诉、又不履行处罚决定的，由作出处罚决定的机关申请人民法院强制执行。

第三十四条 环保部门违反本条例第十六条规定，逾期未批复环境影响报告书（表）的，视同申请被同意，并承担审核同意的责任。

各级政府负责人，环保部门与有关部门的负责人及国家机关工作人员，违反本条例规定，滥用职权、玩忽职守、徇私舞弊的，应根据情节轻重给予相应的行政处分；构成犯罪的，依法追究刑事责任。

第七章　附　则

第三十五条 本条例自1994年9月1日起施行，省人民政府1987年3月19日公布的《广东省建设项目环境保护实施细则》同时废止。

广东省固体废物污染环境防治条例

（2004年1月14日广东省第十届人民代表大会常务委员会第八次会议通过　根据2012年1月9日广东省第十一届人民代表大会常务委员会第三十一次会议《广东省人民代表大会常务委员会关于修改〈广东省固体废物污染环境防治条例〉等七项法规中有关行政强制条款的决定》第一次修正　根据2012年7月26日广东省第十一届人民代表大会常务委员会第三十五次会议《关于修改〈广东省民营科技企业管理条例〉等二十三项法规的决定》第二次修正）

第一条　为防治固体废物污染环境，合理利用资源，根据《中华人民共和国环境保护法》和《中华人民共和国固体废物污染环境防治法》，结合本省实际，制定本条例。

第二条　本条例适用于本省行政区域内产生、收集、运输、贮存、利用、处置固体废物污染环境的防治。

固体废物污染海洋环境的防治和放射性固体废物污染环境的防治不适用本条例。

第三条　县级以上人民政府环境保护行政主管部门对辖区内固体废物污染环境的防治工作实施统一监督管理。

各级人民政府有关部门在各自的职责范围内负责固体废物污染环境防治的监督管理工作。

第四条　国家已制定固体废物污染控制标准的，省人民政府环境保护行政主管部门可以会同省质量技术监督部门，制定严于国家标准的地方标准，报省人民政府批准后施行。

国家未制定固体废物污染控制标准的，省人民政府环境保护行政主管部门应当会同省质量技术监督部门，制定地方固体废物污染控制标准，报省人民政府批准后施行。

第五条 省人民政府应当制定省固体废物污染防治规划，并负责组织实施。

市、县人民政府应当根据省固体废物污染防治规划，制定本辖区固体废物污染防治规划，报上一级人民政府批准后实施。

固体废物污染防治规划应当与区域环境规划和城市总体规划相协调。

第六条 各级人民政府应当采取有利于固体废物综合利用活动的经济、技术政策和措施，鼓励、支持对固体废物实行充分回收和合理利用。

第七条 产生固体废物的单位和个人均有防治固体废物污染的责任，应当减少固体废物的产生，综合利用固体废物，防止固体废物污染环境。

第八条 产生固体废物的单位和个人应当按有关规定分类贮存固体废物，自行处置或者交给有固体废物经营资格的单位集中处置。

第九条 产生工业固体废物的单位，应当建立固体废物产生量和流向等有关资料的档案，按年度向所在地县级以上人民政府环境保护行政主管部门申报登记有关情况。

第十条 机场、车站、港口、码头应当建设配套的固体废物接收、贮存设施。本条例实施前未建设配套的固体废物接收、贮存设施的，应当在本条例实施后一年内补建。

第十一条 运输单位和个人对运输活动中产生的固体废物，应当按照有关规定收集，并送交机场、车站、码头、港口等配套设施处理，禁止在运输途中抛撒、泄漏、丢弃或者倾倒。

第十二条 畜禽饲养场和屠宰场所应当按照有关规定，收集、贮存、利用或者处置所产生的畜禽粪便和屠宰产生的废物，防止造成土壤、大气和水体污染。

第十三条 执法中收缴的假冒伪劣物品和其它有毒有害物质，应当采取符合环境保护要求的方式进行处理，禁止露天焚烧。

第十四条 发生固体废物污染环境事故，产生污染的单位和个人应当立即采取应急措施，停止排污，防止污染扩散，消除污染危害，并及时报告当地人民政府环境保护行政主管部门。

第十五条 鼓励建设跨行政区域的固体废物集中处置设施，鼓励社会各类主体投资建设、经营固体废物集中处置设施。

第十六条 固体废物集中处置设施的建设，应当符合固体废物污染防治规划。

新建、扩建、改建的固体废物集中处置设施，应当执行环境影响评价制度，其配套的环境保护设施应当与主体工程同时设计，同时施工，同时投入使用。

本条例实施前已建成的固体废物集中处置设施达不到国家和省的固体废物污染控制标准的，县级以上人民政府应当责令其限期治理或者关闭。

第十七条 建设项目单位自行处置固体废物的，污染防治设施应当与主体工程同时设计，同时施工，同时投入使用；委托固体废物集中处置设施处置的，可以不自建固体废物处置设施。

第十八条 产生固体废物的单位和个人使用固体废物集中处置设施的，应当支付处置费用，具体办法由省人民政府制定。

第十九条 拟退役或者关闭的固体废物集中处置设施、场所，经营者应当报县级以上人民政府环境保护行政主管部门核准，并对有关设备、剩余废物和其他有毒有害残余物进行处理，消除污染。

第二十条 从事危险废物收集、贮存、利用、处置经营活动的单位，应当申请危险废物经营许可证。未经许可，不得擅自处理危险固体废物。

申请领取危险废物经营许可证，应当具备下列条件：

（一）有符合环境保护要求的安全利用和处置的设备和设施；

（二）有符合危险废物经营要求的专业技术人员；

（三）有健全的安全和环境保护管理制度；

（四）符合法律、法规规定和国家标准要求的其他条件。

第二十一条 任何单位和个人，应当按照国家和省的有关规定处置危险废物。不按规定处置的，由所在地县级以上人民政府环境保护行政主管部门责令限期改正；逾期不处置或者处置不符合国家和省有关规定的，由所在地县级以上人民政府环境保护行政主管部门指定单位代为处置。代为处置费用由危险废物产生单位承担。

跨行政区域代为处置危险废物的，由所跨行政区域的共同上一级人民政府环境保护行政主管部门指定单位代为处置。

第二十二条 转移危险废物，应当按照国家和省的有关规定填写危险废物转移联单，并向危险废物移出地和接受地的县级以上人民政府环境保护行政主管部门报告。

第二十三条 高毒性、致畸、致癌、致突变性等高危险废物，应当由取得相应危险废物经营许可证的单位集中处置。高危险废物名录由省人民政府环境保护行政主管部门拟订，报省人民政府批准后发布。

第二十四条 县级以上人民政府环境保护行政主管部门应当对废弃危险化学品等危险废物可能产生的突发性环境污染事故制定应急预案。

第二十五条 经上一级人民政府环境保护行政主管部门认定的无明确责任人或者责任人已不具备责任能力的危险废物，应当由该危险废物所在地人民政府安排资金，采取措施，按照有关环境保护规定和标准进行处置，并治理被污染的环境。

第二十六条 未列入国家危险废物名录，但含有毒有害物质，或者在利用和处置过程中容易产生有毒有害物质的严控废物，由省人民政府环境保护行政主管部门会同有关部门制定其种类和处理方式的名录，严格控制其利用和处置过程。

第二十七条 采用严控废物名录规定的处理方式处理严控废物的单位，应当申请严控废物处理许可证。未经许可，不得擅自处理严控废物。

申请领取严控废物处理许可证，应当符合下列条件：

（一）有符合环境保护要求的贮存、处置设备和设施；

（二）有符合严控废物经营要求的专业技术人员；

（三）有健全的安全和环境保护管理制度；

（四）符合法律、法规规定和国家标准要求的其他条件。

第二十八条 危险废物经营许可证由省人民政府环境保护行政主管部门统一核发，申请和审批程序如下：

（一）申请人向所在地县级以上人民政府环境保护行政主管部门提出书

面申请，同时提交有关材料；

（二）受理申请的环境保护行政主管部门，应当在收到申请材料之日起二十日内完成初审，上报省人民政府环境保护行政主管部门审定；

（三）省人民政府环境保护行政主管部门应当在二十日内作出决定，许可的，颁发危险废物经营许可证；不许可的，应当书面告知理由。

最先接受申请材料的环境保护行政主管部门应当在五日内一次告知申请人申请材料是否正确齐备，材料正确齐备的应当受理。

第二十九条 严控废物处理许可证由地级以上市人民政府环境保护行政主管部门统一核发，申请和审批程序如下：

（一）申请人向有权审批该严控废物处理项目环境影响评价文件的所在地县级或者地级以上市人民政府环境保护行政主管部门提出书面申请，同时提交有关材料；

（二）受理申请的县级人民政府环境保护行政主管部门，应当在收到申请材料之日起二十日内完成初审，上报地级以上市人民政府环境保护行政主管部门审批；地级以上市人民政府环境保护行政主管部门应当在二十日内作出决定，许可的，颁发严控废物处理许可证；不许可的，应当书面告知理由；

（三）受理申请的地级以上市人民政府环境保护行政主管部门应当在二十日内作出决定，许可的，颁发严控废物处理许可证；不许可的，应当书面告知理由。

最先接受申请材料的环境保护行政主管部门应当在五日内一次告知申请人申请材料是否正确齐备，材料正确齐备的应当受理。

第三十条 禁止下列行为：

（一）露天焚烧或者使用未经环境保护行政主管部门批准的设施焚烧处理沥青、油毡、橡胶、轮胎、塑料、皮革、电线电缆、电路板、敷铜板、电子电器、塑胶机过滤网、电池、灯管、废水处理产生的污泥、生活垃圾，以及其他产生有毒有害烟尘和恶臭气体的物质；

（二）使用没有采取防渗措施的场所堆放、贮存、处置固体废物；

（三）在江、河、湖、海、水库等沿岸堆放固体废物；

（四）用填埋方式直接处置半固态或者液态废物；

（五）将危险废物及其它有毒有害废物混入生活垃圾填埋处置；

（六）省外、境外的生活垃圾转移进入本省；

（七）在本省经营、处置和利用进口的废旧电子电器类固体废物。

第三十一条 进口可用作原料的国家限制进口类的废物，必须按国家有关规定取得进口废物批准证书。

进口可用作原料的废物应当符合国家进口废物环境保护控制标准的要求，不得夹带危险废物、生活垃圾和其它有毒有害物质。废物进口和加工利用过程应当符合有关法律、法规规定。利用过程中产生的不可利用的废物的种类、数量、流向应当向所在地环境保护行政主管部门申报登记，并按有关规定处理。

第三十二条 任何单位和个人不得设置地区障碍，或者擅自指定固体废物收集、贮存、运输和处置的经营者，干扰固体废物的正常经营活动。

第三十三条 对违反本条例的行为，任何单位和个人有权向环境保护行政主管部门举报。环境保护行政主管部门对举报的问题，应当依法及时处理。

第三十四条 违反本条例第五条第二款规定，不制定固体废物污染防治规划并组织实施的，由上一级人民政府依法追究有关市、县人民政府主管领导的行政责任。

第三十五条 违反本条例，有下列行为之一的，由县级以上人民政府环境保护行政主管部门责令限期改正，并处五千元以上五万元以下罚款：

（一）违反本条例第八条，未按规定分类贮存危险废物的；

（二）违反本条例第十条规定，不配套建设固体废物接收、贮存设施的，或者逾期未补建的；

（三）违反本条例第十二条规定，未按照有关规定收集、贮存、利用或者处置所产生的畜禽粪便和屠宰废物的；

（四）违反本条例第十九条规定，未对有关设备、剩余废物和其他有毒有害残余物进行处理，消除污染的，或者未报县级以上人民政府环境保护行政主管部门核准的；

（五）违反本条例第二十三条规定，有关单位和个人将高危险废物擅自处置，或者交给没有相应危险废物经营许可证的单位收集、贮存、利用、处置的，或者混入其他废物中收集、运输、贮存、倾倒、处置的；

第三十六条 违反本条例第二十七条规定，没有取得严控废物处理许可证，或者不按照严控废物处理许可证的规定从事处理活动的，由县级以上人民政府环境保护行政主管部门责令停止违法行为，没收违法所得；情节严重的，并处违法所得一倍以下的罚款。

不按照严控废物处理许可证的规定从事处理活动的，由发证机关吊销处理许可证。

第三十七条 违反本条例第三十条第（一）项规定，露天焚烧或者使用未经环境保护行政主管部门批准的设施焚烧处理固体废物的，由所在地县级以上人民政府环境保护行政主管部门责令停止违法行为，消除污染，并处二千元以上二万元以下的罚款。

违反本条例第三十条第（二）、（三）、（四）、（五）项的规定，使用没有采取防渗措施的场所堆放、贮存、处置固体废物，或者在江、河、湖、海、水库等沿岸堆放固体废物，或者用填埋方式直接处置半固态或者液态废物，或者将危险废物及其他有毒有害废物混入生活垃圾填埋处置的，由县级以上人民政府环境保护行政主管部门责令限期改正，并处五千元以上五万元以下罚款。

第三十八条 违反本条例第三十二条规定，设置地区障碍，非法指定固体废物经营者，干扰固体废物正常经营活动的，由其上级主管机关或者工商行政管理部门依法处理；违反治安管理法律、法规的，由公安机关依法处理；构成犯罪的，依法追究刑事责任。

第三十九条 环境保护行政主管部门的工作人员和其他从事固体废物污染环境防治检测、监督管理工作的人员滥用职权，玩忽职守，构成犯罪的，依法追究刑事责任；尚不构成犯罪的，依法给予行政处分。

第四十条 本条例自2004年5月1日起施行。

广东省民用核设施核事故预防和应急管理条例

（1997年12月1日广东省第八届人民代表大会常务委员会第三十二次会议通过　根据2010年7月23日广东省第十一届人民代表大会常务委员会第二十次会议《关于修改部分地方性法规的决定》第一次修正　根据2012年7月26日广东省第十一届人民代表大会常务委员会第三十五次会议《关于修改〈广东省民营科技企业管理条例〉等二十三项法规的决定》第二次修正）

第一章　总　则

第一条　为加强我省民用核设施核事故预防和应急管理，防止和减少事故的发生及其危害，保障公众的健康及安全，根据国家《核电厂核事故应急管理条例》等有关法律、法规，结合我省实际情况，制定本条例。

第二条　我省行政区域内的以下民用核设施的核事故预防及应急管理适用本条例：

（一）核电厂、核热电厂；

（二）其它反应堆（研究堆、实验堆、临界装置等）；

（三）放射性废物的处理和处置设施；

（四）核辐照装置；

（五）可能或已经失散到环境中对环境和周围公众的健康造成严重影响的放射性物质和放射源。

第三条　对民用核设施的核事故预防实行安全第一，从严管理，严防核事故发生的方针；对核事故应急管理实行统筹规划，积极兼容，常备不懈，统一指挥，大力协同，保护公众，保护环境的方针。

第二章 管理机构及职责

第四条 本省的民用核设施核事故预防和应急管理，由广东省人民政府指定的行政机关负责（以下简称“省核管理机关”）。其主要职责是：

（一）执行国家核事故预防和应急的法规和政策；

（二）制定全省民用核设施的核事故预防和应急管理的规则；

（三）对上报国家审批的民用核设施的核安全分析报告和事故应急计划等提出意见，并报告省人民政府；

（四）组织或参与对民用核设施核事故预防和应急管理中的应急及预防设施、设备进行审查或验收；

（五）协助国家对本条例第二条（一）至（三）项规定的民用核设施的核事故进行调查处理；对第二条（四）至（五）项规定的民用核设施发生的核事故进行调查处理；

（六）组织调解民用核设施单位与地方之间涉及核事故预防和应急管理方面的纠纷；

（七）组织制定和实施核电厂和核热电厂的场外应急计划；

（八）对核电厂和核热电厂申请设置规划限制区的报告进行审查，并将审查意见报告省人民政府；

（九）组织有关部门和市开展核事故预防和应急的宣传教育；

（十）法律、法规规定的其它工作。

第五条 参与核事故预防和应急工作的有关单位应执行省人民政府的统一要求和应急计划，并协助省核管理机关做好民用核设施核事故预防和应急工作。

第六条 民用核设施所在地及与其相邻地区的市人民政府应根据核事故应急计划的要求在其行政区域内负责组织实施应急工作。

第七条 省核管理机关应提请省人民政府邀请驻粤部队参与全省的核事故应急准备工作和核事故应急工作，并具体商定部队在核事故应急中的支援和保障任务及相应的联络渠道。

第三章 事故预防

第八条 民用核设施的选址、设计、建造、运行和退役应有足够的措施预防核事故的发生，并设置核事故预防的设施、设备，以保护周围公众的生产、生活环境，保障周围公众的健康和安全。

第九条 民用核设施单位应对其人员进行核事故预防和核事故应急知识的专门教育，对其附近居民开展核事故预防和核事故应急知识的普及教育。

第十条 民用核设施的选址、立项、建设、生产运行和退役报告，应在报主管部门审批时抄报省核管理机关备案。

第十一条 民用核设施投产运行前应制定核事故预防方案。

事故预防方案应包括以下内容：

（一）可能发生的核事故及其影响范围、危害的估计和论证；

（二）对可能发生的核事故将采取的预防措施及相应的设施、设备；

（三）在实施预防措施后对核事故发生的几率和危害所降低的程度；

（四）对核事故预防措施的实施和设施、设备运行的监督和保证措施；

（五）需要与有关监督部门的配合和衔接方式。

第十二条 省人民政府应根据核电厂和核热电厂的需要划定规划限制区。规划限制区的具体范围、限制发展的产业、人口总控制数量等内容应予以公告，并在规划限制区边界设置标志。

规划限制区内的国家机关、企事业单位、社会团体和公民均应遵守规划限制区的有关规定。

第十三条 核电厂和核热电厂向国家申请《核设施建造许可证》的同时，应向省人民政府申请设立规划限制区，并将申请抄报所在市人民政府。

申请设立规划限制区应提交以下资料：

（一）《核设施建造许可证》的申请及有关材料的副本；

（二）拟划定的规划限制区内的人口及其分布情况，工业、农业、交通运输、贸易和第三产业情况，资源及利用情况，人均收入和主要经济来源，经济发展规划等资料；

（三）根据核电厂或核热电厂安全运行的要求，需要限制发展的企、事业的种类和范围及相关的论证材料；

（四）设立规划限制区后，核电厂或核热电厂对规划限制区拟进行的经济发展的扶持措施；

（五）其他需要说明的材料。

第十四条 省人民政府在收到设立规划限制区申请后，征求有关市人民政府意见，并在国家颁发《核设施建造许可证》之日起90日内对核电厂和核热电厂设立规划限制区的申请予以批复。

第十五条 规划限制区经省人民政府批准之日起一年内，其所在地的市人民政府应制定规划限制区人口、经济和社会发展规划报同级人大常委会批准后施行。

省、市人民政府应当指导、协调核电厂或核热电厂对扶持规划限制区经济发展各项措施的实施。

第十六条 核电厂和核热电厂因故不能按计划进行建设或不能进行首次投料生产的，自国家批准不再继续建设或不进行首次投料生产之日起30日内，应向省人民政府申请取消规划限制区。逾期不申请的，核电厂和核热电厂所在地的市人民政府可向省人民政府申请取消规划限制区。省人民政府应在收到申请取消规划限制区报告之日起90日内予以批复。

第十七条 需建设放射性废物处理和处置设施的单位除按国家有关规定和《广东省建设项目环境保护管理条例》送审环境影响报告书外，还应同时将环境影响报告书报省核管理机关备案。

第十八条 总投资额在1亿元以上或设计总装源量在1×10^{16}贝可以上的民用核设施大中型企事业单位，按年度缴交核事故预防费用。具体收费办法由省人民政府另行规定。

预防费用应全部用于全省大中型民用核设施的核事故预防工作，不得挪作他用。

第四章 应急管理

第十九条 核电厂和核热电厂在编制场内应急计划和进行应急准备时，其应急范围应包括与场区相连的为核电厂或核热电厂直接服务的机构及厂的家属居住区范围。

其它民用核设施单位是否编制场内应急计划及需要编制时的具体要求由省核管理机关根据该设施可能发生事故的影响范围及其对周围公众可能产生的影响确定。

第二十条 省、市环保和卫生等部门负责在各自业务范围内加强对民用核设施的监督和监测，特别是排放物和人员安全的监督和监测、监视性监测及应急监测。凡监督和监测中出现的异常情况要及时告知省核管理机关。

第二十一条 核电厂和核热电厂的运行在不影响核事故预防和事故应急的情况下应服从电力调度部门的正常调度，出现危及核事故预防和事故应急的情况时，电力调度部门应首先保证核事故预防和事故应急的需要。

民用核设施单位与地方发生涉及核事故预防和事故应急等情况的纠纷时，应首先处理涉及核事故预防和事故应急的紧急情况，再解决纠纷。

第二十二条 民用核设施发生核事件和核事故时，民用核设施单位要立即报告上级主管部门、国务院核安全部门和省核管理机关。

凡发生放射性物质或放射性源丢失或失窃事故时应在报告主管部门的同时报告省核管理机关和所在地市人民政府。

发生前二款事故的单位，应采取一切可能采取的措施，将事故的影响减至合理的最低程度。

第二十三条 省核管理机关接到核事故报告后，应根据事故大小按应急计划和有关程序，即时启动有关应急组织和组织有关部门参加应急工作；在接到放射性物质或放射源丢失或失窃报告时，应组织有关部门和单位进行追查，把事故的影响减至合理的最低程度。

第五章　奖励与处罚

第二十四条　对我省民用核设施的核事故预防和事故应急工作取得显著成绩和重大贡献的单位和个人，由省核管理机关报请省人民政府给予表彰和奖励。

第二十五条　不制定核事故预防方案和设置核事故预防的设施设备的，由省核管理机关责令限期制定核事故预防方案和设置核事故预防设施设备，逾期仍不改正的，由省核管理机关报经省人民政府批准后责令停产、停业。

第二十六条　民用核设施单位不按照规定报告、通报核事件和核事故发生的真实情况的，由省核管理机关给予警告，对有关责任人员提请其所在单位或上级机关给予行政处分。

第六章　附　则

第二十七条　本条例自1998年1月1日起施行。

广东省城市绿化条例

（1999年11月27日广东省第九届人民代表大会常务委员会第十三次会议通过　根据2004年7月29日广东省第十届人民代表大会常务委员会第十二次会议《关于修改〈广东省对外加工装配业务条例〉等十项法规中有关行政许可条款的决定》第一次修正　根据2012年7月26日广东省第十一届人民代表大会常务委员会第三十五次会议《关于修改〈广东省民营科技企业管理条例〉等二十三项法规的决定》第二次修正）

第一章　总　则

第一条　为发展城市绿化事业，保护和改善生态环境，美化生产、生活环境，根据有关法律、法规，结合本省实际，制定本条例。

第二条　本条例适用于本省行政区域城市规划区内的城市绿化规划、建设、保护和管理。

第三条　省人民政府建设行政主管部门负责全省的城市绿化工作，组织实施本条例。

市、县人民政府确定的城市绿化行政主管部门负责本行政区域内城市绿化工作。

市辖区人民政府城市绿化管理部门和建制镇人民政府依照本条例规定负责本辖区内的城市绿化建设、保护和管理。

城市规划、国土、计划、市政、公安、交通、电力、通信、环境保护、市容环境卫生和工商行政管理等部门，依照各自职责，协同城市绿化行政主管部门实施本条例。

在城市规划区内，有关法律、法规规定由林业行政主管部门等管理的绿化工作，依照有关法律、法规执行。

第四条 各级人民政府应当把城市绿化的建设和维护纳入国民经济和社会发展计划，在城市建设中安排一定投资比例用于城市绿化；提高公众绿化和环境意识，组织全民义务植树活动。

第二章 规划和建设

第五条 城市绿化规划，由市、县人民政府组织城市绿化行政主管部门和城市规划行政主管部门编制，并纳入城市总体规划。

城市绿化规划主要内容应当包括：绿化发展目标、各类绿地规模和布局、绿化用地定额指标和分期建设计划、植物种植规划。

市的城市绿化规划由市人民政府审批，报省人民政府建设行政主管部门备案。

建制镇的城市绿化规划，由镇人民政府组织编制，报县级人民政府审批，报上一级人民政府城市绿化行政主管部门备案。

第六条 城市绿化规划应当坚持改善城市生态环境与丰富城市景观相结合的原则，利用、保护城市的自然和人文资源，合理设置公共绿地、单位附属绿地、居住区绿地、防护绿地、生产绿地和风景林地。

第七条 城市绿化规划建设指标应当达到如下标准：城市建成区绿化覆盖率不得低于百分之三十五，绿地率不得低于百分之三十，人均公共绿地面积不得低于八平方米。

地级以上市人民政府根据本市实际情况，可以制定高于上款规定的绿化规划建设指标。

第八条 建设工程项目必须安排配套绿化用地，绿化用地面积占建设工程项目用地面积的比例，应当符合下列规定：

（一）医院、休（疗）养院等医疗卫生单位不得低于百分之四十。

（二）高等院校不得低于百分之四十，其他学校、机关团体等单位不得低于百分之三十五。

（三）经环保部门鉴定属于有毒有害的重污染单位和危险品仓库，不得低于百分之四十，并根据国家标准设置宽度不得小于五十米的防护林带。

（四）宾馆、商业、商住、体育场（馆）等大型公共建筑设施，应当进行环境设计，建筑面积在二万平方米以上的，不得低于百分之三十五；建筑面积在二万平方米以下的，不得低于百分之三十。

（五）居住区、居住小区和住宅组团不得低于百分之三十，在旧城改造区的不得低于百分之二十五。其中人均公共绿地面积，居住区不得低于一点五平方米，居住小区不得低于一平方米，住宅组团不得低于零点五平方米。

（六）工业企业、交通运输站场和仓库，不得低于百分之二十。

（七）其他建设工程项目不得低于百分之二十五。

第九条 新建、改建的城市道路、铁路沿线两侧、江河两岸等绿地规划建设应当符合下列规定：

（一）城市道路必须搞好绿化。其中主干道绿化带面积占道路总用地面积的比例不得低于百分之二十；次干道绿化带面积所占比例不得低于百分之十五。

（二）城市快速路和城市立交桥控制范围内，进行绿化应当兼顾防护和景观。

（三）城市江河两岸、铁路沿线两侧的防护绿化带宽度每侧不得小于三十米；饮用水源地水体防护林带宽度各不小于一百米。

（四）高压输电线走廊下安全隔离绿化带宽度按照国家规定的行业标准建设。

第十条 城市公共绿地、居住区绿地、单位附属绿地的建设，应当以植物造景为主，适当配置园林建筑和园林小品。城市公园建设用地指标，应当符合国家行业标准，公园绿化用地面积应当占总用地面积的百分之七十以上，游览、休憩、服务性的建筑面积不得超过总用地面积的百分之五。

居住区配套绿化用地和单位附属绿地的绿化种植面积，不得低于其绿地总面积的百分之七十五。

第十一条 城市生产绿地应当适应城市园林绿化建设的需要，其用地面积不得低于城市建成区面积的百分之二。

第十二条 城市绿化的规划和设计，应当委托具有城市园林绿化规划和设计相应资质的单位承担。

第十三条 城市公园、风景林地、防护绿地、生产绿地和铁路沿线两侧、江河两岸、水库周围等城市绿地的修建性详细规划和工程设计，由所在地市、县人民政府城市绿化行政主管部门审批。

居住区绿地和单位附属绿地的修建性详细规划和工程设计，经城市绿化行政主管部门审核后，送城市规划行政主管部门审批。

第十四条 省人民政府确定的古典名园，其恢复、保护规划和工程设计，由地级以上市人民政府城市绿化行政主管部门审核，报省人民政府建设行政主管部门批准。

属于文物保护的古典名园，其恢复、保护规划和工程设计按国家文物保护法律、法规规定审批。

第十五条 城市绿化规划、城市各类绿地的修建性详细规划和工程设计方案应当符合国家有关技术标准和规范，报市城市绿化行政主管部门审核后，有关部门方可办理报建手续。

经批准的城市绿化规划和城市各类绿地的修建性详细规划和工程设计方案，不得擅自变更。确需变更设计方案的，应当经原审批部门批准。

第十六条 城市规划行政主管部门应当会同城市绿化行政主管部门依照规定的配套绿化标准审批建设工程项目。

第十七条 城市绿化建设按下列规定分工负责：

（一）城市人民政府投资的公共绿地、风景林地、防护绿地等，由城市绿化行政主管部门负责；

（二）单位附属绿地由该单位负责；

（三）居住区、居住小区、住宅组团绿地由开发建设单位负责；

（四）铁路、公路防护绿化和经营性园林、生产绿地由其经营单位负责；

城市人民政府城市绿化行政主管部门对各单位的绿化建设应当进行监督检查，并给予技术指导。

第十八条 城市绿化建设应当兼顾管线安全使用和树木的正常生长，与地上地下各种管线及其他设施保持国家规范标准规定的安全间距。

第十九条 城市绿化工程的施工，应当委托具有相应城市园林绿化资质的施工单位承担。绿化工程竣工后，经综合验收合格，方可交付使用。

第二十条 改建、扩建工程项目的配套绿化用地达不到本条例第八条规定标准的，经城市绿化行政主管部门审核，报城市人民政府批准，由建设单位承担补偿责任，按照所缺少的绿化用地面积交纳绿化补偿费。绿化补偿费由城市绿化行政主管部门收取，交财政部门统一管理，并按规划专项用于易地绿化建设。

第二十一条 城市新建、改建、扩建工程和开发住宅区项目的配套绿化建设资金，应在工程项目建设投资中统一安排，其比例应占工程项目土建投资的百分之一至百分之五。

第二十二条 建设工程项目的配套绿化工程，必须与主体工程同时设计、同时施工，并与建设工程同时验收交付使用。

第三章 保护和管理

第二十三条 城市绿地的保护和管理，按下列规定分工负责：

（一）城市人民政府投资的城市公共绿地、风景林地、防护绿地等，由城市绿化行政主管部门负责；

（二）单位附属绿地和单位自建的防护绿地由该单位负责；

（三）居住区、居住小区、住宅组团绿地，由物业所有权人出资，委托物业管理公司或城市绿化行政主管部门组织专业队伍负责；

（四）生产绿地、经营性园林由其经营单位或个人负责；

（五）沿街的单位和个人有保护门前绿化的责任；

（六）铁路、公路沿线两侧、江河两岸、水库周围等城市绿地，由法律、法规规定的主管部门负责。

城市绿化行政主管部门对各管理责任单位和个人的绿地保护和管理工作进行检查、监督和指导。

第二十四条 任何单位和个人不得改变城市绿化规划用地的性质或者破坏绿化规划用地的地形、地貌、水体和植被。

第二十五条 任何单位和个人不得擅自占用城市绿地，已占用的必须限期归还，并恢复城市绿地的使用功能。

因公益性市政建设确需占用城市绿地的，必须征得城市绿化行政主管部门同意，按照规定程序进行审批，并由城市规划部门按照调整城市规划的原则，补偿同等面积同等质量的绿地。

同一建设工程项目占用城市绿地七千平方米以上的，由所在地地级以上市人民政府城市绿化行政主管部门审核，报地级以上市人民政府批准；占用城市绿地一千五百平方米以上七千平方米以下的，报所在地地级以上市人民政府城市绿化行政主管部门审批；占用城市绿地一千五百平方米以下的，由所在地县级人民政府城市绿化行政主管部门审批。

因建设需要临时占用城市绿地的，必须按照规定报城市绿化行政主管部门同意后，按恢复绿地实际费用向城市绿化行政主管部门交纳恢复绿化补偿费，并到县级以上城市规划和国土部门办理手续。占用期满后，由城市绿化行政主管部门组织恢复绿地。临时占用绿地造成相关设施破坏的，占用者应当承担赔偿责任。

第二十六条 任何单位和个人不得擅自在城市绿地内设置与绿化无关的设施。

城市公共绿地、居住区绿地、风景林地内应当严格控制商业和服务经营设施，确需设点经营的，必须向绿地管理单位提出申请，经城市绿化行政主管部门审核后，由城市规划行政主管部门批准，并向工商行政管理部门申请营业执照后，方可在指定地点从事经营活动。

城市基础设施建设影响城市绿化的，建设单位必须在设计和施工前制定保护措施，报城市绿化行政主管部门批准后，方可进行施工。

单位和个人在城市干道绿化带开设机动车出入口的，必须经城市绿化行政主管部门同意后，方可向城市规划行政主管部门申请审批。

第二十七条 任何单位和个人不得损坏城市树木花草和绿化设施。

同一建设工程项目因公益性市政建设需要，砍伐、迁移城市树木二百株以上的，由市、县园林绿化行政主管部门审核，报市、县人民政府批准；砍伐、迁移二百株以下或胸径八十厘米以上树木的，由所在地城市绿化行政主管部门审批。

报批文件的内容应当包括当地居民的意见和绿化专家评审论证结论。

经批准砍伐或迁移城市树木，应当给树木权属单位或个人合理补偿。

第二十八条 电力、市政、交通和通信等部门，因安全需要而修剪、迁移、砍伐城市树木的，应当报城市绿化行政主管部门批准，并由其组织具有城市园林绿化资质的单位实施。所需费用由申请单位支付。有关法律、法规另有规定的，从其规定。

因紧急抢险救灾确需修剪、迁移或者砍伐城市树木的，有关单位经本单位领导同意可先行实施，并及时报告城市绿化行政主管部门和绿地管理单位，在险情排除后五个工作日内按照规定补办审批手续。

第二十九条 城市绿地管理单位，应当建立健全管理制度，保持树木花草繁茂、园容整洁优美、设施安全完好，对影响交通、管线、房屋和人身安全的树木及时修剪、扶正，确需迁移、砍伐的，按照第二十八条第一款规定办理手续。

第三十条 城市树木所有权及其收益，按照下列规定确认：

（一）由政府投资或公民义务劳动在公共绿地、防护绿地、生产绿地、风景林地内种植和管理的树木，属国家所有。

（二）经鉴定并由城市人民政府公布的古树名木属国家所有，收益归其生存地的单位和个人所有。

（三）单位附属绿地和单位自建的防护绿地内的树木，属该单位所有。

（四）由集体或个人投资经营生产的绿地内的树木，属集体或个人所有。

（五）居住区、居住小区、住宅组团绿地内的树木，属土地使用权人所有。

（六）由个人投资在自住、自建庭院内种植的树木，属个人所有。

第三十一条 百年以上的树木、稀有珍贵树木、具有历史价值或者重要纪念意义的树木均属古树名木。

古树名木实行统一管理，分别养护。城市绿化行政主管部门应当对古树名木进行调查鉴定、建立档案、设置标志，划定保护范围，确定养护管理技术规范，加强管理。古树名木生存地的所属单位和个人，是该古树名木的管理责任单位或责任人，必须按照有关技术规范进行养护管理，城市绿化行政主管部门负责监督和指导。

严禁砍伐、迁移或买卖古树名木，因公益性市政建设确需迁移古树名木的，由省建设行政主管部门审核，报省人民政府批准。

第三十二条 在城市绿地内，禁止下列行为：

（一）倾倒、排放有毒有害物质，堆放、焚烧物料；

（二）在树木和公共设施上涂、写、刻、画和悬挂重物；

（三）攀、折、钉、栓树木，采摘花草，践踏地被，丢弃废弃物；

（四）损坏绿化的娱乐活动；

（五）以树承重、就树搭建；

（六）采石取土、建坟；

（七）其他破坏城市绿化及其设施的行为。

第三十三条 各级城市绿化行政主管部门按照规定收取的绿化补偿费、恢复绿化补偿费等费用，实行收支两条线，列入城市绿化专项资金，专款专用，由财政部门监督使用，其收取办法由地级以上市人民政府制定。

第四章 法律责任

第三十四条 违反本条例规定的行为，由省人民政府建设行政主管部门和市、县人民政府城市绿化行政主管部门（或综合执法部门）依照本条例规定，给予处罚。

第三十五条 有下列行为之一的，责令停止侵害、恢复原状，并对责任单位和责任人处以罚款；造成损失的，由责任单位和责任人承担赔偿责任；应当给予治安管理处罚的，由公安机关给予处罚；构成犯罪的，依法追究刑事责任：

（一）违反本条例第二十四条规定，擅自改变规划绿地性质的，按照每平方米处以一百元以上二百元以下罚款。

（二）违反本条例第三十二条第（二）、（三）项规定的，处以一百元以上五百元以下罚款。

（三）违反本条例第三十二条第（一）、（五）、（六）项规定的，处以五百元以上一千元以下罚款。

（四）违反本条例第三十二条第（四）项规定的，对组织者处以二千元以上五千元以下罚款。

（五）破坏树木支架、栏杆、花基、坐椅、庭园灯、建筑小品、水景设施和绿地供排水设施等绿化设施的，按照设施造价的二倍处以罚款。

（六）违反本条例第二十七条规定，擅自砍伐、迁移树木的，按照树木赔偿费的五倍处以罚款。

（七）损害古树名木正常生长的，处以二千元以上一万元以下罚款。

（八）擅自迁移、砍伐古树名木，损害古树名木致死的，处以二万元以上十万元以下罚款。

第三十六条 违反本条例第十二条、第十九条规定进行无证设计和施工的，责令停止设计和施工，并分别对项目建设单位、设计单位和施工单位处以五千元以上一万元以下罚款。

第三十七条 违反本条例第二十五条规定，擅自占用城市绿地的，责令限期退出，恢复绿化，并按照每平方米处以三百元以上六百元以下罚款。违反本条第四款规定，损坏相关设施、不缴纳恢复绿化补偿费的，责令限期缴纳和赔偿；超过占用期限的，责令限期归还，并按照所占面积处以绿地占用费的二倍罚款。

第三十八条 未经批准或未按照批准的绿化规划（设计）方案施工的，责令停工，限期改正；造成经济损失的，由责任单位负责赔偿，并由责任单位或其上级主管部门对直接责任人予以行政处分。

第三十九条 违反本条例第二十六条第二款规定，擅自在城市绿地内开设经营服务点的，责令限期迁出或拆除、赔偿损失，并处以一千元以上五千元以下罚款。

对不服从绿地管理单位管理的经营单位和个人进行批评教育，并处以一百元以上五百元以下罚款；情节严重的，取消其设点经营申请批准文件并通知工商行政主管部门。经营单位和个人应及时办理注销登记，拒不办理的，由工商行政主管部门依法处理。

第四十条 超越、滥用本条例规定的权限进行审批的，由其上一级行政主管部门责令撤销批准文件，对直接责任人给予行政处分。

第四十一条 各级城市绿化行政主管部门和绿化管理单位的工作人员滥用职权，玩忽职守，徇私舞弊的，由其所在单位或者上级主管机关给予行政处分；造成损失的，应予赔偿；构成犯罪的，依法追究刑事责任。

第四十二条 当事人对行政处罚不服的，可以依法申请复议。当事人也可以直接向人民法院起诉。逾期不申请复议或者不向人民法院起诉又不履行处罚决定的，由作出处罚的行政机关申请人民法院强制执行。

第五章　附　则

第四十三条 本条例自2000年1月1日起施行。

广东省风景名胜区条例

（1998年7月29日广东省第九届人民代表大会常务委员会第四次会议通过 根据2012年7月26日广东省第十一届人民代表大会常务委员会第三十五次会议《关于修改〈广东省民营科技企业管理条例〉等二十三项法规的决定》修正）

第一章 总 则

第一条 为了合理利用风景名胜资源，加强风景名胜区的规划、建设、保护和管理，根据有关法律、法规，结合本省实际，制定本条例。

第二条 本条例适用本省行政区域内风景名胜区的设立、规划、建设、保护和管理。

第三条 本条例所称风景名胜资源，是指具有观赏、文化和科学价值的山岳、河流、湖泊、海洋、地质、地貌、森林、动植物、天文、气象等自然景观和历史遗址、革命纪念地、宗教寺庙、雕刻、园林、建筑物及有关工程设施等人文景观及其所处环境。

本条例所称风景名胜区，是指风景名胜资源集中，环境优美，具有一定规模和游览条件，经县以上人民政府批准设立并划定范围，供人们游览、观赏、休息或者进行科学文化等活动的地域。

第四条 省、市、县人民政府建设行政主管部门（以下简称“主管部门））是本行政区域内风景名胜区的主管部门，行使下列风景名胜区管理职权，并负责本条例的组织实施：

（一）组织风景名胜资源的调查和评估；

（二）审查风景名胜区总体规划和审批风景名胜区详细规划；

（三）审查风景名胜区设立；

（四）监督检查风景名胜区规划的实施；

（五）法律、法规规定的其他职权。

其他有关行政管理部门，依照法律、法规的规定，做好风景名胜区的有关管理工作。

第五条 各级人民政府应当将风景名胜资源的保护、利用和风景名胜区的规划、建设纳入国民经济和社会发展计划。

第二章 设立、变更和撤销

第六条 风景名胜区按国家规定分为市县级风景名胜区、省级风景名胜区和国家重点风景名胜区三个等级。符合下列条件的，可按国务院规定的程序申请设立风景名胜区：

（一）有一定的游览、观赏、文化或者科学价值，环境优美，规模较小，有配套设施和服务条件的，可以申报为市县级风景名胜区；

（二）有比较重要的游览、观赏、文化或者科学价值，景观有特色，有一定规模，配套设施和服务条件比较完善，在省内外影响较大的，可以申报为省级风景名胜区；

（三）具有重要的游览、观赏、文化或者科学价值，景观独特，规模较大，配套设施和服务条件完善，在国内外知名度较高的，可以申报为国家重点风景名胜区。

第七条 风景名胜区经批准机关公布后，应当依照国务院的规定设立风景名胜区管理机构，负责风景名胜区的规划、建设、管理、利用和保护等工作。其具体职责是：

（一）宣传贯彻有关法律、法规和政策；

（二）组织制定和实施风景名胜区规划；

（三）保护风景名胜资源及其生态环境；

（四）组织开发利用风景名胜资源；

（五）建设、维护和管理风景名胜区配套设施；

（六）制定风景名胜区的公共规则，负责风景名胜区内环境卫生、商业和服务业的监督管理；

（七）负责风景名胜区内的安全工作，定期检查风景名胜区内的安全设施，保障游人的人身安全；

（八）法律、法规规定的和县以上人民政府依法赋予的其他职责。

第八条 风景名胜区的风景名胜资源或者其配套设施和服务条件发生重大变化，不再具备该等级风景名胜区条件的，应当降低该风景名胜区的等级；已不具备风景名胜区条件的，应当撤销该风景名胜区。

降低风景名胜区等级和撤销风景名胜区，由批准公布该风景名胜区的人民政府的建设行政主管部门报请同级人民政府审定公布。

第九条 风景名胜区内或者其周边有重大的风景名胜资源发现，或者原有的风景名胜资源价值经重新评估，具备上等级风景名胜区资源条件，其配套设施和服务条件作相应改善的，可以重新申请划定风景名胜区范围和提高风景名胜区的等级。

第三章　规划和建设

第十条 风景名胜区应当按照国家规定的内容和程序，制定风景名胜区总体规划和详细规划。

风景名胜区总体规划应当包括风景名胜区的现状、性质、范围及其外围保护地带，功能分区，保护和开发风景名胜资源的措施，景区环境容量预测，配套设施的统筹安排，投资与效益的估算和各项专业规划等内容。

风景名胜区详细规划应当按照该风景名胜区总体规划编制，详细规划必须包括风景名胜区开发建设的具体方案、资源和景观的具体保护措施、建设控制指标、建设项目的选址安排、重大建设项目的景观设计方案等内容。

第十一条 制定风景名胜区规划应当遵循下列原则：

（一）贯彻执行国家有关保护和开发利用风景名胜资源的法律、法规，正确处理保护与利用、远期与近期、整体与局部的关系；

（二）保持自然景观和人文景观的风貌，维护生态平衡；

（三）风景名胜区的建设规模和开发程度、各项建设标准和定额指标，应当与经济发展水平相适应，并为长远发展留有余地；

（四）科学评价名胜资源的特点和价值，突出风景名胜区的特色；

（五）风景名胜区总体规划应当与城镇体系规划、城市总体规划、土地利用总体规划、自然保护区规划等相协调。

第十二条 编制风景名胜区的规划应当委托具有相应资质的规划设计单位进行。

第十三条 风景名胜区规划实行分级审批：

（一）国家重点风景名胜区的总体规划由市、县人民政府提请省人民政府审查同意后，报国务院批准；其详细规划由市、县人民政府审查同意后，报省主管部门批准。

（二）省级风景名胜区的总体规划由市、县人民政府审查同意后，报省人民政府批准。其详细规划由市、县主管部门审查同意后，报同级人民政府批准；

（三）市县级风景名胜区的总体规划由市、县主管部门审查同意后，报同级人民政府批准，并报省主管部门备案；其详细规划由市、县主管部门批准。

市、县人民政府向上级人民政府报请批准风景名胜区总体规划前，应当经同级人民代表大会或者其常务委员会审查同意。

第十四条 风景名胜区规划按照程序报请批准机关批准前，应当广泛征求有关管理部门、科研机构、社会团体和风景名胜区内有关单位的意见，组织专家和学者进行论证。

第十五条 风景名胜区总体规划经批准生效后六十日内，风景名胜区管理机构应当将其主要内容公布。

第十六条 不得擅自改变经批准生效的风景名胜区规划。对规划作局部调整的，应当报原批准机关备案；因风景名胜区性质、规模发生变化而改变规划的，应当按照原审批程序办理批准手续。

第十七条 风景名胜区应当按照批准的规划进行建设。建设项目的布局、高度、体量、造型、风格和色调应当与周围景观和环境相协调。

第十八条 风景名胜区内的建设项目竣工后，主管部门应当按照法律、法规规定组织竣工验收，验收合格后，方可投入使用。

第十九条 在风景名胜区进行施工，应当采取有效措施保护植被、水体，并在工程结束后及时清理场地，恢复植被。

第四章 保护和管理

第二十条 风景名胜区内的重要景点应当划定保护范围；在该范围内不得修建旅馆、饭店等设施。

第二十一条 风景名胜区管理机构应当沿划定的风景名胜区范围和外围保护地带设立界标，明确具体界区。

第二十二条 风景名胜区管理机构应当对风景名胜区内的古建筑、古园林、历史遗迹、古树名木等进行调查登记，设立保护标志。

第二十三条 在风景名胜区内采集物种标本、野生药材和其他林副产品，应当依法经有关行政管理部门和风景名胜区管理机构同意，并在指定地点限量采集。

第二十四条 禁止侵占风景名胜区内的土地。

禁止在风景名胜区内设立开发区、度假区、医院、工矿企业、仓库、货场。

禁止破坏风景名胜区内的文物古迹和景物景观。

禁止向风景名胜区排放超标准污水、废气、噪声及倾倒固体废弃物。

第二十五条 禁止在风景名胜区内从事下列活动：

（一）挖砂、采石、取土；

（二）开荒、围垦、填塘和建坟；

（三）捕捉、伤害野生动物；

（四）在景物和公共设施上涂、写、刻、画；

（五）砍伐古树名木；

（六）乱扔废弃物；攀折树、竹、花、草；在禁火区吸烟、生火；

（七）设置和张贴广告，占道和在主要景点摆卖。

第二十六条 风景名胜区内的游客和其他人员，应当保护风景名胜资源，爱护区内各项公共设施，维护区内环境卫生和公共秩序，遵守风景名胜区的管理规定。

第二十七条 任何单位和个人不得擅自砍伐风景名胜区及其外围保护地带内的林木；因景区建设、林木更新抚育和景观及安全需要砍伐的，应当经风景名胜区管理机构和主管部门同意，报林业部门批准。

第二十八条 风景名胜区及其外围保护地带应当建立、健全防火组织，完善防火设施。

第二十九条 在风景名胜区外围保护地带内不得建设影响风景名胜区景观和污染环境、破坏生态的项目。

第三十条 风景名胜区内的单位和个人，应当服从风景名胜区管理机构对风景名胜区的统一规划和管理；在风景名胜区内依法从事经营活动的单位和个人，应当在指定的地点进行经营活动。

第三十一条 风景名胜区管理机构应当建立健全风景名胜区档案制度，对风景名胜区的历史沿革、资源状况、范围界限、生态环境、各项设施和建设活动等基本情况及有关资料，应当整理归档，妥善保存。

第三十二条 风景名胜资源按国家规定实行有偿使用。在风景名胜区内合理开发利用风景名胜资源的单位和个人，应当向风景名胜区管理机构交纳风景名胜资源保护费，该项收费应当用于风景名胜区内的风景名胜资源的维护。具体收费标准，由省人民政府制定。

第五章　法律责任

第三十三条 违反本条例第六条规定自行设立风景名胜区的，主管部门应当责令其改正、消除影响，给予警告，没收违法所得。

第三十四条 违反本条例第十九条规定施工的，主管部门当责令其改正，可以处以二千元以上五千元以下罚款。

第三十五条 违反本条例第二十条规定进行建设的，主管部门应当责令其停止建设，限期拆除，可以处以五千元以上一万元以下罚款。

第三十六条 违反本条例第二十三条规定采集物种标本、野生药材和其他林副产品的，风景名胜区管理机构应当责令其停止采集，给予警告，没收其采集的物品；情节严重的，可以处以二百元以上五百元以下罚款。

第三十七条 违反本条例第二十四条第一款规定侵占风景名胜区土地的，由土地行政管理部门依法处理。

违反本条例第二十四条第二款规定设立开发区、度假区、医院、工矿企业、仓库、货场的，主管部门应当责令其限期迁出，可以根据情节处以五千元以上一万元以下罚款。

违反本条例第二十四条第三款规定破坏文物古迹和景物景观的，主管部门应当责令其停止违法活动，赔偿损失，可以根据情节处以五百元以上一千元以下罚款。法律、法规另有规定的，从其规定。

违反本条例第二十四条第四款规定排放污染物的，由环境保护行政管理部门依法处理。

第三十八条 违反本条例第二十五条第（四）、（六）项规定的，由风景名胜区管理机构责令其停止违法活动，给予警告，可以处以二十元以下罚款。

违反本条例第二十五条第（一）、（二）、（三）、（五）、（七）项和第二十七条、第二十九条规定的，主管部门应当责令其停止违法活动，赔偿损失，可以根据情节处以一千元以上三千元以下罚款。法律、法规另有规定的，从其规定。

第三十九条 当事人对主管部门、风景名胜区管理机构和其他有关行政管理部门作出的具体行政行为不服的，可以在接到具体行政决定之日起十五日内向上一级机关申请行政复议，或者直接向人民法院起诉。对复议决定不服的，可以在接到复议决定之日起十五日内向人民法院起诉。

当事人对具体行政行为既不申请复议，也不向人民法院起诉，又不履行具体行政决定的，由作出具体行政行为的机关申请人民法院强制执行。

第四十条 主管部门、风景名胜区管理机构和其他有关行政管理部门工作人员玩忽职守、滥用职权、徇私舞弊、索贿受贿的，依法追究行政责任；涉嫌犯罪的，由司法机关依法处理。

第六章 附 则

第四十一条 本条例自1998年10月1日起施行。

广东省公路条例

（2003年1月11日广东省第九届人民代表大会常务委员会第三十九次会议通过　2008年7月31日广东省第十一届人民代表大会常务委员会第四次会议修订　根据2012年7月26日广东省第十一届人民代表大会常务委员会第三十五次会议《关于修改〈广东省民营科技企业管理条例〉等二十三项法规的决定》修正）

第一章　总　则

第一条　为加强公路的建设、养护和管理，促进公路事业发展，根据《中华人民共和国公路法》（以下简称公路法）及有关法律法规，结合本省实际，制定本条例。

第二条　本省行政区域内公路（包括公路桥梁、公路隧道和公路渡口）的规划、建设、养护、经营、使用和管理，适用本条例。

第三条　省人民政府交通主管部门主管全省公路工作，负责本条例的组织实施；市、县（区）人民政府交通主管部门主管本行政区域内的公路工作。

省公路管理机构按照省人民政府的规定，对国道、省道行使公路行政管理职责。

市、县公路管理机构依照法律法规的规定，对所管辖的公路行使公路行政管理职责。

乡、民族乡、镇人民政府负责本行政区域内乡道、村道的建设和养护工作。

第四条 各级人民政府规划、建设、国土、工商、公安、水利、环保等部门应当在各自职责范围内协助交通主管部门、公路管理机构做好公路的建设和管理工作。

第二章 公路规划

第五条 公路规划的编制和审批，按照公路法执行。

公路穿越城镇规划区的，其穿越路段的选线定位等应当与当地城镇规划相协调，并征求当地人民政府规划主管部门意见。

第六条 规划和新建村镇、开发区、厂矿、学校、集市贸易场所等建筑群，应当与公路用地边界外缘保持以下间距：高速公路、国道、省道不少于二百米，县道不少于一百米，乡道不少于五十米；并避免在公路两侧对应进行。

第七条 规划建设铁路、管线等各类设施涉及跨越、穿越或者与规划公路并行的，应当征得地级以上市人民政府交通主管部门同意。涉及的规划公路属国道、省道、高速公路的，应当征得省人民政府交通主管部门同意。

第三章 建设与养护

第八条 公路建设应当执行国家有关环境保护和水土保持的法律、法规，按照国家规定的基本建设程序和省的有关规定进行。公路建设项目应当按照国家有关规定实行法人负责制度、招标投标制度、工程监理制度、合同管理制度、市场准入管理制度和工程质量、工程造价监督管理制度。

第九条 公路建设使用土地应当按照有关法律、行政法规的规定办理。

公路建设用地的土地补偿费、安置补助费、地上附着物和青苗的补偿费等费用标准，按照省人民政府的有关规定执行，具体实施由工程项目所在地人民政府负责。各级人民政府应当按照有关规定按时足额发放各项补偿费用，不得截留或者挪作他用，并向被征用单位或者村民委员会张榜公布各项补偿费标准、总额等事项。

不收费公路建设需要使用国有土地的，由县级以上人民政府依法予以划拨。

第十条 具备施工条件的公路建设项目，由公路建设项目法人按照国家和省的有关规定向有管辖权的交通主管部门提出施工申请，经批准后方可施工。

第十一条 公路的安全设施、标志、标线和绿化工程，养护配套设施及其用地，按照国家公路工程技术标准实施，并与公路工程同期建设。超出技术标准或者要求增加项目的，由提出单位提供土地和建设、养护资金。

第十二条 收费公路交通标志、标线的设置、维护，由收费公路经营管理者负责。

不收费公路交通标志、标线的设置，由建设单位负责；其维护和更新由该公路的养护单位负责。

公路标志、标线必须清晰、准确、易于识别。通行信息应当提前提示，重要的通行信息应当重复提示。

第十三条 公路建设项目验收分为交工验收和竣工验收两个阶段。

公路建设项目完工后，项目法人应当按照国家和省有关规定组织交工验收；交工验收合格的，报省人民政府交通主管部门或者其授权的交通主管部门备案，交通主管部门在十五天内未提出异议的，项目法人可以试运营，试运营期不得超过三年；试运营期计入收费期限。

试运营期满前，项目法人应当按照规定办理竣工决算申报审批工作。政府审计、环保等部门应当及时组织审计和环保等单项验收。单项验收合格后，项目法人应当按照管理权限及有关规定申请竣工验收，竣工验收合格的，方可正式运营。

公路建设项目竣（交）工验收必须符合国家规定的公路工程竣（交）工验收标准。

第十四条 各级人民政府交通主管部门和有关监督管理部门应当加强公路建设的监督管理，维护公路建设市场秩序，依法查处公路建设中的违法、违规行为。

任何单位和个人对公路建设中违反法律、法规的行为以及工程质量问题，有权向有关部门投诉、检举、控告。

第十五条 公路养护应当执行国家和省人民政府交通主管部门规定的技术规范和操作规程，保持公路良好的技术状态。公路养护应当积极推向市场，实行管理和养护相分离。

公路路面养护及有关交通设施维修时，需要封闭半幅路面的，公路养护单位或者经营管理者应当按照有关规定报公路管理机构批准后实施，公路管理机构和公安部门应当共同做好施工现场的车辆疏导工作；需要全封闭路面的，由公路管理机构和公安部门共同发布通告后实施。

第四章 路政管理

第十六条 各级人民政府交通主管部门、公路管理机构应当认真履行职责，依法管理和保护公路，保障公路的完好、安全和畅通。

第十七条 各级人民政府交通主管部门、公路管理机构有权检查、制止侵占或者损坏公路、公路用地和公路附属设施（以下统称路产）等违反公路法和本条例的行为。

公路监督检查人员依法在公路、建筑控制区、车辆停放场所、车辆所属单位等进行监督检查时，被检查的单位和个人应当配合检查，并为其提供方便。任何单位和个人不得阻挠。

公路监督检查人员执行公务，应当出示有效的行政执法证件，佩戴统一标志。

公路监督检查的执法专用车辆，应当设置统一的标志和示警灯。

第十八条 在公路及公路用地范围内禁止下列行为：

（一）非法设置路障，摆摊设点，设点修车、洗车，堆放物品，打谷晒粮，积肥制坯及其他影响公路畅通的行为；

（二）倾倒垃圾余泥，向公路或者利用公路排水设施排污，车辆装载泥砂石、杂物散落路面及其他污染公路的行为；

（三）擅自设置广告、标牌，毁坏、擅自移动或者涂改公路附属设施；

（四）堵塞公路排水系统，擅自利用桥梁、涵洞或者公路排水设施设闸、筑坝蓄水；

（五）利用公路桥梁、隧道铺设输送易燃、易爆、有毒的气体或者液体的管道；

（六）其他侵占、破坏、损坏公路路产，危及公路安全的行为。

第十九条 超过公路、公路桥梁、公路隧道或者汽车渡船的限载、限高、限宽、限长标准的车辆，不得在有限定标准的公路、公路桥梁和公路隧道行驶，不得使用汽车渡船。

超过公路或者公路桥梁限载标准确需行驶的，应当经公路管理机构按照有关规定批准，并按要求采取有效的防护措施。运载不可解体的超限物品的，应当按照指定的时间、路线、时速行驶，并悬挂明显标志。

第二十条 公路监督检查人员应当依法对在公路上行驶的车辆进行超限检测，对未经批准的超限车辆可以指定其在县级以上人民政府交通主管部门或者公路管理机构确定的地点停放，卸载至符合轴载质量及其他限值，按照有关规定补交已行驶里程的补偿费。

公路监督检查人员进行超限运输检查时，应当确保公路安全和畅通。被检查人员应当配合，接受检查，不得强行通过。

第二十一条 利用、占用公路和公路用地的下列行为，应当经公路管理机构批准：

（一）公路接线设置道口；

（二）拆除分隔带；

（三）埋设管线、设置电杆、变压器和类似设施；

（四）修建跨（穿）越公路的各种桥梁、牌楼、涵洞、渡槽、隧道、管线等设施；

（五）履带车、铁轮车及其他有损公路路面的车辆上路行驶；

（六）其他利用、占用公路和公路用地的行为。

从事前款第（三）项、第（四）项行为，影响交通安全的，还须征得有关公安机关的同意。

第二十二条 在国道、省道上增设的平面交叉道口与公路搭接的路段，应当铺设长度不少于五十米的次高级以上路面。

第二十三条 损坏路产、污染公路应当依法承担赔偿责任；占用、利用公路路产或者超限运输的，应当承担经济补偿责任。赔偿、补偿费标准由省人民政府交通主管部门会同省财政、价格部门制定。

交通事故造成损坏路产或者污染公路的，公安部门应当及时通知公路管理机构处理。

第二十四条 公路建筑控制区的范围，指从公路两侧边沟（截水沟或者坡脚护坡道；无边沟的，防撞栏或者防撞墙外侧五米，下同）外缘起算的以下间距：高速公路不少于三十米；国道不少于二十米，省道不少于十五米，县道不少于十米，乡道不少于五米。

建筑控制区的具体范围经县级以上人民政府确定并予公告后，由公路管理机构设置标桩、界桩。禁止在公路建筑控制区内修建建筑物和地面构筑物，但公路防护、养护需要的除外。

第二十五条 自公路两侧边沟外缘起算，高速公路八十米范围内广告标牌设施的位置，应当由省人民政府交通主管部门统一规划，并按照有关规定批准。

国道五十米、省道三十米范围内广告标牌设施的位置，应当由地级以上市人民政府交通主管部门统一规划，并按照有关规定批准。

县道二十米、乡道十米范围内广告标牌设施的位置，应当由县级人民政府交通主管部门统一规划，并按照有关规定批准。

第二十六条 新建、改建公路线路确定后，县级以上人民政府交通主管部门应当知会当地人民政府规划、建设、国土等有关部门，在建筑控制区内不再审批建筑物、构筑物的建设。

对已经立项即将开工或者正在建设的公路，公路管理机构应当予以公告并依法实施路政管理。任何单位和个人自公告之日起不得在公路建设用地范围内抢建、抢种。

第二十七条 根据城市规划或者其他建设工程需要。国道、省道和收费公路需改线的，报省人民政府交通主管部门批准；不收费县道需改线的，报市人民政府交通主管部门批准；影响交通安全的，还须征得有关公安机关的同意。当地人民政府或者建设单位应当按照不低于该段公路原等级标准负责改线工程的投资。改线工程竣工验收后一年内办理新旧路产移交手续。

穿城（镇）公路需转为城市道路的，应当按照公路管理权限审批并办理有关手续。

第二十八条 公路竣工验收前，建设单位或者项目法人应当办理公路和公路用地土地使用权的登记，并按照规定取得土地使用权证。

第二十九条 公路改建及渡口改桥后处于建筑控制区内的原路产，继续作为公路规划建设用地管理；在建筑控制区外的原路产，可依法换取新建路桥需用的土地；改变用途和报废的，依法办理变更或者报废手续，手续办妥前，任何单位和个人不得占用。

第三十条 公路改建、扩建和养护大修、中修，施工单位应当按照公路施工、养护规范堆放材料，施工人员应当穿着统一安全标志，作业车辆、机械必须设置明显作业标志，并在施工路段按照规定设置施工标志、安全标志或者绕道行驶标志，采取措施疏导交通。完工后应当及时清理施工现场，保证车辆和行人的安全通行。

因恶劣天气、自然灾害、工程施工等原因需关闭公路的厂公路管理机构和公安部门应当提前发布通告，并采取措施疏导交通。

第三十一条 公路管理机构应当按照路产管理权限加强对公路标志、标线的监督管理，发现设置错误、不完善或者损坏的，应当责令公路经营者、管理者限期改正、修复或者更换。

第三十二条 公路绿化工作，由公路管理机构按照公路工程技术标准组织实施。

公路用地上的树木不得任意砍伐；确需更新砍伐的，必须经公路管理机构同意，按照《中华人民共和国森林法》的规定办理审批手续，并完成更新补种任务。

第五章　收费公路

第三十三条　收费公路，是指符合公路法和《收费公路管理条例》规定，经批准依法收取车辆通行费的公路（含桥梁、隧道和渡口）。

收费公路包括政府还贷公路和经营性公路。

第三十四条　省人民政府交通主管部门对本行政区域内的政府还贷公路，可以实行统一管理、统一贷款、统一还款。

经省人民政府批准，可在一定区域内实行车辆通行费年票制。

第三十五条　收费公路的设立应当符合国家和省的有关规定，由省人民政府交通主管部门会同省有关部门审核后，报省人民政府审批。省人民政府应当对收费公路的数量进行控制。

设立经营性收费公路应当依法采用招标投标的方式选定投资者。

转让收费公路收费权，属国道的，应当报国务院交通主管部门批准；属国道以外其他公路的，应当报省人民政府批准，并报国务院交通主管部门备案。

第三十六条　收费公路收费站的设置，由省人民政府按照《收费公路管理条例》的有关规定审查批准。

收费站站址的变更由县级以上人民政府交通主管部门审核逐级报省人民政府交通主管部门批准；站名变更的还需到价格部门换领收费许可证。

收费公路单向收费改为双向收费的，由省人民政府交通主管部门会同省人民政府价格主管部门审核后报省人民政府批准。

第三十七条　收费公路交工验收合格方可收费；收费公路终止收费后，收费公路经营管理者应当自终止收费之日起十五日内拆除收费设施。

第三十八条　车辆通行费的收费标准，按照《收费公路管理条例》的有关规定审查批准。

车辆通行费的收费标准，应当根据公路的技术等级、投资总额、当地物价指数、偿还贷款或者有偿集资款的期限和收回投资的期限以及交通量等因素计算确定。

公路建设项目试运营申请核定收费标准的，其建设项目投资总额按照省人民政府交通主管部门审批的设计概算计算；收费公路建设项目竣工验收后申请核定收费标准，其建设项目的投资总额按照省人民政府交通主管部门审批的竣工决算计算。涉及财政性资金的投资项目的投资总额按照财政部门审批的竣工决算计算。

修建与收费公路经营管理无关的设施、超标准修建的公路经营管理设施和服务设施的费用，在核定收费标准时，应当从投资总额中扣除。

第三十九条 收费公路的收费期限，由省人民政府按照《收费公路管理条例》的有关规定审查批准。收费期限届满，必须终止收费。

政府还贷公路在批准的收费期限届满前已经还清贷款、还清有偿集资款的，必须终止收费。

依照本条前两款的规定，收费公路终止收费的，省人民政府应当向社会公告，接受社会监督。

第四十条 省人民政府交通主管部门负责对全省公路联网收费的规划、设计、建设和运营实施管理。

第四十一条 收费站必须悬挂省人民政府交通主管部门统一监制的收费站站牌、标牌和省人民政府价格主管部门统一制发的收费许可证；并公布审批机关、收费单位、收费标准、收费起止年限、监督电话等内容。

第四十二条 收费公路经营管理者应当加强对收费站工作人员的业务培训和职业道德教育，收费人员应当做到文明礼貌，规范服务。

第四十三条 收费公路经营管理者应当建立健全财务、审计、统计、票据管理制度和报表制度。省人民政府财政、交通、税务、审计、价格、监察主管部门应当加强监督检查。

第四十四条 收费公路路政管理职责由公路管理机构行使，具体管理办法由省人民政府交通主管部门制定，报省人民政府批准。收费公路的养护、绿化由该公路的经营者负责，公路管理机构应当加强监督、检查。

交通、公安机关根据执法需要，可以查阅公路收费监控系统信息。

第四十五条 政府还贷公路收费站的管理费提取办法由省人民政府交通主管部门会同省人民政府财政、价格部门提出意见后报省人民政府批准。

不得将政府还贷公路收费站发包给任何单位或者个人承包收费。

第四十六条 经营性收费公路经营期间，等级公路技术状况指数（MQI）应当保持七十以上、高速公路技术状况指数（MQI）应当保持八十以上。

第四十七条 收费公路有下列情形之一的，由省人民政府交通主管部门责令经营管理者限期改正；逾期不改的，报省人民政府批准停止其收费：

（一）收费公路路面严重残损，连续三个月达不到规定的等级公路或者高速公路技术状况指数（MQI）的；

（二）不按照规定上报财务报表达六个月或者瞒报、虚报财务收支情况的；

（三）试运营期满仍未申请竣工验收或者验收不合格的；

（四）经营和管理违反相关法律法规，造成严重社会影响的。

收费公路经整改后符合收费要求，申请恢复收费的，应当经省人民政府批准。

第四十八条 收费公路经营管理者应当加强对收费站的管理，按照规定合理设置收费通道，具备条件的应当设置复式收费。

公路收费站应当根据车流量及时开足通道，保障收费通道的畅通；因未开足通道而造成在用通道平均五台以上车辆堵塞的，应当免费放行并开足通道。

第四十九条 省人民政府交通主管部门应当在公路收费站公布投诉电话。

公路收费站违反第四十八条第二款规定的，群众有权进行投诉、举报，县级以上人民政府交通主管部门应当认真调查，并按照第五十八条的规定追究有关人员的法律责任，并把处理结果告知投诉举报人。

第六章 法律责任

第五十条 违反本条例第十八条规定的，由县级以上人民政府交通主管部门责令其停止违法行为，限期采取补救措施，并可以按照下列规定处罚：

（一）违反第（一）项、第（二）项规定，尚未造成路产损坏的，处以五百元以下罚款；造成路产损坏的，处以五百元以上五千元以下罚款；

（二）违反第（三）项规定的，处以五千元以下罚款；危及行车或者公路安全，情节严重的，处以五千元以上三万元以下罚款；

（三）违反第（四）项、第（五）项规定的，责令限期拆除，处以一万元以上三万元以下罚款；逾期不拆除的，由县级以上人民政府交通主管部门拆除，费用由构筑者承担。

第五十一条 违反本条例第十九条规定，车辆在公路上擅自超限行驶的，由县级以上人民政府交通主管部门责令停止违法行为，可以处一千元以下罚款；情节严重的，强制卸载，可以处一千元以上三万元以下罚款。

第五十二条 违反本条例第二十一条第一款第（一）项规定，擅自与公路接线设置道口的，由县级以上人民政府交通主管部门责令停止违法行为，恢复原状，并处以五万元以下罚款。

违反本条例第二十一条第一款第（二）项、第（三）项、第（四）项、第（五）项规定的，由县级以上人民政府交通主管部门责令停止违法行为，可以处五千元以下罚款；造成公路损坏的，责令恢复原状，可以处五千元以上三万元以下罚款，并应当依法承担赔偿责任。

第五十三条 违反本条例第二十四条第二款规定，在公路建筑控制区内修建建筑物或者地面构筑物的，由县级以上人民政府交通主管部门责令限期拆除，并可以处五万元以下罚款；逾期不拆除的，由县级以上人民政府交通主管部门拆除，有关费用由建筑者、构筑者承担。

第五十四条 违反本条例第二十五条规定未经批准设置广告标牌设施的，由县级以上人民政府交通主管部门责令停止违法行为，限期拆除，可以处一千元以上五千元以下罚款；情节严重的，可以处五千元以上二万元以下罚款；逾期不拆除的，由县级以上人民政府交通主管部门拆除，有关费用由设置者承担。

第五十五条 违反本条例第三十条第一款规定的，由县级以上人民政府交通主管部门责令停止违法行为，影响公路畅通或者危及行车安全的，可以处五千元以下罚款；造成损失的，由施工单位承担民事责任。

第五十六条 违反本条例第三十二条第二款规定，擅自砍伐公路树木的，由县级以上人民政府交通主管部门责令赔偿损失。

第五十七条 有下列情形之一的，由省人民政府交通主管部门责令其限期改正，没收已收取的车辆通行费，上缴国库，用于公路建设：

（一）违反本条例第三十五条第三款规定，未经批准擅自转让收费公路收费权的；

（二）违反本条例第三十七条规定，未经交工验收合格开始收费的；

（三）违反本条例第四十五条第二款规定，将政府还贷公路收费站发包给单位或者个人承包收费的。

第五十八条 违反本条例第四十八条第二款规定，因未开足通道造成车辆堵塞的，由县级以上人民政府交通主管部门对收费公路经营管理者处以五千元以上一万元以下罚款；负有责任的主管人员和其他直接责任人员属于国家工作人员的，依法给予处分。

第五十九条 违反本条例规定，擅自在公路上设卡、收费或者应当终止收费而不终止的，由省人民政府交通主管部门责令停止违法行为，没收违法所得，并处以违法所得三倍以下的罚款；没有违法所得的，处以二万元以下罚款；负有责任的主管人员和其他直接责任人员属于国家工作人员的，依法给予处分。

第六十条 交通主管部门、公路管理机构的工作人员玩忽职守、徇私舞弊、滥用职权的，依法给予处分；构成犯罪的，依法追究刑事责任。

第七章　附　则

第六十一条 国家采用依法征税筹集公路养护资金的具体办法实施前，实行现行的公路养路费征收办法。公路养路费专项用于公路的养护和改建。

第六十二条 本条例规定的公路养护和收费公路等事项，需要制定具体办法的，由省人民政府另行制定。

第六十三条 本条例自2009年1月1日起施行。

广东省道路运输管理条例

（1995年1月13日由广东省第八届人民代表大会常务委员会第十二次会议通过　根据1997年12月1日广东省第八届人民代表大会常务委员会第三十二次会议《关于修改〈广东省道路运输管理条例〉有关条文的决定》第一次修正　2002年10月13日广东省第九届人民代表大会常务委员会第三十七次会议修订　根据2012年7月26日广东省第十一届人民代表大会常务委员会第三十五次会议《关于修改〈广东省民营科技企业管理条例〉等二十三项法规的决定》第二次修正）

第一章　总　则

第一条　为加强道路运输管理，维护道路运输秩序，建立统一、开放、竞争、有序的道路运输市场，保障道路运输经营者和旅客、货主的合法权益，根据法律、法规的有关规定，结合本省实际，制定本条例。

第二条　在本省行政区域内从事城乡道路运输经营活动及其管理适用本条例。

第三条　本条例所称道路运输包括货物运输、旅客运输、搬运装卸、运输服务和汽车摩托车维修等。

第四条　县级以上人民政府交通行政主管部门（以下简称交通行政主管部门）负责本条例实施。各级交通行政主管部门应当保障道路运输的畅通，维护道路运输经营者的合法经营。

在城市市区运营的出租小客车，由各市人民政府确定的部门进行管理。

公安、工商、财政、税务、物价、城市建设等有关部门应当按各自职责，协助交通行政主管部门做好道路运输管理工作。

第五条 各级人民政府应当根据社会经济发展的需要，制定道路运输发展计划，并将其纳入国民经济和社会发展规划。

第二章 开业、变更与歇业

第六条 从事营业性道路运输的单位和个人，必须具备相应的经营资质。资质条件由省交通行政主管部门根据国家有关规定制定，并向社会公布。

第七条 从事营业性道路运输的单位和个人，必须持相应的经营资质材料向当地县级以上交通行政主管部门提出开业申请。县级以上交通行政主管部门接到申请后，应当在二十日内作出审查答复，符合规定条件的发给相应的许可证件。申请人凭证办理工商、税务登记后，方准营业。

外商申请在本省从事营业性道路运输的，由县级交通行政主管部门报地级以上市交通行政主管部门办理。

第八条 不超过三个月的临时营业性道路客、货运输，由经营所在地县级以上交通行政主管部门批准，办理临时道路运输证后方可经营，并依法缴纳税费。

第九条 从事营业性道路运输的单位和个人，需要合并、分立、迁移、改名以及变更经营项目的，应当在三十日前报原审批机关批准；停业、歇业的，应当在二十日前到原审批机关办理有关手续。

上述事项还应当按规定到原登记的工商、税务机关办理有关手续。

第十条 从事营业性道路运输的单位和个人每年按规定到工商登记所在地交通行政主管部门接受经营资质年度审验，审验合格的方可继续经营。

第三章 货物运输

第十一条 道路货物运输，由承托双方签订运输合同。

第十二条 省内零担货物运输班车实行定线、定点、定期运行，其线路、站点、班期由参加运输的相关企业签订合同，并报班线起讫点所在地交通行政主管部门审批。

第十三条 本省经营者需从事跨省零担货物运输班车运输的，应当向当地交通行政主管部门提出申请，由省交通行政主管部门或其委托的地级以上市交通行政主管部门与相关省的交通行政主管部门协商审定。

外省经营者申请进入本省从事零担货物运输班车运输的，由申请人所在地的省交通行政主管部门与本省交通行政主管部门协商审定。

第十四条 国家和省人民政府规定的限运和凭证运输的物资以及危险货物，由托运人按有关规定办理准运手续后，方可运输。

第十五条 在遇有防洪抢险、救灾以及军事紧急情况时，从事营业性道路运输的单位和个人必须服从统一调度，保证按期完成县级以上人民政府下达的紧急运输任务。

对按照前款规定承担紧急道路运输任务的单位和个人，县级以上人民政府应当根据有关规定给予合理补偿。

第四章 旅客运输

第十六条 营业性道路旅客运输包括：班车旅客运输、旅游旅客运输、出租汽车旅客运输、包车旅客运输。

第十七条 营业性道路旅客运输线路、站点及经营区域实行省、市、县分级管理。

第十八条 道路旅客运输的班次线路经营权和出租汽车的经营权按公平、公开、公正的原则实行招标投标。

第十九条 省交通行政主管部门应当协调相关省交通行政主管部门制订省际年度客运班线发展计划，组织本省经营者参加经营权公开竞投。

外省经营者申请进入本省从事旅客运输的，由申请人所在地的省交通行政主管部门与本省交通行政主管部门协调审定。

第二十条 客运班车必须进入交通行政主管部门指定的站（场）载客，按公布的时间发车，不得随意变更线路、班次或者停靠站点。

非定班的线路客车应当在始发站按顺序载客发车，并服从站（场）管理。出租小客车在营运时间内不得拒载。

第二十一条 道路旅客运输的经营者及司乘人员应当按省规定的运价收费，并给予购票者票据。不得乱加价、乱收费。不得无故绕道行驶和非法招揽旅客。除车辆无法继续行驶外，不得中途更换车辆或者将旅客转交他人运送，确需更换车辆或交他人运送的，不得重复收费。

第二十二条 客运经营者由于本身的责任造成旅客漏乘、误乘、人身伤害或者托运行李丢失、损坏、错运的，应当依法承担损害赔偿责任。

第二十三条 旅客乘车必须购票，遵守乘车秩序，讲究文明卫生。不得携带危险物品及其他禁带物品乘车。

旅客由于自己的过错，造成他人人身伤害或者损坏车辆设施的，应当依法承担损害赔偿责任。

第二十四条 禁止使用拖拉机、货运车辆和残疾人专用车经营旅客运输。

禁止使用摩托车在大城市市区内经营旅客运输。

第五章　粤港澳运输

第二十五条 本省直通港澳客运、货运营业性车辆年度指标，由省交通行政主管部门提出方案，会同有关部门协调后，报省人民政府审定。

第二十六条 对直通港澳营业性车辆指标使用权实行公开招标投标。招投标工作由省对外经贸主管部门会同省交通、公安部门组成工作小组负责实施。

第二十七条 取得直通港澳营业性车辆指标使用权的企业，凭直通港澳营业性车辆使用权合同书，到省对外经贸部门办理合同批文；到省公安部门或其委托的市公安部门办理车辆、驾驶员牌证；到省交通行政主管部门或其委托的地级市交通行政主管部门办理营运手续。

经营粤港澳客货运输的车辆必须张贴由交通部规定的汽车出入境运输统一标志，按规定的经营范围进行营运。

直通港澳营业性车辆不得从事本省境内的区间客货运输。

第六章　搬运装卸

第二十八条　从事营业性道路运输搬运装卸的单位和个人，应当按照核准的范围进行作业；企业、事业单位的内部搬运装卸组织，从事营业性搬运、装卸的，依照本条例管理。

第二十九条　从事搬运装卸的单位和个人，应当按有关操作规程文明作业，及时装卸。因操作不当或故意延误装卸造成货主损失的，应当按有关规定赔偿。

第三十条　从事危险货物和大型物件、特种物件搬运装卸作业，必须具备专用搬运装卸工具和防护设备，作业者必须持有县级以上交通行政主管部门核发的特种搬运装卸作业证。

第三十一条　任何单位和个人不得垄断搬运装卸货源，不得强装抢卸。

第七章　运输服务

第三十二条　道路运输服务业包括为道路运输服务的物流服务、客货运站（场），客货运代理、配载、中转、联运，货物包装、仓储理货、堆存，运输信息咨询服务，机动车驾驶员、从业人员培训，机动车辆租赁、清洗和保管等。

第三十三条　道路客、货运输站和营业性机动车停车场的建设应列入城市建设规划。

第三十四条　港口、客货运站（场）、厂矿等货物集散地可建立货物运输配载服务组织，为承托双方提供服务，由所在地交通行政主管部门实施管理。

任何单位和个人不得垄断货源、欺行霸市。

第三十五条 客运站（场）应当具备符合国家规定的设施，为旅客提供安全、方便、卫生的候车环境。

货运站（场）应当为货主和货物运输经营者提供方便、安全的货物集散条件。

第三十六条 从事货运代理、联运服务的经营者之间应当签订运输合同，明确责任。在发生货损货差需要赔偿时，承运人应先行赔偿，然后依法向责任人追偿。

第三十七条 外省经营者在本省境内设立客、货运输业务代办点，应当经本省地级市以上交通行政主管部门批准，按规定办理手续后方可营业。

第三十八条 从事货物仓储保管的经营者提供的仓储场地及设施应当符合国家有关规定，按照货物的性质、保管条件和有效期限对货物分类存放，保持货物完好无损。

第三十九条 从事货物包装的经营者应当按照国家规定的货物运输包装标准包装货物。

第四十条 机动车驾驶学校、驾驶员培训和道路运输从业人员培训，允许符合条件的单位开办，由交通行政主管部门负责管理。管理内容包括规划布局和制定管理规章、技术标准、教学大纲及实施监督检查。

第八章　汽车摩托车维修

第四十一条 汽车、摩托车维修是指汽车、摩托车的大修、小修、维护和专项修理。

维修业户的经营类别由县级以上交通行政主管部门根据有关规定核定，实行挂牌经营。维修业户不得超越经营种类承修车辆。

第四十二条 汽车、摩托车维修业实行公平竞争。任何单位和个人不得垄断维修业务，不得强制或变相强制车主到指定的维修点维修或装配有关设备。

第四十三条 维修业户必须保证维修质量。在质量保证期内，属于维修质量原因造成的直接损失，承修业户应当负赔偿责任。发生质量纠纷时，经当事人申请，交通行政主管部门可以组织对争议车辆作技术鉴定，并根据鉴定结果进行调解。

第四十四条 维修业户不得承修报废车辆，不得利用报废车辆零配件拼装车辆。

第四十五条 维修业户不得占用道路、公共场所停放车辆或进行维修作业。

维修业户的作业场所与居民区所保持的距离应当符合有关规定的要求。

维修业户作业厂房的设计除符合维修作业要求外，还应当符合消防、安全及环保的要求；维修业户应当自觉保护环境，各种污染物的排放及处理应当符合国家环境保护规定的排放标准。

第九章 运输车辆

第四十六条 营业性道路运输的运力投放，由省交通行政主管部门根据广东省经济发展和道路运输市场发展的需要，实行宏观调控。

第四十七条 营业性道路旅客运输、货物运输的车辆必须向交通行政主管部门领取道路运输证，使用统一的客运路单或货物运单。道路货物运输车辆应当按规定挂放营运标志牌。装运危险货物的车辆，必须按规定悬挂危险货物运输标志。道路旅客运输的车辆应当按规定挂放客运线路标志牌或出租标志，并在明显位置张贴票价表、车辆牌号和投诉电话号码。出租汽车还应当配备经技术监督部门检查合格的计程、计费器。

第四十八条 车辆应当按国家有关规定接受车辆安全性能检验，未经检验或检验不合格的车辆不准行驶。营业性客运、货运车辆还应当按规定接受动力性、经济性、可靠性等综合性能检测。

第四十九条 车辆检测站是独立的、社会化的、自负盈亏的经济实体。检测站应当依法经营，按照国家有关技术标准实施检测，不得为被检测车辆出具虚假检测报告。车辆检测站的管理办法，由省人民政府另行制定。

第十章　价格和票证

第五十条　县级以上交通行政主管部门应当根据国家价格管理的规定制定和调整道路运输业的有关价格和收费标准，按管理分工权限报经物价主管部门同意后公布执行。

道路运输业协会可以提出调整有关价格和收费标准的申请，由省物价主管部门会同省交通行政主管部门审查同意后公布执行。

调整旅客运输价格和收费标准，由省物价主管部门会同省交通行政主管部门，遵循公正、公开、客观的原则，依照有关规定举行价格听证会，广泛听取经营者代表、消费者代表、政府有关部门代表以及相关的经济、技术、法律等方面的专家、学者的意见。

第五十一条　从事营业性道路运输的单位和个人应当按规定使用全省统一的票证。道路运输证件、客票、货票、费用结算凭证，按省交通行政主管部门和财政、税务部门有关规定印制、核发，任何单位和个人不得伪造、倒卖和转让。

第五十二条　从事营业性道路运输的单位和个人，应当向交通行政主管部门缴纳道路运输管理费。具体标准按国家有关规定执行。

各级交通行政主管部门应当遵守《广东省行政事业性收费管理条例》，不得重复收费和乱收费。

第十一章　监督检查

第五十三条　各级交通行政主管部门应当对从事营业性道路运输的单位和个人实施监督检查，纠正和处理违章行为。

监督检查的内容包括：营运牌证、经营范围、经营行为、运价、票证、交通规费缴纳等。

第五十四条 检查方式可到经营单位、作业现场检查，或者在交通稽查站检查。

设立交通稽查站的，须经省人民政府批准并发给检查证件。

第五十五条 各级交通行政主管部门对未经许可擅自从事营业性道路运输的，可以暂扣运输车辆和相关设备，并在规定期限内作出处理决定。

第五十六条 交通行政执法人员执行公务时，应当有两人以上，统一着装，佩戴统一标志，并出示行政执法证件；执法专用车辆应设置统一标志。

交通行政执法人员应当文明执勤，依法办事，不得乱扣乱罚。

第五十七条 各级交通行政主管部门应当及时受理对道路运输经营者的投诉以及道路运输经营活动中发生的纠纷，并在二十日内作出答复或处理。

第五十八条 参与道路运输活动的单位和个人应当接受监督检查，如实提供情况。

第十二章 法律责任

第五十九条 从事营业性道路运输的单位和个人违反本条例规定的，交通行政主管部门可视其情节轻重分别给予下列处罚：

（一）违反第七条、第八条、第三十七条规定，未经许可，擅自从事营业性道路运输的，责令停产停业，没收违法所得，并处以五千元以上一万元以下的罚款；

（二）违反第十二条、第十三条、第十九条、第二十七条规定，未经许可或者超出许可范围经营的，责令停产停业，并处以一千元以上三千元以下的罚款；

（三）违反第九条规定，未经原审批机关批准的，暂扣相应的许可证件三个月或者吊销相应的许可证件，并处以一百元以上五百元以下的罚款；

（四）违反第十条规定，未办理年审手续的，责令限期补办，并对运输业户处以每辆车一百元以上三百元以下的罚款；对汽车维修业户处以五百元以上一千元以下的罚款；对摩托车维修业户、搬运装卸和运输服务业户处以两百元以上四百元以下的罚款；对驾驶员培训单位和个人处以三千元以上五千元以下的罚款。

对年度审验不合格的企业责令三十日内整改，个体业户责令十五日内整改；整改后仍不合格的，责令停产停业，暂扣相应的许可证件和道路运输证三个月，或者吊销相应的许可证和道路运输证；

（五）违反第十五条第一款规定的，对单位处以五千元以上一万元以下的罚款，对个体经营者处以两千元以上五千元以下的罚款；

（六）违反第二十条规定，客运班车随意变更线路、班次或者停靠站点的，没收其违法所得，并处以三千元以上五千元以下的罚款；情节严重的，责令停产停业直至吊销其道路运输证或者客运线路标志；出租小客车在营运时间内拒载的，处以五百元以上一千元以下的罚款；

（七）违反第二十一条规定的，责令将多收的款项退还给旅客，并处以三千元以上五千元以下的罚款；情节严重的，责令停产停业直至吊销其道路运输证或者客运线路标志；

（八）违反第二十四条规定的，没收其违法所得，并处以一千元以上二千元以下的罚款；

（九）违反第三十一条、第三十四条第二款规定的，责令改正，没收违法所得，并处以一千元以上二千元以下的罚款；

（十）违反第四十条规定，不符合条件擅自开办的，责令停办，没收非法所得，并处以三千元以上五千元以下的罚款；

（十一）违反第四十一条第二款规定，维修业户超越经营种类承修车辆的，没收违法所得，暂扣相应的许可证件，并按每车次处以五百元以上一千元以下的罚款；

（十二）违反第四十四条规定的，责令停产停业，没收违法所得，并处以五千元以上一万元以下的罚款；

（十三）违反第四十七条规定的，处以三百元以上五百元以下的罚款；

（十四）违反第四十八条规定，营业性运输车辆未接受综合性能检测的，暂扣道路运输证，处以五百元以上二千元以下的罚款；情节严重的，责令停产停业；

（十五）违反第五十一条规定，使用不符合交通、财税部门统一规定的票证的，收缴全部不符合规定票证，没收违法所得，并处以一千元以上三千元以下的罚款；私自印制、伪造票证的，收缴全部违法票证，没收违法所得，并处以三千元以上五千元以下的罚款；

（十六）违反第五十二条规定，未交纳道路运输管理费的，责令限期缴纳，并按规定缴纳滞纳金；拒不缴纳的，暂扣道路运输证或相应的许可证件。

第六十条 对违反本条例的处罚，必须使用统一的交通行政执法文书和财政部门印制的罚没收据。罚没收入按规定上交财政。

查获的违禁物品，按有关规定处理。

第六十一条 当事人对行政处罚不服的，可依法申请行政复议或提起行政诉讼。当事人超过法定期限不履行处罚决定，又不申请复议或提起诉讼的，由作出处罚决定的行政机关申请人民法院强制执行。

第六十二条 交通行政主管部门的管理人员在执行公务中滥用职权，徇私舞弊的，由所在单位或者上级机关给予行政处分；构成犯罪的，依法追究刑事责任。

第十三章　附　则

第六十三条 本条例自2002年12月1日起施行。

广东省东江西江北江韩江流域水资源管理条例

（2008年9月26日广东省第十一届人民代表大会常务委员会第五次会议通过　根据2012年1月9日广东省第十一届人民代表大会常务委员会第三十一次会议《广东省人民代表大会常务委员会关于修改〈广东省固体废物污染环境防治条例〉等七项法规中有关行政强制条款的决定》第一次修正　根据2012年7月26日广东省第十一届人民代表大会常务委员会第三十五次会议《关于修改〈广东省民营科技企业管理条例〉等二十三项法规的决定》第二次修正）

第一章　总　则

第一条　为充分发挥流域水资源的综合效益，实现流域水资源可持续利用，防治水害，规范本省行政区域内东江、西江、北江、韩江流域水资源管理，根据《中华人民共和国水法》及有关法律法规，结合本省实际，制定本条例。

第二条　本条例适用于本省行政区域内东江、西江、北江、韩江流域水资源管理活动。

流域水资源是指流域内的地表水和地下水。

第三条　流域水资源实行流域管理与行政区域管理相结合的管理体制。

第四条　省人民政府水行政主管部门负责流域水资源的统一管理和监督工作。

东江、西江、北江、韩江流域管理机构（以下简称流域管理机构）履行法律法规规定的和省人民政府水行政主管部门授予的流域水资源管理和监督职责。

相关市、县人民政府水行政主管部门按照法律法规规定的权限，负责本行政区域内水资源的统一管理和监督；其他有关管理部门按照职责分工，协同做好水资源规划、配置、节约和保护的有关工作。

第二章　流域水资源规划

第五条　开发、利用、节约、保护水资源和防治水害，应当按照流域、区域统一制定规划。

流域规划包括流域综合规划和流域专业规划，流域内的区域规划包括区域综合规划和区域专业规划。

第六条　流域内的区域规划应当服从流域规划，专业规划应当服从综合规划。本省的东江、西江、北江、韩江流域综合规划应当服从相关江河流域的国家综合规划。

流域综合规划和区域综合规划以及与土地利用关系密切的专业规划，应当与国民经济与社会发展规划以及土地利用总体规划、城乡总体规划和环境保护规划相协调。

第七条　流域综合规划由流域管理机构会同相关地级以上市人民政府水行政主管部门编制，经省人民政府水行政主管部门审核并征求省有关部门和相关地级以上市人民政府意见后，报省人民政府批准，并依法报国务院水行政主管部门备案。

流域水资源保护、治涝、供水等与水利有关的专业规划由流域管理机构组织编制，经省人民政府水行政主管部门审核并征求同级有关部门和相关地级以上市人民政府意见后，报省人民政府批准。

第八条　区域综合规划由相关市、县人民政府水行政主管部门会同有关部门编制，报本级人民政府批准，并报上一级人民政府水行政主管部门备案。

区域水资源保护、治涝、供水等与水利有关的专业规划由相关市、县人民政府水行政主管部门编制，征求同级有关部门意见后，报本级人民政府批准。

第九条 编制流域、区域规划应当组织进行环境影响评价。

第十条 流域、区域规划经批准后，应当及时向社会公布。规划需要修改时，应当按照规划编制程序经原批准机关批准。

第十一条 建设水工程，应当符合相关流域的综合规划，其工程可行性研究报告按照国家和省的有关规定报请批准。

第三章 流域水量分配和调度

第十二条 流域水量分配应当依据流域规划、流域水资源现状和供需情况，以流域为单元制定水量分配方案。

制定流域水量分配方案，应当遵循公平公正、可持续利用和节约保护、水质水量双控制的原则，保障流域内居民生活用水，兼顾生产、航运和生态环境用水；协调上下游、左右岸利益，统筹流域外的调水。

第十三条 流域水量分配方案，由省人民政府水行政主管部门会同相关地级以上市人民政府制订，并征求省人民政府有关部门意见后，报省人民政府批准。调整流域水量分配方案，由省人民政府水行政主管部门会同相关地级以上市人民政府组织调查、论证，根据流域水资源状况和用水需求变化提出修订方案，并征求省人民政府有关部门意见后，报省人民政府批准。

流域水量分配方案包括取水量分配指标、河流重要控制断面最小下泄量指标及水质控制指标等内容。

经批准的流域水量分配方案是流域用水总量控制和水量调度的依据，应当严格执行。流域水量分配方案涉及地级以上市水量分配以及向流域外调水的水量分配，由流域管理机构组织实施；涉及市、县的水量分配，由有关市、县人民政府水行政主管部门按照管理权限实施。

第十四条 流域管理机构会同相关地级以上市人民政府水行政主管部门，根据流域水量分配方案、年度预测来水量、用水计划、水资源节约与保护以及水功能区达标等情况，制订流域年度水量调度计划，报省人民政府水行政主管部门批准。

第十五条 需要在年度水量调度计划外使用其他地级以上市计划内水量分配指标的，应当向流域管理机构提出申请，由流域管理机构组织有关各方协商提出方案，报省人民政府水行政主管部门批准。

第十六条 流域内发生严重干旱、河流重要控制断面流量小于最小下泄流量、水库运行故障、重大水污染事故等情况的，水行政主管部门和流域管理机构应当实施应急调度。

第十七条 旱情紧急情况的流域水量调度预案由流域管理机构会同相关地级以上市人民政府水行政主管部门制订，经省人民政府水行政主管部门审查后，报省人民政府批准。

发生旱情紧急情况的，经省人民政府水行政主管部门同意，流域管理机构应当会同相关市、县人民政府水行政主管部门组织实施旱情紧急情况的水量调度预案。

实施旱情紧急情况水量调度预案，流域管理机构和相关市、县人民政府水行政主管部门应当每日互相通报取水退水及水库蓄泄水情况，并同时向省人民政府水行政主管部门报告。

第十八条 发生河流重要控制断面流量小于最小下泄流量、水库运行故障以及重大水污染事故等情况的，流域管理机构、相关地方人民政府及其水行政主管部门和水库等工程管理单位，应当按照规定的权限和职责，及时采取压减取水量直至关闭取水口、实施水库应急泄流方案、加强水文监测等措施。

第十九条 流域管理机构和相关市、县人民政府水行政主管部门应当加强对所辖范围内水量调度执行情况的监督检查。

流域内的水库、水电站、闸坝和取水工程等管理单位，应当执行年度水量调度计划和有关运行管理规程，保持相应河段合理流量和水库合理水位，并接受相关水行政主管部门、流域管理机构的统一调度和监督检查。

第四章 流域水资源保护

第二十条 流域管理机构、相关县级以上人民政府水行政主管部门以及其他有关部门在制定水资源开发、利用规划和调度水资源时，应当维护流域各河段的合理流量和水库以及地下水的合理水位，维护水体的自然净化能力，保护水环境。

第二十一条 流域水功能区划由省人民政府水行政主管部门会同省人民政府环境保护行政主管部门和有关部门、有关地方人民政府拟定，报省人民政府批准后向社会公布，由流域管理机构监督实施。

经批准的水功能区划不得擅自变更。社会经济条件和水资源开发利用条件发生重大变化，需要对水功能区进行调整时，应当按照水功能区划制订程序进行修改后报请原批准机关批准。

水功能区划应当包括水功能区名称、范围、现状水质、功能及保护目标、管理措施等内容。

经批准的水功能区划是水资源开发、利用和保护的依据。任何单位和个人从事开发利用水资源活动，不得影响水功能区划确定的保护目标。

第二十二条 流域管理机构和相关市、县人民政府水行政主管部门，按照水功能区对水质的要求和水体的自然净化能力，以及其他有关规范和标准，分别核定东江、西江、北江、韩江流域干流及其三角洲河道和其他河道水域的纳污能力，并向环境保护行政主管部门提出限制排污总量的意见。

流域管理机构和相关市、县人民政府水行政主管部门应当对水功能区的水质状况进行监测，发现重点污染物排放总量超过控制指标的，或者水功能区的水质未达到水域使用功能对水质的要求的，应当及时报告流域内有关人民政府采取治理措施，并向环境保护行政主管部门通报。

第二十三条 在东江、西江、北江、韩江流域干流及其三角洲河道管理范围内新建、改建、扩建排污口，应当经流域管理机构同意，由有管辖权的环境保护行政主管部门审批。

在东江、西江、北江、韩江流域支流范围内新建、改建、扩建排污口，应当经流域内有关市、县人民政府水行政主管部门同意，并由有管辖权的环境保护行政主管部门负责对该建设项目的环境影响评价文件进行审批。

第二十四条 流域管理机构和相关市、县人民政府水行政主管部门应当加强流域水资源信息管理，完善水情水质通报机制。

流域的水量水质信息应当实行共享，并按规定向社会公开。

第五章　法律责任

第二十五条　县级以上人民政府及其水行政主管部门、流域管理机构和其他有关主管部门及其工作人员，有下列行为之一的，对负有责任的主管人员和其他直接责任人员，依法给予处分；构成犯罪的，依法追究刑事责任：

（一）对不符合法定条件的单位或者个人签署审查同意意见的；

（二）不执行水量分配方案、水量调度计划或者应急调度的；

（三）不按照规定拟定、实施流域水功能区划的；

（四）不履行流域水质状况监测、报告职责的；

（五）不履行监督职责，或者发现违法行为不予查处的。

第二十六条　违反本条例第十九条第二款规定，不执行水量调度计划或者应急调度的，由作出调度决定的县级以上人民政府水行政主管部门或者流域管理机构责令限期改正，并处二万元以上十万元以下罚款；负有责任的主管人员和其他直接责任人员属于国家工作人员的，由其上级主管部门、单位或者监察机关依法给予处分；构成犯罪的，依法追究刑事责任。

第二十七条　违反本条例第二十三条规定，未经同意新建、改建、扩建排污口的，由县级以上人民政府水行政主管部门或者流域管理机构依据职权责令限期拆除，并处二万元以上十万元以下罚款；逾期不拆除的，依法申请人民法院强制执行，处十万元以上五十万元以下罚款。

第六章　附　则

第二十八条　本省行政区域内东江、西江、北江、韩江流域的水污染防治以及从事防洪活动，依照有关法律法规的规定执行。

第二十九条　本条例自2009年1月1日起施行。

广东省野生动物保护管理条例

（2001年5月31日广东省第九届人民代表大会常务委员会第二十六次会议通过　根据2004年7月29日广东省第十届人民代表大会常务委员会第十二次会议《关于修改〈广东省对外加工装配业务条例〉等十项法规中有关行政许可条款的决定》第一次修正　根据2012年1月9日广东省第十一届人民代表大会常务委员会第三十一次会议《关于修改〈广东省固体废物污染环境防治条例〉等七项法规中有关行政强制条款的决定》第二次修正　根据2012年7月26日广东省第十一届人民代表大会常务委员会第三十五次会议《关于修改〈广东省民营科技企业管理条例〉等二十三项法规的决定》第三次修正）

第一章　总　则

第一条　为了保护、发展和合理利用野生动物资源，维护生态平衡，根据《中华人民共和国野生动物保护法》和有关法律、法规，结合本省实际，制定本条例。

第二条　在本省行政区域内从事野生动物保护管理、驯养繁殖、开发利用、科学研究等活动，必须遵守本条例。

第三条　本条例规定的保护野生动物，包括：

（一）国务院公布的国家重点保护野生动物；

（二）省人民政府公布的省重点保护野生动物；

（三）国务院林业行政主管部门公布的有益的或者有重要经济价值或者有科学研究价值的陆生野生动物（以下简称三有保护野生动物）。

前款规定的保护野生动物，是指野外生存的和驯养繁殖的野生动物个体或群体。

本条例所称野生动物产品是指野生动物的肉品、骨骼、皮张以及其他任何部分及其衍生物。

第四条 县级以上林业、渔业行政主管部门是同级人民政府保护野生动物行政主管部门，分别主管本行政区域内陆生、水生野生动物的保护管理工作。

乡、民族乡、镇人民政府协助保护野生动物行政主管部门做好本行政区域内的保护野生动物保护管理工作。

野生动物保护管理所需经费由同级人民政府列入财政预算，统一安排。

第五条 县级以上保护野生动物行政主管部门、工商行政管理部门依法分工协作，加强野生动物的保护管理。进入集贸市场的野生动物及其产品，由工商行政管理部门进行监督管理，保护野生动物行政主管部门应当予以协作，并有权查处；在集贸市场以外经营、运输、携带、邮寄、贮存野生动物及其产品的，由保护野生动物行政主管部门、工商行政管理部门进行监督管理。

公路运输、铁路、航空、航运、邮政等部门对非法运输、携带、邮寄的保护野生动物及其产品应当及时通知有关主管部门处理，不得承运、收寄。司法、公安机关和监察部门应当支持县级以上保护野生动物行政主管部门依法行使查处权。海关对非法进出口的保护野生动物及其产品，应当依法查处。

各有关部门依法扣留、没收的保护野生动物及其产品应当及时移交县级以上保护野生动物行政主管部门按照国务院野生动物行政主管部门的规定处理。

第六条 野生动物种类鉴定由地级以上市保护野生动物行政主管部门或者省保护野生动物行政主管部门指定的单位负责。

第七条 对保护野生动物或者检举控告和查处违反野生动物保护法律、法规行为有功的单位和个人，各级人民政府应当给予表彰奖励。具体办法由省保护野生动物行政主管部门会同省财政部门制定，报省人民政府批准执行。

第二章　野生动物保护

第八条　各级保护野生动物行政主管部门、工商行政管理部门在对野生动物保护法律、法规的实施进行检查时，检查人员应当出示检查证件，被检查的单位和个人应当予以配合。

对非法运输保护野生动物及其产品的，木材检查站有权制止，并报县级以上保护野生动物行政主管部门处理。

被查处的违反野生动物保护法律、法规案件同时涉及陆生和水生保护野生动物的，由该案件查处部门根据县级以上陆生、水生野生动物行政主管部门的委托依法一并处理，其他单位不再重复处罚。

第九条　县级以上保护野生动物行政主管部门、工商行政管理部门检查涉嫌违反野生动物保护法律、法规行为时，可采取下列措施：

（一）询问违反野生动物保护法律、法规的行为人和责任人；

（二）检查收购、出售、加工、利用、经营、储存、运输保护野生动物及其产品的场所和运输工具；

（三）查阅、复制、登记保存有关违反野生动物保护法律、法规的合同、发票、账册、单据、记录、信件和有关资料。

第十条　禁止猎捕、杀害国家和省重点保护野生动物。禁止非法收购、出售保护野生动物及其产品。

禁止介绍非法买卖保护野生动物及其产品。禁止为非法猎捕、宰杀、收购、出售、加工、利用、储存、运输、携带国家和省重点保护野生动物及其产品提供工具或者场所。

承运保护野生动物及其产品的，必须凭省保护野生动物行政主管部门或者其授权单位批准的运输证办理。

第十一条　省、市、有条件的县和重点野生动物自然保护区应当建立野生动物救护中心，负责本行政区域或者上级保护野生动物主管部门指定区域内被没收的保护野生动物的接收、救护、饲养、放生和移交工作。

第三章　野生动物猎捕管理

第十二条　因科学研究、驯养繁殖、展览或者其他特殊情况，需要猎捕省重点保护野生动物的，必须经县级以上保护野生动物行政主管部门审核，向省保护野生动物行政主管部门申请特许猎捕证或者特许捕捉证。

第十三条　县级以上人民政府应当根据本地区野生动物资源状况确定本地区的禁猎区、禁猎期，并报省保护野生动物行政主管部门备案。

自然保护区、自然保护小区、风景名胜区、森林公园、公园，以及其他野生动物主要生息繁衍场所列为禁猎区。

因特殊情况确需在禁猎区狩猎的，必须经县级保护野生动物行政主管部门批准。

第十四条　在适合狩猎的区域建立固定狩猎场所的，由县级以上林业行政主管部门审核后，报省林业行政主管部门批准，到工商行政管理部门申请登记注册。

第四章　野生动物驯养繁殖管理

第十五条　鼓励具备种源、技术、场地、资金等条件的单位和个人开展野生动物的科学研究和驯养繁殖工作。驯养繁殖国家二级保护野生动物，由省保护野生动物行政主管部门或者其委托的单位审批，发给驯养繁殖许可证。

第十六条　驯养繁殖野生动物的单位和个人不得擅自收购、出售保护野生动物及其产品。

第五章　野生动物经营利用管理

第十七条　驯养繁殖的国家二级保护野生动物和省重点保护野生动物或者其产品，由省保护野生动物行政主管部门或者其授权的市、县保护野生动物行政主管部门指定单位收购、经营，并予公布。

经营利用野生动物的场所，应当在醒目位置公开张贴国家和省重点保护野生动物的挂图或名录。

第十八条　禁止非法加工、食用国家和省重点保护野生动物及其产品。

依法没收的国家和省重点保护野生动物及其产品不得按食用动物加工、销售。

第十九条　因科学研究、驯养繁殖、展览或者其他特殊情况，需要收购、出售、运输、携带、邮寄、加工、利用，属省重点保护野生动物及其产品的，必须报省保护野生动物行政主管部门或者其授权的单位批准；属于三有保护野生动物及其产品的，必须报县级以上林业行政主管部门批准。

第二十条　运输、携带、邮寄保护野生动物及其产品，必须申领运输证。出县境的，由县级以上保护野生动物行政主管部门核发；出省境的，由省保护野生动物行政主管部门或者其授权的单位核发。

第二十一条　经营利用保护野生动物或者其产品的，应当缴纳野生动物资源保护管理费。经营利用省重点和三有保护野生动物或者其产品的野生动物资源保护管理费的收费管理办法，由省保护野生动物行政主管部门会同物价、财政部门制订，报省人民政府批准。

第六章　法律责任

第二十二条　违反本条例规定，非法猎捕省重点保护野生动物的，由县级以上保护野生动物行政主管部门没收猎捕工具，有猎获物的，没收猎获物和违法所得，并处以一万元以上十万元以下罚款；没有猎获物的，处以二千元以下罚款。

第二十三条 违反本条例规定，非法加工国家和省重点保护野生动物及其产品的，由县级以上保护野生动物行政主管部门或者工商行政管理部门没收实物和违法所得，并处以一万元以上十万元以下罚款。

明知是非法加工的国家重点保护野生动物或者其产品而食用的，处以一千元以上一万元以下罚款。

第二十四条 违反本条例规定，非法出售、收购、宰杀、运输、携带、贮存和邮寄三有保护野生动物及其产品的，由县级以上林业行政主管部门或者工商行政管理部门没收实物和违法所得，并处以一万元以上十万元以下罚款。

第二十五条 违反本条例规定，为非法捕杀、捕捞、宰杀、收购、出售、加工、利用、储存、运输、携带国家和省重点保护野生动物及其产品提供工具或者场所的，由县级以上保护野生动物行政主管部门或者工商行政管理部门没收违法所得，并处以一万元以上十万元以下罚款。

第二十六条 违反本条例规定，擅自建立野生动物狩猎场的，由县级以上工商行政管理部门或者林业行政主管部门责令其限期撤销，可以处五千元以上二万元以下的罚款。

第二十七条 违反本条例规定，未取得驯养繁殖许可证或者超越驯养繁殖许可证规定范围驯养繁殖国家重点保护野生动物的，由县级以上保护野生动物行政主管部门没收违法所得，处三千元以下罚款；可以并处没收野生动物，吊销驯养繁殖许可证。

第二十八条 非法经营利用野生动物或者其产品的，除依法予以处罚外，还必须按照国家和省规定的野生动物资源保护管理费收费标准的二倍补缴野生动物资源保护管理费。

第二十九条 非法猎捕、杀害保护野生动物，非法收购、运输、出售保护野生动物及其产品，非法狩猎破坏野生动物资源，非法进出口保护野生动物及其产品，伪造、倒卖特许猎捕证或者允许进出口证明书，构成犯罪的，依法追究刑事责任。

第三十条 保护野生动物行政主管部门、工商行政管理部门及其他有关部门的工作人员玩忽职守，滥用职权，徇私舞弊，包庇纵容违法行为的，或者对依法应当将没收的保护野生动物及其产品移交当地县级以上保护野生动物行政主管部门处理而不移交的，或者对依法应当将违法行为人移交司法机关追究刑事责任而不移交的，由所在单位或其上级主管部门给予行政处分。构成犯罪的，依法追究刑事责任。

第七章　附　则

第三十一条　本条例自2001年7月1日起施行。1993年7月15日广东省第八届人民代表大会常务委员会第三次会议通过、1997年9月22日广东省第八届人民代表大会常务委员会第三十一次会议修订的《广东省野生动物保护管理规定》同时废止。

广东省对外加工装配业务条例

（1993年5月14日广东省第八人民代表大会常务委员会第二次会议通过　根据2004年7月29日广东省第十届人民代表大会常务委员会第十二次会议《关于修改〈广东省对外加工装配业务条例〉等十项法规中有关行政许可条款的决定》第一次修正　根据2008年11月28日广东省第十一届人民代表大会常务委员会第七次会议关于修改《广东省实施〈中华人民共和国土地管理法〉办法》等三项地方性法规的决定第二次修正　根据2012年7月26日广东省第十一届人民代表大会常务委员会第三十五次会议《关于修改〈广东省民营科技企业管理条例〉等二十三项法规的决定》第三次修正）

第一条　为促进我省对外加工装配业务的发展，加强管理，根据国家有关规定和我省实际情况，制定本条例。

第二条　我省境内依法成立的企业（不包括外商投资企业）开展对外加工装配业务，适用本条例。

第三条　对外加工装配业务，是指由外商提供原材料、辅料、零部件、元器件、包装物料（以下简称料、件），由我方工厂按外商的要求进行加工或装配，全部成品交还外商销售，我方收取工缴费的业务。

开展对外加工装配业务，可以利用原有的厂场设备，也可由外商无偿或有偿提供设备和厂房建设资金。有偿提供的，我方用工缴费偿还。

第四条　各级对外经济贸易主管部门是对外加工装配业务的主管部门，负责本条例的贯彻实施。

海关、工商行政管理。财政、税务、外汇管理、银行等有关部门按国家有关规定及本条例，分别负责对外加工装配业务的监督和管理。

第五条 开展对外加工装配业务，必须订立书面协议（合同）。

订立协议（合同）必须遵守我国法律、法规，不得损害我国社会公共利益。

第六条 承接对外加工装配业务，可采取以下方式：

（一）有进出口经营权的生产企业直接与外商签订协议（合同）；

（二）没有进出口权的企业会同外贸公司或工贸公司、对外加工装配服务公司与外商签订协议（合同）；

（三）外贸公司、工贸公司、对外加工装配服务公司与外商签订协议（合同），并组织工厂生产。

第七条 签约双方当事人应向对方提供签约人的身份证件、公司（企业）或经济组织的授权证书（或委托证书）、企业注册登记的证明文件、资本信用文件等有关资料。

第八条 协议（合同）应包括以下主要内容：

（一）协议（合同）各方的名称、注册法定地址、银行账号以及法定代表人姓名、国籍、职务等；

（二）协议（合同）标的及各方的权利、义务和法律责任；

（三）外商来料、来件的名称、商标、规格、质量、数量、价格、包装要求，验收标准和程序等；

（四）加工装配成品的名称、规格、质量、数量、原料消耗定额、废次品率、试产期和试产批量、验收标准和程序、使用商标、包装要求等；

（五）外商提供的技术、专利和技术服务以及设备的名称、型号、规格、产地、性能参数、新旧程度、质量、数量、价款及偿还办法、安装、试产进度、验收标准和验收程序等；

（六）运输方式和交货地点、时间、方式；

（七）工缴费的计算方法和支付条件（结算银行、采用货币、支付方式及担保条件等）；

（八）保险；

（九）违约责任；

（十）不可抗力；

（十一）仲裁或其他处理纠纷的办法；

（十二）协议（合同）期限及生效、变更、解除、终止条件；

（十三）签订协议（合同）的日期、地点；

（十四）其他双方认为必须订明的事项。

第九条 企业凭对外经济贸易主管部门审批的协议（合同），向当地税务机关办理税务登记。

第十条 企业凭对外经济贸易主管部门审批的协议（合同），向当地经营外汇业务的银行申请立户。

第十一条 企业凭对外经济贸易主管部门审批的协议（合同）、批准文件和税务登记证，向主管海关办理登记备案手续。

第十二条 开展对外加工装配业务需招用管理人员、技术人员和工人的，必须按照人事劳动部门的有关规定办理，并与被招用者签订书面劳动合同。

劳动合同主要内容应包括劳动时间，劳动报酬，劳动保险，劳动保护，劳动纪律，福利待遇，录用、辞退条件，合同期限等。

严禁招用不满十六周岁的童工。

第十三条 开展对外加工装配业务，必须执行《广东省劳动安全卫生条例》，制定和落实劳动安全卫生管理措施。

第十四条 开展对外加工装配业务，必须遵守国家环境保护法规，制定和落实防治环境污染的措施，保证各项有害物质的排放符合国家规定的标准。

第十五条 对外加工装配项目所需进口的机械设备、检测仪器、工具、原辅材料、厂房装修材料、自用燃料、生产管理用机、具等物资，免领进口许可证，海关凭已批准的合同免税放行。

第十六条 对外加工装配项目进口生产所需的自用车辆，经省对外经济贸易主管部门根据国家有关规定批准，海关凭批件登记免税放行。

第十七条 外商及其派驻企业的工程技术人员，带进自用的国家限制进口的规定数量以内的生活用品，由企业出具保函，海关登记放行，免收保证金，用后复出。

第十八条 外商可用外汇向我外贸公司、工贸公司、对外加工装配服务公司及有进出口权的企业购买料、件进行对外加工装配。

第十九条 对外加工装配的成品属国内市场紧缺而国家允许进口的，经省对外经济贸易主管部门会同有关部门审核批准，按规定办理进出口手续、按章纳税后，可以在国内销售。

第二十条 对外加工装配产品出口不实行许可证管理，海关凭批准的协议（合同）免税放行。

国家限制承接对外加工装配的产品，由省对外经济贸易主管部门按国家对外经济贸易主管部门批准的出口控制指标安排和管理。

第二十一条 对外加工装配工缴费核算的内容应包括职工工资，奖金，劳保福利费，社会保险金，教育附加费，管理费，税收，保险费，水电费，厂房、土地使用费，设备折旧费、维修费，运杂费，银行、外贸手续费，口岸费，利润等。

第二十二条 对外加工装配工缴费外汇收入，除按协议（合同）规定扣还属外商有偿提供的设备价款和厂房建设资金外，其余部分必须及时在当地开户银行结汇。任何单位和个人不得以任何理由和方式将外汇截留在境外。

第二十三条 承接对外加工装配业务的企业按规定留成的外汇，可在外汇管理部门开立外汇额度账户，或经外汇管理部门批准在银行开立现汇账户。企业留成外汇可按规定自行使用，亦可在外汇调剂市场参加调剂。

第二十四条 企业取得工缴费收入的免税、减税，按照国家的税法执行。

第二十五条 对外加工装配业务应独立核算，建立专门账册，执行国家规定的有关财务会计制度，报送有关报表。

第二十六条 开展对外加工装配业务所需进口的料、件自进口之日起至成品出口之日止，设备、车辆自进口之日起至海关解除监管之日止，均应接受海关监管。在监管期内，未经原协议（合同）审批机关和当地海关批准，任何单位或个人（包括外商）不得将其出售、转让或移作他用。

第二十七条 对外加工装配协议（合同）期满或中止，企业须按规定期限向海关、工商、税务、银行等有关部门办理核（注）销手续。

第二十八条 对进口以多报少、出口以少报多或用其他藏匿、伪装和伪报品名、规格、数量等手段弄虚作假的；套购国家禁止和限制出口物资的；擅自将进口料、件，设备及加工成品在国内销售、私分、移作他用或违反海关监管规定的行为，由海关依照《中华人民共和国海关法》有关规定处理。

第二十九条 开展对外加工装配业务，有违反工商行政管理规定的行为，由工商行政管理部门根据不同情节，分别给予警告、罚款、没收非法所得等处罚。

第三十条 开展对外加工装配业务，有漏税、欠税、偷税、抗税等违反税收管理行为的，由税务部门依法处理。

第三十一条 开展对外加工装配业务，有套汇、逃汇等违反外汇管理行为的，由外汇管理部门按《违反外汇管理处罚施行细则》的规定处理。

第三十二条 当事人对海关、工商行政管理、税务、外汇管理等部门的处罚决定不服的，可按行政复议条例和行政诉讼法的规定申请复议或向人民法院起诉。

第三十三条 违反本条例规定，情节严重，触犯刑律的，由司法机关依法追究刑事责任。

第三十四条 我省企业承接华侨和香港、澳门、台湾的公司、企业和其他经济组织或个人的加工装配业务，参照本条例执行。

第三十五条 本条例自公布之日起施行。

广东省外商投资企业与来料加工企业直通港澳自货自运厂车行政许可规定

（2005年7月29日广东省第十届人民代表大会常务委员会第十九次会议通过　根据2012年7月26日广东省第十一届人民代表大会常务委员会第三十五次会议《关于修改〈广东省民营科技企业管理条例〉等二十三项法规的决定》修正）

第一条　为规范对本省外商投资企业、来料加工企业直通港澳自货自运厂车管理，维护直通港澳运输市场秩序，根据《行政许可法》，结合本省实际，制定本规定。

第二条　本省行政区域内依法成立的外商投资企业、来料加工企业直通港澳自货自运厂车的行政许可，适用本规定。

直通港澳自货自运厂车是指外商投资企业、来料加工企业用以运输企业自己使用的原材料、设备、生活用品和生产的成品、半成品直通香港特别行政区、澳门特别行政区的专用车辆。

第三条　各地级以上市人民政府外经贸主管部门负责对直通港澳自货自运厂车行政许可的审批，省公安部门负责核发直通港澳自货自运厂车及驾驶员的入出境批准通知书和车辆牌照。

第四条　外商投资企业、来料加工企业需要使用直通港澳自货自运厂车的，应当办理行政许可。

办理行政许可应当符合以下条件：

（一）属于生产型企业；

（二）每月进出口运输量超过五十吨，但纺织、服装行业可根据实际情况适度放宽；

（三）检查检验部门没有关于该企业的违法不良记录。

第五条 企业向行政许可审批机关申请行政许可应当提交以下材料：

（一）企业申请报告、批准证书或者来料加工协议（合同）、营业执照、验资报告；

（二）直通港澳自货自运厂车审批表（一式五份）；

（三）海关进口货物登记手册（复印件）；

（四）企业所在地外经贸主管部门的意见书等。

行政许可审批机关在收齐企业申报材料后五个工作日内作出准予或者不准予行政许可决定。准予行政许可的，报省人民政府外经贸主管部门备案。

第六条 经审核批准后，直通港澳自货自运厂车行政许可的有效期限为外商投资企业的经营期限内，来料加工企业为协议（合同）有效期限内。

企业经营期限届满后，直通港澳自货自运厂车行政许可需要延期使用的，必须在办理企业延期手续后，到原行政许可审批机关办理车辆延期手续。

第七条 企业凭行政许可审批机关批复通知书、直通港澳自货自运厂车审批表以及省公安部门规定的有关材料，半年内到省公安部门办理核发直通港澳自货自运厂车、驾驶员入出境批准通知书和车辆牌照等手续。

第八条 省人民政府可根据本规定制订实施细则。

第九条 本规定自公布之日起施行。

广东省渔业管理条例

（2003年7月25日广东省第十届人民代表大会常务委员会第五次会议通过
根据2012年7月26日广东省第十一届人民代表大会常务委员会第三十五次会议《关于修改〈广东省民营科技企业管理条例〉等二十三项法规的决定》修正）

第一章 总 则

第一条 为加强渔业资源保护、增殖、开发和合理利用，保障渔业生产者的合法权益，促进渔业的可持续发展，根据《中华人民共和国农业法》、《中华人民共和国渔业法》及其他有关法律、法规，结合本省实际，制定本条例。

第二条 在本省水域、滩涂和国家规定由本省实施渔业监督管理的水域从事养殖、捕捞等渔业生产活动以及管理，必须遵守本条例。

第三条 县级以上人民政府应当把渔业生产纳入国民经济发展计划，采取措施，加强水域的统一规划和综合利用。

渔业生产实行以养殖为主，养殖、捕捞、加工并举，因地制宜，各有侧重的方针。

第四条 各级人民政府应当鼓励渔业科学技术的研究和应用，推广先进技术，提高渔业科学技术水平。

第五条 县级以上人民政府渔业行政主管部门应当加强渔业产品质量的监督管理，建立渔业产品质量检验检测监督体系，推行渔业标准化生产，并按照国家有关规定加强水生动植物防疫和检疫的监督管理。

第六条 县级以上人民政府渔业行政主管部门主管本行政区域内的渔业

工作，组织实施本条例。其他有关行政主管部门，按照各自职责，协助做好渔业监督管理工作。

县级以上人民政府渔业行政主管部门可以在重要渔业水域、渔港设渔政监督管理机构。上级渔政监督管理机构有权对下级渔政监督管理机构的工作进行监督。

乡、镇人民政府协助渔业行政主管部门做好本行政区域内的渔业管理工作。

第七条 本省渔业的监督管理，实行统一领导、分级管理。

跨市、县的或者两个以上市、县共同生产作业的渔业水域、滩涂，由共同的上级渔业行政主管部门及其所属的渔政监督管理机构监督管理，或者由共同的上级渔业行政主管部门指定有关的市、县渔业行政主管部门及其所属的渔政监督管理机构监督管理。

第八条 渔业行政主管部门和所属的渔政监督管理机构及其工作人员不得参与和从事渔业生产经营活动。

第二章 养殖管理

第九条 省人民政府渔业行政主管部门应当根据国家对水域、滩涂利用的统一规划，会同交通、国土资源、建设、环保、水利、农业、林业、海事等有关部门，制定养殖水域、滩涂利用规划，报省人民政府批准实施。养殖水域、滩涂利用规划应当与土地利用、防洪、防风等规划相衔接。

县级以上人民政府应当加强商品鱼生产基地和城市郊区重要养殖水域的保护，划定养殖保护区，采取相应的保护措施。

第十条 县级以上人民政府渔业行政主管部门应当加强对所辖水域、滩涂养殖容量的调查评估，根据养殖区域的自然承载力，确定养殖容量并实施监控和管理。

第十一条 使用国家规划确定用于养殖业的全民所有的水域、滩涂从事养殖生产的单位和个人，应当向水域、滩涂所在地县级以上人民政府渔业行政主管部门提出申请，由本级人民政府核发养殖证，许可其使用该水域、滩涂从事养殖生产。

承包集体所有或者全民所有由集体经济组织使用的水域、滩涂从事养殖生产的，依法签订承包合同后，可以向所在地县级以上人民政府申请领取养殖证，当地人民政府予以注册登记后，发给养殖证。养殖证登记事项发生变更的，需到原发证机关办理变更登记手续。

从事养殖的单位和个人需持有养殖证方可申请水产品原产地证书、无公害水产品基地资格等。

第十二条 核发养殖证应当符合养殖水域、滩涂利用规划和区域养殖容量要求，并优先安排以下当地渔业生产者：

（一）养殖水域、滩涂毗邻所在村、乡（镇）的；

（二）因渔业产业结构调整从捕捞业转产从事养殖业的；

（三）因养殖规划调整另行安排养殖场所的。

第十三条 水域、滩涂养殖使用权可以依法转让。任何单位和个人不得侵占、买卖或者以其他形式非法转让水域、滩涂养殖使用权。

第十四条 从事养殖生产的单位和个人应当遵守下列规定：

（一）使用全民所有的水域、滩涂从事养殖生产的，按照养殖证许可使用的范围进行生产；

（二）合理使用渔药、饵料、饲料、添加剂，并做好使用记录，不得使用含有毒有害物质的渔药、饲料、饵料、添加剂等；

（三）不得向养殖水域倾倒生产、生活垃圾；

（四）及时合理处置被污染或者含病原体的水体和病死养殖生物，防止病害传播；

（五）防止对水域生态系统有危害的养殖品种逃逸。

第十五条 县级以上人民政府渔业行政主管部门应当采取措施鼓励发展无公害水产品养殖，并加强监督管理。

省人民政府渔业行政主管部门协助做好无公害水产品认证。

第十六条 县级以上人民政府渔业行政主管部门应当加强对养殖的水域环境、水质状况、水生生物毒性和疫情等的监控，并对水域生态环境影响较大的养殖品种和方式予以限制。

养殖水域环境遭到污染时，县级以上人民政府渔业行政主管部门应当采取强制性应急措施，或者报本级人民政府批准后，暂时关闭养殖区域。

第三章　水产苗种管理

第十七条　从事水产苗种生产的单位和个人必须向生产所在地县级以上人民政府渔业行政主管部门提出申请，经批准后方可从事生产。渔业行政主管部门必须在收到申请后三十日内作出许可或者不予许可的决定。对不予许可的，必须书面说明理由。

水产苗种生产许可证实行分级分类审批制度，具体办法由省人民政府渔业行政主管部门制定。

第十八条　从事水产苗种生产的单位和个人应当应用良种良法，按照水产苗种生产技术操作规程和标准进行生产，建立生产和技术档案。

生产和销售的水产苗种质量应当符合国家标准、或者行业标准、或者地方标准。销售的水产苗种应当附有质量合格证。

第十九条　县级以上人民政府渔业行政主管部门应当加强水产苗种质量的监督管理。

地级以上市人民政府渔业行政主管部门应当对生产和销售单位进行苗种质量检测，并将结果向社会公布。

第二十条　县级以上人民政府渔业行政主管部门应当加强水生生物安全的监督管理，应对辖区内水产品批发市场、水族馆等场所进行监督检查。

经批准拥有高危水生生物的单位和个人应当采取相应的安全控制措施。

第二十一条　进口、出口水产苗种、亲体以及从境外引进水生生物物种的，应当经省人民政府渔业行政主管部门审批。

从境外引进的水产苗种、亲体及其他水生生物物种，必须在指定的场所养殖、孵化，需转售的，应当经省人民政府渔业行政主管部门审批。

水产苗种进口、出口必须按照国家法律、行政法规的规定实施检疫。

第四章　捕捞管理

第二十二条　县级以上人民政府及其渔业行政主管部门应当鼓励发展远洋捕捞业，并根据渔业资源的可捕量合理安排近海捕捞，严格控制沿岸渔场和江河的捕捞强度。

第二十三条　根据捕捞量低于渔业资源增长量的原则，实行捕捞限额制度。

毗邻海域捕捞限额的分配方案由省人民政府渔业行政主管部门根据国家下达的捕捞限额指标制定，报省人民政府批准后实施；国家和省确定的重要江河、湖泊的捕捞限额总量由省人民政府确定，其他江河、湖泊的捕捞限额总量由相关市人民政府确定或协商确定。捕捞限额的分配方法和分配结果必须向社会公布，接受社会监督。

第二十四条　省人民政府渔业行政主管部门应当根据国家下达的船网工具控制指标，严格控制捕捞渔船的数量和功率。新造、改造、进口、购置渔船应当按照国家有关规定办理船网工具控制指标审批手续。

第二十五条　从事捕捞生产的单位和个人，应当依法申领渔业捕捞许可证。

海洋大型拖网、围网作业以及到我国与有关国家缔结的协定确定的共同管理的渔区或者公海从事捕捞作业的捕捞许可证，由省级人民政府渔业行政主管部门审核，报国务院渔业行政主管部门批准发放。其他作业捕捞许可证由县级以上人民政府渔业行政主管部门批准发放。

第二十六条　具备下列条件的，方可发给捕捞许可证：

（一）有渔业船舶检验证书；

（二）有渔业船舶登记证书；

（三）国务院渔业行政主管部门规定的其他条件。

县级以上人民政府渔业行政主管部门批准发放的捕捞许可证，应当与上级下达的捕捞限额指标相适应。

第二十七条　从事捕捞作业的单位和个人应当遵守国家有关休渔期、禁渔区等保护渔业资源的规定和渔船作业规范；不得在航道、锚地设置碍航渔具；禁止在渔业水域倾倒、遗弃副渔获物、渔具。大中型捕捞渔船应当填写渔捞日志，按规定使用船位监控装置。未经批准，不得进入他国管辖水域作业。

第二十八条 因养殖、科学研究及其他特殊需要在特定的渔场、渔汛、使用特殊方法捕捞，或者捕捞具有重要经济价值的水生动植物苗种、亲体的，应当经省人民政府渔业行政主管部门或者其委托的部门批准。

第二十九条 定置作业、采捕小贝类作业以及潜捕作业，不得跨县生产。确需跨县生产的，必须向渔场所在地县级人民政府渔业行政主管部门提出申请，经共同的上级人民政府渔业行政主管部门批准后方可进行。

第三十条 渔业船舶所有人应当为其水上作业人员购买人身保险。各级人民政府鼓励开展海上自救互救和船东互保业务。

第五章 渔业资源增殖和保护

第三十一条 县级以上人民政府应当加强水产自然保护区的建设和管理，保护生物多样性，对稀有、濒危、珍贵水生生物资源及其原生地实行重点保护。

县级以上人民政府渔业行政主管部门应当对其管理的渔业水域进行统一规划，采取措施，加强鱼、虾、蟹等水生动物的产卵场、繁殖场、索饵场、洄游通道以及人工鱼礁区等重要渔业水域的保护。

第三十二条 县级以上人民政府渔业行政主管部门应当加强人工增殖放流的监督管理。在渔业资源增殖保护区进行人工增殖放流，应当进行科学评估。

第三十三条 县级以上人民政府应当加强人工鱼礁建设和人工鱼礁礁体以及礁区的保护管理。

人工鱼礁的建设实行规划论证和分级、分类管理制度。单位和个人可以投资兴建准生态型、开放型人工鱼礁。

第三十四条 禁止使用炸鱼、毒鱼、电鱼等破坏渔业资源的方法进行捕捞。禁止使用小于规定的最小网目尺寸的网具进行捕捞。捕捞的渔获物中幼鱼不得超过规定的比例。

第三十五条 在鱼、虾、蟹等经济水生动物产卵场和洄游通道建闸、筑坝等建设项目及水下开采的，有关主管部门审批前应当征求县级以上人民政府渔业行政主管部门的意见。

第三十六条 县级以上人民政府渔业行政主管部门建立的渔业环境监测站，纳入全省环境监测网络。其监测数据，可以作为处理渔业水域污染事故的依据。

在鱼、虾、蟹类产卵场、索饵场、越冬场、洄游通道和养殖场等重要渔业水体不得新建排污口，已建排污口的应限期治理或搬迁。造成渔业污染事故的，应当接受县级以上人民政府渔业行政主管部门及其所属的渔政监督管理机构的调查处理。

第三十七条 水工建设、疏航、勘探、爆破、兴建锚地、排污、倾废等不得损害渔业资源。

第三十八条 县级以上人民政府应当积极引导、支持从事捕捞业的渔民和渔业生产经营组织从事水产养殖、休闲渔业或者其他职业，对统一规划转产转业的渔民，应当按照国家规定予以适当补助。

县级以上人民政府渔业行政主管部门可以根据辖区内渔业水域和渔业资源状况划定游钓等休闲渔业区。

从事休闲渔业的船舶必须符合相应的安全适航标准，并经省有关行政主管部门检验登记。未经检验登记的，不得从事休闲渔业经营活动。

休闲渔业船舶安全适航标准及休闲渔业安全管理办法，由省人民政府渔业行政主管部门会同有关部门制定。

第六章　法律责任

第三十九条 使用全民所有的水域、滩涂从事养殖生产，未依法领取养殖证或者超越养殖证许可使用的范围进行生产的，责令改正，补办养殖证，或者限期拆除养殖设施；妨碍航运、行洪的，可以并处一万元以下的罚款。

第四十条 使用含有毒有害物质的渔药、饵料、饲料、添加剂，向养殖水域投放生产、生活垃圾，以及不合理处理被污染或者含病原体的水体和病死养殖生物的，责令改正，情节严重的，可以处三万元以下罚款。

第四十一条 销售的水产苗种、亲体不符合国家标准、或者行业标准、或者地方标准，以及未经批准擅自从境外引进水生生物物种的，进口的苗种、亲体未在指定场所养殖孵化或者未经批准转售的，没收非法引进的水生物种、苗种、亲体和违法所得，可以并处三万元以下罚款。

第四十二条 违反捕捞作业规范，在渔业水域倾倒、遗弃副渔获物、渔具的，给予警告，情节严重的，可以处五百元以上五千元以下罚款。

大中型海洋捕捞渔船未按规定填写渔捞日志或者未按规定使用船位监控装置的，责令改正。

第四十三条 使用炸鱼、毒鱼、电鱼等破坏渔业资源方法进行捕捞的，使用小于规定的最小网目尺寸的网具进行捕捞或者渔获物中幼鱼超过规定比例的，没收渔获物和违法所得，处五万元以下的罚款；情节严重的，没收渔具，吊销捕捞许可证；情节特别严重的，可以没收渔船；构成犯罪的，依法追究刑事责任。

第四十四条 因水工建设、疏航、勘探、爆破、兴建锚地、排污、倾废等破坏渔业资源，造成损失的，致害者应当承担民事责任。

第四十五条 本条例规定的行政处罚，由县级以上人民政府渔业行政主管部门或者其所属的渔政监督管理机构决定。

渔业执法人员依法进行检查时，任何单位和个人不得阻挠。拒绝、阻碍渔业行政执法人员依法执行职务的，按照国家有关法律、行政法规追究法律责任。

第四十六条 渔业行政主管部门和其所属的渔政监督管理机构及其工作人员有下列行为之一的，按照国家有关规定给予行政处分；构成犯罪的，依法追究刑事责任：

（一）不按规定核发许可证、分配捕捞限额的；

（二）不按规定发给养殖证的；

（三）不按规定公布苗种质量检测结果、捕捞限额分配结果的；

（四）从事渔业生产经营活动的；

（五）养殖水域遭到重大污染不采取措施，造成严重后果的；

（六）其他玩忽职守不履行法定义务、滥用职权的。

渔业行政主管部门和其所属的渔政监督管理机构及其工作人员在行使职权时，侵犯《中华人民共和国国家赔偿法》规定的公民人身权、财产权的，按照赔偿法的规定予以赔偿。

第七章　附　则

第四十七条　本条例自2003年9月1日起施行。1990年2月18日广东省第七届人民代表大会常务委员会通过的《广东省渔业管理实施办法》同时废止。

广东省行政执法队伍管理条例

（1997年9月22日广东省第八届人民代表大会常务委员会第三十一次会议通过　根据2012年7月26日广东省第十一届人民代表大会常务委员会第三十五次会议《关于修改〈广东省民营科技企业管理条例〉等二十三项法规的决定》修正）

第一条　为加强对我省行政执法队伍的管理，保障和监督行政执法队伍依法实施行政执法活动，维护公共利益和社会秩序，保护公民、法人或者其他组织的合法权益，根据《中华人民共和国行政处罚法》等有关法律、法规，结合本省实际，制定本条例。

第二条　本条例所称行政执法队伍是指经批准设立，对公民、法人或者其他组织遵守行政管理法律、法规和规章的情况进行检查，并对违反行政管理秩序的行为实施行政处罚的组织。但行政机关负有行政执法职能的内设机构除外。

第三条　本省行政区域内的行政执法队伍的管理适用本条例。

法律、行政法规对行政执法队伍的管理另有规定的，从其规定。

第四条　省人民政府负责本条例的实施，具体的组织、监督工作由其法制工作机构负责。

第五条　行政机关应当依照法律、法规、规章的规定履行行政执法职责，确需设立行政执法队伍的，按本条例规定申请设立。

行政执法队伍的设立应当遵循精简、高效、公开的原则。

第六条　行政执法队伍的设立，由省机构编制部门征求法制部门意见后，依法审核报省人民政府批准并予公告。

省人民政府可以根据实际情况和需要，授权广州市和经济特区所在市的人民政府审批并予公告。

第七条 设立行政执法队伍必须符合下列条件：

（一）有与行政执法任务相适应的人员编制和财政经费；

（二）有符合条件的执法工作人员；

（三）在行政执法中需要进行技术检查或者技术鉴定的，应当有条件组织相应的技术检查或者技术鉴定；

（四）符合法律、法规的其他规定。

禁止行政执法队伍雇用合同工、临时工从事行政执法工作。

第八条 行政执法队伍应当在法律、法规、规章以及省人民政府规定的职权范围内履行职责，不得超越职权范围执法。

第九条 设立综合执法队伍，必须按照《中华人民共和国行政处罚法》的规定，由省人民政府根据国务院的授权决定或者批准。

第十条 行政执法队伍名称应当体现辖区、性质、类别等内容。

第十一条 行政执法队伍的分立、合并、设立分支机构、解散、变更名称等，必须报原审批机关批准并予公告。

第十二条 行政执法队伍的执法人员必须符合以下条件：

（一）有良好的政治素质和思想道德品行；

（二）熟悉相关的法律、法规、规章和本部门业务的知识；

（三）具有高中毕业以上的文化程度。

第十三条 行政执法队伍的执法人员实行持证上岗制度。行政执法人员执行公务时，应当出示省人民政府统一制发的行政执法证件或者国家法律、行政法规规定的执法证件。

行政执法人员必须接受执法培训。综合法律知识培训，由县级以上人民政府法制工作机构组织，专业法律知识培训，由县级以上行政主管部门组织。

第十四条 行政执法队伍的行政执法人员着装，应当符合国家有关规定。任何行政机关、行政执法队伍不得自行规定着装。

第十五条 行政执法队伍及其执法人员实施行政处罚，必须按照《中华人民共和国行政处罚法》的规定执行。

第十六条 公民、法人或者其他组织发现行政执法队伍及其执法人员有违反本条例行为的，有权向有关国家机关举报、控告、申诉。

第十七条 行政机关或者行政执法队伍及其执法人员违反本条例规定的，由县级以上人民政府责令改正；情节严重的，责成有关部门依法对负有直接领导责任的负责人和直接责任人给予行政处分；构成犯罪的，依法追究刑事责任。

第十八条 省人民政府可以根据本条例的规定，制定具体管理办法。

第十九条 本条例自一九九八年一月一日起施行。

广东省盐业管理条例

（1999年11月27日广东省第九届人民代表大会常务委员会第十三次会议通过　根据2002年10月13日广东省第九届人民代表大会常务委员会第三十七次会议《关于修改〈广东省盐业管理条例〉的决定》第一次修正　根据2012年7月26日广东省第十一届人民代表大会常务委员会第三十五次会议《关于修改〈广东省民营科技企业管理条例〉等二十三项法规的决定》第二次修正）

第一章　总　则

第一条　为加强盐业管理，保障食盐加碘消除碘缺乏危害工作的有效实施，保护人民的身体健康，提高民族素质，根据国家有关法律、法规，结合本省实际，制定本条例。

第二条　在本省行政区域内从事盐资源开发和盐产品生产、加工、储运、购销等活动，应当遵守本条例。

第三条　本条例所称的盐产品（含固体盐、液体盐）包括食盐、工业用盐和其他用盐。

食盐是指供人直接食用的盐；食品、副食品、果菜加工腌制用盐；畜牧、渔业和饲料生产用盐。

工业用盐是指用于生产纯碱、烧碱的原料盐和制革、染料、肥皂、冶金、制冰冷藏、陶瓷、玻璃、医药等行业生产、加工产品用盐。

其他用盐是指食盐、工业用盐以外的用盐。

第四条　食盐实行加碘供应，专营管理。

工业用盐和其他用盐实行统一经营和管理。纯碱、烧碱工业用盐依照国家有关规定进行管理。

第五条 省人民政府盐业行政主管部门负责本省盐业管理和本条例的组织实施。

各市（地级以上市，下同）、县（含县级市，下同）人民政府盐业行政主管部门负责本行政区域内的盐业管理工作。未设置盐业行政主管部门的，由省人民政府确定的盐业部门行使管理职责。

第六条 各级人民政府卫生行政部门负责加碘食盐（以下简称碘盐）的卫生监督管理工作。

工商行政管理、质量技术监督、价格、土地、矿产、海洋、交通、公安等管理部门，按照各自的职责，配合盐业行政主管部门开展盐业管理和监督工作。

第二章　盐资源开发和盐场保护

第七条 严格控制新开发盐资源和扩大盐业生产规模。

开发盐资源（含利用海水制盐、开采岩盐和井矿盐），开办制盐企业，扩大盐业生产规模的须经省盐业行政主管部门审查，并经有关部门按国家规定审核，报省人民政府批准。

第八条 海盐场应划定合理的保护区。盐场防护堤临海正面一千米以内和两侧五百米以内的潮间带（含纳潮沟、运输航道）及场外排洪沟，为盐场保护区。

第九条 禁止在盐场保护区内从事以下活动：

（一）海水养殖；

（二）填（围）海或取土、取水；

（三）修建影响盐业生产的建筑物；

（四）排放污水和有毒、有害物质；

（五）其他有损盐业生产的行为。

第十条 鼓励制盐企业对小型、分散、低产、劣质的盐田实行停产或者转产，发展多种经营。盐田停产或者转产，按隶属关系报批，并按规定办理有关手续。

第三章　生产管理

第十一条　食盐生产和碘盐加工实行定点生产制度。从事食盐生产和碘盐加工的企业，应当按照国家规定领取定点生产企业证书。碘盐加工企业应当向同级卫生行政部门申领卫生许可证。

第十二条　盐业生产和碘盐加工企业按照省盐业行政主管部门下达的生产计划组织生产或加工。

第十三条　碘盐必须符合国家质量和卫生标准，不符合标准的，不得出场（厂）。

碘盐存放超过规定的保存期或者保管不善，含碘量未达到规定标准的，由当地碘盐加工企业进行补碘。

第十四条　供应零售市场销售的食盐必须是碘盐并实行小包装。

食盐产品包装上应当注明盐的种类、执行标准编号、生产日期和保质期限、生产企业名称、地址及保管使用方法等。

食盐包装袋、防伪碘盐标志由省盐业行政主管部门统一管理。未经省盐业行政主管部门批准，任何单位和个人不得生产、印制、购销食盐包装袋和防伪碘盐标志。

第十五条　禁止生产假冒伪劣食盐产品，禁止印制假冒食盐包装袋和防伪碘盐标志。

禁止为生产假冒伪劣食盐产品、印制假冒食盐包装袋和防伪碘盐标志提供生产场地、设备、仓储保管及运输服务。

第十六条　禁止利用井矿盐卤水晒制、熬制盐产品。井矿盐卤水不得用于食品、副食品加工或者直接食用。

第十七条　在食盐中添加调味品、营养强化剂、药物等并以食盐产品销售的，必须经省卫生行政部门、省盐业行政主管部门批准并明确销售范围后方可生产。

第四章　运销管理

第十八条　食盐由省盐业行政主管部门按照国家下达的计划分配调拨，由各级盐业公司统一经营。

第十九条　纯碱、烧碱生产用盐按国家有关规定实行合同订货并限于纯碱、烧碱生产企业内自用，不得转让或者销售。

第二十条　除纯碱、烧碱生产用盐以外的工业用盐和其他用盐由省盐业行政主管部门按计划进行管理，由各级盐业公司经营，确保供应。用盐单位或者个人应当向当地盐业行政主管部门申报用盐计划，并从当地盐业公司购进所需用盐，不得擅自从制盐企业和其他单位或者个人购进、调运。

第二十一条　需从省外购进的盐产品由省盐业行政主管部门根据国家下达的计划进行统一调运，其他单位和个人不得擅自从省外购买、调运。

第二十二条　中外合资经营企业、中外合作经营企业、外资企业有权自行决定在中国或者向国外购买生产所需用盐，在中国购买的，应当遵守盐业法规的有关规定。

第二十三条　盐的进出口业务由国家指定的进出口企业统一经营。

第二十四条　省外的盐产品经本省口岸出口到国（境）外或者经本省中转调运的，应当接受当地盐业行政主管部门的监督管理。

第二十五条　食盐批发、零售实行许可证制度。食盐批发许可证由省盐业行政主管部门审查、核发，报国务院盐业主管机构备案。食盐零售许可证由县级以上盐业行政主管部门审查、核发。

食盐批发、零售许可证实行审验制度，持证单位或者个人应当在规定的时间内接受审验。

第二十六条　食盐批发、食盐零售单位和个人应当按照许可证规定的范围购销盐产品，并按照政府确定的价格销售。

第二十七条　食品、副食品、果菜加工腌制、饲料生产用盐应当使用碘盐，所需的碘盐应当从当地持有食盐批发许可证的企业购进。因生产工艺不适宜使用碘盐的，持县级以上卫生行政部门的证明，到当地食盐批发企业购进未加碘食盐（以下简称非碘盐）。

第二十八条 非碘盐、散装碘盐不得在零售市场上销售。

因治疗疾病，不宜食用碘盐的，可持县级以上人民政府卫生行政部门指定的医疗机构出具的证明，到盐业行政主管部门指定的单位购买。

第二十九条 禁止销售假冒伪劣食盐产品。有下列行为之一的，属销售假冒伪劣食盐产品：

（一）工业用盐作食盐销售的；

（二）井矿盐卤水作食盐销售的；

（三）利用井矿盐卤水晒制、熬制的盐产品作食盐销售的；

（四）不符合国家食盐标准的盐产品作食盐销售的；

（五）其他非食用盐产品作食盐销售的；

（六）非碘盐冒充碘盐销售的；

（七）假冒商标、假冒防伪碘盐标志，假冒碘盐包装销售的。

第三十条 食盐实行准运证制度。跨省调运食盐的，应当持有国务院盐业主管机构签发的食盐准运证；省内调运食盐的，应当持有省盐业行政主管部门签发的食盐准运证。

在本省范围内运输除纯碱、烧碱生产用盐以外的工业用盐和其他用盐，应当持有省盐业行政主管部门签发的准运证。

食盐准运证及工业用盐和其他用盐准运证实行铁路整车运输和公路、水路一车（船）一证；铁路零担运输一票一证；集装箱运输一箱一证。准运证一次有效，证货同行。

第三十一条 食盐的储存、运输应当做到防晒、防潮，符合卫生要求。食盐不得与有毒有害物品混载混放。

第五章　监督检查

第三十二条　各级盐业行政主管部门和工商行政管理、质量技术监督、卫生行政、公安等部门按其职责查处盐业违法行为时，可以行使下列职权：

（一）对违法生产、加工、储运、购销盐产品，制售假冒伪劣盐产品，违法购买、调运省外的盐产品（包括到达本省铁路货运站场、铁路专线、港口码头的伪报货物品名和收货人的盐产品，已经交付收货人或者尚未交付收货人的盐产品，省外单位、企业或者个人直接违法调运的盐产品）的违法行为进行检查，并依法暂扣盐产品和制假设备，必备时，经行政执法部门负责人批准，可以暂扣运盐工具；

（二）查阅、复制与盐业违法行为有关的运输票据，合同、销售凭证、账册等资料，询问违法当事人及向有关单位或者个人调查取证；

（三）对查获的违法盐产品或者其他违法物品，经调查并公告后仍无法查明违法当事人的，按无主货物依法收缴；

（四）法律、法规规定的其他职权。

第三十三条　对暂扣的盐产品或者其他物品应当在七日内作出处理决定。

第三十四条　工商行政管理、质量技术监督、卫生行政、公安等部门按其职责查获的盐产品，必须按国家有关罚没财物的管理规定交由当地盐业行政主管部门处理。

第三十五条　对举报盐业违法行为有功的单位或者个人，由查处该违法行为的执法部门按规定给予奖励，并为举报人保密。

第六章　法律责任

第三十六条　违反本条例第七条规定的，责令停止开发或生产，限期拆除生产设备，没收生产的盐产品和违法所得，并可处以盐产品价值和违法所得三倍以下的罚款。

第三十七条 违反本条例第九条规定的，责令停止有损盐业生产的行为，限期拆除养殖设施或建筑物；造成盐业生产损失的，应当赔偿实际损失。

第三十八条 违反本条例第十一条、第十六条、第十七条、第二十八条第一款规定的，责令停止生产和销售，没收盐产品和违法所得，处以盐产品价值和违法所得三倍以下的罚款。

第三十九条 违反本条例第十三条第一款、第十五条、第二十九条规定的，由盐业行政主管部门或者有关职能部门依照《广东省查处生产销售假冒伪劣商品违法行为条例》的有关规定处罚。

违反本条例第十三条第二款规定不进行补碘的，责令限期改正；逾期不改正的，没收盐产品和违法所得，并可处以盐产品价值和违法所得三倍以下的罚款。

第四十条 违反本条例第十四条第一款、第二款规定的，责令限期改正，没收违法所得；逾期不改正的，责令停止生产、加工，没收盐产品和违法所得，处以盐产品价值和违法所得三倍以下的罚款。

违反本条例第十四条第三款规定，擅自印制、购销食盐包装袋和防伪碘盐标志的，没收违法印制、购销食盐包装袋和防伪碘盐标志和违法所得，处以违法所得一倍以上五倍以下的罚款。

第四十一条 违反本条例第十八条、第十九条、第二十条、第二十一条、第二十二条、第二十三条规定的，责令其改正，没收盐产品和违法所得，并可处以盐产品价值和违法所得三倍以下的罚款。

第四十二条 违反本条例第二十五条、第二十六条规定的，没收违法经营的盐产品和违法所得，并可处以盐产品价值和违法所得三倍以下的罚款。情节严重的，吊销其食盐批发、零售许可证。

第四十三条 违反本条例第二十七条规定的，没收盐产品和违法所得，并可处以违法购进盐产品价值三倍以下的罚款。

第四十四条 违反本条例第三十条规定的，没收违法运输的盐产品，对货主处以盐产品价值三倍以下的罚款；对承运人处以违法所得三倍以下的罚款，货主不明的承运人应当承担货主的一切责任。

第四十五条 违反本条例第三十一条规定的，责令改正；造成食盐污染的，没收盐产品，处以盐产品价值三倍以下的罚款。

第四十六条 违反本条例的规定，构成犯罪的，依法追究刑事责任。

第七章 附 则

第四十七条 本条例所称的盐产品价值是指在不同环节查获的盐产品，分别按政府规定的出场（厂）价、批发价、零售价计算所得总额。

本条例所称的违法所得是指：（1）违法销售盐产品的收入或者按政府规定的销售价计算违法所得收入；（2）违法运输盐产品的运输费收入或者按规定的运费计算违法所得收入；（3）违法制售假冒包装物、商标标识收入或者按规定的价格计算违法所得收入。

第四十八条 本条例自2000年1月1日起施行。

广东省股份合作企业条例

（1998年12月31日广东省第九届人民代表大会常务委员会第七次会议通过　根据2010年7月23日广东省第十一届人民代表大会常务委员会第二十次会议《关于修改部分地方性法规的决定》第一次修正　根据2012年7月26日广东省第十一届人民代表大会常务委员会第三十五次会议《关于修改〈广东省股份合作企业条例〉的决定》第二次修正）

第一章　总　则

第一条　为了规范股份合作企业的组织和行为，保护企业、股东的合法权益，引导企业的健康发展，根据国家有关法律、法规，结合本省实际，制定本条例。

第二条　本条例适用于本省行政区域内设立的股份合作企业。

第三条　本条例所称股份合作企业是指企业全部资本划分为等额股份，主要由职工股份构成，职工股东共同劳动，民主管理，共享利益，共担风险，依法设立的法人经济组织。

第四条　股份合作企业股东按照本条例的规定享有资产受益、重大决策和选择管理者等权利，以其所持股份对企业承担责任。

股份合作企业享有股东投资形成的全部法人财产权，以其全部资产对企业债务承担责任，依法享有民事权利，承担民事责任。

第五条　股份合作企业应当实行入股自愿、民主管理、按劳分配与按股分红相结合的原则。

第六条　设立股份合作企业，应当依照本条例制定企业章程。企业章程对出资者和全体职工具有约束力。

股份合作企业的经营范围由企业章程规定，并依法登记。企业的经营范围中属于法律、法规限制的项目，应当依法经过批准。

第七条 股份合作企业的设立、经营管理、财务管理等活动，应当遵守有关法律、法规，接受政府有关部门的指导、监督。

第二章 设 立

第八条 设立股份合作企业，应当符合下列条件：

（一）职工股东人数不少于五人；

（二）注册资本不少于人民币三万元；

（三）有股东共同制定的企业章程；

（四）有企业名称，符合本条例规定的组织机构；

（五）有固定的生产经营场所和必要的生产经营条件。

注册资本达到人民币十万元以上的股份合作企业，可以依照本条例登记为股份合作公司。

第九条 股份合作企业的股东应当按照企业章程规定足额缴纳各自认缴的出资额。股东可以用货币出资，也可以用实物、工业产权、非专利技术或者土地使用权作价出资。

对作为出资的实物、工业产权、非专利技术或者土地使用权，必须依照法律、法规的规定进行评估作价，核实财产，并折合为股份。

用工业产权、非专利技术作价出资的金额不得超过企业注册资本的百分之二十，国家对采用高新技术成果有特别规定的除外。

第十条 股份合作企业章程应当载明下列事项：

（一）企业名称和住所；

（二）企业的宗旨和经营范围；

（三）企业注册资本；

（四）股东的姓名或者名称；

（五）股东的出资方式和出资额；

（六）股份的种类；

（七）股东的权利和义务；

（八）股份转让、继承办法；

（九）企业组织机构及其产生办法、职权和议事规则；

（十）企业法定代表人的产生程序、任职期限及职权；

（十一）财务管理制度和利润分配办法；

（十二）离退休职工生活保障办法；

（十三）企业的解散和清算办法；

（十四）企业章程修订办法；

（十五）股东认为需要明确的其他事项。

第十一条 申请企业设立登记，应当向企业登记机关提交下列文件：

（一）申请报告；

（二）企业章程；

（三）验资证明；

（四）企业登记机关规定的其他文件。

第十二条 企业登记机关应当自接到企业登记申请之日起三十日内，作出准予登记或者不予登记的决定。

企业登记机关对准予登记的，发给企业法人营业执照。企业法人营业执照签发日期，为股份合作企业成立日期。

登记为股份合作公司的，应当在公司名称中标明股份合作公司字样。

第十三条 国有、集体企业依照本条例改组为股份合作企业的，改组前，应当按照国家法律、法规有关规定进行资产评估、产权界定，改组方案应当经企业职工代表大会讨论通过并报有关主管部门审查批准。

第十四条 国有、集体企业改组为股份合作企业，应当向县级以上人民政府有关主管部门提交下列文件：

（一）改组申请报告；

（二）改组方案；

（三）职工代表大会同意改组的决议；

（四）资产评估报告和清产核资报告；

（五）企业章程。

第十五条 国有、集体企业改组为股份合作企业的，应当向企业登记机关提交有关主管部门审查批准文件，依法进行登记。

第三章 股份与股东

第十六条 企业的资本划分为股份，每一股的金额相等。

股份采取股份证明书的形式。股份证明书是企业签发的证明股东所持股份和取得股利的凭证。

第十七条 股份证明书应当载明下列内容：

（一）企业名称；

（二）企业登记成立时间；

（三）企业注册资本；

（四）股东姓名或者名称；

（五）股东所持股份种类、数量及金额；

（六）股东认购股份的时间；

（七）股份证明书的编号。

股份证明书由企业法定代表人签名，企业盖章。

第十八条 股份可以分为普通股和优先股。

在职职工所持股份为普通股，其他股东所持股份为优先股。

第十九条 普通股股东享有选举权、被选举权和表决权。优先股股东按约定获得股息，企业破产时优先获得清偿，但没有选举权、被选举权和表决权。

优先股股东可以与企业协商转为普通股股东或者由企业购回其股份。

企业经营管理发生严重困难，继续存续会使股东利益受到重大损失，通过其他途径不能解决的，持有股份合计超过企业股份总额百分之五十一的股东可以申请人民法院解散企业。

第二十条　普通股由在职职工按照企业章程规定认购。

优先股不得超过股份总额的百分之四十九。

第二十一条　改组的股份合作企业中的集体所有资产和国有资产可以按以下方式处理：

（一）由本企业职工一次性购买或者分期购买；

（二）国有资产可以设为优先股或者由企业有偿使用，交纳占用费；

（三）集体资产可以设为职工共有股份。

第二十二条　股东不得退股。

在职职工个人所持有的股份可以按照企业章程规定转让和继承，非本企业职工受让或者继承的普通股应当转为优先股。

职工退休的，其股份可以转为优先股或者由企业购回。由于其他原因离开企业的，其股份的处理办法由企业章程规定。

按照本条例第十九条第二款的有关规定，经协商优先股已全部转为普通股或者已由企业购回后，职工退休时持有的和非本企业职工受让或者继承的普通股，不再转为优先股。

第四章　组织机构

第二十三条　股东大会是企业的权力机构，由普通股股东组成，行使下列职权：

（一）决定企业的经营方针和投资计划；

（二）选举和更换董事或者执行董事，并决定其报酬事项；

（三）选举和更换由普通股股东代表出任的监事，并决定其报酬事项；

（四）审议批准董事会或者执行董事的报告、监事会或者监事的报告；

（五）审议批准企业的年度财务预算方案、决算方案、利润分配方案和弥补亏损方案；

（六）对企业增加、减少注册资本，以及企业合并、分立、解散和清算等事项作出决议；

（七）修改企业章程；

（八）企业章程规定的其他事项。

第二十四条 股东大会由董事会召集，不设董事会的，由执行董事召集。

股东大会应当每年召开一次年会。有下列情形之一的，应当召开临时股东大会：

（一）百分之十以上的普通股股东请求时；

（二）董事会或者法定代表人认为必要时；

（三）三分之一以上董事，或者监事提议时。

设董事会的，股东大会由董事长主持，董事长不能主持时，由副董事长或者董事主持。不设董事会的，股东大会由执行董事主持。

股东有权查阅股东大会的会议记录。

第二十五条 股东大会的表决方式由企业章程规定。

股东大会作出决议，应当经出席会议的有表决权股东人数的半数以上通过，但对本条例第二十三条第（五）项、第（六）项、第（七）项规定事项作出决议时，应当经有表决权的股东人数的三分之二以上通过。

第二十六条 设立董事会和监事会的，其成员人数由企业章程规定，但董事会成员不得少于五名，监事会成员不得少于三名。董事长是企业法定代表人，由董事会选举产生。监事会成员中应当有职工代表和优先股股东推派的代表，但普通股股东代表应占成员半数以上。

非股东职工可以推荐职工代表列席董事会，具体推荐办法由企业章程规定。

第二十七条 不设立董事会和监事会的，可以设执行董事和一至二名监事。执行董事为企业的法定代表人，由股东大会选举产生。

第二十八条 董事会或者执行董事对股东大会负责，行使下列职权：

（一）负责召集股东大会，并向股东大会报告工作；

（二）执行股东大会的决议；

（三）决定企业经营计划和投资方案；

（四）制订企业的年度财务预算方案、决算方案；

（五）制订企业的利润分配方案和弥补亏损方案；

（六）制订企业增加或者减少注册资本的方案；

（七）拟订企业合并、分立、变更企业形式、解散的方案；

（八）决定企业内部管理机构的设置；

（九）聘任或者解聘企业经理，根据经理的提名，聘任或者解聘企业副经理、财务负责人，决定其报酬事项；

（十）制定企业的基本管理制度。

第二十九条 企业设经理，对董事会或者执行董事负责，行使下列职权：

（一）主持企业的生产经营管理工作，组织实施董事会决议；

（二）组织实施企业年度经营计划和投资方案；

（三）拟订企业内部管理机构设置方案；

（四）拟订企业的基本管理制度；

（五）制定企业的具体规章；

（六）提请聘任或者解聘企业副经理、财务负责人；

（七）聘任或者解聘除应由董事会或者执行董事聘任或者解聘以外的其他管理人员；

（八）企业章程和董事会或者执行董事授予的其他职权。

第三十条 监事会或者监事行使下列职权：

（一）检查企业财务；

（二）对董事、经理履行企业职务，执行法律、法规和执行企业章程的行为进行监督；

（三）当董事和经理的行为损害企业的利益时，要求董事和经理予以纠正；

（四）提议召开临时股东大会；

（五）企业章程规定的其他职权。

监事列席董事会会议。

第三十一条 董事、监事的任期由企业章程规定，但每届任期不得超过三年，连选可以连任。

第三十二条 董事、执行董事、监事、经理不得自营或者为他人经营与其所任职企业同类的营业或者从事损害本企业利益的活动。违者，其所得收入应当归企业所有，并由董事会给予处分。

第三十三条 有下列情形之一的，不得担任股份合作企业的董事、执行董事、监事、经理：

（一）无民事行为能力或者限制民事行为能力；

（二）因犯有贪污、贿赂、侵占财产、挪用财产罪或者破坏社会经济秩序罪，被判处刑罚，执行期满未逾三年，或者因犯罪被剥夺政治权利，执行期满未逾三年；

（三）担任因经营不善破产清算的企业的董事或者厂长、经理，并对该企业的破产负有个人责任的，自该企业破产清算完结之日起未逾二年的；

（四）担任因违法被吊销营业执照的企业的法定代表人，并负有个人责任的，自该企业被吊销营业执照之日起未逾二年；

（五）个人所负数额较大的债务到期未清偿。

违反前款规定选举董事、执行董事、监事或者聘任经理的，该选举或者聘任无效。

第五章　财务管理和利润分配

第三十四条 企业应当依照法律、法规规定，建立本企业的财务、会计制度。

第三十五条 企业应当在每一会计年度终了时制作财务会计报告，并于召开股东大会的二十日前置备于企业，供股东查阅。

第三十六条 企业税后利润应当按照下列顺序分配：

（一）弥补企业以前的亏损；

（二）提取百分之十以上的公积金；

（三）提取百分之五至百分之十的公益金；

（四）按照约定支付优先股股息；

（五）支付普通股股利。

第三十七条 职工共有股份的股利，用于下列用途：

（一）分配给职工；

（二）用于职工集体福利；

（三）奖励有突出贡献的职工；

（四）企业有偿使用；

（五）转增为职工共有股份。

具体办法由职工代表大会决定。

第三十八条 企业的公积金用于弥补亏损、扩大生产经营或者转增企业资本。法定公积金转为企业资本时，所留存的该项公积金不得少于注册资本的百分之二十五。

第三十九条 企业的公益金，用于本企业职工的集体福利。

第四十条 企业应当按照国家有关规定缴纳社会保险费用。

第四十一条 由集体、国有企业改组的股份合作企业在设立时，经有关主管部门批准，可以划出一定比例的净资产，专门用于弥补离休、退休人员养老保险和医疗保险的不足。

第六章 变更与清算

第四十二条 企业的合并或者分立，应当由股东大会作出决议，并通知债权人。

第四十三条 企业合并可以采取吸收合并和新设合并两种形式。企业合并，应当由合并各方签订合并协议。合并前应当进行资产评估，并编制资产负债表及财产清单。合并各方的债权、债务，由合并后存续的企业或者新设的企业承继。

第四十四条 企业分立，应当由分立各方签订分立协议。分立协议应当划分分立各方的财产、经营范围、债权债务。对企业债务的承担应当事先作出决定，并以书面形式通知各债权人，重新签订清偿债务的协议。分立各方无法达成协议的，不得分立。

第四十五条 企业合并、分立及其他变更，应当依法向企业登记机关办理变更登记。企业解散的，应当依法办理注销登记。

第四十六条 企业因下列原因解散：

（一）企业章程规定的解散事由出现时；

（二）股东大会决定解散的；

（三）因企业合并或者分立需要解散的；

（四）因企业违法而被责令关闭的；

（五）优先股超过企业股份总额百分之四十九的；

（六）职工股东人数少于五人的；

（七）本条例规定的其他情形。

第四十七条 股份合作企业因第四十六条第（一）、（二）、（四）项解散的，应当依法成立清算组，进行资产清算。

企业清算后的财产，在支付清算费用后按照下列顺序进行清偿：

（一）所欠职工工资和社会保险费用；

（二）所欠税款；

（三）所欠债务。

前款同一项中规定该清偿而不能足额清偿的，可按所欠额比例支付。

清偿后的剩余资产，按优先股、普通股顺序和出资比例进行分配。

职工共有股份分得的财产用于企业职工的养老、再就业安置等事项。

第七章 附 则

第四十八条 本条例自1999年3月1日起施行。

自2012年7月26日起，本省行政区域内不再新设立股份合作企业。

股份合作企业可以依照《中华人民共和国公司法》的规定，改制为公司。股份合作企业改制为公司，可以按照拟改制的公司类型的设立条件，向公司登记机关申请变更登记，并提交有关文件。股份合作企业改制为公司后，其债权债务由改制后的公司承担。

广东省规章设定罚款限额规定

（1996年9月25日广东省第八届人民代表大会常务委员会第二十四次会议通过根据2012年7月26日广东省第十一届人民代表大会常务委员会第三十五次会议《关于修改〈广东省规章设定罚款限额规定〉的决定》修正）

第一条 为规范省人民政府和较大的市人民政府制定的规章（以下简称规章）对违反行政管理秩序的行为设定罚款的限额，根据《中华人民共和国行政处罚法》，结合我省实际，制定本规定。

第二条 规章可以在法律、行政法规或者地方性法规规定的给予罚款处罚的行为、种类和幅度的范围内作出具体规定；尚未制定法律、行政法规或者地方性法规的，规章可以根据不同的违法行为的事实、性质、情节以及对社会的危害程度，在以下限额内，按照过罚相当的原则设定不同幅度的罚款：

（一）对公民违反行政管理秩序的行为，设定的罚款不得超过一百元；但对涉及公共安全、生态环境保护、有限自然资源开发利用以及直接关系人身健康、生命财产安全方面的违反行政管理秩序的行为，可以设定不超过一千元的罚款。

（二）对法人或者其他组织违反行政管理秩序的行为，设定的罚款不得超过五万元，对其责任人设定的罚款不得超过五百元；但对法人或者其他组织涉及公共安全、生态环境保护、有限自然资源开发利用以及直接关系人身健康、生命财产安全方面的违反行政管理秩序的行为，可以设定不超过十万元的罚款，对其责任人设定的罚款不得超过五千元。

第三条 对违反行政管理秩序的同一行为，较大的市人民政府制定的规章设定的罚款数额不得超过广东省人民政府制定的规章设定的罚款数额。

第四条 本规定自1996年10月1日起施行。

广东省河道采砂管理条例

（2005年1月19日广东省第十届人民代表大会常务委员会第十六次会议通过根据2012年7月26日广东省第十一届人民代表大会常务委员会第三十五次会议《关于修改〈广东省河道采砂管理条例〉的决定》修正）

第一条 为加强河道采砂管理，保障防洪、供水和航运安全，根据《中华人民共和国水法》、《中华人民共和国河道管理条例》等法律法规，结合本省实际，制定本条例。

第二条 在本省行政区域的河道采砂及管理活动，适用本条例。

第三条 各级人民政府应当加强对河道采砂管理工作的领导和协调。

县级以上人民政府水行政主管部门负责河道采砂的统一管理和监督工作。

国土资源、公安、交通、航道、海事、海洋与渔业等有关部门按照各自职责，负责河道采砂有关管理工作。

第四条 河砂属于国家所有，任何组织和个人不得非法采砂。

河道采砂应当保障防洪、供水安全，保护生态环境，实行计划开采，总量控制。

第五条 县级以上人民政府水行政主管部门应当按照分级管理权限，会同国土资源、交通、航道、海事、海洋与渔业等相关部门，根据河道来砂量、水情、工程安全等情况，经论证后划定年度河砂禁采区和可采区。划定的可采区应当包括采砂具体地点、可采长度和宽度、可采砂量等内容。

第六条 河砂可采区内因防洪、河势改变、水工程或者航运设施出现险情、水生态环境遭到严重破坏以及有重大水上活动等情形不宜采砂的，有关部门应当及时通报县级以上人民政府水行政主管部门，县级以上人民政府水行政主管部门可以划定临时禁采区或者规定禁采期。

第七条 县级以上人民政府水行政主管部门应当于每年十二月公告下年度河砂禁采区。规定禁采期、划定或者解除临时禁采区的，应当及时公告。

第八条 县级以上人民政府水行政主管部门应当按照分级管理权限，根据划定的河砂可采区，编制年度河砂开采计划。

年度河砂开采计划应当包括采砂具体地点、可采长度和宽度、可采砂量、作业方式、作业工具及其数量、规模控制等。

第九条 河道采砂实行许可制度。河道采砂由市、县（区）人民政府水行政主管部门分级许可并发放许可证。其他任何部门和单位不得办理河道采砂许可和发证手续。

河道采砂许可证有效期不得超过一年。河道采砂许可证式样由省人民政府水行政主管部门制定，内容包括采砂人名称、采砂范围、采砂量、作业方式、采砂期限、采砂作业工具名称和数量、规模控制及卸砂点等。

个人家庭生活年自用砂量少于五十立方米需到河道可采区采砂的，免办河道采砂许可证，但采挖的河砂不得销售经营。

第十条 以下河道采砂由河道所在地的地级以上市人民政府水行政主管部门编制年度开采计划，报省人民政府水行政主管部门批准后，由地级以上市人民政府水行政主管部门许可发证：

（一）东江从龙川枫树坝起，经河源、惠州至东莞石龙头的干流河道；

（二）西江从广西交界起，经云浮、肇庆至三水思贤滘的干流河道；

（三）北江从韶关武江、浈江交汇处起，经清远至三水思贤滘的干流河道；

（四）珠江三角洲河道从东莞石龙头起，经东江北干流、南支流至珠江虎门大桥止的干流河道；从三水思贤滘起，经南华、磨刀门水道、石板沙水道至珠江磨刀门珠海大桥止的干流河道；从三水思贤滘起，经顺德水道、沙湾水道至珠江虎门大桥止的干流河道；

（五）韩江从梅州三河坝起，经潮州、东溪、西溪至入海河口的干流河道。

第十一条 河道采砂许可由有许可权的水行政主管部门通过招标等公平

竞争的方式作出决定。

有许可权的水行政主管部门应当根据年度河砂开采计划编制招标文件并组织招标，或者委托下级水行政主管部门组织招标。

第十二条 河道采砂投标人应当具备下列条件：

（一）有经营河砂业务的营业执照；

（二）有符合规定的采砂作业方式和作业工具；

（三）没有违法采砂记录；

（四）用船舶采砂的，船舶证书齐全。

第十三条 河道采砂投标人应当按照招标文件的要求编制并提交投标文件。

第十四条 有许可权的水行政主管部门应当依法确定中标人，与中标人订立河砂开采权出让合同，并依法颁发河道采砂许可证。

中标人应当依法缴纳河道采砂管理费和矿产资源补偿费。

第十五条 中标人领取河道采砂许可证后，应当到海事、航道等部门办理有关手续后方可作业。

第十六条 颁发许可证的水行政主管部门应当在采砂现场附近竖立公告牌，标明河道采砂许可证号、采砂范围、采砂船的船号、控制采砂量、采砂期限、采砂人姓名或者名称及监督举报电话等。

第十七条 河道采砂管理费由有许可权的水行政主管部门收取，按财政收支两条线规定管理，主要用于河道维护、建设和管理。具体办法由省财政部门会同省水行政主管部门拟订并报省人民政府批准。

第十八条 河道采砂人应当服从县级以上人民政府水行政主管部门的监督管理，并遵守下列规定：

（一）按照河道采砂许可证的规定和河砂开采权出让合同的约定采砂；

（二）不得在禁采区、临时禁采区、禁采期从事采砂作业；

（三）不得在每天19时至次日7时禁止采砂作业的时段从事采砂作业；

（四）不得改变河势、损坏水工程、破坏水生态环境；

（五）不得伪造、倒卖、涂改、出租、出借或者以其他形式非法转让河道采砂许可证。

第十九条 河道采砂许可证有效期满或者累计采砂达到采砂许可证规定总量的，河道采砂人应当停止采砂，发证机关应当注销其河道采砂许可证。

第二十条 禁止装运非法开采的河砂。在河道管理范围内运输河砂应当持有河砂合法来源证明。

在河道管理范围内运输依法开采的河砂的，颁发许可证的水行政主管部门应当在采砂现场及时发给河砂合法来源证明，并不得收取费用。

河砂合法来源证明由省人民政府水行政主管部门统一格式，包括河砂来源地、运输工具名称、装运时间、河砂数量、卸砂点和有效期限等内容。

第二十一条 水行政主管部门可以委托具备水利工程建设监理相应资质的监理单位对河道采砂活动实施监督管理。水行政主管部门应当通过招标等公平竞争方式确定监理单位，并与监理单位订立监理合同。

监理单位应当按照监理合同的约定，对采砂人的采砂范围、作业工具、开采时间、采砂数量等活动实施监督管理。

监理单位及其监理人员不得与采砂人、运砂人串通，弄虚作假，损害国家利益。

第二十二条 航道部门因航道整治需采砂的，应当事先征求有许可权的人民政府水行政主管部门的意见。所采河砂应当按照整治方案的要求进行处理。

第二十三条 河道所在地的市、县（区）人民政府水行政主管部门应当加强对河道采砂、运砂活动的监督管理，依法查处河道采砂违法行为，对违法采砂、运砂行为记录在案并予以公布。

上级人民政府水行政主管部门可以对本行政区域内河道采砂违法行为直接进行查处。

以河道为行政区界线的，河道交界线的任何一方人民政府水行政主管部门有权查处交界范围内的违法采砂行为。双方对管辖权有争议的，应当移送共同上一级人民政府水行政主管部门处理。

水行政主管部门依法查处案件，发现违法行为涉嫌构成犯罪，依法需要追究刑事责任的，应当依法及时向公安机关移送。

第二十四条 县级以上人民政府应当保障河道采砂执法所需经费，并根据采砂执法的实际，组织水利、国土资源、公安、交通、航道、海事、海洋与渔业等部门联合执法，打击违法采砂行为，维护采砂管理秩序。

第二十五条 县级以上人民政府水行政主管部门应当设置群众举报和投诉非法采砂、运砂行为的电话、电子邮箱等。对查证属实的，县级以上人民政府应当对举报人和投诉人给予相应奖励。

第二十六条 违反本条例规定，无河道采砂许可证采砂的，由县级以上人民政府水行政主管部门责令停止违法行为，暂扣违法采砂作业工具，没收违法所得，可并处三万元以上三十万元以下罚款；有下列情形之一的，可并处五十万元以上一百万元以下罚款：

（一）违法采砂两次以上的；

（二）在桥梁、码头、拦河闸坝、取水口、水文监测等工程设施上下游两千米范围内采砂的；

（三）在堤防管理范围内采砂的；

（四）在禁采区、临时禁采区采砂的；

（五）在禁采期、禁止采砂作业的时段采砂的。

上述违法行为造成水工程损坏、河势改变、水生态环境破坏、矿产资源破坏，构成犯罪的，依法追究刑事责任。

第二十七条 违反本条例规定，不按照河道采砂许可证规定采砂或者在禁采期、禁止采砂作业的时段采砂的，由县级以上人民政府水行政主管部门责令停止违法行为，暂扣违法采砂作业工具，没收违法所得，可并处一万元以上十万元以下罚款；情节严重的，可并处十万元以上二十万元以下罚款，并吊销河道采砂许可证；构成犯罪的，依法追究刑事责任。

第二十八条 违反本条例规定，在河道管理范围内运输河砂有下列行为之一的，由县级以上人民政府水行政主管部门暂扣违法运输工具，没收违法运输的河砂，责令其卸到指定地点，并可以处五千元以上五万元以下罚款：

（一）无河砂合法来源证明运输河砂；

（二）使用超过有效次数或者有效期限的河砂合法来源证明；

（三）伪造、变造、转让、涂改、出借或者出租的河砂合法来源证明；

（四）在违法采砂现场装载河砂。

第二十九条 违反本条例规定，监理单位及其监理人员与采砂人、运砂人串通，弄虚作假，损害国家利益的，由县级以上人民政府水行政主管部门责令改正，对监理单位处以一万元以上十万元以下罚款，对监理人员处以一千元以上一万元以下罚款。

第三十条 违反本条例规定，伪造、倒卖、涂改、出租、出借或者以其他形式非法转让河道采砂许可证的，由县级以上人民政府水行政主管部门收缴或者吊销河道采砂许可证，没收违法所得，可并处三万元以上三十万元以下罚款；构成犯罪的，依法追究刑事责任。

第三十一条 妨碍行政执法人员依法执行公务，暴力抗法的，依照《中华人民共和国治安管理处罚法》的规定给予治安处罚；构成犯罪的，依法追究刑事责任。

第三十二条 县级以上人民政府水行政主管部门及其执法人员对于依照本条例规定暂扣的违法采砂作业工具和违法运输工具，河道采砂人和运输人在规定的时间内接受处理的，应当依法立即予以退还；逾期不接受处理的，暂扣的违法采砂作业工具和违法运输工具可依法予以拍卖抵缴罚款。

第三十三条 县级以上人民政府水行政主管部门和其他有关部门及其工作人员有下列行为之一的，对负有责任的主管人员和其他直接责任人员给予行政处分；构成犯罪的，依法追究刑事责任：

（一）不按规定许可和发放河道采砂许可证、河砂合法来源证明等相关证件的；

（二）对违法采砂、运砂行为不按规定给予行政处罚的；

（三）不履行管理职责的；

（四）其他滥用职权、徇私舞弊、玩忽职守的。

第三十四条 本条例下列用语的含义是：

（一）河道采砂是指在河道（含水库库区）的管理范围内采挖砂、石、土等行为；

（二）采砂作业工具是指采砂船舶、挖掘机械、吊杆机械、分离机械，及其他相关机械和工具。

第三十五条 本条例自2005年5月1日起施行。

广东省商品交易市场管理条例

（2002年1月25日广东省第九届人民代表大会常务委员会第三十次会议通过根据2012年7月26日广东省第十一届人民代表大会常务委员会第三十五次会议关于修改《广东省商品交易市场管理条例》的决定第一次修正）

第一章 总 则

第一条 为规范商品交易市场秩序，加强对商品交易市场的监督管理，保护经营者和消费者的合法权益，根据有关法律、法规，结合本省实际，制定本条例。

第二条 本条例所称商品交易市场（以下简称市场），是指有固定的交易场地、设施，有若干经营者进场经营，对生产资料、生活资料实行集中、公开、现货交易的场所。

第三条 凡在本省行政区域内开办市场、在市场内从事商品交易、中介服务活动以及市场服务、市场管理，必须遵守本条例。

第四条 各级人民政府经济贸易行政管理部门依法对市场进行规划，指导市场建设。

各级工商行政管理部门依法对市场实行登记注册、监督管理和行政执法。

公安、税务、物价、质量技术监督、卫生等有关部门按照各自职责，协同做好市场的监督检查工作。

第五条 市场商品交易活动应当遵循自愿、平等、公平、诚实信用的原则，遵守商业道德。

市场管理应当遵循公开、公平、公正的原则。

第六条 市场规划必须纳入城乡建设总体规划，符合土地利用总体规划，市场布局和建设应当遵循科学选址、方便群众的原则。

市场规划由各级人民政府经济贸易行政管理部门提出，经编制城市规划的单位综合协调，按规定报经批准后组织实施。

第七条 因城市建设需要拆除与人民群众生活密切相关的粮油、肉菜、副食品市场，应当按规划给予复建或者就近重建。

第二章 市场开办

第八条 开办市场应当依法向县级以上工商行政管理部门申请办理企业登记注册，取得营业执照后方可进行市场摊位、店铺招商招租和开业。

第九条 市场开业应当符合下列要求：

（一）市场开业前，市场建筑应当经县级以上人民政府建设部门验收合格；市场设施和场所应当经消防部门消防设计审核、消防验收合格或者经消防设计备案并经消防安全检测合格；

（二）农产品批发市场应当设立依法经农业部门考核合格或者取得质监部门资质认定的检测机构，配备检测设备，或者委托有资质的质量安全检测机构对农产品质量进行抽查检测；

（三）经营活禽的市场，应当按照《中华人民共和国动物防疫法》等法律法规执行；

（四）法律法规规定的其他条件。

第十条 市场开办者应当设立市场服务管理机构或者委托具有法人资格的市场服务管理机构对市场进行服务管理。

第十一条 市场开办者或者市场服务管理机构根据市场情况为经营者、消费者提供下列服务：

（一）在市场设立投诉点接受投诉并及时转送有关单位；

（二）提供市场信息；

（三）设置法定、合格的复检计量器具；

（四）为设立邮政、通讯、金融、保险、运输等服务设施提供条件。

第十二条 市场开办者或者市场服务管理机构履行以下职责：

（一）负责市场内经营、安全、消防等设施的建设、维护和更新改造，保证相关设备处于完好状态；

（二）按规定建立治安、消防、计划生育、环境卫生等制度；

（三）发现欺行霸市、制售假冒伪劣商品等扰乱市场经营秩序的行为，应当及时向有关行政管理部门报告并协助查处；

（四）指导、督促场内经营者建立并执行商品进货查验和索证索票制度、进销货台账制度、不合格商品退市制度、商品和服务质量保障制度；

（五）有活禽入场经营的市场应当按规定设立相对独立鲜活家禽经营区域，并建立消毒、无害化处理等制度，配备相应设施设备；未实行集中屠宰地区的市场，还应当修建专门的活禽屠宰室，实行封闭式屠宰加工；

（六）对经营食品、食用农产品、药品、化妆品等与人体健康和生命安全有关的产品的入场经营者，应当审查其经营资格，明确其产品安全管理责任，定期对入场经营者的经营环境、条件、内部安全管理制度和经营产品是否符合法定要求进行检查，发现销售不符合法定要求产品或者其他违法行为的，应当及时制止并立即报告所在地工商行政管理、食品药品监督管理、农业、海洋渔业等行政部门；

（七）遵守有关市场的法律、法规、规章，接受有关行政管理部门的监督；

（八）开展有关法律、政策的宣传，组织经营者开展文明经商活动，做好市场商品交易的各项统计工作；

（九）法律、法规、规章规定的其他职责。

第十三条 市场开办者、市场服务管理机构应当严格按照市场布局设计图设立档铺，不得随意摆摊设点。

市场开办者或者市场服务管理机构应当与入场经营者签订书面合同，就摆卖规范、交易商品种类、食品等商品的进货查验、索证索票、商品购销台账、不合格商品下架、水电使用、卫生、消防等方面作出约定。

第十四条 农产品批发市场或者市场服务管理机构应当对进场销售的农

产品质量安全状况进行抽查检测；发现不符合质量安全标准的，应当要求销售者立即停止销售，并向相关行政管理部门报告；食品等其他批发市场或者市场服务管理机构应当协助工商行政管理、质量技术监督、食品药品监督、农业、海洋渔业等行政部门定期对进场销售的商品进行抽查检测，并提供方便；抽查检测结果应当在商品交易市场内公示。

第十五条 市场开办者和市场服务管理机构应当积极协助有关行政执法部门查处市场内的违章违法行为，不得隐瞒真实情况或者向当事人通风报信，不得以各种借口拒绝或者阻挠行政执法部门的执法检查。

第三章 市场经营管理

第十六条 经营者应当在营业场所的醒目位置悬挂营业执照；所经营商品实行经营许可证制度的，应当同时悬挂相应的许可经营证明文件。没有条件悬挂营业执照或者相应文件的，应随身携带备查。经营者应当按照规定建立并严格执行商品进货查验和索证索票制度、进销货台账制度、不合格商品退市制度、商品和服务质量保障制度。农民在农副产品市场销售自产的农副产品除外。

第十七条 经营者享有下列权利：

（一）提出开业、变更、停业、歇业申请；

（二）对核准的市场名称享有与市场开办者约定的使用权；

（三）在核准的经营方式、经营范围内依法自主经营；

（四）拒绝法律、法规和省人民政府规定之外的收费和各种形式的摊派；

（五）法律、法规赋予的其他权利。

第十八条 经营者应当依照法律、法规和省人民政府的规定缴纳税、费。

经营者应当接受有关行政管理部门的监督管理，不得拒绝和阻碍执法人员依法执行公务。

第十九条 经营者必须遵守法律法规和市场内各项管理制度，按照约定的地点或者区域经营，不得随意摆摊设点，占道经营。经营者转租其承租的摊位或者其他设施时，应当事先征得市场开办者或者市场服务管理机构的同意，并办理相关手续。

第二十条 市场内禁止销售下列物品：

（一）假冒伪劣商品；

（二）赃物、赈灾物资和来历不明的物品；

（三）法律法规禁止销售的动植物及其产品；

（四）应当检疫、检验而未经检疫、检验或者检疫、检验不合格的农副产品和依法应当标识而未标识的农副产品；

（五）病死、毒死或者死因不明的禽畜及其产品，有毒、有害、不符合卫生标准的食品；

（六）报废和非法拼装的机动车辆；

（七）毒品、淫秽物品和其他非法出版物；

（八）法律、法规禁止销售的其他物品。

第二十一条 市场交易活动禁止下列行为：

（一）强买强卖，欺行霸市，迫使他人接受不平等或者不合法的交易条件；

（二）垄断货源，哄抬物价或者串通操纵商品价格；

（三）掺杂、掺假、以假充真、以次充好，在商品的质量、性能、规格、技术标准上欺骗消费者；

（四）使用不规范、不合格的计量器具销售商品或者销售商品数量不足；

（五）销售或者提供服务不明码标价；

（六）法律、法规禁止的其他违法活动。

第二十二条 经营者对消费者提出的有关商品质量和使用方法等问题，应当作出明确、真实的答复。

第四章　市场监督管理

第二十三条　工商行政管理、质量技术监督、食品药品监督、农业、海洋渔业等行政部门应当建立巡查制度，按照各自职责对商品交易市场进行监督检查和管理，对商品交易市场内商品质量实行抽查检测，并将抽查检测结果在商品交易市场内公示。

工商行政管理、质量技术监督、食品药品监督、农业、海洋渔业等行政部门应当在商品交易市场内公布与本部门的监督职责相关的政务信息和管理机构以及派出机构的名称、地址、联系电话；接到举报投诉后应当做好记录、及时调查处理，并回复举报投诉人。

工商行政管理部门执法人员和其他行政管理部门执法人员应当密切配合，依法履行职责，对市场进行监督检查和管理。

第二十四条　工商行政管理人员在监督检查市场时可以行使下列职权：

（一）询问有关人员，要求其如实提供证明材料或者其他有关材料；

（二）查询、复制与违法行为有关的协议、证明、账册、单据、发票、文件、记录、业务函电和其他资料；

（三）检查与违法违章有关的物品，经县级以上工商行政管理部门负责人同意，可以扣留、封存与违法行为有直接关系的物品。扣留、封存物品时，必须制作清单，妥善保管，并在七日内作出处理决定；对易腐烂变质的物品和鲜活商品，可以先行处理。

第二十五条　公安机关应当加强对市场的治安管理，对欺行霸市等违法行为的举报应当及时查处；公安消防机关对市场防火安全负有监督管理责任，对新建、扩建、改建及室内装修的市场，依照国家有关消防技术规范的规定进行审核和验收。

第二十六条　行政执法人员必须依照法定程序查处市场违章违法行为。在执行检查任务时，应当按规定着装，并出示检查证件。对未出示检查证件的，被检查者有权拒绝检查。

第二十七条　国家机关及其工作人员不得开办市场和从事经营活动。

第五章　法律责任

第二十八条　违反本条例第十三条规定，随意摆摊设点的，由工商行政管理部门责令限期改正，逾期不改正的，处以一千元以上一万元以下罚款，情节严重的，责令停业整顿。

第二十九条　市场开办者或者市场服务管理机构违反本条例第十四条规定的，由相关行政管理部门依法责令改正，并处五千元以上二万元以下罚款。

第三十条　经营者违反本条例第二十条、第二十一条规定的，依照有关法律法规的规定给予处罚。法律法规没有规定的，由工商行政管理部门给予警告，责令停业整顿，没收违法所得，并处违法所得一倍以上五倍以下的罚款；没有违法所得的，可并处一千元以上一万元以下罚款。

第三十一条　经营者拒绝和阻碍行政执法人员依法执行职务或者有其他违反治安管理行为的，依照《中华人民共和国治安管理处罚法》的规定处罚；构成犯罪的，依法追究刑事责任。

第三十二条　行政执法部门及其行政执法人员违法行使职权，使公民、法人和其他组织的合法权益受到损害的，应当按照《中华人民共和国国家赔偿法》的有关规定给予赔偿。

第三十三条　行政执法人员滥用职权、玩忽职守、徇私舞弊、收受贿赂的，依法给予行政处分；构成犯罪的，依法追究刑事责任。

第六章　附　则

第三十四条　本条例自2002年4月1日起施行。

本条例修改前已取得市场登记证的，应当依法办理企业登记注册。

广东省查处无照经营行为条例

（2002年12月6日广东省第九届人民代表大会常务委员会第三十八次会议通过根据2012年7月26日广东省第十一届人民代表大会常务委员会第三十五次会议关于修改《广东省查处无照经营行为条例》的决定第一次修正）

第一条 为维护市场经济秩序，保护合法经营和消费者的合法权益，禁止和查处无照经营行为，根据《中华人民共和国行政许可法》等有关法律、行政法规的规定，结合本省实际，制定本条例。

第二条 本条例适用于本省行政区域内对未依法取得许可证、营业执照或者其他批准文件，擅自从事经营活动的无照经营行为的查处。

第三条 查处无照经营行为，应当遵循疏导与制止、教育与处罚相结合的原则，文明执法。

第四条 公民、法人或者其他组织未经行政许可，从事依法应当取得行政许可的活动的，行政机关应当依法采取措施予以制止和处罚。

各级人民政府应当加强对查处无照经营行为的领导，组织和督促有关部门共同做好查处无照经营行为的工作，建立和完善无照经营查处、取缔工作机制。

各级工商行政管理部门是查处无照经营行为的主管部门，具体负责本辖区内查处无照经营行为的工作。

公安、税务、建设、国土、卫生、环境、文化、广播电影电视、新闻出版、食品药品监督管理、质量技术监督、安全生产监督管理、经济和信息化、交通运输、人力资源和社会保障等有关行政许可审批部门依法在各自职责范围内，查处未依法取得许可证或者其他批准文件的经营行为。

依法相对集中行使行政处罚权的行政机关，可在授权范围内查处占道经营、乱摆乱卖的无照经营行为。

法律法规对查处无证无照经营行为另有规定的，从其规定。

第五条 从事生产、销售、服务等经营活动的单位和个人，应当依法向工商行政管理部门申请登记注册，领取营业执照。但有下列情形之一的除外：

（一）农民销售自产的、未经加工的农副产品；

（二）经批准设点销售季节性农副产品；

（三）经批准开办各类商品展销会；

（四）法律、法规另有规定的。

第六条 有下列情形之一的，由工商行政管理部门依法负责查处，有关行政许可审批部门依法在职责范围内予以配合：

（一）未依法核准登记领取营业执照，从事经营活动的；

（二）被依法吊销营业执照或者撤销设立登记后，继续从事经营活动的；

（三）办理注销登记后，继续从事经营活动的；

（四）营业执照有效期已过，未办理延期变更登记，继续从事经营活动的；

（五）借用、租用、受让他人营业执照从事经营活动的；

（六）持伪造的营业执照从事经营活动的；

（七）香港特别行政区、澳门特别行政区、台湾地区和外国的企业、其他组织和个人未经工商行政管理部门依法核准登记并领取营业执照从事经营活动的；

（八）香港特别行政区、澳门特别行政区、台湾地区和外国的企业、其他组织常驻代表机构直接从事经营活动的；

（九）法律、法规规定的其他无照经营行为。

有关行政许可审批部门查处违法行为时，发现当事人涉嫌上述无照经营的，应当及时通报或者移送工商行政管理部门；发现当事人涉嫌犯罪的，依法移送司法机关。

第七条 有下列情形之一的，由有关行政许可审批部门依法负责查处，工商行政管理部门依法在职责范围内予以配合：

（一）依法应当取得而未取得许可证或者其他批准文件，擅自从事经营活动的；

（二）依照法律、法规规定，无须办理营业执照，但应当取得许可证或其他批准文件而未取得，擅自从事经营活动的；

（三）被依法吊销、撤销、注销许可证或者其他批准文件以及有效期届满后，未按规定重新办理行政许可手续，擅自继续从事经营活动的。

行政许可审批部门查处违法行为时，对不属于本行政机关查处职责范围的，应当及时移送具有行政管理职责的行政机关查处；发现当事人涉嫌犯罪的，依法移送司法机关。

第八条 任何单位和个人不得有下列行为：

（一）伪造许可证、营业执照或者其他批准文件；

（二）出租、出借、转让许可证、营业执照或者其他批准文件；

（三）违反有关规定为无照经营者提供发票、银行账户、证明；

（四）为无照经营者提供经营场所、运输、保管、仓储等条件；

（五）法律、法规禁止与无照经营有关的其他活动。

第九条 工商行政管理部门查处无照经营行为时，可以行使下列职权：

（一）询问有关当事人，调查与无照经营相关的情况，并要求当事人提供相关的证明材料或者其他资料；

（二）查阅、复制与无照经营有关的合同、账册、发票、单据、文件、记录、业务函电和其他资料；

（三）检查与无照经营有关的场所、物品，查封、扣押直接用于无照经营的物品、设备、工具、资料等财物；

（四）法律、法规规定的其他职权。

第十条 工商行政管理部门作出对当事人的财物查封、扣押决定的，应当经县级以上工商行政管理部门主要负责人批准；交通不便地区或者不及时采取查封、扣押措施可能影响取证时，可以先采取查封、扣押措施，但必须在二十四小时内补办批准手续并送达当事人。

第十一条 采取查封、扣押措施时，应当由两名以上执法人员实施。执法人员应当向当事人出示执法身份证件，送达查封、扣押决定书，并制作现场笔录和查封、扣押财物清单。查封、扣押财物清单一式两份，由当事人和执法机关各执一份。

现场笔录和查封、扣押财物清单应当由当事人签名或者盖章。

当事人拒绝签名或者盖章的，应当由两名以上与当事人无利害关系的见证人签名见证；无见证人或者见证人拒绝签名的，应当在现场笔录中予以说明。

第十二条 查封、扣押财物的期限不得超过十五日。有特殊情况需要延长的，经县级以上工商行政管理部门主要负责人批准，可以延长十五日。

当事人的财物被查封、扣押后，应当自财物被查封、扣押之日起七日内到工商行政管理部门接受调查和处理。工商行政管理部门应当自当事人接受调查之日起七日内对该财物作出认定，对不属于直接用于无照经营的财物，应当在作出认定后二日内解除查封、扣押，并将财物归还当事人。

当事人不按期到工商行政管理部门接受调查和处理的，工商行政管理部门应当公告通知当事人。自公告之日起七日内当事人仍不到工商行政管理部门接受调查和处理的，被查封、扣押的财物依法处理，但不免除违法行为当事人的法律责任。

第十三条 对依法查封、扣押的财物，工商行政管理部门应当妥善保管，禁止动用、调换或者损毁。

被查封、扣押的易腐烂、易变质及其他难以保存或者不宜保存的物品，工商行政管理部门留取证据后，可以依法先行拍卖、变卖或者采取其他措施妥善处理。被查封、扣押的财物经认定不属于直接用于无照经营的，应当将拍卖、变卖所得退还当事人。

第十四条 有关行政许可审批部门查处无证经营行为时，依照《中华人民共和国行政许可法》、《中华人民共和国行政处罚法》、《中华人民共和国行政强制法》等法律、法规规定行使有关职权。

第十五条 有本条例第六条规定情形的，由工商行政管理部门责令停止经营，没收违法所得，并视情节轻重，可以给予下列处罚：

（一）对以公司名义从事无照经营的，处以一万元以上十万元以下罚款；对以合伙企业名义从事无照经营的，处以五千元以上五万元以下罚款；

对以个人独资企业名义从事无照经营的，处以五百元以上三千元以下罚款；其他无照经营的，处以五百元以上一万元以下罚款；

（二）被责令停止经营活动或者被查处后继续从事无照经营的，没收其直接用于无照经营的物品、工具、设备。

对非法持有的营业执照、有关证明、合同文本、发票、印章、招牌等，予以收缴。收缴的发票应当移交税务部门依法处理。

无照经营者涉嫌违反税收法律、法规的，工商行政管理部门应当及时移送税务部门依法处理。

第十六条 违反本条例第八条第（一）、（二）项规定的，由工商行政管理部门责令改正，没收违法所得，并处以五百元以上一万元以下罚款。构成犯罪的，依法追究刑事责任。法律、法规另有规定的，从其规定。

违反本条例第八条第（三）项规定的，由工商行政管理部门责令改正，没收违法所得，并处以五百元以上五千元以下罚款。

违反本条例第八条第（四）项规定的，知道或者应当知道本条例规定的无照经营行为而为其提供生产经营场所、运输、保管、仓储条件的，由工商行政管理部门责令立即停止违法行为，没收违法所得，并处二万元以下罚款；为危害人体健康、存在重大安全隐患、威胁公共安全、破坏环境资源的无照经营行为提供生产经营场所、运输、保管、仓储等条件的，并处五万元以上五十万元以下的罚款。

第十七条 当事人擅自动用、调换或者转移被依法查封、扣押的财物的，由工商行政管理部门责令限期缴回，并处以被动用、调换或者转移财物价值百分之二十以下罚款。逾期未能缴回的，处以被动用、调换或者转移财物价值一倍以上二倍以下罚款。

第十八条 对有下列情形之一的，可以从轻或者减轻处罚：

（一）被查处时工商行政管理部门已受理其登记注册申请的；

（二）检举他人违法行为有立功表现的。

违法行为轻微并及时纠正，没有造成危害后果的，不予处罚。

第十九条 工商行政管理部门处罚无照经营者时，应当告知其办理注册登记，领取营业执照。

第二十条 工商行政管理部门及其工作人员对不应当查封、扣押的财物予以查封、扣押，或者动用、调换、损毁以及私分被查封、扣押财物的，由有关部门责令改正，造成当事人财产损失的，应当依法予以赔偿，并对直接负责的主管人员和其他直接责任人员依法给予行政处分；构成犯罪的，依法追究刑事责任。

第二十一条 拒绝、阻碍执法人员执行公务的，由公安机关依照《中华人民共和国治安管理处罚法》处罚；构成犯罪的，依法追究刑事责任。

第二十二条 当事人对行政机关作出的行政处罚决定或者采取的行政强制措施不服的，可以依法申请行政复议或者提起行政诉讼。

行政机关及其工作人员在查处无证无照经营行为时违法行使职权，致使公民、法人和其他组织的合法权益受到损害的，应当按照《中华人民共和国国家赔偿法》的有关规定予以赔偿。

第二十三条 行政机关及其工作人员在查处无证无照经营行为中，滥用职权、玩忽职守、徇私舞弊的，对直接负责的主管人员和其他直接责任人员依法给予处分；构成犯罪的，依法追究刑事责任。

第二十四条 任何单位和个人有权向行政机关举报无证无照经营行为，有关行政机关接到举报，应当立即调查核实，并依法查处。行政机关应当为举报人保密，并按照法律法规的规定给予奖励。

第二十五条 本条例自2003年2月1日起施行。

广东省实施《中华人民共和国消费者权益保护法》办法

（1999年8月5日广东省第九届人民代表大会常务委员会第十一次会议通过根据2012年7月26日广东省第十一届人民代表大会常务委员会第三十五次会议《关于修改〈广东省实施〈中华人民共和国消费者权益保护法〉办法〉的决定》修正）

第一条 为贯彻实施《中华人民共和国消费者权益保护法》，结合本省实际，制定本办法。

第二条 本办法适用于本省行政区域内的消费者和经营者。

本办法所称消费者，是指为生活消费需要购买、使用商品或者接受服务的个人和单位。

本办法所称经营者，是指为消费者提供商品或者服务的生产者、销售者和服务者。

第三条 各级人民政府负责本办法的组织实施，协调、督促有关行政部门做好保护消费者合法权益的工作。

各级工商行政管理、物价、技术监督、检疫、卫生、农业、建设、旅游、食品药品监督管理等有关行政部门应当依照法律、法规的规定，在各自职责范围内，依法受理和调解消费者申诉，查处损害消费者合法权益的违法行为。

第四条 各级人民政府及其有关行政部门制定有关消费者权益的政策、规定时，应当通过在新闻媒体公布、召开听证会或者座谈会等形式听取消费者的意见和要求。

第五条 省、市、县（区）依法成立消费者委员会。消费者委员会依法开展对商品和服务的社会监督，维护消费者的合法权益。各级人民政府应当根据消费者委员会履行法定职能的需要配备必要的人员，拨付必要的经费并纳入财政预算。各有关行政部门应当对消费者委员会履行法定职能给予支持。

第六条 经营者与消费者进行交易，必须遵循自愿、平等、公平、诚实信用的原则。经营者不得强迫或者欺骗消费者购买商品或者接受服务，没有正当理由，不得拒绝或者延误提供商品和服务；应当听取消费者对其提供的商品或者服务的意见，对消费者的意见及时作出回应，接受消费者的监督。

第七条 经营者在提供商品或服务时，应当提供必要的技术指导、使用演示或说明书、保修凭证、购货发票或服务单据、商品检验合格证明等，还应当明示服务项目、标明收费价格。

第八条 国家规定或者经营者与消费者约定包修、包换、包退（以下简称“三包”）的商品，经营者在出售时必须出具“三包”的凭证，并确定具备条件的维修单位。“三包”凭证应当明确注明消费者的权利和义务。

实行“三包”的商品有质量问题的，自售出之日起七日内，经营者应当根据消费者的要求予以退货、更换或者修理；十五日内，应当根据消费者的要求予以更换或者修理。经营者承诺的时间超出本款规定时限的，依经营者的承诺。

第九条 经营者按“三包”规定承担退货责任的，应当按照商品的发票价格一次退清货款。

经营者按“三包”规定承担更换责任的，应当免费为消费者调换同型号同规格的产品，无同型号同规格产品的，经营者应当根据消费者的要求予以退货，并不得收取任何费用。

经营者按“三包”规定承担修理责任的，应当在二十日内修复，并不得收取任何费用。经营者应当在“三包”凭证上如实记录接受修理日期、维修所占天数、修理部位、故障原因等情况。

经营者在二十日内未能修复的，可以更换同型号同规格的商品；经营者未更换的，每延期一日按照商品价款百分之零点二的标准赔偿消费者因延误使用该商品的损失，或者提供同类商品供消费者在维修期间使用；经营者在六十日内未能修复或者在包修期内两次修理仍不能正常使用的，应当根据消费者的要求，负责退货或者更换。消费者选择退货的，按照本条第一款执行。

包修商品在包修期内修理的，其修理部位，从交付使用之日起，重新执行原规定的包修期；其他部位的包修期应当扣除维修占用天数。

第十条 对实行“三包”的大件商品，应当由经营者负责修理、更换、退货的，经营者应当上门服务或者负责运送；经营者要求消费者运送的，经营者应当承担运输费、误工费、差旅费等合理费用。

前款所称的大件商品目录以及运输费、误工费、差旅费的具体标准，由省工商行政管理部门会同有关部门规定。

第十一条 经营者对消费者提出的修理、重作、更换、退货、补足商品数量、退还货款和服务费用或者赔偿损失的要求，应当按规定或者约定履行义务，不得故意拖延或者无理拒绝。

以下情形为前款所称的故意拖延或者无理拒绝：

（一）经营者自接到消费者向其提出履行义务的要求或者行政管理部门、消费者委员会要求处理争议的通知之日起五日内不作答复的；

（二）经营者在允诺履行义务后三日内或者在消费者同意的期限内仍不实际履行允诺履行的义务的；

（三）不履行行政管理部门作出的决定或者消费者委员会作出的调解的。

第十二条 经营者在经营活动中，应当遵守公平、自愿、诚实信用的原则，不得有下列行为：

（一）以暴力、威胁、隐瞒、欺骗等手段强迫、诱导消费者购买商品或者服务；

（二）违背消费者意愿搭售商品或者在销售商品时附加其他条件；

（三）不向消费者明示经营范围；

（四）法律、法规禁止的其他行为。

第十三条 经营者提供商品或者服务，有下列欺诈行为之一的，应当按照消费者的要求增加赔偿其受到的损失，增加赔偿的金额为消费者购买商品的价款或者接受服务的费用的一倍：

（一）销售掺杂、掺假、以假充真、以次充好、以不合格商品冒充合格商品、短尺少秤、过期、失效、受污染的商品的；

（二）以虚假的清仓价、甩卖价、优惠价、最低价等欺骗性价格销售商品的；

（三）销售的商品达不到商品说明、实物样品所明示的性能、质量的；

（四）销售国家明令淘汰的商品的；

（五）作虚假的现场演示或者雇人进行欺骗性的销售诱导的；

（六）销售标有虚假的产地、质量标志、生产许可证、进出口商品检验等标志的商品的；

（七）销售假冒他人注册商标的商品的；

（八）以虚假广告欺骗和误导消费者的；

（九）以虚假的名称和标记从事经营活动的；

（十）以虚假的“有奖销售”、“还本销售”等方式销售商品的；

（十一）骗取消费者预付款而不提供商品或服务的；

（十二）销售应当检验、检疫而未检验、检疫，或者伪造商品检验、检疫结果的商品的；

（十三）其他欺诈行为的。

第十四条 经营者以邮购、电视购物、网上购物方式销售商品的，应当按照约定提供；未约定提供商品时限的，应当在收到消费者的汇款之日起三个工作日内交寄商品。违者，应当按照消费者的要求履行约定或退回货款，并承担消费者因此而产生的合理费用。

第十五条 从事加工修理业的经营者，应当开具记有加工或修理商品的名称、数量、项目、费用、交货日期等内容的凭证，保证加工修理质量，按期交货，不得有下列行为：

（一）偷换原材料或者零配件；

（二）虚列加工或修理项目；

（三）使用伪劣零配件；

（四）谎称更换零配件；

（五）擅自提高收费标准。

从事加工修理业的经营者，应当建立并执行配件的进货检查验收制度，审验配件供货商的经营资格，验明产品合格证明和产品标识，有效保存进货和质量凭证，存档备查。有关凭证的保存期限不得少于两年。

第十六条 经营者应当为消费者提供安全的消费环境，对有危险性因素的项目或地方，应当设有警示标牌。

惊险性娱乐项目，应当制定紧急避难措施，并具有保障消费者生命安全的技术条件、服务设备和必要的救护设施。

第十七条 从事美容、美发的经营者，应当明码标价，合理收费、不得价外加价，不得使用伪劣美容、美发用品。从事生活美容的经营者不得从事医疗美容服务，从事医疗美容的经营者应当确保消费者的身体健康和生命安全。

第十八条 从事汽车旅客运输业的经营者，应当保证乘客的人身财产安全。有标明发车时间、班次的，必须按时发车。不得故意绕行、兜圈拉客、超载、拒载、中途停运或转运、途中加价，不得擅自调校出租汽车里程计价表。造成消费者损失的，应当赔偿消费者的直接损失。

从事民航、铁路运输、航运的经营者，应当保证乘客的安全。因故不能准时出发或正点到达的，应当及时告知消费者并妥善处理。

第十九条 从事旅游业的经营者，应当与消费者签定旅游合同，在约定的时间内，为消费者办好有关旅游手续，告知消费者安全等注意事项及投保情况，并提供相关的说明资料，不得擅自改变旅游线路、旅游时间、游览景点、食宿标准、交通工具、收费项目等约定条件。违者，应当退还消费者相关的服务费用；造成消费者损失的，应当赔偿消费者的实际损失。

第二十条 从事有线电视、邮政、电信业、医疗卫生服务业的经营者，应当按照物价部门核定的标准收费，详列计价单位的明细项目并以清单的形式告知消费者。违反规定所收的费用，应当加倍退还消费者。

第二十一条 从事保管、洗衣业、物流业的经营者，应当妥善保管消费者的财物，按照约定提供服务。造成消费者的财物损坏或者丢失的，应当赔偿消费者的实际损失。

第二十二条 从事照相冲印业的经营者，造成消费者胶卷、底片损坏或者丢失的，应当按损坏或者丢失胶卷、底片价格的十倍给予赔偿。

第二十三条 从事商品房开发或代理的经营者，销售商品房时，应当以书面形式向消费者明示商品房的准确地址、建筑和装饰标准、建筑面积、实用面积和公用分摊面积、单价、交货日期、配套设施、产权办理等内容，必须保证商品房达到国家规定的有关质量标准，诚信交易。违者给消费者造成损失的，应当赔偿消费者的实际损失。

第二十四条 从事住宅建筑装饰的经营者，应当与消费者以书面形式约定建筑装饰的项目、数量、标准、价格、施工时限，并按照约定的内容，保证建筑装饰的质量，按时完工，不得偷工减料、价外加价。违反约定条件，必须返工的，应当按照与消费者重新约定的时限完成返工，返工的费用由经营者承担。

第二十五条 从事饮食业的经营者，提供的食物应当符合卫生的要求，不符合卫生要求给消费者的健康造成损害时，应当赔偿消费者的损失。经营者对所提供的食物和服务，应当事先将价格告知消费者并接受消费者的选择。

第二十六条 从事供电、供水、供气的经营者，应当定期对设备进行检查维护，不得限定消费者向其指定的经营者购买商品，不得强制收取预付款，不得擅自增加收费项目或提高收费标准，计量器具应经技术监督部门或者其授权的单位检定合格方能安装使用。因计量不准而多收的费用，应当退还消费者。因所供电、水、气的质量不合格而造成消费者财产损失和人身损害的，应当赔偿消费者的实际损失。

第二十七条 销售伪劣种子、种苗、肥料、农药、兽药、饲料、种畜禽等农业生产资料，造成农民减产、绝收或者畜禽死亡的，经营者应当赔偿直接损失和可得利益损失。

第二十八条 消费者与经营者因商品和服务质量发生争议需要进行检测、鉴定的，可以由下列机构进行检测、鉴定，所需费用由责任方承担：

（一）双方约定的检测、鉴定机构；

（二）国家法定的检测、鉴定机构；

（三）受理申诉或投诉的行政部门、消费者委员会指定的检测、鉴定机构。

对于难以检测、鉴定的，经营者应当提供证明自己无过错的证据，不能提供无过错证据的，应当承担责任。

第二十九条 消费者委员会对消费者的投诉，应当自收到投诉之日起十个工作日内，作出受理或者不予受理的决定并告知投诉人。不予受理的，应当说明原因；决定受理的，应当自受理之日起一个月内调解完毕。需要检测、鉴定的，检测、鉴定时间不计在内。期满未达成调解协议或者达成调解协议后当事人不履行的，消费者委员会应当告知消费者通过其他法定途径解决争议。

第三十条 行政部门对消费者的申诉或者消费者委员会转交的投诉，应当自收到申诉或者投诉之日起十个工作日内作出受理或者不予受理的决定，并告知申诉人或者消费者委员会。决定受理的，依法应当自受理申诉或者投诉之日起三十个工作日内作出处理决定，对经营者确有违法行为的，应当依法查处。决定不受理的，应当说明理由。消费者或者消费者委员会对行政部门逾期不作出是否受理的决定有异议，或者对行政部门不受理的决定不服的，可依法申请行政复议或者提起行政诉讼。

第三十一条 经营者提供商品或者服务，造成消费者或其他受害人人身伤害、残疾或死亡的，按照下列规定标准支付赔偿费用：

（一）医疗费，按照受害人接受治疗所必需的检查费、治疗费、医药费、手术费、住院费等费用计算；

（二）治疗期间的护理费，根据受害人治疗期间的护理需要，按照当地雇请一名护工所需费用计算；

（三）治疗期间的交通费，按照与受害人的身体状况相适应所必需的交通费用计算；

（四）因误工减少的收入，按照受害人因误工减少的实际收入计算；减少的收入难以确认的，以职工年平均工资为标准计算；

（五）残疾者生活自助器具费，按照普及型器具的费用计算；

（六）残疾者生活补助费，根据受害人伤残等级，按照职工年平均工资或者农民年人均纯收入的十倍至五十倍计算；

（七）残疾赔偿金，根据受害人伤残等级，按照职工年平均工资或者农民年人均纯收入的三倍至十倍计算；

（八）完全丧失或部分丧失劳动能力的残疾者扶养的人所必需的生活费，以年平均生活费的百分之三十至百分之一百为标准，对不满十八周岁的，按扶养至十八周岁计算；对无生活能力的，按扶养二十年计算；

（九）丧葬费，按照当地市、县殡葬单位的基本服务项目收费标准计算；

（十）死亡赔偿金，按照年平均生活费的二十倍计算；

（十一）死者生前扶养的人所必需的生活费，以年平均生活费为标准，对不满十八周岁的，按扶养至十八周岁计算；对无劳动能力的，按扶养二十年计算。

前款规定的（一）、（二）、（三）、（四）项费用，按治疗的需要及时支付；其余各项费用，应当一次性支付。法律、法规对前款另有规定的，从其规定。

本条规定的职工年平均工资和农民年人均纯收入是指省人民政府统计部门公布的本省上一年度职工平均工资和农民年人均纯收入。年平均生活费是指省人民政府统计部门公布的本省上一年度城镇居民或农村居民人均生活支出额。

第三十二条 经营者以暴力或者其他方法公然侮辱或者捏造事实诽谤消费者，搜查消费者的身体及其携带物品，侵害消费者的人格尊严或者侵犯消费者人身自由的，应当停止侵害、恢复名誉、消除影响、赔礼道歉；情节严重的，并应赔偿五万元以上的精神损害。

第三十三条 经营者违反本办法第十二条的规定，其他法律、法规对违法行为的处罚有规定的，依照法律、法规的规定执行；法律、法规未作规定的，由工商行政管理部门责令其改正，单处或者并处警告、没收违法所得、违法所得一倍以上五倍以下的罚款；没有违法所得的，处以一万元以下的罚款；构成违反治安管理行为的，由公安机关依照《中华人民共和国治安管理处罚法》的规定予以处罚。

第三十四条 从事加工修理业的经营者违反本办法第十五条第二款规定的，由技术监督、工商行政管理、交通、经济和信息化等部门按照各自职责责令改正；拒不改正的，没收违法所得和违法使用的产品，并处货值金额三倍的罚款。

第三十五条 经营者违反本办法损害消费者合法权益的，由工商行政管理部门或有关行政机关依照法律、法规的规定进行处罚；法律、法规未有规定的，可以根据情节单处或者并处警告、没收违法所得、处以违法所得一倍以上五倍以下的罚款，没有违法所得的，处以一万元以下的罚款，构成犯罪的，依法追究刑事责任。

第三十六条 本办法自公布之日起施行。1989年6月29日广东省第七届人民代表大会常务委员会第八次会议通过的《广东省保护消费者合法权益条例》同时废止。

广东省查处生产销售假冒伪劣商品违法行为条例

（1999年9月24日广东省第九届人民代表大会常务委员会第十二次会议通过　根据2010年7月23日广东省第十一届人民代表大会常务委员会第二十次会议《关于修改部分地方性法规的决定》修正2012年9月28日广东省第十一届人民代表大会常务委员会第三十六次会议修订

第一章　总　则

第一条　为了加强市场监管，引导生产者、销售者诚信经营，维护市场经济秩序，保护生产者、销售者、用户和消费者的合法权益，根据有关法律、法规的规定，结合本省实际，制定本条例。

第二条　本条例适用于本省行政区域内查处生产、销售假冒伪劣商品，以及为生产、销售假冒伪劣商品提供服务的违法行为的活动。

第三条　查处生产、销售假冒伪劣商品违法行为，实行统一领导、分工负责、社会监督、打防结合、综合治理的原则，坚持日常监管与专项查处相结合，重点查处食品、药品等与人体健康、生命安全密切相关的假冒伪劣商品。

第四条　各级人民政府负责组织领导本行政区域内查处生产、销售假冒伪劣商品违法行为的工作。

县级以上质监、工商、食品药品监督管理、卫生、农业、知识产权、公安等部门（以下统称监督管理部门）按照各自职责负责查处生产、销售假冒伪劣商品违法行为，法律、法规规定由其他有关部门负责的，从其规定。

监察、税务、财政、物价、通信管理等部门应当按照各自职责，配合监督管理部门做好查处生产、销售假冒伪劣商品违法行为的工作。

第五条 各级人民政府应当依法保障查处生产、销售假冒伪劣商品违法行为的经费。

第六条 生产者、销售者应当遵守法律法规，对其生产、销售的商品质量负责。

第七条 鼓励行业协会、消费者协会、新闻单位和其他有关组织对生产、销售假冒伪劣商品违法行为进行监督。

鼓励单位和个人对生产、销售假冒伪劣商品，以及为生产、销售假冒伪劣商品提供服务的违法行为进行监督和举报。

第二章 查处范围

第八条 生产者应当建立健全商品质量管理制度，销售者应当建立商品进货查验和索证索票制度、进销台账制度，保障商品的质量。

禁止生产、销售假冒伪劣商品；禁止为生产、销售假冒伪劣商品提供服务。

第九条 任何单位和个人不得支持、包庇、纵容生产、销售假冒伪劣商品的行为。

第十条 有下列情形之一的，为假冒伪劣商品：

（一）不符合保障人体健康和人身、财产安全的国家标准、行业标准、地方标准的；

（二）掺杂掺假，以假充真，以次充好，以旧充新，以不合格商品冒充合格商品的；

（三）未依法取得许可或者假冒许可证编号的；

（四）使用假冒伪劣原材料、零部件进行生产、加工、制作或者组装的；

（五）使用国家禁止使用的原料生产食品添加剂的；

（六）食品中有违反国家标准超范围、超限量使用的添加剂的；

（七）过期、失效、变质的；

（八）国家明令淘汰或者禁止生产、销售的；

（九）篡改生产日期、安全使用期、有效期、失效日期或者保质期的；

（十）伪造商品产地、伪造或者冒用厂名、厂址的；

（十一）假冒认证标志、采用国际标准产品标志、名优标志、防伪标志、地理标志产品专用标志、保健食品专用标志、商品条码等标志标识，或者假冒合格证书、检验报告、质量保证书等质量证明文件的；

（十二）商品质量不符合标识、说明书表明的质量状况的；

（十三）盗版复制或者假冒注册商标、专利的；

（十四）法律、法规规定的其他假冒伪劣商品。

第十一条 使用本条例第十条所列商品提供经营性服务，或者将其作为促销赠品、有奖销售活动的奖品的，视为销售假冒伪劣商品。

第十二条 有下列情形之一的，属于为生产、销售假冒伪劣商品提供服务：

（一）知道或者应当知道他人生产、销售假冒伪劣商品，而为其提供场地、设备、物资、资金等生产经营条件或者仓储、保管、运输及网络平台服务的；

（二）传授、提供生产、销售假冒伪劣商品技术和方法或者为生产假冒伪劣商品提供监制服务的；

（三）知道或者应当知道他人生产、销售假冒伪劣商品，而以设计、制作、代理、发布或者其他方式为其提供广告服务的；

（四）知道或者应当知道他人生产、销售假冒伪劣商品，而为其提供票据、账户、合同或者虚假证明材料的；

（五）知道或者应当知道他人生产、销售假冒伪劣商品，而为其制作或者提供商品标识、包装、说明书的；

（六）展销会的举办者未履行审查等责任，致使假冒伪劣商品进入展销场所的；

（七）为他人隐匿、转移、销毁被查封、扣押的假冒伪劣商品的。

第三章 监督管理

第一节 日常监管

第十三条 监督管理部门应当建立健全监督检查制度，通过巡查、抽查等方式加强日常监督，及时查处生产、销售假冒伪劣商品违法行为。

监督管理部门进行监督检查，应当制作监督检查记录，如实记载监督检查的情况和处理结果等内容。监督检查人员应当在监督检查记录上签名。

监督管理部门应当加强执法队伍的装备建设，增加现场快速检测和调查设备的配备，提高监管执法能力。

第十四条 监督管理部门应当组织制定本行政区域监督抽查商品目录，对可能危及人体健康和人身、财产安全的商品，影响国计民生的重要商品以及消费者、有关组织反映有质量问题的商品进行抽查。监督管理部门根据监督实际、市场变化、社会需求等情况，可以对监督抽查商品目录进行调整。

监督管理部门根据监督抽查的需要，可以对商品进行检测。检测抽取样品的数量不得超过检测的合理需要，并不得收取检测费和其他任何费用。

第十五条 监督管理部门对食品、药品、儿童用品以及其他涉及人体健康、生命安全的商品的日常监督管理信息，应当及时向社会公布。

第十六条 监督管理部门应当加强对提供网络交易平台服务网站的监管，查处销售假冒伪劣商品的网店。

运用网络交易方式销售假冒伪劣商品的，任何单位和个人可以向发生违法行为的网站的经营者住所所在地或者销售者所在地的监督管理部门投诉、举报。

需要采取措施制止违法网站继续从事违法活动的，监督管理部门应当依照有关规定，提请网站许可地通信管理部门依法责令暂时屏蔽或者停止该违法网站接入服务。

第十七条 监督管理部门应当加强跨部门、跨地区的执法协作，及时通报信息统计数据，定期进行工作交流，实施案件协查和证据互认，对重点、疑难案件实施联合执法。

第十八条 监督管理部门查处案件时，可以依法行使下列职权：

（一）询问有关的生产者、销售者、提供服务者和利害关系人、证明人，并要求其提供有关资料；

（二）检查有关的财物、场所，查阅、复制、登记保存有关的合同、原始记录、销售凭证、账册等资料；

（三）查封、扣押有假冒伪劣重大嫌疑的商品以及有关的原材料、半成品、工具、设备；

（四）法律、法规规定的其他职权。

第十九条 监督管理部门依法查处案件时，执法人员不得少于两名，并应当出示执法证件。

行政执法人员依法查处案件时，有关单位和个人应当予以配合，不得拒绝和干扰；被询问的生产者、销售者、提供服务者，应当如实提供有关情况和资料。

第二十条 实施查封、扣押的，必须经县级以上监督管理部门负责人批准，对被查封、扣押的商品需要检测的，应当自查封、扣押之日起七日内送检测。

未经实施查封的监督管理部门批准，任何单位和个人不得擅自启封、转移、使用、改动、销毁、销售被查封的物品。

第二十一条 涉嫌假冒伪劣的商品需要检测的，监督管理部门应当按规定抽取样品，由法定的检测机构进行检测，检测机构应当在规定的期限内作出书面检测报告；涉嫌假冒他人商标或者厂名厂址的，可由被侵权人进行鉴别。

检测费和样品费由送检的监督管理部门在办案经费中列支或者按国家有关规定开支。

查封、扣押的商品经检测、鉴别不属于假冒伪劣商品的，监督管理部门应当依法及时作出解除查封、扣押决定并立即退还；因监督管理部门过错造成损失的，应当依法予以赔偿。

生产者、销售者对检测结果有异议的，可以自收到检测结果之日起十五日内向监督管理部门或者其上级部门申请复检，由受理复检的部门作出复检结论；法律、法规另有规定的，从其规定。

第二十二条 监督管理部门查处案件时，发现制假窝点和假货集散地的，应当予以取缔。

第二十三条 假冒伪劣商品被查获公告后，违法行为人自公告之日起满十五日不到监督管理部门接受处理的，监督管理部门可以将假冒伪劣商品连同涉案物品予以没收，但不免除违法行为人的其他法律责任。

第二十四条 监督管理部门依法查处案件，发现违法行为涉嫌犯罪的，应当在七日内移送公安机关查处，并抄送同级人民检察院和监察机关。

公安机关依法查处案件，对未构成犯罪的违法行为，应当在七日内移送有关监督管理部门查处。

接到移送的案件后，有关机关或者部门应当在案件移送书的回执上签字；决定受理的，应当将查处结果书面告知移送部门；不受理的，应当书面说明理由，并通知移送案件的部门。移送案件时，应当将调查材料和查封扣押财物一并移送，不得将涉案人员和财物分开处理。

第二十五条 人民检察院和监察机关应当加强对监督管理部门移送涉嫌犯罪案件、公安机关刑事立案和侦查活动的监督。

监督管理部门应当向公安机关移送涉嫌犯罪案件而不移送的，任何单位和个人有权向人民检察院、监察机关举报。

公安机关对应当立案的案件不立案的，人民检察院应当依法进行监督。

第二节 专项查处

第二十六条 县级以上人民政府可以组织有关行政部门，对重点商品、重点市场、重点地区实施专项查处。

监督管理部门应当将群众反映强烈、社会危害性较大的假冒伪劣食品、药品、农药、化肥、种子、医疗器械、特种设备等作为重点查处的商品；将群众反映强烈、假冒伪劣商品充斥的集散地和制假售假严重的地区或者市场作为重点查处的区域。

第二十七条 县级以上人民政府应当加强对专项查处工作的组织和协

调，制定专项查处工作方案，落实工作责任制和责任追究制度。

县级以上人民政府各有关部门应当相互配合、联合执法。

第二十八条 发生严重危及生产、人体健康、生命财产安全的假冒伪劣商品事件的，县级以上人民政府应当将其列为重点案件。

重点案件实行领导责任制。政府主要负责人是查处重点案件的第一责任人，负责督促案件的查处。

查处重点案件时，公安机关和监察机关应当加大对有关商业贿赂等犯罪行为的查处力度。

第二十九条 对生产、销售假冒伪劣商品的重点地区进行查处时，应当加强对大宗假冒伪劣商品批发商，以及为生产、销售假冒伪劣商品提供运输、仓储、保管等服务的单位和人员的查处。

第三十条 专项查处假冒伪劣食品，应当加强对分散在社区、城乡结合部、村镇、中小学周边的各类食品批发市场、集贸市场、食品生产加工小作坊、食品摊贩、食品店、餐馆的监督检查。

专项查处假冒伪劣药品，应当重点查处生产、销售与标准规定不相符合、变质、过期失效的假药、劣药、医疗器械的行为。

专项查处假冒伪劣农业生产资料和农产品，应当加强对农资批发市场、集散地、经营门店和物流配送中心的监控巡查。

第三十一条 各级人民政府应当将本地区查处假冒伪劣商品的工作部署和查办重点案件情况报告上一级人民政府，并依法将查处情况向社会公开。

第三节 信用信息与分类监管

第三十二条 监督管理部门应当建立生产者、销售者违法行为记录制度，将因生产、销售假冒伪劣商品受到行政处罚的生产者、销售者记入监管档案并加强监管。

第三十三条 监督管理部门应当将因生产、销售假冒伪劣商品受到行政处罚的生产者、销售者及其法定代表人、负责人和直接责任人员的有关信息，及时通过政务网站或者其他方式公布。

公布事项包括违法生产者、销售者的名称、字号、地址、法定代表人或者负责人以及直接责任人员的姓名、职务、假冒伪劣商品名称、违法事由、行政处罚决定、公布起止日期等信息。

第三十四条 省、地级以上市人民政府应当采取措施，建立和完善信息系统，实现部门之间案件查处情况和企业信用信息等资源的共享。

第三十五条 监督管理部门应当按照国家和省的有关规定，根据生产者、销售者的信用信息记录等情况实施分类监管。

第三十六条 生产者、销售者多次违法或者违法行为情节恶劣的，监督管理部门应当将其列入重点监管对象名单。

在日常监督检查和专项查处中，监督管理部门对列入重点监管对象名单的生产者、销售者，应当增加检查和抽检频次，并可以责令其定期报告质量管理情况。

第三十七条 监督管理部门应当将重点监管对象名单通报同级发展改革、财政、税务、卫生、环保、科技、质监、工商、经济和信息化、金融等部门，供其在产业规划实施、招标采购、行政审批、进出口管理、金融信贷等相关决策时参考。

对列入重点监管对象名单的生产者、销售者，有关部门应当依法实施限制准入的措施。

第三十八条 县级以上人民政府应当加强诚信宣传教育，督促生产者、销售者严格守法、诚信经营；鼓励和支持企业进行企业质量体系认证、产品质量认证，争创名优品牌。

监督管理部门、认证机构应当依法将驰名商标、著名商标认定和企业产品质量认证等情况向社会公开，方便公众了解企业信用状况和商品质量状况。

对于诚信经营，没有违法纪录的生产者、销售者，相关行业协会可以给予表彰并向社会公开。

第四节 监管工作考核与责任追究

第三十九条 县级以上人民政府应当将查处假冒伪劣商品违法行为工

作纳入社会管理综合治理考评范围，建立健全责任考核制度，定期对其监督管理部门和下级人民政府的下列工作进行考核：

（一）对本行政区域内生产、销售假冒伪劣商品违法行为的查处情况；

（二）对本行政区域内重点商品、重点市场、重点地区的整治情况；

（三）监管制度和执法队伍建设情况；

（四）对上级政府及其职能部门或者外地执法部门查处本行政区域内生产、销售假冒伪劣商品违法行为的支持配合情况；

（五）本行政区域内各相关部门在查处生产、销售假冒伪劣商品违法行为工作中的配合、协调情况；

（六）其他查处工作的开展情况。

考核的标准、程序和结果应当向社会公开。

第四十条　对生产、销售假冒伪劣商品违法活动情况严重而又屡禁不止的地区，县级以上人民政府应当明确提出整治期限和要求，并可以直接督查、督办。

第四十一条　县级以上人民政府监察机关应当加强对本级人民政府监督管理部门及行政执法人员的监督，对不依法行使职权或者推诿、不履行法定义务的行为予以查处。

第四十二条　县级以上人民政府及其监督管理部门应当加强执法队伍建设，对执法人员严格管理，严格监督，加强培训考核。

县级以上人民政府及其监督管理部门应当建立行政执法监督制度，对执法人员的行政执法行为进行监督检查。

第四十三条　县级以上人民政府及其有关部门应当建立执法责任追究制度。有下列情形之一的，应当依法追究其主要负责人、直接负责的主管人员和其他直接责任人员的责任：

（一）监督管理部门监管不力、造成严重后果的；

（二）监督管理部门及其他有关负有查处职责的部门，对依法应当受理的移送案件推诿或者不受理，造成严重后果的；

（三）滥用职权，给公民、法人和其他组织的合法权益造成损害的。

国家工作人员与制假售假人员相互勾结，或者包庇、纵容生产、销售假冒伪劣商品违法活动的，应当依法查处。

第四章　社会监督

第四十四条　行业协会应当建立健全守信表彰、失信惩戒的行业自律机制，指导、监督生产者、销售者的经营活动，引导其依法生产经营、履行社会责任、维护自身合法权益。

行业协会发现行业内生产、销售假冒伪劣商品违法行为的，应当及时报告监督管理部门。

监督管理部门应当向行业协会、生产者、销售者了解行业内商品质量的有关情况，及时发现问题并处理。

第四十五条　消费者协会等保护消费者权益的组织就消费者反映的商品质量问题，有权建议有关部门负责处理，支持和协助消费者对因商品质量造成的损害向人民法院起诉。

第四十六条　产品质量认证机构应当依照国家规定对准许使用认证标志的商品进行认证后的跟踪检查；对不符合认证标准而使用认证标志的，要求其改正；情节严重的，取消其使用认证标志的资格。

第四十七条　报刊、广播、电视、网络等媒体应当加大舆论监督力度，重点曝光制假窝点，假货集散地，数量巨大、情节严重的重点案件以及包庇、纵容制假售假等违法犯罪行为。

第四十八条　鼓励社会团体、基层群众性自治组织和媒体开展商品安全知识及相关法律、法规的普及宣传工作，引导消费者选择合法生产者、销售者生产、销售的商品以及有合法标识的商品，增强消费者商品安全意识和防假辨假能力。

第四十九条　用户和消费者有权要求生产者、销售者提供的商品符合保障人身、财产安全的要求；有权就商品质量问题，向商品的生产者、销售者查询、提出意见和进行监督，对查处生产、销售假冒伪劣商品违法行为的工作提出批评、建议。

用户和消费者因购买、使用商品受到人身、财产损害的，享有依法获得赔偿的权利。

鼓励和支持用户、消费者通过投诉、调解、仲裁和民事诉讼等方式维护自己的合法权益。

第五十条 任何单位和个人有权对生产、销售假冒伪劣商品的违法行为，向监督管理部门举报。鼓励和支持生产者、销售者对假冒其商品的违法行为进行调查和举报。

举报人的合法权利受法律保护，禁止打击、报复举报人。监督管理部门应当为举报人保密。

第五十一条 监督管理部门应当畅通投诉举报渠道，向社会公布举报电话、电子邮件地址等信息。

监督管理部门接到投诉、举报后，应当及时、完整地进行记录并妥善保存。投诉、举报的事项属于本部门职责的，应当受理，并及时依法进行核实、处理、答复；不属于本部门职责的，应当转交有权处理的部门，并告知举报、投诉人。

第五十二条 案件依法查处后，监督管理部门给予举报人罚没款数额百分之一以上、百分之十以下的奖励；没有罚没款的，给予适当奖励。奖金在办案经费中列支。

奖励的具体办法由省人民政府另行制定。

第五十三条 生产者、销售者不得捏造、散布虚假信息，损害竞争对手的商业信誉、商品声誉。

第五章 法律责任

第五十四条 生产、销售假冒伪劣商品或者为生产、销售假冒伪劣商品提供服务，构成犯罪的，依法追究刑事责任。

第五十五条 生产、销售本条例第十条第一、二、三、四、五、六项所列商品的，责令停止生产、销售，没收销售收入和违法生产、销售的商品，并处以该批违法商品货值金额等值以上三倍以下罚款。

生产、销售本条例第十条第七项所列商品的，责令停止销售，没收违法销售的商品，并处违法销售商品货值金额二倍以下的罚款；有违法所得的，并处没收违法所得。

生产、销售本条例第十条第八、九、十、十一、十二项所列商品的，责令改正，没收违法生产、销售的商品，并处违法生产、销售商品货值金额等值以下的罚款；有违法所得的，并处没收违法所得。

生产、销售本条例第十条第一、二、三、四、五、六、七、八、九、十、十一、十二项所列商品，法律法规对处罚另有规定的，从其规定。生产、销售本条例第十条第十三项所列商品的，依照《中华人民共和国商标法》、《中华人民共和国专利法》、《中华人民共和国著作权法》等相关法律、法规予以处罚。

第五十六条 生产、销售本条例第十条第一、二、三、四、五、六、七、八项所列食品，危害人体健康、生命安全的，没收违法所得、违法生产经营的食品和用于违法生产经营的工具、设备、原料等物品，吊销许可证；违法生产经营的食品货值金额不足一万元的，并处五万元罚款；货值金额一万元以上的，并处货值金额十倍的罚款。

生产、销售本条例第十条第一、二、三、四、七、八项所列药品，危害人体健康、生命安全的，没收违法生产、销售的药品和违法所得，有药品批准证明文件的予以撤销，责令停产、停业整顿，吊销许可证；并处违法生产、销售药品货值金额二倍以上五倍以下的罚款。

生产、销售本条例第十条第一、二、三、四、七、八项所列其他商品，危害人体健康、生命安全的，责令停止生产、销售，没收销售收入和违法生产、销售的商品；属第十条第一、二、三、四项的，并处以该批违法商品货值金额三倍的罚款；属第十条第七项的，并处以该批违法商品货值金额二倍的罚款；属第十条第八项的，并处以该批违法商品货值金额等值的罚款。

第五十七条 有本条例第十一条所列行为之一的，依照本条例第五十五条、第五十六条的规定处罚。

第五十八条 有本条例第十二条所列行为之一的，责令改正，没收服务收入，处以十万元以下罚款，服务收入在十万元以上的，处以服务收入一倍以上三倍以下罚款；法律、法规另有规定的，从其规定。

代印、代制或者提供假冒标识或者包装物的，除按照前款规定处罚外，并没收假冒标识、包装物、模具、原材料、半成品，情节严重的，没收生产设备，依法吊销许可证。

第五十九条 生产者、销售者违反本条例规定，被依法吊销许可证的，其单位法定代表人或者负责人以及直接责任人五年内不得从事同行业的生产经营管理活动；法律法规另有规定的，从其规定。

第六十条 违反本条例第二十条规定，擅自启封、转移、使用、改动、销毁、销售被查封物品的，处物品货值金额等值以上三倍以下的罚款；有违法所得的，并处没收违法所得。

第六十一条 违法行为人有下列情形之一的，按照法律、法规的规定，从重处罚，并可以依法责令停业整顿、关闭、吊销许可证：

（一）大规模批量生产、销售假冒伪劣商品的；

（二）以生产、销售假冒伪劣商品为常业或者生产、销售假冒伪劣商品被查处后再犯的；

（三）以贿赂、回扣等方式推销假冒伪劣商品的；

（四）生产、销售假冒伪劣商品数额较大或者有其他严重情节的。

第六十二条 违法行为人有下列情形之一的，依法从轻、减轻处罚：

（一）主动停止违法行为并召回假冒伪劣商品的；

（二）检举其他违法犯罪行为，有立功表现的；

（三）销售者有充分证据证明其不知道该商品为本条例第十条所列的商品并如实说明其进货渠道的；

（四）采取有效措施防止假冒伪劣商品造成危害的。

第六十三条 当事人对监督管理部门作出的处罚决定不服的，可以依法申请行政复议或者提起行政诉讼。

第六十四条 依法没收的假冒伪劣商品和生产工具、设备、原材料、半成品，依照有关规定处理，不得直接销售。

第六十五条 生产者、销售者的违法行为造成用户、消费者损害的，应当依法承担民事责任。

消费者因购买、使用商品，其合法权益受到损害，向销售者要求赔偿的，销售者应当首先承担赔偿责任，不得拒绝。销售者赔偿后，属于生产者的责任或者属于向其提供商品的其他销售者的责任的，销售者有权向生产者或者其他销售者追偿。属于生产者责任的，消费者也可以依法向生产者要求赔偿。

第六十六条 国家工作人员有下列情形之一的，由其所在单位或者任免机关、监察机关依照管理权限及有关规定给予处分；构成犯罪的，依法追究刑事责任：

（一）利用职权包庇违法单位或者个人的；

（二）负有查处责任而不履行职责，或者为违法行为人通风报信，帮助其逃避查处的；

（三）对依法应当将违法行为人移交司法机关追究刑事责任而不移交或者对依法应当受理的移送案件不受理的；

（四）对应当受理的投诉、举报案件不受理或者拖延的；

（五）泄露举报人信息或者利用职权对举报人进行报复、陷害的；

（六）利用职权干扰和妨碍查处工作的；

（七）滥用职权，给公民、法人和其他组织的合法权益造成损害的。

第六十七条 监督管理部门及其执法人员违法行使职权，使公民、法人和其他组织的合法权益受到损害的，应当按照《中华人民共和国国家赔偿法》的有关规定给予赔偿。

第六十八条 阻碍行政执法人员依法执行职务，未使用暴力、威胁方法的，由公安机关依照《中华人民共和国治安管理处罚法》的相关规定处罚；使用暴力、威胁方法的，依照《中华人民共和国刑法》的相关规定追究刑事责任。

第六章　附　则

第六十九条　本条例自2012年11月1日起施行。

广东省实施《中华人民共和国村民委员会组织法》办法

（1998年11月27日广东省第九届人民代表大会常务委员会第六次会议通过　2002年5月30日广东省第九届人民代表大会常务委员会第三十三次会议第一次修订　2012年9月28日广东省第十一届人民代表大会常务委员会第三十六次会议第二次修订）

第一章　总　则

第一条　为了发展农村基层民主，保障农村村民依法实行自治，维护村民合法权益，根据《中华人民共和国村民委员会组织法》，结合本省实际，制定本办法。

第二条　村民委员会是村民自我管理、自我教育、自我服务的基层群众性自治组织，实行民主选举、民主决策、民主管理、民主监督。

村民委员会向村民会议、村民代表会议负责并报告工作。

第三条　村民委员会根据村民居住状况、历史习惯、人口多少、经济状况，按照便于群众自治、有利于经济发展和社会管理的原则设立。

村民委员会的设立、撤销、更名、范围调整，由镇（乡）人民政府提出，经村民会议讨论同意后，报县级（含区、县级市，下同）或者不设区的地级市人民政府批准，并报上级人民政府民政主管部门备案。

第四条　中国共产党在农村的基层组织，按照《中国共产党章程》和《中国共产党农村基层组织工作条例》进行工作，发挥领导核心作用，领导和支持村民委员会行使职权；依照宪法和法律，支持和保障村民开展自治活动、直接行使民主权利。

村民委员会应当维护中国共产党农村基层组织的领导核心地位。

第五条 镇（乡）人民政府对村民委员会的工作给予指导、支持和帮助，但是不得干预依法属于村民自治范围内的事项。

村民委员会协助镇（乡）人民政府开展工作，镇（乡）人民政府应当提供必要的经费和条件；县级以上人民政府有关部门委托村民委员会开展工作需要经费的，由委托部门承担。

第六条 建立健全以省市补助、县级统筹、村集体收入自我保障为主的农村基层组织经费保障制度，各级人民政府应当将农村基层组织经费补助资金列入年度预算。

第二章 村民委员会和村民小组

第七条 村民委员会由主任、副主任和委员共三至七人组成，村民委员会成员之间不得有夫妻、父母子女、兄弟姐妹关系。

村民委员会成员中应当至少有一名妇女成员，多民族村民居住的村应当有人数较少的民族的成员；两个以上自然村联合设立村民委员会的，其成员分布应当考虑村落状况。

第八条 村民委员会根据需要设立若干下属委员会，负责人民调解、治安保卫、公共卫生、经济管理、计划生育、公共福利、群众文体、社会建设等工作；下属委员会成员由村民委员会成员共同讨论确定，村民委员会成员可以兼任下属委员会成员；人口少的村可以不设下属委员会，由村民委员会成员分工负责有关工作。

第九条 村民委员会的主要职责：

（一）召集村民会议和村民代表会议，执行村民会议和村民代表会议的决定、决议。

（二）依照法律、法规规定管理本村属于村农民集体所有的土地和其他财产，编制并实施本村经济和社会发展规划及年度计划，教育村民爱护公共财产和设施，珍惜土地，合理开发利用自然资源，保护和改善生态环境。

（三）尊重、支持集体经济组织和其他经济组织依法独立进行经济活动的自主权，维护以家庭承包经营为基础、统分结合的双层经营体制，保障集体经济组织和村民、承包经营户、联户或者合伙的合法财产权和其他合法利益。

（四）支持和组织村民发展各种形式的合作经济和其他经济，承担本村生产的服务和协调工作，促进本村生产建设和经济发展。

（五）按照村庄规划的要求，组织开展农村生产、生活服务设施建设，引导村民合理建设住宅，整顿村容村貌，搞好公共卫生，改善居住环境。

（六）加强农村社会管理，促进村民团结和家庭和睦，教育村民尊老爱幼、扶贫帮困，照顾五保户、低保户、军烈属和残疾人；多民族村民居住的村和有非本村户籍公民居住的村，应当教育和引导村民加强团结，互相帮助、互相尊重。

（七）依法调解民间纠纷，代表本村处理与邻村的纠纷，维护村与村之间的团结；协调处理村民小组之间的关系；协助有关部门维护社会治安和生产生活秩序；协助有关部门对社区矫正人员和刑释解教人员进行教育、帮助和监督。

（八）促进农村公共服务，发展公益事业，完善公共服务设施，支持服务性、公益性、互助性社会组织依法开展活动。

（九）发展文化教育，普及科技知识，开展多种形式的精神文明活动，完善村级文化设施的综合服务功能，提高村民思想道德素质和科学文化水平，移风易俗，树立社会主义新风尚。

（十）宣传贯彻宪法、法律、法规和国家政策，教育村民依法履行纳税、服兵役、义务教育、计划生育等义务，贯彻落实男女平等基本国策，遵守村民自治章程和村规民约。

（十一）管理本村财务、政府拨款和捐赠资金，建立健全民主理财制度，在银行开设基本账户，定期向村民会议或者村民代表会议报告财务收支情况，并报镇（乡）人民政府备案。

（十二）协助有关部门开展农村富余劳动力转移就业培训。

（十三）支持和组织村民参加新型农村合作医疗及农村养老保险。

（十四）依法维护异地务工人员就业、经商、居住等权利以及依法享有的公共服务权利和参与社区管理的权利。

第十条 村民委员会及其成员应当遵守宪法、法律、法规和国家政策，遵守并组织实施村民自治章程和村规民约，履行法律法规规定的职责，办事公道，廉洁奉公，热心为村民服务，接受村民监督。

第十一条 村民委员会成员实行任期职务补贴。补贴方案由村民会议或者村民代表会议根据本村经济状况和村民委员会成员的工作情况讨论决定，并报镇（乡）人民政府备案。经费由村集体经济收益和各级人民政府补贴解决。

第十二条 村民委员会可以根据村民居住状况、集体土地所有权关系等分设若干村民小组。

村民小组的设立、撤销、更名、范围调整，由村民委员会召集相关村民小组会议讨论后提出，经村民会议或者村民代表会议讨论通过后，报镇（乡）人民政府批准，并报不设区的市、市辖区、县、自治县人民政府民政主管部门备案。

第十三条 村民小组设组长一名，根据需要可以设立副组长。

村民小组组长、副组长（以下简称村民小组长）应当及时收集本村民小组村民的意见和建议，并向村民委员会反映。

村民小组在村民委员会领导下开展工作，执行村民会议、村民代表会议、村民小组会议和村民委员会的决定、决议。

召开村民小组会议，应当有本村民小组十八周岁以上的村民三分之二以上，或者本村民小组三分之二以上的户的代表参加，所作决定应当经到会人员的过半数同意。

第十四条 属于村民小组集体所有的土地、企业和其他财产的经营管理以及公益事项的办理，由村民小组会议依照有关法律的规定讨论决定，所作决定及实施情况应当及时向本村民小组的村民公布。村民委员会不得擅自处分村民小组集体所有的土地、企业和其他财产。

第三章　村民委员会和村民小组长的选举

第十五条　村民委员会主任、副主任和委员，依法由村民直接选举产生。任何组织或者个人不得指定、委派或者撤换村民委员会成员。

村民委员会成员按照《广东省村民委员会选举办法》的规定选举产生。

第十六条　村民委员会主任暂缺时，由副主任临时主持工作；主任、副主任都暂缺时，由村民代表会议在现任委员中推选临时主持工作人选，报镇（乡）人民政府同意后，由其主持工作。

村民委员会全体成员集体辞职时，由中国共产党在农村的基层组织临时主持村务工作，按照《广东省村民委员会选举办法》的规定选举新的村民委员会成员。

第十七条　村民小组长的推选由村民选举委员会或者村民委员会主持，由村民小组会议推选产生。村民小组长与本届村民委员会任期相同，可以连选连任。村民委员会成员可以兼任村民小组长。

村民小组长应当具备《广东省村民委员会选举办法》第十九条所列条件。当选人数不足应选名额的，不足的名额另行选举。另行选举的，参照《广东省村民委员会选举办法》第三十五条的规定执行。

第十八条　村民不能参加推选村民小组长会议的，可以书面委托本村民小组有选举权的近亲属代为投票，但每一村民接受委托投票不得超过三人。采用户的代表投票的，户与户之间不能委托投票。

村民小组长的推选一般不使用流动票箱。

第十九条　村民小组五分之一以上十八周岁以上的村民或者三分之一以上的户的代表，可以向村民委员会提出罢免本村民小组长的要求。罢免要求应当书面提出，并列明罢免理由。村民委员会应当受理并在三十日内召开村民小组会议或者户代表会议进行无记名投票表决，并在村民小组会议后五日内公告决定。

第二十条　村民小组长可以向村民委员会书面提出辞职，由村民委员会受理。村民委员会应当自收到辞职申请之日起三十日内召开村民小组会议或者户代表会议进行审议，决定是否接受其辞职，并在五日内公告。

第二十一条 村民小组长出现缺额时，村民委员会应当在三十日内召集村民小组会议、户代表会议进行补选并予以公告。补选的村民小组长的任期至本届村民委员会任期届满时止。

第二十二条 任何组织或者个人不得指定、委派或者撤换村民小组长。

在村民小组长选举过程中违反本办法规定的，参照《广东省村民委员会选举办法》第七章的规定执行。

第四章 村民会议和村民代表会议

第二十三条 村民会议由本村十八周岁以上的村民组成。

村民会议一般每半年举行一次。村民会议由村民委员会召集；村民委员会不召集的，由村务监督委员会召集。有十分之一以上的村民或者三分之一以上的村民代表提议，应当在三十日内召开村民会议。召集村民会议，应当提前十日通知村民。

召开村民会议，应当有本村十八周岁以上的村民的过半数，或者本村三分之二以上的户的代表参加，村民会议所作的决定应当经到会人员的过半数通过。法律、法规对召开村民会议及作出决定另有规定的，依照其规定。

召开村民会议，根据需要可以邀请驻本村的企业、事业单位和群众组织派代表列席。

第二十四条 村民会议行使下列职权：

（一）制定和修改本村村民自治章程、村规民约，并报镇（乡）人民政府备案审查；

（二）依法选举、罢免和补选村民委员会成员，审议决定村民委员会成员的辞职请求；

（三）听取、审查和批准村民委员会的工作报告、财务收支计划和执行情况报告，审议决定本村建设规划、经济和社会发展规划及年度计划；

（四）审议决定本村集体经济项目的立项、承包方案，决定从村集体经济所得收益的使用；

（五）审议决定本村公益事业的兴办和筹资筹劳方案及建设承包方案；

（六）审议决定集体所有土地的征收征用以及各项补偿费的使用和宅基地的分配方案；

（七）决定聘用或者辞退本村财会人员和其他村务管理人员，决定本村聘用人员和享受补贴人员的报酬标准；

（八）审议村民委员会主要负责人任期经济责任审计报告，听取村务监督委员会工作报告，评议村民委员会成员的工作；

（九）撤销或者变更村民代表会议、村民委员会、村民小组会议不适当的决议、决定；

（十）审议决定村民会议认为应当由其决定的涉及村民利益的其他事项。

法律对讨论决定村集体经济组织财产和成员权益的事项另有规定的，依照其规定。

第二十五条 村民自治章程、村规民约以及村民会议或者村民代表会议的决定不得与宪法、法律、法规和国家政策相抵触，不得有侵犯村民人身权利、民主权利、合法财产权利的内容。

村民自治章程、村规民约以及村民会议或者村民代表会议的决定违反前款规定的，由镇（乡）人民政府责令改正。

第二十六条 二百户以上或者居住分散的村，可以设立村民代表会议。村民代表会议由村民代表、村民委员会成员组成。村民代表应当占村民代表会议组成人员的五分之四以上，妇女村民代表应当占村民代表会议组成人员的三分之一以上。多民族村民居住的村，应当有人数较少的民族的代表。

村民代表的推选，由村民选举委员会主持，可以由村民按照居住相邻的原则和每五户至十五户推选一人的比例推选产生，也可以将名额分配至各村民小组，由村民小组召开村民小组会议推选产生，村民代表的人数不得少于二十人。村民代表的任期与本届村民委员会的任期相同，可以连选连任。

村民选举委员会应当在推选当日或者次日内，将推选产生的村民代表名单在村民委员会和各村民小组所在地公告，并报镇（乡）人民政府备案。

第二十七条 村民代表会议可以讨论决定本办法第二十四条第二项规定的村民委员会成员辞职、补选的事项。经村民会议授权，村民代表会议可以讨论决定本办法第二十四条第一款第三至第九项规定的事项。

村民代表应当实行联系户制度，真实反映自己所代表的村民的意见，向其推选户或者村民小组负责，接受村民监督。

第二十八条 村民代表会议一般每季度举行一次。有五分之一以上的村民代表提议，应当召集村民代表会议，村民委员会应当自受理之日起十五日内召集村民代表会议成员召开村民代表会议。村民委员会不召集的，村务监督委员会应当督促村民委员会召集；经督促村民委员会仍不召集的，由村务监督委员会召集。召集村民代表会议，一般应当提前五日通知村民代表会议成员。如遇救灾等特殊情况可以临时召开。

村民代表会议有三分之二以上的村民代表会议成员参加方可召开，所作决定应当经到会村民代表会议成员的过半数通过；村民代表会议的决定不得与村民会议的决定、决议相抵触。

村民会议和村民代表会议的决定、决议应当于会议结束后报镇（乡）人民政府备案，并在村民委员会和各村民小组所在地公布。

第二十九条 村民代表可以向村民代表会议书面提出辞职，由村民委员会受理并召集村民代表会议进行商议，并视商议结果决定是否同意辞职，及时公告。

村民代表的缺额按照原推选得票多少的顺序依次递补或者另行推选。

第三十条 应当通过村民会议决定的事项，不得由村民代表会议、村民委员会或者村民小组会议代替。

第五章 民主管理和民主监督

第三十一条 村民委员会应当发扬民主，依法办事，实行少数服从多数的民主决策机制和公开透明的工作原则，建立健全各项工作制度。

涉及村和村民切身利益的重大事项，村民委员会应当提交村民会议或者村民代表会议讨论作出决定。

第三十二条 村民委员会实行村务公开制度。

村民委员会应当通过设立规范的村务公开栏、村务公开电子信息平台等形式及时公布以下事项，接受村民监督：

（一）本办法第二十四条、第二十七条规定的由村民会议、村民代表会议讨论决定的事项及其实施情况；

（二）落实国家计划生育政策的情况；

（三）救灾救济救助款物、优抚安置款物及国家各种补贴经费的管理使用情况；

（四）组织社会捐赠和接受社会捐赠款物的管理使用情况；

（五）新型农村合作医疗的收支情况、参加农村合作医疗的农民的医药费用报销情况；

（六）村民委员会协助人民政府开展工作的情况；

（七）本村财务收支和债权债务情况；

（八）涉及本村村民利益，村民要求公开的其他事项。

工作目标执行情况应当每年公布一次，一般事项至少每季度公布一次，涉及财务的事项应当每月公布一次，涉及村民利益的重大事项随时公开。

村民小组应当参照上述规定，对涉及的事项进行公开。

第三十三条 村民委员会应当保证村务公开事项全面、准确、真实，并接受村民查询。村民委员会不及时公开应当公布的事项或者公布的事项不真实的，村民有权向镇（乡）人民政府或者县级有关主管部门反映，有关人民政府或者主管部门应当负责调查核实，责令依法公布；经查证确有违法行为的，有关人员应当依法承担责任。

第三十四条 村应当成立村务监督委员会，负责村民民主理财，监督村务公开等制度的落实。村务监督委员会向村民会议和村民代表会议负责，其成员可以列席村民委员会会议。

村务监督委员会一般由主任、委员共三至五人组成，其成员由村民会议或者村民代表会议在有选举权的村民中推选产生，其中应当有具备财会、管理知识的人员。村民委员会成员及其配偶、父母、子女、兄弟姐妹、祖父母、外祖父母、孙子女、外孙子女不得担任村务监督委员会成员。

村务监督委员会成员与村民委员会成员任职的具体条件相同，村务监督委员会与村民委员会任期相同。新一届村民委员会产生后，应当及时推选产生新一届村务监督委员会。

第三十五条 村务监督委员会成员的罢免、辞职、职务终止以及补选，参照《广东省村民委员会选举办法》的有关规定执行。

第三十六条 村务监督委员会会议每季度至少召开一次，采取少数服从多数的原则议定事项。

村务监督委员会履行下列职责：

（一）监督村级事务民主决策；

（二）监督村民委员会成员行使职权；

（三）对村民委员会在村务公开方面的事项、内容、时间、程序、形式进行民主监督；

（四）参与审查本村集体的财务计划和各项财务管理制度，对本村集体财务活动进行民主监督；

（五）审核财务、账目；

（六）受村民委托，对村民质疑的本村集体的财务账目进行查阅、审核，并要求有关当事人对财务问题作出解释；

（七）向村民会议、村民代表会议报告村务公开和民主理财情况；

（八）收集、听取村民对村务公开和民主理财的意见和建议。

第三十七条 村民委员会成员由村民或者村集体承担误工补贴的其他村务管理、服务人员，应当接受村民会议或者村民代表会议对其履行职责情况的民主评议。民主评议每年年终进行一次，由村务监督委员会主持。

村民委员会成员连续两次被评议不称职的，其职务自行终止。

镇（乡）人民政府应当加强民主评议工作的组织、指导和监督。

第三十八条 村民委员会成员、村民小组长实行任期和离任经济责任审计。

村民委员会成员的任期和离任经济责任审计，由不设区的市、市辖区、县、自治县人民政府农业部门、财政部门或者镇（乡）人民政府负责组织，也可以委托社会中介机构进行审计。

审计结果应当公布，其中因被罢免或者辞职进行经济责任审计的，审计结果应当在被罢免或者辞职正式生效之日起三十日内公布；因任期届满进行离任经济责任审计的，审计结果应当在下一届村民委员会选举之前公布。

村民小组长被提出罢免或者村民小组长提出辞职的，村民委员会应当在自受理之日起三十日内组织对其经济责任进行审计，并公布审计结果。经济总量大的地方或者有条件的地方，按照本条第二款的规定对村民小组长实行任期和离任经济责任审计。

第三十九条 村民委员会应当建立印章使用的审批、登记、备案、移交制度。

印章应当由专人保管，保管人由村民委员会提名，并经村民代表会议讨论后确定。印章使用审批和印章保管应当分开，使用印章应当做好记录。涉及贷款、承包、对外签订合同等重大问题需要使用印章时，村民委员会应当及时召开村民会议或者村民代表会议，经讨论同意并经村民委员会主任签字后方可使用。对违反印章使用管理规定的，视情节轻重给予批评教育，违反法律的，依法追究法律责任。

村民委员会的印章，由镇（乡）人民政府负责制发，并报不设区的市、市辖区、县、自治县人民政府公安部门备案。换届选举工作结束后，上一届村民委员会应当在十日内向本届村民委员会移交印章。拒不移交村民委员会印章的，由制发机关负责追缴，并追究责任。

第四十条 建立和完善村务档案管理制度。村务档案内容包括：

（一）选举文件资料和选举情况记录；

（二）村民委员会及其下属委员会成员、村务监督委员会成员、村民代表、村民小组长和其他村组织成员名单；

（三）各种会议记录和文件；

（四）本村资金、资产、资源的经营、管理、收益、分配、使用、增值情况和企业、经济组织情况；

（五）土地发包方案和承包合同；

（六）经济合同；

（七）集体财务账目，集体资产登记文件；

（八）基本建设资料；

（九）宅基地使用方案；

（十）各项经费、款项收支情况；

（十一）协助政府开展工作的情况；

（十二）发展公益事业，办理公益事项情况；

（十三）各类社会组织、驻村单位情况；

（十四）村务公开资料；

（十五）村民委员会成员、村民小组长任期和离任经济责任审计报告；

（十六）计划生育情况资料；

（十七）需要保存的其他村务资料。

村务档案管理应当遵照法律、法规有关规定执行，并做到真实、准确、完整、规范。

第四十一条 村民委员会或者村民委员会成员作出的决定侵害村民合法权益的，受侵害的村民可以向镇（乡）人民政府或者县级有关主管部门申诉，镇（乡）人民政府或者县级有关主管部门应当进行调查并作出处理；也可以申请人民法院予以撤销，责任人依法承担法律责任。

村民委员会不依照法律、法规的规定履行法定义务的，由镇（乡）人民政府责令改正。

镇（乡）人民政府干预依法属于村民自治范围事项的，由上一级人民政府责令改正。

第六章 附 则

第四十二条 不设区的市、市辖区、县、自治县人民政府民政部门和镇（乡）人民政府负责制定和实施村民委员会成员的培训计划。每届村民委员会主任、副主任、委员任期内至少应当培训一次，培训经费由不设区的市、市辖区、县、自治县以及镇（乡）两级人民政府列入财政预算。

第四十三条 《中华人民共和国村民委员会组织法》和本办法由各级人民政府组织实施，民政部门负责日常工作。

各级人民政府应当根据本行政区域的实际情况，制订村民自治规划，全面开展村民自治活动，组织开展农村社区建设。

第四十四条 本省各级人民代表大会和县级以上各级人民代表大会常务委员会在本行政区域内保证《中华人民共和国村民委员会组织法》和本办法的实施，保障村民依法行使自治权利。

第四十五条 街道办事处属下的村，适用本办法；街道办事处履行本办法所规定的应当由镇（乡）人民政府履行的职责。

第四十六条 本办法自2012年11月1日起施行。

广东省见义勇为人员奖励和保障条例

（2012年11月29日广东省第十一届人民代表大会常务委员会第三十八次会议通过）

第一章　总　则

第一条　为了弘扬社会正气，鼓励见义勇为并保障见义勇为人员的合法权益，根据有关法律法规，结合本省实际，制定本条例。

第二条　本条例适用于本省行政区域内实施见义勇为人员的奖励和保障工作。

第三条　本条例所称见义勇为，是指不负有法定职责、法定义务的人员，为保护国家利益、社会公共利益或者他人的人身、财产安全，制止正在发生的违法犯罪行为或者实施救人、抢险、救灾等行为。

第四条　见义勇为人员的奖励和保障，实行政府主导与社会参与相结合，精神鼓励、物质奖励和社会保障相结合，坚持公正、公开、及时的原则。

第五条　县级以上人民政府负责见义勇为人员的奖励和保障工作，建立健全相关部门协调配合的工作机制。

公安、民政、人力资源社会保障、财政、教育、卫生、住房和城乡建设、审计、司法行政等有关部门按照各自职责，做好见义勇为人员奖励和保障工作，其日常工作由公安机关组织实施。

工会、共产主义青年团、妇女联合会、残疾人联合会等应当协助做好见义勇为人员的奖励和保障工作。

第六条　县级以上人民政府成立见义勇为评定委员会，负责见义勇为的确认。

评定委员会由民政、公安、人力资源和社会保障、财政、教育、卫生、住房和城乡建设、司法行政等部门人员和相关专业人员组成，评定委员会办公室的设立由同级人民政府确定。

评定委员会应当制定见义勇为的确认办法并向社会公开。

第七条 县级以上人民政府应当在每年的财政预算中安排见义勇为专项经费，用于见义勇为人员及其家属的救治、抚恤、表彰、奖励、生活困难资助、康复治疗补助以及经济补偿等，并制定经费的管理和使用办法。

省、地级以上市人民政府应当在其安排的见义勇为专项经费中加大对本行政区域内欠发达地区的扶持力度。

第八条 本省行政区域内设立的见义勇为基金会应当依照法律法规和章程做好见义勇为人员的奖励和保障工作。

见义勇为基金会的基金来源主要包括财政拨款、募集收入、捐赠收入以及其他合法收入。

鼓励社会力量向见义勇为基金会捐赠。

第九条 鼓励公民采取适当、有效方式实施下列见义勇为行为：

（一）制止正在危害国家安全、公共安全或者扰乱社会秩序的违法犯罪行为；

（二）制止正在侵害国家、集体财产或者他人人身、财产安全的违法犯罪行为；

（三）抢险、救灾、救人，保护国家、集体的财产或者他人人身、财产安全；

（四）其他见义勇为行为。

第十条 鼓励全社会支持见义勇为行为，尊重和保护见义勇为人员。

鼓励国家机关、社会团体、企业事业单位或者其他组织、个人对正在实施见义勇为的人员给予援助。

鼓励社会力量和见义勇为人员所在单位、居民委员会、村民委员会对见义勇为人员给予资助和奖励。

第十一条 县级以上人民政府及其有关部门，工会、共产主义青年团、妇女联合会、残疾人联合会等应当加强见义勇为宣传，鼓励公民实施见义勇为行为。

新闻媒体应当及时宣传见义勇为事迹，报道奖励、保障、援助见义勇为人员的活动。

第二章　确　认

第十二条　具有本条例第三条规定行为的人员及其近亲属可以向行为发生地县级人民政府或者不设区的地级市人民政府见义勇为评定委员会申请确认见义勇为，并提交有关证明材料。有关单位和个人也可以举荐见义勇为人员。

申请、举荐确认见义勇为，应当自行为发生之日起六个月内提出。

没有申请人、举荐人的，县级以上人民政府见义勇为评定委员会可以依照职权予以确认。

第十三条　见义勇为评定委员会应当自受理见义勇为书面确认申请、举荐之日起三个工作日内组织调查、取证，有关单位和个人应当予以配合。

第十四条　见义勇为评定委员会应当将拟确认为见义勇为人员的事迹予以公示，征求公众意见。公示时间不得少于七个工作日。但本条例第二十八条第一款规定的情形除外。

第十五条　县级人民政府见义勇为评定委员会应当自受理确认申请或者举荐之日起三十日内作出书面决定；情况复杂需要延期的，经评定委员会负责人批准，可以延长十个工作日，并告知申请人或者举荐人。公示时间不计入确认工作时间。

对确认为见义勇为的，由县级人民政府为见义勇为人员或者其近亲属颁发见义勇为证书；对未确认为见义勇为的，应当书面告知申请人或者举荐人并说明理由。

被确认为见义勇为的人员名单和事迹，应当向社会公开。但本条例第二十八条第一款规定的情形除外。

第三章 奖励和保障

第十六条 县级以上人民政府对确认的见义勇为人员可以给予下列表彰或者奖励：

（一）通报嘉奖；

（二）颁发奖金；

（三）授予见义勇为荣誉称号。

第十七条 见义勇为伤亡人员除享受国家和省有关抚恤补助规定的相应待遇外，经省人民政府见义勇为评定委员会确认，由省人民政府颁发一次性抚恤奖金：

（一）牺牲的，颁发一百万元抚恤奖金；

（二）完全丧失劳动能力的，颁发八十万元抚恤奖金；

（三）大部分丧失劳动能力的，颁发六十万元抚恤奖金；

（四）部分丧失劳动能力的，颁发四十万元抚恤奖金。

具体办法由省人民政府制定。

第十八条 任何单位和个人对因见义勇为负伤的人员，应当及时告知公安机关和医疗机构，并采取协助救治、援助等措施。医疗机构及其医务人员应当及时救治，不得拒绝、推诿。

第十九条 因见义勇为而遭受人身损害的，在救治期间的医疗费、护理费等合理的治疗费用，由公安机关通知见义勇为专项经费管理部门先行垫付。造成残疾的，并垫付残疾生活辅助器具费。造成死亡的，并垫付丧葬费。

因见义勇为而遭受人身损害并有侵权人的，侵权人或者侵权人的监护人应当依法承担侵权责任。依照前款规定先行垫付相关费用的，应当向侵权人或者侵权人的监护人追偿。

因见义勇为而遭受人身损害并有受益人的，有关费用可以由受益人或者受益人的监护人适当承担。

第二十条 参加工伤保险的见义勇为人员，依法享受工伤保险待遇。

第二十一条 因见义勇为误工的人员，所在工作单位应当视同出勤，不得降低其福利待遇或者违法解除其劳动合同。

第二十二条 因见义勇为部分丧失劳动能力的，由所在单位安排力所能及的工作。

因见义勇为完全丧失劳动能力且已参加职工基本养老保险的，依法享受基本养老保险待遇。

见义勇为人员不能享受本条第一款、第二款待遇，部分丧失劳动能力的，由公共就业服务机构或者县级以上残疾人劳动就业服务机构介绍就业；完全丧失劳动能力，但不能享受工伤保险待遇的，从县级人民政府见义勇为专项经费中逐月发给不低于当地上一年度城镇居民人均可支配收入的月平均标准的基本生活费。

第二十三条 对就业困难的见义勇为人员，县级以上人民政府应当优先纳入就业援助，优先安排到公益性岗位。

第二十四条 符合城乡低保条件的见义勇为人员及其家庭，应当按照有关规定纳入低保范围，符合相关条件申请专项救助和临时救助的，各级人民政府应当给予优先救助。

第二十五条 因见义勇为人员牺牲而致孤的人员属于城市社会福利机构供养范围或者符合农村五保供养条件的，县级以上人民政府应当优先安排。

县级以上人民政府应当将因见义勇为人员牺牲而致孤的未成年子女纳入孤儿保障体系，按照相关标准发放孤儿基本生活费。

县级以上人民政府应当将因见义勇为人员牺牲而致孤的人员的医疗保障纳入城乡居民基本医疗保险、城乡医疗救助等制度保障范围。参加城乡居民基本医疗保险等费用可以通过城乡医疗救助制度解决。

第二十六条 县级以上人民政府应当将符合住房保障条件的城市见义勇为人员家庭优先纳入住房保障，优先配租、配售保障性住房或者发放住房租赁补贴。对符合农村危房改造条件的见义勇为人员家庭应当给予优先安排。

第二十七条 事迹突出的见义勇为人员或者其配偶、子女在见义勇为行为发生地申请常住户口的，见义勇为行为发生地地级以上市人民政府应当给予优先安排。

第二十八条 对不宜公开的见义勇为人员的个人资料和相关事迹，公安机关及有关部门应当保密。

因见义勇为致使本人或者其近亲属人身、财产安全受到威胁的，公安机关应当采取有效措施予以保护；对见义勇为人员进行打击报复的，公安机关等有关部门应当及时依法处理。

第二十九条 因见义勇为造成他人财产损失，依法应当承担赔偿责任的，由见义勇为专项经费给予适当的经济补助。

见义勇为人员及其近亲属因见义勇为行为产生民事权益纠纷请求法律援助的，法律援助机构应当及时提供援助。

第四章 法律责任

第三十条 各级人民政府、有关主管部门及其工作人员违反本条例规定，有下列行为之一的，由其上级机关或者监察机关责令改正；情节严重的，对主管人员和其他直接责任人员依法给予处分；构成犯罪的，依法追究刑事责任：

（一）贪污、挪用、截留、私分见义勇为专项经费的；

（二）不按规定发放见义勇为人员奖金、抚恤金或者落实待遇的；

（三）有其他滥用职权、玩忽职守、徇私舞弊行为的。

第三十一条 医疗机构或者医务人员违反本条例第十八条规定，拒绝、推诿或者拖延救治负伤的见义勇为人员的，依法追究医疗机构和有关人员责任。

第三十二条 虚构事实或者隐瞒真相骗取见义勇为荣誉或者奖励的，由原确认机关撤销其荣誉称号，追回所获奖金、抚恤金和其他补助费，取消相关待遇；当事人属于国家工作人员的，由其主管部门或者监察机关依法给予处分；构成违反治安管理规定行为的，由公安机关依法予以处罚；构成犯罪的，依法追究刑事责任。

第三十三条 打击报复、诬告陷害见义勇为人员及其近亲属的，由公安机关予以训诫、责令悔过，由其所在单位或者主管部门依法给予处分；构成违反治安管理规定行为的，由公安机关依法予以处罚；构成犯罪的，依法追究刑事责任。

第五章　附　则

第三十四条　本省户籍人员在本省行政区域外实施见义勇为的，县级以上人民政府应当给予表彰、奖励。表彰、奖励的具体办法由省人民政府制定。

第三十五条　本条例自2013年1月1日起施行。

广东省城乡规划条例

（2012年11月29日广东省第十一届人民代表大会常务委员会第三十八次会议通过）

目录

第一章　总　则

第一条　为了加强城乡规划管理，协调城乡空间布局，改善人居环境，促进城乡经济社会全面协调可持续发展，根据《中华人民共和国城乡规划法》（以下简称城乡规划法）和有关法律、行政法规，结合本省实际，制定本条例。

第二条 本条例适用于本省行政区域内城乡规划的制定、修改、实施，在规划区内的建设，以及对历史文化和自然风貌的保护等活动。

本条例所称城乡规划，是指对一定时期内城乡土地利用和空间布局以及各项建设的综合部署。城乡规划包括城镇体系规划、城市规划、镇规划、乡规划、村庄规划和特定地区规划。城镇体系规划分为省域城镇体系规划和城镇群协调发展规划。城市规划、镇规划、特定地区规划分为总体规划和详细规划。详细规划分为控制性详细规划和修建性详细规划。

本条例所称特定地区，是指经国家或者省人民政府批准设置的开发区、产业园区以及其他成片开发地区。

第三条 城乡规划的编制，应当依据国民经济和社会发展规划，与土地利用总体规划相衔接，并体现主体功能区规划的要求。

各类专项规划，涉及土地利用和空间布局的，应当符合城乡规划。

第四条 鼓励开展城市设计工作。城市设计应当注重历史文化和自然风貌的保护，体现岭南文化和地方特色。

第五条 省、市、县人民政府城乡规划主管部门负责本行政区域内城乡规划管理工作，其他有关部门应当按照各自职责，做好城乡规划管理的相关工作。

市辖区、特定地区设立的城乡规划管理机构，应当服从城市人民政府城乡规划主管部门的统一管理。

县级人民政府应当明确镇人民政府办事机构承担村镇规划建设管理职责。

第六条 城镇体系规划，城市、镇、特定地区总体规划和控制性详细规划，重要地段的修建性详细规划应当经城乡规划委员会审议。

省城乡规划委员会的产生、任期、议事规则等有关事项由省人民政府规定。城市、县城乡规划委员会的产生、任期、议事规则等有关事项由本级人民政府规定，并报上一级人民政府备案。

第七条 各级人民政府应当将城乡规划的编制和管理经费纳入本级财政

预算。

村庄规划编制和管理经费应当在县级以上人民政府预算中安排。

第八条 省人民政府城乡规划主管部门应当按照国家规定，制定城乡规划编制和实施的技术规范，向社会公布后实施。

地级以上市人民政府可以根据国家和省的规定制定适用于本行政区域的实施性技术规定，向社会公布后实施。

第九条 城乡规划的编制和实施，应当遵循公开、公平和公正原则，保障公民、法人和其他组织对城乡规划的知情权、参与权和监督权。

第十条 省、城市和有条件的县人民政府城乡规划主管部门应当建立城乡规划管理信息系统，推进城乡规划管理信息共享。

城市、县和有条件的镇人民政府应当加强城乡规划建设档案馆的建设和管理，为公民、法人和其他组织查阅城乡规划建设档案提供便利。

第二章 城乡规划的制定和修改

第十一条 省人民政府根据全国城镇体系规划组织编制省域城镇体系规划，报国务院审批。

省人民政府城乡规划主管部门会同省人民政府有关部门、地级以上市人民政府，根据省域城镇体系规划组织编制城镇群协调发展规划，报省人民政府审批。

省域城镇体系规划和城镇群协调发展规划用于指导划定区域内城市、镇的开发边界和编制城市总体规划、镇总体规划，并确定由省实施规划监控的区域。

第十二条 城市人民政府负责组织编制城市总体规划，并依照法定程序报送审批。

城市总体规划应当包含市域城镇体系规划的内容。

大、中城市可以在总体规划的基础上编制分区规划，对城市土地利用、人口分布以及公共设施、城市基础设施的配置作出进一步安排，对控制性详细规划的编制提出指导性要求，其规划期限应当与总体规划相一致。

分区规划由城市人民政府城乡规划主管部门组织编制，报本级人民政府审批。

第十三条 县人民政府组织编制县人民政府所在地镇的总体规划，同时对县域城镇、村庄的发展布局、资源保护和利用，重大设施布局等作出统筹安排。县人民政府组织编制的总体规划报送审批前，应当先经本级人民代表大会常务委员会审议，常务委员会组成人员的审议意见交由本级人民政府研究处理。

第十四条 县人民政府所在地以外镇的总体规划，由镇人民政府组织编制，报城市、县人民政府审批。其中，省人民政府指定的镇，其总体规划由地级以上市人民政府审批。镇人民政府组织编制的总体规划报送审批前，应当先经镇人民代表大会审议，代表的审议意见交由本级人民政府研究处理。

第十五条 城市、县人民政府应当在城市、镇总体规划中确定编制村庄规划的区域。不在确定区域内的村庄，纳入城市或者镇的规划管理区域。

第十六条 村庄规划由镇人民政府组织编制，经村民会议或者村民代表会议讨论同意后，报上一级人民政府审批。

村庄规划的编制应当符合农村实际情况，满足村民生产生活需求，通俗易懂，明确村庄建设范围、住宅建设布局、公共服务设施和基础设施配置、历史文化和自然风貌保护等内容。

第十七条 城市、县人民政府城乡规划主管部门和镇人民政府应当组织编制控制性详细规划，依法报请批准和备案。

省域城镇体系规划或者城镇群协调发展规划确定的由省实施规划监控的区域，其控制性详细规划草案的编制，应当征求省人民政府城乡规划主管部门意见；规划批准后应当报省人民政府备案。

控制性详细规划的备案办法由省人民政府另行制定。

控制性详细规划的编制，应当符合国家和省的相关技术标准和规范，综合考虑节约和综合利用资源和能源、减少废弃物和有害物排放、保护生态环境、保障公共安全、防灾减灾等要求。

第十八条 特定地区总体规划由所在地城市人民政府组织编制，报省人民政府审批或者经省人民政府审查同意后上报。

特定地区控制性详细规划的编制和审批，参照城市控制性详细规划的有关规定执行。

第十九条 城市、县人民政府城乡规划主管部门和镇人民政府应当组织编制重要地块的修建性详细规划，也可以根据规划管理的需要要求建设单位依据控制性详细规划或者规划条件编制修建性详细规划。

第二十条 城市、县人民政府城乡规划主管部门和镇人民政府组织开展城市设计，应当对一定地域范围内的空间形态、交通系统及建筑物的造型、高度、色彩等内容提出规划管理要求，并纳入相应城乡规划。

城市设计的技术规范，由省人民政府城乡规划主管部门制定。

第二十一条 城市、镇规划区范围单独编制的交通运输、水利、电力、燃气、通信、给排水、环境卫生、绿化、消防、人民防空、住房保障、医疗、教育、文化、体育等各类专项规划，涉及土地利用和空间布局的，由相关主管部门会同城乡规划主管部门共同组织编制，报城市、县人民政府审批。

各类专项规划的内容应当相互衔接、符合总体规划，并纳入控制性详细规划。

第二十二条 城市、县人民政府城乡规划主管部门应当会同有关部门，依据总体规划组织编制城市、镇地下空间开发利用规划，报本级人民政府审批。

地下空间开发利用规划应当包括：

（一）地下空间综合开发利用的目标、功能分区、开发规模、布局和实施时序；

（二）禁止、限制和适宜建设地下空间的范围；

（三）各类交通设施、人防设施、公共服务设施以及给排水、电力、通讯等市政设施的布局安排；

（四）环境保护要求和安全保障措施。

控制性详细规划应当落实地下空间开发利用规划的有关内容。

第二十三条 城市、县、镇人民政府应当依据总体规划编制近期建设规划。近期建设规划与国民经济和社会发展规划同步编制，经本级人民代表大会常务委员会或者镇人民代表大会审议同意后，报总体规划审批机关备案。

城市、县、镇人民政府依据近期建设规划组织编制年度实施计划，经本级人民代表大会常务委员会或者镇人民代表大会审议同意后实施。

编制近期建设规划和年度实施计划，应当依据总体规划的要求，提出规划年限内的建设用地安排，确定近期和年度的重点建设项目，明确其空间分布和建设时序。年度实施计划应当与土地供应年度计划相衔接。

第二十四条 城乡规划报送审批前，组织编制机关应当依法将城乡规划草案予以公告，并采取论证会、听证会或者其他方式征求专家和公众的意见。公告的时间不得少于三十日。

城乡规划批准前，审批机关可以委托承担规划编制任务以外的具有城乡规划编制资质的机构，对规划草案进行技术审查。

经批准的城乡规划，应当在政府网站、新闻媒体或者专门场所公告，并在政府网站长期公布。村庄规划的主要内容应当由村民委员会保存并在村庄公共场所公布，以供村民查阅咨询。

未经公布的城乡规划，不作为规划管理和城乡建设的依据。

第二十五条 经批准的城乡规划不得随意修改。依法需要修改城乡规划的，组织编制机关应当向原审批机关提出申请，获得批准后，依照规划编制和审批的程序执行。

仅涉及单条支路走向、宽度或者单个地块建筑高度、建筑密度等内容的控制性详细规划修改，由组织编制机关提出调整方案，采取论证会、听证会或者其他方式征求专家、利害关系人的意见，经原审批机关同意后公布实施。

第三章　城乡规划的实施

第一节　一般规定

第二十六条 各级人民政府应当根据当地社会经济发展需要，作出城乡建设和发展的综合部署，将其纳入城乡规划统筹实施。

实施省域城镇体系规划和城镇群协调发展规划，相关人民政府应当就区域基础设施和公共服务设施共建共享、环境保护和生态建设、相邻地区重点项目衔接等问题进行协商，协商不成的，由共同的上一级人民政府城乡规划主管部门会同项目主管部门组织协调。

有关部门编制区域性交通、生态环境保护、能源、通信、防灾减灾等专项规划，应当落实省域城镇体系规划的要求，并与城镇群协调发展规划相衔接，相关建设项目的规划选址应当符合省域城镇体系规划和城镇群协调发展规划的要求。

第二十七条 建设用地和建设工程应当符合城乡规划，依法取得规划许可。在城市、镇规划区范围内核发建设用地规划许可证和建设工程规划许可证。在村庄规划区范围内核发乡村建设规划许可证。按照国家规定需要进行规划选址审批的建设工程，还应当申请核发建设项目选址意见书。

第二十八条 开发利用城市、镇地下空间，应当考虑人民防空的需要，依法办理规划许可。

与地面建设工程一并开发利用地下空间的，应当与地面建设工程一并办理规划许可；独立开发利用地下空间的，单独办理规划许可。

任何单位和个人未经批准，不得擅自开挖建筑底层地面，不得擅自改变经许可确定的地下空间的使用功能、高度、层数和面积。

第二十九条 规划许可或者审批机关作出许可或者审批决定前，应当将许可或者审批内容、申请人和利害关系人享有的权利等事项在政府网站、建设项目现场进行公示，公示时间不得少于十日。

申请人、利害关系人对许可或者审批事项提出异议的，许可或者审批机关应当及时处理，并回复处理结果。必要时可以采取听证会或者论证会等方式听取各方意见。

第三十条 建设项目规划选址审批或者规划许可机关对重大项目作出审批或者许可决定前，可以以政府购买服务的方式委托具有相应资质的单位对建设单位或者个人提交的材料进行技术审查。

第三十一条 规划许可或者审批事项批准后十五日内，许可或者审批机关应当在政府网站进行公告，可供查询。

第二节　建设项目规划选址审批

第三十二条　需核发选址意见书的建设项目，属于国家和省批准、核准项目投资的，由省人民政府城乡规划主管部门核发选址意见书；属于城市和县批准、核准项目投资的，由建设项目所在地的城市、县人民政府城乡规划主管部门核发选址意见书。跨行政区域的建设项目，由项目所在地的共同上一级人民政府城乡规划主管部门核发选址意见书。

第三十三条　建设单位申请核发选址意见书，应当提交选址申请书、标明拟选址位置的地形图和建设项目选址评估报告等材料。

建设项目选址评估报告应当对建设项目选址方案的科学性、合法性、与城乡规划的协调性作出分析论证结论。

由省人民政府城乡规划主管部门核发选址意见书的建设项目，建设单位应当先将上述材料提交建设项目选址所在地地级以上市人民政府城乡规划主管部门进行初步审查。

第三十四条　取得建设项目选址意见书二年内尚未获得建设项目批准或者核准的，应当在有效期届满三十日前向原核发机关申请办理延期手续，延长期限不得超过一年。未办理延期手续或者延长期逾期仍未获得建设项目批准、核准，选址意见书自行失效。

建设项目所依据的批准、核准文件被依法撤销、撤回、吊销，或者土地使用权被依法收回的，相应的项目选址意见书失效。

第三节　建设用地规划管理

第三十五条　城市、县土地储备年度计划和土地供应年度计划应当与城乡规划相衔接。

第三十六条　国有土地使用权出让前，城市、县人民政府城乡规划主管部门应当依据控制性详细规划提出拟出让地块的规划条件。规划条件应当明确出让地块的位置、面积、使用性质、允许建设的范围、容积率、绿地率、建筑高度、建筑密度、基础设施和公共服务设施配套、地下空间开发利用要求等内容。需要编制修建性详细规划的，应当在规划条件中予以明确。

规划条件及附图应当作为国有土地使用权出让合同的组成部分。国有土地使用权出让合同不得改变规划条件。

第三十七条 在城市、镇规划区范围内，建设单位或者个人向城市、县人民政府土地主管部门申请划拨用地的，应当向城市、县人民政府城乡规划主管部门申请取得建设用地规划许可证。

建设单位或者个人申请核发建设用地规划许可证，应当提交有关部门的批准、核准、备案文件。使用集体土地的，还应当提交村民委员会出具的书面意见。

建设单位或者个人取得建设用地规划许可证后，应当在一年内向县级以上地方人民政府土地管理部门申请用地，需要延期的，应当在建设用地规划许可证有效期届满三十日前向原核发机关申请办理延期手续。一年内未申请用地的或者经申请未获得用地的或者申请延期未批准的，建设用地规划许可证自行失效。

第三十八条 以出让方式提供国有土地使用权的住宅、商业、办公类建设项目，应当严格执行规划条件，不得改变用地性质，不得提高容积率，不得降低绿地率，不得减少基础设施和公共服务配套。

具有下列情形之一的，不受前款规定限制，建设单位或者个人可以依法申请调整规划条件：

（一）因城乡规划修改导致地块开发条件变化的；

（二）因国家和省重大项目建设需要的；

（三）因城乡基础设施、公共服务设施和公共安全设施建设需要的；

（四）法律、法规规定的其他情形。

调整出让用地的规划条件，应当先行按照规划编制和审批的程序修改其依据的控制性详细规划。

第三十九条 国有土地使用权需要分割转让的，原规划条件或者经批准的修建性详细规划、建设工程设计方案总平面图确定的道路、广场、公共绿地、市政公用设施、公共服务设施等建设项目，应当在分割转让合同中明确各受让方的实施责任。

国有土地使用权分割转让后，各受让方应当持分割转让合同等材料向城市、县人民政府城乡规划主管部门申请核发建设用地规划许可证。

第四节　建设工程规划管理

第四十条　在城市、镇规划区范围内进行建筑物、构筑物、道路、桥梁和管线等工程建设的，建设单位或者个人应当向城市、县人民政府城乡规划主管部门或者省人民政府指定的镇人民政府申请办理建设工程规划许可证。

前款规定的镇人民政府应当在核发建设工程规划许可证后向所在地城市、县人民政府城乡规划主管部门备案。

第四十一条　建设单位或者个人申领建设工程规划许可证，应当持使用土地的证明文件、建设工程设计方案和法律、法规规定的其他材料，向城市、县人民政府城乡规划主管部门或者省人民政府指定的镇人民政府提出申请。规划条件要求编制修建性详细规划的，应当同时提交经审定的修建性详细规划。属于原有建筑物改建、扩建的，应当同时提供房屋产权证明。

城市、县人民政府城乡规划主管部门或者省人民政府指定的镇人民政府依据经批准的城乡规划、规划条件、相关技术标准和规范对建设工程设计方案进行审查，提出审查意见。符合条件的，核发建设工程规划许可证。

建设工程规划许可证应当载明建设项目位置、建设规模和使用功能等内容，附经审定的建设工程设计方案总平面图。

建设单位或者个人应当在建设项目施工现场或者其他显著地点设置建设工程规划许可公告牌，载明建设工程规划许可的主要内容和图件。公告内容应当真实、有效，不得隐瞒、虚构。

取得建设工程规划许可证一年后尚未开工的，应当向原许可机关办理延期手续，延长期限不得超过六个月。未办理延期手续或者办理延期手续逾期仍未开工的，建设工程规划许可证自行失效。

第四十二条　建设工程设计方案应当符合规划条件、相关技术标准和规范，文字标明的技术经济指标应当与图纸所示相一致。住宅、商业、办公类建设项目的建设工程设计方案，应当分类载明建筑用途，明确公共场所、公用设施和物业管理用房的位置、面积。

第四十三条 建设单位或者个人应当按照建设工程规划许可的内容进行建设，不得擅自变更；需要变更的，应当经原许可机关批准。

涉及需变更建设用地规划许可的，应当先申请变更建设用地规划许可。

因变更建设工程规划许可给利害关系人合法权益造成损失的，建设单位或者个人应当依法予以补偿。

第四十四条 分期建设的建设工程，城市、县人民政府城乡规划主管部门或者省人民政府指定的镇人民政府可以根据建设单位或者个人的申请，审查分期建设的内容、范围，分期核发建设工程规划许可证。

分期建设的建设工程，应当符合经审定的修建性详细规划、建设工程设计方案总平面图。同一建设期的建设内容应当包括相应的配套设施和绿地。

第四十五条 建设工程开工前，建设单位或者个人应当委托具有相应测绘资质的单位放线，并向城市、县人民政府城乡规划主管部门或者省人民政府指定的镇人民政府申请验线。

城乡规划主管部门或者省人民政府指定的镇人民政府应当自受理申请之日起七个工作日内进行验线。

未经验线，建设工程不得开工。

第四十六条 建设工程竣工后，建设单位或者个人应当持建设工程规划许可证、建设工程验线证明文件以及具有相应测绘资质的单位出具的测绘报告等材料，向城市、县人民政府城乡规划主管部门或者省人民政府指定的镇人民政府申请规划条件核实。

城市、县人民政府城乡规划主管部门或者省人民政府指定的镇人民政府应当自受理申请之日起二十个工作日内办理核实手续；不予办理核实手续的，应当书面告知理由。

建设工程未办理规划条件核实的，建设单位或者个人不得组织竣工验收，产权登记机关不予办理产权登记手续。

建设单位或者个人应当在竣工验收后六个月内向城市、县人民政府城乡规划主管部门或者省人民政府指定的镇人民政府报送有关竣工验收资料。城市、县人民政府城乡规划主管部门或者省人民政府指定的镇人民政府应当将竣工验收资料交由城乡规划建设档案馆归档。

第四十七条 房屋使用人应当按照建设工程规划许可证或者房地产权证书载明的用途使用房屋。确需变更房屋用途的，应当向城市、县人民政府城乡规划主管部门申请办理变更手续。

第四十八条 在城市、镇规划区范围内进行临时建设的，应当向城市、县人民政府城乡规划主管部门或者省人民政府指定的镇人民政府申请核发临时建设工程规划许可证。

临时建设工程规划许可证有效期不超过二年。使用期限届满确需延期的，应当在有效期届满三十日前向原核发机关申请办理延期手续，延续期限不超过一年。

临时建设必须按照批准的用途使用，不得改变用途或者转让。

临时建设应当在批准的使用期限届满前自行拆除，恢复土地原状。

第五节 村庄建设规划管理

第四十九条 各级人民政府应当加强对村庄规划建设的指导，村庄建设应当遵循先规划后建设的原则，鼓励适度集中建设村民住宅。城乡规划主管部门应当免费向村民提供具有地方特点和乡村特色的住宅设计图件。

第五十条 在村庄规划确定的建设用地范围内使用集体所有土地进行乡镇企业、公共设施、公益事业和其他工程建设的，建设单位或者个人应当向镇人民政府提交如下材料：

（一）建设项目批准、核准文件；

（二）由村民委员会出具的书面意见；

（三）建设工程设计方案；

（四）法律、法规规定的其他材料。

建设项目需要占用农用地的，申请办理乡村建设规划许可证应当提供农用地转用证明。

省人民政府指定的镇人民政府应当自收到申请材料之日起二十个工作日内作出是否许可的决定；不予许可的，应当书面告知理由。

其他镇人民政府应当自受理申请材料之日起十个工作日内提出审查意

见，报城市、县人民政府城乡规划主管部门。城市、县人民政府城乡规划主管部门应当自收到申请材料和镇人民政府的审查意见之日起二十个工作日内作出是否许可的决定。

乡村建设规划许可证应当载明建设项目位置、建设范围、建设规模和主要功能等内容。建设单位或者个人在取得乡村建设规划许可证后，应当在一年内办理用地审批手续和施工许可手续。

第五十一条 在村庄规划确定的宅基地范围内建设农村村民住宅的，应当持村民委员会签署的书面同意意见、土地使用证明、住宅设计图件等材料，向镇人民政府提出申请，由镇人民政府报城市、县人民政府城乡规划主管部门核发乡村建设规划许可证。

镇人民政府应当自受理申请材料之日起五个工作日内将申请材料报送城市、县人民政府城乡规划主管部门。城市、县人民政府城乡规划主管部门应当自收到申请材料之日起二十个工作日内作出是否许可的决定，并告知镇人民政府。

城市、县人民政府城乡规划主管部门可以委托镇人民政府核发本条规定的乡村建设规划许可证。

第五十二条 建设单位或者个人应当按照乡村建设规划许可的内容进行建设，不得擅自变更；需要变更的，应当经原许可机关批准。

取得乡村建设规划许可证的建设工程开工前，建设单位或者个人应当向城市、县人民政府城乡规划主管部门申请验线。城乡规划主管部门应当自受理申请之日起十个工作日内进行验线。未经验线，建设工程不得开工。

乡村建设项目竣工后，建设单位或者个人应当就建设工程是否符合乡村建设规划许可的内容，向城市、县人民政府城乡规划主管部门申请核实。

城市、县人民政府城乡规划主管部门可以委托镇人民政府对农村村民自建住宅进行规划验线和核实。

第五十三条 在村庄规划确定的建设用地范围内使用国有土地进行工程建设，或者在城市、镇总体规划确定的建设用地范围内利用农村集体所有土地进行农村村民住宅建设的，按照本章第四节建设工程规划管理的有关规定执行。

第四章　历史文化和自然风貌保护

第一节　历史文化保护区和历史建筑

第五十四条　城市、县人民政府应当建立历史文化保护区和历史建筑的保护名录，报省人民政府核定后公布。经批准公布的历史文化名镇、名村、街区，保存比较完整、内涵较为丰富、特色明显的传统镇街、村落和场所，以及反映历史风貌和地方特色的历史建筑应当纳入保护名录。

保护名录应当明确各类保护对象的主体和保护范围界线，并附有明确的地理坐标及相应的界址地形图。

保护名录报送核定前，城市、县人民政府城乡规划主管部门应当会同同级文物主管部门征求有关部门、公众、建筑物所有人和其他利害关系人的意见，并进行专家论证。公民、法人和其他组织可以提出建议。对符合本条例规定而没有纳入保护名录的保护对象，省人民政府可以直接将其纳入保护名录。

第五十五条　省域城镇体系规划和城镇群协调发展规划应当明确区域历史风貌保护的主要原则、策略和要求；城市、镇总体规划应当确定城市或者镇历史风貌的总体格局，划定历史文化保护区的范围，制定规划管制措施；控制性详细规划应当明确历史文化保护区和历史建筑保护的具体要求，并落实到规划控制指标。

村庄规划应当对保存具有风貌价值的建筑物、构筑物，保护具有乡土特色的传统格局，以及与乡村风俗、节庆、纪念等活动密切关联的特定建筑和场所等作出规定。

第五十六条　对纳入保护名录的历史文化保护区，城市、县人民政府应当组织编制专项保护规划，并参照历史文化名镇、名村、街区的有关规定报送审批。专项保护规划经批准后，报上一级人民政府和本级人民代表大会常务委员会备案。

历史文化保护区的专项保护规划应当包括下列内容：

（一）历史风貌保护的原则和总体要求；

（二）核心保护范围和建设控制地带；

（三）土地使用的规划控制和调整，建筑空间环境和景观的保护要求；

（四）与历史风貌保护要求不协调建筑的整改要求；

（五）规划管理的其他要求和措施。

第五十七条 对纳入保护名录的历史建筑，城市、县人民政府城乡规划主管部门应当划定核心保护范围，制定保护措施，明确使用功能，并可根据保护需要划定建设控制地带或者编制保护规划，经征求专家和公众意见后，报本级人民政府审批。

第五十八条 城市、县人民政府应当在历史文化名镇、名村、街区的核心保护范围设立保护标志。

城市、县人民政府城乡规划主管部门应当在传统镇街、村落和场所的核心保护范围设立保护标志。

城市、县人民政府房产管理部门应当在历史建筑的核心保护范围设立保护标志。

第五十九条 各级人民政府应当对历史文化保护予以必要的资金支持。

基层群众性自治组织应当配合政府对保护对象做好保护工作。

鼓励企事业单位、社会组织和个人以捐赠等形式资助历史文化保护。

第六十条 对纳入保护名录的保护对象，在其核心保护范围内，不得进行与保护无关的建设活动。但新建、扩建必要的基础设施和公益性公共服务设施除外。

在保护对象建设控制地带进行新建、扩建、改建活动，应当符合保护规划或者保护措施的要求，不得破坏传统格局和历史风貌。

在保护对象核心保护范围和建设控制地带内进行新建、扩建、改建活动，建设单位或者个人在申请办理规划许可时，应当同时提交历史文化保护的具体方案。城乡规划主管部门在作出规划许可前，应当征求文物主管部门的书面意见，必要时应组织专家论证和征求公众意见。

第六十一条 在保护对象核心保护范围和建设控制地带内禁止进行下列活动：

（一）开山、采石、开矿等破坏传统格局和历史风貌的活动；

（二）占用保护规划确定保留的园林绿地、河湖水系、道路等；

（三）修建生产和储存爆炸性、易燃性、放射性、毒害性、腐蚀性物品的工厂、仓库等；

（四）在历史建筑上刻划、涂污；

（五）对保护对象可能造成破坏性影响的其他活动。

第六十二条 城乡规划主管部门应当根据保护名录将保护对象资料纳入规划管理信息系统。房产管理部门应当在房屋权属档案库中对纳入保护名录的历史建筑予以标明。

历史建筑原有测绘资料不全或者缺失的，房产管理部门应当委托具有资质的测绘单位对历史建筑进行测绘，测绘资料纳入档案库统一管理。

第六十三条 纳入保护名录的历史建筑，由所有权人负责维护、修缮。所有权人、使用权人、管理人另有约定的，从其约定。所有权不明或者由政府代管的，由城市、县人民政府负责维护、修缮。

纳入保护名录的历史建筑的所有权人、使用权人和管理人不具备维护、修缮能力的，城市、县人民政府应当给予资助。

第六十四条 不得擅自拆除纳入保护名录的历史建筑。因严重损坏难以修复或者因公共利益需要确需拆除的，应当经城市、县人民政府城乡规划主管部门会同文物主管部门组织专家论证、制定补救措施后，报省人民政府城乡规划主管部门会同同级文物主管部门批准。

第六十五条 对纳入保护名录的历史建筑，经有相应资质的鉴定单位鉴定为危房确需翻建的，应当按照原地、原高度、原外观的要求编制建设工程设计方案，由所有权人向城市、县人民政府城乡规划主管部门提出书面申请。

城市、县人民政府城乡规划主管部门接到申请后，应当组织专家论证，并征求同级文物、房产管理部门意见后，作出是否批准的决定。

对纳入保护名录的历史建筑进行修缮装饰、添加设施的，所有权人应当将方案报城市、县人民政府城乡规划主管部门会同同级文物、房产管理部门审批后，依法办理相关手续。

第二节 自然风貌区

第六十六条 各级人民政府编制城乡规划，应当确定自然风貌区，实施控制和保护。

自然风貌区应当包括自然保护区、水源保护区、生态公益林、森林公园、基本农田保护区、风景名胜区、地质地貌风景区和重要江河湖泊、水库、海岸、湿地以及大型城市绿地等。

城乡规划、建设、国土资源、环境保护、林业、农业、海洋渔业、交通运输、水利、旅游、城市管理等部门应当在各自职责范围内，负责自然风貌区的保护工作。

第六十七条 省域城镇体系规划和城镇群协调发展规划应当根据自然风貌资源的分布，确定区域自然风貌保护的总体格局和管制原则、要求；城市、镇总体规划应当按照区域自然风貌保护的总体格局，明确各类自然风貌区的分布、范围和管制措施；控制性详细规划应当将自然风貌的保护要求落实到规划控制指标，并提出保护和恢复自然风貌的措施；村庄规划应当注重与山水田园、植被等自然景观的协调与融合。

第六十八条 城市、县人民政府城乡规划主管部门应当根据城乡规划，划定各类自然风貌区的边界控制线并制定保护措施，经征询有关部门和公众意见后，报本级人民政府批准并公布实施。

公布自然风貌区边界控制线，应当附有明确的地理坐标及相应的界址地形图。

第六十九条 县级以上人民政府应当组织规划建设绿道网，绿道规划建设管理的具体办法，由省人民政府在本条例实施之日起一年内制定。

第五章 监督检查

第七十条 各级人民政府及其城乡规划主管部门应当加强对城乡规划编制、审批、实施、修改的监督检查。

城市、县、镇人民政府应当每年向上一级人民政府报告年度实施计划的落实情况，以及城乡规划的编制、审批、实施和修改情况。城市、县人民政府城乡规划主管部门应当每年向上一级人民政府城乡规划主管部门报告城乡规划行政许可和变更情况。

第七十一条 县级以上人民政府应当每年向本级人民代表大会常务委员会报告城乡规划的实施情况，并接受本级人民代表大会常务委员会的监督。

镇人民政府应当定期向镇人民代表大会报告城乡规划的实施情况，并接受镇人民代表大会监督。

第七十二条 省人民政府、地级以上市人民政府应当建立城乡规划督察员制度，对城乡规划的编制、审批、实施和修改情况进行督察。

省人民政府城乡规划主管部门应当利用城乡规划管理信息系统，对全省城乡规划的实施进行动态监督。

第七十三条 县级以上人民政府城乡规划主管部门应当在办事窗口、政府网站公布办理规划许可和审批的条件、程序以及期限等有关内容，为公民、法人和其他组织提供便利，并接受社会监督。

第七十四条 依法应当准予行政许可或者批准，有关城乡规划主管部门不予行政许可或者批准的，上级城乡规划主管部门有权责令其作出准予行政许可决定或者批准决定，也可以建议有关人民政府责令其作出准予行政许可决定或者批准决定。

城乡规划主管部门违法作出行政许可或者审批的，上级人民政府城乡规划主管部门有权责令其撤销或者直接撤销该行政许可或者批准决定。因撤销行政许可或者批准决定给当事人合法权益造成损失的，违法作出行政许可或者批准决定的机关应当依法给予赔偿。

第七十五条 城乡规划主管部门及其他有关部门应当公布举报方式，接受公民、法人和其他组织对违反城乡规划法律法规行为的举报。属于本部门职责范围的，应当及时进行核实、处理，并答复已知举报人；不属于本部门职责范围的，应当及时告知举报人。

第六章　法律责任

第七十六条　有下列行为之一的，责令改正，通报批评；对直接负责的主管人员和其他直接责任人员依法给予处分：

（一）违反城市、镇或者特定地区规划确定的规划建设用地范围和布局进行开发区、产业园区以及其他成片开发地区建设的；

（二）未按照规定编制和实施近期建设规划、年度实施计划的；

（三）未建立历史文化保护区和历史建筑保护名录以及未组织编制历史文化保护区和历史建筑专项保护规划的；

（四）未按照规定向上一级人民政府报告年度实施计划落实情况以及城乡规划的编制、审批、实施和修改情况的。

第七十七条　县级以上人民政府城乡规划主管部门、省人民政府指定的镇人民政府有下列行为之一的，由本级人民政府、上级人民政府城乡规划主管部门或者监察机关依据职权责令改正，通报批评；对直接负责的主管人员和其他直接责任人员依法给予处分：

（一）违反规定批准、改变规划条件或者规划许可内容的；

（二）未按照规定进行验线和规划条件核实的；

（三）未在历史文化保护区核心保护范围设立保护标志，或者未将保护名录中保护对象资料纳入规划管理信息系统的；

（四）未划定自然风貌区的边界控制线并制定保护措施的。

第七十八条　县级以上人民政府有关部门有下列行为之一的，由本级人民政府、上级人民政府有关部门或者监察机关依据职权责令改正，通报批评；对直接负责的主管人员和其他直接责任人员依法给予处分：

（一）对未依法取得建设工程规划许可证的建设单位或者个人作出建设工程施工许可，或者违反建设工程规划许可证的要求作出建设工程施工许可的；

（二）对未办理规划条件核实的建设工程办理房屋产权登记，或者擅自改变建设工程规划许可证、乡村建设规划许可证的内容进行房屋产权登记的；

（三）未在历史建筑的核心保护范围设立保护标志，或者未在房屋权属档案库中对纳入保护名录的历史建筑予以标明的。

第七十九条 建设单位或者个人违反本条例第二十八条规定，未依法办理规划许可审批手续建设地下建筑物、构筑物的，或者擅自改变经许可审批确定的地下空间的使用功能、高度、层数和面积的，由当地城市、县人民政府城乡规划主管部门责令停止建设，限期改正，处以建设工程造价百分之五以上百分之十以下的罚款。

第八十条 建设单位或者个人违反本条例第四十条规定，未依法取得建设工程规划许可证或者未按照建设工程规划许可证的规定进行建设的，由当地城市、县人民政府城乡规划主管部门责令停止建设。尚可采取改正措施消除对规划实施的影响的，责令限期改正，并处建设工程造价百分之五以上百分之十以下的罚款。无法采取改正措施消除影响的，责令限期拆除；不能拆除的，没收实物或者违法收入，可以并处建设工程造价百分之十以下的罚款。

有下列行为之一的，应当认定为前款规定的无法采取改正措施消除影响的情形：

（一）超过建设工程规划许可证确定的建筑面积（计算容积率部分）或者建筑高度且超出合理误差范围的；

（二）违反建筑间距、建筑退让道路红线、建筑退让用地边界等城乡规划管理技术规定或者控制性详细规划确定的强制性内容的；

（三）侵占现状及规划确定的道路、消防通道、广场、公共绿地、河湖水面、地下工程、轨道交通设施、通讯设施或者压占城市管线、永久性测量标志等公共设施、公共场所用地的；

（四）占用各级文物保护单位、历史建筑保护范围用地进行建设的；

（五）擅自在建筑物楼顶、退层平台、住宅底层院内以及配建的停车场地进行建设的；

（六）在已完成规划条件核实的建设工程用地范围内擅自新建、搭建建筑物、构筑物的；

（七）其他无法采取改正措施消除影响的情形。

前款第（一）项规定的合理误差范围的标准，由省人民政府城乡规划主管部门制定。

本条第一款规定的违法收入，按照该建设工程的销售平均单价或者市场评估单价与违法建设面积的乘积确定；建设工程造价按照有违法建设情形的单项工程造价确定，其中房屋建筑工程按照单体建筑物工程造价确定。

第八十一条 建设单位或者个人违反本条例第四十一条第四款规定，未按照规定设置建设工程规划许可公告牌的，由当地城市、县人民政府城乡规划主管部门责令限期改正；逾期不改正的，处五千元罚款。

第八十二条 设计单位违反本条例第四十二条规定，有下列行为之一的，由当地城市、县人民政府城乡规划主管部门责令限期改正；情节严重的，由原发证机关依法降低资质等级或者吊销资质证书：

（一）违反规划许可内容编制建设工程设计方案的；

（二）违反相关技术标准和规范编制建设工程设计方案的；

（三）建设工程设计方案文字标明的技术经济指标与图纸所示不相一致的。

第八十三条 违反本条例第四十五条和第五十二条规定，建设工程未经验线，或者验线不合格擅自开工的，由城市、县人民政府城乡规划主管部门或者省人民政府指定的镇人民政府责令停止建设，限期改正。逾期不改正的，由城市、县人民政府城乡规划主管部门或者省人民政府指定的镇人民政府对建设单位处一万元罚款，对个人处二千元罚款。

第八十四条 城市、县人民政府城乡规划主管部门根据本条例第四十六条规定，在规划条件核实过程中，发现未按照建设工程规划许可证的内容进行建设的，依照本条例第八十条的规定处理后可以依法组织竣工验收、办理产权登记手续。

第八十五条 违反本条例第六十四条规定，擅自拆除纳入保护名录的历史建筑，由城市、县人民政府城乡规划主管部门责令停止违法行为、限期恢复原状或者采取其他补救措施；逾期不恢复原状或者不采取其他补救措施的，城乡规划主管部门可以指定有能力的单位代为恢复原状或者采取其他补救措施，所需费用由违法者承担；造成严重后果的，对单位并处二十万元以上五十万元以下的罚款，对个人并处十万元以上二十万元以下的罚款；造成损失的，依法承担赔偿责任。

第八十六条 违反本条例规定，未依法取得有关规划许可证的在建或者建成项目，对无法确定建设单位或者个人的，城市、县人民政府城乡规划主管部门应当在报纸等公共媒体和违法建设项目现场予以公告，告知建设单位或者个人依法接受处理，公告期限不少于三十日。

无法确定建设单位或者个人的违法建设项目不及时拆除可能影响安全、交通等的，可以在向公证机关办理证据保全手续后予以强制拆除。

第八十七条 城乡规划主管部门作出责令停止建设的决定后，建设单位或者个人不停止建设的，城乡规划主管部门应当立即向本级人民政府报告。城市、县人民政府应当自收到报告之日起五个工作日内书面责成有关部门采取查封施工现场等措施。

城乡规划主管部门作出责令限期拆除的决定后，建设单位或者个人逾期不拆除且未申请行政复议、提起行政诉讼的，城乡规划主管部门应当立即向本级人民政府报告。城市、县人民政府应当自收到报告之日起十五个工作日内书面责成有关部门依法强制拆除，强制拆除的费用由违法行为人承担。

第七章 附 则

第八十八条 本条例自2013年5月1日起施行。《广东省实施〈中华人民共和国城市规划法〉办法》同时废止。

本省行政区域内乡规划的制定、修改、实施工作，参照本条例关于镇规划的规定执行。

广东省劳动保障监察条例

（2012年11月29日广东省第十一届人民代表大会常务委员会第三十八次会议通过）

第一章 总 则

第一条 为了保障劳动保障法律、法规和规章的实施，规范劳动保障监察工作，预防和查处违反劳动保障法律、法规或者规章的行为，维护劳动者的合法权益，根据《中华人民共和国劳动法》等劳动保障法律、法规，结合本省实际，制定本条例。

第二条 本条例适用于对在本省行政区域内的企业、有雇工的个体经济组织、民办非企业单位、基金会、会计师事务所、律师事务所等组织（以下称用人单位）进行劳动保障监察。

对职业中介机构、职业技能培训机构、职业技能考核鉴定机构、外国企业常驻代表机构和社会保险服务机构进行劳动保障监察，依照本条例执行。

对国家机关、事业单位、社会团体执行劳动保障法律、法规和规章的情况进行劳动保障监察，由人力资源社会保障行政部门根据其职责，依照本条例执行。

第三条 劳动保障监察遵循公正、公开、高效、便民的原则。

实施劳动保障监察，坚持日常巡视检查为主、预防与查处相结合、教育与处罚相结合，接受社会监督。

第四条 各级人民政府应当加强劳动保障监察工作，建立健全预防和查处劳动保障违法行为的工作机制和维护劳动者权益目标责任制度，对所属的有关部门和下一级人民政府进行考核和监督。

劳动保障监察所需经费列入本级财政预算。

第五条 各级人力资源社会保障行政部门主管本行政区域内的劳动保障监察工作。

公安、司法行政、财政、住房城乡建设、卫生、国资、税务、工商、安监等有关部门以及用人单位的主管部门，应当在各自职责范围内协同做好劳动保障监察工作。

第六条 各级工会依法维护劳动者的合法权益，对用人单位遵守劳动保障法律、法规和规章的情况进行监督；发现用人单位存在劳动保障违法行为的，应当及时向人力资源社会保障行政部门报告；出现重大劳动保障违法事件时，应当到场了解情况，根据职责协助处理。

人力资源社会保障行政部门在劳动保障监察工作中应当注意听取工会组织的意见和建议；接到工会关于用人单位劳动保障违法行为的报告后，应当按照有关法律、法规的规定及时处理，并将处理结果告知工会。

第七条 用人单位、劳务派遣用工单位应当遵守劳动保障法律、法规和规章，完善劳动用工管理，接受和配合劳动保障监察。

企业联合会、工商业联合会等企业方面代表依法引导、帮助用人单位规范用工，配合做好劳动保障监察工作。

第八条 任何组织或者个人对违反劳动保障法律、法规或者规章的行为，有权向人力资源社会保障行政部门举报。

劳动者认为用人单位侵犯其劳动保障合法权益的，有权向人力资源社会保障行政部门投诉。

第二章 劳动保障监察机构和监察员

第九条 人力资源社会保障行政部门实施劳动保障监察，履行下列职责：

（一）宣传劳动保障法律、法规和规章，引导、督促用人单位贯彻执行；

（二）检查用人单位遵守劳动保障法律、法规和规章的情况；

（三）受理对违反劳动保障法律、法规或者规章的行为的举报、投诉；

（四）依法纠正和查处违反劳动保障法律、法规或者规章的行为。

县级以上人力资源社会保障行政部门设立的劳动保障监察机构和人力资源社会保障行政部门依法委托实施劳动保障监察的组织（以下统称劳动保障监察机构）具体负责劳动保障监察工作。

第十条 各级人民政府应当加强劳动保障监察队伍建设，保障有效、全面履行劳动保障监察职责所需要的场所、装备等条件。

第十一条 人力资源社会保障行政部门或者劳动保障监察机构中实施劳动保障监察的人员（以下简称劳动保障监察员）进行调查、检查，不得少于两人，并应当佩戴统一的劳动保障监察标志，出示劳动保障监察证件。

劳动保障监察员在实施劳动保障监察时，应当遵守有关回避的规定。

第十二条 劳动保障监察员应当忠于职守，秉公执法，勤政廉洁，保守秘密。

任何组织或者个人对劳动保障监察员的违法违纪行为，有权向人力资源社会保障行政部门或者有关机关检举、控告。

第十三条 人力资源社会保障行政部门及其劳动保障监察员依法行使劳动保障监察职权受法律保护，任何组织或者个人不得干涉和阻挠。

第三章 劳动保障监察预警监控

第十四条 用人单位应当建立以下用工管理台账，真实、准确记录各种用工信息：

（一）职工名册。包括建立劳动关系的劳动者和被派遣劳动者的姓名、性别、身份证件号码、户籍地址及现住址、联系方式、用工形式、用工起止时间、劳动合同期限、工作岗位等内容。

（二）录用登记。包括入职登记表、劳动者身份证件复印件等。

（三）工时台账。包括打卡记录或者考勤表等上下班时间和加班时间的记录。

（四）工资台账。包括正常工作时间工资、加班工资及其他劳动报酬的发放情况，列明支付日期、支付周期、支付对象姓名、工作时间，以及应发工资项目和数额，代扣、代缴、扣除项目和数额，实发工资数额，银行代发工资凭证或者劳动者签名等内容。

（五）法律、法规和规章规定的其他台账。

用工管理台账应当至少保存两年，职工名册、录用登记应当至少保存至劳动者离职后两年。

第十五条 《广东省高等学校学生实习与毕业生就业见习条例》规定的实习、见习单位接收实习、见习人员的，应当建立以下管理台账：

（一）实习、见习人员名册。包括姓名、性别、身份证件号码、户籍地址与现住址、联系方式，实习学生所在学校、是否顶岗实习，以及实习、见习的起止时间、工作岗位等内容。

（二）实习、见习时间台账。包括打卡记录或者考勤表等实习、见习工作时间的记录。

（三）报酬台账。包括报酬、补助、补贴的发放情况。

（四）购买意外伤害保险的台账。

（五）法律、法规和规章规定的其他台账。

实习、见习人员管理台账应当至少保存至实习、见习结束后两年。

第十六条 人力资源社会保障行政部门在用人单位设立的劳动保障宣传设施、举报投诉信箱，用人单位应当妥善保护，不得涂污、损毁或者遮盖。

第十七条 人力资源社会保障行政部门应当建立用人单位用工信息采集制度，建立劳动保障监察信息档案，逐步建立全省统一的劳动保障监察管理系统。

用人单位应当按照要求通过网络、书面等方式如实提供订立劳动合同、工资支付、工作时间、参加社会保险等相关情况和资料。

人力资源社会保障行政部门实施劳动保障监察，需要获取用人单位登记注册企业名称、住所、法定代表人姓名、注册资本、经营范围、设立时间等信息的，可以向工商行政部门提出查询要求，工商行政部门应当及时提供。

第十八条 人力资源社会保障行政部门应当建立用人单位劳动保障守

法诚信档案，实行分级、分类监管。

对发生重大劳动保障违法行为的用人单位，由人力资源社会保障行政部门向社会公布。公布内容包括用人单位名称、法定代表人（主要责任人）姓名、基本违法事实、处理结果等。

第十九条 人力资源社会保障行政部门应当对有重大劳动保障违法记录的用人单位实行重点监控，加强日常监管，增加检查频次。

有关行政部门审查用人单位承接投资、参加政府采购等申请时，应当将用人单位三年内是否存在劳动保障违法记录作为参考。

第二十条 人力资源社会保障行政部门应当按照规定及时将依法生效法律文书确认的用人单位劳动保障违法信息告知中国人民银行当地分支机构，并由其录入中国人民银行企业信用信息基础数据库。

第二十一条 县级以上人民政府及其有关部门应当建立健全劳动保障违法行为预警机制。

县级以上人民政府应当制定劳动保障群体性事件应急预案。对因拖欠或者克扣劳动者工资（以下称欠薪）等劳动保障违法行为引发群体性事件的，人力资源社会保障、公安等部门和工会、企业方面代表应当按照应急预案迅速处理，有关部门应当根据各自职责依法对违法行为给予处罚。

建筑施工企业因欠薪引发群体性事件的，住房城乡建设部门应当迅速到场协助处理，对涉嫌违法发包、分包、转包、拖欠工程款等违法行为应当依法处理。

第四章　劳动保障监察的实施

第一节　一般规定

第二十二条 劳动保障监察以日常巡视检查、审查用人单位按照要求报送的书面材料、受理举报投诉、开展专项执法检查和网络监察等形式进行。

人力资源社会保障行政部门应当主动对用人单位开展日常巡视检查，制定年度巡查计划，确定重点检查范围，定期检查用人单位的用工情况。

第二十三条 人力资源社会保障行政部门依法对下列事项实施劳动保障监察：

（一）用人单位制定直接涉及劳动者切身利益的规章制度的情况；

（二）用人单位建立用工管理台账的情况；

（三）用人单位与劳动者订立劳动合同、约定试用期及其他必备条款、交付劳动合同文本、出具解除或者终止劳动关系证明等情况；

（四）用人单位执行最低工资标准、支付劳动者工资、经济补偿金及赔偿金的情况；

（五）用人单位遵守有关就业登记备案的规定，以及遵守台、港、澳人员在内地就业和外国人在中国境内就业规定的情况；

（六）用人单位遵守女职工、未成年工特殊劳动保护规定和禁止使用童工规定的情况；

（七）用人单位遵守工作时间和休息休假规定的情况；

（八）用人单位办理社会保险登记和申报缴费数额的情况；

（九）劳务派遣单位、用工单位遵守劳务派遣有关规定的情况；

（十）外国企业常驻代表机构、涉外就业服务单位遵守有关聘用中国雇员管理规定的情况；

（十一）职业中介机构、职业技能培训机构和职业技能考核鉴定机构遵守有关职业介绍、职业技能培训和职业技能考核鉴定规定的情况；

（十二）医疗机构、药品经营单位等社会保险服务机构遵守社会保险相关规定的情况；

（十三）实习、见习单位遵守有关学生实习、见习劳动保障法律法规的情况；

（十四）法律、法规和规章规定的其他劳动保障监督检查事项。

第二十四条 人力资源社会保障行政部门对违反劳动保障法律、法规或者规章的行为作出行政处罚或者行政处理决定前，应当听取用人单位的陈述、申辩；作出行政处罚或者行政处理决定，应当告知用人单位依法享有申请行政复议或者提起行政诉讼的权利。

法律、法规规定应当依法听证的，应当告知用人单位有权依法要求举行听证；用人单位要求听证的，人力资源社会保障行政部门应当组织听证。

第二十五条　单位或者个人阻挠劳动保障监察的，公安机关应当按照治安管理处罚有关规定处理。

第二节　管　辖

第二十六条　对用人单位的劳动保障监察，由用人单位用工所在地的县（县级市、市辖区）或者地级以上市人力资源社会保障行政部门管辖。具体管辖范围应当向社会公开。

第二十七条　对下列用人单位的劳动保障监察，由省人力资源社会保障行政部门管辖：

（一）驻穗的中央、省属国有企业及国有控股企业；

（二）驻穗的中央、省直国家机关、事业单位、社会团体等组织以及部队所属用人单位；

（三）发生重大劳动保障违法行为，省人力资源社会保障行政部门认为需要直接管辖的。

第二十八条　对职业中介机构、职业技能培训机构、职业技能考核鉴定机构的劳动保障监察，由其所在地的县（县级市、市辖区）或者地级以上市人力资源社会保障行政部门管辖；需要吊销许可证的，应当提请核发许可证的人力资源社会保障行政部门处理。

第二十九条　对外国企业常驻代表机构的劳动保障监察，由用工所在地的地级以上市人力资源社会保障行政部门管辖。

第三十条　对医疗机构、药品经营单位等社会保险服务机构骗取社会保险基金支出，以及个人、法人或者其他组织骗取社会保险待遇的劳动保障监察，由支出基金或者发放待遇的社会保险经办机构所属的人力资源社会保障行政部门管辖。

第三十一条　劳务派遣单位和用工单位在劳务派遣用工中存在劳动保障违法行为的，对一方劳动保障违法行为有管辖权的人力资源社会保障行政部门可以一并处理。

第三十二条 上级人力资源社会保障行政部门认为必要时，可以查处其行政区域内案情重大的劳动保障违法案件，也可以将自己管辖的案件指定下级人力资源社会保障行政部门办理；下级人力资源社会保障行政部门认为案情重大的案件，可以提请上级人力资源社会保障行政部门办理。

两个或者两个以上的人力资源社会保障行政部门发生管辖争议时，由发生争议的各方协商解决；协商不成的，提请共同的上一级人力资源社会保障行政部门指定管辖。

第三节 程 序

第三十三条 人力资源社会保障行政部门发现用人单位可能存在劳动保障违法行为，需要调查处理的，应当在发现之日起五个工作日内立案。

第三十四条 人力资源社会保障行政部门应当向社会公布举报投诉电话，设置举报投诉信箱和电子信箱，指定人员受理举报投诉。

人力资源社会保障行政部门对不具有管辖权的举报，应当在接到举报之日起五个工作日内移送有管辖权的人力资源社会保障行政部门。

第三十五条 以匿名方式向人力资源社会保障行政部门反映用人单位劳动保障违法行为，或者以实名方式反映但不提出维护其具体权益主张的，按照举报处理。

实名举报人要求反馈处理情况，且有明确、有效的联系方式的，人力资源社会保障行政部门应当将处理情况答复举报人。

第三十六条 人力资源社会保障行政部门应当为举报人保密；对举报属实，为查处重大违反劳动保障法律、法规或者规章的行为提供主要线索和证据的举报人，给予奖励。

奖励资金由同级财政列支，具体奖励办法由省人民政府另行制定。

第三十七条 对符合下列条件的投诉，人力资源社会保障行政部门应当在接到投诉之日起五个工作日内受理，并于受理之日立案查处：

（一）投诉时间在法律、法规规定的查处期限内；

（二）有明确的被投诉用人单位；

（三）投诉人的劳动保障合法权益受到被投诉用人单位的侵害；

（四）属于劳动保障监察职权范围并由受理投诉的人力资源社会保障行政部门管辖。

投诉人应当向人力资源社会保障行政部门当面提交本人身份证明、投诉文书和反映劳动关系存在的证明材料。书写投诉文书确有困难的，可以口头投诉，由劳动保障监察机构记录，并由投诉人签名。

第三十八条 投诉文书应当载明下列事项：

（一）投诉人的姓名、身份证件号码、法律文书指定送达地址和联系电话；

（二）被投诉用人单位的名称、住所、联系电话；

（三）劳动保障合法权益受到侵害的事实和明确、具体的投诉请求。

投诉文书还可以载明证据和证据来源、证人姓名和联系方式等。

第三十九条 因同一事由引发十人以上集体投诉的，投诉人可以推选出五名以下代表进行投诉，并向人力资源社会保障行政部门提交投诉人签名或者盖章的推选书。

第四十条 人力资源社会保障行政部门应当对以下投诉按照不同情形分别处理：

（一）不属于劳动保障监察职权范围的，告知投诉人。

（二）属于劳动保障监察职权范围但不属于受理投诉的人力资源社会保障行政部门管辖的，应当告知投诉人向有管辖权的人力资源社会保障行政部门提出。

（三）投诉时间超出劳动保障违法行为查处期限的，不予受理。

（四）已经按照劳动争议处理程序申请仲裁、提起诉讼，或者已经向人民法院申请支付令的，不予受理。但劳动争议仲裁机构或者人民法院裁决认为应当由有关行政部门解决，对其请求事项不予受理或者予以驳回的除外。

（五）按照法律、法规和规章规定应当通过劳动争议处理程序解决的，不予受理。

（六）对人力资源社会保障行政部门已经按照劳动保障监察程序作出处理的同一事项重复投诉的，不予受理。

（七）投诉文书应当载明的事项不明确或者提供材料不齐全的，一次性告知补正；补正后符合规定的，予以受理。

（八）投诉人通过信函邮寄等形式或者委托他人提交投诉材料，经投诉人本人核实，情况属实并符合受理条件的，予以受理。

前款规定的告知和不予受理决定应当采用书面形式，并在接到投诉之日起五个工作日内作出；逾期未告知的，自收到投诉材料之日起即为受理。

第四十一条 人力资源社会保障行政部门依法实施劳动保障监察，有权采取下列调查、检查措施：

（一）进入用人单位的劳动场所实地调查、检查；

（二）就调查、检查事项询问有关人员；

（三）要求相关单位或者个人提供与调查、检查事项相关的文件资料或者证据材料，必要时可以发出询问通知书；

（四）查阅本条例规定的台账等有关资料，采取记录、录音、录像、照像或者复制等方式收集有关情况和资料；

（五）在证据可能被伪造、变造、损毁、灭失或者事后难以取得的情况下，可以采取证据登记保存措施；

（六）委托会计师事务所对用人单位工资支付等进行审计；

（七）委托专门的鉴定机构对专门性问题进行鉴定；

（八）法律、法规和规章规定的其他调查、检查措施。

人力资源社会保障行政部门实施调查、检查时，被检查的单位和个人不得拒绝、阻挠调查人员进入劳动场所，应当如实陈述和提供相关资料，并在调查笔录上签名或者盖章；拒绝签名或者盖章的，由调查人员注明拒签事由。

第四十二条 用人单位发生欠薪，人力资源社会保障行政部门应当依法及时调查处理。

用人单位发生欠薪，人力资源社会保障行政部门可以采用电话、书面或者张贴公告，以及其他可以确认收悉的方式，通知其法定代表人或者主要负责人接受调查或者配合处理；用人单位法定代表人或者主要负责人无正当理由不接受调查或者配合处理的，人力资源社会保障行政部门可以通过当地新闻媒体或者人力资源社会保障行政部门门户网站，公开用人单位名称、涉嫌欠薪情况、法定代表人或者主要负责人个人基本信息，公告通知其接受调查或者配合处理。

人力资源社会保障行政部门按照前款规定公告通知后，用人单位法定代表人或者主要负责人仍不接受调查或者配合处理的，按照《广东省工资支付条例》以逃匿方式拖欠工资的有关规定处理。

第四十三条 人力资源社会保障行政部门对金钱给付等投诉案件，可以依一方当事人申请并经对方同意后，组织双方调解。

调解达成一致意见并当场全部履行的，人力资源社会保障行政部门视情节轻重依法不予处罚或者减轻对用人单位的处罚。

调解达成一致意见但未当场全部履行的，当事人双方可以向劳动争议仲裁机构申请审查确认后出具仲裁调解书。人力资源社会保障行政部门视情节轻重依法从轻或者减轻对用人单位的处罚。

第四十四条 有下列情形之一的，人力资源社会保障行政部门应当终止调解：

（一）一方当事人拒绝继续调解的；

（二）经调解无法达成一致意见的；

（三）人力资源社会保障行政部门认为应当终止调解的其他情形。

调解终止后，人力资源社会保障行政部门应当继续按照劳动保障监察程序进行处理。

第四十五条 人力资源社会保障行政部门对违反劳动保障法律、法规或者规章的行为，根据调查、检查的结果，应当自立案之日起四十五个工作日内作出以下处理：

（一）对依法应当受到行政处罚的，依法作出行政处罚决定；

（二）对应当改正未改正的，依法责令改正或者作出相应的行政处理决定；

（三）依法撤销立案。

对情况复杂的，经人力资源社会保障行政部门负责人批准，可以延长三十个工作日。属于投诉案件的，应当书面通知投诉人。公告、委托审计或者鉴定等期间不计算在办案时限内。

投诉事项属于未依法支付工资、经济补偿金、赔偿金，经调查查实的证据证明违法行为存在的，应当依法责令改正或者作出相应的行政处理决定。

对前款规定的投诉事项，人力资源社会保障行政部门已按照本条例第四十一条的有关规定充分调查核实，仍无法查实相关事实，双方存在争议的，告知投诉人按照劳动争议处理程序办理。

发现违法案件不属于劳动保障监察事项的，应当及时移送有关部门处理；存在拒不支付劳动报酬，骗取社会保险基金支出或者社会保险待遇，或者雇用童工从事危重劳动等情形，涉嫌犯罪的，应当依法移送司法机关。

第四十六条 有下列情形之一的，中止计算监察办案时限：

（一）依法必须以司法机关、劳动争议仲裁机构或者有关行政部门的结论为依据的，在司法机关、劳动争议仲裁机构或者有关部门尚未作出结论期间；

（二）投诉人无法联系或者存在其他不可抗拒的事由，致使调查取证无法进行的。

办案中止由人力资源社会保障行政部门负责人批准，并自批准之日起三个工作日内书面通知投诉人，投诉人无法联系的除外。中止原因消除后，恢复案件办理。

第四十七条 经立案调查后发现有下列情形之一的，人力资源社会保障行政部门可以撤销立案：

（一）违法事实不成立的；

（二）违法行为已经改正，依法可以不予处罚的；

（三）投诉不符合规定的受理条件但已经立案的；

（四）投诉案件投诉人撤回投诉的；

（五）经人力资源社会保障行政部门调解达成一致意见，已当场全部履行或者置换劳动争议仲裁调解书的；

（六）法律、法规和规章规定的其他情形。

投诉案件撤销立案的，应当告知投诉人。

第四十八条 人力资源社会保障行政部门制作出限期整改指令书、行政处理决定书、行政处罚决定书等法律文书后，应当在宣告后当场送达当事人；无法当场送达的，应当在七个工作日内参照民事诉讼的有关规定送达。

按照规定采取公告方式送达的，应当在受送达人办公场所或者住所张贴，并同时在当地新闻媒体或者人力资源社会保障行政部门门户网站公告，公告期为六十日；但按照本条例第四十二条规定处理的，或者用人单位的欠薪等劳动保障违法行为引发群体性事件的，公告期为三日。

投诉人指定法律文书送达地址的，人力资源社会保障行政部门可以通过邮政机构向该地址邮寄送达法律文书。

第四十九条 人力资源社会保障行政部门作出行政处罚、行政处理决定的，应当自决定书发出之日起十日内报送上一级人力资源社会保障行政部门备案。

第五章 法律责任

第五十条 用人单位违反本条例第十四条、第十五条规定，未建立、保存相关台账，或者伪造相关台账的，由人力资源社会保障行政部门责令改正，并可处以二千元以上二万元以下的罚款。

第五十一条 用人单位的规章制度规定了罚款内容，或者其扣减工资的规定没有法律、法规依据的，由人力资源社会保障行政部门责令改正，给予警告。

用人单位对劳动者实施罚款或者没有法律、法规依据扣减劳动者工资的，由人力资源社会保障行政部门责令限期改正；逾期未改正的，按照被罚款或者扣减工资的人数每人二千元以上五千元以下的标准处以罚款。

第五十二条 用人单位发生欠薪的，由人力资源社会保障行政部门责令其限期支付；逾期不支付的，责令用人单位按照应付金额百分之五十以上一倍以下的标准向劳动者加付赔偿金。

用人单位发生欠薪，人力资源社会保障行政部门按照本条例第四十二条第二款规定公告通知后，其法定代表人或者主要负责人仍不接受调查或者配合处理的，由人力资源社会保障行政部门处以一万元以上五万元以下的罚款；引发严重影响公共秩序事件的，由公安机关依法处理；构成犯罪的，依法追究刑事责任。

第五十三条 用人单位有下列行为之一的，由人力资源社会保障行政部门责令改正，处以二千元以上二万元以下的罚款：

（一）拒绝、阻挠劳动保障监察员进行调查、检查的；

（二）无正当理由，拒绝按照劳动保障监察询问通知书要求在指定时间和地点接受调查询问的；

（三）拒绝提供或者报送用工信息等相关材料的；

（四）出具伪证、隐匿证据、毁灭证据或者教唆劳动者进行虚假陈述的；

（五）对人力资源社会保障行政部门采取登记保存措施的证据材料及相关设备擅自处理的。

违反前款规定，构成违反治安管理行为的，由公安机关依法给予治安管理处罚；构成犯罪的，依法追究刑事责任。

第五十四条 用人单位违反劳动保障法律、法规或者规章的行为经人力资源社会保障行政部门作出行政处罚决定后，在一年内又发生同类违法行为的，应当依法从重处罚。

第五十五条 人力资源社会保障行政部门、劳动保障监察机构及其工作人员有下列行为之一的，对直接负责的主管人员和其他直接责任人员，依法给予处分；构成犯罪的，依法追究刑事责任：

（一）不依法处理举报、投诉，造成严重后果的；

（二）不按照规定程序调查处理劳动保障监察案件，造成严重后果的；

（三）对应当予以纠正和处罚的劳动保障违法行为不予纠正、处罚，致使劳动者合法权益遭受损害的；

（四）泄露被检查单位商业秘密或者举报人有关情况的；

（五）索取、收受用人单位财物或者谋取其他不正当利益的；

（六）参与被检查单位安排的有碍公正执法的活动的；

（七）其他徇私舞弊、滥用职权、玩忽职守的行为。

人力资源社会保障行政部门、劳动保障监察机构及其工作人员违法行使职权，侵犯用人单位或者劳动者的合法权益的，依法承担赔偿责任。

第六章　附　则

第五十六条　对个人、法人或者其他组织骗取社会保险基金支出或者社会保险待遇的行为实施劳动保障监察，依照本条例执行。

第五十七条　依法应当办理营业执照没有办理或者已被依法吊销营业执照的单位有劳动用工的行为，以及未经许可擅自从事职业中介活动的行为，由人力资源社会保障行政部门依照本条例实施劳动保障监察，并及时通报工商行政部门依法查处。

第五十八条　本条例自2013年5月1日起施行。1996年7月12日广东省第八届人民代表大会常务委员会第二十三次会议通过的《广东省劳动监察条例》同时废止。

广东省防震减灾条例

（2003年11月27日广东省第十届人民代表大会常务委员会第七次会议通过　根据2012年7月26日广东省第十一届人民代表大会常务委员会第三十五次会议《关于修改〈广东省民营科技企业管理条例〉等二十三项法规的决定》修正　2012年11月29日广东省第十一届人民代表大会常务委员会第三十八次会议修订）

第一章　总　则

第一条　为了防御和减轻地震灾害，保护人民生命和财产安全，促进经济社会的可持续发展，根据《中华人民共和国防震减灾法》和有关法律、法规，结合本省实际，制定本条例。

第二条　本条例适用于本省行政区域内从事地震监测预报、地震灾害预防、地震应急救援、地震灾后过渡性安置和恢复重建等防震减灾活动。

第三条　防震减灾工作，实行预防为主、防御与救助相结合的方针。

第四条　县级以上人民政府应当加强对防震减灾工作的领导，将防震减灾工作纳入国民经济和社会发展规划，所需经费列入财政预算，经费投入应当与经济社会发展和财政收入增长相适应。

县级以上人民政府的防震减灾规划应当符合本级国民经济和社会发展规划的要求，纳入城乡规划统筹实施，并与本地区的土地利用总体规划等相关规划相衔接。

第五条　县级以上人民政府应当建立健全地震监测预报、震灾预防、紧急救援等防震减灾工作体系，建立和完善防震减灾工作目标管理责任制，组织有关部门和单位做好防震减灾工作。

县级以上人民政府地震工作主管部门和发展改革、财政、建设、规划、民政、卫生、公安、国土资源、交通运输、教育、环保、气象、应急等有关部门，按照职责分工，各负其责，密切配合，共同做好防震减灾工作。

第六条 县级以上人民政府抗震救灾指挥机构负责统一领导、指挥和协调本行政区域的抗震救灾工作，其日常工作由本级人民政府地震工作主管部门承担。

第七条 任何单位和个人都有依法参加防震减灾活动的义务。

各级人民政府应当加强防震减灾宣传教育，增强全社会防震减灾意识，提高公民的防震避震和自救互救能力。

第八条 县级以上人民政府及其有关部门应当按照国家有关规定，对在防震减灾工作中做出突出贡献的单位和个人给予表彰和奖励。

第二章 地震监测预报

第九条 地震监测台网实行统一规划，地震监测台网密度应当满足地震监测预报工作的需要。

省人民政府地震工作主管部门应当根据国家地震监测台网总体规划和省防震减灾规划，制定本省行政区域内的地震监测台网规划，报省人民政府批准后组织实施，并报国务院地震工作主管部门备案。

市、县人民政府地震工作主管部门应当根据省地震监测台网规划，制定本行政区域内的地震监测台网规划，报本级人民政府批准后组织实施，并报上一级人民政府地震工作主管部门备案。

各级人民政府应当将本行政区域内的地震烈度速报系统建设纳入同级地震监测台网规划，支持全省地震烈度速报系统建设。

第十条 地震监测台网（站）的建设、运行和维护，实行分级、分类管理。

国家和省投资建设的省地震监测台网（站）由省人民政府地震工作主管

部门负责管理。

市、县地震监测台网（站）由所在市、县人民政府投资建设、运行和维护，同级人民政府地震工作主管部门负责管理，并接受上级人民政府地震工作主管部门的业务指导。

第十一条 下列重大建设工程应当建设专用地震监测台网（站）：

（一）核电站和受地震破坏后可能引发严重次生灾害的其他核设施；

（二）存在发震构造，且可能诱发五级以上地震的大型水库；

（三）受地震破坏后可能引发严重次生灾害的矿山、石油化工、燃气等大型建设工程。

专用地震监测台网（站）由建设单位负责建设、运行和维护，并接受省、市人民政府地震工作主管部门的业务指导。专用地震监测台网（站）也可以委托当地人民政府地震工作主管部门管理，其运行和维护经费由建设单位承担。

第十二条 下列新建、扩建、改建建设工程或者设施，应当设置强震动监测设施，所需建设资金和运行经费由建设单位承担：

（一）核电站和其他核设施；

（二）特大桥梁；

（三）大型水库大坝。

一百二十米以上的超高层建（构）筑物或者结构特殊、对经济社会有重要影响的建设工程或者设施，应当按照国家有关规定设置强震动监测设施。

强震动监测设施由建设单位或者使用单位负责管理，并接受省、市人民政府地震工作主管部门的业务指导。

省人民政府地震工作主管部门应当会同省发展改革、住房城乡建设、交通运输、质量技术监督等部门制定需要设置强震动监测设施的建设工程的地方标准。

第十三条 省人民政府地震工作主管部门应当建立健全地震监测信息系统，实行信息共享，为社会提供服务。

专用地震监测台网（站）和强震动监测设施的地震监测信息应当纳入全省地震监测信息系统。

第十四条 沿海县级以上人民政府地震工作主管部门、海洋主管部门和海事管理机构应当建立海洋地震信息速报制度。海域地震发生后，县级以上人民政府地震工作主管部门应当及时向海洋主管部门和当地海事管理机构通报情况；海域地震可能影响海域作业安全或者引发海啸的，地震工作主管部门还应当及时向本级人民政府应急管理机构报告。

第十五条 本省行政区域内的地震预报意见统一由省人民政府发布，任何单位和个人不得向社会散布地震预报意见及其评审结果。

对社会上出现的地震传言或者谣言，各级人民政府地震工作主管部门应当及时发布正确信息，采取有效措施予以澄清，应急、通信、公安等有关部门应当予以配合。

新闻媒体应当配合各级人民政府有关部门宣传正确信息。

第十六条 各级人民政府应当鼓励和支持有条件的单位和个人依法开展地震监测、预测等防震减灾相关科学技术活动，地震工作主管部门应当给予必要的技术指导。

县级以上人民政府地震工作主管部门应当建立异常信息处理制度，及时组织调查核实所收到的可能与地震有关的异常信息，并视情况公开核实结果。

第十七条 县级以上人民政府地震工作主管部门应当会同有关部门划定地震观测环境保护范围。

各级人民政府地震工作主管部门应当及时将新建、改建、扩建或者已建地震监测设施的技术性能及观测环境保护范围通报当地人民政府国土资源、建设、规划和公安等有关部门。地震监测设施所在地人民政府应当依法采取措施，保护地震监测设施和观测环境。

第三章 地震灾害预防

第十八条 县级以上人民政府应当组织开展地震活动断层调查，地震重点监视防御区内的市、县人民政府还应当组织开展震害预测，为编制、修订土地利用总体规划和城乡规划提供依据。

重大工程建设项目应当避开地震活动断层和地震地质灾害易发区域。

城市震害预测及地震活动断层调查工作，由当地人民政府统一领导、统筹安排，并组织实施。省人民政府地震工作主管部门负责业务指导，各有关部门、企事业单位和个人有义务提供所需的信息和资料。

第十九条 各级人民政府及其有关部门编制土地利用总体规划、城乡规划时，应当采用地震烈度区划图、地震动参数区划图或者地震小区划图的结果，确保规划符合防震减灾的总体要求。

第二十条 县级以上人民政府应当协调地震重点监视防御区内防震减灾的各项工作，加强区内震情信息交流与会商，开展地区间联防协作。

第二十一条 新建、扩建、改建建设工程，应当达到抗震设防要求。

下列建设工程应当进行地震安全性评价，并按照经审定的地震安全性评价报告所确定的抗震设防要求进行抗震设防：

（一）核电站和其他核设施，易燃、易爆和剧毒物质的生产、贮存及输送管道（网）等可能发生严重次生灾害的建设工程；

（二）公路、城市道路、铁路干线的单孔跨径超过一百五十米的特大桥梁和大型隧道，Ⅰ级铁路干线的重要车站与铁路枢纽的主要建筑工程，城市轨道交通工程，Ⅱ类以上机场，年吞吐量二百万吨以上的大型港口；

（三）大型水库的大坝和城市上游的Ⅰ级挡水坝，装机容量一百万千瓦以上的热电厂、三十万千瓦以上的水电厂及其变电站，五百千伏以上的枢纽变电站；

（四）省、市二百千瓦以上大功率广播发射台和电视台，通信枢纽的程控机主楼；

（五）大中城市主要供电、供水、供气、输油管（网）的调度控制工程；

（六）大型工矿企业，大型粮油加工厂，大中型化工厂、炼油厂，大型海洋平台，二万吨以上大型船坞项目，高度超过一百米（地震基本烈度Ⅶ度和Ⅷ度区中软、软弱场地高度超过八十米）的建设工程；

（七）位于地震基本烈度Ⅵ度以上（含Ⅵ度）分界线两侧各八公里范围内或者位于地震动参数区划图峰值加速度分区分界线两侧各四公里地区内，占地范围跨越不同地质构造和工程地质单元的建设工程；

（八）法律、法规规定和省人民政府确定的其他需要进行地震安全性评价的工程。

前款规定之外的一般建设工程，应当按照地震烈度区划图或者地震动参数区划图所确定的抗震设防要求进行抗震设防。

第二十二条 学校、医院、机场、车站、体育场馆、大型娱乐场所等人员密集场所的建设工程，应当按照国家有关规定，以高于当地房屋建筑的抗震设防要求进行设计和施工。

教育建筑中，幼儿园、小学、中学的教学用房以及学生宿舍和食堂，抗震设防类别应当不低于重点设防类。

第二十三条 从事地震安全性评价工作的单位应当具备相应的资质，向评价项目所在地地震工作主管部门备案并接受其管理和监督。

第二十四条 省人民政府地震工作主管部门负责的地震安全性评价报告的审定，按照以下程序进行：

（一）建设单位或者其委托的地震安全性评价单位向省人民政府地震工作主管部门提出书面申请；

（二）省人民政府地震工作主管部门应当组织地震行业及有关行业的技术、管理专家，对申请单位提交的地震安全性评价报告进行评审；

（三）省人民政府地震工作主管部门根据专家评审意见，结合建设工程特性确定建设工程的抗震设防要求，在受理申请后十五个工作日内出具抗震设防要求审定文件，并通知申请单位和建设工程所在地的市、县人民政府地震工作主管部门。

国家对地震安全性评价报告审定程序另有规定的，从其规定。未经审定的地震安全性评价结果，不得作为抗震设防的依据。

第二十五条 下列区域所在地的人民政府应当制定地震小区划图：

（一）地震重点监视防御区的城镇规划区；

（二）位于复杂地质条件区域内的新建开发区；

（三）位于地震基本烈度Ⅵ度以上（含Ⅵ度分界线两侧各八公里范围内），或者位于地震动参数区划图峰值加速度分区界线两侧各四公里地区内的城市、经济开发区；

（四）地震研究程度和资料详细程度较差的重点地区。

省人民政府地震工作主管部门应当对地震小区划图进行初步审查，并在受理申请后十五个工作日内将初步审查意见和全部申请材料直接报送国务院地震工作主管部门审定。经审定的地震小区划图应当作为城乡规划和区内新建、改建、扩建一般建设工程抗震设防要求的依据。

第二十六条 本条例第二十一条规定应当进行地震安全性评价的建设工程，建设单位在项目报批时，应当提供国务院地震工作主管部门或者省人民政府地震工作主管部门出具的抗震设防要求审定文件。各级发展改革和建设、规划部门应当将抗震设防要求审定文件作为工程项目可行性论证、工程设计审查的必备内容。

对未按照规定进行地震安全性评价或者未经国务院地震工作主管部门或者省人民政府地震工作主管部门出具抗震设防要求审定文件的建设工程项目，各有关主管部门不予审批。

工程设计单位应当按照国务院地震工作主管部门或者省人民政府地震工作主管部门审定的抗震设防要求和工程建设强制性标准进行抗震设计。建设工程监理单位应当将抗震设防纳入监理范围。

第二十七条 县级以上人民政府地震工作主管部门应当对本条例第二十一条第二款规定的建设工程的抗震设防要求执行情况进行审核监督。

第二十八条 县级以上人民政府应当有计划地组织对辖区内已经建成的建设工程进行抗震性能普查。

《中华人民共和国防震减灾法》第三十九条规定的建设工程，未采取抗震设防措施或者抗震设防措施未达到要求的，应当按照国家有关规定进行抗震性能鉴定，并采取必要的抗震加固措施。

建设工程抗震性能鉴定应当由具有相应资质的设计、检测单位承担。

抗震加固工程应当按照建设工程报建的有关规定办理相关手续。

第二十九条 建设单位应当在建（构）筑物使用说明书中说明建筑抗震设施与减震、隔震装置。

对各类房屋建筑及其附属设施进行装修、维修、改建时，不得擅自破坏主体结构、增加荷载，不得破坏抗震设施与减震、隔震装置。

第三十条 各级人民政府应当加强农村住宅和公共设施抗震设防管理，增加资金投入，建设抗震设防示范工程，引导农村建设具有抗震性能的房屋。

县级以上人民政府地震工作主管部门和建设等部门应当组织开展农村住宅实用抗震技术的研究开发，制定农村住宅建设技术标准，开展地震环境和场地条件勘察，提供地震环境、建房选址技术咨询和技术服务，编制农村住宅抗震设计图集和施工技术指南，并向建房村民免费提供。

县级以上建设行政主管部门会同同级人力资源社会保障等部门组织开展农村建筑从业人员业务培训时，应当包括防震减灾内容。

第三十一条 各级人民政府应当制定宣传活动计划，组织开展防震减灾知识的宣传教育工作，普及防震减灾知识。

各级人民政府应当将防震减灾知识列入各级公务员培训教育内容。

幼儿园、学校应当将防震减灾知识和避险逃生、自救、互救技能纳入公共安全教学内容，每学年组织一次以上地震应急救援和疏散演练；医院、机场、车站等人员密集场所应当根据实际情况组织地震应急救援和疏散演练，增强安全避险和自救互救能力。地震工作主管部门应当对地震应急救援和疏散演练给予指导。

每年五月开展全省防震减灾宣传周活动。

第四章 地震应急与救援

第三十二条 各级人民政府及其有关部门应当加强抗震救灾指挥体系建设，建立和完善相关制度，明确职责分工，组织联合演练，健全指挥调度、协调联动、信息共享、社会动员等工作机制，提高地震应急救援、灾后安置组织指挥和应变能力。

第三十三条 县级以上人民政府地震工作主管部门应当会同有关部门制定本行政区域的地震应急预案，报同级人民政府批准，并报上一级人民政府地震工作主管部门备案。

县级以上人民政府有关部门，应当根据本级人民政府的地震应急预案，制定本部门或者本系统的地震应急预案，并报同级地震工作主管部门备案。

乡、镇人民政府应当根据上级人民政府及其有关部门的地震应急预案，制定本行政区域的地震应急预案。

第三十四条 交通、能源、通信、水利、电力、供水、供气等基础设施和学校、医院、大型车站、机场、港口、大型商场、影剧院等人员密集场所的经营管理单位，以及可能发生次生灾害的核电、矿山、危险物品等生产经营单位，应当制定地震应急预案，报所在地人民政府地震工作主管部门备案。

第三十五条 省人民政府和地震重点监视防御区的市、县级人民政府应当建立和完善地震应急救援指挥系统，建立由公安、地震、卫生、建设、国土资源、气象等部门参与的地震灾害紧急救援队伍。

地震灾害紧急救援队伍应当在本级人民政府的统一领导下建立应急启动和联动机制。

地震灾害紧急救援队伍应当配备相应的装备、器材，开展培训和演练，提高地震灾害紧急救援能力。

第三十六条 各级人民政府及其有关部门可以建立地震灾害救援志愿者队伍。

地震灾害救援志愿服务包括以下内容：

（一）开展防震减灾、地震应急知识科普宣传；

（二）进行地震宏观异常观测活动和震时的灾情速报；

（三）地震发生后，组织开展自救互救、人员紧急疏导；

（四）协助灾区政府和专业救援队伍开展现场救灾物资发放、平息地震谣言、安定民心等工作。

地震灾害救援志愿者队伍应当组织开展地震应急救援知识培训与演练，使志愿者掌握必要的地震应急救援技能，增强地震灾害应急救援能力。

第三十七条 各级人民政府应当编制应急避难场所规划，并纳入城乡规划统筹实施，利用广场、绿地、公园、体育场馆、人防工程等公共场所与设施，统筹规划和建设具备安全避险、医疗救护等功能的地震应急避难场所。地震应急避难场所的位置应当向社会公布，并设置明显的指示标志。

学校、住宅区、医院、剧场剧院、大型商场、大型酒店、体育场馆、车站等人员密集场所，应当设置地震应急疏散通道，配备必要的救生、避险设施。应急疏散通道应当设置明显的指示标志。

第三十八条 地震应急避难场所应当符合国家有关标准，启用时应当配置以下基本设施：

（一）应急篷宿区设施；

（二）医疗救护与卫生防疫设施；

（三）应急供水、供电、通信设施；

（四）排污、垃圾储运设施；

（五）应急通道；

（六）临时流动公厕。

第三十九条 各级人民政府应当建立地震灾害抢险救灾装备储备制度，做好抢险救灾装备所有人登记工作。

地震灾害发生后，根据地震应急与救援工作需要，当地人民政府可以依法征用物资、设备或者占用场地。征用物资、设备或者占用场地的，事后应当及时归还；无法归还的，应当给予补偿。

第四十条 县级以上人民政府应当每年组织开展地震应急检查工作，督促有关部门落实各项地震应急保障措施。

第四十一条 地震临震预报发布后，预报区内各级人民政府及其有关部门应当按照地震应急预案的要求，动员组织社会力量，做好抢险救灾准备。

第四十二条 地震灾害发生后，所在地各级人民政府应当立即按照地震应急预案的要求，成立抗震救灾指挥机构，组织开展紧急救援行动，动员社会力量进行抢险救灾；有关部门或者机构应当做好以下工作：

（一）地震工作主管部门应当加强震情监视，及时提出地震趋势意见，会同有关部门对地震灾害损失进行调查、评估；

（二）民政部门应当会同其他有关部门，统筹安排自然灾害救助物资，协调做好转移安置灾民工作，开放应急避难场所，妥善安排灾民基本生活；

（三）财政部门应当统筹安排灾害救助资金；

（四）卫生、医药及其他有关部门应当迅速开展医疗救护、卫生防疫和心理援助工作；

（五）公安、交通运输部门应当保持通往灾区应急专用通道的畅通，为参加灾区救援的车辆核发专用通行标志；

（六）通信部门应当开设应急专用信道，保证灾区通信畅通；

（七）建设、市政、交通运输、水务、供电、通信、环保、房管等部门，应当对地震灾害损失进行调查、评估，并尽快恢复被破坏的交通、通信、供水、供电等设施，对次生灾害源采取紧急防护措施；

（八）公安部门应当迅速组织力量开展救援工作，并及时采取措施，加强消防、治安管理和安全保卫工作，维护灾区社会秩序；

（九）国土资源部门应当对地震引发或者可能引发的次生地质灾害进行调查评估并做好应急防范和处置工作。

第四十三条 各级人民政府应当建立地震震情、灾情信息报告制度。

地震灾害发生后，灾区所在地县级以上人民政府地震工作主管部门应当在国务院地震工作主管部门规定的时间内向本级人民政府报告震情、灾情等信息，并同时向上一级人民政府地震工作主管部门报告。地震灾区所在地县级以上人民政府应当及时向上一级人民政府报告震情、灾情及其发展趋势等信息，必要时可以越级上报，不得迟报、谎报、瞒报。

地震震情、灾情和抗震救灾等信息由抗震救灾指挥机构统一对外发布。

第五章 法律责任

第四十四条 违反本条例规定，一般建设工程未按照地震烈度区划图或者地震动参数区划图所确定的抗震设防要求进行抗震设防的，或者在地震小区划范围内而未按照地震小区划图所确定的抗震设防要求进行抗震设防的，由县级以上人民政府地震工作主管部门责令限期改正。

第四十五条 违反本条例规定，未按照国家规定设置应急避难场所，保持疏散通道完好与畅通和设置明显标志的，或者未制定地震应急预案、不开展相应地震应急疏散演练的，由县级以上人民政府地震工作主管部门责令限期改正；逾期未改正的，对直接负责的主管人员和其他直接责任人员依法给予处分。

第四十六条 县级以上人民政府地震工作主管部门以及其他部门及其工作人员违反本条例，滥用职权、玩忽职守、徇私舞弊的，对直接负责的主管人员和其他直接责任人员依法给予处分；构成犯罪的，依法追究刑事责任。

第六章 附 则

第四十七条 本条例自2013年1月1日起施行。

广东省水文条例

（2012年11月29日广东省第十一届人民代表大会常务委员会第三十八次会议通过）

第一章　总则

第一条　为了加强水文管理，规范水文工作，发展水文事业，为水资源管理、防灾减灾和水环境保护服务，根据《中华人民共和国水法》、《中华人民共和国防洪法》和《中华人民共和国水文条例》等法律法规，结合本省实际，制定本条例。

第二条　本条例适用于本省行政区域内水文站网规划与建设，水文水资源监测，水文情报预报，水文水资源调查评价，水文监测资料汇交、管理与使用，水文设施与水文监测环境的保护等活动。

第三条　水文事业是国民经济和社会发展的基础性公益事业。县级以上人民政府应当将水文事业纳入国民经济和社会发展规划，加强水文基础设施建设，根据实际需要扩大水文站网覆盖范围，支持和促进水文事业发展，确保水文事业发展与经济社会发展相适应。

水文事业所需经费纳入财政预算。

第四条　省人民政府水行政主管部门主管本省的水文工作，其直属水文机构（以下简称省水文机构）具体负责组织实施管理工作。

省水文机构对全省水文工作实施行业管理，其派出机构在省水文机构和当地人民政府的领导下，具体负责其管辖范围内的水文管理工作。

各级防汛指挥机构应当将水文机构列为成员单位。

第二章　水文规划与建设

第五条　省人民政府水行政主管部门应当根据国家水文事业发展规划、流域水文事业发展规划和本省经济社会发展的需要，组织编制省水文事业发展规划，经征求海事、国土资源、环境保护、交通运输、海洋与渔业等有关部门和地级以上市人民政府意见后，报省人民政府批准实施，并报国务院水行政主管部门备案。

地级以上市人民政府水行政主管部门应当根据省水文事业发展规划和本地经济社会发展需要，组织编制本级水文事业发展规划，经征求省水文机构和本级海事、国土资源、环境保护、交通运输、海洋与渔业等有关部门意见后，报当地人民政府批准实施，并报省水文机构备案。

第六条　水文站网建设实行统一规划。水利、海事、国土资源、环境保护、交通运输、海洋与渔业等部门设立的水文测站应当符合水文事业发展规划。

第七条　新建、改建、扩建水利工程需要设立水文测站或者配备水文监测设施的，应当将相关水文测站、水文监测设施的建设或者改造内容纳入工程建设投资计划，与主体工程同时设计、同时施工、同时投入使用。

为工程提供服务的水文测站、水文监测设施的建设和运行管理经费，应当分别纳入工程建设概算和运行管理经费。

县级以上人民政府根据当地经济社会发展需要设立的水文测站、配备的水文监测设施，其建设及运行管理经费由本级财政承担。

第八条　水利枢纽、大型水库和水电站、重要中型水库、重要小型水源工程及日取地表水五万立方米以上、日取地下水单井二千立方米以上的取水工程，应当配套设立专用水文测站或者配备水文监测设施。尚未设立或者配备的，工程管理单位应当按要求及时组织设立、配备。

第九条　申请设立专用水文测站应当符合水文事业发展规划，并具备下列条件：

（一）有明确的设站目的和监测内容；

（二）有开展水文监测所必要的场地和设施；

（三）有水文专业知识的技术人员；

（四）有必要的水文监测技术装备；

（五）法律、法规规定的其他条件。

设立专用水文测站不得与国家基本水文测站重复。

第十条 设立专用水文测站应当经省水文机构批准。其中因交通、航运、环境保护等需要设立水文测站的，有关主管部门批准前，应当征求省水文机构的意见。

因水文管理需要设立、调整有关观测站（点）开展海洋咸潮、海洋风暴潮观测的，应当事先征求海洋主管部门的意见。

撤销专用水文测站应当报原批准机关批准。

第十一条 专用水文测站投入使用前，应当报省水文机构组织验收。因交通、航运、环境保护等需要设立的水文测站，交通运输、环境保护等部门组织验收时应当有省水文机构或者其派出机构参加。

未经验收或者验收不合格的专用水文测站，不得投入使用。

第十二条 专用水文测站及水文监测设施由设立单位负责管理，也可以委托省水文机构及其派出机构管理，管理费用由委托单位承担。

第十三条 新建、改建、扩建水文测站所需用地，经有批准权的人民政府批准后,有关部门应当依法办理用地审批手续。

尚未确权的水文测站用地，当地人民政府应当按照有关法律、法规的规定进行确权划界，办理土地或者海域使用证书。

第三章 水文监测与情报预报

第十四条 县级以上人民政府应当加强水文监测、水文信息和洪水预警预报等系统建设，增强重点地区、重要城市和地下水超采区的水文测报能力建设，提高应急机动监测能力。

第十五条 省水文机构应当建立与水资源管理要求相适应的水资源监

测评价体系。

水文机构应当加强对取用水、用水效率、水功能区、饮用水水源地、行政区交界断面及咸潮、沿海风暴潮的实时监测，并将监测数据和分析评价结果报同级水行政主管部门。

水文机构的监测数据和分析评价结果是县级以上人民政府进行水资源管理责任考核的依据。

第十六条 省水文机构应当建立健全水文监测应急保障机制，对水污染等突发事件进行水文跟踪监测和调查，并及时将监测、调查情况和处理建议报所在地人民政府水行政主管部门和环境保护部门。

第十七条 水文监测所使用的技术装备应当符合国家规定的技术要求。水文监测计量器具应当依法经检定合格。未经检定、检定不合格或者超过检定有效期限的水文监测计量器具不得使用。

第十八条 水文监测应当遵守国家及省水文技术标准、规范和规程，保证监测数据真实、准确。未经原审批机构批准，不得中止水文监测。

水文监测单位不得错报、瞒报、漏报水文监测数据。任何单位和个人不得伪造水文监测资料。

水文监测单位开展水文监测时，有关单位和个人应当予以支持配合，不得妨碍、阻挠水文监测工作。

第十九条 承担水文信息采集和情报预报任务的国家基本水文测站和专用水文测站，应当按照规定及时、准确地向县级以上人民政府防汛指挥机构和水行政主管部门提供实时水情信息和水文情报预报。

第二十条 水文情报预报由县级以上人民政府防汛指挥机构、水行政主管部门或者水文机构按照规定权限向社会统一发布。其中，海洋咸潮、海洋风暴潮由海洋主管部门按照管理权限发布。禁止任何其他单位和个人向社会发布水文情报预报。

报刊、广播、电视和网络等新闻媒体，应当按照国家有关规定和防汛防旱防风要求，及时播发、刊登水文情报预报，并标明发布机构和发布时间。

第二十一条 无线电、通信管理部门应当按照国家有关规定为水文监测工作提供通信保障；电力部门应当为水文监测工作提供用电保障。

第四章　水文水资源调查评价

第二十二条　县级以上人民政府水行政主管部门应当根据经济社会的发展要求，会同有关部门组织具有水文水资源调查评价相应资质的单位，对本区域的水文水资源进行调查评价。

确定水文水资源调查评价单位应当依法采取招投标等方式进行。

水文水资源调查评价，是指对地表水、地下水的水量与水质等项目的监测、水文调查、水文测量、水能勘测，水文水资源情报预报，水文测报系统工程的设计与实施，水文分析与计算以及对地表水、地下水的水资源调查和对水量水质的评价等。

第二十三条　从事水文水资源调查评价的单位，应当依法取得相应的资质。

省人民政府水行政主管部门应当建立健全水文水资源调查评价的监督管理制度，加强对从事水文水资源调查评价单位开展业务活动情况的监督检查。

对本省行政区域内的东江、西江、北江、韩江干流及其三角洲主干河道、其他跨地级以上市干流河道的水资源开展调查评价的，应当具有水文水资源调查评价甲级资质；对其他流域的水资源开展调查评价的，应当具有水文水资源调查评价乙级以上资质。

第二十四条　全省或者跨地级以上市干流河道的水文水资源调查评价成果，由省人民政府水行政主管部门或者其委托的水文机构组织审定；其他水文水资源调查评价成果，由所在地地级以上市人民政府水行政主管部门或者其委托的水文机构组织审定。

第五章　水文资料汇交管理与使用

第二十五条　水文监测资料实行统一汇交管理制度。省水文机构负责全省水情信息、水文监测资料的收集、处理与汇编工作。

基本水文测站、专用水文测站和其他水文监测单位，应当按照国家水文技术标准整编水文资料，并按照水文资料管理权限无偿向水文机构汇交监测资料。

县级以上人民政府水行政主管部门对其审批的取水户的取用水情况进行监测的资料，应当向省水文机构汇交。

涉及海洋咸潮、海洋风暴潮的监测数据和分析结果，水文机构和海洋主管部门应当及时向对方汇交资料。

第二十六条 水文监测资料实行共享制度。省水文机构负责全省水文监测资料的存储和保管工作，建立水文数据库和水文监测资料共享平台，为公众查询提供便利。

省水文机构和省流域管理机构、县级以上人民政府水行政主管部门及交通、航运、环境保护等部门应当互相通报监测数据，实行信息共享。

基本水文监测资料应当依法公开，但属于国家秘密的除外。

第二十七条 下列情形需要使用水文监测资料的，应当经过水文机构审查，确保其完整、可靠、一致，未经水文机构审查不得使用：

（一）编制重要规划所使用的水文监测资料；

（二）重点建设项目规划、立项、可行性研究、设计等前期工作所使用的水文监测资料；

（三）开展水资源调查评价、建设项目水资源论证、水环境影响评价，编制水量分配方案、水量调度预案，制订水功能区纳污总量限制指标，取水许可申请和排污许可申请所使用的水文监测资料；

（四）编制防汛、抗旱预案，进行防洪影响评价所使用的水文监测资料；

（五）编制水土保持方案、设计水土保持工程所使用的水文监测资料；

（六）国务院水行政主管部门规定的其他情形。

第六章 水文监测环境与设施保护

第二十八条 在水文测站上下游各二十公里（平原河网区上下游各十

公里）的河道管理范围内，新建、改建、扩建可能影响水文监测的工程或者其他设施的，建设单位应当征得有管理权限的水行政主管部门同意后方可建设，并采取相应措施保障水文测站的原有功能。因工程建设影响水文测站功能而导致水文测站需要改建、改造、资料比测等发生的费用，由工程建设单位承担。

因工程建设确需迁移、改建水文测站的，建设单位应当在工程建设项目立项前，报有管理权限的水行政主管部门批准，迁移、改建水文测站所需费用由建设单位承担。水文测站迁移、改建不得低于原有标准。

第二十九条 水文测站所在地人民政府应当根据国家水文技术标准，按照以下要求划定水文监测环境的保护范围，并在保护范围边界设立地面标志：

（一）东江、西江、北江、韩江、榕江、练江、鉴江、漠阳江、九州江和其他集水面积大于三千平方公里的河流，珠江、韩江三角洲网河区重要干流水道的监测河段以及国家重要水文站所在河段，以水文基本监测断面的上、下游各一千米为边界，其他河流以水文基本监测断面的上、下游各五百米为边界；

（二）沿海风暴潮位站以基本监测断面周围二百米为边界；

（三）水文监测场地以监测场地周围三十米、其他监测设施周围二十米为边界。

第三十条 水文监测人员在河道、水库、桥梁上进行水文监测时，应当按照国家有关规定设置警示标志，过往船舶、车辆应当减速或者避让，海事、公安、交通运输等部门应当予以协助；在通航水域进行水文监测时，应当向海事管理机构提出申请，并在核准的区域内进行。

第三十一条 任何单位和个人不得侵占、毁坏、擅自使用、移动水文监测设施，干扰水文监测。

水文监测设施因自然灾害等遭受破坏的，其管理部门应当及时组织修复，确保其正常运行。

第七章 法律责任

第三十二条 违反本条例规定，有下列行为之一的，对直接负责的主管人员和其他直接责任人员依法给予处分；构成犯罪的，依法追究刑事责任：

（一）使用未经检定、检定不合格或者超过检定有效期限的水文监测计量器具的；

（二）擅自中止水文监测的；

（三）错报水文监测数据造成严重经济损失的；

（四）汛期漏报、迟报、瞒报水文监测资料的；

（五）伪造水文监测资料的；

（六）未按照规定提供实时水情信息和水文情报预报的；

（七）未按照规定整编、汇交水文资料的；

（八）未依法履行职责的其他行为。

第三十三条 违反本条例第八条规定，不设立专用水文测站或者不配备水文监测设施的，由县级以上人民政府水行政主管部门责令限期设立；逾期不设立的，可以处一万元以上五万元以下罚款。

第三十四条 水行政主管部门和其他有关部门及其工作人员违反本条例，玩忽职守、滥用职权、徇私舞弊的，依法予以处分，构成犯罪的，依法追究刑事责任。

第三十五条 违反本条例第十八条规定，妨碍、阻挠水文监测工作的，由县级以上人民政府水行政主管部门责令停止违法行为；构成违反治安管理行为的,依法给予治安管理处罚；构成犯罪的，依法追究刑事责任。

第三十六条 违反本条例第三十一条规定，侵占、毁坏或者擅自使用、移动水文监测设施的，责令停止违法行为，限期恢复原状或者采取其他补救措施，可以处五万元以下罚款；构成违反治安管理行为的,依法给予治安管理处罚；构成犯罪的，依法追究刑事责任。

第八章　附　则

第三十七条　本条例自2013年1月1日起施行。

附 录

2008—2012年广东省人大常委会批准的较大的市的地方性法规和民族自治县的自治条例、单行条例目录

广州市

1. 广州市实施《中华人民共和国工会法》办法（2008年3月27日广东省第十一届人民代表大会常务委员会第一次会议批准）

2. 《广州市残疾人权益保障条例》（2008年3月27日广东省第十一届人民代表大会常务委员会第一次会议批准）

3. 《广州市旅游条例》（2008年7月31日广东省第十一届人民代表大会常务委员会第四次会议批准）

4. 《广州市城市管理综合执法条例》（2008年9月26日广东省第十一届人民代表大会常务委员会第五次会议批准）

5. 《广州市志愿服务条例》（2008年11月28日广东省第十一届人民代表大会常务委员会第七次会议批准）

6. 广州市人民代表大会常务委员会关于修改《广州市人民代表大会代表议案条例》的决定（2008年11月28日广东省第十一届人民代表大会常务委员会第七次会议批准）

7. 《广州市养犬条例》（2009年1月16日广东省第十一届人大常委会第八次会议批准）

8. 《广州市公共汽车电车客运管理条例》（修订）（2009年5月27日广东省第十一届人大常委会第十一次会议批准）

9. 《广州市出租汽车客运管理条例》（2009年9月24日广东省第十一届人大常委会第十三次会议批准）

10. 广州市人民代表大会常务委员会关于废止《广州市城乡农副产品集贸市场管理条例》等五件地方性法规的决定（2009年9月24日广东省第十一届人大常委会第十三次会议批准）

11. 《广州市荣誉市民称号授予条例》（2009年11月26日广东省第十一届人大常委会第十四次会议批准）

12. 广州市人民代表大会常务委员会关于修改《广州市地方性法规制定办法》的决定（2010年1月22日广东省第十一届人大常委会第十六次会议批准）

13. 《广州市妇女权益保障规定》（2010年3月31日广东省第十一届人民代表大会常务委员会第十八次会议批准）

14. 《广州市全民健身条例》（2010年3月31日广东省第十一届人民代表大会常务委员会第十八次会议批准）

15. 《广州市控制吸烟条例》（2010年6月2日广东省第十一届人民代表大会常务委员会第十九次会议批准）

16. 广州市人民代表大会常务委员会关于废止《广州市职工教育管理条例》等九件地方性法规的决定（2010年9月29日广东省第十一届人民代表大会常务委员会第二十一次会议批准）

17. 《广州市饮用水水源污染防治规定》（2011年1月17日广东省第十一届人民代表大会常务委员会第二十四次会议批准）

18. 《广州市社会急救医疗管理条例》（2011年1月17日广东省第十一届人民代表大会常务委员会第二十四次会议批准）

19. 广州市人民代表大会常务委员会关于修改《广州市社会治安综合治理条例》等十七件地方性法规的决定（2011年1月17日广东省第十一届人民代表大会常务委员会第二十四次会议批准）

20. 《广州市政府投资管理条例》（2011年3月30日广东省第十一届人民代表大会常务委员会第二十五次会议批准）

21. 《广州市信息化促进条例》（2011年7月29日广东省第十一届人民代表大会常务委员会第二十七次会议批准）

22. 《广州市劳动关系三方协商规定》（2011年11月30日广东省第十一届人民代表大会常务委员会第三十次会议批准）

23.《广州市募捐条例》（2012年1月9日广东省第十一届人民代表大会常务委员会第三十一次会议批准）

24.《广州市水务管理条例》（2012年1月9日广东省第十一届人民代表大会常务委员会第三十一次会议批准）

25.广州市人民代表大会常务委员会关于修改《广州市销售燃放烟花爆竹管理规定》等十件地方性法规中部分行政强制规定的决定（2012年1月9日广东省第十一届人民代表大会常务委员会第三十一次会议批准）

26.《广州市绿化条例》（2012年3月30日广东省第十一届人民代表大会常务委员会第三十三次会议批准）

27.《广州市建筑废弃物管理条例》（2012年3月30日广东省第十一届人民代表大会常务委员会第三十三次会议批准）

28.《广州市中新广州知识城条例》（2012年5月31日广东省第十一届人民代表大会常务委员会第三十四次会议批准）

29.广州市人民代表大会常务委员会关于废止《广州市城市房屋拆迁管理办法》的决定（2012年5月31日广东省第十一届人民代表大会常务委员会第三十四次会议批准）

30.广州市人民代表大会常务委员会关于修改《广州市控制吸烟条例》的决定（2012年7月26日广东省第十一届人民代表大会常务委员会第三十五次会议批准）

31.《广州市违法建设查处条例》（2012年11月29日广东省第十一届人民代表大会常务委员会第三十八次会议批准修订）

深圳市

32.深圳市实施《中华人民共和国工会法》办法（2008年5月29日广东省第十一届人民代表大会常务委员会第二次会议批准）

33.《深圳市第26届世界夏季大学生运动会知识产权保护规定》（2008年5月29日广东省第十一届人民代表大会常务委员会第二次会议批准）

34.《深圳市市、区人民代表大会常务委员会执法检查条例》（2008年9月26日广东省第十一届人民代表大会常务委员会第四次会议批准）

35. 《深圳市文化产业促进条例》（2008年9月26日广东省第十一届人民代表大会常务委员会第四次会议批准）

36. 《深圳市法律援助条例》（2008年11月28日广东省第十一届人民代表大会常务委员会第七次会议批准）

37. 《深圳市建筑废弃物减排与利用条例》（2009年3月31日广东省第十一届人大常委会第十次会议批准）

38. 《深圳市安全管理条例》（2009年3月31日广东省第十一届人大常委会第十次会议批准）

39. 深圳市实施《中华人民共和国人民防空法》办法（2009年3月31日广东省第十一届人大常委会第十次会议批准）

40. 《深圳市人民代表大会代表建议、批评和意见办理规定》（2009年7月30日广东省第十一届人大常委会第十二次会议批准）

41. 深圳市人民代表大会常务委员会关于修改《深圳市员工支付条例》的决定（2009年7月30日广东省第十一届人大常委会第十二次会议批准）

42. 《深圳市无障碍环境建设条例》（2009年11月26日广东省第十一届人大常委会第十四次会议批准）

43. 《深圳市保障性住房条例》（2010年3月31日广东省第十一届人民代表大会常务委员会第十八次会议批准）

44. 深圳市人民代表大会常务委员会关于修改《深圳市保障性住房条例》的决定（2011年5月31日广东省第十一届人民代表大会常务委员会第二十六次会议批准）

45. 深圳市实施《中华人民共和国人民调解法》办法（2012年1月9日广东省第十一届人民代表大会常务委员会第三十一次会议批准）

46. 《深圳市制定法规条例》（2012年3月30日广东省第十一届人民代表大会常务委员会第三十三次会议批准）

珠海市

47. 《珠海市旅游条例》（2008年5月29日广东省第十一届人民代表大会常务委员会第二次会议批准）

48.《珠海市环境保护条例》（2008年11月28日广东省第十一届人民代表大会常务委员会第七次会议批准）

49.《珠海市地下管线管理条例》（2009年3月31日广东省第十一届人大常委会第十次会议批准）

50.《珠海市排水条例》（2009年9月24日广东省第十一届人大常委会第十三次会议批准）

51.《珠海市妇女权益保障条例》（2010年9月29日广东省第十一届人民代表大会常务委员会第二十一次会议批准）

52.《珠海市水上交通安全管理条例》（2010年9月29日广东省第十一届人民代表大会常务委员会第二十一次会议批准）

53. 珠海市人民代表大会常务委员会关于废止《珠海市政府投资项目管理条例》的决定（2010年12月1日广东省第十一届人民代表大会常务委员会第二十二次会议批准）

54. 关于修改《珠海市企业工资支付条例》等部分地方性法规的决定（2010年12月1日广东省第十一届人大常委会二十二次会议批准）

55. 珠海市人民代表大会常务委员会关于修改《珠海市相对集中行政处罚权条例》的决定（2012年1月9日广东省第十一届人民代表大会常务委员会第三十一次会议批准）

56. 珠海市人民代表大会常务委员会关于修改《珠海市社会保险基金监督条例》的决定（2012年7月26日广东省第十一届人民代表大会常务委员会第三十五次会议批准）

汕头市

57.《汕头市行政执法监督条例》（2008年7月31日广东省第十一届人民代表大会常务委员会第四次会议批准）

58.《汕头市基础教育投入保障条例》（2008年11月28日广东省第十一届人民代表大会常务委员会第七次会议批准）

59.《汕头市城市供水用水条例》（2010年1月22日广东省第十一届人

民代表大会常务委员会第十六次会议批准）

60.《汕头市青年志愿服务促进条例》（2010年6月2日广东省第十一届人民代表大会常务委员会第十九次会议批准）

61.《汕头市旅游资源保护和开发条例》（2010年12月1日广东省第十一届人民代表大会常务委员会第二十二次会议批准）

62.《汕头市人民代表大会常务委员会关于修改部分地方性法规的决定》（2010年12月1日广东省第十一届人大常委会二十二次会议批准）

63.《汕头市港口条例》（2011年5月31日广东省第十一届人民代表大会常务委员会第二十六次会议批准）

64. 汕头市人民代表大会常务委员会关于废止《汕头市消防条例》的决定（2012年9月28日广东省第十一届人民代表大会常务委员会第三十六次会议批准）

民族自治县

65.《连南瑶族自治县自治条例（修订）》（2009年7月30日广东省第十一届人大常委会第十二次会议批准）

66.《连山壮族瑶族自治县自治条例（修订）》（2009年7月30日广东省第十一届人大常委会第十二次会议批准）

67.《乳源瑶族自治县自治条例（修订）》（2009年7月30日广东省第十一届人大常委会第十二次会议批准）

68.《连南瑶族自治县森林资源保护管理条例》（2012年5月31日广东省第十一届人民代表大会常务委员会第三十四次会议批准）

69.《连南瑶族自治县保障青少年儿童入学权利条例》（2012年11月29日广东省第十一届人民代表大会常务委员会第三十八次会议批准）